臺灣佛教

何綿山 著

崧燁文化

臺灣佛教
目錄

目錄

序

第一章　臺灣佛教院所與臺灣僧教育

　　第一節　臺灣佛學院所的現狀 15
　　　　一、分布廣泛，數量眾多 15
　　　　二、招生嚴格，學制規範 16
　　　　三、多種層次、多種類型 17
　　　　四、努力改善辦學條件 22
　　第二節　臺灣佛學院所的辦學特點 25
　　　　一、辦學宗旨多元化 25
　　　　二、開拓與外界交流 28
　　　　三、重視提升學生學術品位 30
　　　　四、積極在校園內外開展各項活動 32
　　第三節　臺灣佛學院所崛起的原因 34
　　　　一、長期積累打下的基礎 34
　　　　二、佛教界對佛教教育的關注和重視 36
　　　　三、創辦者心存高遠 38
　　　　四、經濟條件大為改善 39
　　　　五、管理者多為行家 40
　　　　六、學生無後顧之憂 42

第二章　臺灣佛教與臺灣社會教育

　　第一節　臺灣佛教界創辦的國民教育學校 47
　　　　一、幼稚園 47
　　　　二、小學 48
　　　　三、中學 50
　　　　四、大學 54

第二節　臺灣佛教界對臺灣在校生的影響 76
　一、舉辦各類型的定期兒童禪修營活動 76
　二、在普通中小學接受教育的出家人生活（以中台山小沙彌日常生活為例） 82
　三、出家師父與在校青少年學生的心靈對話（以無塵營為例） 83
　四、佛教界對偏離學生的幫助（以白毫學園為例） 85
　五、佛教界對誤入歧途少年的幫助（以香光尼僧團為例） 86
　六、佛教界對在校生的演講活動（以「中華佛教青年會」為例） 89
　七、佛教界對孤兒或單親子女的關愛（以佛光山大慈育幼院為例）... 91

第三章　臺灣佛教的寺院經濟與社會

第一節　臺灣佛教寺院對資金的吸納 97
　一、法會 97
　二、供齋大會 112
　三、托缽 113
　四、靈骨塔 114
　五、義賣 115
　六、光明燈 119
　七、會員、委員 119
　八、油香錢 121
　九、興辦事業 122
　十、經懺佛事 122

第二節　臺灣寺院經濟興盛的原因 127
　一、臺灣經濟的發展為寺院吸納社會資金提供了有利的條件 127
　二、寺院管理人（住持）的產生決定寺院吸納資金的能力 130
　三、社會的需求 133

第三節　臺灣寺院經濟面臨的問題 135
　一、在吸納資金方面競爭愈趨激烈 135
　二、社會對佛教界在吸納資金方面的疑慮 137

第四節　臺灣佛教界在吸納資金方面採取的應對措施 ⋯⋯⋯⋯ 140
　　　一、採用新型的運作模式 ⋯⋯⋯⋯⋯⋯⋯⋯⋯⋯⋯⋯⋯⋯ 140
　　　二、優選吸納資金的方式 ⋯⋯⋯⋯⋯⋯⋯⋯⋯⋯⋯⋯⋯⋯ 141
　　　三、提高吸納資金的效率並重視對捐款者的研究 ⋯⋯⋯⋯ 143
　　　四、增強對吸納資金的有效管理，確保在信徒中的誠信度 ⋯ 144
　　　五、加大對開支的監控 ⋯⋯⋯⋯⋯⋯⋯⋯⋯⋯⋯⋯⋯⋯⋯ 145
　　　六、擴大宣傳力度 ⋯⋯⋯⋯⋯⋯⋯⋯⋯⋯⋯⋯⋯⋯⋯⋯⋯ 147

第四章　臺灣佛教的社會弘法

　　第一節　名目繁多的法會 ⋯⋯⋯⋯⋯⋯⋯⋯⋯⋯⋯⋯⋯⋯⋯ 153
　　　一、佛教例行法會 ⋯⋯⋯⋯⋯⋯⋯⋯⋯⋯⋯⋯⋯⋯⋯⋯⋯ 153
　　　二、傳統的法會 ⋯⋯⋯⋯⋯⋯⋯⋯⋯⋯⋯⋯⋯⋯⋯⋯⋯⋯ 154
　　　三、為適應時代需要而舉辦的各種法會 ⋯⋯⋯⋯⋯⋯⋯⋯ 156
　　　四、傳戒法會 ⋯⋯⋯⋯⋯⋯⋯⋯⋯⋯⋯⋯⋯⋯⋯⋯⋯⋯⋯ 157
　　第二節　密集的修持活動 ⋯⋯⋯⋯⋯⋯⋯⋯⋯⋯⋯⋯⋯⋯⋯ 164
　　　一、朝山禮佛 ⋯⋯⋯⋯⋯⋯⋯⋯⋯⋯⋯⋯⋯⋯⋯⋯⋯⋯⋯ 164
　　　二、八關齋戒 ⋯⋯⋯⋯⋯⋯⋯⋯⋯⋯⋯⋯⋯⋯⋯⋯⋯⋯⋯ 165
　　　三、短期出家 ⋯⋯⋯⋯⋯⋯⋯⋯⋯⋯⋯⋯⋯⋯⋯⋯⋯⋯⋯ 167
　　　四、靜心禪修 ⋯⋯⋯⋯⋯⋯⋯⋯⋯⋯⋯⋯⋯⋯⋯⋯⋯⋯⋯ 169
　　　五、各種學佛營 ⋯⋯⋯⋯⋯⋯⋯⋯⋯⋯⋯⋯⋯⋯⋯⋯⋯⋯ 171
　　　六、其他修持方式 ⋯⋯⋯⋯⋯⋯⋯⋯⋯⋯⋯⋯⋯⋯⋯⋯⋯ 174
　　第三節　多種類型的弘法方式 ⋯⋯⋯⋯⋯⋯⋯⋯⋯⋯⋯⋯⋯ 175
　　　一、各種演講 ⋯⋯⋯⋯⋯⋯⋯⋯⋯⋯⋯⋯⋯⋯⋯⋯⋯⋯⋯ 175
　　　二、推擴教育 ⋯⋯⋯⋯⋯⋯⋯⋯⋯⋯⋯⋯⋯⋯⋯⋯⋯⋯⋯ 178
　　　三、弘法培訓 ⋯⋯⋯⋯⋯⋯⋯⋯⋯⋯⋯⋯⋯⋯⋯⋯⋯⋯⋯ 182
　　　四、弘法普及化 ⋯⋯⋯⋯⋯⋯⋯⋯⋯⋯⋯⋯⋯⋯⋯⋯⋯⋯ 183
　　　五、在學校弘法 ⋯⋯⋯⋯⋯⋯⋯⋯⋯⋯⋯⋯⋯⋯⋯⋯⋯⋯ 187
　　　六、向特殊群體弘法 ⋯⋯⋯⋯⋯⋯⋯⋯⋯⋯⋯⋯⋯⋯⋯⋯ 191

第四節　社會弘法的管道 195
　　　一、電臺弘法 195
　　　二、電視弘法 199

第五章　臺灣社會變遷中的法師

　　第一節　1949 年至六七十年代的臺灣法師 229
　　第二節　當代社會變遷中的臺灣法師 230
　　　一、努力適應當代社會的聖印法師 230
　　　二、第一位比丘尼博士恆清法師 235
　　　三、創辦女眾佛學院的悟因法師 237
　　　四、致力於辦學傳戒的晴虛法師 241
　　　五、大陸赴臺的真華法師 245
　　　六、處於風口浪尖的昭慧法師 249
　　　七、提出新佛教時代觀的繼夢法師 255
　　　八、終身以創辦教育為職業的曉雲法師 258
　　　九、長期在監獄弘法的淨耀法師 259
　　　十、努力推進禪修和海峽兩岸佛學交流的惠空法師 262
　　第三節　臺灣法師崛起的原因 266
　　　一、臺灣佛教界出現了許多新的發展機會 266
　　　二、具有大學以上學歷 266
　　　三、不少法師具有海外的國際背景 266
　　　四、積極創辦刊物 267
　　　五、注意撰寫著作 267
　　　六、利用最新傳媒弘法 267
　　　七、大多有自己的道場 267
　　　八、社會多元化使法師有了獨立空間 268

第六章　臺灣佛教四大道場的崛起與臺灣社會

　　第一節　八宗共弘的現代化叢林佛光山 271

一、佛光山道場的創建……………………………………271

　　二、創建佛光山道場的指導思想…………………………273

　　三、現代化佛光山道場的創建……………………………277

　　四、由臺灣向海外社會發展………………………………288

第二節　廣辦四大志業的慈濟功德會…………………………291

　　一、自力更生創慈濟………………………………………292

　　二、慈善志業的成就………………………………………294

　　二、醫療志業的成就………………………………………298

　　三、教育志業的成就………………………………………302

　　四、文化志業的成就………………………………………303

　　五、慈濟成功的經驗………………………………………304

第三節　提升人的品質、建設人間淨土的法鼓山……………307

　　一、法鼓山的崛起…………………………………………307

　　二、聖嚴法師對自我品質的提升…………………………309

　　三、法鼓山的弘法理念和組織架構………………………318

　　四、法鼓山的人心淨化實踐………………………………320

第四節　以新法參禪的中台禪寺………………………………327

　　一、創辦中台道場的惟覺法師……………………………327

　　二、中台法門對佛法的新解………………………………330

　　三、「三環一體」與「五統弘聖教」……………………333

　　四、佛法五化運動…………………………………………335

第五節　臺灣佛教四大道場崛起的特點………………………337

　　一、有明確的目標…………………………………………337

　　二、有各自的鮮明特點……………………………………338

　　三、創辦者都是超級經營和管理大師……………………339

　　四、創辦者均有高超的口才………………………………340

　　五、注重利用各種傳媒的宣傳……………………………341

　　六、注意對人才吸收培養…………………………………343

七、注意與中國保持溝通和聯繫 344

　　八、積極向海外拓展 346

　　九、適應臺灣社會的變化 348

　　十、與社會產生互動 348

第七章　臺灣佛教藝術與臺灣社會

　第一節　臺灣佛教音樂 351

　　一、傳自中國的臺灣佛教音樂 351

　　二、臺灣佛教音樂的類型 354

　　三、臺灣佛教音樂的特點 362

　　四、臺灣佛教界的音樂活動 363

　第二節　臺灣佛教戲曲舞蹈 365

　　一、臺灣佛教戲曲 365

　　二、臺灣的佛教舞蹈 366

　第三節　臺灣佛教文物 367

　　一、臺灣的佛教文物博物館 367

　　二、臺灣的佛教文物展 369

　第四節　臺灣佛教造像工藝 381

　　一、銅鑄佛像造型工藝 382

　　二、石雕佛像造型工藝 386

　　三、木雕佛像造型工藝 387

　第五節　臺灣佛寺建築藝術 389

　　一、臺灣佛寺的山門 389

　　二、臺灣佛寺的屋頂 391

　　三、臺灣佛寺的裝飾 393

　　四、臺灣佛寺的格局 398

　　五、臺灣的佛塔 400

第八章　臺灣佛教的學術研究及學術活動

第一節　臺灣佛教研究史上的印順時代與後印順時代 ⋯⋯⋯⋯ 403
　　一、臺灣佛教研究史上的印順時代 ⋯⋯⋯⋯⋯⋯⋯⋯⋯⋯⋯ 403
　　二、臺灣佛教研究史上的後印順時代 ⋯⋯⋯⋯⋯⋯⋯⋯⋯⋯ 404
　　三、後印順時代的啟示 ⋯⋯⋯⋯⋯⋯⋯⋯⋯⋯⋯⋯⋯⋯⋯ 407
第二節　臺灣發表的研究佛教論文 ⋯⋯⋯⋯⋯⋯⋯⋯⋯⋯⋯⋯ 409
　　一、臺灣發表研究佛教論文的類別和篇數 ⋯⋯⋯⋯⋯⋯⋯ 409
　　二、臺灣研究佛教論文的特點 ⋯⋯⋯⋯⋯⋯⋯⋯⋯⋯⋯⋯ 413
第三節　臺灣高校博碩士學位論文對佛教的研究 ⋯⋯⋯⋯⋯⋯ 414
　　一、涉及內容廣泛 ⋯⋯⋯⋯⋯⋯⋯⋯⋯⋯⋯⋯⋯⋯⋯⋯⋯ 414
　　二、具有較高的專業性和學術水準 ⋯⋯⋯⋯⋯⋯⋯⋯⋯⋯ 415
　　三、全面深入地研究了中國佛教人物及其思想 ⋯⋯⋯⋯⋯ 417
　　四、研究佛教文學的論文占有相當數量 ⋯⋯⋯⋯⋯⋯⋯⋯ 419
　　五、開闢了研究與佛教有關婦女問題的新視野 ⋯⋯⋯⋯⋯ 421
　　六、研究了佛教與教育的關係 ⋯⋯⋯⋯⋯⋯⋯⋯⋯⋯⋯⋯ 421
　　七、對當代臺灣佛教的研究別開生面 ⋯⋯⋯⋯⋯⋯⋯⋯⋯ 423
　　八、對敦煌學的研究成績突出 ⋯⋯⋯⋯⋯⋯⋯⋯⋯⋯⋯⋯ 427
　　九、從不同方面研究佛教藝術 ⋯⋯⋯⋯⋯⋯⋯⋯⋯⋯⋯⋯ 428
　　十、以現代科學探究佛教生活與人體健康關係 ⋯⋯⋯⋯⋯ 429
第四節　臺灣當代有代表性的佛教研究者 ⋯⋯⋯⋯⋯⋯⋯⋯⋯ 430
第五節　創辦了一批高水平的純學術刊物 ⋯⋯⋯⋯⋯⋯⋯⋯⋯ 437
第六節　臺灣佛教學術研討會評述 ⋯⋯⋯⋯⋯⋯⋯⋯⋯⋯⋯⋯ 439
　　一、臺灣佛教學術研討會簡介 ⋯⋯⋯⋯⋯⋯⋯⋯⋯⋯⋯⋯ 439
　　二、臺灣佛教學術研討會特點 ⋯⋯⋯⋯⋯⋯⋯⋯⋯⋯⋯⋯ 443

第九章　臺灣佛教的現狀與走向

第一節　全方位的多元化 ⋯⋯⋯⋯⋯⋯⋯⋯⋯⋯⋯⋯⋯⋯⋯⋯ 447
　　一、佛教組織多元化 ⋯⋯⋯⋯⋯⋯⋯⋯⋯⋯⋯⋯⋯⋯⋯⋯ 447
　　二、佛教教派多元化 ⋯⋯⋯⋯⋯⋯⋯⋯⋯⋯⋯⋯⋯⋯⋯⋯ 448

三、弘法內容多元化 452
　　四、弘法對象多元化 453
　　五、弘法媒體多元化 453
　　六、佛學研究多元化 454
　　七、佛教經濟多元化 455
　　八、僧伽教育多元化 456
　　九、寺院功能多元化 457
　　十、法師思想多元化 462
　第二節　居士佛教的勃興 464
　　一、居士團體的興起 464
　　二、居士弘法 466
　　三、居士護法 468
　　四、居士修法 471
　　五、居士志工 474
　　六、居士佛教勃興的原因 479
　第三節　出家女眾的崛起 482
　　一、出家女眾推動了臺灣佛教的興盛 482
　　二、出家女眾崛起的標誌 483
　　三、出家女眾崛起的原因 494

後記

序

　　佛教作為中華傳統文化重要的組成部分，有記載於明清之際已在臺灣建立佛寺。其實，以佛教在大陸的悠久歷史和普及程度，早於彼時赴臺的漢族移民中肯定不乏佛教信眾，佛寺之建，只是反映了當時臺灣的政治經濟狀況和佛教傳播態勢已經達到了設立正式活動場所的條件。近代以來，臺灣經歷了極其劇烈的社會震盪，宗教領域也呈現出紛繁複雜的局面，但是在外來宗教包括新興宗教逐漸占據一定「市場份額」的同時，中國傳統信仰形態（包括生長在中國傳統文化根基上的某些「新興民間宗教」）的優勢地位依然得以保持。

　　臺灣佛教界雖然曾在日據時期遭到日本佛教系統的強制收編，但與中國佛教法脈的聯繫始終沒有割斷。可以說，在臺灣光復及大陸江浙佛教力量湧入臺灣並取得某種主導權之前，福建佛教對於臺灣佛教的影響一直以所謂「地方性」、「草根性」的形式存在著，給中國佛教系統迅速替代日本佛教系統提供了思想準備，且至今不僅未嘗消失，還有波濤再起之勢。而伴隨 20 世紀前期世界社會主義思潮的高漲，無論是日本還是中國的佛教，內部都掀動著「改造」、「改革」的聲浪，在這個廣闊的歷史背景下所出現的星雲法師、證嚴法師等「市民社會」宗教家和印順法師那樣直言「不反對共產主義理想」的佛學大師，特別是他們以「人間佛教」為標誌的創新性佛教理論和實踐能夠被臺灣社會人群廣泛接受的事實，都是在借助臺灣這個特殊的舞臺，證明著傳統文化在實現現代化轉化中所具備的活力，表現出古老的中國漢傳佛教在對社會多層面的適應性中所蘊藏的潛能。從學術角度而言，也為當代臺灣問題研究提出了一系列發人深省的課題。在臺灣的社會政治生態、思想文化生態面臨前所未有的裂解與整合、重構與復歸之衝激動轉的今天，臺灣宗教研究課題的現實意義就顯得更加突出。

　　筆者忝為較早接觸到包括佛教研究在內的臺灣宗教研究、較早意識到其中意義所在的大陸學人之一，卻由於種種原因（主要是主觀努力不夠），長年來愧無多少公開成果問世；僅有的一些發表出來的文字，被後來的某些著

述者不加引注地抄來抄去，已經成了老生常談，了無新意。在不免慨嘆大陸學術界對當代臺灣佛教的研究仍然比較薄弱的時候，去年，筆者有幸看到了揚州大學佛教研究所所長李尚全博士的專著《當代中國漢傳佛教信仰方式的變遷——以江浙佛教在臺灣的流變為例》，雖覺個別地方猶可討論，但仍感興奮不已。及至如今，又得以先睹福建廣播電視大學何綿山教授大作《臺灣佛教》定稿，再次受到巨大鼓舞，竊以為大陸學者對臺灣佛教研究的局面正在打開，一派喜人的前景開始展現在我們的視野之內。

綿山教授長期從事閩臺宗教文化的研究，已出版專著多部，以取材豐富、論據充實見稱。《臺灣佛教》是他2002年承擔的國家社會科學基金資助項目，2006年如期完成。不到5年當中，綿山教授數次親赴臺灣調研，走訪了眾多臺灣佛教界、學術界人士，獲得許多寶貴的第一手資料，並從歷年積累和最近收集的大量書面材料中去粗取精，去偽存真，集中用於支撐本書的框架結構和觀點立論。以40多萬字的篇幅：勾勒出當代臺灣漢傳佛教8個方面的代表性特點。其中關於臺灣佛教人才教育和社會教育、關於臺灣佛教寺院經濟運作模式、關於臺灣佛教藝術創作情況的系統描述和研究，是以往大陸學界很少乃至幾乎不曾觸及的內容，為我們詳盡瞭解臺灣佛教的面貌、開闢了新的途徑。作者最後關於臺灣佛教現實走向的若干探討，立足於深刻變化的臺灣社會政治文化環境和世界佛教發展狀況，提示了臺灣佛教整體的多元化變遷與臺灣漢傳佛教自身多元化變遷的同步態勢，不知不覺把人們的思路引向觀照宗教理性和權力秩序的文化基礎之維。我想，這應該也是綿山教授所期望的一個結果吧！當然，就像任何人為的事物都不可能絕對「完美」一樣，《臺灣佛教》一書限於篇幅，還有一些言猶未盡之處，如對臺灣佛教歷史的敘述尚可有所加強，對佛教與臺灣政治的重要複雜的關係著墨較少，對臺灣佛教體系結構中的一些新興因素宜再進一步重視，等等。但作為主要是為觀察認識當前臺灣漢傳佛教內部宏觀形態提供指南的一本學術專著，其初衷已經基本達到，其餘的自可俟諸來日。順便提一句，綿山教授的這部成果順利透過了國家社科基金組織的通訊鑑定，得到5位評審專家不約而同的高度評價，應該說這是非常公允的，沒有任何偶然性的作用。

綿山教授與我相識有年，他的敦厚樸實、勤奮刻苦和對國家、對事業的強烈責任心令我縈懷不置。本書付梓之時，他執意邀我為序，我不敢違命，勉力從之，心裡在不斷為他道賀和加油。臺灣宗教研究的範圍十分廣闊，在兩岸學術交流和宗教交流繼續得到推進之下，還有許多題目值得我們大陸的學者去發現、去探究。願綿山和更多學界同仁一道，在這個領域作出更大的貢獻！

張新鷹

第一章　臺灣佛教院所與臺灣僧教育

第一章　臺灣佛教院所與臺灣僧教育

　　從 1948 年慈航法師於中壢圓光寺開辦臺灣第一所佛學教育機構——臺灣佛學院至今，臺灣已開設了八、九十所佛學院所[1]，今天有影響的仍有 30 餘所。臺灣當代佛教的興盛與臺灣佛學院所關係密切，當代臺灣佛學院所的崛起，提升了臺灣僧人的素質，培養了臺灣大批住持佛教人才，促進了臺灣宗教師資的養成，開拓了臺灣佛教徒的視野，對臺灣佛教界產生了深遠的影響。

第一節　臺灣佛學院所的現狀

一、分布廣泛，數量眾多

　　當代臺灣佛學院所的崛起，首先表現在佛學院所分布廣泛和數量眾多。目前較有影響的佛院所約有 30 餘所，其分布如：臺北的法鼓山中華佛學研究所（法鼓山僧伽大學佛學院）[2]、天台教學研究所、法光佛教文化研究所、華嚴專宗學院佛學研究所、臺灣大學佛學研究中心、玄奘學術研究院（海明佛學院）、華梵佛學研究所（蓮華佛學園），基隆的華文佛教學院，桃園的佛教弘誓學院、圓光佛學研究所（圓光佛學院），新竹的福嚴佛學院、壹同女眾佛學院，苗栗的法雲佛學院，臺中慈光禪學研究所（慈光禪學院）、南普陀佛學院、護國清涼寺「淨土專宗佛學院」、中華佛教學院（慈明佛學研究所），南投的中台男眾佛教學院（中台女眾佛教學院）、法相山臺灣辯經學院、壽峰山光量學佛院、淨律學佛院，花蓮的正法佛學院、佛教力行學院（佛教解脫道研修所），嘉義的南華大學佛學研究中心、香光尼眾佛學院，臺南的臺南女眾佛學院、開元禪學院、千佛山女子佛學院，高雄的淨覺佛學院、佛光山叢林學院、元亨佛學院（元亨佛學研究所），整個臺灣只有臺東、屏東、宜蘭等少數地區沒有設佛學院所。

二、招生嚴格，學制規範

　　招生方式的日趨嚴格使佛學院所的生源質量得以保證。臺灣佛學院所在招生方面採取了若干措施來保證生源的質量，如：（一）招生數量少，寧缺毋濫。一般每個佛學院所每年招生人數不超過 10 人，每屆在校生人數不過十幾人或幾十人。（二）視院所的條件決定招生的屆數，有的院所每年都招，有的兩年招一次，有的三年招一次。（三）招生起點根據不同層次有不同要求，如千佛山女子佛學院規定專修班要有專科畢業，高級班要有高中（職）以上學歷，中級班要有初中以上學歷，預科班可不限學歷。佛教弘誓學院規定研究部入學資格必須於佛學院修得佛學專業科目 60 學分以上者，或本院專修部畢業者，或大專以上學歷者。法鼓山中華佛學研究所招全修生入學資格必須大學畢業，或專科畢業但須曾就讀高級佛學院或相關工作經驗，或高等考試合格者，或高中畢業後在高級佛學院修學三年畢業的出家眾；其選修生，為已獲博士學位者，或已獲碩士學位且碩士論文為研究佛學者，或博、碩班肄業且在佛學相關領域工作三年以上經驗者。圓光佛學研究所要求佛學院大學部畢業者，或大專以上、碩士、博士或同等學歷者。護國清涼寺「淨土專宗佛學院」初級班（沙彌部）要求小學或初中以上畢業，中級班（專科部）要求高中畢業或其他佛學院初級班畢業，高級班（教理部）要求高中畢業或其他佛學院中級班畢業。（四）入學考試方式以筆試和口試相結合，有的還要求交一份自傳。筆試的內容各院所有所不同，但大多為中文和佛學基礎，有的還要求英文，如法鼓山僧伽大學佛學院筆試內容為中文、英文、佛法概論，同時要交一份 2000 字到 2500 字內容的自傳，自傳內容包括：1. 個人現況概述；2. 家庭背景；3. 求學經過及感想；4. 就業或服務之經驗；5. 個人的興趣專長及性向特質；6. 參與團體或社團活動之情形；7. 學佛的因緣及改變人生的轉折點；8. 報考本佛學院的動機與出家的動機；9. 對宗教的態度及修行的體驗；10. 對法鼓山理念的認識與瞭解；11. 個人對未來的期許或規劃；12. 其他。佛光山叢林學院筆試內容則為佛學常識、中文、作文。南華大學佛學研究中心筆試內容為中文、英文、佛學概論、宗教哲學或中印佛教史。香光尼眾佛學院筆試內容為中文、佛法概論。華嚴專宗學院佛學研究所筆試內容為中文、英文、佛學概論、華嚴大綱、印度佛教史。華梵佛學研究所筆

試內容為中文、英文、中國佛教史、經論。口試內容一般為對考生情況的進一步瞭解，如臺南女眾佛學院口試重點為：瞭解考生就讀學院之動機及學習願望，傳達學院的理念、學習內容及學院的作息規矩，並說明入學前的心理調適和應準備的東西，包括報到時注意的事項等。[3]

　　學制的規範使臺灣佛學院所的僧教育相對完整穩定。臺灣各佛學院所都採用半年一學期，根據各個班的不同，學習年限有二年制的，有三年制的，有四年制的，有六年制的。如中華佛教學院，第一年為專修部的結合式教學，第二年考核後編入初級部或高級部。初級部再讀兩年，共三年。高級部再讀三年，共四年。先讀初級而升高級共六年。佛教力行學院（佛教解脫道研修所），前者設高中部和大學部，分別為三年制和四年制，後者設禪門專修部、碩士學程部、博士學程部，各為三至五年修滿 36 學分。法光佛教文化研究所正式研究生三年，選修生六年。法鼓山僧伽大學佛學院為四年制。香光尼眾佛學院為二部五年制，即三藏部、專修部，三藏部修學為三年，專修部修學為兩年，這五年學制的訂立「乃根據觀察分析一位宗教師由俗到僧的轉化歷程，包括生理、心理，生活適應及各項學習而制定」。[4]

　　有的佛學院根據社會要求和現實情況作調整，如福嚴佛學院曾長期分設有初級、高級、研究三個部，學制各三年，2002 年改制為大學部四年，研究所三年。

三、多種層次、多種類型

　　辦學層次的多樣、培養目標的明確使臺灣佛學院所能適應各種對象的要求，不僅擴大了生源，也使教學有目標、有計劃地展開。各種佛學院所都不只辦一種班，有的從初級、中級、高級等辦有各種層次的班。如佛光山叢林學院教育學程為三級，第一級「中國佛教研究院」；第二級「佛光山叢林學院」（包括「國際學部」和「專修學部」）；第三級「東方佛教學院」，設立初級佛學教育的學園。佛教弘誓學院設有：研究部，以培養僧伽與信眾教育師資及佛教學術研究人才為教學目標；專修部，為僧伽基礎佛學教育，培養學僧，以自利利他為教學目標；推廣部，為佛學成人推廣教育，以提升信眾佛學素養為教學目標。法鼓山中華佛學研究所設有全修生、選修生、選課生、

臺灣佛教

第一章 臺灣佛教院所與臺灣僧教育

推廣部學生、漢藏佛教文化交流研究班藏僧等。淨律學佛院設有初級部、高級部，前者為基礎教育，後者為專修教育。華文佛教學院設正修科（即本科）、預修科（即先修科）。開元禪學院設專修班、正科班、預科班。華梵佛學研究所設有甲級研究生班、乙級研究生班、助理研究生班。

各佛學院所所開設的課程並無統一規定，而是根據各院所培養目標、辦學宗旨和現有條件而決定。一般都要求解行並重，並多以三個方面內容組成：一是佛學教理、學派、經論、教史，兼以禪、淨、密等行門實修的指導；二是生活藝術技能方面的訓練，如梵唄、儀制、電腦、電學、音樂等；三是中文（含作文、文學賞析等），外文（英文、日文、巴利文）。或稱三門，一是解門，如佛學三藏（經、律、論）、佛教史、佛教文獻、佛教研究方法、布教學、論文寫作；二是行門，即禪、淨、密專修，或禪淨兼修；三是方便門，如語文（英、日、梵、巴、藏）、梵唄、禪詩禪畫、佛教音樂藝術、教育心理、輔導咨問、大眾傳播。以中華佛學研究所課程為例，第一年內必修課程為宗教學專題、印度教史專題研究、佛教史料學、經典語文（梵文、藏文、巴利文，三選一），佛學外語（英文、日文，二選一）、佛教史（中國佛教史、西藏佛教史，二選一）；共同科目為：佛學方法論、中文佛教史籍解題、佛學知識管理實務、資訊時代中的佛教文獻、資訊與教育科技、論文寫作指導、佛教文獻學、版本目錄學、語言學概論、經典專題研究、遊戲藏海、當代佛學名著導讀、經論導讀、翻譯方法論、社會科學與宗教研究法、中西比較哲學研究、中印佛學比較研究。中國佛學組選修科目如：天台思想、天台止觀、摩訶止觀、天台判教論、法華思想、法華玄義、法華專題、法華文句之研究、天台理論與實際、華嚴思想、華嚴法界觀、華嚴判教論、淨土思想研究、彌陀淨土思想研究、彌陀淨土學、菩薩願行與佛國淨土、善導的淨土教學、禪宗思想、禪宗專題研究、禪學、宋代禪宗專題研究、成唯識論、肇論、中國佛教禮懺文獻研究、臺灣佛教史、隋唐佛學研究、宋元佛教史專題研究、中國佛教史專題研究。印度佛學選修的科目如：印度文化史、印度哲學史、上座部、異部宗輪論、部派佛教、南傳阿毗達摩、大般若經、中觀梵典研究、月稱的無我觀、瑜伽行梵典研究、瑜伽師地論專題研究、唯識思想與文獻、唯識梵典研究、聲聞地、如來藏、巴利初階、巴利文導讀、巴利佛典選讀、

巴利語言及語音學、巴利文法與文獻、梵文佛典導讀、攝阿毗達摩義、因明學、明句論、俱舍論、大智度論、印度教與大乘教的比較研究、婆羅門教哲學與初期佛教哲學比較研究。西藏佛學組選修的科目如：西藏佛典選讀、現觀莊嚴論註釋、入菩薩行論、智慧品、《菩提道次第廣論》、藏傳佛教因明概論、入中論、藏文佛典選讀、西藏佛教、宗義、西藏宗論的研究、智者入門、俱舍論籤注、漢藏佛典對讀研究、菩提道燈難處釋。

綜觀各院所所開課程，可看出其特點有六：第一，各院所所開的具體課程有較大的差異，所用教材有的採用本院所法師的著作，有的用臺灣著名佛學家著作（如印順導師、聖嚴法師）。開課方式各有特點，如佛教弘誓學院研究部所開的選修課以專題研討的方式進行，開有禪學、部派佛教、南傳佛教、天台學、華嚴學、西藏佛教、因明學、宗教學、倫理學、如來藏等專題研討；佛教力行學院（佛教解脫道研究所）強調力行課程，要求院及所各部都要實施師生相應法門，每週以修行日記作為師生相應契機，隔週舉辦禪一、佛一，每學期舉辦一次連續三週的禪七（21天）及佛七或大圓滿七一次；並設計佛陀時代修行環境，如沙灘行禪、海濤獅吼、岩上趺坐、觀波悟空、山中行禪、水邊觀音、林下定心、望風聞色、夜宿墓場斷恐懼、睹盡明星體如如、獨行深山破無明、眺月觀心見本性等。第二，各屆學生課程變化較大。以法雲佛學院為例，第一屆第一學年課程為：四十二章經、楞嚴經、佛遺教經、佛教戒律學、沙彌律儀、佛教論典學、百法明門論、五蘊論、止觀、八宗綱要、成佛之道、中國佛教史、佛教文選、佛學概論、佛教文藝、中國歷史、國文、中華文化基本教材、英文、日文、書法、美術；第二屆第一學年課程為：法華經與人生、四十二章經、沙彌律儀、百法明門論、八宗綱要、佛學與學佛、初級佛學、小止觀、緇門崇行錄、梵唄、四書、國文、英文、日文、書法。第三屆第一學年課程為：原始佛教經典選讀、戒律學、三論玄義、小止觀、成佛之道、禪林寶訓、中國佛教史、國文、佛教音樂、日語會話、書法；第四屆第一學年課程為：大般若經、阿含經導讀、天台四教儀、大乘起信論、八宗綱要、成佛之道、初級佛學、魏晉南北朝佛教史、國文、英文、日語會話、書法；第五屆第一學年課程為：大般若經、阿含經導讀、六祖壇經、小止觀、八宗綱要、初級佛學、中國佛學思想史概論、魏晉南北朝佛教史、竹

臺灣佛教

第一章　臺灣佛教院所與臺灣僧教育

窗隨筆、中國文學、藝文析賞、英文、日語會話、繪畫、書法。第三，各門課程都訂有明確的目標。如香光尼眾佛學院開出解門、行門、生活門、執事門、弘護門等課程，並訂有課程宗旨和目標。其解門，旨在為了探尋佛陀的智慧，正確地認知佛教教義、僧伽戒律、儀軌，建立佛教史觀，瞭解佛教與社會的互動關係；其行門，旨在挖掘生命的寶藏，訓練威儀，熟習課誦、自我檢核，提升定力與念力，找到止息煩惱的途徑；其生活門，旨在陶養健全的僧格，實施在家到出家的身心轉化，體現互助合作、共同參與的僧團生活；其執事門，旨在鍛鍊領眾的人才，學習執作知能和領導技巧，於共事中調節觀念態度，陶冶果敢的勇氣與恢弘的器識；其弘護門，旨在落實弘法的悲願，透過實際的參與，落實所學，使內修與外弘相輔。[5] 福嚴佛學院初級部開設的課程如經、律、論、史、語文、演講、書法等，旨在培育寺院基層人才，確立正知見，健全僧格，奠定佛學基礎、培養宗教情操，造就通俗弘法人才；高級部開設的課程如原始佛教、中觀、唯識、天台、華嚴、《妙雲集》導讀、佛學研究方法與資料運用等，旨在培育初級部師資、陶鑄優秀弘法人才，培育學校行政人才，奠定義學深造基礎。[6] 第四，引進新的教學手段和內容。如華文佛教學院運用視聽形式上日語課和自修課。開元禪學院將電腦課放在重要位置，以其 2000 年第一、二學期、2001 年第一學期為例，都要連上三個學期的電腦課，學了電腦課程初階後，還要學進階，且學分不低於其他課程。第五，普遍對語言課重視，一般要求學梵文、巴利文、藏文、古漢語、英文、日文等，要求能用所學語言通讀原典。第六，成績和考核由各佛學院所掌握。如淨律學佛院規定其解門成績，初級部學生成績由期中考試、期末考試、平時作業三部分組成，高級部學生成績由教授法師自行決定；其行門成績無論初級部或高級部，都要依據五堂功課和個人自修（拜佛、念佛、誦經、持咒、止觀）；其操行成績無論初級部或高級部都要依據其操守品行、工作業績、違規登記、個人內務等方面情況而定奪。

　　嚴格的管理使臺灣佛學院所使能長期保持穩定。臺灣各佛學院所的管理系統有所不同，但總的不外以下幾種模式：（一）院務會議（或基金會、或董事會）——院長（校長、所長）——教務、訓導、總務；（二）導師——院長（校長、所長）——教務、訓導、總務；（三）校長（院長、所長）——

教務、訓導、總務。據調查瞭解，這幾種管理體系是根據不同佛學院所而制定的，院務會議（或基金會、或董事會）負責制一般為較大型的佛學院所使用，有利於群策群力，集思廣益，特別在重大決策上可吸收各種不同意見；導師負責制一般為較單一的佛學院所，導師德高望重，本身或為開山長老、或為佛學院所創辦人；院長（校長、所長）負責制一般為較小型的佛學院所使用，院長或為開山長老，或為聘任來的，大都是佛學方面的專家。

為便於管理，許多佛學院所還制訂了組織章程，其內容大體如下：1. 本院所的宗旨和目的；2. 本院所承擔的任務和開展的活動；3. 本院所的組織系統，院務會（或基金會、或董事會）的權限、各位責任人的職責、信徒的義務；4. 院所中財產所屬的歸屬；5. 召開各種會議的規定；6. 經費的預算來源使用及通報制度；7. 本院所各項規定的實施；8. 章程的修訂；9. 其他附則。這些組織章程有相同處，如認為教務處的職權為：掌管教育方針、新生考選、課程選編、學生成績考查等事宜；訓導處的職權是掌管學生生活、操行考核、課外指導、體育、康樂、衛生等事宜；總務處的職權是掌管文書、庶務、出納、教具設備等事宜。也有許多院所訂出了不同的章程，如千佛山女子佛學院的組織章程則規定「本院佛學課程聘請之教師必須由出家人專任，在家居士僅能擔任世俗技藝方面的課程」，[7] 佛光山叢林學院的《組織章程》則規定「本院為配合大專知識青年、社會青年學佛所需，支援青年佛學營與全臺各分別院都市佛學院等師資」。[8]

另外，各佛學院所還訂了許多詳盡的《學生生活規約》，對日常生活的各個方面都訂出詳細的規定，綜其大概，一般有以下幾個方面：1. 總則；2. 共住規約；3. 課誦規約；4. 律儀規約；5. 請假規約；6. 教室規約；7. 齋堂規約；8. 寢室規約；9. 自修規約；10. 閱覽室規約；11. 輪執規約；12. 出坡規約；13. 會客規約；14. 電話規約；15. 浴廁規約；16. 運動規約；17. 獎懲規約；18. 其他。每個規約少則幾條，多則幾十條，方方面面都考慮到了。僅以圓光佛學院的《生活規約》之「律儀規約」為例，共有18條，極為細微，現擇其幾條介紹如下：[1] 凡遇見師長、同學未合掌作禮者，處罰。[2] 在家同學見出家同學先合掌，比丘尼見比丘先合掌，違者處罰。……[4] 凡出入辦公室或師長室，未事先扣門三下請示，離室時未向師長合掌敬禮者，處罰。[5] 任

何地方彈簧門，進出要輕拉慢放，不可出聲，違者處罰。……[8] 凡衣履不整，邊走邊穿不良習慣者，處罰。[9] 凡院內行走，與人同行，高聲談笑，奔跑者，處罰。[10] 凡坐時蹺腳，立時倚牆靠壁者，處罰。[11] 男女眾同學，除公事往來，嚴禁在一起言談，聊天或打羽毛球、乒乓球等運動，違者處罰。……[13] 每日晚自習，除班長、室長，夜間巡邏公事外，不論任何場所一律禁語，違者處罰。……[16] 假日外出要在外出登記簿上登記，違者處罰。再以請假規約為例：「逾假一小時以上者申誡一次，除向大家懺悔外，打掃廁所一週，禁止二個月不准外出。逾假一天者小過一次，除向大家懺悔外，打掃廁所二週，禁止三個月不准外出。逾假三天者大過一次，除向大家懺悔外，打掃廁所三週，禁止一學期不准處出。逾假三天以上者開除學籍。」[9] 可見規約之嚴。除了制定嚴格的規約外，有的院所還制定了自覺公約（或稱實施細則），如中華佛教學院《自覺公約》有以下幾個方面：1. 愛惜光陰、發憤用功；2. 尊師重道，友愛同學；3. 愛惜公物，小心用放；4. 遵行院規，嚴守秩序；5. 注重衛生，隨時留意；6. 做事負責，不避繁重；7. 準時作息，寂靜低聲；8. 接受批評，珍視榮譽。每個方面都有幾個至幾十個不等的詳盡的要求，如僅「準時作息、寂靜低聲」看來就有 10 條：[1] 按時上下講堂；[2] 出坡準時到場；[3] 午睡夜眠，準時上床；[4] 一切集會不落人後；[5] 走路要舒緩不得有聲；[6] 說話用扇咳唾噴嚏不要大聲；[7] 開關門窗要輕緩不要有聲；[8] 不要使桌椅發聲；[9] 不要亂開收音機，用畢即時關息；[10] 行住坐臥要符合出家威儀。由此可知，每個細節都考慮到了。

四、努力改善辦學條件

師資是培養高質量佛學人才的保證。臺灣各佛學院所師資不平衡，但大體還能滿足辦學需要。現將有代表性的佛學院所師資情況列表如下：

第一節　臺灣佛學院所的現狀

院所名稱	創辦時間	教師性別學歷			(結業或沒拿到學位按低學位算)			職稱	其他，如住持、院長、所長等
		僧	尼	男	女	本科	碩士	博士	教授、副教授	
千佛山女子佛學院	1982年	1	5	1	4		2		1	
中華佛教學院	1974年	4	9	3	1	12	4			1
元亨佛學院元亨佛學研究所	1990年 1993年	4	12	7	2	16	3	4		2
佛光山叢林學院	1965年	55				34	11	10		
佛教力行學院 佛教解脫道研修所	1997年	8	2		6				7	9
佛教弘誓學院	1986年	1	18	8	3	16	6	5		4
法光佛教文化研究所	1989年	3	2	35	3	2	9	26		4
法雲佛學院	1968年	7	19	9	4	17				22
法鼓山中華佛學研究所	1985年	9	6	25	9	7	17	22		
法鼓山僧伽大學	2001年	7	7	3	7	10	3	3		8
南華大學佛學研究中心	1996年	2	2	7	2		3	10		
香光尼眾學院	1980年	1	18		5	17	3	4		
淨律佛學院	1987年	15			4					11
華文佛教學院	1984年	5	9	5	1	11	3			6
華嚴專宗學院	1975年		5	6	3	3	7	4		
開元禪學院	1987年	12	4	10	5	21	2	3		5
圓光佛學研究所	1987年	1	2	14		4	2	11		
壽峰山光量佛學院	1994年	10	3				11			2
福嚴佛學院	1969年	11		7	2	13	5	2		
台南女眾佛學院	1995年	5	10	6	5	15	3	1		7
蓮華學佛園	1970年	1	10	2	4	7	7	2		1

23

臺灣佛教

第一章　臺灣佛教院所與臺灣僧教育

　　由以上表中所列數據及其他有關資料可看出：（一）各佛學院所師資分布不平衡，有的多達數十人，有的僅數人；（二）教師學歷相差懸殊也很大，有的幾乎沒有博士，有的大多為博士；（三）僧尼及男女的分布有一定的規律，如果院長為僧，則大部分教師為僧或男的；如為女眾學院且院長又是女的，則大部分教師為尼或女的；（四）大學中教授在各院所兼職的現象較為普遍；（五）許多出家人赴歐、美、日攻讀博士學位已開始成為風氣，獲取學位後又返回本院所任教，開拓了本院學生的視野，提升了教學質量；（六）本院所培養的青年法師畢業後留下任教，已成為教學骨幹和中堅；（七）凡開山元老或創辦者，無論有無學位，都為院所的當然教師；（八）由於師資緊缺，對佛學有研究的外聘教師成為搶手貨，有一定聲望的教師在多所佛學院所兼職現象已不罕見；（九）一些大的佛學院所已開始向世界網羅人才，如佛光山叢林學院就聘有美國、日本、澳洲、加拿大、印尼、馬來西亞及香港等地的法師或學者前來任教；法鼓山中華佛學研究所聘有印度、德國、日本、加拿大、斯里蘭卡、英國、緬甸、美國等國的法師或學者前來任教。（十）教師與國際上接觸頻繁，經常前往各地參加各種研討會，或應邀前往開講座；（十一）本院所的畢業生已成為師資的主要來源渠道之一，並成為教師的骨幹力量。

　　建築面積和圖書館、資訊設備等硬體設施，已成為各佛學院所為之積極努力，並力圖改善的重要目標。一般可分為三種情況：第一種，校舍面積較為寬敞，功能清晰明瞭，如佛教弘誓學院主要建築依功能區隔為二：一為禪堂、辦公室、客堂、教室、會議室與圖書館，一為師生寮房、客房與齋堂，平均每一住宿生分享的面積有 40 平方公尺，平均每一學生分享的校園面有 70.3 平方公尺。第二種，校園建築與寺院一起用，學生宿舍較擠，但校內可供使用的建築面積卻不小，如佛光山叢林學院學生宿舍平均每人為 6.84 平方公尺，但校園用地平均每人 304.21 平方公尺。第三種是本身校園就較小，又沒有大寺院可依靠，因此學生宿舍和校園可使用面積都極低。有的院所還建有功能多樣的休閒室、視聽教室、電腦室、運動室等。各院所都較為重視圖書館建設，每年都有專款購書，一般都有萬冊以上圖書，並力圖突出自己的館藏特色，如千佛山女子佛學院的藏書特色是藏有本院創辦人白雲禪師出家

第二節　臺灣佛學院所的辦學特點

80年來對經藏「行證」的心得，約近60餘種。佛光山叢林學院圖書館藏有各類藏經版本（梵、巴、藏、漢）善本書，各種工具外文佛書（日、英、韓、歐）、文史哲大部頭叢書等。佛教弘誓學院圖書館以「人間佛教」哲學相關資料為館藏主軸，兼及相關議題，如護生主題（含環境、生態保育、動物權等）及女性議題。法光佛教文化研究所圖書館藏有中、日、英、梵、巴、藏等語文佛學專書、工具書、雜誌、期刊及文史哲叢書。法鼓山中華佛學研究所藏有研究早期佛教和上座部最重要的文獻——英國巴利聖典學會出版的巴利三藏，與緬甸版和泰國版的巴利三藏，以及中、英、日、泰的譯本；在中文大藏經方面，藏有十餘種各種版式本的大藏經，其中如磧砂版大藏經、金藏、乾隆版大藏經、房山石經、敦煌寶藏等絕大部分未見於大正新修大藏經。在西藏大藏經方面，藏有北京版、德格版、奈塘版、拉薩版、庫倫版、臺北版及中華大藏經（藏文部分）；館中還藏有分別屬於梵、藏、緬甸佛教文化四百多函珍貴的貝葉；館中還藏有包括以中、英、日、德、法等文字出版的當代學者的研究成果。香光尼眾佛學院圖書館以藏有四百餘種期刊、佛教博碩士論文、依主題分類收集的剪輯資料及各種佛教會議論文為特色。華嚴專宗佛學研究所圖書館以收藏與華嚴思想有關的期刊、論文及典籍為特色。福嚴佛學院圖書館藏書以學術著作為主，特別是日文學術著作及日文期刊相當豐富。華梵佛學研究所圖書館的館藏特色是人文與科技並重。

▍第二節　臺灣佛學院所的辦學特點

　　臺灣佛學院所在發展的過程中，形成了自己鮮明的特點，歸結其大要，主要有以下幾點：

一、辦學宗旨多元化

　　各佛學院所根據本身的條件和不同的辦學宗旨，呈現出各自不同的辦學風格和特色。如千佛山女子佛學院辦學宗旨是增進僧伽的知解與行修條件，培育弘法利生人才，尤其是接引未出家的發心者，其教育特色為小班教學，伽藍學校化，教育生活化。中華佛教學院辦學宗旨是以叢林的生活、現代教育的理念，造就住持佛法、續佛慧命的現代佛教青年；[10] 其辦學特色為重視

臺灣佛教

第一章　臺灣佛教院所與臺灣僧教育

啟發式教學，進行法務實習，提倡選修課程多元化。元亨佛學院、元亨佛學研究所的辦學宗旨分別是教理的闡揚與道心的涵養並重，「以北傳經、律、論研讀為主，兼習南傳聖典，培養研究南北傳教之人才」[11]，由此形成了不分宗派廣攝法筵的辦學特色。佛光山叢林學院辦學宗旨是培養正信教徒、宗師、負責人或神職人員，以研究教義為主，世用為輔，其辦學特色是面向世界開放，學生國際化，佛學院遍及美國、香港、澳洲、南非、印度等國家和地區。佛教力行學院、佛教解脫道研修所的辦學宗旨是「回歸佛陀時代的教導及修行方法，培養解脫道及菩薩道的行者」，[12]其辦學特色是使修行與生活融為一體，提倡「生活即佛法」，「佛法即生活」，注重在日常生活中實際修行，突破傳統的室內教學，以沙灘行禪、水邊觀音、岩上跏趺、山中禪行等方法讓修行者體悟正法，以達到修學佛法、聞思修證的目的。佛教弘誓學院的辦學宗旨是「以提倡智慧增上，入世關懷，激發積極勇健之菩薩精神，推展契理契機之人間佛教」，[13]其辦學特色是研究部為佛學院後研究教育，專修部為僧伽帶職進修教育，二者都為學習者提供兼顧個人佛法進修與常住的學習機會，每月集中四五天教學，其餘由各科教師規定閱讀速度，或用隔空形式學習。這樣學生可一方面兼顧常住職務義務，一方面以通學方式持續佛法學習。法光佛教文化研究所的辦學宗旨是提升解行並備的佛學研究及佛教弘化人才素質，其辦學特色是實施解行並重培養研究生獨立研究能力，加強佛學語文訓練和課餘指導的力度。法鼓山中華佛學研究所的辦學宗旨是「培養高水平的佛教教育及弘化人才，提倡國際性的佛學教學學術研究」，[14]其辦學特色注重學生品質，研究、教學、出版三者並重，鼓勵來自不同國家的師生從事不同領域的佛學研究，在廣泛利用網路資訊進行佛學研究方面形成優勢。香光尼眾佛學院辦學宗旨是培養具備奉獻精神、恢弘器識、弘法知能的宗教師，其辦學特色是學院教育與寺院教育融合，基礎教育與生涯發展兼顧，普通與個別性教學並具。淨律學佛院辦學宗旨是「以嚴肅的生活教育，奠定學員戒德之基礎，以行解並重的佛法教育，培養學員定慧之內涵；以造就『持戒為本，淨土為歸，弘護正法，續佛慧命』之僧才」，[15]其辦學特色是透過遠離塵囂鬧市的清淨學習環境幫助學員調伏煩惱，與法相應，離諸外緣，專心靜修，注重戒律，專修內典。華文佛教學院辦學宗旨是「主修佛學，

兼及相關世學，尤注重佛化德育之實踐，旨在培育佛教青年研修佛法、敦勵志行」，[16]其辦學特點如授課內容主要用太虛、印順等著名法師著作及日本佛教大學教材，學科內容採用一般大學科際課程，並採用學分制。華嚴專宗學院佛學研究所辦學宗旨是「培植專研、專修、專弘華嚴思想之弘法教育人才，以現代的學術精神，研究佛教高深哲理」，[17]其教學特色是專修普賢行願，以十度、四攝法、成熟無量眾生；專弘華嚴經教，投身華嚴教學；專研華嚴經典、教義，啟發本具善根、智慧。開元禪學院辦學宗旨是：「造就佛教人才，期能使之擁有正知正見，具足悲智行願的精神」，[18]其教學特色為禪寺寺務與學院院務各自獨立，學員可心無旁騖地潛心研究佛學，每月一次班會，由院方和學生直接溝通。圓光佛學研究所辦學宗旨為：「以傳統叢林教育的宏觀，依現代教育的理念，培養解行並重之優秀的佛學教育與經教義解研究人才」，[19]其教學特色為以傳統叢林教育宏觀，配合現代學術研究方法，從事印度、中國佛教學等的研究。慈光禪學研究所辦學宗旨是「以禪理導正修行、會通各宗禪法，而以禪宗行持為一，開顯智慧、了達真性」，[20]其辦學特色為每學期打四十九天精進禪七。壽峰山光量學佛院辦學宗旨為「仰溯東林：禪淨律學。學宗天台：教觀並重。行持戒律：止作二持。旨歸淨土：止觀念佛」，[21]其辦學特色是不辦法會，少外緣，學生輪流擔任執事，從實習執事過程中培養人事上的互動及敬業樂群精神，提高將來獨當道場的能力，以天台等佛學教義為解門課程，有不少課以聽錄音帶為主，學生不懂處可電話請教法師或集中面授解答。福嚴佛學院辦學宗旨是「造就僧才、住持正法、續佛慧命、淨化人心」，[22]其辦學特色以印順的學思理念辦學，重視僧格培養，不在於培養學生成為學問家，而是教導學生更好地過如法如律的僧團生活，除了對教理瞭解外，更重視生活教育，學生可依自己定向選擇一門深入精研，不標榜某宗某派特勝。臺南女眾佛學院的辦學宗旨是「造就德學兼優之弘法人才與自利利他之菩薩行者」，[23]其辦學特色是將修行落實到日常生活中，除了佛學、國學課程研讀，並有書法、國畫、篆刻、泥塑、中國結等佛教創作；全年不辦法會，少讓學生參與外界活動，以修養同學心性。華梵佛學研究所辦學宗旨是「般若淨化思想，菩薩悲智精神」，[24]其辦學特色是培養學生的出家人風範，教觀並重，解行兼修，重視環境教育，借助自然景

色、藝術熏陶。護國清涼寺淨土專宗學院辦學宗旨是「培養具足出家威儀、知能，和真發道心住持佛法，並學養、德行兼優，而又深具慈悲心性的淨土僧伽人才」，[25] 其辦學特色是以研讀淨土經典與研修法門為主，落實淨土法門的解行並修。由上可知，不同的佛學院所因其辦學宗旨不同，其辦學特色也不同，或解行並重，既重佛學課程學習，也重宗教情操熏修，或側重於宗教品行修煉，或側重於佛教學術研究，或側重於執事能力培養。具體說，或專心靜修，不辦法會，將院所活動與寺院活動脫離；或參與寺務，將寺院活動與院所活動結合起來；或儘量少辦活動，少參加外界活動，培養學生穩重的僧格，學生氣質因之大多嫻靜而保守；或介入社會熱點，培養學生融入社會以便今後更好地在社會上弘法；或根據培養正信教徒、宗教師、專職神職人員等不同目的而進行推廣班、專科班、研修班等不同層次教學；或根據自身條件只辦一種形式學習。

二、開拓與外界交流

拓展與外界的學術交流，採用請進來、走出去的方法拓展學生的學術視野。臺灣各佛學院所鼓舞並倡導各種類型的學術活動，其形式如：（一）聘請國際著名宗教學者來講學，與國際上有關院校結成友好學校。臺灣有影響的佛學院所邀請國際上著名學者來參觀講學已成慣例，如法光佛教文化研究所曾請過加拿大邁克思特大學冉雲華、美國天普大學傅偉勳、日本東京大學鎌田茂雄、美國夏威夷大學鄭學禮、美國康乃爾大學麥克瑞、加拿大 Calgary 大學 Leslie Kawamura、美國加州大學 Madawala Seelawimala、新加坡大學古正美、墨西哥 Le-onaydo、美國 I-OWA 大學巴宙、美國亞利桑拿大學 Dr.Robert M.Gi-mello、印度德里大學 Dr.sharma、美國威斯康辛大學 Rita M.Gross、維吉尼亞大學 P.Groner、印度菩提伽耶寺住持 Gnana Jagat、印度伊迦埔里·達摩吉里潘特、美國聖格精舍住持師法、尼泊爾珠脫仁波切、美國哈佛大學范德康等專家學者參觀、演講、座談，許多佛學院所還與國際上著名學府結成姊妹關係，進行留學、出版品交換及人員互訪。以法鼓山中華佛學研究所為例，與之建立友好交流關係的學校，如日本佛教大學、日本立正大學佛教學部、日本駒澤大學佛教學部、日本花園大學、

第二節　臺灣佛學院所的辦學特點

美國密歇根大學、俄羅斯聖彼得堡大學、泰國法身中心等。（二）積極開展與大陸佛教院校的聯繫溝通，共同探討如何辦好僧教育等問題。基於「今天不辦教育，明天就沒有佛教」的共識，臺灣佛學院所多次舉辦兩岸佛學研討座談會，並得到大陸積極回應。如中華佛學研究所曾於1998年11月舉辦「兩岸佛學教育交流座談會暨博覽會」，出席會議的大陸佛學院所如：中國佛學院、中國佛學院棲霞山分院、四川尼眾佛學院、福建佛學院、閩南佛學院、嶺東佛學院、中國佛教文化研究所等；出席會議的臺灣佛學院所如：臺灣大學文學院佛學研究中心、法光佛教文化研究所、華嚴專宗佛學研究所、海明佛學院、玄奘學術研究院、佛教弘誓學院、圓光佛學院、福嚴佛學院、香光尼眾佛學院、開元禪學所、淨覺佛學所、佛光山叢林學院等。大陸代表到法光、華嚴、福嚴、香光、玄奘、慈濟、法鼓山等佛教院所及單位參訪交流。會議就當代的佛學教育、迎向21世紀的佛學教育等進行交流，取得圓滿結果。出於對「如果沒有好的教育，就沒有健康的僧伽；沒有好的僧伽，就不可能有佛法正法住世弘傳的順利展開」的考量，慈光禪學所也多次召開兩岸僧伽教育交流座談會，就佛學院所應怎麼辦、臺灣僧伽教育的現狀和存在問題、今後應解決的關鍵等展開研討，涉及僧伽教育的方方面面。（三）聘請本島各地著名學者教師來院所開講座。為拓展學生視野，聘請本島各領域佛學專家不定期來佛學院所開講座，已成慣例。有時這些講座成系列，如法光佛教文化研究所在2000年不到半年時間就開出兩次系列講座，「佛教文化系列」就「生活中的禪修」、「從提婆達多問題談起——兼論佛教史研究與佛教信仰的衝突現象」、「顯密地道次第」、「臺灣佛教的過去現在與未來」、「煩惱免疫學」、「漫談中國梵唄的發展」、「談轉念」、「慈航普度論觀音」、「西藏佛教音樂」、「佛教與書法」等八個專題進行演講，其「佛教與人生系列」，就「生活的智慧——平常心是道」、「開悟的前提與人生的意義」、「佛教的社會關懷——圓滿教育經驗談」、「佛法與情緒管理」、「紅塵人間好修行」、「為什麼要皈依三寶」、「現代佛教『信徒』探討」等七個專題進行演講。再如華梵佛學研究所曾開出過「華梵佛教學術講座」，分別就「一念三千疏義」、「菩薩的心行——實踐與完成」、「南北朝佛教石雕造佛藝術探討」、「觀無量經境界之超越藝術觀」、「以慈修身」、「廬山慧

遠大師的思想與行誼」、「阿含經的禪觀與天台小止觀的研究」、「學佛與日常生活」、「法華經中三大義——平等、獨立、大無畏」、「佛教藝術講座」、「中國佛教之繼往開來」等11個專題。（四）邀請大陸有關學者前來授課或講座。如中國社會科學院世界宗教研究所、南京大學哲學系、中國人民大學哲學系等著名科學研究機構和學校的有關學者曾應邀前來講座。（五）外出參訪。其外出參訪有多種形式，有日常短期參訪、有寫畢業論文時收集資料、有為體驗而進行的朝聖考察。目的地，有臺灣本島，有中國，有國外。常去的國家如日本、印度、泰國、美國等。這些都大大開拓了學生的視野，豐富了他們的知識積累。

三、重視提升學生學術品位

開展各類學術活動，注重學術品質的提升。除了日常授課和考試外，臺灣佛學院所還注意透過各個管道提升學生的學術品位。（一）定期召開論文發表會。除了畢業班必須要參加學生論文發表會外，也鼓勵在其他學習階段學生召開論文發表會，有的院所定期召開學生專題報告會，已成制度長期堅持下來，如香光尼眾佛學院自1997年起至今，每年都召開學生專題告會，以2000年為例，共有9個同學發表專題論文，其論文篇名如：《早期漢譯佛經中「嚴」字的詞義研究》、《＜阿含經＞的四處念》、《＜阿含經＞中佛陀對種姓制度的看法》、《試探印順導師人間佛教思想的理論與實踐》、《＜阿含經＞——修行的法要》、《＜雜阿含經＞（病相應）釋義及註釋》、《唯識三十頌「修道五階位」補充教材》、《圓明寺落成法會實務作業整理》、《＜戒學概說＞英譯》。從篇名上看，所發表的論文都有一定的難度和深度。圓光佛學研究所不僅鼓勵所內論文發表，還鼓勵論文構想發表。福嚴佛學院每學期都舉辦兩至三次全體學生參加的院內論文發表會，訓練學生思辨、研究、寫作、演說能力。有的院所對發表的優秀論文還發給獎金。（二）召開多種類型的學術研討會。這類研討會，有以本院所為主，僅限於本院所師生；也有由本院主持，邀請各方代表參加。如佛教弘誓學院曾連續舉辦三屆《人間佛教，薪火相傳——印順導師思想之理論與實踐》學術研討會；法鼓山中華佛學研究所舉辦過多種類型的學術研討會，僅「中華國際佛學會議」就舉

辦過四屆。（三）舉行各種類型的趣味活動以促進學生對學術的興趣和鑽研。如佛光山叢林學院曾舉行全院布教比賽、全院佛學搶答比賽、布教實習與觀摩活動等。法鼓山中華佛學研究所舉辦所內學生夏令營，以研究或研習為主，已辦五屆，這五屆分別為：「佛學研究與學佛」、「南北傳佛教的解脫觀」、「中華佛學論文研習會」、「佛學與資訊作品研討會」、「佛教與臺灣宗教現象」。（四）出版各類學術成果。1. 出版本院所學生發表的論文，如福嚴佛學院出版《福嚴佛學院學生論文集》，收入第七屆與第八屆初級部、高級部學生論文。法鼓山中華佛學研究所也從應屆畢業生的 67 篇論文中選擇 14 篇出版。2. 出版本院所研究人員及教師學術著作，如法鼓山中華佛學研究所、佛教弘誓學院都出版了大量這方面著作。3. 出版各類學術研討會論文集。一般舉辦研討會的院所，都會將論文結集出版，以資交流保存。4. 出版學報。有影響的佛學院所都辦有學報，如法鼓山中華佛學研究所辦有《中華佛學學報》、《中華佛學研究》；圓光佛學院辦有《圓光佛學學報》，慈光禪學研究所辦有《慈光禪學學報》等。5. 出版各類專書。如香光尼眾佛學院出版有多種《佛學院志》及《佛教圖書分類法》等專書。華嚴專宗學院佛學研究所出版了「華嚴祖庭系列」、「華嚴學海系列」、「佛智探源系列」、「可行叢書」等系列叢書。6. 出版教材。臺灣各佛學院所教材設有統一規定，互相交流也很少，一般根據導師自定，由於數量少，因此出版不易，但也有的院所不計印數出版自己所需教材，如香光尼眾佛學院曾出版的教材有《執作教材》、《四分比丘尼戒補充教材》、《唯識三十頌註解》、《自恣解夏儀軌作法》、《結夏安居儀軌作法》等。7. 辦好出版社和雜誌。臺灣有影響的佛學院所都有自己的出版社和雜誌社，用以出版專書及院所的訊息，由此保持與外界的聯繫。如千佛山女子佛學院辦有《千佛山》雜誌；中華佛教學院辦有《慈明》季刊；佛教弘誓學院辦有法界出版社和《弘誓》月刊雜誌；法光佛教文化研究所辦有法光出版社、《法光學壇》及《法光》刊物，法鼓山僧伽大學佛學院辦有《法鼓山僧伽大學佛學院通訊》；香光尼眾佛學院辦有《香光莊嚴》季刊雜誌、《佛教圖書館館訊》季刊、《青松萌芽》年刊等；慈光禪學研究所辦有《佛藏》雙月刊雜誌；佛光山叢林學院辦有《叢林》月刊。

四、積極在校園內外開展各項活動

校園生活豐富多彩，除了日常學習修行外，還有其他各種活動。（一）根據不同興趣組織各種類型的學生社團。如千佛山女子佛學院有出坡社、行腳社、止觀社等社團。佛光山叢林學院有茶藝社、書法社、電腦社、南胡社、舞蹈社、聖歌社、應用梵唄社、美工社、禪坐社、吉他社、拳術社、中國結社等社團。（二）開展體育活動已成規定。大學佛學院所都注重學生體質的訓練，開展各種體育活動已成為每天必不可少的內容。如千佛山女子佛學院建有籃球場、羽毛球場、乒乓球場，經常開展武術、羽毛球等運動。佛光山叢林學院除了經常開展籃球、乒乓球、羽毛球等活動外，還定期舉行拔河等體育比賽。法光佛教文化研究所定期舉辦多種球類比賽外，還舉辦登山、郊遊、島內外旅行等活動。法雲佛學院則經常開展體操、太極拳、八段錦等體育活動。（三）文藝活動根據不同院所特點開展。如佛光山叢林學院以演練佛教音樂而著稱，1992年臺北傳統藝術節「梵音海潮音佛教音樂會」時，有兩百多名法師應邀在臺北「國家」音樂廳演出；1995年募集佛學大學建校基金，又有兩百多名法師在臺北「國家」劇院、高雄市立文化中心等地演出「禮讚十方佛——梵音樂舞」；1998年，佛光山叢林學院梵唄讚誦團赴日本東京，與日本梵唄歌詠讚誦團聯合演出「天籟之音」；2001年，佛光山叢林學院男女眾學部學生在高雄市區文化中心至德演出「佛教音樂：晨鐘暮鼓之梵唄音樂會」；2004年，佛光山僧人與中國僧人聯合組成中華佛教音樂海外巡迴展演團，繼在臺灣演出獲得圓滿成功後，又輾轉澳門、香港，並遠赴美國洛杉磯、舊金山和加拿大溫哥華進行巡迴展演，場場爆滿。華梵佛學研究所經常舉辦的清涼藝展，至今已舉辦近三十屆，每屆都有一個主題，如1983年第十屆主題是「現代佛教藝術」、2001年第二十七屆的主題是「以書畫文物紀念釋迦文佛聖誕」。有的佛學院所還開出佛教藝術、佛教繪畫、雕塑、陶藝等課。有的院所學僧們還經常觀看各類表演，如福嚴佛學院學僧曾至臺灣清華大學觀看金色蓮華舞臺劇《蓮花生大士》。

參加慈善公益和社會活動，培養關愛慈悲之心。（一）積極響應社會上救災捐物等活動。「如9‧21」大地震後，臺灣各佛學院所紛紛行動起來，向

災區獻愛心。在地震第二天，福嚴佛學院學務長即率領同學到災區賑災助念，接著糾察法師領同學 13 人至災區助念賑災，廣淨法師率領同學 10 人至埔里災區賑災。佛教力行學院、佛教解脫道研修所在「9·21」後舉辦地藏法會，為災民消災超薦，送捐大米 5000 斤、柚子 1.6 萬斤，及睡袋棉被各 30 套、帳篷 15 套至災區。佛教弘誓學院師生積極賑災及捐血，並捐出賑災基金 200 萬元。（二）關心推動公益事業。如位於臺南市關廟區的千佛山女子學院展開「環保關廟·你我一家親」掃街活動，「彩繪千佛·畫我家鄉」活動，於山下的中山路、四維街、和平街展開親切的掃街活動，增進了與當地的友誼，達到了愛家鄉的目的。千佛山女子學院院長帶領學生為當地關廟區農會等主辦的 1999 年「關廟區鳳梨竹筍文化節」活動出謀獻計，策劃並執行了這一系列活動中的「山城巡禮、單車探幽」項目，結合關廟區內各文化古蹟及文化景點，規劃出一條兼具文化、產業、宗教及風景的路線。（三）在社會上弘法。佛光山叢林學院男眾部曾承辦佛光山臺中監獄淨化人心佛學營，禮請宗長心定法師為 100 名受刑人傳授八關齋戒。福嚴佛學院也曾組織初級部同學到新竹監獄弘法。（四）承辦當地政府委託的一些公益性活動。如佛教力行學院、佛教解脫道研修所曾受花蓮地檢署委託，承辦受保護管束人團體輔導，於玉里南安森林遊樂區舉行山水行禪。學院還受花蓮縣警察局吉安分局之托，派出法師到分局中演講「高壓力情緒的禪定行解法」。（五）承辦各種類型社會教育的夏令營。再以佛教力行學院、佛教解脫道研修所為例，1997 年成立以來，在當年承辦了「大專青年解行禪修營」，之後，每年都承辦各種類型學習營，如 1998 年承辦臺北市教育局主辦的「臺北市高職學生自我成長營」、臺北市內湖高工主辦的「內湖高工學生自我成長營」、「國際大圓滿禪修營」、「禪光育幼院院童暑假禪修營」；1999 年 2 月、7 月分別承辦臺北市內湖高工主辦的「內湖高工學生自我成長營」；主辦「國際大圓滿禪修營」；2000 年承辦臺北市內湖高工主辦的「內湖高工學生自我成長營」，主辦「國際大圓滿禪修營」，承辦臺北滬江高中學生「心靈成長禪修營」，承辦花蓮女中舉辦花蓮縣各級教師「生命教育體驗營」；2001 年承辦臺北滬江高中學生「心靈成長禪修營」，與花蓮縣警察局少年隊合辦「香風

活動心靈淨化禪修營」。從以上排列可知，其承辦、主辦各種類型營會，每年都有，堅持不斷。這類佛學院所不在少數。

舉辦各種世學講座和訓練，以便於與社會溝通。如福嚴佛學院曾三次請新竹醫院護理人員到校教授急救課程，第一次內容如：「急救課程總綱介紹」、「溺水急症病患之處置」、「毒蛇咬傷及昆蟲螫傷處理」；第二次內容如：「基本心肺復甦術」；第三次內容如：「骨折固定」。此外，還派出本院同學參加諸如為期十週的「安寧緩和醫療（臨終關懷）志工訓練課程」培訓。再以蓮華學佛園、華梵佛學研究所為例，曾請專業人士進行「編輯出版之經驗談」講座，並進行編輯印刷發行常識指導。還請臺北榮總醫院督導作「如何保護自己、避免感染」衛生講座。

第三節　臺灣佛學院所崛起的原因

臺灣佛學院所在解嚴後迅速崛起、規模日益擴大、影響力日增，其原因是多方面的。

一、長期積累打下的基礎

光復以來臺灣佛學教育未曾中斷，為解嚴後的佛學院所興盛打下了一定基礎。光復以來臺灣不同程度地辦過各種佛學院校，後或因經濟原因、或因政治原因、或因出家人自身原因，斷斷續續，有的時間較短，有的長些，只有少數能堅持下去，但一直未曾中斷，此起彼伏。其陸續創辦的佛學院校如：1953年新竹獅頭山元光寺主持會性法師創辦的佛學院，1957年新竹一同寺住持玄深尼師創辦的女眾佛學院，1957年高雄佛教蓮社道宣法師創辦的華嚴學院，1957年的新竹青草湖靈隱寺住持無上法師創辦的男眾佛學院，1958年臺中靈山寺創辦的靈山佛學院，1958年臺中佛教會館住持妙然尼師創辦的佛學研究社，1958年玄妙法師於臺北圓覺寺創辦的佛學專修班，1961年新竹青草湖福嚴精舍正式改稱福嚴學舍，為收容高級班學僧的僧伽教育機構，1961年臺中寶覺寺所辦臺中佛學書院第二屆學員畢業，1962年臺南竹溪寺創辦的竹溪佛學院，1963年屏東東山寺住持圓融尼師創辦的東山佛學院，

第三節　臺灣佛學院所崛起的原因

1963年臨濟寺賢頓法師創辦的戒光佛學院，1963年臺中南普陀佛學院國強法師招收寄聽學生，1964年臺中慈明寺聖印法師創辦的慈明佛學院，1965年高雄壽山寺住持星雲法師創辦的壽山佛學院，1965年新北市樹林區海明寺創立的海明佛學院，1965年臺灣第一座佛學研究所於陽明山中華文化學院成立，1965年基隆月眉山正覺佛院成立，1967年臺北慧日講堂及北投法藏寺聯合創辦太虛佛學院，1967年高雄阿蓮光德國寺淨心法師創辦淨覺佛學院，1967年新竹蓮華寺創辦菩提女眾佛學院，佛光山宗務委員創辦佛教叢林學院，1974年彰化縣大城鄉古嚴寺白雲法師創辦大智佛學院，1975年臺北華嚴蓮社創辦華嚴專宗學院，1976年三重市慈雲寺創辦中國內學院，1976年高雄壽山法興寺創辦壽山內學書院，1979年屏東東山寺創辦東山佛學院，1979年臺中南普陀寺創辦佛學院。解嚴前的臺灣佛學院發展可分為兩個階段：第一階段是光復後至六十年代中期，其存在問題，正如聖嚴法師於1967年7月在《今日臺灣佛教及其面臨的問題》中指出的當時佛學院現狀：「一般師資水平都很低，有的學院老師及學生連國語都不會，而用臺語授課，有的學院錄取學生的標準，僅能寫出自己的姓名就可。所以，大多數於三年畢業之時，無任何優異成績可現。」聖嚴法師還具體指出：「在臺灣的佛學院，為什麼辦不長久？為什麼造就不出較多的人才？原因實在很多。一、辦學宗旨問題：為造就人才而辦學，這在所有的學院都是相同的。為誰造就人才就有點問題了，一般寺院辦學的目的，是為增加人眾，以辦學之名，可以吸收外來的青年，畢業時可以吸收外來的青年，畢業時至少有部分便會成為此一寺院的一分子，同時也可避免寺內青年的外流。……二、教材的問題：『一處畢業，處處畢業』。這是對二十年前大陸時代辦佛教教育的譏評，但是這頂帽子，仍可合乎今日臺灣佛教教育的頭寸。許多的學院與學院之間，所謂你是低級我是高級，乃是在學生的平均水準，卻不在於學院授課的本身。因為從臺灣北部到臺灣南部，能夠授課學課的法師和居士，就是這麼幾位，他們所能教授的科目，也不這麼幾門。」[26] 由於經濟困難、生源不足、教材缺乏、師資難聘，這一時期僧教育困難重重。但始終能堅持辦下來的原因，除了法師的努力外，與當時社會環境有關。當時，出家青年大多來自中下級農村，臺灣因經濟原因，教育尚未普及，因此他們大多未受過較好教育，求知

第一章　臺灣佛教院所與臺灣僧教育

心切。能有地方安心讀書，衣食無憂，無疑是一件好事。因此當時教育水平雖然不高，卻也因符合當時學生實際而得以時續時斷地維持下來。60 年代中期至 80 年代解嚴前，是臺灣佛學院發展的第二時期。臺灣經濟開始起飛，信徒們有更充裕的錢財捐舍寺院，人們的教育水平也有提高，這時佛學院校在質量上開始提高，並注意順應時代而進行改革，如 1976 年創辦的壽山內學書院，開始教授大學程度課程，招收高中畢業生。1975 年佛光山將佛光山叢林大學改辦「中國佛教研究院」，1974 年臺中慈明佛學院擴充改稱臺中中華佛教學院，1979 年基隆靈泉寺的正覺佛學院改製為華文佛教學院。教師隊伍也得到充實，校舍、圖書等硬體設施也有了很大的改觀。這些都為解嚴後佛學院所的興盛打下了基礎，埋下了伏筆。

二、佛教界對佛教教育的關注和重視

與臺灣僧教育一直未曾中斷同時，佛教界長期一直關注佛教教育，在理論上做了有益探討，在輿論上進行了有力的呼籲。20 世紀 70 年代中後期至今，臺灣有關刊物發表了百餘篇研討、呼籲僧教育的文章，主要可分為三大類：（一）佛教教育研究與應用。有代表性的如：柳絮《佛學與佛教教育》（《菩提樹》第 349 期），王冬珍《佛性、佛法、佛曲與佛教教育》（《海潮音》65 卷 8 期），朱際鎰《從佛家教義和時代背景談佛教教育》（《海潮音》65 卷 8 期），曉雲《佛學之基本原理與施教方便》（《哲學年刊》3 期），林珈汶《佛陀有言及無言的教育》（《華梵佛學年刊》3 期），慧廣《我對佛教教育的看法》（《中國佛教》33 卷 7 期），陳長春《佛教教育思想》（《中國佛教》28 卷 9 期），陳松柏《佛教思想及其教育理論》（上下）（《慧炬》292-293 期），陳仁春《佛教教育與人文思想的教育精神》（《華梵佛學年刊》5 期），張廷榮《熏習十義——佛教精深的教育心理（復興佛教教育之二）》（《海潮音》58 卷 11 期—59 卷 1 期），修慈《修習「覺觀自在」——以調攝身為佛教心理教育之重心》（《海潮音》65 卷 7 期），陳娟珠《唯識熏習在教育上之啟導》（《華梵佛學年刊》6 期），鄭石岩《佛學教育心理學》（《慧炬》306 期），曉雲《般若禪轉識教育論》（《華梵佛學年刊》1 期），彭震球《＜維摩詰經＞群性教育》（《海潮音》69 卷 5 期），Narain A·K《人

第三節　臺灣佛學院所崛起的原因

文思想的佛教觀在現代科技教育所占的角色》（《華梵佛學年刊》6 期）。（二）僧教育與佛學教學。有代表性的如：無家《沒有完善的僧教育佛教如何能好起來》（《菩提樹》347 期），寬靜《論太虛大師辦僧教育之理想》（《菩提樹》374-375 期），宏印《從因緣談僧教育》（《菩提樹》380 期），宏印《僧教育芻言》（《菩提樹》385 期），如悟《從僧伽教育的歷史回顧談佛教教團培育後繼人才的理論與實踐》（《獅子吼》26 卷 3 期），慈悟《論佛教僧教育》（《海潮音》70 卷 11 期），昭慧《從太虛對僧教育之改革評現代中國僧教育之發展趨向》（《獅子吼》29 卷 1 期），能融《早期佛教僧眾教育略談》（《中華佛學研究》4 期），宏印《談僧教育》（《菩提樹》315 期），成一《佛教教育的學制與課程內容之探討》（《海潮音》65 卷 7 期），李孟翰《現代佛教學院課程之釐訂與師資培養芻議》（《海潮音》65 卷 8 期），姚榮齡《振興佛教與大學教育》（《菩提樹》27 卷 7 期），黃運喜《理想中的佛學系、佛學研究所教育》（《中國佛教》31 卷 1 期），江燦騰《為臺灣佛教高等教育把脈》（《當代》37 期），李孟翰《點燈與傳燈者——試論佛教理想中的大學與教師》（《華梵佛學年刊》6 期），陳迺臣《談佛教教育的內容及方法》（《海潮音》65 卷 7 期），吳麗玉《傳統叢林教育的衰微與現代佛學教育的革新》（《菩提樹》469 期）。（三）佛教教育與現代社會。有代表性的如：張廷榮《嚴師五典型——復興佛教教育十論之二》（《海潮音》58 卷 10 期）、《佛教教育紮下三個根基——復興佛教教育之四》（《海潮音》59 卷 2 期）、《主要外語及時代新知如何加強教學法——復興佛教教育十論之五》（《海潮音》59 卷 4 期），曉雲《禪林現代化對現代教育之啟示（上、下）》（《獅子吼》17 卷 10-11 期），李志夫《論現代教育應對佛教教育之新反省》（《海潮音》65 卷 7 期），李載昌《現代社會之佛教教育》（《海潮音》65 卷 7 期），彭震球《現代教育與唯識學》（《海潮音》65 卷 7 期），智益《如何發現現代佛學教育與科學佛法（上、中、下）》（《慧炬》250-252 期），宏一《覺性教育於現時代之啟示》（《華梵佛學年刊》5 期），Be-chert Heinz《佛教教育兩個目標》（《華梵佛學年刊》6 期），邱敏捷《開放社會中佛化子女教育的調適》（《獅子吼》31 卷 4 期），邱建成《當前社會現象與佛教育的考察（1-5）》（《獅子吼》31 卷 8 期—32 卷 1 期）。這

些文章中有的從歷史或理論上探討佛教教育，有的提出了佛教教育中的各方面問題，不僅在佛教界引起共鳴和關注，也在社會上造成一定影響，形成一定陣勢，為臺灣佛教教育做了某種程度上的理論探索和經驗總結。

積極召開各種類型的佛教教育研討會，為佛教教育提供了寶貴的經驗。早在 20 世紀 80 年代，臺灣就多次召開佛教教育研討會，積極探討發展佛教教育中存在的問題。如 1983 年 9 月，華梵佛學研究所主辦了第三屆國際佛教教育研討會，來自美、比、日、韓、菲等國的 60 多位人士參加大會。1988 年 7 月，佛梵佛學研究所主辦了第六屆國際佛教教育研討會，來自美、英、西德、法、比、意、印、泰等國學者參加了會議。1988 年 8 月，圓光佛學院舉辦了第一屆全臺灣佛學院院務研習會，與會代表 35 人，分別來自福嚴、佛光山、淨律、寶華、海明、香光、開元、中華等 13 所佛學院校，代表皆為從事多年佛教教育工作的院長、教務長、訓導人員等。進入 90 年代以來，臺灣佛學教育界注意與中國的佛學教育界溝通，如 1991 年 2 月，臺灣「大陸佛學院參訪團」赴大陸進行 15 天的交流參訪活動，這是臺灣佛學院所首度聯合到大陸訪問交流。從此，大陸與臺灣在佛教教育方面的交流日益增多，兩岸聯合召開佛教教育研討會也日見頻繁，如僅慈光禪學研究所至 2001 年就召開過四屆兩岸僧伽教育交流會。現以由中華佛學研究所於 2001 年 11 月召開的「兩岸佛學教育研究現狀與發展研討會」為例，會議有 10 個臺灣代表、9 個大陸代表參加，代表們就兩岸佛學研究、研究現況與前瞻、從宗教觀點看兩岸文化的異同、兩岸佛學教育與學術研究未來之發展與交流等進行了研討。這類研討會為臺灣佛學院所提供了寶貴的經驗，為佛教教育注入了活力。

三、創辦者心存高遠

創辦者有長遠的規劃，有明確的目標，使佛教院所能一步步按既定方針走下去。臺灣 20 世紀五六十年代的佛學院，因受各種條件限制，無法長遠規劃，只能辦一天算一天，因此停停辦辦、斷斷續續者不少，前功盡棄者亦不少。解嚴以來凡充滿活力的佛學院所，由於主事者視野開闊，往往根據臺灣社會實際和本院的特點，定有長遠規劃和明確目標，這就使佛學院所能一步一個腳印地進入良性發展階段。對於未來展望和規劃，各佛學院所都有自

己的既定目標。佛光山叢林學院對未來的展望,如接引全球五大洲的當地學佛青年,培養具正知正見的佛教徒,所有佛教團體寺院的負責人都由經過佛學院訓練畢業的學生擔任。法雲佛學院規劃在續辦第六屆佛學院時,配合時代資訊潮流及現有鄉村布教所之佛學課程,造就多方面弘法人才。法鼓山僧伽大學佛學院規劃今後將依照相關教育法規,申請改制成為「宗教研修院」大學部課程,向世界性綜合大學發展,並設漢傳、藏傳、南傳以及世界佛教整合性學院,開放大陸、藏傳及南傳的佛教僧侶進校,使校成為世界研究佛學重鎮。圓光佛學研究所訂有中長程計劃,在教學、研究、服務方面都有詳盡的目標,如在研究方面將成立圓光佛學研究中心,並設北傳佛教、漢譯經典、臺灣與近代中國佛教研究室,各研究室聘請一位研究員,及研究助理若干名。中華佛學研究所未來規劃更是宏偉,如要開設博士班課程;有的班用英語授課;將現有中國、中國西藏、印度及佛學資訊四個組擴大為多元文化研究中心。

四、經濟條件大為改善

　　佛學院所在經濟上的充分保障,使學生得以潛心問學。佛學院所依靠的寺院大多在各方面都有較好的條件,使佛學院所的學生無後顧之憂,如千佛山女子佛學院所依寺院為千佛山菩提寺,「佛學院的經濟,完全由千佛山菩提寺常住負擔,無論食住醫藥教材文獻等,均予以最有力的支持;務期幫助學生們安心修學、清靜辦道,於各個不同班次所規定之年限中,圓滿品學兼優的目標,達到修養莊嚴的境地。」[27] 中華佛教學院由萬佛寺聚資興學,佛光山叢林學院所有費用皆由佛光山寺提供,佛教力行學院、佛教解脫道研修所所依靠的為力行禪寺,法雲佛學院所有費用由法雲禪寺負責,華文佛教學院由靈泉寺創辦,華嚴專宗學院佛學研究所由華嚴蓮社創辦,開元禪學院由開元禪寺創辦,壽峰山光量學佛院由光量寺創辦,護國清涼寺「淨土專宗佛學院」由護國清涼寺護持。由於這些創辦的寺院財力雄厚,所以所創辦的佛學院所的學生可以衣食無憂地學習,有的全年不參加任何法會活動(如臺南女眾佛學院),以確保學生能專心用功。有的寺不僅舉全寺之力,還廣泛接納其他寺及各種基金會的支持。如香光尼眾佛學院除了有香光寺護持外,還

得到高雄市紫竹林精舍、財團法人伽耶山基金會（含臺北印儀學苑、臺中養慧學苑）、財團法人香光尼僧團伽耶山文教基金會（含苗栗定慧學苑）、財團法人嘉義市安慧學苑文教基金會（含嘉義安慧學苑）等團體的支持。有的院所雖沒有依託的寺院，卻有基金會的支持，如佛教弘誓學院創有弘誓文教基金會，並得到許多傳統道場的支持，如與學院素無淵源的土城承天禪寺住持傳悔法師曾一次資助學院 5000 萬元新臺幣建造教學樓。有的由社會企業家捐贈，如華梵佛學研究所即由福住營造公司簡德耀董事長捐建。

五、管理者多為行家

現任院所長、教務長等都有較高學歷和從事教育的經驗，學術視野開闊。除了開山創業的法師有堅韌不拔的毅力外，現任的佛學院所長及教務長、訓導長等與之前佛學院校相應職務者相比，普遍年輕、學歷高、甚至還多有外出留學的經歷，思維活躍，知識面廣，視野開闊，具有國際背景，因此能將學校辦得有聲有色，這是 20 世紀五六十年代佛學院難以比肩的優勢。如佛光山叢林學院現任院長慈惠法師，1934 年生，1969 年赴日本佛教大學、大谷大學研讀，以第一名優勢成績獲碩士學位，為臺灣首位留學海外獲碩士學位的比丘尼；男眾學部主任慧興法師，1970 年生，美國加州人，畢業於美國加州大學；女眾學部主任永本法師，1954 年生，1991 年畢業於佛光山「中國佛教研究院」研究部。佛教力行學院、佛教解脫研修所創辦人暨現任院長、所長慧門法師，1942 年生，中興大學碩士，曾任中興大學副教授。佛教弘誓學院創辦人暨現任院長性廣法師，1962 年生，2000 年獲玄奘人文社會學院宗教研究所碩士，2002 年進入中央大學哲學研究所博士班。法光佛教文化研究所現任所長蕭金松，1943 年生，政治大學邊政研究所碩士，曾任政治大學副教授。法雲佛學院現任院長達碧法師，1946 年生，1970 年畢業於法雲佛學院，1981 年赴日本駒澤大學、大正大學研讀，1989 年返臺。法鼓山中華佛學研究所現任所長李志夫，1929 年生，中華文化大學哲學系畢業，印度大學宗教哲研所碩士，曾任中華文化大學教授。法鼓山僧伽大學佛學院創辦人暨現任院長聖嚴法師，1930 年生，1975 年獲日本東京立正大學文學博士學位，曾任文化大學及東吳大學教授，為漢傳佛教在國際最具代表性的法師之

一;副院長惠敏法師,1954年生,臺北醫學院藥學系畢業,1986年赴日本專攻印度學,獲日本東京大學文學博士學位,現任臺北藝術大學教授及教務長;副院長果光法師,1959年生,1991年獲美國俄亥俄州立大學農業經濟博士學位。香光尼眾佛學院創辦人暨現任院長悟因法師,1940年生,1976年獲文化大學文學學士學位。華文佛教學院創辦人暨第三任院長晴虛法師,1931年生,曾留學日本京都佛教大學文學部四年,後入臺灣佛教學院修學三年。華嚴專宗學院佛學研究所現任所長賢度法師,畢業於華嚴專宗學院佛學研究所,曾任智光高級商工職校教師。開元禪學院創辦人悟慈法師,1925年生,曾於日本東京駒澤、立正大學獲文學碩士,後至京都大谷大學修畢博士課程,美國加州東方大學獲哲學博士學位。慈光禪學研究所所長惠空法師,1957年生,畢業於臺灣師範大學中文系,後又就學中華學術院佛學研究所三年。壽峰山光量學佛院創辦人暨教務主任理光法師,1946年生,高雄佛光山東方佛教學院、臺北士林蓮學佛園畢業、華梵佛學研究所肄業。福嚴佛學院現任院長厚觀法師,1956年生,淡江大學畢業,中華佛學研究所結業,日本京都大學修畢印度佛教學博士課程。臺南女眾佛學院創辦人暨院長常音法師,1957年生,曾赴日本就讀大正大學部及研究所,獲碩士學位。蓮華學佛園現任園長修慈法師,1942年生,畢業於蓮華學佛園,又就讀於蓮園專科班、華梵研究所先修班,畢業於佛梵佛學研究所。華梵佛學研究所創辦人暨現任所長曉雲法師,1913年生,1933年深造於香港藝術學院研究所,1946年赴日本泰戈爾大學研究印度藝術,返臺後主持文化大學佛教文化研究所,指導碩士、博士。由以上可看出,所列21個主要佛學院所現任領導人中,基本都有大學本科以上學歷,其中畢業於研究所或在碩士學位的有13人,已學完博士課程或有博士學位的有6人,有海外留學背景的有12人。還有多人有在普通大學任教的經歷,由這樣一支隊伍把管佛學院所,有利於各院所的軟、硬體建設,也有利於海外溝通聯繫,便於從整體上提升院所各方面的品質,提高知名度。

六、學生無後顧之憂

學生在院所學習時各種費用全免，並發給獎學金，激發了學生的學習熱情。臺灣佛學院所一般學費全免，並提供膳宿費和書籍費，一般衣服、被具、制式用具等由自己負責，關鍵的是還發給數量不一的獎、助學金，有的超過公立學校。其獎學金申請方法有多種：（一）定期發給。但有一定差距，如法鼓山中華佛學研究所每月定期發給獎助金 5000 元，而法鼓山僧伽大學佛學院則每月定期發給獎助金 500 元。南華大學佛學研究中心每月定期發給佛光山文教基金獎助金 5000 元；淨律學佛院每月定期發給沙彌、比丘每人 2000 元，居士每人 1000 元；開元禪學院每月發給正科班、預科班學生每人 2000 元，專修班每人 3000 元；圓光佛學研究所每月發給每人 2000～3000 元；元亨研究所每月發給研究生 4000 元；法光佛教文化研究所每月發給研究生每人 5000 元；福嚴佛學院每學期發給臺灣學生每人 1 萬元，海外學生每人 1.5 萬元；華梵佛學研究所每學期發給研究生每人 1.5 萬元。（二）根據需要提供獎助金。如佛教力行學院、佛教解脫研究所就視個人實際需要發給獎助金。（三）根據成績品行申請獎助金。為使申請規範、有章可循，不少佛學院所都制訂了申請獎助學金的章程，如香光尼眾佛學院規定申請獎助學金的條件是：1. 五門（指解、行、生活、執事、弘護）成績總平均 88 分以上，且生活門成績 85 分以上者；2. 五門成績總平均 80 分以上，生活門成績 80 分以上，且經濟上需要資助者。而華文佛教學院申請獎助學金的條件是：1. 在一學年中學業成績總平均 80 分以上者；2. 在一學年中操行甲等者；3. 清寒之學生，亦須勤勉學習，而學業成績年總平均 70 分以上者。由上可看出，申請獎助金，一是看成績；二是看品行；三是適當照顧貧寒學生。（四）設專項獎助金。如法光佛教文化研究所設有專項留學獎學金，其條件是：1. 正在海外大學攻讀佛學碩士、博士的留學生；2. 已取得入學許可證的佛學碩士。其金額：博士生 3000 美元，碩士生 2000 美元；最多博士可獲三次、碩士可獲二次獎助。12 年來受獎人數計 99 人次，累計發給獎學金 382100 美元。福嚴佛學院設有專項畢業生進修獎助金，具體如：1. 就讀海外公私立研究所者，每年一人 40 萬元新臺幣；2. 就讀本島公私立研究所者，每年一人 20 萬元新臺幣；3. 就讀海外公私立大學者，每人一年 20 萬元新臺幣；4. 就讀本島公私立大學者，

每人一年 15 萬元新臺幣。（五）申請各種基金會的獎助金及有關人士的獎項和隱名氏護持金。如中華佛教學院學生每年可申請信澈、文殊、華嚴蓮社、慈濟、慧炬等各種基金會設立的獎助金；法雲佛學院學生可申請臺灣省內各種獎助金；佛光山叢林學院學生可申請性悟法師、馬廖雪月、陳劍城、賴義明等設立的 67 項獎助金；福嚴佛學院可申請隱名氏護持的獎助金。這些不同類型的獎助金，不僅大大減緩了學生們在經濟上的壓力，也為他們的研究（如私人購書、購買學習用具等）提供了一定的條件。

畢業後多方面的出路使佛學院所充滿活力。雖然現在各佛教院所畢業生的出路與一般社會普通大學畢業生相比還有差距，但與以往畢業後就要回去常住、就要投入道場忙碌的經懺法會中相比，已經有了很大的改觀，用武之地大大增加了。以佛光山叢林學院 1990 年至 1999 年這十年各級學部畢業生各年服務單位具體數字，便可看出：

佛光山叢林學院各級學部畢業生各年度服務單位 [28]

學年度 \ 單位 人數	都監院（分別院）	文化單位	教育單位	事業單位	海外單位	合計
1990	30	1	17	11	6	65
1991	34	14	11	13	8	80
1992	70	5	12	9	14	110
1993	70	16	34	36	18	174
1994	49	26	20	63	25	183
1995	75	20	11	39	22	167
1996	73	10	19	45	17	174
1997	66	8	14	60	5	153
1998	49	5	22	47	2	125
1999	48	15	43	39	2	147
合計	574	120	203	362	119	1378
平均(%)	41.6	8.8	14.7	26.3	8.6	100

註：1. 分別院：臺北道場社教中心、法寶寺圖書館、福利監院室、信眾監室等。2. 文化單位：佛光出版社、普門雜誌社、覺世旬刊社、人間福報等。3. 教育單位：女眾學部教務、北海學部教務、英文佛學班教務、日文研習班等。

4. 事業單位：資訊中心、電視佛學院、佛光衛視、人間文教基金會、國際佛教促進會、社會教化處等。5. 海外單位：日本東京別院、佛香講堂、倫敦佛光寺、溫哥華禪淨中心等。

再如香光尼眾佛學院的畢業生少部分赴美國、日本、英國及新西蘭攻讀學位、在臺灣研究機構（如佛學研究所、宗教學研究所、成人教育研究所）進修深造外，更多畢業生從事以下七種工作：

香光尼眾佛學院校友職業分布[29]

校友職業分布	工作內容或性質
寺院管理及弘化	到各寺院服務，如擔任住持、監院、知客、書記、庫頭等執事，推動佛教成人教育工作。
雜誌編輯	編排出版優質的佛教刊物，如香光莊嚴雜誌社。
佛教文化研究	翻譯出版英、日文佛學、佛學社會學等著作，並整理台灣佛教的發展史及佛教與社會的互動情況，以傳遞既能掌握佛教本質，又能回應時代的文化思想，如香光書鄉出版社。
教育	於本院、大專院校(如玄奘大學、美合技術管理學院、台灣藝術學院)任教；或於佛學研究班(如紫竹林精舍、安慧學苑、印儀學院、養慧學苑、定慧學苑等單位)擔任授課教師。
電台廣播	製作、主持廣播節目，運用現代科技傳遞有益社會人心的佛教文化，如安慧文教基金會電台。
圖書資訊服務	提供佛教圖書館經營管理知能與資訊服務，如香光尼眾佛學院圖書館。
社會福利	參與青少年輔育院、觀護所輔導工作，如香光社會福利基金會。

第三節　臺灣佛學院所崛起的原因

　　壽峰山光量學佛院畢業生出路有三：1.留任學院，擔任教師；2.留任學院，或回各人常住擔任執事；3.由學院提供靜修環境，在解、行門二門中，繼續深究。華嚴專宗學院佛學研究所學生畢業後一般作以下安排：1.參與研究員專題寫作、教材編輯、教學、行政等工作；2.提供研究和獎助學金出島深造；3.安排至其他島內外分支道場，作教學、弘法等工作。各院所大都在畢業後選送海外深造方面不遺餘力，僅如法光佛學院就有多人在海外攻讀博士學位，並有畢業生分別獲日本東京大學、英國牛津大學、美國弗吉尼亞大學博士學位。畢業生的出路主要與臺灣佛教興盛而需要大量人才有關，但也與各佛學院所的積極關心、規劃、引導、推薦分不開。

註：

[1] 臺灣的研究所，不僅是研究機構，還是培養比本科更高一級人才的教育機構。

[2] 括號內的佛學教育機構，與括號前的佛學教育機構，同屬一個佛教單位。

[3] 中華佛學研究所主編：《臺灣佛學院所教育年鑑》（第一輯）第 412 頁。

[4] 中華佛學研究所主編：《臺灣佛學院所教育年鑑》（第一輯）第 251 頁。

[5] 中華佛學研究所主編：《臺灣佛學院所教育年鑑》（第一輯）第 258 頁。

[6] 釋見重撰述：《臺灣省佛學院志Ⅰ：福嚴佛學院志》，香光書鄉出版社 1994 年版，第 47 頁。

[7] 中華佛學研究所主編：《臺灣佛學院所教育年鑑》（第一輯）第 30 頁。

[8] 中華佛學研究所主編：《臺灣佛學院所教育年鑑》（第一輯）第 89 頁。

[9] 釋見重撰述：《臺灣佛學志Ⅱ：圓光佛學院志》，香光書鄉出版社 1995 年版，第 124-125 頁。

[10] 中華佛學研究所主編：《臺灣佛學院所教育年鑑》（第一輯）第 45 頁。

[11] 中華佛學研究所主編：《臺灣佛學院所教育年鑑》（第一輯）第 63-65 頁。

[12] 中華佛學研究所主編：《臺灣佛學院所教育年鑑》（第一輯）第 110 頁。

[13] 佛教弘誓學院編輯組編：《另類師生，另類經驗》，弘誓文教基金會 2000 年版，第 310 頁。

[14] 中華佛學研究所主編：《臺灣佛學院所教育年鑑》（第一輯）第 188 頁。

[15] 中華佛學研究所主編：《臺灣佛學院所教育年鑑》（第一輯）第 275 頁。

[16] 中華佛學研究所主編：《臺灣佛學院所教育年鑑》（第一輯）第 287 頁。

[17] 中華佛學研究所主編：《臺灣佛學院所教育年鑑》（第一輯）第 309 頁。

[18] 中華佛學研究所主編：《臺灣佛學院所教育年鑑》（第一輯）第 321 頁。

[19] 中華佛學研究所主編：《臺灣佛學院所教育年鑑》（第一輯）第 333 頁。

[20] 中華佛學研究所主編：《臺灣佛學院所教育年鑑》（第一輯）第 345 頁。

[21] 中華佛學研究所主編：《臺灣佛學院所教育年鑑》（第一輯）第 354 頁。

[22] 中華佛學研究所主編：《臺灣佛學院所教育年鑑》（第一輯）第 381 頁。

[23] 中華佛學研究所主編：《臺灣佛學院所教育年鑑》（第一輯）第 406 頁。

[24] 中華佛學研究所主編：《臺灣佛學院所教育年鑑》（第一輯）第 421 頁。

[25] 中華佛學研究所主編：《臺灣佛學院所教育年鑑》（第一輯）第 445 頁。

[26] 張曼濤主編《現代佛教學術叢刊（87）》之《臺灣佛教篇》，大乘文化出版社 1979 年版，第 160-163 頁。

[27] 中華佛學研究所主編：《臺灣佛學院所教育年鑑》（第一輯）第 28 頁。

[28] 中華佛學研究所主編：《臺灣佛學院所教育年鑑》（第一輯）第 93 頁。

[29] 中華佛學研究所主編：《臺灣佛學院所教育年鑑》（第一輯）第 257 頁。

第二章　臺灣佛教與臺灣社會教育

第一節　臺灣佛教界創辦的國民教育學校

　　近年來，臺灣經濟雖然得到發展，但人們的道德觀念淡薄，社會混亂。在青少年中，酗酒、抽菸、吸毒、飆車、搶劫、自殺事件不斷發生。這些社會狀況，使臺灣佛教界深為不安。慈濟的證嚴法師指出：「幾十年來社會型態轉變，功利主義的薰習和欲念的追求，讓這個社會處處是陷阱，很教人擔心。」[1] 臺灣佛教界認為，造成這些社會現狀的原因是過去的教育忽略了「人文教育」，證嚴法師認為教育必須「向下扎根」、「向上繁盛」。因此，佛教界創辦了從幼稚園、小學、初中、高中到大學的教育事業，要讓學生們不斷地感受到「愛的教育、愛的啟發」，這種教育模式被稱做「完全教育」。臺灣佛教界參與臺灣社會教育的特點表現在：一是發起創校的都是臺灣佛教著名的寺院和有影響的僧尼法師；二是佛教界辦學號召面廣，得到十方信眾和社會人士支持；三是創建的學校績效顯著，產生良好的社會影響；四是為佛教的教化功能拓開了新的領域。佛教界創辦社會教育的目的是基本一致的，但創辦的學校各有其發展方向和教育的側重點。透過對臺灣佛教界創辦的部分學校包括幼稚園、小學、中學、大學的評介和研究，可進一步知曉臺灣佛教界對臺灣社會教育所作的努力及在社會上的影響。

一、幼稚園

　　以佛光山為例。佛光山的開山大師星雲法師從 1956 年起，就陸續在宜蘭雷音寺設立慈愛幼稚園，在臺北市設普門幼稚園，在臺南福園寺設慈航幼稚園，在善化慧慈寺設慧慈幼稚園，在高雄壽山寺設普門幼稚園以及在佛光山本山的普門中學附設幼稚園，共 6 所之多。1985 年，根據幼兒教育的發展情況，佛光山成立了「佛光山幼稚教育發展中心」，著重進行幼兒教育的整體規劃和發展研究。從 1956 年開辦第一所幼稚園至 1990 年的 35 年中，共有近 3 萬名幼兒在佛光山所設各幼稚園受到過學前教育。佛光山的幼兒教育

事業，是臺灣佛教界創辦幼兒教育的一個縮影，從中也可看出臺灣佛教參與社會教育的影響。

二、小學

臺灣佛教界創辦的小學，注重硬體設施和軟體建設，並凸顯佛教特色。以慈濟大學實驗園小學為例，其各方面情況如下：

1. 地理位置與硬體設施。慈濟中、小學位於花蓮市西郊，它毗鄰慈濟技術學院，與慈濟大學等院校連成一個完整的慈濟學園，環境優美。其中慈大實驗小學主要建築有幼稚園、四棟教學大樓、行政大樓，另外還有與慈濟中學實行資源共享的圖書館、人文教室與人文廣場、科學館、音樂館、活動中心、體育館等設施。因此，慈大實驗小學的硬體設施比較完備。

2. 教學宗旨和招生。慈大實驗小學以證嚴法師關於「宗教就是人生的宗旨，生活的教育」[2]為理念，把「小學著重於打穩小朋友生活規範的基礎」作為教學宗旨。在2000學年度，慈大實驗小學共招生7個班，其中一年級3個班、二、三、四、五年級各招生一班，為每班人數不超過30人的小班制教學，而這其中只有一年級一個班的30名學生是招收本地學生，其他班級學生都是各地志業員工的子弟。

3. 師資選配與研修。慈大實驗小學的師資實行公開甄選，從1999年11月起持續進行，程序包括專業筆試、試教及面談。之後是預聘老師的培訓，培訓工作包括1個月的靜思語教學理念研習以及5個月的一貫課程與專業課程研習，全部培訓時間需6個月。比較嚴格的甄選工作，使慈大實驗小學能夠聘任到合格的教師，這對辦好學校無疑是一項十分重要的工作。

4. 教學特色。慈大實驗小學在教學上凸顯佛教特色，主要表現在對學生的德育、體育、群育方面，例如德育在教材上以「大愛引航」為參考，教導學生落實在生活上去實踐，如自己洗手、打掃衛生、摺抹布、擦桌子等都要求一定的方法程序，以打穩小朋友生活規範的基礎。此外，安排有茶道與花道課程，花道課程是從種子播種開始教起，使孩子們知曉如何照顧種子才能讓它發芽成長、開花。其茶道教學，用以教導孩子如何對待長輩、客人與親

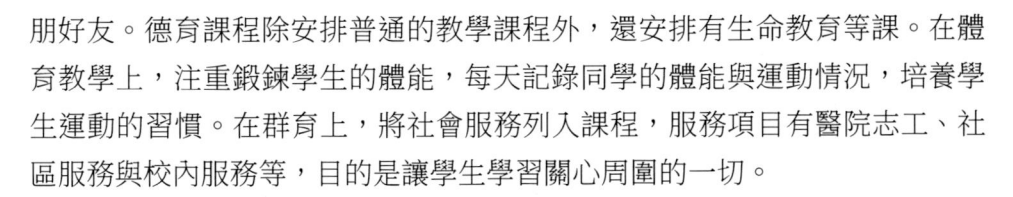

朋好友。德育課程除安排普通的教學課程外，還安排有生命教育等課。在體育教學上，注重鍛鍊學生的體能，每天記錄同學的體能與運動情況，培養學生運動的習慣。在群育上，將社會服務列入課程，服務項目有醫院志工、社區服務與校內服務等，目的是讓學生學習關心周圍的一切。

5. 教師教學特點，主要表現在四個方面：（1）重視「以身作則」的示範作用，努力增進師生之間的瞭解和情誼，正如教師王佩茹所說：「教育最重以身作則，在跟孩子的互動裡，最受用的還是自己。」[3]（2）為加強教師與家長的溝通，教師在班上成立「班親會」，教室內設有「家長專區」，家長可以隨時來看孩子們上課的情形，可以自由地認領工作，參與班級工作，成為「家長志工」。（3）教師在班上設立「親師手札」，裡面記載著老師需請家長協助工作的內容，如幫忙製作英語學習檔案，在學生的牙膏牙刷和杯子上貼名條、協助安排家訪等，讓有時間的家長自由協助來做。家長們有什麼事，也可在「手札」上留言。（4）「家長志工」各依自己所長，自由結合分成交通組、聯絡組、帳務組、文書組等，組織清楚，功能分明，能使大家最大限度發揮專長來支援班上的事務，而且也支援和協助全校進行的各種大型的活動。慈大實驗小學教師的這些教學特點，是以他們教學宗旨出發，緊緊地把教師、學生、家長聯繫在一起，重在體現出相互關愛之情，收到了很好的社會教育效果。

6. 未來設想：（1）隨著硬體設施的更加完備，逐步落實「全人教育」理念，從小學基礎教育開始，形成從小學到中學、從中學到大學這樣完整的教育體系。（2）在智育教學上，慈大實驗小學與慈濟大學教育研究所合作，組成課程發展委員會，制定校內教師進修計劃，透過教學研究，實現雙語教學和培養學生利用資訊環境學習的目標。（3）以花道教育課程形式，著重加強學生的環境意識教育，從而達到要美化環境、美化空間、美化心靈的目的。（4）結合與家長和社區的聯繫，加強「安親會」和「家長志工」的功能。（5）透過「完全教育」的實踐，把慈濟教育模式辦成臺灣各地完全教育事業的典範。

三、中學

（一）以慈濟大學附屬中學為例

1. 地理位置與硬體設施。慈濟大學附屬中學和慈大實驗小學同於2000年9月正式創校開學，校舍坐落於花蓮市西郊，占地9.5公頃。學校建築包括A、B、C、D四棟教學樓、圖書館、四棟學生宿舍、行政大樓、科學館、藝術館、活動中心、體育館以及室內游泳池。四棟教學樓每棟為兩層或三層，共有教室52間，另有12間專科教室。每一棟大樓間相隔一個庭園，環境幽雅。四棟學生宿舍可容納1100名學生住宿，每一間都是4人套房，設備相當完善。校園後方是青翠的中央山，校園內有草坪、花圃和樹木，建築物之間彼此相連而且蓋有雨遮，整個布局設計充滿對學生的愛意。

2. 教學宗旨和招生。慈大附中和慈大實驗小學一樣，均以證嚴法師「宗教就是人生的宗旨，生活的教育」理念，以「中學則著重培養學生生活能力，教導學生處理家事能力及應對進退」[4] 為教學宗旨，由於重在培養學生應對生活能力，因此就從行、住、坐、臥等方面開始，進行生活實踐的教育。慈大附中分為初中部和高中部，高中部2000年5月招生75名。7月再招生75名，這些學生分成「知足」、「感恩」、「善解」、「包容」、「大愛」5個班，每班人數最多為30名；初中部2001年招生150名，其中30名招收學校所在地花蓮本地學生，其餘120名招收其他縣市學生。

3. 師資選配。慈大附中的師資選配，除要求在專業上專精之外，還希望教師能夠認同慈濟的教育理念，共同來辦好慈濟的教育事業。從1999年12月起，學校組織了由10多位大學教授組成的「教評會」，對應聘教師進行多次不同科別的甄選，經專業學科初試、試教和複試面談等程序，決定聘任事宜。由於慈濟的教育理念有別於其他學校，因此很具吸引力，有的教師放棄了其他地方優厚的條件，到花蓮的慈濟中學來任教。

4. 教學特色。主要表現在智育、德育、體育、群育四個方面：在智育教學上，一是根據每次考試的結果，針對學生不同學科學習成績的差異，採取學科能力分組教學與補救教學，補救教學主要利用晚上或課餘時間進行；二

第一節　臺灣佛教界創辦的國民教育學校

是為提高學生英語語言能力，實行分組教學，即對學生先進行英語能力測試，按照程度組成10組進行學習，同時每天早上安排30分鐘聽高中英語課程，每個班每週由外籍教師授課1小時。在德育教育上，主要有兩方面的內容，一是以「靜思語」教材提供給老師在不同學科施教使用，著重教導學生學習實踐和體會，如掃地時提醒學生「掃地，掃地，不掃心地空掃地」，「掃地時，心想好事，心平氣和。」[5]同時，學校以《心靈園地》代替傳統的《訓導公告》布告欄，以「教」代「愛」，體現人文教育精神。二是在值日實施「社區志工」制度，學生可自願登記，在假日時去慈濟醫院擔任志工，透過與醫院中的病員接觸和互動，使學生能在心中有良善的種子萌芽。志工服務結束後，同學們還要被安排到靜思宿舍跟常住師父學習打掃庭院、整理環境等事務，以達到學習生活規矩和舉止節度的目的。在體育上，非常注重鍛鍊學生體能，主要有：（1）第八節課是運動時間，學生必須換體育服到操場運動；（2）所有中學生在畢業時都要能游過50公尺；（3）每個學生至少培養出一項陪伴自己過一輩子的體育運動；（4）中、小學都推行「運動護照」藉以記錄同學們的體能與運動情況。在群育方面，主要有：（1）學校為學生規劃並成立了20個社團，其中有吉他社、合唱團、資訊、網頁設計、太極拳等組織，每個學生至少要參加一個社團組織，在每星期三下午舉行活動。透過參加社團活動，讓學生瞭解自己的性向並學習和大家相處與合作的過程。（2）讓學生參加社區服務，實施「60小時無學分服務護照」，項目包括醫院志工、社區服務、校內服務等。申請中學獎學金，學校要求學生至少有18小時的服務。透過參加服務，使學生學習關心他人、關心周圍的一切。慈大附中的這些教學特色，體現了證嚴法師「宗教就是人生的宗旨，生活的教育」理念和「人文教育」精神。

　　5. 未來設想。從2001年起，隨著慈濟大學部分學院遷移來與慈大附中為鄰，可形成連貫慈濟小學、中學、大學的完整的教學園區和「完全教育」體系。因此，慈大附中將以學校為本位，發展成具有地區特色的教育單位。主要達到三個方面目標：一是在智育方面，將結合慈濟大學的師資和設備，成立特殊資優班級，如藝術教育實驗班、資訊教育實驗班、語文教育實驗班、自然科學教育實驗班等。二是在生活教育方面，繼續以證嚴法師「愛之深、

教之切」的理念,透過「精神再教育」培養學生良好的生活習慣和自我管理的能力。三是在招生方面,依照發展計劃,初中部與高中部每學年各招新生5班。透過慈濟「完全教育」的實踐,實現成為臺灣地區各地完全教育的典範和參考,這就是學校要達到的目的。

(二)以佛光山普門中學為例

1. 硬體設施完備。佛光山普門中學是高雄市大樹區佛光山星雲法師於1977年創建的一所綜合中學,校舍坐落在佛光山本山,環境幽雅。學校設普通科和職業科兩部分,普通科包括初中部、高中部;職業科包括觀光事業科、幼兒保育科、美容科。普門中學經過多年的經營,已經擁有比較現代化的硬體設施,如在校舍建設上,就有:(1)一般教室24間;特殊教室20間,其中包括電腦中心、語言中心、生物實驗室、化學實驗室、物理實驗室、視聽教室、旅遊觀光科專業教室、鋼琴教室、唱遊教室、幼兒發展輔導中心、美容、美髮、打字、餐飲、縫紉、音樂、工藝、琴法、綜合教室等。(2)學校辦公室9間;(3)圖書館1間,藏書13000冊,雜誌、期刊60多種;(4)綜合性生活大樓「勤正樓」一棟,其中有宿舍78間(可住624人),以及餐廳、廚房和學生交誼廳等;(5)第二宿舍樓「慧慈樓」一棟,包括女學生宿舍和女老師寢室42間(可住326人);(6)目標活動中心一棟,活動中心占地面積16000多平方公尺,供舉行多種典禮、文藝演出和各類體育教學及球類比賽等;(7)行政大樓一棟。這些硬體設施的完備,保證了普門中學教學工作的順利開展,使學生能在優良的環境中,心情舒暢地進行學習,以優良的成績完成各種學習任務。

2. 教學宗旨與特點。普門中學創辦人星雲法師在建校之初就立下了「四項原則」,作為辦校宗旨和學校方針,這「四項原則」是:(1)普門乃普度一切眾生之門,是大慈大悲觀世音菩薩救世精神的弘揚;(2)普門是普為大眾設立之門,是至聖先師孔子有教無類理想的實踐;(3)普門中學是以佛教救世精神,融合教育理想,大慈平等、博愛無私為宗旨;(4)普門中學以「造就五育並進、品學優良之青年,貢獻社會,造福邦梓為目標」。[6]本著這四項原則,在教學上制定出不同的教育內容,具有其不同的側重點,如普通科

第一節　臺灣佛教界創辦的國民教育學校

的初中部和高中部以升學為教育重點；職業科中的觀光事業科以培養實用觀光知識、技能和高尚的服務道德為重點。幼兒保育科只招收女生，以培養幼教師資為主。美容科以培養美容專業人才為主。普門中學最主要的特點是將星雲法師手訂的具有佛教精神的「勤、正、慧、慈」校訓，作為學生在校生活實踐與訓守規範，以培養出身心健康的青少年為最終目的。此外，學校還設有多種社團，培養學生的團隊精神和各種本領。

3. 師資隊伍建設。普門中學的師資隊伍建設有以下特點：一是一律實行公開招聘；二是需經試教合格後而聘用；教師學歷高，均為著名大學畢業。1990年，普門中學有教師56名，平均每18.4名學生即有一位教師。高質量的教師，造就成高水平的教學質量，教師之間精誠合作，以誨人不倦的精神從事教學。教師從早自修到晚自習輔導，全程陪同學生，而且除教學外，還非常熱心學生的生活輔導，促進了學校成效不斷提高。

4. 激勵政策。普門中學為激勵優秀學生順利完成學業，並能繼續考取理想的學校，制定了「佛光獎助學金」規定，凡符合規定條件的學生，可申請獎助。僅以1991學年度「佛光獎助學金」設置為例：高中部分為兩個等級，第一個等級獎助條件：（1）高中聯考610分以上或考取高雄中學、高雄女中、臺南一中、南女中、建中、北一女等學校者；（2）每學期平均80分以上前10名者。符合以上條件的10名名額，每名獎助2.5萬元（新臺幣，下同）；第二個等級獎助條件：（1）高中聯考580分以上或考取上述學校以及鳳中、附中、南二中者；（2）每學期平均75分以上前20名者。符合以上條件的10名名額，每名獎勵1.5萬元。高中升學獎助條件：（1）考取「國立大學」可獲助學金3萬元；（2）考取私立大學可獲助學金1萬元。初中部獎助條件：（1）資優模擬考290分以上；（2）每學期平均90分以上者。符合以上條件的前10個名額，每名獎助1萬元；11～20名的10個名額，每名獎助8000元；21～30名的10個名額，每名獎助5000元。初中升學獎助條件：考取雄中、雄女、南一中、南女、建中、北一中、鳳中、附中、南二中者，可申請助學金1萬元，並可依獎助規定直升普門中學本校高中部。這些激勵政策的制定和實施，對普門中學學生努力學習造成了很大的促進作用，同時也體現了「慈悲普濟」的佛教精神。

5. 學生成績優良。普門中學由於其硬體設施的完備和各項「軟體」建設的落實以及激勵政策的實施，學生素質不斷提高，取得優良的學績，受到臺灣社會人士的讚譽。僅以創辦時起至 1990 年來看，學生就從 91 人增加到 1032 人。至 1990 年，歷屆畢業生累計達 800 多人。其中不少畢業生分別升學到成功大學、東海大學、東吳大學、輔仁大學、淡江大學、文化大學等多所大學深造。職業科的畢業生就業率達到 84%。從 1979 年到 1990 年，普門中學先後獲得 17 次獎勵，其中如 1979 學年「補校資格考」及格率達 100%；1981 年臺灣「教育部」評鑑校初中部成績優異；1982 年臺灣「省教育廳」評鑑校觀光科獲「全臺第一名」，並被評為「無缺點學校」；1985 年臺灣省家事類科評鑑普門中學職業科為教學項目第一名，總積分全臺第三；1986 學年獲初中評鑑優異獎、輔導工作優異獎；1987 學年獲校外生活指導優良獎；1989 學年大學聯招，普門中學考取大學錄取率達 35%；1990 年獲臺灣「教育部」辦學績優獎，並獲獎金 230 萬元。

四、大學

（一）華梵大學

華梵大學是臺灣佛教界創辦的一所綜合性「精緻大學」，原名華梵工學院，成立於 1990 年，當時僅有 5 個系。1993 年陸續增設人文科系，並更名為華梵人文科技學院。1997 年改名為華梵大學。華梵大學的辦校歷程及其所取得的績效，體現了臺灣佛教界融匯佛教救世精神和儒家思想進行社會教育實踐的理念。華梵大學之所以能取得一定的成績，有自己的特點。其創辦情況如下：

1. 創辦人及創校歷程。華梵大學的創辦人曉雲法師是臺灣佛教界一位大德比丘尼，她不建廟、不任住持，終身以教育為職志，提倡重視德育的覺性教育。1967 年，集教育家、宗教家、藝術家於一身的曉雲法師自香港應聘任教於臺灣中華文化學院時，即興辦學之志，先後親自勘查過 27 處地區，最後選中台北縣石碇大崙山作為校址，開始學校的籌建工作。1985 年，曉雲法師多次前往星馬等地，舉辦書法義展，將所籌資金，全部用於購買石碇校區現址。之後在十方善信和社會各界人士支持下，積極進行建校工作。期間，

曉雲法師親自與建築師進行整體規劃，在校舍布局與造型上頗具匠心，既保持大侖山原有自然風貌，又展現園林環境風格，順應山形地勢，把 34 公頃的校園規劃成為五區十景，成為景色優美、環境清幽的高等學府。從 1988 年 7 月正式動工建校至 1990 年 2 月，學校硬體建設和軟體設施全部完備。1990 年 7 月，華梵工學院第一屆新生入學開學，當時設有工業管理、機械工程、電子工程、建築及工業設計 5 個學系。1993 年，學校更名為華梵人文科技學院，並在工學院外，增設中國文學系和東方人文思想研究所。1994 年增設外國語文學系。之後逐年增設機電工程研究所碩士班、工業管理學系碩士班、哲學系、美術學系、資訊管理學系。1997 年經臺灣「教育部」核定，學院改名為華梵大學，同年並獲准設中等教育學程。現在全校共有文學院、工學院、藝術設計三個學院、11 個學系和 6 個研究所，在校學生 3100 多人。華梵大學的創校歷程，體現了曉雲法師等臺灣佛教界人士對以佛教精神興辦社會教育的熱忱和矢志不移，正是這種精神使華梵大學在臺灣社會和海外產生重要影響。

　　2. 創校理念。華梵大學的創校理念是「覺之教育」，該校現任校長馬遜濤博士這樣詮釋其內涵：「『愛之教育』是認識自我、啟迪智慧、反觀內照、理性思考、自律自強的教育。『覺』是智慧與慈悲，具有不可思議的妙用」。她還說：「中華文化，具有許多永恆的價值，值得我們共同維護。『覺』是人本的教育，其義理應該可以靈活運用。」[7] 華梵大學以「覺之教育」的創校理念，來實現人文精神與科學技術的整合，結合實踐儒家思想傳統道德和佛教慈悲智慧、自覺覺他的精神，達到培養德才兼備高級人才的目的。

　　3. 學校建制及未來展望。華梵大學的校務建制比較健全，機構和部門的設置較為完善，具體轄設：教務處、學生事務處、總務處、文物館、人文教育研究中心、圖書館、推廣教育中心、電算中心、體育室等 9 個部門和機構。

　　教務處的具體任務主要是：（1）協助各教學單位提供良好的學術研究環境。（2）奠定良好的教務規範制度，確保學術研究與教學質量。（3）推動「覺之教育」的理念在學校落實。根據上述任務，制定了各項重點工作計劃，並成立有關委員會，具體負責實施。

學生事務處下設課外活動組、生活輔導組、諮商輔導組及衛生保健組等四組,各有其工作重點,各負其責。

　　總務處工作任務是「後勤支援」,現已建立起系統化體系,包括:(1)氣象觀測系統。(2)環保作業管制系統。(3)水電供應系統;(4)校舍校地安全監測系統。(5)交通運輸調度系統。(6)水土保持系統。(7)警衛監視系統。(8)景觀規劃系統。(9)校產管理系統。(10)文書檔案管理系統。

　　文物館功用有如世界各著名大學的博物館,目的在於展現各校內的創校旨意及中心思想。華梵大學文物館體現了中華文化與佛教思想相互融匯的宗旨,中心思想是「營造儒佛氣氛,呈現華梵精神」,用以輔助教學,發揮境教功能。館內分中華文物區、佛教文物區、校史文物區及書畫區。分別展示中華文物、佛教文物、校史文物和名人書畫,尤以書畫區中創辦人曉雲法師的禪畫為文物館一大特色。

　　人文教育研究中心是落實「覺之教育」創校理念的重要機構,重點任務是規劃與提升全校的人文教育,研究方向如以儒佛雙揚乃至儒佛會通而編造全方位的教育環境與健全人格的養成。中心設有通識教育組、教育學程組、國際文教組與生態保育組,各有其側重的任務。

　　圖書館使用面積 1940 平方公尺,規劃新館面積為 8220 坪。截至 2000年 7 月底,藏書 133671 冊,其中中文書籍 102037 冊,外文書籍 31634 冊;期刊 1020 種,其中中文期刊 682 種,外文期刊 338 種;期刊合訂本 7066 冊;報紙 13 種;視聽資料 7026 件;光碟資料庫 22 種。1994 年 10 月正式啟用DYNIX 圖書館自動化系統。目前圖書館提供的資訊檢索服務有:線上公司目錄查詢;22 種光碟資料檢索;同時並有全臺灣資訊網路系統(STICNET)、臺灣學術網路(TANET)及全球資訊網(WWW)等查詢,以及其他檢索服務,全方位服務於全校教職員和學生。

　　推廣教育中心成立於 1999 學年度上學期,是華梵大學第一個外派單位,中心辦公室位於臺北市承德路「華梵園地」,推廣實施「終身學習」。已開

設三個教學行政中心，分別是承德分部、南華分部、惠中分部，分別開設英語、日文、電腦、禪學、管理、生命禮儀等課程。

電算中心為電子計算機中心之簡稱，負責協助校園資訊化的推動，校園網路設備及其相關資源的規劃、管理與維護，新資訊觀念、技術的引入，資訊問題諮詢及技術支援。現設有網路系統組、資訊服務組。主要任務是：（1）建立整合校園資訊網路，使各單位皆能互通訊息，資源共享。（2）遠程教學。（3）提高校務行政效率。（4）為個人電腦教室服務。（5）為工作站教室服務。（6）資料伺服器。

體育室秉持鍛鍊體格、均衡身心發展、落實全民運動，學生大一至大三必修體育科目，大四為選修科目。每年定期舉辦運動會、越野賽跑等。尤其是「創辦人杯」越野賽，為創校以來的傳統。秉創辦人的訓示，為使本校學生不只著重於課業，更要重視身心的健全發展，成為課業與體能兼顧的全才。

未來展望和規劃主要如：（1）以「精緻大學」作為發展目標，未來容納學生以4000人為度，將更加提升教學和研究質量。（2）積極拓展校際與國際的藝術交流合作。（3）推動並參與社區和社會有意義的各種活動。（4）設置推廣教育夜間部。同時，已選定龍潭地址作為第二校區，進一步發展華梵教育事業。

學校特色主要有以下四個方面：（1）華梵大學是佛教傳入中國的兩千年來第一所由佛教人士創辦的高等學府，主張儒佛相融、啟發智慧、淨化人心，達到人文與科技融匯，慈悲與智慧相生，汲取傳統文化精神，結合現代科學技術，不斷求變創新，造福人類。（2）提倡景觀境教，校園清幽自然。校區依託自然環境，規劃成五區十景，除提供開放活潑的人性空間外，並蘊涵啟發反省深意。（3）理論與實務並重，研究與教學一體，各學系和研究所都設有專題研究或專題設計等課程，鼓勵學生積極創作，訓練學生的表達與思考能力。其「小班教學」和「導師制」加強了師生間的互動，建立起亦師亦友的良好關係。（4）師資與設備優良，專業與通識兼長，學校除擁有完善的圖書儀器設備之外，還擁有年輕優秀的師資力量，其中具有博士學位的教師就

占教師總數的 68%。此外，學生透過學習經嚴謹規劃的通識課程，能有充分的選擇，並學習到跨領域的知識。

華梵大學的院、系研究所具體設置運作情況如下：

文學院設有東方人文思想研究所（含博士班）、中國文學學系、外國語文學學系。東方人文思想研究所以弘揚儒佛思想，從事東方文哲藝術研究為主要目標，分為文學、佛學、藝術、哲學四組。課程以融通中國及印度哲學思想及文學藝術為主，旁及東南亞其他地區；中國文學學系主要目標是培養國學研究人才，鼓勵學生博古通今，致力於中文領域的學術研究與創作，為社會作出奉獻；外國語文學系，課程以英美語文為主，加強文化及文學專題研究，並重視第二外語與實用課程；哲學學系以多樣化教學過程，達到學習中國哲學深厚的內涵和東方人文精神，以及促進東西方學術文化交流等目標。

工學院設機電工程研究所（含博士班）、機電工程學系、電子工程學系（含碩士班）、工業管理學系（含碩士班）暨工業管理研究所、資訊管理學系（含碩士班）。機電工程研究所（含博士班）教育目標為：(1)培養機械、電子、電機、電腦等技術創新的「機電整合」人才；(2)培養精密機械研究領域的中、高級科技人才。機電工程學系教育目標是培養具有專業知識與多元化能力，能掌握快速發展的高科技社會機械工程人才。電子工程學系（含碩士班）教育目標是培養電子元件、積體電路設計、計算工程、通訊電子、自動控制等系統的專業科技人才。工業管理學系（及碩士班）教育目標是培養現代化的工業管理優秀人才。資訊管理學系（含碩士班）教育目標是以整合資訊技術、管理理論和企業應用的教學課程，培養具有人文素質的資訊管理人才。

藝術設計學院設有設計研究所、工業設計學系、建築學系、美術學系、環境設計學系。設計研究所從事設計理論與實踐研究，培養具有「人文與科技融匯」理念的藝術設計人才。工業設計學系教育目標以工業設計相關知識及技能的課程培養兼具人文素養與美學、高科技專業知識與倫理責任感的工業設計人才。建築學系教育目標為在整合專業科技的前提下，配合自成體系的人文科學，培養兼具建築空間藝術素養，及實質經建技術的建築專業人才。

環境設計學系是 1999 學年度創設的新學系，也是臺灣第一所「環境設計學系」，初期以臺灣社會最迫切需要的「山坡地環境設計」為發展重點，培養「環境保育」和「永續發展觀」之山坡地規劃與設計專門人才。

華梵大學為學生創造了一個優質的讀書和研究環境，也為學生生活提供了完善設施和條件，使他們能舒暢地投入學習和研究工作，如：現有學生宿舍樓可提供住校生 1230 個床位，大學生為 4 人一間房，研究生為 2 人一間房，每間房內設備完善，並有電話、網路等設施。餐廳為學生提供葷食和素食兩種菜餚。學校聘請營養師，改善飲食的衛生與營養。福利社坐落在學生宿舍旁，供應早餐、宵夜，並設小吃部和休閒娛樂設施。

為獎勵德、智、體、群、美、文學、佛學及藝術等各方面表現優異的同學和家境清貧及家庭突遭重大變故致經濟有困難者，每人可獲獎助學金 6000 至 1 萬元不等。另有校外獎學金 80 多種，每人可獲得獎助學金 5000 至 5 萬元不等。由於獎助名額多，每年獲得獎助學金者占學生人數 2/5。此外，校內各單位還提供工讀金，供同學工讀實習使用。

學生社團目前共計有 43 個，包括學術、文藝、康樂、服務、聯誼等，還有學生自治組織學生會，下設行政部門、學生議會等。

學生交通也非常方便，每天都有交通車定時往返於校區和市區之間。此外，還有專業輔導人員和醫務人員為學生提供心理、生涯諮詢與醫療服務，同時醫療專車與救護車 24 小時值班待命，隨時協助同學緊急就醫。

（二）南華大學

南華大學是臺灣佛教界創辦的綜合性大學，校址在嘉義縣大林鎮，其前身為 1996 年創建的南華管理學院，1999 年升格為大學。從創校伊始，該校就確立以發揚中國古代書院傳統、重建人文精神、樹立 21 世紀新型大學為發展目標，鼓勵學生在學習本專業之外再修習第二專長，並使之產生比較優異的績效。南華大學的情況，可以從以下幾個方面考察：

1. 創辦人及創校過程。南華大學的創辦人是星雲法師，1967 年星雲法師創建佛光山時，就樹立「以教育培養人才，以文化弘揚佛法，以慈善福利社

會,以共修淨化人心」[8]四大宗旨。1996年創辦南華管理學院之初,即發起「百萬人興學」的活動,勸募每人每月捐資100元,以三年為限,希望凝聚眾人的心力成就建設的志業。經過十方大眾的共同努力和百萬人心澆灌,聚沙成塔,建成該校,並於1996年9月開始第一次招生。1999年,南華管理學升格為綜合性的南華大學,成為臺灣地區高等教育從學院改為大學時間最快的私立大學。

2. 發展特色。主要表現在四個方面:(1)學科和研究所發展兼具前瞻性、整合性與創造性。各學系和研究所的籌建與設立,都從現今社會的需求和未來發展趨勢出發,均按一定的課程架構來推動。由於學校跨學科、跨領域的系比較多,課程涵蓋多種學科領域,所以學生可以專攻某學門,也可以進行跨領域整合的專業訓練。教師亦可由此而形成一整合型的教學研究團隊。(2)提出「Π」字形教育方針,橫軸代表通識博雅教育,兩縱軸分別代表專業教育與第二專長訓練,學生僅繳一份學費就可修習到第二種專長,不會加重經濟負擔,並使他們畢業後更具競爭實力與擇業機會。(3)師資優異。南華大學的教師自我要求很高且具相當研究活力,僅1999~2001年專任教師的著作就達94本,獲有關機構補助而進行的單一或整合型研究計劃也達85件,在各個教學領域,均建立起研究團隊,有著濃郁的研究和教學熱忱。(4)兼具理想與現實的高等學府。宗教界辦大學,除具備宗教家理想色彩與奉獻精神外,也具有實業家務實地實現理想的實踐性格。學校的理念是:「大膽地揭諸大學的理想,細心務實地去完成它」。[9]

3. 組織架構。南華大學設董事會,由董事會聘任校長全面負責學校工作。校務機構有10個處、室,具體是:祕書室,下設文書、公共關係、祕書三個組;研究發展室,下設校務發展、藝術發展、教育品質三個組;教務處,下設註冊組、課務組、教學服務組三個組;學生事務處,下設生活事務組、課外活動指導組、衛生保健組、學生輔導中心、勞作教育組、就業輔導組、軍訓室等七個組室;總務處,下設事務組、營繕組、保管組、出納組、環安組等五個組;人事室,下設服務組、行政組兩個組;會計室,下設預算組、會計組兩個組;圖書館,內設館務發展組、技術服務組、讀者服務組三個組;資訊室,內設系統發展組、硬體系統組、行政諮詢組三個組;事業發展處,下設推廣

教育中心、創新育成中心、建教合作中心三個中心。各處、室直接由校長領導並各負其職責，保障學校教學研究工作的順利進行。

南華大學現設管理學院、人文學院、社會科學院、教育發展委員會以及圖書館、資訊室、事業發展處等教學研究單位和教學研究支援單位。

管理學院目前共有 8 個研究所、4 個學系，多個系、所設學士班、碩士班、碩士在職專班以及博士班。其中的出版事業管理研究所、環境管理研究所及非營利事業管理研究所曾經是臺灣地區相關研究領域的開拓者。由於管理學院的教學頗具特色，各方面對其評價較高。

人文學院設 7 個研究所、7 個學系、2 個研究中心，其中的 5 個研究所設有碩士班、碩士在職專班。學院提倡人文關懷的藝術精神與科際整合的學問並重，形成了與一般大學人文系所不同的特色。跨系所選課、系所之間相互支援師資、或共同開課，以某一專業的探討為核心，密切結合其他各個學科的研究成果，是學院具有最大整合性與發展性的研究主題與模式。

社會科學院設 6 個研究所、3 個學系。學院師資強大，研究能力卓越，課程設置具前瞻性與整合性，兼顧理論與實用性，導師制度完善，師生關係良好，向來以認真教學著稱。

教育發展委員會是 2001 學年新設點的院級單位，下設通識教學中心、語文教學中心、體育教學中心、師資培育中心、編譯出版中心等 5 個中心，負責統籌及推動學校的通識教育、語文教育、體育和教育學程、小學師資的培育，編譯出版及其他未能歸入學院之教學、研究與發展等事務。

圖書館宗旨為支援教學研究，提供讀者服務。目前有 727 個閱覽席位，藏書 155000 冊，期刊 1880 種，資料庫 29 種（統計數字截至 2001 年 9 月）。圖書館業務管理已全面自動化，能夠提供有效、多元的研究支援工作。

資訊室為全校各單位的教學與研究提供資訊支援，並致力於校園資訊網路的建立，負責校務行政電腦化系統的開發與維護。目前全校建置約 3500 個資訊點，即使在宿舍亦可連接上校園網路。教師研究和行政作業使用的電

腦，接近一人一機。供學生實習使用的電腦設備，人機比為3：1，電腦教室24小時開放。完備的資訊基礎建設，為學校提供了完善的學術發展環境。

事業發展處下設推廣教育、建教合作、創新育成三個中心（2002學年度遷至「南華大學嘉義市校園」）。主要宗旨是為臺灣各地民眾、公教人員、中小企業員工等提供進修教育與輔導。

在南華大學各教學研究單位中，均有其自己的特色，以人文學院的研究所為例，作一簡單評述：

哲學研究所。設碩士一般生和碩士在職專班，核心課程為：中國古代哲學與佛學、西方古代哲學和當代歐美哲學共26門課程。主要培養基礎性哲學人才和中、小學哲學師資。其特色是，本所研究生可至本校生死學研究所、宗教學研究所等選課，並均有機會獲得各種獎助學金。

文學研究所。設碩士一般生和碩士在職專班，核心課程為：中國文學理論、歷代經典文學作品、文藝民俗學、臺灣文學、大陸文學、西方文學理論研究、莎士比亞悲劇等33門課程。主要為培養臺灣地區與其他學科相比較而偏低的文學研究人才，促進文學研究的多面交流。

生死學研究所。籌設於1997年，是臺灣地區首創的探討人類「生、老、病、死」及其相關課題的教學研究單位，設碩士班（一般生、在職生）。課程主要有：社會生死學、心理生死學、生命倫理學、生死教育、養生技藝、老年學等。主要為擴大生死學研究領域培養高層生死教育人才，普及生死教育，推動醫療和相關法規的制訂。

美學與藝術管理研究所。這是臺灣地區唯一的美學與藝術管理研究機構。為一般生和在職專班規劃的課程主要有：美學專論、美學史論、造型專論、博物館學、藝術管理、藝術產業等6大類必修課程，並選修中國美術史、西洋美術史、表演藝術、音樂美學、生活美學等課程，主要是培養具備人文素養和美學理論的專業藝術人才。

環境與藝術研究所。為碩士一般生和碩士在職專班設置，課程主要為空間與環境理論和文化研究理論，並吸收美學、哲學、文學、宗教學、藝術史

學等領域的理論論述，培養景觀規劃、建築都市設計和城市計劃中的理論研究和實踐指導人才。

宗教學研究所。分為比較宗教學組和佛學組，目的是培養具有國際觀的宗教文化傳播及研究人才。為碩士班設置的課程主要為：（1）包括宗教哲學、宗教社會學等論著在內的宗教學方法論；（2）包括東方宗教道教、佛教、印度教和西方宗教猶太教、基督教、伊斯蘭教在內的世界宗教各論；（3）包括宗教教育、宗教傳播、宗教管理在內的宗教與當代文明研究；民間宗教或新興宗教研究；（4）外文宗教名著選讀。

自然醫學研究所。自然醫學屬於非藥物醫學，碩士班研究方向是：（1）自然療法，內容包括音樂療法、能量療法、食物療法；（2）生物醫藥科技，結合現代生物醫學科技，研究自然療法所需之產品。課程設置主要有現代醫學理論、自然醫學理論、傳統醫學理論、禪坐與養生理論、生死學、音樂療法理論、生物醫療科技等 16 門課程。透過教學和研究，培養自然醫學與實用人才。

再以管理學院為例。

南華大學管理學院現設有：資訊管理學系碩士班、傳播管理學系碩士班、出版事業管理研究所、環境管理研究所、非營利事業管理研究所、財務管理研究所、旅遊事業管理研究所、管理科學研究所等 8 個系所，以下分別評述：

資訊管理學系碩士班課程規劃有五類：（1）資訊科技與管理知識；（2）資訊管理與決策科學；（3）資訊管理與資訊社會；（4）資訊管理與人文科技自動化；（5）管理資訊系統之設計與整合。透過理論與實務並重的小班教學和重點課題的研究並鼓勵學生選修跨系所課程，向社會提供全方位資訊管理人才。

傳播管理學系碩士班發展的重點為培養從事傳播理論及方法學的研究人才，從事新形態傳播的各種企劃及執行實務的推動人才等。課程設置為必修課「傳播理論」等 5 門，選修課「電子媒介管理」等 20 門。以推薦甄試和招生入學兩種形式進入本系學習，修業年限 2 至 4 年，修滿規定學分畢業。

出版事業管理研究所發展重點為培養「整合出版」的研究人才、領導人才和高級經營管理人才。課程設置的必修課程如出版理論與實務、管理理論等5門，選修課如出版行銷管理、出版生產管理等12門。經甄試或考試入學，修習期滿，獲得規定學分方可畢業。

環境管理研究所宗旨為培養具有環境管理知識與能力、並且瞭解國際環保趨勢與社會需求之全方位企業經理人。研究領域包括環境與經營策略、環境科技與風險管理、環境管理工具之發展、環境專題研究等。課程分必修科目與選修科目，學生可跨所選修相關課程，畢業至少需修滿30學分。

非營利事業管理研究所宗旨為培養非營利事業之規劃、組織、用人、領導與控制等管理才能與實務技術的高級人才。學生修業年限為二至四年，研究生可跨所選課。完成規定必修和選修課程、修滿30學分（不含畢業論文6學分）方可畢業。

財務管理研究所發展重點為：（1）招收大專相關科系畢業生及金融機構或企業財務工作者，培養其成為高級金融財務經理人員；（2）與島內外金融業、證券業等機構合作，協助其培養金融與財務研究管理人才；（3）與有關大學財務金融系和研究機構進行學術交流以及其他相關研究。學生必須完成規定的必修、必選、選修課程和畢業論文，達到40學分的方可畢業。

旅遊事業管理研究所宗旨為培養旅遊事業經營管理專業人才，促進旅遊事業產業界與學術界的合作與交流。學生必須完成規定的必修、選修課程，達到30學分方可畢業。

管理科學研究所設立碩士在職專班、碩士班、博士班。宗旨為提供全方位及高品質管理相關智慧、注重理論與實務相互配合，以達到培養具有宏觀視野高級經營管理專業人才目標。課程設置為服務管理、組織與人力資源管理、策略管理、決策科學等四個方面。該所師資陣容強大，教師皆有博士學位，對完成教學和研究工作是有力的保障。

南華大學注重學生生活的全面提升，其特點主要有以下幾方面：（1）建立導師制度。學校所有專任老師均投入導師工作，在第一線輔導學生。（2）

實施兩年的勞作教育,創校初期為學生入學第一、二年,實施方式為環境清掃和維護。自 1999 年起日間部同學勞作時間改為入學第一、三年,第一年仍以維持環境清掃為主,第三年分發到校內外有關單位協助業務或承接專門工作。(3)每年為大學部新生舉辦三天的「成年禮」活動,以發揚傳統文化、培養同學對成年意義和應承擔責任的認識。(4)重視學生社團組織和活動,學校現有學術文藝性、技藝性、體能性、服務性及聯誼性等五大類學生社團,其中包括般若社(研究佛學的社團)、臺灣文化研究社、飛舞集(國際標準舞社團)、手語社、蘭天使服務社、愛生社(推行環保社團)等 24 個社團。各類社團在校內不定期地進行展演等活動,不但充實了學生的課餘活動,也活躍了校園氣氛。(5)創辦「雅樂團」。該團成立於 1996 年,是臺灣地區唯一的展現中國古代禮樂形制的「宮廷樂團」,頗具特色,團員來自各系學生,均利用課餘時間進行訓練,原為學校每年舉辦「成年禮」時展演,現經常代表學校參加校外各項演出,肩負起了傳承中國禮樂文化的使命。

(三)慈濟大學

慈濟大學在花蓮市,其創校宗旨是以佛教慈悲喜捨精神,為臺灣地區培養「尊重生命,以人為本」的各領域優秀人才,使學生畢業後在社會上能具有濟世助人的理念,並實踐志工服務的精神。

慈濟大學的創辦者是證嚴法師,她秉持「無緣大慈,同體大悲」的精神,深感「疾病是痛苦的根源、貧窮的由來」。因此在創建慈濟綜合醫院之時,即有興辦醫學教育的理念,於 1990 年 7 月經核準籌設慈濟醫學院(慈濟大學前身)。1992 年 3 月,慈濟醫學院正式動工興建;1994 年 10 月,慈濟醫學院舉行創校開學典禮,當時設醫學系、醫學技術學系、公共衛生學系、護理學研究所等系所。1995 年,學院增設醫學研究所;1996 年,學院增設二年制護士學系在職班;1997 年 1 月,學院增設運動員藥檢中心並啟用。同年,設立護理學系;1998 年,學院更改校名為「私立慈濟醫學暨人文社會學院」,並設立生命科學系、社會工作學研究所、教育研究所、原住民健康研究所、毒理學研究所等系所。1999 年,學院增設分子生物及細胞生物研究所、遺傳學研究所、神經科學研究所、人類學研究所。2000 年 4 月,學院與美國加州

第二章　臺灣佛教與臺灣社會教育

大學柏克萊分校締結為「姐妹學校」；8月，改製為「慈濟大學」，並增設社會工作學系（四年制、二年制）、宗教與文化研究所。2001年，增設東方語文學系（中文組、日文組）、傳播學系、人類發展學系及醫學研究所博士班。

　　慈濟大學的辦校特色主要表現在以下五個方面：(1)組織「慈誠懿德會」。以由學校老師組成的班、組導師和來自社會各界的慈濟志工組成該會的成員，共同輔導學生，按每學系每10～13名學生為一單位，安排一位慈誠爸爸和兩位懿德媽媽，教導學生生活禮儀及道德倫理，輔導學生心理、情緒上的困擾，扮演關懷者、傾聽者、輔導者的角色。並與學生輔導中心結合，共同培養學生以人為本、對生命尊重、對大眾關懷的精神。(2)設置人文教室。在注重專業教育之外，特別注重學生生活品德與人文精神的提升，因此除提供系列組織課程學生選修，也重點地設置人文專業教室，包括書畫室、茶道室、花道室等，使學生在古樸典雅的環境中，涵養性情。(3)志工服務。推動和鼓勵同學參與志工服務，內容包括社區服務、居家關懷和成立醫療隊到偏遠山區推廣衛生教育觀念以及深入災區中小學參與各項人文活動等。(4)大一新生一律住校，以學習群體間的互動與生活，養成良好生活習慣。上課期間，全部師生一律穿校服，旨在勉勵同學摒棄物慾，而以精神和心靈的富足為人生重要課題。校內全面素食，學校餐廳提供三餐素食，早餐麵包、稀飯，中、晚餐有多樣菜色供選擇。每日伙食費僅需50元。(5)校內轉系。除醫學系之外的各系學生，如因興趣不合且學年成績達到申請標準，可以申請轉醫學系或其他學系。

　　慈濟大學現設有醫學院、生命科學院、人文社會學院和傳播教育學院等4個學院計9個學系以及多個研究所。現分別評介如下：

　　醫學院設有醫學系、醫事技術學系、公共衛生學系、護理系。

　　醫學系於1994年慈濟醫學院創校時成立，招生對象為高中畢業生，學制7年（修讀課程5年半，實習1年半），每年招生50名。教學目標是培育學生完整人格與醫療專業技能，成為具高超醫術與人文情懷的「良醫」。發展重點：一為提高基礎醫學教學質量與研究的深度與廣度，二為加速臨床醫學教學發展，整合基礎與臨床研究。該系的特色主要如：(1)一至七年級

總計學生 350 人，是精緻型學系；（2）該系師生比為 1：7，老師和學生除在課堂外，還共同參與社團和各種課外活動，學主協助老師進行實驗，形成了密切的師生互動關係；（3）開設了包括文學、語言、歷史、哲學、藝術、自然科學等多樣的必修和選修課程，以豐富學生的人文和通識知識；（4）不虞匱乏的大體（遺體）捐贈，不僅大幅提高教學研究品質，更建立起學生對人性的關懷與尊重；（5）靈活的授課方式與小組教學，以達到最佳的學習效果；（6）注重電腦運用能力的培養；（7）加強英語能力訓練，特設醫學英語課程；（8）開設特有的分子生物和人類遺傳學課程，為學生奠定最佳的醫學研究基礎；（9）積極與歐美各著名醫學院磋商，派遣學生赴外校進修或就讀，實行交換學生計劃。除上述外，該系師資、設備以及學生的實習、服務、進修與研究諸方面都比較優越和完善，已成為較好的醫學教育機構。

醫事技術學系成立於慈濟醫學院創校之初，招生對象為高中畢業生，修業年限 4 年（含實習）。教育目標為培養品學兼優的醫技人才。教學重點除醫事技術課程外，還特別注重英文、電腦及分子生物學的教學。此外，還成立了「濫用藥物檢驗中心」、「人類白血球組織抗原檢驗研究室」，並加強染色體分析的教學和開設生物科技課程，同時為適應未來醫檢師分科的需要，也加強一般檢驗課程。目前，系裡已有多個設備完善的實驗室，供學生實驗用。學生畢業後，可報考生物醫學相關研究所從事研究工作，也可依個人興趣多方面選擇就業。

公共衛生學系秉持慈濟精神，結合花東地區的地方特點，以教學、研究、服務並重，培養具有理性思考、團隊精神、遠大目光、濟世胸懷的公共衛生人才。其特色為重視地方特性的施教，理論與實務配合，推展偏遠地區初級健康照護與社區健康，注重學生生活與課業輔導等。該系必修課 112 學分、選修課 44 學分，學生需修滿 128 學分方能畢業。主要發展重點為衛生政策與管理、社區健康與健康行為、統計學與流行病學三大走向。

護理系是臺灣東部第一所大學護理系，主要培養臨床服務、教學和研究方面的人才，以參與各項原住民族群健康研究計劃、提供護理人員進修渠道、促進東部地區護理專業的發展等方面作為發展重點。課程包括必修通識、基

礎醫學、護理專業等科目和選修護理專業科目，修業年限 4 年、修習達 140 學分畢業。系裡包括示範教室、視聽設備、圖書電腦設備等設施完善，為教學提供了良好的環境。

生命科學院設生命科學系。

生命科學系成立於 1998 年並正式開始招生，對象為高中畢業生，每屆招收 53 名學生。主要培養與生命科學相關的高科技研究人才。注重分子生物、細胞生物、遺傳學、神經科學，認識科學及其相關學科的教學與研究是該系的發展重點。其特色表現在：（1）積極進行基因轉殖與遺傳、分子癌症、分子毒理、神經科學及發生生物學等領域的教學、研究和人才培植；（2）結合慈濟醫院的基礎及臨床醫學，發展生命科學相關的臨床應用；（3）配合花蓮、臺東地區特點，以促進原住民的健康為訴求，落實生命科學在臺灣東部地區的發展。該系擁有多個實驗室，以完善設備提供教學和研究所需。

人文社會學院設有社會工作學系、東方語文學系、人類發展學系。

社會工作學系成立的宗旨秉持「以人為本」的精神，培育具有慈濟濟世襟懷的社工人員，以服務人群。該所為配合慈濟志業體和臺灣東部地區的特殊需要，開展社區工作與志願服務、國際救援和社會發展及原住民社會工作為重點的研究，其特色為：（1）強調社會工作者的社區角色；（2）培養具備主動、積極性格的社工員；（3）強調社會工作本地化的原則。課程領域包括：兒童青少年福利服務；婦女與家庭福利服務；老人、身心障礙與醫療服務；社區發展與志願服務；老人及身心障礙者居家照顧；原住民社區工作。學生修完必修和選修課程，畢業學分為 132 學分。

東方語文學系於 2001 年正式招生，分設中文組和日文組，每年招生 45 名。該系的發展方向有四個：一是注重臺灣及族群的文學研究；二是開拓文學研究的國際視野；三是強調生活藝術與全方位學習；四是培養文學教師師資。其特色表現在：（1）成立原住民文學研究室，透過田野調查及各項學術研討會活動，有計劃地整理原住民文獻；（2）強調語文訓練，除中文或日文組的選修外，各組還必須選擇修習其他外語或方言為第二種語言，要求能嫻熟掌握運用；（3）注重全人的教育，學生除本專業能力訓練外，仍需修習醫

學、生命科學、自然科學等基本學科,以培養學生感性與理性並重、人文與科學兼具的素養。

人類發展學系設立於 2001 年並正式招生。教學及研究重點涵蓋兒童、青少年及成年階段(含老人)的狀況,包括身心發展以及心理、文化與社會環境等因素對這些特性的影響。該系的特色表現在三個方面:(1)該系是臺灣地區第一個也是目前唯一的人類發展學系;(2)以科際整合研究和教學,訓練學生對人的全面性瞭解;(3)結合基礎理論與應用,所學可應用至中、小學,醫院及其他社會環境。課程規劃分為兩部分:一是基礎課程,以心理學、人類學及教育學為主等 10 門課程,共計 30 學分;二是高階課程,包括認知發展、性格發展、情緒發展等 8 個專業領域課程,共計 80 學分。

教育傳播學院設傳播學系。

傳播學系於 2001 年秋季招收第一屆新生 45 人。該系教育理念為實施以人為本、以當地文化為本的全人教育,重視「自我規劃」的學習策略。發展方向及重點有四個方面:(1)培養博雅的傳播專業人才,注重語文、電腦、體能、藝術、文學、社會學及自然科學的通識教育;(2)發展健康傳播學程,與慈濟醫學院各系所、慈濟醫療網教育資源結合,培養學生具有專業的醫學知識、能力與素養;(3)培養從事國際傳播的企劃及執行實務的推動人才;(4)提供全校其他科系選讀基本傳播理論及實務的機會。課程規劃分為兩部分:一為基礎科目,圍繞傳播現象的文化面、語言面、人際面;二為進階課程,為「健康傳播」和「媒介素養」,即「傳播與文化」。該系的特色是:專業技術訓練以暑假密集式「工作坊」方式進行,學生實際進入慈濟文化志業所轄報紙、雜誌、出版、廣播、電視機構汲取實踐經驗。同時,該系必修學分、專業學分少,學生可自行規劃語文或輔系的學習計劃。

慈濟大學的學生課外活動豐富多彩,各種社團十分活躍,不但增進了人際交誼,也可增長其他的專長與知識,全校目前共有七個類型的學生社團組織,每個類型中有若干個社團,分別是:

自治性組織:學生會、學生議會、宿舍生活協進會、各系系學會及各系系議會。

第二章 臺灣佛教與臺灣社會教育

學術性社團：慧海社、傳統醫學研究社、茶道社、手藝社、反射雜誌社、書法社、自然保育社、海洋生態保育社、戲說風雲社、美術社、模力漫研社、天文社。

服務性社團：慈青社、快樂健康社、春暉社、社區健康服務隊、童羊團。

音樂性社團：吉他社、管樂團、絃樂團、合唱團、國樂社、口琴社。體育性社團：羽毛球社、壘球社、乒乓球社、劍道社、國術社、水上活動社。

聯誼性社團：高屏會、蘭友會、竹苗友會、雲嘉友會、北友會、桃友會、南友會、中友會。

康樂性社團：橋藝社、登山社。

除社團活動外，學校每年還定期舉辦各類活動，主要有：迎新送舊舞會、卡拉OK大賽、各項球類比賽、各項音樂性活動演出、歲末舞會、園遊會、運動會、戲劇表演等，並帶動中小學及各種社區服務活動。

學生在校學習期間，可獲得獎助學金與助學貸款，主要有以下幾種：

慈濟公費獎助學金。本校二年級（含）以上學生，有志於畢業後從業於慈濟各志業體，凡與之簽約者，在修業年限內，不僅學雜、食宿費全額獎助，每年兼支領8個月（每月5000元）的零用金。

書卷獎獎學金。本校學生學期智育總平均80分（含）以上，操行甲等（含）以上者，每學期每班5名為限（研究生除外），獎學金為2萬元。

清寒學生助學金。名額不限，本校學生學年智育成績總平均70分（含）以上（新生不在此限），操行成績甲等（含）以上，且符合核定之低收入戶或就學困難者，補助金額視實際需要給予補助。此外，還有助學貸款、急難學生救助金、工讀助學金和各縣市各基金會所提供的獎助學金100多項可供申請，以保障學生順利完成學業。

學術研究是慈濟大學的中心工作之一。學校各院系，根據其教學研究領域制定出各自的學術研究重點，如醫學院學術研究重點為：心臟血管研究、肺血腫成因研究、脂肪素（LPTIN）之生理作用研究、免疫學研究、微生物

遺傳研究、噬菌體展示系院之應用研究、酵母菌及細胞生物研究、腫瘤病毒及病毒分子免疫研究、素食營養研究。生命科學院學術研究重點為：優生保健及細胞、生化、分子遺傳研究、分子生物研究、細胞生物研究、比較不同動物自主神經的作用、中樞神經系統相關研究、藥理及毒理研究、原住民健康及特殊疾病研究。人文社會學院則積極培育社工、教育、宗教與文化、人類學等領域研究人才；針對原住民學童學習、文化將進行綜合研究，進而協助改進；針對教師情意教學、學童之情意學習進行深入研究。

（四）玄奘大學

玄奘大學是臺灣佛教界集資興建的綜合性大學，校址在新竹市。玄奘大學的創辦人是了中長老。1965 年臺灣「中國佛教會」提議籌設「玄奘大學」，至 1978 年交由「玄奘文化基金會」創辦，1997 年正式成立並招生。

玄奘大學各院系都頗有特色。以人文社會學院為例，該學院以效法玄奘堅毅精神、啟發承先啟後的生命價值和佛教濟世理念、培養明德至善的經世致用人才為辦學理念，現設有人文、管理、傳播、社會科學四大領域 17 個學系，並建立了「兩岸教育研究中心」、「東方人文思想研究中心」、「實習廣播電臺」等研究實習機構，以及學位在職專班和推廣教育等業務。以下主要介紹各學系情況。

文學領域設有宗教學系、中國語文學系、外國語文學系。

宗教學系（含宗教研究所）以培養宗教研究能力、豐富宗教生活內涵、啟發般若智慧以袪除無名煩惱、彌補世人對宗教研究不足為宗旨。大學部畢業學分 136 學分，包括通識課程、必修課程和學修課程，修學年限 4 年。進修學士班畢業學分 128 學分，休業年限 4 至 5 年。

中國語文學系（含中國語文研究所）以人文教育理念，培養學生參合古今、貫通新舊，建立文學批評理論能力，以文化系統研究的新方法、新思路，開闢文學研究現代化途徑。課程規劃包括中國古典文學、現代文學、臺灣鄉土文學研究，主要有：詩詞曲選、語言學、臺灣閩南語概論、客語概論、臺灣文學、臺灣諺語與歌謠、敦煌學、民間文學等。同時，兼及歐美文學和日

文的學習。修學年限 4 年。此外，本系研究所設在職專班，提供大學同等學力在職人員進修。

外國語文學係為研究與融合中外文化知識、人文內涵，配合社會事務需要培育「雙語言、雙文化」的外語實務人才。除培養學生對英美文學基本認識外，尤其重視英語口語及英文作文訓練，並深入介紹英美文學及其社會文化，學生兼應選修日文、法文或西班牙文。修學年限 4 年。

資訊傳播領域設有：圖書資訊學系、大眾傳播學系、新聞學系、視覺傳達設計學系。

圖書資訊學系發展方向以培養以下 6 種人才為重點：(1) 圖書館工作人才；(2) 資訊服務與管理人才；(3) 圖書館和資訊科學研究與發展人才；(4) 電腦與網路管理人才；(5) 檔案管理與記錄人才；(6) 中等教育圖書資訊相關師資。在課程上理論與實務兼顧是其特色，不僅有一般圖書館學基礎課程，而且注重資訊的組織整理、檢索、利用、傳播與管理學相關課程。在實務訓練上，重視圖書館與資訊服務實習。修業年限 4 年。該系還設有資訊傳播、資訊管理、出版管理等碩士班，可供學生進一步研究發展。

大眾傳播學系的發展計劃有近程、中程、遠程三種目標，近程目標著眼加強學生基礎傳播知識的吸收和實務技能的訓練，培養具有深度和廣度、兼有高尚情操的傳播人才；中程目標為重視教學品質提升的學術研究風氣的養成，加強社區服務以及結合地方資源導正社會風氣；遠程目標為成立傳播學院，加強學術交流，協助地方媒體提升傳播品質。課程重點分為兩部分，前部分為一、二年級，主要培養學生對多元媒介組織與實務的理念。後部分為三、四年級，主要培養學生能以整合的觀點，統籌運作各種媒介，尤其是新興數位科技，以促成訊息傳播效益。

新聞學系的特點是可與大眾傳播學系在設備師資上相互支援，以加強整體教學相關課程，提供給學生更完整的學程規劃和學習資源。發展目標近程是注重學生基礎新聞理論與實務專業技能的學習，以及相關領域課程的修習；中程目標是樹立新聞研究所，加強新聞傳播人才的專業知識培養；遠程目標是成立傳播學院，成立新聞、大眾傳播、電訊傳播等學系及大眾傳播研究所。

課程規劃在理論學習方面有：新聞理論及相關領域知識、基礎社會科學知識、人文素養及闡揚新聞倫理的知識，在實務方面有新聞採編能力訓練及廣告、公關等相關領域的學習、對傳播科技媒體的瞭解、對社會環境認識等。

視學傳達設計系設立於 2001 年，主要為培育兼備人文素質、科技創新、藝術創意的設計人員。該系的特色有：（1）紮實的中西現代美學訓練課程；（2）小班分組上課，達到師生互動與設備資源運用；（3）學生熟悉 DC/MAC 各平臺操作，以適應企業各平臺建置需求，為完整數位課程教學，2D/3D 電腦繪圖提前於大一教學；（5）系列的專業課程，實務與理論並重。修業年限 4 年。

社會科學領域設有法律學系、社會福利學系、應用心理學系、成人及社區教育學系。

法律學系主要培養：（1）法治建設的法律專業人才；（2）建立法律人的人文關懷與專業倫理精神。課程設置有：必修通識課程、必修專業課程、選修專業課程三大項。

社會福利學系成立於 1997 年 7 月，發展方向有三個方面：一是從事臺灣地區社會福利的研究；二是社會福利專業人員的培訓；三是增設社會福利碩士班。課程設置主要有：社會福利理論與方法；人類行為、發展與社會環境；社會福利政策與社會立法；社會福利實務；社會福利實習。選修課程包括：老人福利、身心障礙福利、兒童及青少年福利、婦女福利、醫務社會工作等。修習年限 4 年。

應用心理學系發展方向為培養臺灣地區應用心理學學術研究與實務工作人員，並逐年增設夜間進修班、日間部雙班、二年制在職專班。2003 學年度，成立臺灣地區第一所應用心理學系研究所碩士班。該系課程以應用心理學各相關領域為核心，主要有臨床與諮商心理學、刑事司法心理學與犯罪防治、人事與工商心理學三大學程課程。教學特色表現在：（1）強調人文社會關懷；（2）注重心理科學理論與實用結合；（3）側重應用心理學本土化教學。

第二章　臺灣佛教與臺灣社會教育

　　成人及社區教育學系是臺灣地區第一個成立的大學科系，宗旨是推展終身教育、建立學習社會的社會需求，培養成人教育和繼續教育的種子教師及行政人員。課程有基礎課程和專門課程兩部分，基礎課程包括本人教育概論、社區教育概論、社會學概論、企業組織與管理等；專門課程包括教育哲學、社會團體工作、本人心理與學習、成人教育社會學、中國成人教育等30門。一、二年級以通識課程為主，建立基礎，以後逐級增加專門課程，並參加實習和進行獨立研究。學制4年。

　　管理科學領域設有資訊管理學系、財務金融學系、企業管理學系、公共事務管理學系、國際貿易學系、行銷管理學系。

　　資訊管理學系發展方向在於引導學生以生產與作業管理、行銷管理、財務管理、品質管理及人力資源管理等知識靈活運用於資訊技術，為知識經濟作準備。同時也以電子商務與網際網路應用為發展方向之一，開設相關課程。課程設置除核心課程外，還設置商管知識、資訊技術等。並重視實務製作與外界互動，使學生成為具有全面管理能力的資訊管理人才。

　　財務金融學系發展方向主要為配合臺灣及新竹、苗栗地區金融發展政策的需要，培養財務資金營運、管理、規劃與預測人才。課程包括一般管理、數理計算方法、金融市場概論等基本課程，以及金融商品設計、投資與風險管理、國際財務管理與投資等理論與實務兼具的專業課程。學生畢業後可繼續報考國內外相關研究所深造，或可至金融機構、會計師事務所、財經部門及企業從事相關工作。

　　企業管理學系以培養高、中階層管理人才為目標。在發展方向上，要使學生獲得和具備企業生產與作業管理、財務管理、行銷管理、人力資源管理與資訊管理的基礎知識及相關的管理職能知識。學生修滿通識課程42學分和專業課程至少100學分才能畢業，學制4年。

　　公共事務管理學系（含研究所）宗旨為培養公共事務管理人才及精研相關知識。發展方向以「問題解決為導向」，強調理論的發展應配合實務性與應用性的需求，並以大學社區化、兩岸化、國際化「三化」為規劃目標。透過社區資源的結合運用、海峽兩岸城市管理的教育交流、先進國家地方政府

第一節　臺灣佛教界創辦的國民教育學校

的管理經驗，以培養未來臺灣地區的地方級公共事務管理人才。在課程設置方面，現有大學部課程與碩士班課程兩大類，大學部的特色在於基礎性、實用性，修滿136學分畢業；碩士班的特色在於學程化、專題化，以務實的問題解決導向來設計課程與教學方法，使碩士班學員能將理論與經驗落實轉換，成為推動公務機關變革管理的力量。

國際貿易學系以培養中、高階層國際企業管理與貿易人才為主要目標。發展方向重點在四個方面：（1）積極結合地區產業需求，培養經貿專業人才；（2）培養學生外語能力與電腦應用；（3）參與國際經濟事務合作，開拓學生國際視野；（4）藉由推廣與建教合作發展學術與實務合一。在課程上，一至四年級各有必修專業課程和選修課程，學生必修專業課程至少需達82學分。修業年限4年。

行銷管理學系的宗旨是培養優良的行銷管理人才。發展方向和重點有三個方面：一是重視學生人文素質的培育，在功利為主的財務環境中注入正義的清流；二是瞭解企業組織的運作及行銷決策的擬定；三是配合本校相關係所，設定若干領域，訓練學生行銷專業能力，以加強基本專業能力。課程設置分為基礎課程和進階課程兩個方面，基礎課程為一般管理、市場及企業競爭概論及行銷管理等；進階課程則如企業競爭策略、各類型行銷管理、國際行銷管理等。學制4年。

玄奘大學的學生生活比較豐富多彩，僅以人文社會學院為例，就成立有7個類型的45個學生社團組織，學生可依自己的志趣選擇加入愛好的社團。這種不分科系、性別和地域的社團組織，除在校內開展活動外，還進行校外聯誼活動，服務性的社團還參加社會公益活動，如反毒品、反菸害、赴地震災區服務、關懷弱勢群體等活動。這些活動不但能陶冶性情，增長見識，也推動了學生德、智、體、美、群五育並進，達到教育生活化、社會化目的。這些學生社團有代表性的如：學生自治團體：學生會、學生議會、畢業生聯誼會。系學會：外國語文學系學會、社會福利學系學會、資訊管理學系學會、大眾傳播學系學會、財務金融學系學會、企業管理學系學會、圖書館資訊系學會、法律系學會、公共事務管理系學會、應用心理學系學會、成人及社區

教育系學會、新聞系學會、中國語文系學會。校友會：南友會、東友會、蘭友會、中友會、嘉友會。服務性社團：春暉社、向陽社、慈恩學社、羅浮群、手語社、社會服務團。康樂性社團：戲劇社、民歌吉他社、國際標準舞社、熱門舞蹈社、熱門音樂社、自助旅遊社。體育性社團：登山建行社、排球社、國術社、籃球社、直排輪社、棒壘社、拳擊社。藝術性社團：美術社、攝影社、象棋研習社、國樂社、管樂團。

第二節　臺灣佛教界對臺灣在校生的影響

臺灣佛教界對臺灣社會教育的影響，不僅表現在創辦了包括幼稚園、小學、中學、大學等各級學校上，同時也表現在廣泛參與非佛教界創辦的學校在校生輔導活動上，他們以佛教的精神，在特定的環境中運用各種形式進行學生的道德教育工作。由於這些輔導活動績效顯著，得到社會各界的肯定。

一、舉辦各類型的定期兒童禪修營活動

（一）以中台山舉辦禪修營為例

20世紀90年代，臺灣社會環境劇烈轉變，加上西方自由主義的推波助瀾，人們的思想、觀念、行為受到很大的衝擊和影響，社會失序現象日益嚴重，影響所致，殃及校園，許多學生行為趨於糜爛和偏激，青少年犯罪率不斷上升。1993年，中台山禪寺住持惟覺法師受臺北「教育局」委託，為臺北市70多名「過動兒」舉辦「育樂營」活動，希望透過山上殊勝的環境，發揮出境教功能，並借法師和愛心人士的悉心教導，幫助這些過動兒改變氣質，養成優良的習性，為他們未來的光明人生建起良好基礎。由於這次活動收到圓滿成功的效果，中台山師父遂決定第二年繼續為一般學生舉辦此項活動，並將活動定名為「小星辰禪修營」，每年舉辦一期。因為參加的學生人數越來越多，每期又分成若干梯次，每一梯次大約500至600人，1996年舉辦的第四期禪修營，參加學生達到4500名，而報名人數則有6000多名。

禪修營的特點主要有四個方面：一是目標明確，收到顯著成效。參加禪修營的對象為小學五、六年級和初中一、二年級學生，目標是透過禪修活動，

第二節　臺灣佛教界對臺灣在校生的影響

「培養青少年堅毅、慈悲、禪定、智慧的心，協助青少年跨越叛逆、迷惘的歲月，走向光明的人生」。[10] 參加活動的學生，每一梯次的時間為五天四夜，透過法師、輔導老師的教育，大多能糾正以往不良的習慣，達到舉辦者預期的效果。二是課程生動，充滿佛教精神。禪修營活動的內容有專題演講、佛教美學、生活實修、康樂活動等四大部分，其專題演講配以卡通片等形式講解佛學內容，引導青少年學習佛教精神，明白要孝敬父母的道理；在佛教美學方面，聘請知名音樂家教唱佛曲，法師和輔導老師進行禪詩朗誦、禪坐指導等，連平時可望而不可即的梵唄法器，學員們也可以學敲，使活動進行得生動有趣。在生活實修方面主要由法師指導學生養成行住坐臥四大威儀，一天三餐集體用膳，務必吃完盤內所有飯菜及湯汁，養成不挑食、不偏食及不浪費的習性。此外，還有早、晚課，朝山、康樂活動、打少林拳，以及由青少年演出的「星辰劇場」等，都對學生有深刻的啟示。三是師資優越，義務參加輔導。禪修營的營主任見鐸法師是哈佛大學的法學博士，輔導老師除佛寺的眾法師外，還有來自高等院校的教授、博士、碩士、學生和大專院校在校學生，輔導老師與小朋友的比例為1：3，幾乎每兩、三名小朋友就有一名大哥哥、大姐姐24小時相伴。這些輔導老師都是應中台山徵求來為禪修營服務的義工，全部的工作都是義務的。四是禪修營全部免費，凸現佛教大愛之心。小星辰禪修營不僅是臺灣目前規模最大的夏令營，也是臺灣目前唯一免費兼提供食、衣、住的少年禪修營，其所需經費均由法師們四處募款，都是社會大眾有錢出錢、有力出力來完成，這也成為禪修營最大的特色。

　　禪修營學生都有深刻的感受。凡參加過小星辰禪修營活動的小朋友，雖然只經過一個梯次僅五天四夜的時間，但卻使他們能夠明心、定心、淨心。如鄭沐梃小朋友在營中寫的感想是：「……五天四夜的時間雖短，我學到了許多事，我認識了自己，學會反省、檢討自己的行為和說話，自己做對了多少？做錯了多少？是應該還是不應該？我比以前懂事了，我沒有白來！」[11] 謝易軒小朋友寫的感想：「在這裡，我學到了行住坐臥四威儀，吃飯的禮儀、拜佛、問候及怎樣靜心打坐，還聆聽佛祖的故事。當我聽到佛祖是這樣慈悲為懷，打從內心感動，希望自己也能像佛祖一樣慈悲。我的四周都是一位位親切和藹的老師和可愛的朋友，生活在這裡，好像在天堂一般的美妙。」[12]

王雅慧小朋友寫的感想是:「這次禪修營是我人生的轉換點,靜坐使我定心,不再胡思亂想。原先浮躁的心沉靜了,也學習到對父母、對照顧我的人,要存有感恩的心,對世間一切眾生要慈悲關懷。」[13] 許多小朋友經過禪修營的生活學習,在營中寫信給父母,表達自己的體會,如賴長志小朋友寫的信:「親愛的爸爸媽媽,……經過這次來中台山小星辰禪修營以後,我才深深地體會到,父母將我們從小寶貝養育到長成,經過了千辛萬苦,是多麼的偉大。我們現在能這麼快樂,在衣食住行方面要什麼就有什麼,全都要感謝你們辛苦賺錢給我們花。從現在開始,我會好好孝順你們。感謝師父教了我們許多知識,讀了《父母恩重難報經》,我才知道要深深的感恩。」[14] 陳彥霖小朋友寫給媽媽的信:「媽媽:謝謝您帶我來這裡。起初,我非常不樂意,但是聽了法師的開示以後,我領悟了!以前飄浮不定的心,安定了下來,更明白了以前心中始終存疑的道理。感恩您的苦心和恩情,今後我會知福、惜福,並且讓所有的人都知道,有父母的人是最幸福的了……」[15] 黃馨瑩小朋友寫給父母的信:「你們送我來小星辰,真是明智的抉擇。這不是一般的夏令營,重要的是,它淨化了我的心,增長了我的智慧,矯正了我的行為,它不是一個隨便讓人『混』過去的禪修營……這裡所有的一切都是免費的,因此,我也特別、特別地感謝慈悲的惟覺老和尚和所有的法師以及小星辰的工作人員,還有十方大眾。謝謝大家給了我們這麼多這麼好的東西,真的感謝大眾!」[16] 還有眾多的小朋友,回到家後,繼續給中台山法師寫信,匯報自己的情況,感謝之情充滿字裡行間。

　　參加禪修營學生的父母也有很深的感受。小朋友經過禪修營的生活體驗,在日常生活中有了新的變化,家長們看到自己的孩子所產生的變化,感慨萬千。家長劉媽媽(傳華)說:「我的孩子參加 6—6B1 梯次的小星辰夏令營,沒想到五天四夜對一個孩子竟有這麼大的影響。孩子的心變得柔軟、體諒和感恩,對事、對物會用客觀、包容的心來看待,不僅孩子歡喜,我們做家長的更歡喜。非常感謝這段期間師父的教導、發心菩薩的護持,及小老師的細心照顧……」[17] 家長邱三雄說:「經過小星辰禪修營的洗禮,活潑外向的女兒心性上變得成熟,這是一種良知良能的開啟。譬如,以往同學之間會斤斤計較,如今心胸開闊,懂得布施,還會用佛法的道理幫助同學解決煩惱……」

[18] 家長陳純真說：「……我們肯定小星辰禪修營的教育意義，它做到了我們父母努力想做卻做不到的事。」[19]

　　禪修營的輔導教師也有自己的感受。擔任禪修營輔導教師的，都是來自臺灣各大專院校的學生和教師，他們不僅是「超級保姆」，而且在這過程中，自己的心靈也逐漸「還本歸元」。如輔導老師曾永美說：「……參加了兩年的小星辰禪修營活動，深深感佩師父們的教育力量是那麼深、那麼廣、那麼的無邊無際，不知不覺流下淚來……是感動、是感恩、是震撼，每次禪七活動，老和尚對我們大專生的愛護，令我無限的喜樂與感恩，在他老人家的身上，我看到了悲心與願力！」[20] 輔導老師陳瑞雯說：「……在小星辰禪修營，學到最多的並非只有小朋友；自願發心的工作人員、小老師們，更是收穫滿行囊。只要你願意付出真心，真正的快樂就會向你報到。」[21] 輔導老師李金枝說：「最令我們感動的是，教育的工作，應由教育界負起責任；師父們已經出家了，捨棄世間的享樂和榮華富貴，卻又毅然扛起無酬償的『教化』的責任。最令我們佩服的是，在沒有經費的情形之下，把一千多個全臺各地的青少年——事前不知道他們是誰？他的家庭背景怎樣？他的習氣？是否有不良行為或暴力傾向？……將這樣的一群孩子集合起來，提供住宿、衣物、食物，用佛法的慈悲、智慧來教化他們，五天四夜中每天 24 小時的護持，真的把孩子改變了……」[22] 輔導老師劉侃如說：「帶小朋友是一件既快樂又累人的事。快樂的是他們機靈的童言童語，天真無邪的模樣；可是，他們彷彿有用不完的精力，幾天下來，真的夠累人。在成長的路上，童年離我愈來愈遠了。在禪修營這個勸人行善、樂於助人的大家庭裡，我慚愧地檢視過，流下懺悔的淚。」[23] 輔導老師許敬忠說：「……七天六夜的生活體驗，我對法師們日夜辛勞的發心，由衷讚歎。也讓我對臺灣的佛教，有了更深的信心。」[24] 主持禪修營的法師們，對禪修營活動的成功也有諸多感想，正如美國加州大學電腦博士、中台佛教學院研究所所長、禪修營教授法師見護所說：「原來娑婆世界的完美，就是在有限的條件中盡力去做！得到最多的，正是付出最多的。看著夜空中閃閃發光的小星辰，是我們點亮了他們的心光，還是他們照亮了我們的路？」[25]

　　（二）以圓光佛學院舉辦兒童夏令學佛營、兒童冬令學佛營為例

臺灣佛教
第二章　臺灣佛教與臺灣社會教育

　　近年來，圓光佛學院以學習佛教的形式，每年舉辦兒童夏令、冬令學佛營，參與在校生的輔導活動，引導兒童建立「孝順、恭敬、感恩、慈悲」信念。學佛營以知識性、感性、理性、啟發式的課程，結合動態活動，寓教於樂，達到提升小朋友心靈，發揮「守護淨土」的勝妙功德。例如2002年2月5日至2月8日，舉辦第15屆兒童冬令學佛營，同年7月27日至8月1日，舉辦第16屆兒童夏令學佛營，其目的：一是開拓小朋友的視野，建立正確的思考和學習、感恩和恭敬的態度；二是啟發小朋友的孝順、體悟能力；三是從生活中學習營造愛與被愛、理想、美好的人際關係；四是效法彌陀的大慈大悲，使大愛散播在人間淨土。學佛營的特點主要有：（1）宗旨明確。即以佛教的慈悲、孝順、恭敬、感恩、布施、智慧、正見、正思、正念、精進之精神，培育和輔導參加學佛營的小朋友淨化心靈，啟發智慧。（2）組織有序。學佛營活動機構由圓光禪寺的法師擔任營導師和營主任，下設課程組、生活輔導組、文宣組、庶務組等4個大組，每個大組均由寺中法師任負責人。大組下設若干具體活動組。如課程組的下設活動組、電腦組、課程設計、檔案組、音響組；文宣組下設文宣、攝影組；庶務組下設醫務組、服務組、機動組、典座、行堂、侍者、場地組；生活輔導組安排值勤人員及輔導工作。（3）課程生動。每天的活動課程已提前按單元安排好，每一單元有其活動主題，如「早、晚課」單元，是透過課誦阿彌陀佛四十八願培養小朋友的善根，瞭解佛門早晚課意義。「心靈環保」單元，以十善法為主要內容，用活動及討論，讓小朋友瞭解心靈環保的重要性並帶出環境環保也同樣重要的內容。「蓮花上的音符」單元，用教學靜思語，培養小朋友的合心、互愛、菩提心。「小小DIY」單元，是輔導小朋友自己動手做小禮物，體驗DIY的樂趣，以達到廢物利用、珍惜資源的教育目的。「巴比Q」單元，以野炊活動的形式，培養小朋友的團隊精神。「主題劇坊」透過主題故事表演，讓小朋友認識阿彌陀佛的精神……這些單元活動，安排得生動有趣，不但啟發了小朋友的智慧，也提升了他們的心靈境界。透過參加學佛營活動，每個小朋友都會在由營裡發給他們的學習手冊上記下自己的心得。有一位蔡金珍小朋友聽了師父開示輔導後，在她的學習手冊上這樣寫道：「智慧的人是：[1]很會分辨是非；[2]考試很棒；[3]可以成為讓人家尊敬的人；[4]懂得運用各種能力的人。用功讀

書的人就會知道如何孝順父母、尊敬師長；用功讀書的人就會有智慧，有智慧就會知道菸、酒、毒品是不好的；有智慧的人就能分辨是非，懂得運用各種能力，讓別人尊敬。」這體現了學佛營受到小朋友歡迎，收到了預期效果。

（三）以文殊院舉辦暑期兒童藝術營、成長營、學佛班為例

臺北文殊院每年舉辦的各種青少年校外活動營、班比較多，有的營、班在暑期舉辦，有的在冬季舉辦，參加的對象分為兩種，一種是小學3至6年級學生，一種為高中、職高和大學新生。如高中學佛冬令營，一般在每年2月分舉辦，每期五天四夜；兒童學佛班則在每年8月舉辦，每期也是五天四夜。還有一種兒童讀經班，安排時間比較長，從9月開始到12月結束，每月開課3至4次。在暑假期間，文殊院會先後舉辦高中生和小學生的夏令營活動，如2002年7月9日至13日，舉辦「高中生活體驗營」，參加人員每人須交納活動費用1400元，活動內容有「阿里山小火車之旅」、「觀看阿里山日出」、「綠野仙蹤」、「夜睹明星」、「大地遊戲」等；7月27日至29日，舉辦暑期兒童藝術營，參加的小朋友每人須交納活動費用600元，這種營隊不需在營中住宿，活動方式也比較靈活，小朋友可以在營中用餐，也可以不在營中用餐，可以由家長接送來回，也可以自行來回，其中第二天的活動還可以親子一同報名參加。三天中每天上午報到入營，下午晚課後結束，小朋友離營回家，第二天上午再來。藝術營的活動每天內容不同，主要有學佛行儀、影片欣賞、魔術遊戲、佛法講座、出坡（學習打掃環境）、參觀陶瓷博物館、製陶DIY（小朋友自己動手做陶藝）、遊覽陶瓷老街、大地遊戲、無盡燈等。8月17日，舉辦「大自然趴趴走戶外活動」，參加對象為小學3至6年級學生，每人交納活動費用200元。活動時間雖然只有一天，但內容很豐富，有森林浴、觀賞鳥林瀑布、素烤DIY、採集植物標本等。暑假期間，舉辦的兒童學佛班，除學習禮佛、拜佛儀式外，還進行各種具有佛教意義的遊戲；舉辦的兒童讀經班，每月定期授課，內容不僅有佛經，還有中國古代經典著作，如孝經、論語、孟子、大學、中庸、唐詩、宋詞等選讀。透過這些營、班，培養青少年學習佛教禮儀和佛教精神，種下善根。由於文殊院舉辦的營、班種類較多，方式靈活，學生可根據自己的興趣和愛好選擇參加，因此，都有收效。一位學生在學習筆記中寫道：「在營隊的這五天中，我們

不僅學到了如何禮佛、拜佛，師父老師們也告訴了我們為人處世的道理。」「在大地遊戲中，讓我們有發揮團結力量的機會，透過一關關的挑戰，使彼此的距離更加靠近了。」「走在充滿林蔭的森林小徑上，聽著蟲鳴鳥叫，呼吸間吸收了清新的自然芬多精，也在花圃中找尋各式各樣的葉子標本……」從孩子們寫下的字裡行間，可以看出營隊活動為他們帶來了快樂和新鮮的感受。

二、在普通中小學接受教育的出家人生活（以中台山小沙彌日常生活為例）

在臺灣的佛教寺院裡，有一批年紀很小的出家人，即小沙彌。他們當中年紀小的五六歲，大的十三四歲。他們在寺院的日常生活和接受教育問題，成為教化這些小沙彌的重要工作。例如在中台山，小沙彌白天到山下的普通中、小學接受教育，放學後回到山上。晚間，在佛學院學習佛學課程。寺院的清淨莊嚴、法師的言傳身教，對小沙彌都有重要影響，都能使他們提起正念。不過，小沙彌終究還是孩子，他們也有不聽話、頂嘴、吵鬧的時候。因此，寺院專門派駐有「生活教授師」負責，指導小沙彌按照《中台四箴行》「對上以敬，對下以慈，對人以和，對事以真」的精神，在日常生活中加以落實。生活教授師就像小沙彌在家時的家長一樣，時時處處照顧著他們，就連晚上也要按時巡看寮房，為他們蓋好被掀開的被子。小沙彌們在法師的無微不至護持下，很有長進。僅 1996 年學年至 1998 學年，在山下普通小學接受教育的四至六年級各班學習的小沙彌，就有 47 人次獲得校內智慧考查、學藝活動、體育比賽等各種獎項，有 3 人次獲得校外體育、書法藝術獎項；在初中一至三年級學習的小沙彌，有 13 人次獲得段考、抽考班級第 1 名至第 4 名獎勵，有 3 人次獲得校外展覽、競賽獎勵。

透過在普通學校和佛學院的學習，小沙彌們不但適應了這種特定環境的生活，而且心態有了很大變化，如佛學院中級部的小沙彌釋見新在他的《出家與在家》一文中寫道：「我以前在家的時候並不是一個很乖、很好的孩子，因為受到各種影響，曾經做過許許多多不良事情。」「出家到現在，和以前的我是大大不同的；現在我做錯事，我會真心懺悔，發願不再犯同樣的過失。」

第二節　臺灣佛教界對臺灣在校生的影響

「在佛學院，我們學到很多白天學校沒有教我們的事情和課程，老和尚也常鼓勵我們。」[26]初級部小沙彌釋見汗在他的《我的優點與缺點》一文中寫道：「我的優點不多，就只有幾個而已。例如，大家都說我的字寫得很漂亮。我寫功課，把字寫得很好，不是為了教授師寫的，而是為了我自己而寫，這樣一來，我就做到了導師所說的『對事以真……』我的缺點有很多，例如我的字雖然寫得不錯，我的心就沒有像我的字一樣好。有時候我心粗，會打破很多的東西；打破東西，就如同寫錯字一樣。還有，我很貪吃，每次看到好吃的，就搶第一；遇到難吃的，就排最後。這樣子就是分別心；其實好吃、難吃，也只是這貪心的分別而已。」[27]初級部小沙彌釋見份在《我的優點與缺點》中寫道：「我的優點不多，可是學校的老師說『你的優點很多，你很會作美勞，會講佛典故事』。我的缺點很多，多到連《中台四箴行》都沒做好。」[28]初級部小沙彌釋見輔在《我的優點與缺點中》中寫道：「我的優點少之又少，真心說來，對大眾法師來講，是正常的，不能算是優點。而我的缺點，實在太多了，我沒有做到導師所說的《中台四箴行》。例如，我對下不慈，常欺負年紀較小的同學。還有對事不真，每當生活教授師分配的工作，都沒有處理得很好……」[29]小沙彌們在寺院的日常生活中，還寫下了許多心得體會，其中流露出來的純樸和天真，讓人體味到了那一顆顆向上的童心，從而也體現了寺院對出家教育的重視。

三、出家師父與在校青少年學生的心靈對話（以無塵營為例）

　　20世紀70年代以來，由於地區經濟的發展，臺灣社會結構產生了急劇的變化，家庭的功能日趨衰弱，給教育帶來相當大的衝擊，許多青少年偏差行為日益增加，不良習氣嚴重泛濫，學校和家庭均感困擾，社會各界深為不安，一些專家學者和教育工作者提出防止青少年偏差行為的輔導策略收效並不顯著。臺灣佛教界面對這一情況，紛紛投入社會教育工作和校外輔導活動。南投縣名間鄉白毫禪寺住持禪心法師，從20世紀80年代就走入監獄、公園及孩子流連的地方，幫助無數青少年遠離罪惡，找回自我。寺中其他的法師和修行居士，受到禪心法師無私奉獻的精神感召，也懷有共同的理念與使命，遂創立「白毫學園」，並舉辦「初中學生無塵營」，以佛教的教育理念、生

活儀範,以及法師們的身教,給學生們以嶄新的生活體驗,啟發他們透過自省,種下善根,激勵向上的意志,重新邁向未來。

從1992年起,白毫禪寺白毫文教基金會與臺北市「教育局」合辦「初中無塵營」,前後八個梯次,每梯次近百名師生參加。活動時間每梯次六天五夜,課程安排有寺院巡禮、學佛行儀、朝山、小隊活動等,動靜結合的活動內容,使參加的學生都有不同程度的收穫。來參加無塵營活動的孩子,許多都曾有過逃課、離家出走、迷戀電玩、打架、飆車、抽菸、泡酒吧甚至吸毒的不良行為,他們來參與無塵營活動或許不是主動的,但是在一個遠離塵囂的安謐環境裡,經過法師們以佛教精神耐心教導和撫慰,孩子們得到了啟發並能自省,過去的生活痛苦漸漸退去,使枯竭的心靈再現了生機。一批又一批經過無塵營洗禮的孩子們又回到五光十色的紅塵世界,已經樹立起向上的意志和重新開拓努力的信心。

參加過無塵營活動的學生,回去以後仍然惦記著寺中的法師和6天的無塵營生活,並且能將在營中學到的在自己的日常生活中加以實踐。不僅如此,孩子們還長時間保持著與寺中法師的書信聯絡,遇到困惑或疑難問題,都寫信向法師求救,與白毫寺保持著一條相互溝通的渠道,體現了無塵營活動對孩子們深入關懷的特點和在青少年學生中產生的深刻影響。孩子們向寺中所寫的書信,有報告回去後生活狀況的,有提出疑惑問題的,有關心法師健康的,有懷念無塵營生活的……法師們都認認真真地給予回信,他們或引佛典、或以為人處世的態度,為學生們析疑解惑,探討生命的意義和開示人生哲理,對孩子們充滿了愛心和啟發,使白毫禪寺「成了孩子們心靈的避風港」。如有一位學生寫信給寺中法師說:「……我是第四梯次無塵營萬華初中的學生×××,這次的白毫禪寺一遊,帶給我太多太多的感觸了,真是非常的感謝您舉辦這次活動,使我能在六天中拋開了大臺北繁重的壓力;遠離了大臺北的喧嘩,使我能在如此清淨的地方靜下心來學習佛法,認識人生的哲理及學習處事的態度……六天中承蒙您安排的課程,使我學習了不少,也領悟了不少,我在白毫所待的六日當中所經歷的人、事、物都是我最珍貴的一段回憶。」[30] 白毫寺的法師接信後,回信給這位學生說:「白毫禪寺是一處接引青少年的場所。當詭譎多變的紅塵俗世,撩亂了你的視線,模糊了你的思考

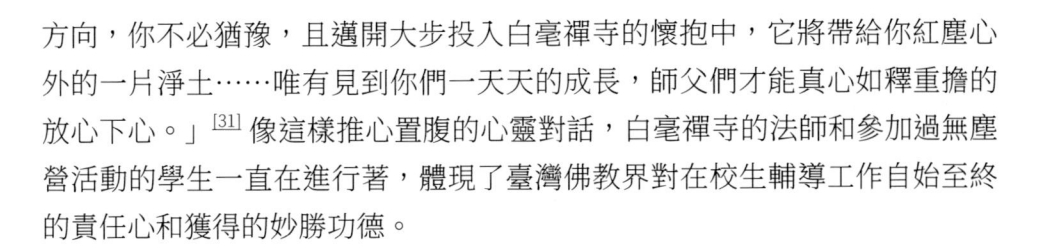

方向，你不必猶豫，且邁開大步投入白毫禪寺的懷抱中，它將帶給你紅塵心外的一片淨土……唯有見到你們一天天的成長，師父們才能真心如釋重擔的放心下心。」[31] 像這樣推心置腹的心靈對話，白毫禪寺的法師和參加過無塵營活動的學生一直在進行著，體現了臺灣佛教界對在校生輔導工作自始至終的責任心和獲得的妙勝功德。

四、佛教界對偏離學生的幫助（以白毫學園為例）

近年來，臺灣社會變化，家庭結構改變，學校教育缺失，多元個人價值和功利的社會關係等因素，致使不少青少年學生中途輟學，成為青少年犯罪的主要原因之一。臺灣佛教界有感於挽救這部分偏離學生的重要，積極進行對中途輟學青少年學生的幫助工作，收到了明顯效果，並引起教育部門和社會人士的重視。僅以南投縣白毫禪寺舉辦「白毫學園」輔導中途輟學生為例，他們的經驗，成為後續舉辦或推廣中途輟學學生輔導工作的參考。

1995 年 12 月，白毫禪寺住持禪心法師接受臺北市「教育局」委託，在寺中舉辦第一期「白毫學園」，接待臺北市中途輟學的初中學生，進行輔導工作，時間為半年，即 1995 年 12 月至 1996 年 6 月。參加這期「白毫學園」接受輔導的學生，在來白毫之前，他們飆車、喝酒、出入 PUB、不回家、打架、逃學，中途輟學後，生活更是混亂，身心更加不能安定。來到白毫後，他們依然不能安定。因此，禪心法師指出，要給孩子們一個情境，一個境的教育，就是境教。情境的教育，裡面有物、環境和人，人事物結合的「情境教育」。也就是說，必須給這些孩子最需要、最適合的整體學習環境與生活空間，讓他們的身心安定下來。這種「情境教育」的理念，貫穿於「白毫學園」輔導活動的始終。

白毫學園在輔導中途輟學學生的過程，並不「急功近利」，而是在讓學生感到沒有壓力的情況下，以「循序漸進」的方式進行輔導和引導：一是勞動教育，包括「出坡」和「種菜、認養苗圃」兩部分，「出坡」是佛門裡出家人利用早齋後或其他有空的時間，整理寺院環境或進行各種衛生掃除的工作，學生們初來時最討厭「出坡」，但法師們帶著他們，親自動手打掃給他們看，打掃完後又和他們閒聊談心，漸漸地學生們喜歡「出坡」了；「種菜、

認養苗圃」也是一樣，在勞動中學生們體驗了辛苦和甘甜，在心中播下了善根。二是佛教精神教育。學生們和寺裡的法師一同進行早、晚課，感受佛教精神，在「回向」的時候，法師會要求學生將今天的功德布施給他關心的任何一個人，如「祝某某身體健康」、「祝某某考試順利」等。學生透過這樣的活動，無形中拉近了與他生活中有關係的許多人的距離，學會了肯定和關心別人。三是安排適當的課程目標。針對學生們的能力，培養他們對學習的興趣，為他們重新設立學習目標的範圍，在他們能力可以完成的範圍下學習，如請學校老師為他們進行補救，教學英語、數學等課程。有的學生，過去對數學最感頭痛，後來不但能安下心來學習，而且還主動要求多上兩節數學課。此外，學園中還提供了烹飪、美髮、繪畫等技藝課程，這些安排不但有助於學生繼續升學和將來就業的需要，也培養了他們各方面的發展興趣，改變了以往的不良習性。

「白毫學園」第一期雖只有 6 個月時間，但對偏離學生的幫助卻是巨大的，尤其是參加學習的學生與寺中法師建立起了深厚的感情，稱他們是「亦師亦友」，這也反映了法師們付出的辛勤努力已經在孩子們心中植下了善根。透過法師們的付出，孩子們已經建立起新的生活習慣，重新樹立起生活的信心。有一位學生說：「在臺北我都是高高在上的，人家都很怕我。但在這裡就不同了，我不喜歡人家怕我，我和人家打成一片。」[32] 另一位學生說：「抽菸戒多了啦，原來在家裡一天兩包的，現在只抽半根。」[33] 還有一位學生說：「不一樣，大家變善良了！」[34]

五、佛教界對誤入歧途少年的幫助（以香光尼僧團為例）

在臺灣由於社會、家庭和其他因素的影響，青少年犯罪呈上升趨勢，引起了社會各界普遍擔憂，也引起臺灣佛教界的關注。為了幫助這些誤入歧途的青少年改過向善，佛教界人士深入到少年輔育院等機構，主動參與對他們的教育和輔導。僅以高雄香光尼僧團法師幫助高雄少年輔育院進行弘化工作為例，他們從 1990 年起，每週五到輔育院教授宗教課程，並每年舉辦一天的「長風營」和三天的「耕心營」活動，收到了很好的弘化效果。

第二節　臺灣佛教界對臺灣在校生的影響

　　20世紀80年代，香光寺的悟因法師在參加佛教界慰問工作時，曾到少年輔育院探望那些少年罪犯，看到那些人正值青春年華，就成了罪犯，感到十分惋惜，遂發心願：與其救濟，不如提供他們學習的機會。1990年，悟因法師應邀到高雄少年輔育院上課，從那時起，便決定由香光社會福利基金會、紫竹林精舍負責舉辦輔育院的定期宗教課程。

　　臺灣高雄少年輔育院是收容少年罪犯的機構，其中學生被收容時年齡最小的12歲，最大的18歲，感化期限一期為3年，故院內學生最高年齡21歲。這些學生是由少年法庭裁定應受感化教育，他們來自臺南市、高雄市、臺東縣市、屏東縣、澎湖縣和金門縣，均為男性，共有300多人。其犯罪背景以家庭解組（單親家庭）、家庭環境差、管教失當等為最多。犯罪種類在1992年以前以盜竊為最多，1993年起以菸毒、麻藥占大多數，盜竊居次。這些學生活潑好動，自制力較弱，容易受外界環境影響，而且早熟。他們中許多人不識字，最高學歷僅至初中。輔育院將這些青少年依個人程度分為7個班，即：新生班、小學班、初一班、初二班、初三班以及職業教育班中的技訓班和高工班（感化期間在院內畢業者，可轉入此班）。學生宗教課程中的佛教課程分為新生班、初三班、技訓班、高工班。

　　輔育院的輔導課程分為兩大部分，一是每週五定期佛教課程，對像是院內的新生班、初三班、技訓班、高二班4個班的學生；二是一年一度的營活動，對像是全院學生。長期性的每週五佛教課程，按教學目標設計，兼具知識性、宗教性和生活性。如知識性的「解門課程」，包括介紹佛教的基本教義、因緣果報、苦集滅道、戒定慧三學、人人皆具足佛性等；宗教性的「行門課程」，包括教導佛教基本行儀、懺悔、靜坐與共修等；生活性的「生活門課程」包括佛教歌曲教唱、影片教學、主題討論與小組心靈溝通等。透過這些課程的安排，達到啟發自覺、淨化心靈的目的。

　　香光尼僧團為了使少年輔育院裡的少年罪犯學生能夠在具有知識性、宗教性、趣味性的活動中進一步體驗宗教精神，省思生命存在的價值和意義，學習正向的社會化行為，遂在1992年至1994年這三年中每年舉辦一天的「長風營」活動，1995年利用寒假舉辦三天的「耕心營」活動。這兩個營的活動

內容相同，對象為全院的學生。「長風營」的課程分為：(1) 解門課程，在「談笑書聲」中，將佛教的基本教義融入課程，使學生對佛法有初步的概念；(2) 行門課程，以靜坐為主，使學生在靜坐中學習面對自己，增強意志力；(3) 生活門課程，有教唱佛曲和勵志的流行歌曲，有發揮團結合作精神、勇敢負責的「大地遊戲」，有引發學生惜福、惜緣之心的小組回顧活動，讓學生體悟世間有愛及感恩的心懷。整個營活動中，對整潔、秩序、團隊精神等都設專人進行評分，把活動進行得輕鬆歡悅、溫馨愉快。

香光尼僧團幫助高雄少年輔育院進行輔導和弘化工作，持之以恆地堅持下來，收到了成效。院中一位姓曾的同學寫的感想中說：「參加耕心營，將是我迷惑人生的轉折點，也是我這段時間唯一使我徹底醒悟的教誨……自初中就休學，在外和一些不好的朋友鬼混，染上了吸毒的惡習才會到輔育院來，身受漫長的囹圄之苦。如果我能早點得到這幾位老師的教導及佛法的啟迪，相信我的人生遭遇將會有所改變。」[35] 一位簡姓同學這樣寫道：「我今年正滿16歲，對佛教一概不知，在感化院的這一段日子，因聽到師父和志工的指導，才對佛法有些認識……我會盡一切的力量，去除從前的一切惡心、惡根，重新種下一切的善種子，繼續把佛陀的精神傳承下去。」[36] 一位陳姓同學寫道：「我是因為吸食安非他命，而被判感化教育。日子已經過了差不多7個多月，但總是無法完全把心平靜下來……從皈依之後，我也得到了許多的啟示，所謂『苦海無涯，回頭是岸』，希望正式成為佛教子弟後，不再聽信胡言，希望過去的無知，能夠完全消滅，不再因為名利，而走上不歸的邪道。」[37] 一位張姓同學寫道：「三天耕心營活動，除了使我瞭解何謂佛法、何謂生命之外，還使我知道該如何走向光明的道路。人生無常，應該充實及珍惜自己的每一天、每一刻。抱著感恩的心，感謝自己還活在世上，因為生死在呼吸間，應該把握時間，廣結善緣，消自己的業障。」[38] 從這些曾經誤入歧途的少年發自內心的懺悔中可以看到，香光尼僧團從事的弘化工作已經產生了重要影響，在孩子們心中種下了善根，這也是佛教界參與幫助他們所要達到的目的。

六、佛教界對在校生的演講活動（以「中華佛教青年會」為例）

臺灣佛教界參與社會教育，形式多種，接觸面廣。由於佛教寺院和團體眾多，他們參與社會教育的側重點不盡相同，但也有交叉的。以「中華佛教青年會」為例，該會於 1989 年成立，是臺灣佛教界青年團體，從 1996 年起，結合各寺院熱心公益的法師，進入小學、初中、高中、大專院校各個校園，開展對在校生的演講活動，協助學校教化學生，產生了一定影響。

佛教青年會及其各分會以「感恩惜福、青春不留白、走出生命陰影、迎接陽光、開發覺醒的能力」為主題，以啟迪青少年學生身、心、靈的德化教育宗旨，進入校園開展演講活動，成為學校教育的輔助。演講活動的講師，由佛教青年會聘請各寺院道場的法師擔任。僅以 1996 年至 2000 年為例，擔任該會演講講師的法師共有 59 位，其中比丘 26 位、比丘尼 33 位。為了擴展演講活動，佛教青年會建立「種子布教師」隊伍，如在 2001 年 3 月和 2002 年 5 月，就分別招收高中以上程度對輔導青少年工作有興趣的僧俗人員進行師資培訓，成績優異者被納入種子師資隊伍，參加該會進入學校和監獄進行演講、輔導工作。

佛教青年會對在校學生的演講活動，因其演講內容針對對象的不同而作不同的主題安排，如在小學和初中演講的內容，主要側重於教育學生要孝順父母、感恩惜福、遠離毒品、青少年的人生價值觀等；在高中和職高演講的內容，主要側重於輔導學生正確地認識自己、正確處理兩性之間的情感問題，遠離毒品和不受環境誘惑，樹立正確的人生價值等；在大專院校演講的內容，主要側重於指導學生要珍惜時間，發揮智慧，走正確的人生道路等。這些演講主題通常都以佛教精神或佛教故事貫穿其中，藉以達到啟示目的，培養在校學生樂觀進取的學習精神和正確的待人處事行為。

佛教青年會的演講活動，僅從 1996 年到 2001 年就進行了 1000 多場，有 61 萬人次的青少年聽過講座，演講人員到達的地區包括臺灣本島各地、澎湖、金門、馬祖等列島，其中校園演講達 704 場次，聽講學生達 607961 人次，具體可參閱下表：

校園演講場次 / 聽講人數統計表

年度	小學 場次	小學 人數	初中 場次	初中 人數	高中 場次	高中 人數	大專 場次	大專 人數
1996	19	11333	60	62218	7	9840	3	2 700
1997	20	10138	52	62284	34	48400	0	0
1998	25	9763	49	42368	38	45020	2	1 400
1999	51	21400	63	56080	31	39590	0	0
2000	43	16364	61	43668	39	54600	0	0
2001	34	13330	39	30005	31	26510	3	950
小計	192	82328	324	296623	180	223960	8	5 050

校園演講 / 年度統計表

年度	1996	1997	1998	1999	2000	2001	合計
場次	89	106	114	145	143	107	704
人數	86091	120822	98551	117070	114632	70795	607961

　　佛教青年會的校園演講活動，得到了各級學校和有關部門的肯定，許多學校向他們寄去感謝函，有關部門也頒給他們「社會團體績優獎」、「青少年志工服務人群獎」、「教育有功團體獎」、「參與監所教化與更生保護有功團體」、「公益獎」等各種獎勵。佛教青年會對在校生的演講活動，是臺灣佛教界參與社會教育影響面相當廣泛的一種模式，它彌補了學校正常教育的不足，對淨化在校青少年心靈造成了一定作用，所以備受臺灣社會各界的

肯定，並鼓勵他們繼續開展下去，從而也提升了臺灣佛教界在社會上的影響力。

七、佛教界對孤兒或單親子女的關愛（以佛光山大慈育幼院為例）

臺灣佛教界在參與社會教育、創辦各類學校加入教育事業序列的同時，還創辦相關慈善機構，收容孤兒或單親子女，對他們進行撫養教育，使之能健康成長。這類慈善機構的創建，除佛教界自身資源力量外，通常都得到了社會各界的財力、物力支持，因此辦得相當有成效。以佛光山大慈育幼院為例，該院由佛光山星雲法師和臺灣原交通銀行經理徐槐生居士於1970年創辦，至今已有30多年歷史，先後共收養孤苦無依的兒童400多名，目前每年仍有60多名兒童在院收養。佛光山大慈育幼院能夠產生較大影響，主要體現在以下幾個方面：

1. 機構設施完善，服務對象明確。大慈育幼院從成立伊始，即以法師和慈善人士組成董事會，由董事會聘院長、主任共同管理院務，下設生活、教學、總務、輔導等組，各有專人負責職事。育幼院院舍設在佛光山本山，雖經幾次遷移，但卻日臻完備，現在的院舍為1988年所建，土地面積2970平方公尺，其中有占地1320平方公尺的六層大樓一棟，建築面積4224平方公尺（育幼院使用1至4層），室外空地1620坪。院舍大樓各層分別有佛堂、輔導室、教室、寢室、浴廁、儲藏室、廚房、齋堂、醫務室以及辦公室等，各種育幼教學、生活軟體建設完善，育幼院服務的對象，是3至12歲孤苦無依兒童，分別是：（1）父母雙亡無人撫養者；（2）因公殉身人員的遺孤、無人教養者；（3）單親子女，其親人無力養育者；（4）各縣市行政當局轉介的保護兒童。這些孤苦無依兒童成為育幼院的院童後，可以得到如下的服務：（一）提供醫療保健、照顧生活起居與身心健康；（二）注重院堂的心理建設和道德宗教教育；（三）負責院童學習課業、升學及離院就業輔導；（四）負責院童五育（德、智、體、群、美）均衡發展之策劃督導與獎勵。

2. 發揚慈悲精神，自籌經費辦院。大慈育幼院是佛教界創辦的慈善事業，入院的孤苦兒童所有的服務費用全部免費，他們的住、吃、穿、用、學習等一切開支均由院方負責。育幼院的經費來源全靠自籌，主要有兩個管道：一

是有關機構企業和社會人士贊助，贊助分為兩部分：（1）資金贊助，包括地方行政部門和教育單位贊助的教養費，以及企業、寺院、社會人士的捐款；（2）物資捐贈，包括企業、社團組織、寺院、慈善機構以及社會人士捐贈的各種教學用品、食品、生活用品等。二是舉行義賣活動，每年春節期間十方信眾上佛光山禮佛，大慈育幼院在此時舉辦半個月的「愛心義賣」活動，籌措資金用作院內經費。

3. 教師孜孜不倦，樂於奉獻愛心。大慈育幼院辦院30多年來，前後共有數百位孤苦無依的兒童在此受到撫養成長，除了佛教界和十方大眾的發心支持外，最重要的是有一支奉獻愛心的育幼教師，她們孜孜不倦地為院童服務，既擔任著教師的角色，又擔任著母親的角色，為育幼院付出了許多心血。如教師金麗梅在《陪孩子們一起成長》一文中寫道：「……慚愧如我，需要時間不斷地自我充實，給孩子適度的愛心與耐心，多一分尊重，多一點關懷，聆聽孩子們的心聲，於生活中扮演慈母、師長、朋友、姐姐般的多種角色。用一顆惜福惜緣和感恩的心，繼續不斷努力修持，自我教育，才能接受孩子給我的考驗與磨煉，陪他們走過生命中的酸甜苦辣，伴著他們一起快樂地成長，是我終極的目標。」[39] 教師王玉如在《人生另一跑道──大慈家庭》一文中寫道：「一轉眼也服務三年了，在這三年裡來和孩子之間的互動，有著太多的酸甜苦辣的滋味。從一開始的懵懵懂懂不知如何和孩子相處下，總是傷心纍纍，但漸漸地在經過三年的磨煉之下，和不斷學習之下，總算搭起了一座良好橋梁，在相處間也已漸漸上軌道。」[40] 教師周素卿在《另類母親》一文中這樣寫道：「育幼院的老師，『另類母親』在角色上的扮演及工作量上可就是7─ELEVEN般。白天孩子上學時間仍處理院內一般行政事務，晚上孩子放學回來後也要打點孩子的飲食和功課等等。若萬一不小心碰上孩子生病了，即使是夜裡也要帶著孩子到醫院掛急診。而學校的活動只要學校表示要家長參與，一樣也不缺席。這樣生活上的林林總總似乎與每一戶人家母親相去不遠，為什麼要如此無怨無悔的付出呢？犧牲自己的大好青春，甚至是與自己家人相處時間，其實可以如此付出除了一個緣字外，還有更重的感覺，只有曾加入這個行列的人，才能嘗到這其中甜美……」[41]

第二節　臺灣佛教界對臺灣在校生的影響

　　為了讓更多的少年兒童能夠得到佛教慈悲精神熏陶，大慈育幼院教師們調整和增加對社會的服務內容。從1971年開始，結合各方面力量在暑假期間舉辦「兒童快樂營」活動，現在每年有300多名來自臺灣各縣市的小學1-6年級學生參加，借此學習團體生活和培養獨立性格。在院內老師帶領下，育幼院的院童都能為快樂營活動擔當「小隊輔」工作，使快樂營圓滿成功。2001年，育幼院成立了「大慈育成中心」，教師們配合各中小學課程，安排各種戶外教學輔導，得到學校和各界的肯定。

　　4. 遵循院訓，實踐宗旨，院童過著有規律的生活。大慈育幼院立下「尊師重道我應該，不怕辛苦自己來」的院訓，在兒童教育方面的宗旨是：（一）充實兒童生活，養成良好習慣；（二）學習佛門禮儀，長養慈悲智慧；（三）培養高尚品德，養成獨立精神；（四）增廣學習領域，懂得回饋感恩。院童們在法師和老師教導下，培養起良好的生活習慣，過著有規律的生活。每天的作息情況如下：

　　6：00 起床，在法師和老師帶領下作早課。

　　6：30 有秩序地按佛教儀式進齋堂用早餐。

　　6：50 如同寺院「出坡」，進行掃除庭院活動。

　　7：00 學齡院童在老師護送下到山下的小學上課讀書。

　　16：00 院童放學回來，或打球、或看電視、休息。

　　17：00 藥石（晚飯）後，自由活動、或洗澡、洗衣服。

　　17：30 在院裡做學校功課，或到圖書館看書。

　　20：30 晚課。

　　21：00 晚課後就寢。星期天除平日例行的早、晚課外，院童們開展各種活動，放鬆身心，互動交流。

　　育幼院已成為孩子們難以忘懷的家。30多年來，在大慈幼院成長的孩子已有400多名、體驗過「大慈快樂營」生活的孩子也已有1000多名，從育幼院出去的孩子現在已經成家立業，但是他們對孩童時期在院裡得到的呵護

照顧並沒有忘記。1998 年，育幼院創辦人星雲法師生日時，100 多名從育幼院成長的大孩子，帶著自己的家人、親人回院為星雲法師祝壽和看望老師及兄弟姐妹，並將這一天定為「歸家日」，每年回院團聚。從這裡走出去的孩子，對他們的「家」難以忘懷，如曾是院童的國禎寫信給育幼院肖老師：「……很感激，真的！很感激老師和智鳳院長及其他山上的師父老師們對我們這群遊子，依然關心如是；不瞞您說，我也一直以山上的孩子自居……」[42]曾是院童的成弘寫信給育幼院肖老師、王老師：「我一直在想，如果不是師公（星雲法師）、來師父、肖、王老師的存在，一直留到現在，也就沒有我們的現在，那也就沒有現在的院童的如此、如此。」[43]曾是院童的黃淑宜在她的《漫談生活教育與興趣培養》一文中寫道：「回想過去，在育幼院生活、參學、工作，輾轉也有 9 年光景，隨著時間流逝，唯一不變的是內心那份感恩，非常感謝師父的疼愛，老師的教導及十方大眾的成就，得以讓我平安、健康的成長。」[44]從這些在育幼院成長、出去的「大孩子」們發自內心的感恩言辭中，說明了大慈育幼院對孤苦無依兒童的關愛使他們終生難忘，而這種關愛正是臺灣佛教界普遍提倡的慈悲精神的體現，因而受到臺灣社會的肯定和支持。

註：

[1]《慈濟年鑑 2000》，慈濟文化出版社 2001 年版，第 6 頁。

[2]《慈濟年鑑 2000》，慈濟文化出版社 2001 年版，第 9 頁。

[3]《慈濟》2003 年 3 月出刊，總第 436 期，第 31 頁。

[4]《慈濟年鑑 2000》，慈濟文化出版社 2001 年版，第 9 頁。

[5]《慈濟年鑑 2000》，慈濟文化出版社 2001 年版，第 10 頁。

[6] 臺灣佛光山宗務委員會編：《我們的報告——佛光山做了些什麼？》，佛光山宗務委員會 1991 年版，第 33 頁。

[7]《覺之教育》（華梵大學創校 10 週年特刊），華梵大學 2000 年版，第 11 頁。

[8]《南華大學》，南華大學印刷，第 2 頁。

[9]《南華大學》，南華大學印刷，第 8 頁。

[10] 中台山佛教基金會編：《小辰星望中台》，2000 年版，第 20 頁。

[11] 中台山佛教基金會編：《小辰星望中台》，2000 年版，第 11 頁。

[12] 中台山佛教基金會編：《小辰星望中台》，2000 年版，第 78 頁。

第二節　臺灣佛教界對臺灣在校生的影響

[13] 中台山佛教基金會編：《小辰星望中台》，2000 年版，第 84 頁。
[14] 中台山佛教基金會編：《小辰星望中台》，2000 年版，第 101 頁。
[15] 中台山佛教基金會編：《小辰星望中台》，2000 年版，第 111 頁。
[16] 中台山佛教基金會編：《小辰星望中台》，2000 年版，第 125 頁。
[17] 中台山佛教基金會編：《小辰星望中台》，2000 年版，第 153 頁。
[18] 中台山佛教基金會編：《小辰星望中台》，2000 年版，第 156 頁。
[19] 中台山佛教基金會編：《小辰星望中台》，2000 年版，第 157 頁。
[20] 中台山佛教基金會編：《小辰星望中台》，2000 年版，第 159 頁。
[21] 中台山佛教基金會編：《小辰星望中台》，2000 年版，第 167 頁。
[22] 中台山佛教基金會編：《小辰星望中台》，2000 年版，第 173 頁。
[23] 中台山佛教基金會編：《小星辰望中台》，2000 年版，第 192 頁。
[24] 中台山佛教基金會編：《小星辰望中台》，2000 年版，第 208-209 頁。
[25] 中台山佛教基金會編：《小星辰望中台》，2000 年版，第 255 頁。
[26] 中台文教基金會編：《小釋子在中台》，1999 年版，第 15 頁。
[27] 中台文教基金會編：《小釋子在中台》，1999 年版，第 23-24 頁。
[28] 中台文教基金會編：《小釋子在中台》，1999 年版，第 25 頁。
[29] 中台文教基金會編：《小釋子在中台》，1999 年版，第 26 頁。
[30] 《同心緣》，白毫文化出版事業有限公司 1996 年版，第 141-142 頁。
[31] 《同心緣》，白毫文化出版事業有限公司 1996 年版，第 144-145 頁。
[32] 《白毫學園中輟學生輔導成效研究報告》，白毫禪寺白毫文教基金會 1996 年版，第 88 頁。
[33] 《白毫學園中輟學生輔導成效研究報告》，白毫禪寺文教基金會 1996 年版，第 91 頁。
[34] 《白毫學園中輟學生輔導成效研究報告》，白毫禪寺文教基金會 1996 年版，第 89 頁。
[35] 釋悟因總編：《開拓生命的覺路》，香光書鄉出版社 1995 年版，第 124 頁。
[36] 釋悟因總編：《開拓生命的覺路》，香光書鄉出版社 1995 年版，第 127-128 頁。
[37] 釋悟因總編：《開拓生命的覺路》，香光書鄉出版社 1995 年版，第 131-132 頁。
[38] 釋悟因總編：《開拓生命的覺路》，香光書鄉出版社 1995 年版，第 134 頁。
[39] 《大慈樂園》創刊號，2000 年 8 月出刊，第 40 頁。

[40]《大慈樂園》創刊號，2000 年 8 月出刊，第 41 頁。
[41]《大慈樂園》第 2 期，2001 年 9 月出刊，第 28 頁。
[42]《大慈樂園》創刊號，2000 年 8 月出刊，第 12 頁。
[43]《大慈樂園》創刊號，2000 年 8 月出刊，第 13 頁。
[44]《大慈樂園》第 3 期，2002 年 9 月出刊，第 69 頁。

第三章　臺灣佛教的寺院經濟與社會

第一節　臺灣佛教寺院對資金的吸納

臺灣佛教寺院對資金的吸納，主要有以下幾個途徑：

一、法會

法會是佛教儀式之一，是為佛說佛法及供佛施僧等所舉行的集會，在臺灣較常舉行的法會有多種，如念佛會、消災會、福壽會；還有傳授三壇大戒的法會，使有志於深入經藏，或從事弘法利生的佛子，經三師七證為授沙彌戒、比丘戒、菩薩戒等三大戒，成為正式出家人。另有祈求國泰民安的仁王護國法會等，每年正式佛教法會都有規定的時間和內容。後因其內涵和內容不斷擴大，凡是與弘法有關的，均可稱為法會。隨著時代的變遷，臺灣各個寺院法會活動的內容、次數、時間、規模不一，參加的信徒人數也不一樣，收入也有很大差別。現將部分固定舉行法會的寺院茲列表如下：

寺院名稱	固定舉行法會時間
法華禪寺	每年農曆十三、十四、十五日舉行法會
慧濟寺	農曆每月十九舉行觀音法會、觀音佛七禮大悲懺
吉祥寺	農曆每月二十八舉行消災法會
智光禪寺	每年農曆元月一日至十五日舉行消災法會，農曆二月八日至於十四日禪七(念佛法)、農曆四月八日浴佛法會、農曆七月三日至五日超度法會、農曆十一月十七日阿彌陀佛聖誕法會，及不定時舉辦水陸大法會

續表

寺院名稱	固定舉行法會時間
妙濟禪寺	每年農曆七月超度集大蒙山施食(放焰口)
生法寺	每年每月有固定拜水懺或藥師懺，農曆四月初八舉辦佛聖誕、六月十九日舉辦觀音聖誕
民德堂	每年農曆舉辦二月十九日觀音菩薩聖誕、六月十九日觀音菩薩成道日、九月十九日觀音菩薩出家日、四月初八佛陀聖誕
正覺寺	每月第二星期日禮拜慈悲三昧水懺，下午蒙山施食
永光寺	每年三月及九月的法華經誦，農曆七月一日整個月的地藏法會
虎山岩	每年農曆二月十九日觀音菩薩聖誕、四月八日釋迦牟尼佛聖誕、六月十九日觀音菩薩成道日、九月二十九日藥師佛誕日
圓明禪寺	每年農曆七月地藏法會、九月藥師法會、三月梁皇寶懺法會
清山寺	每年農曆四月六日釋迦牟尼佛聖誕、七月二十七日至二十九日三天地藏法會
碧風禪寺	每年農曆二月十九日、六月十九日、十一月十五日
能德寺	每年農曆二月八日、四月八日、七月二十一日
慈德寺	每年農曆一月十日、七月二十二日、二月十九日、四月八日、六月十八日
德山寺	每年農曆春節法會，及二月十九日、四月八日、六月十九日、7月下旬拔度法會
湛然寺	每星期三、六消災念佛法會
修禪院	每年清明節祭塔、農曆四月釋迦佛誕(浴佛)、七月地藏法會(拔度、九月藥師法會(點琉璃燈消災)，每月公曆第四星期日水懺共修會
岩晃寺	每年農曆二月十九日觀音菩薩聖誕、四月八日佛陀聖誕、七月三十日地藏菩薩聖誕、十一月十七日阿彌陀佛聖誕
承佛寺	每月農曆初一、十五、每月第二周六晚上大仙寺朝山、佛菩薩聖誕慶祝

續 表

寺院名稱	固定舉行法會時間
碧軒寺	每月農曆初一、十五、四月八日佛陀誕辰、二月十九觀世音聖誕、九月十九日觀世音出家
正德佛室	每月第一個星期星期三藥師寶懺法會、每月第二、三、四個星期周三阿彌陀佛法會；玉佛寺 每月第一周日大悲懺法會(附慶生會)
法王寺	每月農曆初一、十五消災法會、每月第四周日觀音懺法會、每月農曆十八日慈悲三昧水懺法會
妙禪講堂	每月第二周日上午禮拜慈悲三昧水懺
法源寺	每月第二周日慈悲三昧水懺
法門講堂	每月農曆初一、十一消災祈福
修聖寺	每周第二個周日水懺消災法會
承天寺	農曆每月第一個星期日舉辦大悲懺法會、每年七月為期一個月的地藏普度法會
正德社會福利慈善基金會	每月第一個星期星期三藥師寶懺、每月第二第三、第四星期的周三阿彌陀佛法會

不定期舉行法會的寺院及佛教團體很多，現以 2000 年不定期舉行法會的部分寺院和佛教團體為例：

第三章　臺灣佛教的寺院經濟與社會

寺院或佛教團體名稱	舉行法會時間
法雲禪寺	農曆二月二十八日至四月初一日共三十三天(出家戒)、農曆三月廿四日至四月初一日共七天(在家戒)；傳授護國千佛三壇大戒暨在家五戒菩薩戒
廣修禪寺	農曆二月二十七日至三月初一日護國祈福消災暨報恩皇大法會

第一節　臺灣佛教寺院對資金的吸納

續　表

寺院或佛教團體名稱	舉行法會時間
幸夫愛兒園	農曆正月十八日至二十三日梁皇寶懺祈福超度法會
海藏寺	農曆二月六日起梁皇寶懺、華嚴經、法華經五十一永日大法日
圓光禪寺	農曆四月二日至四月五日共四天春季黃梁法會
見如長老	農曆正月初一至初四恭誦佛母大孔雀王經法會
中華佛教居士會	農曆二月十九日慶生報恩法會、二月二十七日慈悲三昧水懺
靈山講堂	農曆二月五日至七日千佛法會、二月十九日光明燈開燈法會
台北市藏密南卡穹宗佛學會	農曆二月九日千年喜蓮師財神增益強運大火供法會、農曆二月九日千年喜蓮師財神增益強運灌頂大法會、光明燈祈福法會、農曆二月十日藥師佛消災延壽百盞光明燈法會、藥師佛消災延壽前行修法、藥師佛消災延壽灌頂大法會、農曆二月十一日藏密黃財神增益豐財大水供大法會、藏密黃財神增益豐財灌頂大法會、光明燈祈福法會、農曆二月十二日四臂觀音百供祈福修法、四臂觀音灌頂及供修大法會、光明燈祈福大法會、農曆二月十三日蓮師十三本尊修法暨薈供法會、光明燈祈福法會
廣欽山成佛禪寺	農曆二月十三日、四月十六日、五月十四日、六月十一日、七月九日大悲法會、二月二十日安燈平安延壽法會、朝山放生浴佛金剛經法會
宗喀巴佛學會	農曆二月八日護法酬供法會、二月十三日度母法會、二月十九日藥師法會
大華嚴寺	農曆二月六日至八日新春吉祥法會
開成寺	農曆二月五日至八日讀誦佛母大孔雀明王經法會
台中市藏密	農曆二月十九日除障加持共修法會

第三章 臺灣佛教的寺院經濟與社會

續 表

寺院或佛教團體名稱	舉行法會時間
白玉佛學會	農業二月五日加持供燈大法會
古岩寺	農曆二月五日彌勒法會、二月十九日、六月十七日朝山法會
圓光禪寺	農曆八月十二至十八萬人護持圓光佛光院培育僧才水陸大法會
中華佛教居士會	農曆四月五日、五月四日、六月二日仁王護國法會、四月十九日、六月十六日廣生報恩法會、四月三十日、六月二十五日慈悲三昧水懺、十二月二十二日梁皇懺七
藏密薩迦喜金剛協會	農曆四月二日大日如來超度大法會、四月三日長壽三尊大法會、大悲觀音護國息災大法會、四月四日五路財神總集法會、四月五日21聖救度母息災開運增益法會、四月六日紅棒瑪哈嘎啦吉祥天母除障法會
正德社會福利慈善基金會	農曆四月二日清明超拔法會
靈山講堂	農曆四月十六日皈依法會
台北白豪精舍	農曆四月九日藥師懺、四月二十二日法華懺、四月二十三日三昧水懺
普堅講堂	農曆五月七日浴佛法會
台北貴噶精舍	農曆四月三日至七日紅觀音大法會、四月九日紅觀音灌頂法會
新莊佛教圖書館	農曆四月三日至九日清明佛七報恩祈福法會、六月十四日普佛法會
台南佛教報恩講堂	農曆四月三日至九日水陸大法會
廣欽禪淨學會	農曆六月十八慈悲三昧水懺

第一節 臺灣佛教寺院對資金的吸納

續　表

寺院或佛教團體名稱	舉行法會時間
普賢講堂	農曆六月二十五日考生祈福法法會
法相山台灣辯經學院	農曆六月二十五日慈悲三昧水懺
玉佛寺	農曆七月三十日至八月六日盂蘭盆法會
廣欽山誠佛禪寺	農曆七月十九日至三十一日梁皇寶懺
正德社會福利慈善基金會	農曆六月十九日至二十五日梁皇寶懺
淨律寺	農曆七月二十三日大悲懺
佛頂山大觀寺	農曆六月十一日慈悲三昧水懺
高雄金剛乘學會	農曆六月二日放生法會、六月十一日會供及火供法會、六月十六日空行心要共修法會、六月二十三日釋迦佛大白傘蓋法會、六月三十日布薩誦戒法會
鳳山寺	農曆十月一日至十一月一日「中國佛教傳布協會」新竹湖口鳳山寺2000年度傳授三壇大戒
靈泉寺	農曆九月二十日至十月三十一日(出家)三壇戒、九月二十日至二十六日(在家)菩薩戒
白馬寺	農曆九月九日至九月十五日在家五戒菩薩法會
「中國佛教齋僧功德會」	農曆八月二十七日二十一世紀全球供僧暨孔雀明王息災大法會
聖教寺	農曆八月七日至十三日汐止市中元慶念佛報恩法會
大觀寺	農曆八月二十日至二十六日地藏報恩法會
台北市廣欽禪淨學佛會慕欽講堂	農曆八月十二日至十三日地藏超度大法會
圓光佛學院	農曆九月九日至十五日培育僧才水陸大法會
靈雲寺	農曆八月二十五日至二十七日地藏法會
正法精舍	農曆八月十三日地藏法會
大圓覺寺	農曆十月九日至十五日護國息災水陸人天圓覺大法會

第三章　臺灣佛教的寺院經濟與社會

續　表

寺院或佛教團體名稱	舉行法會時間
淨律寺	農曆十月二十九日至十一月五日佛七法會
甘露寺	農曆十一月十二日至十八日佛七法會
香雲寺	農曆十月八日至十四日冥陽兩利梁皇法會
佛教顯密智慧協會	農曆十月十八日至二十日大藏經環台法會
正德社會福利慈善基金會	祈福消災集多至超拔法會農曆十二月九日埔里道場、農曆十二月十日高雄總院、十二月十七日彰化分院、十二月二十四日台北分院、十二月三十一新營分院
大觀寺	農曆十二月三十一日至二○○一年一月二日年終圓滿法會
修聖寺	農曆十二月二十日至二十四日梁皇寶懺大法會

　　從以上資料可以看出：1. 舉辦法會的單位眾多，除了寺院外，還有基金會、協會、學會、居士會、講堂，甚至還有個人舉辦的。2. 各單位舉辦的次數和人數不一樣，規模大小也有很大的差別，有的僅在寺院內舉行，有的借當地體育館。3. 藏傳佛教舉行的次數較多，密度較大，可見藏傳佛教的影響在臺灣已日趨增大。4. 有的寺院已有固定法會，但還新增加不少不固定法會。5. 受戒法會已為任何寺院都可舉行，「解嚴」前臺灣唯有「中國佛教協會」有權開壇受戒，「解嚴」後任何寺院都可開壇受戒，每年都可舉行多次類似活動。6. 大部分舉辦法會單位雖然在通知文告上並沒有標明要交多少金額，但參與者大都必須交納一定資金。因為法會收入已成為傳統寺院吸納資金最重要的方式和渠道，要瞭解寺院的經濟狀況，往往首先必須瞭解寺院舉辦法會的情況和運作過程。

　　要弄清法會收入不是一件容易的事，因為規模、次數、場地、人數、時間等不同，所以收入也大不一樣。以筆者調查的中等寺院靈泉寺為例，其

第一節　臺灣佛教寺院對資金的吸納

2000 年 9 月 20 日至 10 月 31 日舉行了出家的三壇大戒會，其戒會期中（10 月 3 日至 9 日）收入如下表：

收入名稱	款項金額（元）
水陸法會金	1496410
戒會打齋金	3114100
供金三衣金	124000
戒子報到費	13900
平安燈	2500
大供天	141000
供金金	12300
合計	4904210

這七天法會付出如下表：

付出費用名稱	付出款項(元)
文具用品	10325
交通費	6220
郵電費	596
日用品費	5527
功品費	124374
伙食費	5474
津貼	451000
修繕費	4580
設備費	28800
燃料費	10710
法務用品	1000
預支款	70000
合計	761606

這七天收入除去開支，尚結餘 4142604 元。

再如華梵工學院 1990 年 1 月 1 日至 7 日，為籌措建校費用而啟建梁皇寶懺悲法會，收入如下表：[1]

第一節　臺灣佛教寺院對資金的吸納

收入類別	收　入(元)
總懺主	1000000
副懺主	500000
大願主	300000
慈悲主	200000
喜舍主	100000
福慧主	50000
吉祥主	30000
如意主	20000
羅漢主	10000
拔度每位	隨意功德

　　大的寺院或佛教團體，法會活動頻繁，規模盛大，以佛光山為例，除了釋迦佛、觀世音及地藏王紀念日的各種小型法會外，尚有多種大型法會。如萬緣法會，固定每年秋季舉行，內容是諷誦經懺，以消災超度生亡兩界眾生，共設延生壇、往生壇、延生普佛三壇。平均每次都有七八千人參加，開始每緣五百元，後改為 200 元。法會期間，凡結緣者均在牌坊上注名，每日上供及普佛後迴向功德以圖消災納福。再如藥師法會，為佛光山分院壽山寺每年農曆 9 月 23 日至 29 日藥師佛誕前後舉行七天法會，共設藥師壇、淨土堂及諸經壇三壇，參加的信徒在千人以上。早期的以1980年為例，其收入如下表：
[2]

第三章　臺灣佛教的寺院經濟與社會

類別	每位（堂）收入(元)	參與人數	總收入
壇主	每位 2000	239 人	478000
琉璃主	每 500	240 人	120000
五彩燈	每 200	160 人	32000
上堂齋	每堂 1600	27 人	43200
羅漢齋	每堂 1000	16 人	16000
早齋	每堂 500	43 人	21500
結緣	隨喜參加		

以大法會的價碼為例，如平溪大普山觀音禪寺1996年度啟建報恩消災超度水陸大法會的價碼，內壇：光明燈，每盞5萬元（以上有固定桌子拜）；內壇功德主，每位1.2萬元（參加內壇者包括外壇）。外壇：延生祿位、往生蓮位，每位5000、3000、1000三種。內壇福壽油燈：每盞3000元（寫全家名字）。外壇福慧酥油燈：每盞1000元（寫二位名字）。水陸光明燈：每盞500元（寫一位名字）。打齋：護法大齋每堂1萬元、福壽大齋每堂5000元，上堂大齋每堂3000元、如意齋每堂2000元、羅漢齋每堂1000元、米香油齋隨喜功德。[3]

再以每年例行的較小法會的價碼為例：

十方禪林1989年、1990年、1991年、1992年、1996年、1997年盂蘭盆大法會的碼價，[4]法會功德主：每位5萬元；蒙山功德主：每位2萬元；盂蘭盆大齋：每堂1萬元；如意齋：每堂5000元；祥齋：每堂3000元；羅漢齋：每堂1000元；隨喜功德不拘。

慈光山人乘寺於1996年5月19日舉行的浴佛暨藥師普佛大法會，打齋的費用如下：浴佛大齋5萬元；護法大齋3萬元；福壽大齋，1萬元；上堂齋，5000元；吉祥齋，2000元；如意齋，1000元；隨意齋，不拘。[5]

「中國佛教會」1987 年 2 月 15 日至 17 日在臺北臨濟護國禪寺舉辦仁王護國大法會，其收費標準為：護法大齋：每堂 1 萬元；上堂齋：每堂 5000 元；如意齋：每堂 2000 元。

　　十普寺於 1987 年 3 月 30 日至 4 月 5 日，啟建護國息災水陸大法會收費標準，正水陸主：50 萬元；副水陸主：30 萬元；功德主：10 萬元；副功德主：5 萬元；福壽主：1 萬元；隨喜功德：1000 元，參加消災或超薦一名。

　　汐止彌勒院 1989 年 10 月 15 日至 28 日啟建護國息災冥陽兩利水陸大法會收費標準，[6] 水陸總功德主：120 萬元；副總功德主：50 萬元；福慧功德主：分 30 萬元、20 萬元、10 萬元、5 萬元；內壇懺主：每位 2 萬元起（含內外壇）；外壇功德主：每位 1 萬元；水陸法會參加功德：有延生祿位和往生祿位，大牌位 5000 元，一般牌位 1000 元。

　　1995 年 10 月 19 日至 25 日，福嚴禪寺舉辦啟建萬緣護國佑民水陸祈安大法會功德項目收費，[7] 內壇項類（包括消災及拔度）如：1. 總水陸主：100 萬元；2. 副總水陸主：60 萬元；3. 華嚴功德主：30 萬元；4. 梁皇功德主：30 萬元；5. 法華主：10 萬元；6. 楞嚴主：10 萬元；7. 吉祥主：6 萬元；8. 福慧首：1 萬元。外壇功德項類如：1. 延壽祿位（單全）：5000 元；2. 拔度蓮位（單全）：5000 元；3. 消災位（個人）：1000 元；4. 拔度位（個人）：1000 元。

　　1996 年 8 月 6 日至 10 日，法王寺舉辦護國祈福超度圓滿大法會，其法會功德項目收費如下表：[8]

第三章　臺灣佛教的寺院經濟與社會

功德項目	功德金(元)	名額
仁波切功德主	70000	一名
總功德主	60000	一名
副總功德主	50000	二名
五萬佛位	30000	十五名
如來位	20000	十二名
觀音菩薩位	10000	二十一名
地藏菩薩位	7000	二十名
不動冥王位	5000	二十五名
護法位	3000	不限

此外，祈安植福：大牌（全家）功德金 1000 元、小牌（個人）功德金 600 元；冤親債主：大牌（全家）功德金 1000 元、小牌（個人）功德金 600 元；超度歷代祖先：上品牌位 3000 元、中品牌位 2000 元、下品牌位（個人）600 元。

1997 年 8 月，正德佛堂分別於高雄總院（8 月 17 日）、彰化分院（8 月 24 日）、臺北分院（8 月 10 日）、加拿大分院（8 月 31 日）舉行盂蘭盆法會暨中元超拔祖先亡親法會，凡參加者交 1000 元，[9] 並分別設有會主、副會主、懺主、副懺主、吉祥主、如意主、功德主、消災等功德項目，將收入作為臺北弘法大樓建院基金。

臺北市農禪寺每年定期舉行梁皇懺祈福平安法會，有成千上萬人參加，收入在幾千萬元。以 2002 年 8 月 10 日至 16 日為例，放焰口在三師旁，佩花信士六人（6 人 ×150 萬元 =900 萬元），再來依次 10 萬，最低 1 萬元才能進內壇，在外壇隨喜奉獻者（紅榜公布者 25×10×23=5750 人），各種功德齋從 10 萬元到 1 萬元不等，也有上千人，並設有各種捐款的功德箱。[10]

再如新北市貢寮區靈鷲山無生道場，每年水陸大法會也有成千上萬人參加，收入也在幾千萬元。以 2002 年 8 月 14 日至 21 日第十屆為例，因人數

第一節　臺灣佛教寺院對資金的吸納

眾多，在桃園巨蛋體育館進行，僅 8 月 19 日拜懺內壇者就有 3000 餘人，而其他外壇還沒有介入，每餐席開 160 桌，可見參加人數之多。[11]

傳戒的收入在法會中也占相當大的比例，但各地標準不一樣，「中國佛教會」收戒費 500 元，有的傳戒只收 100 元。1993 年後，由「中國佛教協會」安排傳戒的一統天下已被打破，各個寺院只要有能力辦受戒，都可以辦。據有關人員走訪當事人，已受過戒的當事人回答：「人家來打齋像 1 萬元都不算什麼！十幾萬元是很普遍的數目！所以辦一次傳戒可以賺很多錢。」[12] 其具體如下：

1997 年 11 月 1 日至 12 月 2 日（出家戒）、12 月 3 日至 9 日（在家戒）高雄市光明山日月禪寺傳授護國千佛三壇大戒，受戒費用[13]，受出家戒者每人需繳納超度等費 3000 元，受在家戒者每人需繳納戒牒費等 3000 元；此外，尚有供齋功德，分為護戒千僧大齋、上堂大齋、福壽大齋、吉祥齋、如意齋、羅漢齋等，凡打齋者需再交費用。

1997 年 7 月 6 日至 10 日，靈巖山寺舉辦短期出家淨戒會，戒子每人收超薦冤親費 700 元。[14]

1998 年 12 月 14 日至 20 日，新北市中和放生寺舉行在家戒會，每人收戒牒費等 3000 元。[15]

1999 年 10 月 16 至 20 日，中天寺傳授在家三皈五戒菩薩戒，其中費用為：申請「中國佛教會」戒牒會 800 元、戒子個人超薦費 1000 元。[16] 此外，戒會設齋，有上堂齋、福慧齋、吉祥齋、如意齋、羅漢齋、平安齋等，均根據個人需要交費。

有的三壇大戒對求出家戒者沒有收費用，對求在家戒者卻酌收費用，並設收其他費用，如 1996 年 11 月 11 日至 12 月 12 日，福嚴禪寺啟建護國千佛三壇大戒，在費用方面，凡求受出家戒者，費用全免；求在家戒者，免收戒費，但需繳納超薦祖先費用 1000 元，戒牒費 500 元，戒期中齋供項目和繳費數目如：千僧大齋 10 萬元；上堂大齋 3 萬元；福慧大齋 1 萬元；福壽大齋 6000 元；吉祥齋 4000 元；如意齋 2000 元。[17]

二、供齋大會

供佛齋僧大會因參與人多，所以每次籌得款額也不在少數。現僅舉數例如下：

舉辦單位	時間	參加者或齋會名稱
宏法寺	1980 年 8 月 19 日	諸山長老四百餘人，在家三寶弟子五百餘人
觀音寺	1989 年 8 月 20 日	「全國」齋僧大會
彌陀蓮社	1993 年 9 月 5 日	「全國」供佛齋僧大會五萬人參加
元亨寺	1996 年 9 月 1 日	1996年度東南部佛教會「全國」供僧大會(第六屆)信眾萬餘人，僧侶上千人
德山禪寺	1997 年 8 月 24 日	1997年度東南部佛教會「全國」供僧大會(第七屆)
「中國佛教齋僧功德會」	1997 年 8 月 31 日	全球供佛齋僧大會(第七屆)信眾數萬人，法師四千多人
	1998 年 9 月 8 日	全球供佛齋僧大會(第八屆)信眾六萬人；法師四千人
觀音禪寺	1999 年 8 月 29 日	「全國」供佛齋僧大會 信眾三萬餘人 法師五千餘人
中華五眼護盲協會	2001 年 3 月 24 日	供佛齋僧祈願法會，一百多人參加
世界佛教華僧會	2001 年 9 月 9 日	國際供佛齋僧大會

供佛齋僧大會規模不同，運作程度也不同，如大規模的往往假大型體育館進行，其運作過程也較為繁縟，以每年農曆七月舉行的「國際供佛齋僧大會」為例，從三月就要開始運作，僅是工作職掌方面即可分為文書、財務、

祕書、文宣、公關、護法、安全、通訊、寶蓋、齋供、支援、福田、法務、佛堂、布置、插花、香燈、運輸、迎禮、典禮、獻供、莊嚴、服務中心、侍者、工程監控、環保、插旗、水電、香積、機動、醫務、撐傘、迎送、法師接送、交通、接待、禮僧、區域委員、信眾交通等數十個分組，動員的義工多達數千人，因此，雖說都是由志工無償參加，但也要付出一些成本費，如場地、水電、交通等費用。

供佛齋僧大會的收入與規模有關，以小規模為例，《菩提樹》雜誌社 1980 年舉辦的第 19 屆供佛齋僧會，共有 315 人出資齋供，共收到功德金 175916 元，此外尚對 330 位諸山長老及對佛教慈善有貢獻者，每人供養羅漢布料 11 尺，高級牙刷、最大號牙膏各一支，枕巾一方、維生素 B 丸一瓶、仁丹一瓶、克寧奶粉一磅、高級面巾二方、白皂四塊、麥片兩罐，共計 10 項 15 件。

再以全臺性的大會為例，1989 年 8 月 17 日臺中市佛教會於萬佛寺舉辦「全國齋僧大會」，供齋方面收費標準為：護法大齋每堂 5 萬元，上堂齋每堂 5000 元，吉祥齋每堂 3000 元，如意齋每堂 1000 元。

三、托缽

托缽，即持缽遊行街市，以化緣乞食。關於托缽儀則，諸經中有詳細解說，有嚴密規定。但在這裡指的托缽除了僧侶個人向路人化緣外，更主要是以寺院或僧團為單位，由名僧帶領，集體整隊出發，有一定規模，其募款目的（或賑災、或建寺、或濟貧、或辦學）大都預先廣為宣傳通告。這類募款活動長期在臺灣存在，近些年更加頻繁，舉例如：

1967 年 2 月，為響應聯合服務運動，「中國佛教會」暨臺北市支會，集合各寺僧尼、各佛教學僧 200 多人，托缽沿街游化一日，所募款悉數轉交「中國佛教會」彙集以救濟貧苦。

1973 年 1 月 17 日，為響應一年一度冬令救濟運動，臺中市佛教會發動全市各寺院住持、佛學院、慈明商工職校師生 500 人，舉行托缽大遊行。

1977年1月9日，為協助辦理冬令救濟，臺中市佛教支會發動所屬200多位高僧大德僧尼師、全體理監事、佛學院全體師生舉行托缽化緣大遊行，共募得現款127926元，白米54石3斗。

1977年1月12日，為響應冬令救濟，花蓮市佛教支會所屬僧尼數十位舉行托缽勸募，半日募得現款10萬餘元，白米數十包。

1977年1月24日，為響應冬令救濟，臺北市佛教分會所屬僧侶於歲暮天寒街頭托缽列隊勸募，當日募得25萬餘元。

1987年，為慶祝開山20年，佛光山舉辦一次大規模的全臺行腳托缽化緣活動，隊伍由108位僧尼組成，所募款項，全數用於弘法及急難救助基金、優秀青年獎助學金與興建西藏佛寺。

1990年11月15日，為冬令救濟和籌募玄奘大學基金，臺中霧峰萬佛寺由戒和尚帶領前往求戒的戒子外出托缽募款。

四、靈骨塔

靈骨塔也稱納骨塔，是臺灣寺院一項很普遍的傳統收入，因為靈骨塔不與墓園爭地，又衛生、經濟，所以臺灣當局早先曾許諾：「你們那個寺院建個寶塔，我三千萬、五千萬補助你們。」[18]因此有的寺院靈骨塔越蓋越大，其中一些設備也越來越完備。佛光山自1974年7月後，從最初僅供埋葬用的萬壽園花園公墓（又名萬壽堂），漸次增設供奉靈骨、進祀牌位的塔堂設施，四周廣植樹木、花草以美化環境，其納骨塔有七層，莊嚴宏偉，一樓為大小禮堂四間，設備完善，作超薦法會、開弔告別、追悼等用；二樓為如意居六間，設有現代化的家庭起居設備，提供垂老病人於臨終前和家人共聚，在安善的照顧與助念梵音中，安詳地走完人生最後途程，也讓亡者家屬得到精神上的安慰。三樓至七樓供有靈骨龕位5萬餘個，其中有個人龕、夫妻龕、家族式等三種，堂中清淨幽雅、專人負責，早晚均有法師誦經。每年定期舉行五次法會為亡者超度、為生者祈福。靈骨塔的收入要視塔的大小而言，有人認為靈骨塔可獲高利潤，「因為一般若以一個塔位15萬為基準，一座靈骨塔則數萬個塔位，在相乘之下有數十億甚至近百億的可能收入。」[19]此外，

納骨塔還有拉近信眾與寺院距離的功能,「一般正統寺院附設納骨塔,除了可以提供本寺僧侶往生安塔之外,也可以提供當地信眾往生後進塔之用,信眾因親屬進塔,可以與該寺院保持一定程度的聯繫,每年清明或其他開塔提供家屬拜祭的日子,均可看到信眾扶老攜幼前往,由於這層關係,家屬對於寺院的歲時祭儀、或特殊的法會等,參與意願及程度均較一般人高,對該寺院的經濟收入助益甚大,所以在臺灣地區,佛教寺院附設納骨塔相當普遍。」[20]

五、義賣

義賣的實物來源有多渠道,有的是信眾將有關產品捐給寺院義賣,如1997年,王居士將澳洲原裝進口NHA蜂膠酊劑提供十方大法寺,以每瓶2500元價格義賣[21],以郵購形式由《十方大法》雜誌社負責辦理,所得款作為開山建寺基金。有的是將自己創作、收藏、用過的物品捐出義賣,如2001年,華梵大學為籌募龍華校區建校經費,於母親節舉辦義賣會,華梵大學九十高齡創辦人曉雲法師將自己母親所送金戒指捐出,以32000元賣出,同時捐出法師本人於20世紀六、七十年代創作珍藏的書畫,其中一幅以33萬元賣出,另一幅以10.2萬元賣出;華梵大學馬遜校長捐出珍藏多年的席德進名畫以10萬元賣出,臺北市長馬英九的運動服以1萬元賣出,義賣共得280萬元。[22]有的將寺中藏品及外人所贈工藝品進行義賣,如1998年3月,千佛山菩提寺為紀念開山30週年,舉辦展覽義賣活動,義賣品如:老和尚墨寶、各藝術家山水畫、佛像、國畫、書法、水彩100畫、油畫、膠彩、合成西畫、師父們與各名家竹雕、陶藝、攝影、小型盆栽、花藝等。[23]有的將日常用品或小工藝品進行義賣,如1997年元旦,為募集玄奘建校經費,玄奘護持會新竹分會於新竹市立體育場正門前設立假日義賣攤位,由義工利用週六下午及週日、規定假日輪值,義賣品如佛書、錄音帶、佛像、蓮花蠟燭、中國結、鑰匙圈、小盆栽等。[24]有的先展後賣,展賣結合,如1997年3月12日至4月13日,《中國時報》與玄奘基金會於善導寺慈恩大樓共同舉辦「中國歷代珍貴文物展」,在展出文物同時舉行義賣,參觀券每張100元,義賣品均為十方大德所捐贈的文物。

由收藏家捐贈的義賣品往往能賣出好價錢，如 1991 年 10 月 27 日，由十方禪林發起的義賣活動於新竹縣峨眉湖十方會館召開，義賣品由 15 位收藏家捐贈，共有 78 種珠寶飾物、古董玉器、陶瓷珍品、佛教文物和一般字畫，其義賣具體項目、價格、購者情況如下[25]：

第一節　臺灣佛教寺院對資金的吸納

項目名稱	價格(元)	購買者
貓眼石手戒指	5000000	隱名氏
楓橋夜泊(水彩)	120000	森磊觀藝品
茶壺	42000	森磊觀藝品
準提菩薩(佛像畫)	100000	森磊觀藝品
好彩頭彩球	100000	鍾淑清
黃山北海(攝影作品)	12000	陳威光
景泰藍佛像	6600	陳威光
好彩頭彩球	56200	陳威光
花開見佛(書畫)	6800	陳威光
紫砂陶觀世音菩薩	50000	張玲
琥珀念珠	20000	張玲
玉雕避邪獸	70000	連太太
大悲咒字畫	16000	林麗玲
心經(書法)	60000	林麗玲
竹(書法)	30000	吳桂英
心經(書法)	10000	吳桂英
心經(書法)	10000	吳桂英
準提菩薩1尊(黃楊木製)	66000	溫采風
阿彌陀佛(紫檀木)	20000	周家如
好彩頭彩球	10000	周家如
甘露瓶	3800	周家如
觀音菩薩(黃楊木)	35000	邱寶貴
達摩祖師掛軸	30000	蔣義斌
水牛圖(國畫)	20000	張呂章
心經(書法)	10000	王輔仁
書畫	6000	王輔仁

117

續表

項目名稱	價格	購買者
好彩頭彩球	20000	顏麗華
燕子石硯台	12000	葉太太
仿韓國國寶級香爐	5000	葉太太
黃山始信峰(攝影作品)	12000	王加有
千手瓷觀音	8000	鄧詩隆
好彩頭彩球	10000	楊光祚
好彩頭彩球	2000	楊燕桃
好彩頭彩球	12000	林思意
土地贊助	10000	郭毓焜
準提菩薩(佛像畫)	88000	陳董事長
江南煙雨(山水畫)	60000	沈則甫
心經字軸	6000	沈則甫
字軸	12000	沈則甫
山水(國畫)	25000	沈則甫
好彩頭彩球	18800	李森永夫人

　　有的個人捐出畢生珍藏品進行義賣，如中華禪寺真提法師為玄奘大學建校集資，於1995年9月7日至11日，在臺中世貿中心舉行義賣，其義賣品皆為真提法師多年珍藏，每件價值都在千萬元以上，主要為明清所制的景泰藍藝術品，其中以清乾隆年間製造的最多，有些是玉琳國師曾用過的法器，有的是當年皇宮內院的珍玩。[26]

　　有的義賣會在全臺巡迴展賣，如法鼓山為籌募法鼓人文社會學院建校基金，舉辦「一九九八年當代藝術品暨珠寶義賣會」，共募集到200多件當代藝術家作品，包括張大千、溥心畬、楊英風、李梅樹、林惺嶽等知名藝術家作品，其中張大千「阿里山日出」水墨畫是義賣會中最高價水墨作品，底價

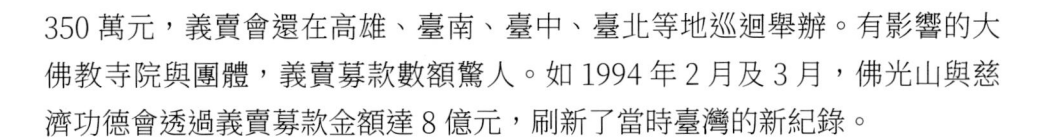

350 萬元，義賣會還在高雄、臺南、臺中、臺北等地巡迴舉辦。有影響的大佛教寺院與團體，義賣募款數額驚人。如 1994 年 2 月及 3 月，佛光山與慈濟功德會透過義賣募款金額達 8 億元，刷新了當時臺灣的新紀錄。

六、光明燈

　　光明燈指在佛前長年設不滅之燈，這是寺中常見的吸納資金的方式，一般採取固定價格（也有隨緣），如十方禪林允諾設供佛前長年光明燈，每月以藥師法會回向，裨益善信闔家平安，消災延壽，即月分起供燈，個人 600 元，闔家 1200 元；[27] 妙法禪寺每月初一、十五都舉辦光明燈消災會。此外，妙法禪寺還於新春農曆春節初一至初三舉辦燃千佛祈安消災平安燈供養三千佛，以祈風調雨順，凡信眾欲求吉祥康泰，祈安如願者，亦可參加供養，每盞燈 1000 元。[28] 萬佛寺於「9·21」地震垮後，為重建，於 2002 年 12 月 22 日至 28 日，舉行「護持萬佛寺重建萬燈供佛消災祈福藥師大法會」，凡隨喜 3000 元以上者，可供養一盞光明燈，為光明燈功德主。[29] 有的將建光明燈與其他活動結合起來，如靈巖寺 1990 年 1 月 14 日舉行創建三週年朝山活動，前一夜間集合，點燃光明燈，每盞燈費用 1000 元。[30] 有的開出多種燈名，如慈光山人乘寺於 1996 年 5 月 19 日舉行浴佛暨藥師普佛大法會，開出多種可燃之燈以不同價格供選擇，如藥師王大光明燈，每戶 5 萬元；善願圓滿如意燈，每戶 1 萬元；消災延壽吉祥燈，每戶 5000 元；增福平安燈，每戶 3000 元。[31] 光明燈的募款已成為今天寺廟最可掌握的捐錢方法，「譬如本寺廟每年經常需要 100 萬元，那麼在大殿設 1000 盞燈，每一盞燈以 1000 元任捐，即 1000×1000=1000000（元）。換言之，本寺廟勸 1000 人每人出 1000 元，點一盞燈，即寺廟可得 100 萬元。」[32]

七、會員、委員

　　所謂「會員」即道場以準組織的「會員制」方式，透過各種不同形式（如認捐後就成為會員或委員）來募捐。其募款多少，與會員人數多少有關，有幾萬人、數十萬人、上百萬人，而人數又與道場的影響力有關。其方式主要如：直接贊助（一般填上備好的贊助單由信用卡轉帳），如《覺世》月刊規定：

臺灣佛教

第三章　臺灣佛教的寺院經濟與社會

凡每月贊助 1000 元以上的為榮譽會員，每月贊助 500 元以上的為贊助會員，每月贊助 200 元以上的為基本會員。[33] 光明慈悲喜捨救濟會則規定按月捐獻 200 元以上為基本會員，除按月捐 500 元外，並介紹 5 位以上參加本會的為榮譽會員。[34] 中華佛教護僧協會規定，新加入會員需交納入會費 300 元，基本會員每月會費 1000 元，榮譽會員每年一次性贊助 10000 元以上，隨喜會員則隨喜捐助。[35]「中國佛教傳布協會」規定團體會費第一年交納 6000 元，第二年以後每年 5000 元；個人會費第一年 500 元，第二年以後每年 300 元。[36] 佛光山慈善社會福利基金會歡迎發心贊助，但也可定期定額贊助，凡隨心發心贊助的為隨喜委員，每月定期百元以上為歡喜委員，每月定期千元以上為自在委員，每月定期萬元以上為圓滿委員。[37] 佛光山為創辦佛光大學，需籌募數十億經費，由此發起「百萬人興學委員會」，下設五種榮譽稱號，不以捐款多少來獲稱號，而以勸募加盟人數多少來獲稱號，如個人每月認捐百元以上，三年為期，即為「大學委員」；個人勸募 10 名以上「大學委員」，即為「慈悲委員」；個人勸募 50 名以上「大學委員」，即為「智慧委員」；個人勸募 100 名以上「大學委員」，即為「光明委員」；個人勸募 500 名以上「大學委員」，即為「菩提委員」；個人勸募 1000 名以上「大學委員」，即為「圓滿委員」。凡為慈悲智慧、光明、菩提、圓滿委員者，由「百萬人興學委員會」發給識別證一枚，以為徵信，並致贈募款手提袋一只，於每年功德表揚大會上頒發獎狀予以表揚。[38] 以淨原寺創辦的慈悲弘法基金會為例，會員費分為每月 500 元及 1000 元兩種的榮譽會員，以及每月 100 元或 200 元的基本會員。[39] 有的雜誌刊物也以這種方法募款，如千佛山菩提寺辦的《千佛山》雜誌規定，全年捐款 12000 元的為榮譽護持委員，全年捐款 6000 元的為護持委員，全年捐 2400 元的為福慧會員，全年捐 1200 元的為榮譽會員。[40] 佛光山金光明大學教育委員會規定，凡每人每月捐資 1000 元者，以三年為一期，可聘為教育委員，並頒發聘書。

有的向社會募捐，將委以委員與贈送其他結緣品雜糅在一起。如正德臺北分院十五層弘法濟世大樓動土興建時尚差 1 億元以上，正德文教基金會向社會發起兩種募捐方式，第一種：1. 發起 1 人 1 萬之建院護法委員 1 萬人（可分 10 個月捐繳）；2. 發起 1 人 10 萬之建院榮譽委員 1000 人（可分 10 個月

捐繳）；3. 凡贊助 1 萬元以上者，送純金佛像金牌結緣；4. 凡贊助 5 萬元以上者，送水晶蓮花一座結緣；5. 凡贊助 10 萬元以上者，送阿彌陀佛金身一尊結緣；6. 雕刻「護法」、「榮譽」委員芳名於大樓大理石碑上。第二種：1. 個人每月認捐 200 元以上者，一年為期，為「創建委員」；2. 凡贊助 2400 元以上者，送純金佛像佩飾結緣。此外，每逢初一、十五，全體法師誦經回向全臺勸募委員；凡勸募或捐助 10 萬元以上者，可設長生祿位於埔里道場；憑委員卡至本分院購佛物可打折。如按其規劃，僅第一種的第一、二兩項，就可募到數目驚人的款額。

有的以金字塔形進行募捐。臺中市南屯區雲華山大華嚴寺為萬人護法籌集經費，以經營（即發展、聯繫、組織）人數多少來獲稱號，其層級計算方式如：1. 羅漢：經營會員 20 名以上，即為羅漢資格；五百羅漢每月固定繳費 2000 元。2. 委員：經營羅漢 10 位以上，即為委員資格；榮譽委員：不領眾，每月護持 5 萬元；金剛委員：捐贈金額一次達 100 萬元以上，聘請擔任金剛委員，任期一年。3. 常委：經營委員 10 位以上即為常委資格；榮譽常委：不領眾，每月固定交費 10 萬元；金剛常委：捐助金一次達 500 萬元以上，聘請擔任金剛常委，任期一年。4. 副主委：經營常委 10 位以上，即為副主委資格。5. 會務主委：以聘請形象端正、行止符合華嚴精神道風，具有世界觀的政治家或企業家為主。

八、油香錢

油香錢即到寺中拜拜後，隨喜將錢捐進寺中的專用的箱子中。箱子上或寫油香錢、樂捐箱、功德箱、香油錢、賽錢箱等，這類錢因屬隨喜投入，不必立收據，無從發布捐者姓名和款目，因此難以統計。油香錢的多少，與寺院的遊客多少有關。佛光山有三處設添油香的佛殿，早期一座佛殿淡季平均每日可收一二千元的香油錢；週六可收五六千元，星期日可收近萬元，旺季則每日可收三四千元，週六可收七八千元，星期日則萬元以上。[41] 春節等傳統節日，一般收入都較為可觀。有的佛教團體也設功德箱，當然收入不能與熱鬧的大寺相比，如「中國佛教青年會」2002 年 9 月功德箱收入為 7500 元，11 月分為 2500 元。[42]

九、興辦事業

　　佛教界興辦的一些公益事業,如托兒所、小學、中學、養老院、醫院診所、仁愛之家、諮詢中心等,有時因信徒的隨喜捨捐,還會有結餘。瞭解其中真情的佛光山星雲法師道出其中原委:「佛光山所做的事業,全部都是賠錢的,只有一件事情是賺錢的,就是慈善事業。我們的孤兒院、育幼院賺錢,我們的救濟院賺錢,我們的仁愛之家賺錢,甚至有的時候沒有辦法,真的就跑去跟他們借錢。現在的社會,幫助寺廟出錢,不容易,出錢蓋醫院、救濟,這很容易。他捐錢給慈善事業:我捐了一萬塊,我是慈善人士,我在救濟啊;捐了給寺廟,沒有人承認。所以我們宗教徒知道,捐錢給寺廟很了不起的,他必定理念高一層的,他對於文教、宗教,他的看法不一樣,比較提升。捐給慈善事業的人,希望現在能得個好名、善名,捐來給寺廟就是說要功德,它是來生才有,他眼光比較遠一點。你看在佛光山,哪一個單位都是蝕本,常常出版社、雜誌社、學校、學院啊……很多人來朝山會館吃飯,吃過以後,他說我要添油香,我叫他們不可以一下子接受人家油香,不要啊,難得回來,信徒啊,結緣,大部分這話沒說完,那信徒:『我送育幼院吧!』」[43]

十、經懺佛事

　　趕經懺、做佛事,曾為臺灣早期寺院的一種主要經濟來源。對於一些小寺院或沒有寺院經濟支援的僧人,經懺往往是最快獲得金錢的方法。如果信徒供養不豐,往往僧人的生存有賴於趕經懺收入。與法會相比,經懺出勞力誦經,引導喪家進行某些儀式,喪家付錢,在這之間經懺師不需負擔風險。但是法會便不同,如果寺中沒有能夠主法事的法師,便從外面請,而且不只請一人,在價碼又不低的情況下,能夠期待的就是信徒多多參與,否則可能賠錢。[44] 舉行經懺有三種情況:第一種不完全是為了賺錢,而是僧人對信徒的一種義務,是僧人對亡者家屬的慰問,因為凡寺院必有信徒,而信徒一旦有佛事,寺院中僧人無法推得一乾二淨。「面對那善良求法的信徒或護持寺院的信徒,甚至自動要求的信徒義工,家裡有了亡者,希望出家師父能夠幫忙舉行誦經儀式,幾乎不會被她們所熟悉的僧眾拒絕,甚而僧侶會主動過去慰問,這裡面存在許多長期以來雙方互動所累積的情誼,而在佛教僧侶和信

眾關係中，有經驗的信眾在僧侶來到家裡會行供養，而當僧侶來到家中舉行經懺的儀式，供養一定不能少的，在這種心情下，這似乎不是交易，而是感謝的具體化。」[45] 因此這種情況雙方都不直接議價，但僧人卻收入更為豐厚，看似不賺實則大賺（含供養）。第二種是當面議價，有時忙不過來，出現趕經懺現象。第三種是由信徒隨意包送，如佛光山的原則是義務服務性質，基本上不為信徒做經懺佛事，但各地分院若有當地信徒請做佛事並不拒絕。[46] 由於需大於供，雖雙方都不言錢，但信徒往往於事後包一份厚禮表示謝意。

十一、寺產

寺產收入有多種，如山地果園收入。以佛光山為例，其普門中學後面約有七八甲地種植有芒果、荔枝等，已包人管理，每年夏季水果收成時，佛光山可得款十餘萬元。[47] 佛法山聖德禪寺堅持以農禪為主，以生產柚子為主，兼有竹子、梅子、茶葉、香菇等，每到柚子收穫季節，由義工幫忙採摘裝箱義賣，能有一筆收入。[48] 龍善寺自耕種有水稻、花生、蔬菜外，還有荔枝、龍眼、楊桃及名揚全臺的「大雅柑」，寺中還建有溫室苗圃，種植各種花木達數百種之多，寺中從 1955 年起就辦有羅漢鞋製造廠，當年每日生產量約 50 雙，受到佛教界歡迎，後又擴辦法器工廠，出品佛教證章、鼓架、書架等，由於符合標準，全臺各寺院訂貨者頗為踴躍。聖音禪寺以製作素菜聞名，已有多本素菜食譜問市。

據有關方面考察統計，臺灣不少寺院保有山材及耕地不動產者，如圓通寺、大岡山超峰寺、獅頭山勸化堂、元光寺、桃園市中壢圓光寺、新竹靈隱寺、苗栗縣大湖法雲禪寺、新北市凌雲禪寺、雲林縣斗六鎮引善堂、明山岩等，這些山林及耕地均由寺中僧人自己經營。[49]

十二、觀光朝山

觀光帶有遊覽性質，朝山則是現代佛弟子的一項修行法門。有時兩者結合，連遊覽帶修行。觀光往往根據項目不同收費，如佛光山極樂洞窟供遊客觀賞極樂世界的盛景，其早期門票為 20 元。[50] 朝山往往預先出告示，交款後集體行動。有學者專門算過朝山的收入：「有者把朝山活動生意化，先擇成一法會，再鼓舞信徒，租遊覽車，視路途之遠近，計算成

123

本，如一車 50 人，每人繳車資 500 元，招集 100 車，即可得收入 250 萬元（50×500×100=2500000）。而開支方面，如一部車租金 5000，每人便當一個 50 元，將支出 75 萬元（100×5000+5000×50=750000）。收支對抵尚可賺 175 萬，當然道場布置與義工餐點等雜支也要開銷，但 100 萬淨得大體跑不了。」[51] 佛光山近些年在春節期間結合遊者興趣，布置有許多獨特的項目，如 2003 年 2 月 1 日至 23 日（農曆初一至正月二十三日），有六大特色和九大主題，每天活動內容從早到晚不少於 20 項：賞平安燈、花藝，上燈法會，殿堂參拜，梵鐘祈願，朝山禮聖，佛學講座，禮千佛法會，抄經發願，禮拜佛牙舍利，化裝遊行，放佛光天燈，影片欣賞，雅石、奇木特展，繪畫比賽，攝影比賽，國際風味素菜美食，佛光文教博覽區，花藝表演教學，花藝教學 DIY，紙雕花藝 DIY，花藝展票選摸彩活動，而票選摸彩券於各殿點點燈時索取或憑本 DM 集滿印戳換取，獎項內容有筆記型電腦、29 英吋電視、冰箱、臺北至高雄機票等近千項，同時還設有四條不同巡山參拜路線，每條路線都有二三十可參訪地方。由於主辦者的精心布置，朝山者不僅擠得水洩不通，且個個樂意掏錢，二十多天下來，收入頗為可觀。

十三、出版

現在許多寺院或團體辦起了雜誌，有的還經營出版社，其中有的是結緣品，有的是賣錢。以刊物為例，即使是全部免費贈閱，也可能有收入，因為所有印刷費等都有信眾出資護持，刊物則每期公布助印徵信名錄即可。從所公布的大量名錄中進行統計，可發現款額數量相當驚人，扣除成本，還有不少結餘。出版社出版的大量弘法書籍，雖說大都為結緣品，但也都有信眾支持助印。往往先在刊物上刊出徵求助印訊息，等款到位後再行印刷發行。有一些出版社出的文史哲書不一定賺錢，但也有極為暢銷的，如證嚴法師的《靜思語》系列，從 1989 年 11 月 15 日至 1997 年 3 月 15 日，就印了 235 次；星雲法師的《迷悟之間》，從 2001 年 3 月至 10 月，就印了 8 次。

十四、文教活動

臺灣佛教界常舉辦各類文教活動，如社教館、才藝班、講座、日語班、插花班、國畫班、念佛班、研習會、共修會、展覽會、夏令營、放生、培訓班、

書畫展、文物展等,有的活動頻繁且參與者甚多,因均或收場地費或歡迎隨喜,所以往往有結餘。僅以十方禪林臺北道場 1992 年 5 月至 6 月兩個月的活動為例:一般每次為 2 小時,也有 1 小時(例中有具體款額的皆為所收場地費),[52] 星期一:五禽戲(20 次,2500 元)、難經(即中醫典籍研習第 14 期,12 次,1500 元);星期三:念佛供修會(長期,隨喜);星期四:華佗禽戲(20 次,2500 元),星期五:華佗五禽戲(20 次,2500 元),佛像畫研習(12 次,1500 元),星期六:池坊華道研習(12 次,1500 元),準提法儀軌教學(長期,隨喜),星期日:少林拳成人階段研習(12 次,1500 元)、初級楊家太極拳(24 次,3000 元),瑜伽菩薩戒本講述(長期,隨喜)、禪坐與準提法共修會(長期,每月 500 元),每月第二週日:佛學講座(長期,隨喜)、念佛經及皈依(長期,隨喜),每月第一、三、四週日:半日念佛供修(長期,隨喜);每月第一、三週日佛曲教唱(長期,隨喜);星期一至五:一對一初機學佛生活互談(長期,隨喜);每星期二、四:清晨初級禪坐(12 次,1400 元)。再如法光佛教文化研究所舉辦的法光佛學推廣教育課程,如中觀、藏文、唯識論典導讀、瑜伽師地論、巴利文、佛學日文等 7 種,分上、下兩學期,每科每學期收 2500 元,上下學期合繳 4500 元(出家人六折)。[53]

　　從有的寺院公布的收支帳目表中,可得知其辦文教事業的大體情況,如法源寺所辦法源寺別苑、法源寺覺風學苑 1997 年 6 月至 8 月收支為:[54]

| | 6月 || 7月 || 8月 ||
	別苑	學苑	別苑	學苑	別苑	學苑
總收入(元)	368346	186788	770336	366066	223456	306363
總支出(元)	323800	118713	255397	172947	502834	229906
餘額(元)	44545	68075	514979	193119	-279378	76457

再如圓光禪寺圓光文教基金會於 2002 年 2 月 5 日至 8 日舉辦的第十五屆兒童冬令營「歡喜自在菩薩行」，每人交費用 1200 元，錄取 100 名[55]，也有結餘。

十五、信徒供養

即法師替信徒講法或加持，信徒直接將紅包送給寺院法師。這在臺灣較為普遍，但由於較為隱蔽，具體數目難以摸清。從有的法師動輒捐出幾百萬、幾千萬，可看出這類供養金不在少數。如土城承天寺傳悔法師曾以個人名義先後捐出 1 億元，分別以 5000 萬元給玄奘大學和弘誓學院，數額驚人。

十六、進香

進香是寺院與信眾之間的一種密切聯繫活動，一到有特別含義的時間（如觀音菩薩聖誕等），信眾都會組織進香團，不顧路途遙遠前來進香，在鞭炮聲中於拜拜之後呈上錢款。凡在歷史上有過聯繫或拜後頗為靈驗者，往往就會定期連續不斷前來進香，甚至帶動其他信眾前來。筆者曾在高雄大崗山超峰寺看到許多進香團留下的名帖，來自全臺各地，有的路途相當遙遠，據告知在進香期是人流如潮，擁擠不堪。

十七、供僧道糧

即僧人不外出應供，由護持的信眾直接向寺院捐款以供僧人。以佛光山為例，在一年一度的七月盂蘭法會暨僧寶節來臨之際，國際佛光會往往聯合所有佛光信徒發起勸募僧眾年度道糧資用，意即「不供養一餐，要供養全年；不供養少人，要供養多眾；不只供養現在，更要供養未來。」所供養捐款者都在《佛光山供僧道糧功德登記簿》上登記姓名、款額、地址、電話、出生日期等，屆時佛光山僧人不外應供，而由佛光山法師在本山大雄寶殿為捐獻道糧檀信啟建孝親報恩普佛法會，並宣讀文疏。佛光山在全臺和世界各地都有眾多道場分會、分別院（至 1996 年以前全臺唯南投縣未設佛光山分別院），積沙成塔，其收入是很可觀的。

十八、各種特定捐獻

從捐款目的上看，有各種各樣，如擴建寺院，有的明確訂出磚瓦梁柱的捐獻價格，要求信眾認捐其費用，寺院在修建後將捐資者姓名捐款金額立碑記載。如香光寺為建寺而向社會募捐，募捐項目如建坪（每坪 3.6 萬元），建材（鋼筋、水泥、沙石、磚瓦等），建區（大雄寶殿、念佛堂、圖書館、講堂、交誼廳、停車場等）。凡捐款 1 萬元以上者，將功德芳名勒碑留念。再如例行的冬令救濟，往往設置帳號或現場接受信眾捐款捐物。從捐款方式上看，也有各式各樣，如有要求信眾捐發票，聖德禪寺發起「捐發票蓋醫院及慈善基金」活動，僅以 1997 年度 5、6 月分中獎金額為例，200 元有 290 張，計 5.8 萬元；1000 元有 20 張，計 2 萬元；4000 元一張，計 8.2 萬元。[56] 其方式很簡單，無論購何物，凡 10 元就可索取一張發票，將其放入信封寄至寺中即可。

第二節　臺灣寺院經濟興盛的原因

一、臺灣經濟的發展為寺院吸納社會資金提供了有利的條件

經濟狀況好壞與吸納資金多少關係非常密切，臺灣佛教近 20 年來的蓬勃發展，被稱之為臺灣佛教 300 多年來最發達的黃金時代，是奠基於臺灣社會經濟長期發展的基礎上。臺灣 50 年來經濟發展可從平均每人所得中看出，具體如下：[57]

年份	平均每人所得當年幣值(元，新台幣)	折合美金(美元)
1961	5666	142
1966	8848	221
1971	16407	410
1976	39559	1041
1981	89868	2443
1986	137992	6646

續表

年份	平均每人所得當年幣值(元,新台幣)	折合美金(美元)
1987	154229	4839
1988	166758	5829
1989	184267	5829
1990	199340	6977
1991	219637	8189
1992	239934	9536
1993	260512	9872
1994	279252	10556

至 2001 年,平均每人所得已達 1.4 多美元。與 1981 年相比,20 年差了七八倍,與 1951 年相比,50 年差了 100 倍,因此有「臺灣錢淹腳目」之說。僅與 20 世紀 70 年代初相比,佛教界無論在吸納資金的項目上,還是款額上,都不可同日而語。以撰於 1974 年的《臺灣寺廟法律關係之研究》一書中介紹的當時寺院特別收入為例:「此種收入為道教廟宇所無,僅為純粹佛教寺院所享有。其中計有:(一)祭典之收入。廟宇於祭典之收入不足開支,但寺院遇有祭典時,樂捐所得,為數可觀。(二)誦經費。被檀那請去誦經所收之紅包,由檀那決定多寡。但基隆十方大覺禪寺規定每人新臺幣 100 元,其中寺方收取 40 元。(三)香客住宿費。很多香客願住寺內,即可參拜,又可靜養,離寺時必捐油錢。油錢多少,全由香客樂意捐獻,寺院向無異詞。唯獅頭山因香客投宿者多,負擔甚重,不得已定價收取。(四)安置長生祿位及往生祿位。部分寺院之長生祿位,收費固定,大致 200～2000 元。(五)骨灰之保管。寺院建有骨塔,供作寄放骨灰之用,安置骨灰一尊,收費 500～2000 不等。以上收入,由住持統一管理。」[58] 從上述可知,1974 年之時,佛教寺院收入主要是這五種,而今則有近 20 種之多;1974 年之時法會祭典收入不足開支,主要靠樂捐,誦經一人只能 100 元,還要被寺中抽走 40 元;長生祿位僅 200～2000 元,甚至比今天光明燈更便宜;寄骨灰

500～2000元，與今天動輒十幾萬元相比，真是天壤之別。再以佛光山為例，其1981年時，收費就與以前不同，以打齋供眾（指設席款宴來參加法會的信徒）為例，以前（二十世紀六七十年代）上堂齋是2000元，至80年代初升至1萬元；以前（二十世紀六七十年代）吉祥齋1000元，至80年代初升至5000元。[59]慈濟功德會的發展也可說明與經濟的關係。慈濟功德會在1960年即已成立，當時要求捐款數並不多，僅以每天上市場買菜前先在竹筒投入5毛錢作功德相號召，雖然在花東地區活動了十幾年，發展一直非常緩慢，從1968年到1986年才8000人，所吸納募捐的經費有限，也難辦成大事。這與當時人們生活並不富裕有關。進入80年代後，臺灣經濟高速發展，再加上其他因素，會員目前已達到400餘萬人，所吸納的經費也極為可觀，如有一對電子公司老闆夫婦因臺灣經濟騰飛而發財，在兩年內就捐出了約28億元的土地與股票給慈濟功德會。以1993年為例，慈濟總收入為46億元，該年的支出也達42億元。進入80年代後，各類居士護法會紛紛成立，主動供養僧人。筆者在2002年8月走訪臺中市三寶護持會理事會時，瞭解到每個會員每年要交1000元基本會員費，每個榮譽會員每次要捐助1萬元以上，問會不會使會員感到負擔，答曰：沒有一個會員覺得這是一個負擔，大家熱衷於此，決無拖欠現象。2002年8月2日，筆者走訪臺灣一位居士組織的負責人（某重點中學教務長），他說這幾年經常辦供僧大會，很多人願意參加，熱衷交錢，每個法師給6000元。他稱這個重點中學資深教師每年有200萬元收入，為佛教捐一些錢實在算不了什麼。可見，臺灣經濟發展是臺灣佛教界能順利吸納社會資金的基礎，如果百姓自身生活都自顧不暇，哪有多餘的財力來投入佛教事業？所以在1991年就有人推斷：「在臺灣社會的經濟環境仍能維持良好的現狀時，佛教徒對佛教事業贊助捐款，相信不會有太大的改變。換句話說，只要臺灣的局勢不變，臺灣佛教目前的發達狀況，是可以繼續下去的。」[60]至2001年之後臺灣經濟開始出現艱難，曾創失業率連續十三個月居高不下的情況，這些經濟不景氣的現象也直接影響到佛教界，有的道場因後繼無力，一些日常活動不得不停擺，有的正在進行的弘法活動及慈善、教育、文化事業也滯礙難行，與此相反，一些可立即賺錢的法會等活動更加頻繁密集。

二、寺院管理人（住持）的產生決定寺院吸納資金的能力

　　臺灣寺廟的管理組織有財團法人與非財團法人兩類，財團法人寺廟為董事會制，會議類別為董事會議；非財團法人寺院為管理人制（住持制）、管理委員會制、執事制，會議類別為信徒大會（會議）、管理委員會議、執事會議。據 1999 年底臺灣「內政部」《臺閩地區寺廟登記概況表》所示，臺閩地區（閩指「連江縣」、金門縣）僅有 389 座寺廟成立財團法人，9024 座未辦理財團法人登記，未成立財團法人寺廟與已成立財團法人寺廟組織比例為 96% 與 4%。而一般寺廟不願登記為財團法人的組織形態，有其深刻的、多方面的原因。這是因為非財團法人的寺院管理人（住持）對信徒大會負責即可，而財團法人組織的寺廟則較為複雜，如根據規定：宗教財團法人董事名額不得少於 5 人、多於 31 人；[61] 寺廟原有的信徒大會組織，不再具有總會性質的最高權力機構的權能，使信徒大會權限旁落；每年年度開始前三個月及年度結束後三個月內，應分別檢具年度預算書、業務計劃書及年度決算、業務執行書報請主管機關核備；應遵守的法令規範多而繁雜，如其許可設立事項有變更，應於變更事項發生後報請主管機關許可，並在 30 日內向法院辦理變更登記；解散時如法律沒有規定，或章程無規定或總會無決議時，其財產歸屬於法人住所所在地之地方自治團體；除了仍要辦理寺廟登記外，亦受「內政業務財團法人監督準則」監督管理，將有兩重管制措施。[62] 因此，大多數寺院都不願自找麻煩，因而不願登記財團法人。寺院是用何種形式管理，對寺院經濟影響極大，特別在吸納資金方面的運作、管理、開支等方面的決策都受其束縛。臺灣佛寺大都由僧尼為住持，也有的由地方人士組成管理委員會，而宗教活動則另聘僧人擔任，此僧雖稱住持，但於經濟、財務等方面則無權參與。20 世紀 70 年代佛寺住持產生的方法沿襲至今，大體沒有變化，其主要有以下幾種模式：[63]

　　1. 開山人當然為住持。

　　2. 由本山派人接任下院（分別院、支山）住持。如臺東鎮海山寺，其本山為基隆市的靈泉禪寺，故此寺住持由本山派任。

3. 住持為世襲制。如新北市中和區圓通禪寺，由創辦人之女接任其母任住持。臺北市雲龍禪寺，其主持逝後，由其媳婦繼任，其媳婦生前再指定住持。雲林縣引善寺，住持為終身職，繼任住持需為前任住持徒弟。

4. 繼任住持由前任住持指定。如桃園市圓光寺，其繼任住持由開山法師在世時指定，之後，後任住持再由前任住持，於生前或以遺囑形式指定。北投善光寺為財團法人，住持由董事長兼任（為終身職），繼任住持由前任住持指定。高雄超峰寺的住持由前任住持以遺囑指定。花蓮東禪寺，由前任住持以遺囑指定下任住持。

5. 由管理委員會或董事會任免住持。如臺南白沙區碧雲寺由鄉民捐款重修，故該寺由鄉民組織設管理委員會，住持由委員會任免。臺北市善導寺住持，由董事會決定任免。臺南市碧雲寺住持也由管委會任免。

6. 由寺中信眾開會推薦住持。基隆市十方大覺寺為財團法人組織，開山人即為住持，之後繼任住持由寺中信眾與護法檀那共同選出，住持為終身職，如犯戒，則由同一方式罷免。臺中市寶善寺亦為財團法人組織，除第一任住持為開山人、第二任住持為第一任住持遺囑指定的外，第三任住持即由董事會提名，信眾大會透過後任命住持。新北市凌雲禪寺住持，如繼任住持未以遺囑方式指定，就由信徒代表在常住寺眾中選出。雲林縣湖山岩，設住持一人，管理人一人，均由信徒大會推薦。屏東東山禪寺住持為寺眾及信眾代表共同推舉。

7. 按期選任住持。如臺北市臨濟護國禪寺，其住持任期一般為三年，屆時由寺中信眾推薦，諸山會議決定。新竹縣元光寺住持每年三年由住眾改選一次，連選連任。

8. 住持產生須經兩種以上方式。如桃園市圓光寺的住持，需經兩種方式產生，一是由前任住持指定或以遺囑指定；二是提經信徒及住眾過半數同意。如無指定，則由監院召開常住寺眾會議公推。

9. 由寺中僧尼公推。如新店海會寺，住持由該寺登記的僧尼互推產生。

臺灣佛教

第三章　臺灣佛教的寺院經濟與社會

　　臺灣省寺院經濟主要由住持掌握，住持的產生極為重要，不僅住持的人品、學識為考慮因素，其管理經驗、吸納資金能力、與社會打交道能力、前瞻性等，也都非常重要。一個住持往往決定一個寺院的興衰，特別是20世紀80年代中期之後，寺經的經濟來源從傳統的以經懺為主轉向多元，住持（管理人）不僅要帶領寺中僧人修煉，還要會策劃如何吸納資金。縱觀臺灣眾多佛寺，凡經推選或指定後再經代表大會討論透過的、凡有限制任期的住持所主持的佛寺，都相對有活力，其吸納資金的方法也較多，在社會上也較有影響，生存空間也大。

　　近年來，臺灣僧俗爭奪寺產的現象時有發生，有的還對簿公堂，最後裁定的依據，往往與住持（管理人）產生的方式有關。有代表性的如香光寺一案。

　　1996年10月21日，尼眾道場香光寺所在地嘉義縣竹崎鄉內埔村部分村民籌組「玉山岩管理委員會」，要求香光寺於1997年2月18日終止管理權。2月18日，村民敲鑼打鼓進入香光寺，欲行接管此寺，而寺中女法師與居士拉開「香光寺從來沒有選出管理委員會」的布條靜坐抗議，村民為與女法師爭座，不斷敲鑼打鼓，放鞭炮，並將桌腳架在女法師肩上，又不斷敲鑼舞獅，不斷在女法師肩上、頭上跨過，一時鞭炮濃煙嗆鼻，幾度拉扯，場面混亂，直至警察前來維持秩序，前後僅持5個多小時。之後，村民代表又將香光寺住持、管理人等四人以「偽造文書」、「非法斂財」、「蓄意侵占廟產」、「背信」、「詐欺」、「損毀原跡」、「妨礙名譽」、「褻瀆寺規」、「住持不具資格」等九個罪名告上法院，結果地方法院不受理判決，地方法院檢察署檢察官作出不起訴處分書。之所以如此，是原告沒有提起自訴的權能，原告因無法證明自己是直接受害者，故無權起訴。其中有一個重要因素即香光寺主持和管理人的產生是否涉及原告利益。香光寺並未申請設立財團法人，組織形態為管理人（住持制），這類組織形態的寺院如為私建寺廟，無信徒大會，管理人（住持）可按繼承慣例產生，如為募建寺廟，管理人（住持）則由信徒大會選出。香光等的管理人由住持推薦而由信徒大會選任，住持則由該寺僧眾共同以多數推舉人選，由管理人召開信徒大會，送請同意後聘任，因而香光寺寺財為香光寺所有，由住持管理，對信徒大會負責。提出指控的

六個原告,因為皆不是當時推舉管理人(住持)信徒大會成員(指1975年召開的信徒大會),香光寺的管理人(住持)並未受到原告委任,原告不是寺產的領權人,故不是直接受者,所以不得提起自訴。香光寺的住持、管理人在經濟上自然無需對此六個原告負責。寺院的信徒大會不可能經常開,因此不可能凡事都透過信眾大會,管理人(住持)就有相當大的權力,一般在經營寺產等方面,也由管理人(住持)說了算。因此資金的吸納、開支、流向,也只能由管理人(住持)拍板定奪。

　　寺產歸誰,誰就有發言權。有的僧人雖為住持,但寺產並不登記在其名下。以在家人經營的寺院蓮華寺為例:蓮華寺位於新竹縣竹北市犁頭山,由地方鄉紳創建,其建廟歷史有120餘年,寺院除香油錢外,尚有田地等不動產。1959年至1987年,由出家僧侶住持與管理。但由於寺產不屬出家人,寺中擔任管理的出家人是受在家人所聘,組成的寺董、監事,其董事會為最高權力機構。1987年,董事會利用縣裡通知財團法人改組機會,要求法師交出管理權,使法師最終離去。因寺產歸屬而產生的糾紛模式,在臺灣各寺廟中較為常見,許多正規佛教寺院,因不具自耕能力,遂將寺產登記在住持或其他法師名下,當這位登記名義人去世後,俗家合法繼承人與常住法師間,往往因此而展開寺產爭奪戰。蓮華寺因法人及內部僧俗人士均無自耕能力,遂登記於原佃農名下,而造成廟方與佃農之間的土地糾紛。[64]

三、社會的需求

　　社會的需求可從兩個方面考量,一是社會生活方面的需求,二是信眾心理方面的需求。

　　社會生活方面的需求,主要指當局不能辦到或不能完全辦到或辦的不完美的一些項目。這些項目由佛教界透過吸納社會資金來辦,佛教界以此相號召,民眾往往樂於慷慨解囊。這些項目包括社會慈善事業、公益事業、文教事業等。以兒童福利為例,如托兒所、育幼院、兒童教養機構、兒童育樂設施之興辦;以青少年服務為例,如青少年輔導服務、教養等福利機構設置、育樂設施、獎助學金;以婦女服務為例,如婦女福利服務、婦女服務之職業訓練、婦女服務之親子教育;以老人服務為例,如老人扶養、療養、修養及

第三章　臺灣佛教的寺院經濟與社會

服務機構之設置，托老、敬老服務；以殘障福利為例，如設置殘障福利機構、提供殘障者輔助器具或醫療扶助；以市政公共設施為例，如公園綠地及行道樹認養、公園廣場之興建；以生活扶助為例，如照顧低收入家庭、貧困家庭年節訪問、冬季救濟；以救助為例，如急難救助、災害救助；以醫療補助為例子，如捐助貧民醫療費、捐贈醫院貧民醫療基金、醫療巡迴服務；以社會教育機構興辦為例，如創辦或資助各類學校圖書館、博物館、體育場所，科學館、藝術館等。這些項目涵蓋生、老、病、貧，很多民眾現在或將來都要涉及，故將其認為是社會的一個補充。最有代表性的如當初證嚴法師目睹一位婦女因繳不起保證金而被醫院拒之門外導致血流滿地的慘狀，面對花蓮醫院資源極端缺乏的現狀，號召社會捐資在花蓮蓋一座不需要交保證金的醫院，因而受到熱烈回應，由此一步步搭建起慈濟功德會的慈善基業。再如「中國佛教青年會」與世界佛教華僧會、「中華佛教護僧協會」、佛教僧伽醫護基金會於 2001 年 11 月 11 日舉行貧寒學生營養午餐基金活動，各界慷慨解囊，一下籌得 2993494 元。究其原因，是大家都擔心學生無力支付營養午餐會對身心發育造成影響，將錢用在這個方面是需要的，籌款的目的為社會各界所接受。

　　信眾心裡的需要，主要指信眾有願捐款的心理動機，捐出後心裡感到舒暢安穩。受「慈悲喜捨」、「捐比受更有福」、「幫助他人就是幫助自己」、「付出不求回報」等思想宣傳影響，信眾在個人有多餘財富情況下，往往有捐款以賑窮濟貧的心理，特別臺灣大多為閩南移民，有「急相助、恤患難」，「好歹錢相夾用」特點。[65] 此外，參加法會、捐款的信徒，其心理動機一般有三種：第一種是報恩思想，他們認為日子好過了，錢財多了，是神明顯靈，在人與神明之間，有一種因果關係存在，如果只入不出不吉利，因此要有回報，信眾能做的，以捐款來回報是一種方式（或是做義工等）。第二是還願思想，信眾曾在祈拜神明時許下許多願，所期望的事已實現，如不還願，為無信譽之人，今後難以再得到神明的庇佑；第三是福田思想，認為捐款是福田，意指新生福德之田，凡敬侍佛、僧、父母、悲苦者，即可得福德、功德，猶如農人耕田，能有收穫，故以田為喻。信眾一旦將捐款護持佛教之事當做生活中不可或缺的一種需求，就會成為長期的護法居士，凡有活動都積極參

加。如佛光山壽山別院，約有二三十位護法信眾與壽山寺有多年的感情基礎，成為長期護法者，寺內有任何活動，均能鼎力支持，其參加壽山寺護法活動的動機初始不外乎為報恩、還願、福田，後能長期護法，這些人有：景仰宗長的風儀，佩服住持積極入世的做法者；對佛法深感信解，願盡形壽全力護持者；經驗上有感應，受佛加被的虔信者；有親屬於此出家者；壽山寺主動為其解決各種問題，而產生向心力者。[61]1997 年 12 月，筆者曾在臺灣臺視上看到播放的一個動人畫面：一位住於僻處的老伯，因下肢癱瘓生活不能自理，本來已對生活感到失望，此時一群佛教信眾自發到他家做衛生，獻愛心，不僅使他住宅煥然一新，還捐出一筆錢為他今後生活作了安排，他高興地吹起了口琴，令人震驚的是他認為今後生活無憂，竟要捐出一大筆他自存的活命錢（被拒絕）。[67]可見許多人是被感動後發自內心的捐贈。

第三節　臺灣寺院經濟面臨的問題

一、在吸納資金方面競爭愈趨激烈

臺灣人口 2300 多萬，社會上能被吸納的資金畢竟有限，各個方面都想吸納這些資金，使競爭愈趨激烈，有的寺院吸納的資金嚴重縮水，其競爭的對象來自多方面：

1. 與非宗教團體的競爭。有代表性的為殘障團體，他們同樣需要吸納大量的社會資金，但這些社會資金逐漸被宗教界所吸納，特別是慈濟被稱為「超級吸金器」，殘障團體對慈濟的吸納能力和將資金轉向島外救援已開始紛紛表示不滿。

2. 各宗教之間的競爭。臺灣各宗教團體，在吸納資金方面也都以慈善、救濟、公益、文化等相號召，其中最有競爭力的是道教和各類新興宗教，道教與佛教相比，在吸納資金方面道教毫不遜色，如臺北行天宮於 1998 年兩次法會收入已高居臺北市寺廟的第一位，其收入金額已超過臺北市 94 間寺廟的收入總和；再以 1998 年臺北市捐資前十名的寺院中，道教占了 9 個，佛教中僅一個華嚴蓮社，也只排第五位，具體排名如下表：[68]

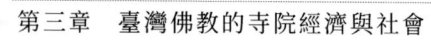

第三章　臺灣佛教的寺院經濟與社會

寺廟名稱	捐資金額(元)	排序	收入金額(元)	排序
行天宮	77852532	1	446893532	1
龍山寺	61525696	2	142006024	5
保安宮	54618292	3	77892934	6
關渡宮	41164006	4	169535826	3
華嚴蓮社	33454132	5	41238663	11
慈惠院	20787000	6	37766469	12
金龍院	17891716	7		
慈祐宮	15665437	8	69783141	7
奉天宮	10909896	9	52591681	8
天后宮	10190432	10	14214287	25

再看臺北市 1998 年 106 座寺院在吸納各項資金金額上道教與佛教的比較：[69]

第三節　臺灣寺院經濟面臨的問題

宗教別 收入項目			道教		佛教	
			次數(比例)	金額(元)/（比例）	次數(比例)	金額(元)/（比例）
A		捐款收入				
	A1	油香捐獻	32（60.4%）	182891892（67.9%）	20（39.6%）	71637863（32.1%）
	A2	各項公益捐獻	44（58.7%）	434677138（78.9%）	31（41.3%）	117027322（21.2%）
B		業務服務事業收入				
	B1	光明燈收入	11（84.6%）	40021580（90.3%）	2（15.4%）	6572200（9.7%）
	B2	安太歲收入	9（100%）	21487200（100%）	0	0
	B3	禮斗收入	6（85.7%）	370371883（99.9%）	1（14.3%）	9000（0.1%）
	B4	其他業務服務收入	9（69%）	13889720（51.3%）	4（31.8%）	13190349（48.7%）
C		宗教活動、法會收入				
	C1	特定法會收入	20（43.5%）	862547956（16.2%）	26（56.5%）	445678043（83.8%）
	C2	平時祭祀活動收入	13（59.1%）	17372881（58.0%）	9（41.9%）	12611643（42.0%）
D		會員會費收入	5（71.4%）	947400（86.0%）	2（28.6%）	153800（14%）
E		財產收入				
	E1	利息或租金收入	41（62.1%）	90331085（29.0%）	25（37.9%）	211633772（70.1%）
	E2	其他收入	30（56.6%）	56273152（61.5%）	23（43.4%）	35207478（38.6%）
F		修擴建收入	8（72.7%）	16563778（66.6%）	3（27.3%）	8293613（33.4%）

　　吸納資金的方式還有很多，不僅限於以上幾種，但由以上表中可看出大概，佛教除了在特定法會收入、利息或租金收入這兩個方面比道教吸納的多外，其餘皆不如道教。

　　3.佛教界內部的競爭。佛教各寺院之間、道場之間、團體之間，也存在著競爭。有時信眾同時收到多個法會通知（寺院中往往會將參加過一次法會的信眾地址留下，以後凡法會必通知），不知參加哪一個好，有的被多個團體邀請參加活動，因無分身術而不知所措；有的為頻繁的勸募頗傷腦筋。這種競爭有時進一步拉開大廟與小廟的距離，大廟愈發富裕，小廟則愈發困窘。

二、社會對佛教界在吸納資金方面的疑慮

　　1.在誠信方面的疑慮。在相當一段時間內（指20世紀60年代前後）「一般道場的帳目通常都是黑盒子，勸募而來的善款會往往不知去向，因而

社會上對少數在持道德操守上所產生的質疑都會不分青紅皂白地怪罪整個佛教界。」[70] 雖然隨著經費管理透明度的增強，這種現象有所改變，但不時還有這類事情發生，這也常成為僧俗爭奪寺產的原因之一，即使支出多於收入，也會引發事端，如嘉義縣竹崎鄉內埔村部分村民為爭奪香光寺管理權和寺產，在將香光寺告上法院的狀書上稱：1992 年、1993 年香光寺年度收支報告表中顯示日常結餘分別為 315023 元、1427020 元，可見香光寺收入並不豐裕，卻將 1992 年度整建 1575428 元轉為 1993 年度擴建 10123462 元，真是理財有方？1994 年只募款 2000 萬元，敢於擴建大殿約需經費一億元，做法異乎尋常。[71] 再如有人對佛教界勸募過程中缺乏公開監督機制而有所顧慮，有人向報社投書稱：「看著他們週期性的對外募款的劃撥帳單，每每基於某種善念而勇於捐輸，但由於缺乏公開監督機制，所捐善款是否善用，均無法獲得正確的訊息，有時不免猶豫卻步。」[72] 有的對所捐之款不知所終而不滿，指出：「道場的收入，雖然有捐款人和金額的交代，但是佛教界是否也要養成向信徒交代善款運用的方式和去處的習慣？是否捐款者只要盡義務就夠了呢？而假設道場方面，使用不當時，又將如何呢？」[73]

2. 對吸納方式的疑慮。有的對出家人將太多時間投入經懺而不修行表示擔憂，指出此為本末倒置，認為這種吸納方式誘惑太大。有舉例稱 20 世紀 70 年代前後，佛光山初期工程落成，星雲法師要他兩個剃度徒心平、心定到臺北學放焰口，他兩個學了半個月就回到佛光山，星雲法師問他為什麼不學了，他回答：「不得了，在臺北放一天焰口，就有上千元或幾百元，如果那個錢一直拿，以後我都不要回來了，誘惑太大了，碰不得，碰不得。」[74] 故有人進一步指出：「碰上就像吸鴉片菸似的，愈陷愈深。不計其數有為的僧青年，為趕經懺毀了一生。」[75] 有的對捐款時的明碼標價質疑：「道場公開登廣告，並標明價碼，以徵求法會的『功德』。這樣的功利行為，符合佛法或佛教戒律的精神嗎？這跟買賣有何兩樣？」[76] 有的不滿佛教界為吸納資金而致力於行銷策略，將主要精力用於開闢各種吸納經濟資源的管道，認為將現代化募捐方式導入佛教傳統的化緣，有悖於佛教的使命。

對於商業捐助，也有不同看法。一位法師提出：「現在有很多商業團體想要捐助慈善團體，這樣做不但節稅，它本身也能提升企業形象，這是相得

益彰的,只是怎樣才能妥當?比如慈濟給捐款多的人做榮譽董事,榮譽董事有相當程度可以影響決策,但是這些財大氣粗的人是不是能夠做出最好的決策?這是一個很大的疑問。又如很多的財團願意用它的貨品或信用卡消費額的百分之一、千分之一捐給慈善機構,像這樣的行為我們能不能接受?如果接受的話,我們可能是在幫它促銷商品。」[77] 有時佛教界存在兩難境地,如接受商業捐款,雖一時有錢從事慈善事業,但不能從根本上解決問題;如為從根本上解決問題而替社會福利立法催生,又會得罪財團而使募款受影響,這是在臺灣佛教界常涉及而大多數人不願談及的問題,一位從事佛教倫理學研究的法師將此作為典型提出:「某甲法師因見貧民窮苦,醫藥無著,雖是矢志從事濟貧困的慈善事業,並得到政府官員與財團企業的幫助。而明顯的政商結合,卻導致社會資源分配不均,貧富差距愈來愈大。某社團福利團體為弱勢民眾爭取合理的社會福利立法,並邀某甲法師共同為法案催生。某甲法師若這麼做,勢必會得罪政府官員與財團企業,他所主持的慈善機構捐款收入也勢必會因此受到影響,而使他無法推動更多的濟貧事業。但透過他在廣大佛教徒之間的影響力,議員可能不得不估量選民意向而慎重考慮立法。弱勢民眾將因此而得到生活的保障,這正符合某甲法師(酬濟貧困)的偉大志向。某甲法師若不這麼做,則行政部門以及利益團體的壓力會使得議員傾向於取消立法,以免社會福利瓜分預算,造成政府部門的財政壓力,或是因此而增稅,造成企業財團的損失——這些稅金省了下來,移作某甲法師所主張的慈善單位之捐款,業主既有財團功德,又可提升企業形象;某甲法師有這些龐大財富掖助,也可以推展更多慈善事業。兩者可說是相得益彰。請問:如果你是某甲法師,面對這番『天人交戰』,你會作何決定?」[78] 對捐款對象,有的認為凡破壞環境、取不義之財而形象欠佳的企業,或功利性濃厚、見利忘義的民眾,試圖以捐款來謀求個人的心安,則不該接受此類捐款。

　　3. 對開支的疑惑。佛教界吸納了大筆資金後,其主要用途也成為人們關注的焦點。比如,佛教界將大批捐款用於慈善,有人認為大可不必,因為應該由當局統一解決,佛教界豈能越俎代庖。辦非佛教大學是最花錢的,也是多餘的,「各自拚命地去辦本身不內行的非佛教大學,我們實在很難看出,這樣的辦事方式,對整個佛教發展,有什麼好處?」[79] 在海外辦道場也是要

花很多錢的，有人指出：「我們不太明白的是：有些道場花巨額金錢，去海外興建大規模的道場，美其名曰是向海外人士宣揚佛法。可是，就整個社會的佛教資源來看，是否一巨大的流失呢？而且假如在臺灣，道場本身的佛學水準都非第一流，試想，要拿什麼佛法到歐美去傳播？難道歐美的社會就無明眼之人？更何況臺灣僧侶到歐美大學攻讀高等學位，已成了佛教界的潮流，何以不把臺灣的高等佛教教育先行辦好，以扭轉佛教界的崇洋之風呢？」[80]

第四節　臺灣佛教界在吸納資金方面採取的應對措施

一、採用新型的運作模式

隨著社會的發展，臺灣佛教界吸納資金方式也開始更加適應社會，如越來越多的佛教界人士用基金會來具體實施吸納資金的工作，就是一個有代表性的模式。

佛教界成立的各種基金會形形色色、規模不等、大小不一，有寺院成立的基金會，如圓光禪寺成立的圓光文教基金會、淨願寺成立的慈悲弘法基金會、彌陀寺成立的彌陀慈善基金會、靈山寺成立的悲廣文教基金會、妙心寺成立的中華佛教百科文獻基金會、法源禪寺成立的法源慈愛基金會、元亨寺成立的慈仁文教基金會等；有多個寺院聯合成立基金會，如宏法寺等八所寺院組成的佛寺文教基金會；有以佛教界人士為主，聯袂社會上知名人士組成的基金會，如彌陀蓮社弘法團副團長悟空法師、常訓法師、常剛法師等聯合社會知名居士，成立的彌陀文教基金會；有佛教界著名法師或居士個人創辦的基金會，如悟因法師創辦的安慧學苑文教基金會、陳履安居士創辦的化育文教基金會；有由佛教組織成立的基金會，如「中國佛教青年會」成立的淨化社會文教基金會；有以佛教實體創辦的基金會，如靈鷲山世界宗教博物館創辦的世界宗教博物館發展基金會；有多家寺院、各佛教組織聯袂創辦的基金會，如佛教僧伽醫護基金會；等等。

這些基金會主要有兩種形式，一是財團法人制，一是非財團法人制。財團法人制的規範與非財團法人制相比較，其特點為嚴格與健全，在財務的公開透明上也有明確的規範遵循與嚴格要求，在會計項目、財產管理與處分防制等方面也較嚴密，相對因能防止某些弊端而有一定信譽度，也因本身成立財團法人的創辦者有一定實力和知名度，所以財團法人所吸納的資金要遠比非法人多。

二、優選吸納資金的方式

具體所優選吸納資金的方式，主要有以下幾種：

1. 集腋成裘，積少成多，不求捐款者捐的數額大，但求捐款者人數越多越好。有代表性的如佛光山，其捐款方式是不要捐款者捐大錢，因為怕捐款者（施主）捐了大錢後，或許會提出自己的要求，對寺務管理提出自己的看法，既分散牽扯寺院對日常事物處理的精力，也影響寺院今後發展的規劃。對高額的捐款者，寺中不得不對他另眼看待，有時為考慮高額捐款者的利益或訴求，不得不對他遷就，直接影響寺中決策。星雲法師對此曾有一段專談如何吸納資金的見解，或可為代表：「化緣，要化小錢不要大錢，像我建設佛光以來，過去捐款最多的就是 1 萬元，1 萬元以上的很少數，大部分過去都是從 1 元錢起，每天 1 元，甚至現在建大學，百萬人興學，100 元錢；過去做法會，1000 元有困難，隨喜，我不要你大錢。信徒出大錢不是很好的事，為什麼？因為，他出多了就有執著，比如，他在佛光出了 3000 萬，我也要對待他尊重，凡事遷就他，那我很多的理想，也沒有辦法實現。當初開始建佛光山的時候，真是萬分困難，有一個信徒要出 5000 萬，就是美國的那個沈家楨居士，我說：『謝謝！我不敢用你那麼多錢裝建大佛，臺幣 1 萬元就好了。』他出了 1 萬元，不會執著，不會計較啊！所以，我認為吃萬家飯，不吃一家飯，就是吃很多普遍十萬眾生的，我不要吃一家的。像目前亞洲有些國家的佛教，一些出家人常常吃一家飯，不吃萬家飯，很麻煩。因為一個信徒捐獻太多，一人坐大，我們就要受他控制，划不來啊，我所謂的理想、志願、抱負都不能成就。」[81]

2. 以網絡系統形式，自治自制，層層繳納。這種形式往往是由委員（各種稱呼不一）募集，然後再統一轉交。其最有代表性的如慈濟功德會，其吸納資金的大部分善款都是由委員利用固有的網絡，親自到會員家收取，因為「慈濟吸收會員的主要方式乃透過委員個人的人際網絡來進行，由自己的親朋好友開始，進而事業上的上司或同僚，再推到不相識的陌生人的勸募，這種一層層的網絡關係，與臺灣中小企業的網絡關係有相似之處。可見，即使是行善，也必須有『關係』才能達到自己原先期望的行善效果，也避免『愛心騙子』有機可乘」。[82] 用這方法募款的寺院團體也有不少，為什麼唯獨慈濟獲得最大成功？這是因為一般寺院或團體靠委員募款後，往往僅將委員姓名和募款數（有的還包括被募者姓名）在刊物或會刊上刊出了事，但即使將刊物寄給捐款者，捐款者也大多不會翻閱。而慈濟卻有其獨到之處，如到他人處勸募被視作最為困難，有人張不開口，但慈濟人卻將慈善募款當做修行（這與傳統佛教徒把研讀經典當做修行有區別），在募款前先讓委員們把勸募與訪貧結合起來。臺灣有不少貧病意外者並未因臺灣經濟發展而有所改善，許多勸募者目睹其境，就不覺得募款困難了。一位勸募委員稱：「我覺得跟人家收錢是很困難的事……但是參加訪貧以後，就很自然的打破我自己的格局，當你看的越多，你發現這些人真的非常需要，訪貧回來，我就會跟我的同事講，我昨天去哪裡，看到些什麼，哪些人是怎樣，我就說每個月看個人能力啦，布施一些……那時候就覺得請大家布施一些錢不是很困難才敢這樣說。」[83] 此外，親自上門募款有利於委員與捐款人聯絡感情，互通有無，親自送達許多訊息，有利於可持續捐款，使善行永續。

3. 增加辦各種活動，由此開闢籌款的途徑。在這些活動中，一是增辦法會。縱觀近些年不少寺院幾乎月月有法會，以中等頻率的為例，如據某寺院「2002 年度活動行事曆」可知，其 2 月 12 日至 26 日，彌勒聖誕（新春禮拜萬佛）；4 月 1 日，觀音法會；4 月 16 日至 22 日精進佛七暨傳授八關齋會；5 月 19 日，浴佛節；7 月 28 日觀音法會；8 月 9 日至 28 日，盂蘭盆勝會；9 月 6 日，地藏法會；10 月 6 日至 14 日，法華經消災法會；10 月 24 日，觀音法會；11 月 25 日至 12 月 1 日，住眾往生追思；12 月 14 日至 18 日，開塔祭祀（禮拜梁皇寶懺）。活動頻率更高的寺院，幾乎每週都有法會或其

他活動。二是增加經懺佛事時間，這些往往是小寺院，雖然忙累，但收入不薄，因此有的法師熱衷於此，「赴經懺」之說也不脛而走。三是舉辦其他活動。

4.「一元不嫌少，萬元不嫌多」，來者不拒，形式多樣，或郵局劃撥，或專人勸募，或現場交款，這是較多寺院採取的方法。

三、提高吸納資金的效率並重視對捐款者的研究

如何在募捐活動中事半功倍地吸納更多資金，關鍵在於如何應對捐款者，臺灣佛教界在這方面曾舉辦多次研討會和報告會，其有代表性的經驗[84]如：

1.要像面對顧客一樣對待捐款者或潛在捐款者，瞭解他們的需求與動機、想法與期望，要分析潛在捐款人的心理狀態，針對其階段特性採取有效方法推進，從啟發善心→宣揚介紹→改變觀念→改善運作方式→交代捐款用途呈報成果，來達到募款的目的。

2.將捐款人與潛在捐款人作為要深入進行市場研究的對象，將捐款人的記錄進行系統化管理，除了徵信（指公開捐款者姓名和數額）外，還設法統計分析捐助者的特性、捐款的理由與途徑、金額與頻率及其變化趨勢，以作為定期對捐款者調查訪問的依據。

3.針對不同區隔與類型的捐款者提出訴求，根據捐款人的期望採取有效回饋方法，諸如：（1）需要公開表揚；（2）對組織活動與服務的過程、內容發揮影響力；（3）對服務對象特別關懷；（4）具有某些特質的募款人員才有說服力；（5）希望領導人當面肯定。

4.要將自己的使命定位清楚。所提供的服務或活動要被社會知曉和肯定，同時針對不同募款對象的期許，分別提出訴求主題，及這些基礎設計的細部程序。

5.做好捐款後的工作，要有及時的收據與誠懇的謝函，認真聽取捐款者的意見與建言，公開運用資金的方向。

6. 長期培養捐款對象，讓捐助者繼續捐助，其方法如：（1）將過去的受益者轉化為捐助者；（2）媒體造勢及捐款者對其親友影響；（3）以活動吸引新的捐款者。

7. 盡可能為捐款者考慮，如實行分期付款方式等。

8. 在捐款形式上盡可能為捐款者方便著想，從傳統的寺廟或法會現場的現款捐獻，到郵政劃撥、郵寄現金或匯票、銀行轉帳、網路捐款、信用卡刷卡等形式。

四、增強對吸納資金的有效管理，確保在信徒中的誠信度

一些超級吸納資金的寺院或團體，對資金的管理是較為科學的，如佛光山寺將錢和權分開，正如星雲法師所說：「有權的不可以管錢，管錢的沒有錢。從我自己開始到我們的心定和尚，過去的心平和尚，都監院的院長慈惠法師、慈容法師、依空法師，他們都沒有錢的。今天別分院的一個法師，回來報告說因為汽車壞了，一個信徒就找一些人買了一部車子，說要給我們這個分院。但是佛光山的常住不是這樣，我要把它交回到佛光山，讓佛光山來分配，讓總本山來分配，你不能近水樓臺先得月，你靠近他，他送你的就是你的，不是這樣。比方我們這裡的朝山會館、客堂，哪一個人送你一臺電腦、送你一臺電視機，就是你的，不行，你要交出來讓常住統一分配，利和同均。……你不經過、不送到本山，不讓本山來處理，那就不清淨、就是不合法。」[85] 再如慈濟功德會自成立以來，就嚴格將所募善款與精舍（指證嚴法師等日常開支）分開，甚至濟貧的米糧落地也必須歸給慈濟功德會，而不能放入靜思精舍的米桶中。靜思精舍曾數度擴建，其經濟來源也是透過向銀行貸款、標會，甚至只接受證嚴法師俗家母親的支持。慈濟有專門的財務組，負責當地委員聯誼會基金的保管、運用、收支、結報，並協助當地活動臨時費用預支。

慈濟功德會的帳務幾十年來一直很清楚，30多年前誰捐過5塊錢都找得到，錢財來源清楚，去向明確，從來不毀任何一筆捐款記錄，整個營運機構有極高的誠信度，其操守和信用為社會普遍認可，即使再精明的人也放心將錢交給慈濟而決不過問。

五、加大對開支的監控

佛教界吸納資金的用途主要可歸為以下幾類：

1. 修、擴建建築。現在臺灣的寺院越蓋越富麗堂皇，大的如中台山的中台禪寺，其耗資多少目前還沒有明確的說法；中等的如正德臺北分院的十五層弘法濟世大樓，據徵求募單上稱：徵地已耗 1.4 億元，尚欠土地款及建築設備費用 1 億元以上；小的寺院也要數千萬元。寺院的修擴建，大概有四種類型：新道場的建造，天災後（如地震）的復建，不敷使用的擴建，因城市改造搬遷的重建等。據臺灣調查，「9·21」集集大地震後被震壞的多座佛寺，都需要大量資金投入。

2. 創辦佛學院。臺灣目前有各種佛學院三十餘家，基本為不收費，大多為寺院所辦，開支甚大。

3. 創辦社會教育的大學。已創辦或正在創辦的如慈濟大學、玄奘大學、華梵大學、南華大學、法鼓大學等，都需要大量開支。

4. 社會教化事業。如建圖書館、辦電視臺、印刷經書、流通各類 VCD 和錄影帶、出版各類報刊和書籍等。

5. 公益事業。如兒童、青少年、婦女、老人、殘障、社區及一般福利等。

6. 慈善事業。如急難救助、捐助個人或團體、獎學金、醫療等。

7. 宗教事務。如人事費、行政業務費、宗教活動等。以臺北市若干佛寺在支出項目上的具體數額為例，如下表：[86]

	支出項目		金額（元）
G	事務費用支出		
	G1	人事管理相關費用	85799064
	G2	行政事務相關支出	74684857
	G3	其他事務性支出	57336087
	G4	稅賦支出	8597845
H	宗教活動支出		
	H1	平時宗教支出	17119478
	H2	特定法會支出	5843205
I	公益慈善社會教化支出		
	I1	公益活動	398274331
	I2	慈善活動	20598945
	I3	社會教化	18976492
J	修擴建寺廟與設備購置		
	J1	修擴建寺廟營繕	107194376
	J2	宗教於其他設備購置	78073213

　　捐款者最擔心捐出的款去向不明，或有失公允，或雖有公布，但為人事開支了大部分（如聘請幫忙的各類工作人員日常開支、各種支付來賓禮物等應酬），這將大大降低捐款者的積極性。為避免在資源運用上的爭議，大都朝專款專用運作模式發展，如透過公開的徵信過程，在會計師查核見證下，更有效地凝聚非信徒的捐款，如此結合信徒與非信徒的社會整體性的捐款；有的是慈善事業的代言者、執行者而不再僅是單純寺廟的功能而已，也跳出寺廟的宗教信仰問題，並且在實施慈善事業時並未針對信徒才會加以救濟救

助的狹隘心態，並且透過更多與社會的互動過程推動社會公益慈善事業，建立起吸納資源時非信徒的信任機制與整個社會信任。[87]

各有關募款寺院或團體還在刊物或會員手冊上公布收入和開支的情況，有的還造出明細表以提交信徒（或會員）大會討論過目。

此外，在開支方面也加強決策的民主化透明度，由個人（管理人、住持、董事長、主任委員）決議逐漸向（管理委員會、信徒大會、董事會）過渡。在決策時，為避免武斷專行，加強決策的科學性，也會參酌各方面因素，如在進行社會福利慈善的決策時，參酌考量的因素有：外界民眾的建議；寺院信徒的建議；當地村裡等地方有代表性人物的請求；依據寺院施善的理想或目標；配合當局宣傳或要求；專家學者的建議；地區社福、教育、慈善團體的請求；地方建設的需要；以往福利慈善的濟世項目；其他寺院的推動方式與項目等。

六、擴大宣傳力度

除了傳統的透過左鄰右舍、親戚朋友轉告、張貼公告、書刊報紙、寺院直寄通知等方法宣傳外，現在還採用電視、電腦網路等方法擴大影響，還有會員、委員的宣傳。有實力的寺院或團體還採取種種措施，千方百計提高自己的知名度，除了反覆宣傳本寺在社會公益、慈善救濟、社會教化等方面取得的成就外，有的還宣傳本寺的靈驗，標榜本寺的獨特，由信眾大力宣揚，故有「和尚不作怪、信眾不來拜」之說；有的利用政治人物、知名人士的參拜，以提高本寺的身價；有的寫出簡潔明瞭的宣傳詞，如慈濟大愛電視臺募款單上是這樣寫的：「100元，訂不到報紙，看不成電影，買不了CD，然而，每月只要100元，您就可打造一個清新的電視臺，歡迎您加入大愛之友行列。」

註：

[1]《華梵月刊》第十期，轉引自吳永猛《現代寺院經濟之探討》，財團法人佛光山文教基金會主編：《1995年佛學研究論文集》，佛光出版社1996年版，第351頁。

[2] 盧月玲：《臺灣佛寺的現代功能：佛光山的田野研究》，臺灣大學考古人類學研究所論文，1981年6月，第60頁。

[3] 轉引自吳永猛：《臺灣寺廟募款與現代社會的互動關係》，財團法人佛光山文教基金會主編：《1996 年佛學研究論文集》1997 年版，第 182 頁。

[4]《十方》總第九卷十期。

[5]《人乘》總第十七卷七期（1996 年 4 月）。

[6]《十方》總第七卷八期。

[7]《華嚴世界》總第六十二卷八期。

[8]《如來會訊》1997 年 3-5 月出刊，總第 14 期。

[9]《慈音》總第 132 期。

[10] 吳永猛：《民間宗教資源運用之探討》，《宗教論述專輯第三章臺灣佛教的寺院經濟與社會 131——宗教教育及宗教資源分配運用》，「內政部」2002 年版，第 80-81 頁。

[11] 吳永猛：《民間宗教資源運用之探討》，《宗教論述專輯——宗教教育及宗教資源分配運用》，「內政部」2002 年版，第 80-81 頁。

[12] 李雪萍：《臺灣的比丘尼僧團及其不同的生命經驗：一個社會學的個案研究》，東海大學社會學系碩士論文，2000 年 6 月，第 26 頁。

[13]《中國佛教》，1999 年 7 月出刊，總第四十一卷九期。

[14]《妙法》總第 151-152 期。

[15]《菩提長青》，1998 年 10 月出刊，總第 407 期。

[16]《慈明》，1999 年 7 月出刊，總第 5 期。

[17]《中國佛教》1997 年 8 月出刊，總第 476 期。

[18]《臺灣佛教寺院行政管理講習會講稿》，1998 年 12 月印行，第 123 頁。

[19] 陳森梓：《臺北市寺廟經濟資源運用過程之探討：以法令規範下的資料為例》，臺灣大學社會學碩士論文，2000 年 6 月，第 98 頁，轉引自《自由時報》1997 年 9 月 30 日。

[20] 黃運喜：《從犁頭山蓮華寺的發展看臺灣民間佛教的特質》，《玄奘學報》，2001 年 10 月出刊，總第四期。

[21]《十方大法》1997 年 4-5 期。

[22]《華梵》，2001 年 5 月出刊，總第 115 期。

[23]《菩提長青》，1998 年 1 月出刊，總第 389 期。

[24]《玄奘》，1997 年 1 月出刊，總第 47 期。

[25]《十方》，1991 年 11 月出刊，總十卷一期。

[26]《海潮音》，1998 年 9 月出刊，總第七六卷九期。

[27]《十方》，1991 年 1 月出刊，總第九卷四期。

[28]《妙法》，1996 年 12 月出刊，總第 136-137 期）。

[29] 參見萬佛寺「護持萬佛寺重建萬燈供佛消災祈福藥師大法會海報」。

[30]《十方》，1989 年 12 月總第八卷 3 期。

[31]《人乘》，1996 年 4 月出刊，總第十七卷七期。

[32] 吳永猛：《臺灣寺廟募款與現代社會互動關係》，《1996 年佛學研究論文集》，佛光出版社 1997 年版，第 179 頁。

[33]《覺世》，1997 年 12 月出刊，總第 1379 期。

[34]《慈雲》，1997 年 11 月出刊，總第 257 期。

[35]《護僧》，2001 年 11 月出刊，總第 25 期。

[36]《妙法》，2001 年 9 月出刊，總第 165 期。

[37]《慈善專刊·2003 年》，財團法人佛光山慈悲社會福利基金會印，2003 年。

[38]《慈雲》，1996 年 4 月號。

[39] 闞正宗主編：《臺灣佛寺》（七），菩提長青出版社 1994 年版，第 30 頁。

[40]《千佛山》，2000 年 5 月出刊，總第 135 期。

[41] 盧月玲：《臺灣佛寺的現代功能：佛光山的田野研究》，臺灣大學考古人類學碩士論文，1981 年 6 月，第 49 頁。

[42]《中佛青》，2002 年 12 月出刊，總第 60 期。

[43]《臺灣佛教寺院行政管理講習會講稿》，1998 年 12 月印行，第 128 頁。

[44] 李雪萍：《臺灣的比丘尼僧團及其不同的生命經驗：一個社會學的個案研究》，東海大學社會學系碩士論文，2000 年 6 月，第 79 頁。

[45] 李雪萍：《臺灣的比丘尼僧團及其不同的生命經驗：一個社會學的個案研究》，東海大學社會學系碩士論文，2000 年 6 月，第 79 頁。

[46] 盧月玲：《臺灣佛寺的現代功能：佛光山的田野研究》，臺灣大學考古人類學碩士論文，1981 年 6 月，第 50 頁。

[47] 盧月玲：《臺灣佛寺的現代功能：佛光山的田野研究》，臺灣大學考古人類學碩士論文，1981 年 6 月，第 50 頁。

[48]《聖德》，1997 年 10 月出刊，總第 258 期。

[49] 陳瑞堂：《臺灣寺廟法律關係之研究》，「司法行政部」祕書室印，1974 年 11 月。

[50] 盧月玲：《臺灣佛寺的現代功能：佛光山的田野研究》，臺灣大學考古人類學碩士論文，1981 年 6 月，第 49 頁。

[51] 吳永猛：《臺灣寺廟募款與現代社會互動關係》，《1996 年佛學研究論文集》，佛光出版社 1997 年版，第 186 頁。

[52] 《十方》，1992 年 5 月出刊，總第十卷七期。

[53] 《千佛山》，1997 年 8 月出刊，總第 102 期。

[54] 《覺風》，1997 年 9 月出刊，總第 20 期。

[55] 《護僧》，2001 年 11 月出刊，總第 25 期。

[56] 《聖德》，1997 年 10 月出刊，總第 258 期。

[57] 《經濟發展的回顧與展望》，「臺灣省政府新聞處」印，1995 年 10 月，第 598-599 頁。

[58] 陳瑞堂：《臺灣寺廟法律關係之研究》，「司法行政部」祕書室印，1974 年 11 月，第 192 頁。

[59] 盧月玲：《臺灣佛寺的現代功能：佛光山的田野研究》，臺灣大學考古人類學碩士論文，1981 年 6 月，第 57 頁。

[60] 《當前寺院經濟問題的省思》，《佛教文化》，1991 年 11 月出刊，總第 23 期。

[61] 黃慶生：《寺廟經營與管理》，永然文化出版有限公司 2002 年版，第 209 頁。

[62] 黃慶生：《寺廟經營與管理》，永然文化出版有限公司 2002 年版，第 209 頁。

[63] 陳瑞堂：《臺灣寺廟法律關係之研究》，「司法行政部」祕書室印，1974 年 11 月，第 245-259 頁。

[64] 黃運喜：《從犁頭山蓮華寺的發展看臺灣民間佛教的特質》，《玄奘學報》，2001 年 10 月出刊，總第 4 期。

[65] 何綿山主編：《閩臺區域文化》，廈門大學出版社，2004 年版，第 49 頁。

[66] 盧月玲：《臺灣佛寺的現代功能：佛光山的田野研究》，臺灣大學考古人類學碩士論文，1981 年 6 月，第 48 頁。

[67] 何綿山：《閩臺經濟與文化論集》，廈門大學出版社 2002 年版，第 151 頁。

[68] 陳木梓：《臺北市廟經濟資源運用過程之探討——以法令規範下的資料為例》，臺灣大學社會學碩士論文，2000 年 6 月，第 20 頁。

[69] 陳木梓：《臺北市廟經濟資源運用過程之探討——以法令規範下的資料為例》，臺灣大學社會學碩士論文，2000 年 6 月，第 111 頁。

[70] 江燦騰：《臺灣當代佛教》，南天書局有限公司，2000 年版，第 95 頁。

第四節　臺灣佛教界在吸納資金方面採取的應對措施

[71]《香光莊嚴》，1998 年 3 月出刊，總第 53 期。

[72]《中國時報》1999 年 8 月 18 日。

[73]《當前寺院經濟問題的省思》，《佛教文化》，1991 年 11 月出刊，總第 23 期。

[74] 于凌波：《走過二十世紀的中國佛教》，《妙林》，2004 年 12 月出刊，總第十六卷十二月號。

[75] 于凌波：《走過二十世紀的中國佛教》，《妙林》，2004 年 12 月出刊，總第十六卷十二月號。

[76]《當前寺院經濟問題的省思》，《佛教文化》，1991 年 11 月出刊，總第 23 期。

[77]《香光莊嚴》，1998 年 6 月出刊，總第 53 期。

[78] 釋昭慧：《佛教倫理學》，法界出版社有限公司 2001 年版，第 8 頁。

[79]《當前寺院經濟問題的省思》，《佛教文化》，1991 年 11 月出刊，總第 23 期。

[80]《當前寺院經濟問題的省思》，《佛教文化》，1991 年 11 月出刊，總第 23 期。

[81]《臺灣佛教寺院行政管理講習會講稿》，1998 年 12 月印行。

[82] 林宜璇：《人生佛教與生活實踐——慈濟現象的社會學解釋》，清華大學人類學碩士論文，1996 年 7 月，第 12 頁。

[83] 林宜璇：《人生佛教與生活實踐——慈濟現象的社會學解釋》，清華大學人類學碩士論文，1996 年 7 月，第 100 頁。

[84]《中佛青》，2002 年 1 月出刊，總第 56 期。

[85]《臺灣佛教寺院行政管理講習會講稿》，1998 年 12 月印行。

[86] 陳木梓：《臺北市廟經濟資源運用過程之探討——以法令規範下的資料為例》，臺灣大學社會學碩士論文，2000 年 6 月，第 178 頁。

[87] 陳木梓：《臺北市廟經濟資源運用過程之探討——以法令規範下的資料為例》，臺灣大學社會學碩士論文，2000 年 6 月，第 168 頁。

第四章　臺灣佛教的社會弘法

第四章　臺灣佛教的社會弘法

第一節　名目繁多的法會

　　法會又稱法事、佛事、齋會、法要等，為佛說法及供佛施僧等所舉行的集會，即聚集淨食，莊嚴法物，供養諸佛菩薩，或設齋、施食、說法、讚歎佛德。臺灣舉辦的各類法會名目繁多，在社會上產生了廣泛的影響，現舉其主要評析如下。

一、佛教例行法會

　　從農曆正月至十二月，佛教正式法會繁多，到規定時間，臺灣各寺廟或佛教團體舉行規模不一的法會，已成為必不可少的活動。如正月一日的彌勒佛聖誕法會、正月九日供佛齋天法會、二月十九日觀音菩薩聖誕法會、四月八日佛陀聖誕法會、六月十九日觀音菩薩成道紀唸法會、七月十五日盂蘭盆會和供僧會、七月二十九日地藏菩薩聖誕法會、九月十九日觀音菩薩出家紀唸法會、九月二十九日藥師佛法會、十一月十七日阿彌陀佛聖誕法會、十二月八日佛陀成道紀唸法會。各種法會一般進行的方式需以各種法物幢幡莊嚴佛殿，於佛前獻上香華、燈燭、四果等，並行表白、願文、諷誦經讚。當代臺灣在舉行這類傳經法會時，往往被注入一些新的內涵，與社會更加貼近。如佛光山在舉行藥師法會時，認為星雲法師所提倡的「人間佛教」，其「意涵在現世便能得到富樂，而不是將希望寄託在不可知的未來。念藥師如來可以獲得現世的富樂，因此藥師法門最為殊勝，也最值得提倡」。[1] 再如普印精舍見鍠法師於 2002 年 12 月 2 日在榮總醫院中正樓十三樓舉行的藥師佛誕辰大法會，為應允臺北榮總醫院慧心社的祈請而舉行，參加者為榮總醫院所有病患、家屬及全體醫護人員，許多病人是坐著輪椅、打著點滴前來參加，許多著名醫生也在百忙中抽出時間來拈香祈福，透過法會活動，參加者體會到「醫學必須注入佛法慈悲智慧的力量，將色身交給醫生的同時也將心交給菩薩，如此眾生才會真正遠離病苦」。[2] 醫護人員感受到：「師父告訴我們行醫是良心事業，而所謂的良心就是慈悲心、對事認真兩種精神的總和。就

拿一個打針的動作來講，標準技術的執行就是對事認真的表現，皮膚應該消毒兩次，我們就不該偷懶只消毒一次，以免病人遭受感染。而當拿針扎進病人的皮肉時，若是懷著一顆柔軟的慈悲心，希望我們這一針能幫助他趕快痊癒，病人也能感受到我們的用心，整個執行技術的過程就能在平和安穩的氣氛下完成，病人的心在放鬆的情況下，相對地也會覺得沒那麼痛苦。」[3]

在一年一度的佛誕日，臺灣佛教界都要舉行規模盛大的浴佛法會，為信眾創造參拜禮儀的機緣，除了普佛、上供、浴佛等慶祝儀式外，有的還加入了其他新內容，以求與社會更加貼近。如高雄市光德寺於1996年農曆四月初六舉行的浴佛法會，有千餘名信眾參加，在家信眾在維那師父舉腔帶領下引吭高唱「爐香讚」，迎請佛菩薩臨壇加持，再由光德寺住持淨心法師帶領大家一一澆灌佛陀金身。午供之後，淨心法師開示浴佛真義在洗淨參與者的三毒煩惱，開展本具的佛性智慧。法會增加了「慶祝佛誕遊藝表演」的新內容，由光德寺托兒所小朋友表演「三寶歌」、「青青河邊草」、「阿拉丁神燈」等十餘個精彩節目，另有「陶瓷展」和「佛畫展」，吸引了眾多的信眾，大家興趣盎然，感到是一次豐富人們心靈的浴佛之旅。[4]有時藉法會倡導一種新思想和新觀念，如為革除民間對中元節的錯誤觀念，星雲法師於1973年首開盂蘭盆供僧法會，並倡議每年七月十五日為「僧寶節」、七月為「孝道月」等新觀念。[5]

二、傳統的法會

這類法會大都於農曆初一、十五舉行，往往先由僧眾頌誦經典，信徒隨眾禮拜，再由法師開示佛法，其後並於寺院中用齋。現將每個法會有代表性的各擇一、二評述如下：（一）水陸法會。如佛光山從1977年啟建首次水陸法會後，每屆都有數萬人參加，1997年佛光山舉行萬緣水陸法會，在佛光山臺北道場、澎湖海天佛刹、澳洲南天寺、美國西來寺及佛光山等五個地方同時舉行，有數萬信眾參加，盛況空前。佛光山臺北道場有上百位法師引領，分七個內外壇場，諷誦經典、持咒，每日並至總回向壇宣讀文疏，祈求世界和平；澎湖海天佛刹有六百多人參加法會，成為當地一盛事；澳洲南天寺有法師一百多位，信徒一千多位參加，每晚由法師開示佛法；美國西來寺有千

餘名信眾參加,成為美洲地區水陸法會十最,即:道場最莊嚴、信徒最虔誠、法會儀規最如法、信眾來自最廣、法師最多、信徒最有秩序、諷誦經典最多、素齋最好吃、法會最圓滿;佛光山的千坪雲居樓內,其四樓的內壇壇場,是全球坪數最大、最莊嚴的壇場。[6](二)誦經法會。如1997年10月2日至10月11日,華嚴蓮社舉辦秋季華嚴誦經法會,由院長成一法師、住持賢度法師率眾主持上香、開示、上供,參與法會者有上百人,信眾以十天時間依時虔誦《華嚴經》四十卷全部,除為自身祈福增慧外,亦將誦經功德回向給一切眾生。賢度法師以「佛教制度與儀軌」為開示主題,並分為清規、課誦、梵唄簡介、修正儀軌、華嚴行門的修證儀五大項,分別解釋其內容和意涵,使信眾進一步加深了對嚴修證儀軌的瞭解。[7](三)報恩法會。此為許多佛寺每年必舉辦的法會,緣於《大方便佛報恩經》:「父母為三界中最勝之福因」。如星雲法師提倡每月農曆初一、十五日,舉行信眾報恩共修法會,以誦經功德回向七世父母。[8](四)念佛法會。如1997年9月14日,靈巖山寺舉行臺中地區精進念佛法會,由上午8時30分至下午5時30分,中午備有素齋,有眾多佛教各共修團體、一般善男信女,社會人士參加。[9](五)大悲法會。悲意為拔苦,諸佛菩薩不忍十方眾生受苦而欲拔濟之,其心稱為大悲。如新北市林口區海明寺開山住持悟明法師在主持信眾護法會時指出啟建大悲法會的緣起:近多年來世界各國戰亂不息、天災人禍、社會不良風氣泛濫、人民饑寒交迫,令人觸目驚心,如何挽救此浩劫,請大家發心推動佛菩薩救世精神,弘揚佛法戒法、淨化人心、淨化社會,人人向善,不殺、不盜、不邪淫、不妄語、不飲酒、從守戒行善去惡,相信能家庭美滿、社會安寧、人民快樂、經濟繁榮、國運昌隆。[10]海明寺護法會發起每月第四個星期天舉行大悲法會,上午9時拜大悲懺,中午備羅漢齋結緣,下午2時由悟明法師開示大悲懺的功德利益。(六)祈福法會。如:「中國佛教會」桃園市理事會主辦的「護國民安祈福法會」,1995年12月1日於中壢市圓光禪寺舉辦,其緣由,正如佛教會桃園市理事長如悟法師所言:「佛教固然在一般人心目中超然世俗之立場,不過在眾生共業之下,不可能獨善其身。應以正法淨化人心、淨化社會,這是我們應盡的義務和責任,如果國家社會不安定,佛教寺廟如何得以安寧善存?」[11]因此其宗旨在於匯聚大眾念力,祈求佛菩薩加

被。(七)消災法會。如南投縣各界聯合千僧護國祈福消災大法會,於1998年8月14日至16日,在南投縣體育館召開,其緣由是:「近年來空難頻仍、瘟病疾疫、風災水患,治安敗壞,盜賊四起,暴戾肅殺之氣彌天,黎庶惶惶,茫茫無措。究其根源實乃人心沉淪,物慾橫流,起貪嗔癡,造殺盜淫,惡因具而苦果熟。非賴全民道德之提升,無以救時弊。唯有人心之淨化,方得振世衰。而道德之臻極者莫若於世尊,實為苦海之舟航;人心淨化之妙藥,無勝於佛法者,是堪災病之靈丹。……今幸南投縣政府暨社會各界賢達發起,本仁民愛物之精神,發大慈悲心,關懷社會,推廣心靈改革工程,以達淨化人心,致人間祥和清明之目的。」[12]

三、為適應時代需要而舉辦的各種法會

這類法會往往根據當時需要應運而生,名目繁多,具體內容依據主持人要求而定,有連續幾年舉辦的,也有不連續辦的,較為靈活。有代表性的如:(一)禪淨密三修法會。星雲法師要求佛光山在重要城市舉辦禪淨密三修法會,以具體實踐他「八宗兼弘」的理念。早在1993年元月一日,佛光山就分別在臺北、彰化、臺南舉行這種社會教化的大型活動,宗旨為「提倡人間佛教,建設佛光淨土,淨化世道人心,祈求世界和平」。法會以佛教禪宗、淨土宗、密宗的法門為例,開示闡揚這三項的修行法門。法會內容有:打坐、念佛、持咒、拜願、開示、獻燈等。1997年2月22日於臺北林口體育館、2月23日於彰化縣體育館、3月2日於高雄中山體育場,舉行北區、中區、南區等三場佛光普照禪淨密三修法會,其意義為「顯密獨合、禪淨共修、解行並重、四眾等持、一時並進、當下圓滿」。由大眾一起來奉行正法,以抵制臺灣社會怪力亂神風氣的充斥,淨化社會人心,提升臺灣宗教信仰。法會在短短的兩枝香中,由依空法師、慈惠法師、心定法師分別就禪、淨、密的教義,作言簡意賅的闡明,每個段落,都由佛光山叢林學院200位出家法師演誦梵音樂舞、明華園歌仔戲團的佛法演出,以及佛教青年的敦煌飛天獻舞,最後由星雲法師主持法會,先誦唸阿彌陀經、念佛,然後參禪靜坐,回向圓滿功德。[13](二)回歸佛陀的時代法會。佛光山於1998年9月17日起,在臺北、臺中、臺南三區舉辦「回歸佛陀的時代」大型法會,旨在使今人能「重

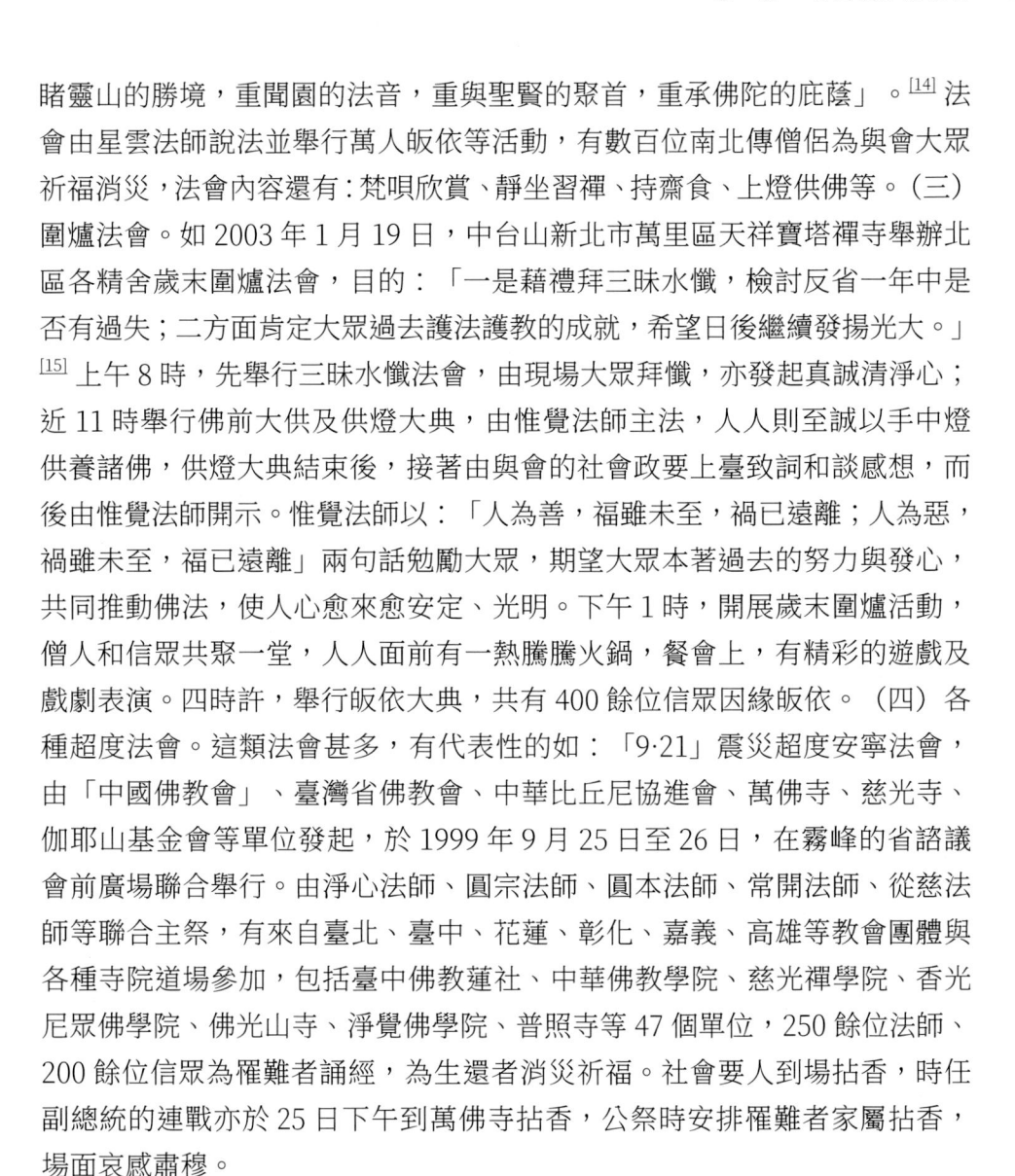

睹靈山的勝境,重聞圓的法音,重與聖賢的聚首,重承佛陀的庇蔭」。[14] 法會由星雲法師說法並舉行萬人皈依等活動,有數百位南北傳僧侶為與會大眾祈福消災,法會內容還有:梵唄欣賞、靜坐習禪、持齋食、上燈供佛等。(三)圍爐法會。如 2003 年 1 月 19 日,中台山新北市萬里區天祥寶塔禪寺舉辦北區各精舍歲末圍爐法會,目的:「一是藉禮拜三昧水懺,檢討反省一年中是否有過失;二方面肯定大眾過去護法護教的成就,希望日後繼續發揚光大。」[15] 上午 8 時,先舉行三昧水懺法會,由現場大眾拜懺,亦發起真誠清淨心;近 11 時舉行佛前大供及供燈大典,由惟覺法師主法,人人則至誠以手中燈供養諸佛,供燈大典結束後,接著由與會的社會政要上臺致詞和談感想,而後由惟覺法師開示。惟覺法師以:「人為善,福雖未至,禍已遠離;人為惡,禍雖未至,福已遠離」兩句話勉勵大眾,期望大眾本著過去的努力與發心,共同推動佛法,使人心愈來愈安定、光明。下午 1 時,開展歲末圍爐活動,僧人和信眾共聚一堂,人人面前有一熱騰騰火鍋,餐會上,有精彩的遊戲及戲劇表演。四時許,舉行皈依大典,共有 400 餘位信眾因緣皈依。(四)各種超度法會。這類法會甚多,有代表性的如:「9·21」震災超度安寧法會,由「中國佛教會」、臺灣省佛教會、中華比丘尼協進會、萬佛寺、慈光寺、伽耶山基金會等單位發起,於 1999 年 9 月 25 日至 26 日,在霧峰的省諮議會前廣場聯合舉行。由淨心法師、圓宗法師、圓本法師、常開法師、從慈法師等聯合主祭,有來自臺北、臺中、花蓮、彰化、嘉義、高雄等教會團體與各種寺院道場參加,包括臺中佛教蓮社、中華佛教學院、慈光禪學院、香光尼眾佛學院、佛光山寺、淨覺佛學院、普照寺等 47 個單位,250 餘位法師、200 餘位信眾為罹難者誦經,為生還者消災祈福。社會要人到場拈香,時任副總統的連戰亦於 25 日下午到萬佛寺拈香,公祭時安排罹難者家屬拈香,場面哀感肅穆。

四、傳戒法會

傳戒法會指傳授戒律、放戒法會。戒分五戒、八戒、十戒、具足戒、菩薩戒等。具足戒授予比丘、比丘尼者;十戒為授予沙彌、沙彌尼者;八戒及五戒為授予在家裡優婆塞、優婆夷者;菩薩戒則不論出家、在家皆可傳授。

第四章　臺灣佛教的社會弘法

解嚴以來，臺灣在家戒法會參與者呈三多趨勢：（一）年齡 41 歲以上中高齡者較多；（二）女性比男性多；（三）傳戒的寺院多。其解嚴以來傳授在家戒的寺院具體如下表所示：[16]

時間	地點	三師和尚
1987 年 9 月 23 日—29 日	高雄澄清寺	淨心、然妙、菩妙
1987 年 9 月 28 日—10 月 4 日	基隆靈泉寺	演培、蓮航、晴虛
1987 年 10 月 9 日—15 日	竹崎香光寺	悟明、淨心、晴虛
1987 年 10 月 25 日	烏日善光寺	演培、了中、眞華
1987 年 11 月 1 日—7 日	霧峰萬佛寺	演培、了中、聖印
1988 年 4 月 7 日—13 日	古坑慈光寺	悟明、心田、晴虛
1988 年 4 月 8 日—14 日	高雄元亨寺	菩妙、淨心、開證
1988 年 5 月 30 日—6 月 5 日	基隆十方大覺寺	壽治、聖印、晴虛
1988 年 8 月 2 日—8 日	霧峰萬佛寺	妙蓮、眞華、聖印
1988 年 10 月 30 日—11 月 5 日	豐原慈龍寺	聖印、妙廣、菩妙
1988 年 12 月 4 日—11 日	基隆八堵海會寺	聖印、悟明、了中
1989 年 3 月 28 日—4 月 3 日	古坑慈龍寺	悟明、開證、晴虛
1989 年 4 月 12 日—18 日	鳳山明善佛堂	淨心、菩妙、法智
1989 年 7 月 22 日—28 日	霧峰萬佛寺	妙蓮、眞華、聖印
1990 年 2 月 27 日—3 月 5 日	高雄楠梓慈雲寺	了中、菩妙、圓宗
1990 年 8 月 16 日—19 日	台北彌陀蓮社	淨心、悟智、圓宗
1990 年 11 月 13 日—20 日	霧峰萬佛寺	聖印、了中、淨心
1990 年 9 月 22 日—9 月 28 日	基隆靈泉寺	超塵、開證、晴虛
1990 年 11 月 14 日—20 日	霧峰萬佛寺	聖印、了中、淨心
1991 年 3 月 17 日—23 日	埔里靈岩山寺	妙蓮、悟明、眞華
1991 年 4 月 15 日—21 日	基隆十方大覺寺	智海、晴虛、如虛
1991 年 9 月 9 日—9 月 15 日	南投國姓菩提寺	淨心、聖印、菩妙

第一節　名目繁多的法會

續表

時間	地點	三師和尚
1991年10月8日—14日	台中慈明寺	
1991年10月1日—7日	霧峰萬佛寺	演培、了中、聖印
1991年10月21日—27日	新竹福嚴精舍	印順、妙蓮、眞華
1991年12月27日—1月2日	佳冬慈恩寺	眞華、開證、心平
1992年2月9日—15日	平溪觀音禪寺	眞華、了中、蓮航
1992年3月5日—11日	高雄龍泉寺	淨心、廣仁、法智
1992年10月10日—16日	霧峰萬佛寺	
1992年11月10日—16日	楠梓慈雲寺	演培、了中、眞華
1992年12月5日—13日	鳳山法源寺	淨心、善妙、圓宗
1993年2月15日—21日	北投農禪寺	
1993年10月22日—28日	高樹寶蓮寺	
1993年10月24日—28日	台北善導寺	了中、淨心、聖印
1993年11月3日—7日	阿蓮光德寺	
1993年11月29日—12月5日	壽豐宏華寺	聖法、修嚴、聖德
1994年3月3日—9日	樹林海明寺	
1994年4月11日—17日	埔里靈岩山寺	
1994年4月20日—26日	外埔法華寺	
1994年10月7日—13日	高雄林園佛堂	淨心、法智、本覺
1994年11月20日—12月3日	霧峰萬佛寺	聖印、了中、淨心（二梯次受戒）
1995年3月12日—18日	台中中天寺	顏明、眞華、圓宗
1995年3月31日—4月6日	埔里靈岩山寺	妙蓮、眞華、蓮航
1995年4月17日—23日	鹿港慈埔寺	淨心、圓宗、本覺
1995年12月14日—25日	台中護國清涼寺	淨心、淨良、廣元
1995年12月24日—30日	新竹慈恩精舍	了中、眞華、菩妙
1996年4月29日—5月5日	樹林海明寺	

第四章　臺灣佛教的社會弘法

續表

時間	地點	三師和尚
1996 年 12 月 28 日—1 月 3 日	台北松山寺	浩霖、了中、淨良
1997 年 1 月 7 日—14 日	高雄元亨寺	菩妙、會本、會寬
1997 年 4 月 1 日—7 日	埔里靈岩山寺	
1997 年 10 月 30 日—11 月 3 日	高雄佛光山	
1998 年 4 月 23 日—28 日	埔里靈岩山寺	妙蓮、淨心、圓宗
1998 年 8 月 21 日—23 日	埔里靈岩山寺	
1998 年 9 月 28 日—10 月 4 日	水上千光寺	菩妙、會光、會本
1998 年 10 月 6 日—12 日	冬山白蓮寺	淨心、圓宗、本覺
1998 年 10 月 21 日—27 日	花蓮慈善寺	悟一、了中、蓮航
1998 年 12 月 12 日—20 日	中和南山放生寺	蓮航、學根、覺醒
1999 年 8 月 13 日—15 日	埔里靈岩山寺	
1999 年 12 月 1 日—7 日	楠梓慈雲寺	了中、自立、菩妙
2000 年 1 月 1 日—5 日	三峽準提寺	了中、今能、道光
2000 年 4 月 28 日—5 月 4 日	大湖法雲寺	道法、妙境、妙蓮
2000 年 11 月 16 日—20 日	台中中天寺	顯明、首愚、明光
2000 年 12 月 9 日—10 日	高雄佛光山	
2000 年 12 月 14 日—19 日	永康法王講堂	
2001 年 4 月 21 日—28 日	新營妙法禪寺	道海、智海、心田
2001 年 8 月 11 日—17 日	高雄六龜妙通寺	
2001 年 7 月 25 日—29 日	嘉義竹崎靈岩寺	眞華、心田、傳孝
2001 年 7 月 23 日—29 日	台南法華寺	晴虛、心田、能學
2001 年 10 月 10 日—14 日	台北慈航寺	淨心、圓宗、本靜
2001 年 10 月 13 日—21 日	埔里中台禪寺	惟覺、一誠、惟勵
2001 年 10 月 20 日—25 日	台北永康法王講堂	淨心、圓宗、本覺
2001 年 10 月 30 日—11 月 3 日	台北東和禪寺	
2001 年 11 月 7 日—13 日	宜蘭礁溪福嚴寺	

續表

時間	地點	三師和尚
2001年11月17日—21日	高雄鳥松圓照寺	道海、智海、果清
2002年9月27日—10月1日	樹林海明寺	悟明、淨心、廣元
2002年4月22日—24日	嘉義番路義德寺	道海、果清、慧天
2002年9月27日—10月1日	樹林海明寺	悟明、淨心、廣元
2002年10月4日—6日	南投鹿谷淨律寺	連海、果清、照因
2002年11月11日—17日	雲林古坑祥雲寺	菩妙、僧妙、會本
2002年12月12日—18日	高雄田寮日月禪寺	淨心、圓宗、本覺
2003年4月14日—20日	彰化員林禪寺	淨心、圓宗、本覺
2003年5月4日	中華佛青會	淨心、廣圓、本覺
2003年6月28日—29日	台南永康法王講堂	如本
2003年11月19日—25日	台北善導寺	了中、自立、菩妙
2004年4月21日—27日	新營妙法禪寺	道海、晴虛、心田

在家五戒菩薩戒法法會的過程較為繁縟，以高雄市臨濟宗淨覺山光德寺於1995年10月11日至17日舉行的在家五戒菩薩戒法會過程為例：第一天戒期開堂，由淨心法師向求戒者介紹開堂和尚本淨法師，接著即由本淨法師介紹引禮、引贊師父，並說明規矩，如人到心到、萬緣放下；欲有所得、先定其心；尊重師父、嚴守規矩；安靜禁語等。下午3時，由得戒和尚淨心法師、羯摩和尚圓宗法師、教授和尚本覺法師開示，全體合影之後，由淨心法師講解三皈五戒、菩薩戒，本靜法師帶領全體引禮師父、引贊師父教授規矩威儀、演習正授佛事。第五天上午五戒正授佛事、五戒戒子告假，下午戒常住舉行焰口施食佛事一堂，晚上由本覺法師主持幽冥戒正授，為求戒者的往昔先已祖先、冤親債主，舉行受戒儀式。第六天晚上，所有戒師為求戒者手臂上燃香供佛。第七天上午，三師和尚為265位求受菩薩戒的二眾弟子，舉行菩薩戒正授儀式，歷時近兩個小時。之後，即舉行告假。告假時由淨心法師、圓

宗法師、本覺法師開示。最後，傳戒盛會在羯摩和尚上堂、上供，吃圓滿齋宴後，圓滿結束。[17]

在各寺院傳戒中，佛光山在家五戒菩薩戒最有影響，培養了大量的優秀戒子，已成為佛光山重要的年度弘法度眾工作，在信眾中產生了廣泛的影響，一時曾有「受戒、看戒會到佛光山」之說。佛光山在家五戒菩薩戒法會特色如：（一）廣泛性。不僅有來自海外的戒師，也有來自世界各地的戒子。（二）場面莊嚴。戒壇、戒寮、齋室、禮堂等一應俱有，有可同時容納 3000 人過堂的雲居樓、2000 餘人正授的壇場，硬體設施齊備。（三）戒師安排完善。戒師皆教界長老，引禮法師為佛教院的優秀法師，戒會視戒子的年齡、階層不同而分班施教、講戒。（四）各地分院也啟建在家戒壇。如高雄普賢寺於 1996 年舉行三皈五戒法會，有 2000 戒子同來求戒；所屬分院臺中東海道場、新竹法寶寺、桃園講堂、臺北道場、基隆極樂寺等，也都陸續舉辦法會，有眾多戒子前來參加。[18]

臺灣的各種法會之所以在社會上產生廣泛的影響，各有其獨特的特點。現以 1998 年 8 月 14 日至 16 日舉行的南投縣各界聯合千僧護國祈福消災大法會的特點為例，或可窺一斑而知全豹。

（一）社會各界全力參與。法會由 100 多個單位聯名響應，發起單位廣泛，有當地行政管理部門，如南投縣政府、南投市公所、草屯鎮公所、魚池鄉公所、國姓鄉公所、中寮鄉公所、鹿谷鄉公所、仁愛鄉公所、信義鄉公所；有當地的農會，如南投縣農會、南投市農會、草屯鎮農會、水里鄉農會等；有佛教組織，如中台禪寺所屬 53 家分會、南投縣佛教會等。其協辦單位，有靈巖山寺、正覺精舍、中道學苑、圓通寺等 133 個道場。其承辦單位為中台禪寺，而無論發起、協辦、承辦都不僅是虛名，而是要干實事，使一切都有條不紊。如「南投縣政府」各單位組成了 10 個工作分組，包括交通、接待、志工、安全、環保、景觀、醫護、新聞及行政組，分由相關單位配合法會籌備會積極運作。「南投縣政府」的員工自 8 月 11 日起，每日動員自願者以各種方式支援，社會、教育、環保單位動員大批義工和 100 名中外小學教師支援，僅衛生局就函請七所醫院為法會提供服務。承辦單位中台禪寺成立了

法務組、公關組、香燈組、梵唄組、文宣組、香積組、交通組、美工布置組、醫護組、文書組、機動組、環保組等，全力推動法務、公關、文書、總務及勤務，使一切井井有條，保證了法會的順利開展。

　　（二）法會內容豐富。法會所闢區域類型如：1. 法會區。設有主壇區和消災壇、超薦壇、十方法界壇，讓民眾登記為祖先超薦或個人祈福。2. 藝文區。為藝文大師的作品展，包括佛像展、書畫展、雕塑景觀、陶藝、石雕、攝影、竹藝、雅石、木藝及圖書展等，旨在讓與會者認識宗教藝術之美，享受文化藝術洗禮。3. 宗教文化園區。為文化走廊，共有八小區，如：覺者的跫音、中台禪寺、中台佛教學院、中台禪寺興建工程、三期傳佛眼、佛國之旅、佛法小常識等，旨在介紹道場現況、道風特色及佛教文物。4. 園遊會區。在正門廣場兩側設一百多個攤位，分為民俗技藝區、素食點心冰品區、南投縣農特產區，旨在讓與會者參觀品嚐，讓人心淨祥和。5. 義賣區。在正門右側設置義賣區，如義賣 2 萬件印有「萬人發心，慈悲為民」字樣棉質 T 恤，所得 55 萬多元全數交大會。6. 叩鐘區。特設叩鐘區，全天候叩鐘，旨在讓與會者所叩的陣陣悠揚鐘聲能喚醒世人忙與盲、名與利、仇與恨、癡與夢，進而思考、探索生命本質。7. 許願池。旨在讓與會者透過懇切的清淨心祈求，離苦與樂。8. 園藝造景。法會共擺設盆景與花卉 2738 盆，皆由「中華盆花協會南投支會」和某種苗場提供，法會結束後全數捐贈南投縣，以供綠化之用。

　　（三）參與法會法師眾多。法會由五大士、十二大師及 1080 位法師率眾虔誠誦經，法會三天的每天上午均恭誦仁般若經，第一、二天下午恭誦地藏菩薩本願經，並由總主法惟覺法師、主法真華法師、妙蓮法師說法，以三天時間讓與會者聽聞多部大法，可謂法緣殊勝。

　　（四）參與法會的社會要人眾多。如大會榮譽主任委員為時任副總統的連戰，大會榮譽副主任委員為時任行政院長的蕭萬長、時任立法院長的劉松藩、時任立法院副院長的王金平、時任臺灣省省長的宋楚瑜，大會主任委員為南投縣長彭百顯，更有眾多主委、省議員及縣議員擔任大會委員。

（五）法會安排隨喜功德。法會設有消災祈福長生祿位、超薦祖先及冤親債主蓮位，以及打齋、供僧、普桌、供花果、莊嚴道場等功德。其諸項功德金，均為隨喜發心，未設高額的超薦、消災大牌位。但此次報名參加超薦者，約有12萬人次；報名登記祈福消災長生祿位者，約有5萬人。

（六）法會儀式規範，場面莊嚴。如法會起始灑淨儀式，由5位主法大和尚、12位主壇大法師代表，依照佛教儀式，以大悲水禮佛，於主壇灑淨，並繞場一周，進行整個會場灑淨儀式。14日上午灑淨儀式後，由五大主法和尚率千僧與兩三萬護法居士齊誦仁王般若經。

（七）法會內容豐富緊湊。第一天，法會內容包括：灑淨、恭誦仁王般若經、佛教大供、惟覺法師主講《大方廣佛華嚴經》普賢十大願王、供僧、恭誦《地藏經》、真華法師主講「消除天災人物、祈求國泰民安」，時任臺灣省長宋楚瑜及時任副總統連戰的夫人連方瑀也親臨會場拈香祈福。第二天，法會內容包括：恭誦《仁王般若經》、佛前大供、惟覺法師主講《佛說四十二章》第十二章、供僧、恭誦《地藏經》、妙蓮法師主講「人佛一心」，時任「副總統」連戰親臨會場拈香祈福。第三天，恭誦《仁王般若經》、佛前大供、惟覺法師主講《大佛頂首楞嚴經》耳根圓通章、供僧、惟覺法師主講大蒙山施食。時任立法院長的劉松藩和時任臺灣省副省長吳容明親臨會場拈食祈福。

法會共盈餘2200萬元，全數捐獻給南投縣，用以籌備成立「財團法人南投縣建設發展基金會」，作為推動南投縣各項建設之用，以回饋社會。

第二節　密集的修持活動

由臺灣佛教界主導的社會上各種修持活動層出不窮，有代表性的如：

一、朝山禮佛

朝山禮佛指信眾到名山大寺，向佛菩薩進香，以懺除業障或還願的朝禮行為。修行者為表示求道的虔誠，常以跪拜（如三步一拜）方式朝山禮拜。在臺灣，由於佛教界許多大德提倡，朝山禮佛逐漸成為信眾的修持法門之一。

參加此項修持活動,要先詢問各寺院道場,瞭解後事先報名,並可邀親朋好友一起參加。一般要求穿著寬鬆輕便的衣服、布鞋、羅漢鞋,最好是外穿海青,既可表達朝山禮佛的恭敬心,又可使隊伍莊嚴肅穆。在規定的時間集結後,穿著海青的男女眾排前面,未著海青者排後面,以求隊伍的整齊。朝山時,一般以地鐘的聲音作為號令,在「南無本師釋迦牟尼佛」佛號聲中開始禮拜。具體是:當稱念「南無」時,站立原地不動;稱念「本師」時左腳向前跨第一步;稱念「釋迦」時右腳跨第二步;稱念「牟尼」時左腳跨出第三步;稱念「佛」時雙腳合併,此時響起鐘聲,大家一起跪拜,等聽到地鐘的聲音再起來。對於無法禮拜者,可列於全隊之後,隨行稱念佛號,以問訊的方式表達敬意。[19] 朝山禮佛的意義,據佛教界稱可觀想身體中的髒東西,隨著身體匍匐在地,逸出身體;並觀想諸佛菩薩在上方,放光明觸身而使心地變柔軟、慈悲。「如此當我們由山下拜到山上,由曠野拜到殿堂之際,不但我們能滅除無量罪障,同時也能讓自己,從汙穢拜到清淨,由身體的健康拜到心靈的健康,從黑暗拜到光明,讓菩薩種子發芽茁壯、開花結果。」[20] 參與朝山者總愛宣傳渲染所遇見的感應之事。如 1993 年 5 月 22 日,普照寺舉辦有全臺五百多人參加的朝山活動,一位參加者事後談所見的靈異之事為:1. 平常車輛來往很多的山路朝山時,竟無半輛車透過;2. 平常山上夜間露水凝重、蚊子極多,當晚竟然沒有露水,也沒有蚊子;3. 浴佛後的佛水帶回臺北治癒了寵物;4. 身體產生種種功能;5. 開會時下的陣雨只限於普照寺範圍內的山區。[21] 這種「感應之事」一經傳播,更吸引了無數朝山者。有的組織者還要求朝山者寫心得,如《十方》雜誌社組織的十方禪林朝山活動,要求朝山即將結束時,參加者分組,由小組長帶領推選代表發表朝山心得或參修報告。

二、八關齋戒

　　此為佛陀在家弟子所制定暫時出家之學處。在家二眾到僧團過出家人生活,受持一日一夜的八關齋戒法,即不殺生、不偷盜、不淫、不妄語、不飲酒、不以華麗裝飾自身及不歌舞觀聽、不非時食。「八」指八種戒,「關」即閉之意,「戒」有防非止惡之作用。佛教界認為,能持八戒,可防身口意三業之惡行,便可關閉惡道之門。即藉由寺院道場的清靜,體驗出家人離世

第四章　臺灣佛教的社會弘法

間的單純生活，摒除物質上的享受，領略精神上的富有。由出家人向在家眾授八關齋戒在臺灣很普遍，許多寺院都定期或不定期舉行這種活動。參加者也很踴躍，如佛光山每月都舉行一日一夜的八關齋戒會，其在島內舉行八關齋戒的別、分院還如：臺北普門寺、高雄普賢寺、彰化福山寺、臺中東海道場、臺中光明學苑、嘉義圓福寺等。有的寺院將八關戒齋放在某項活動中進行，如禪林寺曾在一年一度的浴佛寺儀式中為十方信眾傳授八關齋戒。有的寺院專門為女信眾舉辦八關戒齋，如高雄市阿蓮區光德寺從1996年起，每月舉辦一次一日一夜的八關齋戒，其中有專門為女信眾舉辦的。以其舉辦的首屆女信眾八關齋戒為例，在一天一夜的戒期中，除了正授外，也包括朝暮課誦、講解律儀、念佛共修、綜合研討學佛問答、戒子發言等，旨在讓戒子在聞、思、修三方面均有收穫。具體內容如下：其講解律儀，即由得戒和尚闡明修行學佛法的綱要，使戒子戒、定、慧三無漏學，而戒學是定、慧二學的前提。其念佛共修，由常住的全體師父帶領戒子們精進用功，以此來降伏妄心、安住真心，由靜坐中開發智慧，即「因戒生定，因定而發慧」。其學佛問答，由得戒和尚以深入淺出的義理，一一回答戒子們在學佛修行上的疑惑，擇戒子所提若干問題介紹如下，由此或可從中看出戒子所關注的問題：1.何謂「三十三開」；2.放焰口的意義何在；3.受持「八關齋戒」的意義；4.何謂「銷我億劫顛倒想，不歷僧祇獲法身；將此深心奉塵剎，是則名為報佛恩。」5.對已往生的人作功德，是否只限於七七四十九天的時候有效，過了這段時間就無效嗎；6.病人的病情惡化，是否可將受持八關齋戒的功德回向他，是否也助於病人能安然往生；7.是否可以為亡者舉行皈依儀式；8.進大殿禮佛時，前後都有人坐在那裡，是否可以禮佛三拜；9.供佛水果，一定要四樣嗎；10.縵衣是否可以火化；11.阿彌陀佛的阿，它應怎麼發音；12.何謂灌頂。

其戒子發言，主要由戒子談體會，綜合其大要，主要有六個方面內容：一是對舉辦此次活動表示感謝，認為機會難得；二是為求戒未達滿分感到一些遺憾；三是將此次與前幾次相比，談此次特點；四是談過去的迷悟，經師父開示後的體會；五是談自己參加齋戒的緣由；六是談經過一天一夜後新的感受。[22]

三、短期出家

　　這是為方便在家佛弟子體驗僧團生活，實踐傳統佛教儀制、修身進德，由寺院舉辦的一種修持活動。參加短期出家的信眾，男眾必須剃去煩惱絲，換上僧服、僧鞋；女眾雖不必落髮，但必須換上叉式摩那服，足踏羅漢鞋，並暫捨紅塵俗事。透過多天僧團生活，從行、住、坐、臥、五堂功課的禮儀，體驗出家人的生活，領會佛法各妙用和所蘊藏的法味。短期出家不同要求和寺院有不同要求和特點，佛光山舉辦的短期出家活動，一般在每年七、八月間，故也稱結夏安居，每次分為兩期或三期，每期七天或九天，每期一般人數在 200-400 不等，也有每期高達千餘人的，有的連續參加三期。舉某期具體過程和內容如：1. 選擇錄取。凡報名者，均需面試透過，面試內容如考試其思想是否正確、身心健康、參加的動機等，從種種詢問中，肯定其身心端正、有信心耐力、正知正見、發心學習的，才予錄取。3000 多名報名者中，僅錄取 1000 名，錄取者年齡在 25 至 30 歲間的有八成，學歷方面，高中畢業者有八成左右，大專、研究生、教授也不少，其中不乏母子、母女、夫妻、兄弟、姐妹等家族檔。2. 安排課程緊湊豐富。有行門、解門。前半段是培育出家人的各種儀禮訓練，從行、住、臥，乃至五堂功課、跑香、排班、打坐、出坡……依叢林規矩一絲不苟進行訓練；後半段為「如何做一個出家人」精神教育，從古德法語、高僧行誼至佛學概論、如何做一個佛光人，皆深入淺出，使參與者體驗僧團和、樂、淨的生活。3. 各項規定嚴格。生活淡泊、守戒、嚴謹，先由引禮法師帶入寮房，講明各項規定，如：（1）不得攜帶貴重物品。身上有項鏈、手鐲、戒指乃至金錢，一律統一保管，以期九天中嚴持「不持金錢戒」。（2）生活作息，一律聽號令、鐘板行事，不得有個人舉動。（3）寢室內務，蓋被需折四方豆干型，墊被、枕頭按規矩整理，海青、袈裟、鞋按規定位置排放整齊，每天由引禮師內務檢查。（4）活動範圍在法界區內，男女各有活動區域，不得越界行為。（5）殿堂、講堂、禪堂、齋堂、寮房為禁語區，對饒舌者，佩帶饒舌牌以示警惕。（6）九天中持過午不食。藥石時間，備有流質東西可方便體虛弱者食用。（7）每天晚上 10 點，開始打坐止息妄心，10 點 30 分後就寢。（8）每天早上早齋後，每人交出一篇戒場日記，檢討自己言行及心得感想。[23] 4. 活動各項內容均有規矩。如男眾在心中默念

第四章　臺灣佛教的社會弘法

「願斷一切惡,願修一切善,願度一切眾」中由法師剃度。在嘹亮的梵音中,集體行出家典禮,戒得和尚為出家者修剃度典禮,出家者也在佛前發誓立願在這九天中做一個真正清靜三業的出家人。過堂時要按規矩,穿袈裟時,需掀起裟才能坐下;碗筷拿法,要如扣龍珠、鳳點頭,以碗就口而吃;吃的姿勢,需抬頭直背,不可左顧右盼,出聲喊叫;添加菜飯,將碗碟遞出桌前,等待行堂師父走過,才以筷示意多少。參禪打坐,早上安排一節習禪,晚上也有半小時的打坐息心止妄的時刻,以數息觀或以念佛、參話頭,來止息妄念,回歸本源。經行,即跑香,在一定地區繞行,每天午齋後,法師就引信眾到大雄寶殿長廊經行,要注意若干事項,如不得前後搖身行、不得低頭行、不得左右偏曲、不得前後遠隔或近擠、心不外緣、繞佛時需右繞不得左行。出坡,即勞作事務,每天下午三點半後,全體引禮法師,引導信眾們穿圍兜、戴斗笠、分區分類,引各指定場所從事劈柴、捆柴、拔草、拖地、擦佛像等各種不同勞動。5. 各種功課一絲不苟。以受戒為例,短期出家的男眾需受沙彌十戒,女眾需受式叉摩那六法戒。受戒前,先要講戒,由教授和尚為男女信眾解說十戒、六法戒的意義及如何受戒;再演禮和懺摩,晚間七點三十分,信眾們由引禮師父帶領進入大雄寶殿後,開堂和尚引導大眾朗誦大悲神咒,信眾們在佛前禮拜同時,懺悔自己過去無知所造的業。受戒時,早上八時,信眾排隊進入大雄寶殿,典禮在班首出列,隨引禮師父迎請三師和尚下,在莊嚴的香贊中,三師和尚登壇上座,信眾頂禮三拜,三師和尚為大眾行懺悔,請罪清靜後,三皈羯磨宣說戒相,為他們誦偈傳授衣、缽、具。信眾從戒師手中接過衣、缽、具,依法披戴,既受戒體於心,更表戒相於外。衣缽具足,展具三拜,得戒和尚再為沙彌、式叉摩那等,先戒五德十數,最後大眾齊聲迴響,恭送三師和尚回寮,功德圓滿,男女信眾也在此刻成為真正的沙彌、式叉摩那。[24] 再以法鼓山舉辦的某次8月1日至7日的短期出家經歷為例。第一天中午,到法鼓山報導,由引禮師姐送上一白布袋,內有僧服、僧、僧鞋,安置後,排隊落髮,由數位手法乾淨師兄將萬千煩惱絲落個精光,盥洗沐浴後,著僧、僧鞋、中褂,與出家人無二樣;第二天清晨4時打板,30分後於廣場排班入殿,全體恭謹拜願,反覆禮懺;禮請二師和尚剃度,大和尚及長老分別剃度東西十四位班長,其他則由引禮師剃度;第三天,聆聽三師

和尚開示,上午 9 時 30 分至 11 時 30 分為正授時刻,和尚宣說戒相,信眾以「能持」回答,響徹大殿山野;第四天清晨 4 時 40 分殿前集合,戴著斗笠,肩背油青與衣袋,在觀音殿前做早操,然後依高低順序排隊照相;第五天,與以往一樣,上午有一節課「說戒」,晚上講經,師父一再強調要有出離心;第六天,過堂齋前,師父為大家開示出坡意義,下午連常住也都一起依序上山,人人搭戴斗笠,上手套,持鐮刀,分配工作區域,揮刀猛砍;第七天,凌晨 3 時 30 分起床,4 時 15 分隊伍移至山下近朝山起點,跟著「南無大悲觀世音菩薩」聖號一一朝拜,求懺求悔,化災化難,為一次圓滿的朝山之行。6 點 20 分返抵大殿,之後齊聲朗誦捨戒文:「由於本為居家修行,苟有因緣未了,故需捨戒返俗,今願以在家菩薩身分修學佛法,護法三寶,弘揚正法,不退初心。」以戀戀難捨的心情卸衣。[25]

四、靜心禪修

禪修透過滌心靜慮,使身心清靜,已成為忙碌的臺灣現代人熱衷的選項。許多寺院也都舉行了各種類型的禪修活動,大大推進了這一活動在臺灣的普及。佛光山的禪堂分為外禪堂與內禪堂,外禪堂能容 400 人一起參修,並設有長連床,一切食、宿、行、坐、修持皆在其中進行。禪堂常年舉行的活動有:(一)隨喜禪。主要提供給機關、學校、公司、佛光會等社會團體參修,當日早上八時開始受理,晚上 9 時結束,每次活動不超過 2 小時。(二)一日禪。主要提供給機關、學校、公司、佛光會等社會團體參修,當日上午 8 時報到,下午 4 時結束。(三)雙日禪。主要提供給機關、學校、公司、佛光會等社會團體參修,週末下午 2 時至週日下午 4 時。(四)三日禪。主要提供給機關、學校、公司、佛光會等社會團體參修,當日下午 2 時報到,第三日下午 4 時結束。(五)禪七。每年一月、四月、七月、十月的第二星期舉辦,主要提供給社會上具有禪修素養者參修。[26] 假日短期禪修對上班族是難得的機會,在一週的忙碌紛亂之餘,到禪堂來領受那份寧靜自在,調整心態,準備下一個星期的開始。禪七更是接引了無數有心人士禪修。以某次佛光山舉辦的冬季禪七為例,參加者近 200 名,大多為學有專精的知識分子,具有碩士學位者不在少數,平均年齡 40 歲以下。七天中,每天清晨 4:30 起床,

臺灣佛教
第四章　臺灣佛教的社會弘法

簡單洗漱之後，開始經行、上座用功，而後是一連串打坐、聽法要、經行、飲用茶點、出坡任務。課程安排有「身念處」、「無常觀」；以及「祖師禪」的心地法門，主要目的是先讓學員專注身體姿勢而學習定門課程，每個人努力學習對身旁的人和事物不看、不聽、不說，一心探究心源深處。在開示法要的大板香時間，禪師觀機逗要的善巧說法使大家反應熱烈，有的人動容落淚，有的人滿心慚愧，有的人歡喜感恩。[27]

中台山的禪修也極有特色，以其2003年所舉辦的「春季精進禪七」為例，整個活動共分為三梯次：第一梯次為1月20日至28日的「中小學校長暨大專教授學生精進禪七」，第二梯次為2月2日至9日的「福田精進禪七」，及第三梯次2月13日的「大眾精進禪七」，參加的學員近2000人，其中不乏社會各界知名人士，護七的義工450餘人。學員們「行亦禪，坐亦禪，語默動靜體安然。」每日均禪修十枝香，動靜之間提起覺性、覺察、覺照、覺悟，坐香時，如如不動，不落昏沉、妄想；行香時，隨著監香漸進的催香速度，邁開步伐，既是活動久坐的筋骨，也是在培養動靜一如的功夫。[28]

有的佛教社團還舉辦各種參加對象不同的禪修活動，如十方禪林文教基金會在峨眉湖畔舉辦過全臺中學老師學禪冬令營，旨在使參與者「體會出生活的圓融與安詳，熏習正知正見、淨化身心靈，剝落妄見情執，引發出踏實、簡樸、熱誠、堅毅、穩實、慈悲、從容、醒覺、幸福與悅樂的教師生涯。」[29] 研習內容包括：禪坐的姿勢與功效、「人生中不可不想的事」座談會、如何開展專注力與洞察力（如何止觀雙運）、如何用心、正念禪、菩提道次第略說、佛經選讀、禪修、早晚課、體功與養生之道、佛陀的教育方法、介紹習禪參考書、小組討論、「教育的藝術」演講比賽、「智慧與愛」綜合研討會。有的在禪修同時加入其他內容，如峨眉道場曾舉辦過斷食禪修，旨在使參與者「經由佛法禪修及斷食之實習體驗，配合醫療檢查及自然氣節，於斷食期間徹底清除體內殘餘雜質毒素，予內臟適當休息，借專心精進禪修，期求證身心變化，以奠定健康基礎，期於復食後繼續關注身心健康，保任修持，共趣菩提道果。」[30] 所開課程為：佛門早晚課、禪坐、佛學基本認識、身心健康保健、斷食療法及實習、復食後之飲食調配等。

有的佛教團體將禪修用以救人治病。如臺東縣佛教文化教育青年會舉辦「禪修女子戒毒營」，食宿全免，三個月為一期，對象為曾吸毒、願意重新生活的 20 至 50 歲女性，具體方法是：以易筋經功法拍打經絡使身心排毒，以微循環物理治療方法使體內排毒，以身念處禪觀與慈悲觀法使調氣養身，以大自然法則及飲食調理使身心健康。

五、各種學佛營

學佛營也稱「禪修營」、「夏令營」、「冬令營」、「研習營」、「研修營」等。臺灣各寺院及佛教團體常常針對不同對象於冬夏兩季舉辦不同類型的學佛營，其主要種類如下：

（一）教師學佛營。以十方禪林舉辦的某次「教師佛法夏令營」為例，時間為五日，對象為從事教育工作人員，宗旨是「學佛習禪，熏陶戒定慧三學，建立正知正覺，去妄執，消業障，發實相慧，湧大悲心，起大勇，行大願，開展日日好日，事事無礙之中道人生。」[31] 其課程如：念佛拜懺為主體、禪法研修、太極拳與養生、佛教與美學、佛學與教育等。費用隨喜，報名時暫交 2000 元，全程參加者，全額退還，以示鼓勵；未能圓滿者，暫交費用移作學佛營經費。再以光德寺舉辦的某次「中小學教師佛學夏令營」為例，時間五天，有來自全臺 250 位教師參加，課程安排從佛學概論、生活修行到心理諮商，多姿多彩，有 25 位學有專長的法師精心輔導，結束前的無盡燈晚會上學員表演了手語、歌唱、韻律舞等節目。這次學佛營特色有：1. 參加的男教師增加了約 80 位；2. 男教師也要加入行堂、洗碗、揀菜的行列，以訓練懂得分擔家務，從家庭親子的融洽開始，進而推廣到學生身上；3. 增設視聽教室、圖書室，除了調劑教師的寺院生活，並可查閱難懂的佛學名相及問題；4. 輔導法師隨時從旁輔導，及時解決學員在生活、佛法方面的疑難。[32]

（二）大專青年學佛營。這類學佛營在臺灣極為普及，由寺院或佛教團體主辦，一般根據寒暑假，分冬、夏兩種學佛營。學佛營對大專學生瞭解佛教產生了直接作用，不少學生由此與佛教結下不解之緣，更有不少優秀的學生由此走上出家之路。學佛營的活動內容豐富多彩，但都以學佛為主，以香光尼僧團舉辦的某次「大專冬令營」為例，時間三天，有全臺 40 餘位大專

院校的同學參加。課程以「佛教根本教義——四諦、八正道、十二因緣」為主題，內容包括：1. 佛陀教導認識人生如實的現象，探討生命憂悲苦惱的根源，指出一條解脫的道路。2. 從緣起觀點，探索生命的生起與還滅，當下修行，當下解脫；一分空性，一分輕安。3. 介紹佛陀從人成佛，一生精進不懈的歷程。同學們透過此次活動，深有體會地說：「原來學佛不僅要學佛持咒，更要在日常觸境的當下心念中用心，才能解決煩惱、超越苦迫。」[33]

（三）中小學學佛營。臺灣有一句流行語：「學佛的孩子不會變壞。」臺灣的家長們普遍認為，送孩子進學佛營主要希望學習兩件事：一是福德，一是智慧。福德可從學習佛的慈悲心做起，從培養關心自己的家人，到對社會的關心；智慧則是直接由佛教的經典、小故事中，啟發做人處事的道理。送孩子在假期進學佛營已成為一種時尚，臺灣幾乎所有主要寺院每年都要舉辦中小學學佛營，如佛光山每年都舉辦多次規模不同的中小學學佛營，活動內容包括學習佛教因果故事、佛門行儀、生活禮儀，另有歌唱、團體活動等，並學習生活中的應對、進退，做一個動靜一如、有禮的少年。主辦單位用心配合學員年齡及個性需要，不斷調整課程，大大吸引了學員。一位中學二年級學員說：「時間雖然不長，但修道會中學的，都是學校沒有教的，譬如生命輪迴的故事、如何和朋友相處，還有過堂吃飯的規矩，吃飯時要感恩十方大眾的布施成就等，這樣的人生道理，都是學校課程中沒有教的，覺得收穫很多。」[34] 以某次「佛光兒童夏令營」為例，對象為小學二至六年級學生，時間為五天二夜，宗旨是：「充實兒童暑假生活，以佛法教學培養學童感恩、孝順、惜福、友愛等良好觀念。課程活動中融合靜態、動態以及訓練學童思考敏捷、提升創造力。」[35] 活動內容有：佛學課程有佛門禮儀、禪修、佛教聖歌、佛陀傳、大佛法語等；才藝課程有軟陶巧藝、野外自然創作、健康活動、風箏製作、團體競賽等；戶外參學地點有北海道場（三天兩夜）、陽明山公園、烏來樂樂谷、野炊素烤等；晚會活動有佛光劇坊、佛光之夜等。一位毛遂自薦加入十方禪林組織的「兒童學佛夏令營」義工媽媽行列的家長，深情地回憶起這難忘的五日生活時說：「除了佛門禮儀、經行念佛、佛教故事，行、住、坐、臥皆是『用心』處，而落實學佛於生活中，處處皆可體會到智的真、善、美。此外，有棋藝、畫作欣賞、認識茶、泡茶、品茶……授課老師菩薩們都

第二節　密集的修持活動

細心地一一傳授著,小菩薩漸漸『熏』於欣賞的學習中,慢慢調伏躁動的心息,起居坐息,漸入佳境,會安靜地說話、安靜行走、安靜用餐、安靜入眠。」[36] 臺北市華嚴蓮社每年都如期舉辦兒童學佛夏令營,其三天的課程有:佛曲教唱、使用多媒體介紹菩薩故事、莊嚴的禮佛敬僧、靜心禪坐的修持、以團體遊戲方式學習六波羅蜜及羅漢典故、佛像寫生、九色鹿佛畫、團體創作、以毛筆彩繪蓮花及佛菩薩等,可謂包羅萬象。舉辦單位力圖使小朋友從小就聞聽佛法,以後就不會做壞事,以達到「多一個好人,就少一個壞人」的辦營初衷。

　　光德寺連續多年舉辦兒童夏令營,每年主題不同,課程安排全部翻新,因此參加的小朋友很踴躍,每年都要辦二梯次達 600 多人,積累了豐富的辦營經驗,具有一定的代表性。以某次為例,配合「感恩心關懷情」主題,要求所有小朋友於報到前必須完成兩項作業,第一項為《談情說愛——父母之愛,子女之情》讀後心得,書由主辦單位提供,書中內容為知名人士的親情故事;第二項為「溫情故事剪報」,規定每人須剪輯一至兩份溫情故事,以引導孩子多發掘社會的光明面,從小灌輸善良資訊,培養善心。依據主題分為三個組,即:手語組,旨在培養孩子如何協助無聲世界的朋友,讓他們關懷不幸的人;巧手創意組,利用廣告紙及不穿的舊衣襪,自己動手做成各種玩具,既省錢又環保;新聞採編組,讓孩子體驗記者生活,兩天出一份快報,並在每天三餐後為大家播報營隊消息。小朋友可根據興趣選組,分組上課,每天下午集中活動。集中活動的內容有:大地遊戲、師父與小朋友談心、猜燈謎、老師表演的佛經故事、EQ 加油站、親子園遊會、惜別晚會等。以親子遊園會為例,分三階段進行,第一階段是「為舊愛找新歡」,將舊圖書、舊玩具進行交換;第二階段是「親子大地遊戲」,許多家長都暫時忘掉自己的年齡和自己孩子的小隊一起闖關;第三階段是「美食天地」,由光德寺護法居士及家長們提供琳瑯滿目的食品。整個活動五天四夜,受到家長和小朋友們的歡迎與好評。[37]

　　(四) 各種不同對象的學佛營。為滿足從事不同工作人員的需求,一些根據不同專業組成的學佛營也應運而生,如十方禪林道場長期舉辦不同的禪法研修營,其目的:「1. 為研修佛陀正法,了悟真相,剝落妄執,開展原有

之專注、健樂、安詳、空靈、明慧、自然、真實、流暢、無礙、美善、慈愛、靈活、活潑、清涼、自在與無限創造力之無我無執完整生命。2. 為在各個領域工作之人員更能發揮潛能，突破停滯，更容易事半功倍，更能樂在工作、日日好日。3. 為人人自淨其意，共造人間淨土。」[38] 其按梯次舉辦的各類禪法研修營如：一般人員禪法研修營、全臺社工人員禪法研修營、航空人員禪法研修營、藝術工作人員禪法研修營、護士人員禪法研修營、運動競賽人員禪法研修營、中小學老師禪法研修營、祕書人員禪法研修營、醫生人員禪法研修營等。

各舉辦單位舉辦學佛營的動機可能不盡相同，法鼓山持續並多次舉辦過小學生、中學生、大專生、中學教師、社會精英、大專院校主管等多梯次的營隊，聖嚴法師於對「教師禪修營」開示時與學員的一番話，或為一種有代表性動機的註腳。當有禪修營參與者問應如何回饋法鼓山時，對此聖嚴法師說：「願你們把在禪修營中聽到的、學到的，認為是有用的一些觀念和調柔身心的方法，帶回家、帶回學校，分享給願意接受的人，這就是回饋法鼓山了。」有人不解地問：「長期如此，法鼓山不是要被吃垮嗎？」聖嚴法師回答說：「我們越有這種付出奉獻的心，來護持我們的人越多。你們來法鼓山參加禪修營，就像批發商來工廠的倉庫進貨，回去以後就可以替我們做中盤商及零售商。你們給社會的奉獻就是代替我們對社會的貢獻，也是我們的收穫，那也是你們對法鼓山的回饋，就是顯示了法鼓山在今日臺灣社會的價值。」[39]

六、其他修持方式

臺灣社會上對佛教的修持還有許多方式，如：（一）唸經。許多寺院長期舉辦唸經活動，時間一般在節假日及晚上，過去參加者老人居多，現在也有許多年輕人加入念佛行列。唸經者一般要求身著海青，唸經時注意力要高度集中，斂眉攝心，字句緊急，聲聲相續，中間毫無空隙，讓雜念無從生起。力圖將日常工作、生活中產生的壓抑緊張情緒，隨著洪亮的佛號聲釋放出來，讓心情獲得調適。（二）共修。廣大信眾參加由法師主講並主持的活動，可在寺院中舉辦，也可在其他場合舉辦。如十方禪林長期舉辦準提法共修活動，

時間晚上 7 點 30 分至 9 點 30 分、早上 8 點 30 分至 11 點 30 分，場地在市中心十二層大樓十一層，內容「以金剛唸誦方式，達到身、口、意三密之相應，定慧之等持」。[40]（三）抄經。佛光山的毛筆抄經活動吸引了眾多的學員，課程時間兩小時，隨時可以出去方便，但動作必須是輕巧的。這是另一種禪定的練習，在抄經的過程中，散漫的心思很快地收攝，因為注意力集中在紙上，許多無名煩惱也不自覺地消失了。抄經能幫助學員收攝散漫心性，使內心世界更澄淨清明，再回到塵俗中，更能心無旁騖地投入工作或學習。（四）義工。義工也是修持的途徑之一，以佛光山頭陀義工為例，其課程有大寮典座、折平安符、穿念珠、打中國結、園藝活動、法器及佛像擦拭、全山環境環保等。以大寮典座為例，第一天晚上先由法師們為學員講述頭陀義工的意義，並教授烹飪課程，第二天學員們在廚房裡忙得不亦樂乎，有人負責洗菜、有人負責做沙拉、有人負責滷味，油煙、熱氣蒸得人滿臉通紅，汗水直冒，讓這些平日不常進入廚房的「大丈夫」們，體會到妻子長年累月的辛勞。學員們都認為，自己不是來修苦行的，是來學習如何美化生活與心靈的。

第三節　多種類型的弘法方式

一、各種演講

　　（一）校園演講。最有代表性的如佛教青年會，自 1996 年至 2001 年，組織 59 位法師（其中比丘 26 位，比丘尼 33 位）進入全臺各級校園進行「淨化心靈」講座，力圖以活潑、輕鬆的演講方式，啟發引導學子，在追求知識、掌握資訊的過程中，不忘失道德倫理與待人處事的道理，並建立慈悲生命關懷、喜捨社會公益的人生觀。其演講的題目，按內容大致可分為幾種類型：1. 關於怎樣樹立正確人生發展觀，如：人之初、漫談生涯規劃、如何超越自己、超越的人生觀、成功之妙、如何認識自己、肯定與超越、給自己加分、過一個正確的人生、堅持做自己、播種與豐收、做生命的主人、正確價值觀；2. 關於如何修行，如：感恩情、身心快樂祕笈、營造美麗新世紀、愛心的故事、善接生命的變化球、因緣與人緣、快樂的生活、有限生命無限運用、省思與感恩、身心靈安頓、用愛寫生命、愛心的溝通、自信與成果、因果與人生；

3. 關於青少年中存在的問題的探討，如：兩性之間、亞當與夏娃、小心心靈土石流、毒品的故事、青少年問題面面觀、把握當下珍惜今生、青少年的人生價值觀；4. 關於對生活意義的闡發，如：人生四季之美、人生的哲學、生命的智慧、生命從喜悅來、春天的微笑、悲智與人生、陽光屬於你和我、青春的真諦、生命生活生死、揮灑亮麗的生命色彩、活著真好。其演講的內容，擇其有代表性的幾次演講為例，明空法師 1998 年 3 月 21 日在竹南中學所作題為《孝順與感恩》演講，在講到一次在印度看到母親因子女去世而悲痛欲絕時，明空法師深深有感於「天下父母心」，當下就許下三個願望：「第一，我發誓在我父母親有生之年，我絕不先我父母而死。因為我先死了，父母要面臨白髮人送黑髮人的痛苦，因此我必須非常注意、照顧自己的健康及安全；天氣冷了，自己自動加一件衣服，不用父母叮嚀；過馬路時，我小心謹慎，以免被車子撞到。第二，父母在世時，我要讓他們看到我時，不會悲傷難過。換句話說，我不會做出錯誤的事情來，像搶劫、強盜、打架、飆車、嗑藥等，傷父母的心，使他們擔憂、失望。第三，想辦法讓我的父母見到我時非常歡喜。因此我要做個乖孩子，在家裡幫父母做家事，主動掃地、擦桌子等，使他們看了很喜歡。」修懿法師 1998 年 6 月 6 日於光啟中學作題為《兩性之間》演講，修懿法師指出兩性的交往不外有三個時期，即「謹慎的『光復期』」、「感性的『繁榮期』」、「盲目的『燦爛期』」，並提出五個祕訣供同學參考，即：「以慈悲運作感情而『不殺生』」、「以理智淨化感情而『不偷盜』」、「以道德來引導『不邪淫』的情感世界」、「以禮法規範感情而『不妄語』」、「用感恩的心美化暴戾的情感而不『不飲酒』」。德嘉法師 2000 年 10 月 7 日於北港高級農工職業學校作題為《命運的了悟與蛻變》演講，其內容如：1. 執著就是痛苦；2. 命運能主宰一個人的心；3. 福報是靠修來的，不是求來的；4. 一切都是可以改變的，人的命運沒有絕對的好壞；5. 人的命運會改變，只要有一絲機會，希望就會實現；6. 無常跟因果常常在我們的生活當中，不管痛苦或快樂都不會永遠，隨時會改變的。海濤法師 2000 年 11 月 4 日於臺南市南寧中學作題為《生命的答案》演講，其內容如：1. 自己要超越自己；2. 氣質是需要培養的；3. 個人要健康長壽，就要尊重生命；4. 生命的快樂並非只是求得一時的歡喜；5. 孝順是不讓父母的缺點在你身上重複；6. 真正的愛，

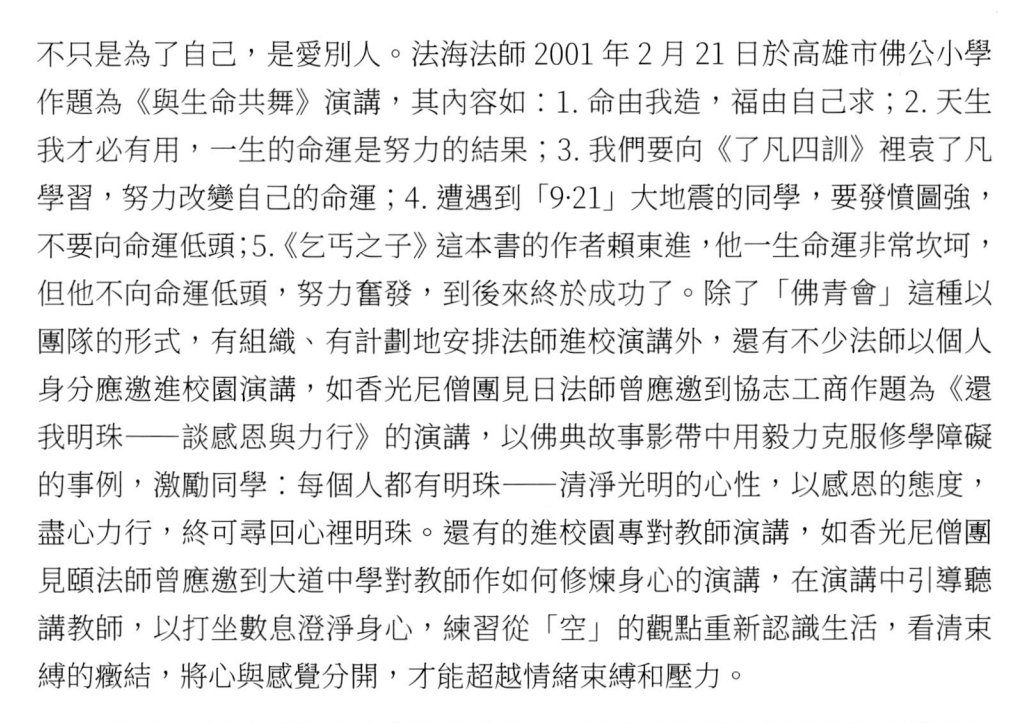

不只是為了自己，是愛別人。法海法師 2001 年 2 月 21 日於高雄市佛公小學作題為《與生命共舞》演講，其內容如：1. 命由我造，福由自己求；2. 天生我才必有用，一生的命運是努力的結果；3. 我們要向《了凡四訓》裡袁了凡學習，努力改變自己的命運；4. 遭遇到「9·21」大地震的同學，要發憤圖強，不要向命運低頭；5.《乞丐之子》這本書的作者賴東進，他一生命運非常坎坷，但他不向命運低頭，努力奮發，到後來終於成功了。除了「佛青會」這種以團隊的形式，有組織、有計劃地安排法師進校演講外，還有不少法師以個人身分應邀進校園演講，如香光尼僧團見日法師曾應邀到協志工商作題為《還我明珠——談感恩與力行》的演講，以佛典故事影帶中用毅力克服修學障礙的事例，激勵同學：每個人都有明珠——清淨光明的心性，以感恩的態度，盡心力行，終可尋回心裡明珠。還有的進校園專對教師演講，如香光尼僧團見頤法師曾應邀到大道中學對教師作如何修煉身心的演講，在演講中引導聽講教師，以打坐數息澄淨身心，練習從「空」的觀點重新認識生活，看清束縛的癥結，將心與感覺分開，才能超越情緒束縛和壓力。

（二）到公務部門或企業單位演講。如法鼓山聖嚴法師曾應邀到臺北市警察局作題為《安定人心、安定社會》的演講，結合警察工作的特點，從個人與社會的互動、保護心靈環境等方面，勉勵聽眾：隨時隨地安定自己的身心，成長自己的人格，為社會大眾帶來安定的力量。再如香光尼僧團見潤法師曾應邀到中油公司嘉義廠作題為《知心有幾人》的演講，從唯識學觀點介紹心識的面貌，勉勵中油同修：知心而後善用其心，尊重自己和別人，才能帶動祥和的社會風氣。

（三）各種系列講座。各種佛學講座在臺灣較為普遍，形式有多種：第一，法師個人面向社會舉行系列講座，如昭慧法師曾於臺北慧日講堂舉辦佛教倫理學系列講座，時間為每週三晚上，連續八個月，主題內容為「佛法生活化，生活佛法化」，諸如如何用佛法來解決生活中所面對的大小問題，如何看待婚姻、同性戀、安樂死、墮胎、代理孕母、器官移植、複製人、動物實驗等。第二，法師個人在全島舉行巡迴講座。僅以地清法師 1997 年 10 月舉辦的佛學講座為例，9 月 30 日至 10 月 2 日，於臺中市文英館開講；10 月 3 日至 5 日，於臺中市清水區清水小學開講；10 月 7 日至 9 日，於新北市永和區民眾活動

中心開講；10月10日至12日，於臺北市士林中學開講；10月13日至15日，於臺中市南屯區萬和宮開講；10月17日至19日，於高雄市「國軍英雄館」開講；10月21日至26日，於新北市三重區光興活動中心開講；10月28日至30日，於南投縣立文化中心開講。其安排之緊湊，幾乎沒有空閒。第三，佛教寺院或團體組織的系列講座。如法鼓山臺北安和分院曾連續於五個星期的星期六舉辦「人間淨土」系列講座，題目分別如：《罪與罰——論治亂世用重典》、《活出生命的極致》、《關懷與希望》、《追追打打何時休》、《媒體的社會責任》。第三，學佛組織舉辦的講座，如「中油」高雄煉油廠光照念佛會、「中船」高雄總廠真諦社、「中鋼」禪坐社贊助，舉辦一連四天的「現代工商社會人生系列講座」，邀請心定、依空、依昱法師主講，題目分別為：《從人間佛教看現代倫理》、《從唯識思想看現代倫理》、《從廣結善緣看人生價值》、《世間何物最吉祥》。

二、推擴教育

即「佛教成人推擴教育」，指佛教團體針對社會成人大眾所提供的教育活動，或稱信眾教育、推擴教育、成人教育等，在臺灣曾盛行一時，較有影響的有：開始於1997年的玄奘人文社會學院推擴教育課程，開始於1997年的華梵人文科技學院推擴教育課程，開始於1993年的法光佛教文化研究所推擴教育課程，開始於1994年的中華佛學研究所推擴教育課程，開始於1986年的西蓮淨苑推擴教育課程，開始於1994年的法鼓山臺北安和分院推擴教育課程，開始於1991年的法源寺別苑推擴教育課程，開始於1984年的香光尼僧團推擴教育課程，開始於1988年的福智寺推擴教育課程，開始於1985年的佛陀教育基金會推擴教育課程，開始於1986年的佛教弘誓學院推擴教育課程，開始於1993年的金色蓮花推擴教育課程，開始於1998年的佛光衛視電視佛學院推擴教育課程。推擴教育的具體課程因各佛教團體不同而不同，但一般以佛學為主，兼及文化、生活等，學習地點和時間較為固定，每班要求有一定人數，成績合格者發給證書，酌收學費。以法光佛教文化研究所某階段推擴教育課程為例，其課程和時間為：中觀（每週三晚上7至9時），藏文（每週四晚上7至9時），唯識論典導讀（每週五晚上7至9時），

瑜伽師地論、攝事分導讀（每週五晚上 7 至 9 時），清淨道論（隔週六下午 2 至 5 時），巴利文（隔週六晚上 7 至 9 時），佛學日文（每週六晚上 7 至 9 時）；上課地點為法光佛教文化研究所；修課方式為：上課時間分上下學期，上學期 10 月 1 日至 1 月中旬，下學期 3 月 1 日至 6 月中旬，修課成績合格者，發給結業證書；開課人數不少於 15 人；學費為：每科每學期 2500 元，上下學期合繳 4500 元。再以中華佛學研究所推擴課程為例，修課期限為十五週，學習者學歷不限，一學期費用 2250 元，授課內容為淨土宗概論、大乘佛法等。

在開展「推擴教育」的活動中，香光尼僧團高雄紫竹林精舍佛學研讀班最具典型意義，它不僅已規模化、科學化、長期化，並成功地透過系統而循序的課程及教學設計，傳遞佛教理念，期使成人學員能認知佛法並落實於日常生活之中，因之被稱之為「除了慈悲濟世外的『另一種』對話形態——即基於佛陀智慧理念而開展出信眾的教育工作」，其「藉『教育』此一管道於社會與生活中實踐，以立足於當代臺灣，並延續其宗教生命」。[41]「讓念佛的人都懂得佛」是香光尼僧團創辦佛學研讀班的初衷，其辦學主體是香光尼眾佛學院的師生，包括授課、編教材、教學、行政等，每位上臺老師至少需要經過五年佛學院的教育，其中佛教義理、禪修、弘化知能等都是訓練中不可少的課程。其教學方式能根據成人學員的特點，採用多元變化的教學方法，如「會談」、「講述法」、「小組討論」、「影帶教學」、「戲劇表演」、「課外活動」、「評量」等，受到學員的歡迎。學員報名很踴躍，以至有時錄取人數只有報名人數的一半。學員中的年齡大多在 30 歲到 59 歲之間，中、壯年的為多。職業分布廣泛，中下層人士為多。精舍研讀班的學制共三年，分初、中、高三級，每級 18 周，每週兩小時。課程內容有：（一）佛學篇，主要進行知性教育，包括：1. 教理，初級的如：歸敬三寶、五戒十善、四諦、六度、八正道、人人都可以成佛、聞法趣入，中級的如：正信的佛教、輪迴與輪迴的解脫、十二因緣、敦倫的開始——孝、四念處、積極的人生，高級的如：佛學與學佛、五蘊、業說、六方禮、佛經選讀、四攝法、歸程。2. 教史，初級的如：本師釋迦牟尼佛、印度原始佛教及其發展，中級的如：虛雲老和尚、格義時期的中國佛教，高級的如：阿育王、中國佛教寶庫——敦煌石窟。3. 教制，初級的如：七眾弟子，中級的如：佛法的住持者——僧、在家護法。

其各級課程設計呈遞進關係，初級課程希望能引導學員對自我生命進行思索，進而瞭解學佛的旨趣、皈依的意義；中級課程希望學員能調整信仰的純粹性，以便與「似佛教」能有所區別，由正信建立正知、正見；高級課程希望能拓展學習重點，不只停留在探討「佛學」的理知層面，更要落實在「學佛」上。[42]（二）生活篇，主要將所學佛法與日常生活相結合，即所謂「以佛法美化人生」。其課程內容如：1. 創造和諧的人際關係。把佛門儀式應用到學員生活裡，融化在日常生活中，使他們對此儀式的理解和詮釋不只侷限於佛門。如學員來讀書要向家人「告假」，到佛寺要向佛菩薩「銷假」，課程設計者認為，透過「告假」、「銷假」這類佛門儀式，可建立學員與其家人、寺院法師間的互動關係，因為這不但是禮貌，更能建立良好的人際關係管道。2. 養成習勞培福的習慣。把學校當做自己第二個家，愛護、關懷學校，學員們輪流維護教室環境，清潔道場也是一種法的供養，可培養學員對法的恭敬。3. 把佛法帶回家。把在學校學習的教理、故事帶回家中與家人分享，家庭作業可與家人共同討論完成，帶動全家一起來學佛，建立佛化家庭。4. 從活動中學習。課程設計者為使佛法在生活中落實，設計了種種課外活動，如烹飪聯誼、佛曲比賽、運動會、結業參訪等，以推進學員對佛法的學習。（三）宗教篇，主要加強宗教生活的體驗，內容包括：1. 佛門禮儀，如上課前和上完課都要進行簡單的宗教儀式，平時教導、示範佛門基本禮儀如「合掌」、「問訊」、「禮佛」等。設計者認為各種禮儀可引發學員對三寶的感恩心，進而把這種感恩心推擴到生活四周的人、事、物。2. 行門共修，如在學期中舉辦「皈依」、「受戒」、「佛三」、「拜山」、「禮懺」等活動。3. 個人行持、定課，注意指導學員在個人受持方面身、口、意的自我調整，並要求學員每天再忙也要抽出 15 至 30 分鐘時間做功課。精舍研讀班的課程和教學引起有關方面的關注和興趣，有成人教育專家將其課程特色歸納為五個方面：採學年制的授課方式；提供佛學基礎教育；有系統、次第地課程設計；探討人生課題的教育；團體運作式的教育推動。將其教學特色歸結為四個方面：班級式教學；各種成人教學法的運用；重視對學習者需求的瞭解；成人教學策略的有效運用；這些特色，「的確是有別於 80 年代臺灣一般講經、弘法大會的單向說法弘傳方式。」[43] 透過精舍研讀班的學習，學員不僅進一步瞭解了佛教，接

第三節　多種類型的弘法方式

受了佛教的思想，並將其運用於生活實踐中，使自己的精神面貌得到很大改觀，待人處世也有很大變化，正如專門研究香光尼僧團創辦精舍研讀班的專家指出：「學員透過聞、思、修的修學過程，進而於自己生命中展現出佛教理念，產生心態的轉化，而有自我及自他層面的改變、影響。學員經過結構化的學習等等——認識、體會了『緣起法』、『因果法則』、『無常』、『業力』等佛教理念，之後其行為也在潛移默化中發生變化。由學員作業中可以歸納出有人控制情緒能力的增強，反省力、毅力及耐力增長，面對問題或解決問題的能力增強；有人則學會念頭正面的轉化，或個人潛能的開發；也有人對死亡不再害怕、恐懼，或找到生命的安頓等等自我改變。又精舍研讀班是團隊的帶動，學員經過團體參與的學習後，在自他互動方面，改善了婆媳、父女、母子、夫婦、親子、同事等等人際關係，展現出學員樂群、和諧、利他的特質。」[44]

香光尼僧團辦的研讀班對成人學員產生了深遠的影響，有人對此進行了系統的追蹤研究後指出：透過學習，學員在認知上，認識知曉了佛教的基本教義，轉換了思想觀念，提升了洞察力，能判斷正信和非正信的佛教，認知了佛教的社會功能，並造成了成人識字教育作用；在情意上，多數接納了佛教的世界觀，改變了人生觀念和態度，信仰佛教、感恩，對教育持積極態度，並激發繼續學習的興趣；在技能上，能實踐正信佛教徒的生活，增進人際溝通、心理調適的技巧，並有布施、行善的習慣。[45]

隨著佛教推擴教育的興盛，已出現系統探討研究其現狀的論文，如張尤雅曾以此作為研究內容撰寫碩士論文，她以文獻分析與訪問調查相結合的方法進行研究後指出：佛教團體長期以來一直扮演成人教育提供者角色，大多數佛教團體的課程規劃以機構的需求或資源為主要考量，系統、次第的課程規劃更能引發成人學習動機或興趣，師資來源是實施成人教育的重要因素。她得出了以下結論：成人教育具備多元豐富的特性一；佛教成人教育基於「眾生平等」理念開展其教育內涵；從事課程規劃宜依據現況需求採取適當的課程取向；課程規劃基本要素之間互為關聯、連續與回饋的關係；佛教團體依實施機構及其類型呈現各具特色的課程規劃；佛教成人教育的課程規劃必須掌握佛教教育的理念、原則以及課程規劃的要求。[46]張尤雅後來出家，法名

釋見潤，任香光尼僧團安慧學院佛學研讀班班主任，專門從事佛教推擴教育的研究與實踐，取得一定成就。

三、弘法培訓

對佛教弘法人員進行各種培訓，以便他們更好地弘法，已越來越引起臺灣佛教界的重視。在早期，佛教弘法人員的培訓一般都是由寺院組織，如毗盧禪寺就曾組織過臺灣布教人員講習班，廣收學員，禮聘名師，在當時產生了一定的影響。20世紀90年代中後期，對弘法人員的培訓往往針對弘法要解決的某個方面問題進行。比如臺灣青少年受社會不良風氣的影響，在成長路上產生的徨與困惑乃至出現的偏差，引起臺灣社會各方面的擔憂和關注，青少年問題的嚴重性已成為臺灣社會關注的焦點。臺灣佛教界紛紛以各種方式介入對青少年的輔導，並開辦了為輔導者舉辦的培訓班，如法源寺因常年開展讀書會活動而舉辦了讀書會師資培訓班。佛教青年會常舉辦青年志工培訓班，旨在增培育青年服務熱忱與能力，以某次在慧日講堂舉辦的培訓班為例，共分三個聯合制階段，第一階段由法師及居士作專題報告，然後由報告者與學員進行綜合座談，讓學員分享心德，暢談參加志工能以更開放的心胸去面對人與人之間的互動，找到人生目標，以歡喜心，痛惜自己，關懷別人；第二階段進行禪修要領培訓；第三階段請有代表性的著名人士演講。

在各種培訓班中，以佛教青年會舉辦的「輔導青少年人生探索師資培訓研習班」最有代表性。參加「中佛青」培訓研習班的對象，為高中畢業以上，對輔導教育有興趣者，費用全免。培訓的目的有五：1.輔導行為偏差青少年；2.推動道德倫理教育；3.輔助青少年生涯規劃；4.編擬輔導評量工具；5.培訓諮詢、諮商及個別輔導人才。其教學過程包括以下幾個方面內容：（一）教學方式。1.影片觀賞：提供一個故事情節，引導進入探討主題（如小短劇《偷車記》，甲同學與乙同學偷車後，甲很得意，乙則覺得怪怪的，於是出發去飆車）；2.專家意見：提供不同的觀點給予行當的指導；3.學生意見：其他學校的學生觀點參考（如被車行老闆抓後，願意接受理賠，理由：賠錢會有嚇阻作用、或要給改過機會、或報警會留下案底）；4.音樂啟發：將主題沉澱，以感性的音樂鼓勵學生；5.分組討論：訓練歸納、合作、發言、分

享及表達立場的習慣（如反省自己是否曾經有偷竊的念頭、是否真的行動、偷東西後的感覺如何、曾犯錯的經驗可否提供建議給其他年輕朋友等）；6. 佛陀教育：啟發智慧、瞭解自己、清問題、培養思考及判斷能力；7. 卷宗輔助：集中注意力、加深印象、延伸主題並提供瞭解學生的媒介；8. 心理測驗：輔助學生自我認識，提供觀察、瞭解學生之參考（如要青少年學生在已列好的多種答案中進行選擇，以瞭解每個人的價值觀，具體問題有：你認為人生最重要的事、你認為現階段最應該做的事、你對生活的期望度、你最擔心的問題、你最近一次打工的原因、你希望自己達到的學歷等）。（二）教學程序。1. 老師引言；2. 影片放映；3. 劇情回顧；4. 議題探討；5. 影片放映（專家、學生意見）；6. 流行音樂與生活哲學、MTV 放映；7. 法律常識、心理測驗；8. 影片放映（如青春檔案中《叮噹的故事》，講叮噹在青春燦爛的 19 歲時因飆車出車禍而成為植物人，躺了 8 年後奇蹟般醒了，不能跑、不能跳，只能回應簡單的對話）；9. 分組探討（個人發言，如根據以上《叮噹的故事》討論：年輕的你四肢健全，能否瞭解稍縱即逝的生命是如此脆弱，能否瞭解生命的意義與目的又是什麼）；10. 分組代表發言；11. 總結。（三）課程單元。1. 青少年情緒管理輔導；2. 青少年道德發展輔導；3. 青少年自我概念和人格發展輔導；4. 青少年的價值觀發展與輔導；5. 多媒體示範教學法；6. 心理測驗輔助教學法；7. 活動設計引導教學法；8. 座談主題探討；9. 課外實習觀摩；10. 模擬教學實習；11. 專家演講。其教材設計以青少年最常面對的問題如偷竊、飆車、蹺家、吸毒、升學壓力為主題，以一個替代式的故事情節，引導同學們思考反省，並透過多媒體現場的專家、學者及青少年朋友表達意見深入探討。

四、弘法普及化

即向社會上一切願意瞭解、研究佛教的人敞開大門，提供條件，吸引大批各界人士學佛，大大促進了佛教在社會上的普及。

（一）佛學會考。佛學會考始於 1990 年。當時佛光山星雲法師鑑於臺灣社會暴戾、鬥狠、自私、貪婪之風日盛，因此力圖透過提倡社會的讀書風氣，鼓勵社會研讀佛書，建立佛教的因果道德觀念和辨別是非善惡的準則，

第四章　臺灣佛教的社會弘法

由此來促使社會風氣的轉變，並藉此提升佛教徒的信仰層次。佛學會考自1990年舉行後，受到各方面的歡迎與好評，因此每年舉辦一次，報名參考者一年比一年多。其特點如：1. 儘量爭取各方面的支持。主辦單位為三家，除了佛光山外，還加上《中國時報》、《聯合報》這兩家臺灣規模最大的報社。屆時這兩大報社不但用大量的版面刊登考試題庫和金榜名單，還在整個會考活動中刊發圖文並茂、極為詳盡的報導，並借此帶動了臺灣大大小小的電子媒體和平面媒體也跟進刊發了大量的有關報導，最大限度地宣傳了佛學會考，聲勢不亞於臺灣的大學聯考。星雲法師還拉出「教育部」作為唯一的「指導單位」，或可力圖使聯考正規化，以避免造成在公立學校及一些公務單位宣傳宗教之嫌。2. 參考對象不限。參考者超越了種族、性別、年齡、學歷、職業、宗教信仰，考生遍及社會各階層，有部門政要、地方名流、學校師生、家庭主婦，及不少信奉基督教、天主教學校的校長也鼓勵學生參加。年齡最大的90歲，最小的僅4歲。一些對佛法已有深入研究的人也每年都參加會考，目的是為了增長見聞，法喜充滿。以1996年為例，全球參加會考人數多達100多萬人。3. 參考區域不限。除了臺灣本島外，尚在全球50多個國家中的200多個城市、千餘個考場同步舉行會考。值得提到的是還開設了許多特殊考區，如臺北看守所、宜蘭監獄、臺南監獄、屏東監獄、屏東看守所等，都鼓勵服刑人員報考；還應文字障礙者要求，設置特別聽寫教室。4. 所出試題能滿足各界的需要。會考的題目不僅緊扣時事、親子教育等生活經驗，且能啟發考生對佛教、佛學常識的認知、瞭解。為滿足各方面的需求，試題譯成19種文字之多，並根據考生的程度分為甲、乙、丙、丁四組，後又增設少年組。各組考試都有自己的特點，如少年組以「看漫畫學佛法」的方式進行，將佛法輕鬆地融入小學生喜愛的漫畫中，極大地激發了小學生的興趣，當小學生拿到佛學會考的漫畫題庫時，愛不釋手，紛紛主動要求參加佛學會考。由於考題淺顯易懂，小學生考完走出考場時，個個笑逐顏開地表示，這是一項沒有壓力、輕鬆、愉快、有趣的考試。[47] 5. 做好考前考後工作。出題者在出題時要認真考慮多方面因素，如為慎重起見，先將少年組題庫送「教育部」訓委會和臺北多所中小學校長審定，以便取得多方面支持和認可；為消除民眾中「聞考色變」的心理，主辦單位設計出輕鬆活潑的宣傳品，並透過各種報紙、

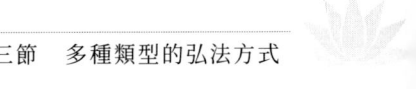

雜誌、電臺、電視臺、車廂廣告等廣為宣傳；為使考生能更好地把握考試方向，主辦者除將題庫刊登於《中國時報》、《聯合報》外，還於佛光山及所屬各別分院廣為贈送，並編印了大量講義免費贈閱，佛光山叢林學院教師全臺巡迴授課，幫助考生把握重點，樹立信心；考完後成績在報紙上公布，根據不同考生頒發獎狀和獎金（如曾為臺北監獄5000名報考者中獲滿分的485人、獲90分以上的509人、獲80分以上的450人頒發獎狀和獎金），凡各組滿分者一律頒贈獎金及《普門》雜誌；凡18至35歲之未婚男女成績滿分者，可免筆試進入佛光山叢林學院就讀。

（二）向社會提供研究佛教論文獎金。臺灣有許多佛教團體、寺院、基金會及個人向社會上提供了各類名目繁多、要求不一的研究佛教論文獎金，在某種程度上激發了佛學研究的熱情，推動了佛學研究的進展，促進了佛學研究風氣的形成，提升了佛學研究的質量。這些獎學金的種類主要有：1. 對象為臺灣博、碩士及社會人士。如中華佛學研究所提供獎金的對像是各大學研究所撰寫佛教學術論著的博士、碩士，及社會人士的佛學專題著述，但須是未經其他團體獎助，尚未出版者；經評審後，獎勵金額為：博士論文5萬元，碩士論文3萬元，社會人士著述（至少五萬字以上）3至5萬元。2. 對象為臺灣在校博、碩士研究生。如覺風佛教藝術文化基金贊助各大學博、碩士佛教藝術學位論文，但已透過論文不在贊助之內；其宗旨是：培養以佛教藝術為對象的研究人才，推動以佛教藝術為主體的各項相關佛教教義、修行的表現及佛教文化的變遷等研究風氣，以具體推擴佛教文化研究，促進社會大眾對佛教藝術的正確認識；贊助金額為：博士論文4萬元，碩士論文3萬元。3. 對象為臺灣所有在校大專以上學生。如印順文教基金會論文獎學金發給對象為凡臺灣大專院校及研究所、佛教團體創辦的佛學院及研究所學生，申請者應提交8000字至3萬字佛學論文一篇，可就義理、修行方法、文獻校勘、歷史發展、現代意義等方向進行研究，題目自定；獎勵金額：依論文評審成績，頒發8000至3萬元。以1998年評審為例，申請者47人，錄取12人；再以2004年評審為例，申請者有31人，錄取4人。有的對所徵論文的要求較為專業，如佛教無上密圓覺宗智敏、慧華金剛上師獎助學金的論文比賽要求論題不得超出以下四個方面：淨土宗念佛圓通之密意、禪宗直指人心見性

臺灣佛教

第四章　臺灣佛教的社會弘法

成佛的般若妙諦、顯密圓融之時代意義、何謂禪理密用，字數5000字以上；獎勵金額：第一名2.5萬元，第二名1萬元，第三名5000元，佳作2000元。有的對所徵論文的要求較為具體，有的是近年研究的熱點，如廣欽老和尚紀念獎學金徵文要求專題研究不得超出以下三個方面：有關壇經或六祖禪的研究、新舊唯識的研究、玄奘三藏生年之考證；心得報告不得超出以下兩個方面：廣欽老和尚的行誼對學佛人的啟發、念佛或坐禪的心得。4.對象為臺灣及臺灣省外各佛教研究所學生、各大專院校在校學生，如演培長老佛教論文獎金發給臺灣島內外在校大專生，內容為佛教理論、佛學研究等，題目自定；獎勵金額：第一名3萬元，第二名2萬元，第三名1萬元，佳作獎5000元。其獲獎者中也有中國的學生（在2004年獲獎的24位中有5位為中國學生）。有的對所徵論文內容有明確要求，如東初老和尚佛教學術徵文要求論題必須在以下四個方面自選：研究東初老人相關著作、東初老人與佛教、中國佛教在臺灣之發展史、佛教史相關論題等，每篇1.5萬字至2萬字，獎勵金額：1萬至3萬元。中華慧炬佛學會長期代辦各種佛教論文獎學金，但除提交論文外，還須提交上學期學業成績為75分以上、操行成績乙等以上的證明，論文範圍每年不一。其代辦種類有兩種，一種是綜合代辦（即為所有捐款者或捐款單位統一辦理），以綜合代辦38種論文獎學金的1999年為例，專題論文為「新世紀的佛學思潮」（1萬字以上），心得寫作為「新世紀青年」（5000字以上）；以綜合代辦41種論文獎學金的2000年為例，專題論文為「佛法與創新」（1萬字以上），心得寫作為「佛教藝文」（以散文、詩詞、戲劇、歌曲表達學佛心得，5000字以上），用中文或英文皆可；獎勵金額：專題論文1.5萬元以上、3萬元以下，心得寫作1萬元以上、2萬元以下。另一種是單獨代辦，以代辦1999年度慈航導師獎學金為例，論文題目為《＜大乘本心地觀經發菩提心品成佛品累品＞與藏傳即身成佛之異同》，獎勵金額：總額為6.55萬元，獲獎者最高一人可得3萬元。以代辦1999年度范道南先生論文徵文獎學金為例，論文題目為《佛法與心靈療傷》，獎勵金額：總額為4萬元，獲獎者每人可得5000元至2.5萬元不等。5.對象為本單位或原為本單位的人員。如香光尼眾佛學院的菁松獎徵文活動只面向本院在校生及校友，徵文內容有兩類：第一類舉凡教制、教理、教史探究的發現或建議等，3000

第三節　多種類型的弘法方式

至 1 萬字；第二類為生活偶拾、讀書雜感等，800 至 3000 字。獎勵金額：第一類第一名 8000 元、第二名 6000 元、第三名 4000 元，第二類第一名 3000 元、第二名 2000 元、第三名 1500 元、佳作 1000 元。

　　（三）向社會徵集學佛文稿。為進一步推動佛教知識在社會的普及，佛教界常向社會推出徵集學佛文稿的各種活動，作者不限任何資格，內容多為學佛心得、文藝創作。如「國際佛光會中華總會」曾舉辦「最受用的一句話」的全社會徵文活動，要求從星雲法師法語彙編《佛光菜根譚》中，自由選擇出一句最受用的話，寫出六百字以下的心得感受；將錄取 100 百篇，一字 2 元，作品將刊於有關報刊。慈航紀念小說徵文，要求所撰小說以彌勒菩薩應化事跡為範圍，題目自選，10 萬字以上；第一名 10 萬元，第二名 7 萬元，第三名 3 萬元。悟明長老九秩嵩壽藝文創作獎，要求應徵者創作主題為闡揚佛教慈悲喜捨的藝文，獲獎作品將用以刊印、發表、展覽。有的根據在學佛中常遇到並又急需解決的問題向社會進行徵稿，透過發掘廣大信眾的心得感受，以滿足另一部分學佛者的需求。如專門出版佛教書籍的大千出版社向社會徵文的內容為：1. 經論研究的方法，具體如：參與現場聽講的學習注意事項及重要的觀念；讀誦、持誦經典要領；看、聽錄影帶的學習要點；閱讀的研習方法等。2. 出家與在家，具體如：有意出家的現代人，如何瞭解出家後的任務與生活；出家應有的條件；出家修行如何安住道場；應如何克服出家修行所遇到的障礙；出家後發現不適合出家，應怎樣安排；出家修學後無法適應該道場，應怎樣安置；在家眾如何選擇修學法門；在家眾如何應用修學法門與生活腳步相結合；在家眾應有的責任與義務；在家眾如何建立佛化家庭等。3. 佛子理財之道，具體如：在家眾理財應有的觀念；在家眾開源節流之道；在家眾如何有效分配財務；在家眾如何隨喜世俗之禮；在家眾如何管理財產、如何修布施等。字數不限，凡錄取之稿，每千字 350 元。

五、在學校弘法

　　長期以來，臺灣校園內不容許開設宗教課程，不容許宗教人士進校園演講傳教，不容許成立宗教色彩濃厚的社團。解嚴後，這種情況得到很大改觀，佛教對學校的影響力不斷增強。（一）「靜思語」教學。「靜思語」為慈濟

功德會證嚴法師平時開示語錄彙編，曾編輯成多冊一版再版。這些語錄不用深典，不重華詞，卻深入淺出，從現實生活常中開發出深刻的道理，語誠而敬，雖溫婉卻讓人易於接受。以專門講「修身」的第二冊為例，共十五篇，分別為「談心境」、「談智慧」、「談煩惱」、「談幸福」、「談聲色」、「談因緣」、「談家庭」、「談本分」、「談因果」、「談毅力」、「談情愛」、「談願力」、「談人生」、「談布施」、「談實踐」。許多學校教師將其研發為教材，將愛心與智慧相結合的教學方式對兒童進行教育，旨在使兒童受到證嚴法師的精神感召，由此引導兒童認識體會「靜思語」的智慧，並落實「靜思語」的精神。「靜思語」的教學曾風行一時，「孩子們如脫胎換骨般，懂得明辨事理，變得有禮貌、有上進心、寬容心和感恩心，家長們的喜悅心情更是難以言喻，他們記下聯絡簿上老師請學生抄寫的『好話』，並重新調整自我身行和親子相待關係。」[48] 教師們在「靜思語」的教學實踐中創造了許多教學方法，已有諸多文章進行總結，並有研究生以此為研究的內容寫出論文（如臺中師範學院國民教育研究所賀正楨、黃長天 1999 年分別撰寫的碩士論文《國民小學靜思語教學之研究》、《慈濟教師教學信念與教學行為之個案研究》，臺北市立師範學院國民教育研究所洪素芬撰寫的碩士論文《一個研究者探索靜思語教學的反思歷程：兼論整合觀點的德育模式》）。「靜思語」的教學法還引起海外有關專家關注，如 1994 年 3 月，美國加州中文學校校長一行十六人到臺北市博愛小學參觀，發現「靜思語」教學法，他們針對教學方式、教材選擇及教法詳細提出詢問後，如獲至寶地表示，這就是他們走遍各地所要找尋的教學法。

　　（二）大專學佛熱。佛教在大專院校的傳播在當代臺灣佛教發展史上是不可忽略的現象，它不僅普及了佛教的知識，對許多大專學生在思想上產生了深遠的影響，他們畢業後大多成為護法的中堅，更主要的是臺灣現階段許多已成為弘法骨幹的年輕有文化的出家人，就是當年這些在校深受佛教影響的大學生。大專學佛現象最早可追溯到 20 世紀 60 年代，至 1987 年解嚴後，又掀起新的熱潮。其因素很多，諸如：1. 各種限制放寬或解除。臺灣戒嚴時期是不許校園傳教的，佛教界人士進入大學校園要以「學術研究」為標榜，需向校方再三說明佛教是一門精深的學問，進校門不是吸引學生信佛，而是

為了研佛（即不是學佛，而是佛學）。[49] 解嚴後大學校園各種活動空前活躍，無論是信佛（學佛），還是研佛（佛學），皆無人管束。2. 社會學佛思潮的影響。佛教出版品的不斷增多，各種電臺、電視臺佛學講座的日夜播出，各種佛學活動（如學佛營等）的頻繁舉行，使大學生不同程度地受到影響。3. 家庭的影響。許多信仰佛教家庭的子女也信仰佛教、對佛教抱有好感，這在臺灣似乎是一個較普遍現象。[50]4. 當義工的影響。臺灣各種義工的選項很多，許多大學生參加義工的初衷是好奇、甚至是為了玩，後不知不覺地接受了佛法，由此產生了興趣（諸如當小學生夏令營輔導員等）。[51]5. 佛教界對大專學生的關注。如各種來自佛教界針對大專學生的獎學金大量出現，這類獎學金不同於論文獎學金，它不需要受助者提供學術論文、研究報告及學習心得，只需提供學習成績單、操行成績等級、家庭貧寒證明即可。如十方禪林文教基金會設大專、高中、高職三組，大專組每人 5000 元，其獲贈標準是：家境最清寒者、操行最佳者、學業最優良者。有的獎學金資助者對受助者所在戶籍有明確要求，以便為某縣市培養人才，如鳳山佛教蓮社煮雲老和尚大專青年獎學金評審會除了要求受助者學年成績優秀（理工科平均 80 分以上，文科及其他科平均 85 分以上）、操行成績甲等外，還指定戶籍必須設於高雄市。以 1995 年為例，共有 32 人受資助，每人 8000 元。許多受到資助的學生因對佛教界心存感激而接受接引，由此對佛教產生興趣，積極參加學佛活動，逐漸走上弘法的道路。6. 來自佛教界的演講。雖然佛教界法師進入大學演講的次數遠遠不能與中小學相比（如 1998 年、2001 年佛教青年會在大專演講的聽講人數均只占中小學聽講人數的 1%），但涓涓細流，匯為江河，日積月累，也蔚為可觀。7. 各種佛教學術研討會在校園頻繁召開。佛教界經常假各大專院校召開各種佛教學術研討會，雖然參加者大多為佛教界或學術界人士，但因近水樓臺，亦經常有學生參加旁聽，潛移默化，也受到一定影響。

臺灣大專佛學社的空前活躍，成為臺灣校園文化的一大景觀。解嚴後，臺灣大專佛學社徹底完成「佛學」到「學佛」的轉換，「學佛」（即不僅在理論上學，還要在實踐中學）成為佛學社活動主要內容，使不少佛學社成員不僅瞭解佛教，而且接受了佛教，為佛教在臺灣的發展提供了源源不斷的新

臺灣佛教

第四章　臺灣佛教的社會弘法

生力量。解嚴前,臺灣各大專院校已紛紛成立了佛學社團,如臺灣大學的晨曦、臺灣師範大學的中道、輔仁大學的大千、政治大學的東方文化、文化大學的慧智、淡江大學的四弘、臺北醫學院的慧海、大同工學院的普明、海洋學院的哲學社、技術學院的恆音、世界新聞專科學校的東方哲學社、中興大學的智海、交通大學的鐘鐸、銘傳商專的覺音、中華工專的中華文化研習社、中興法商學院的正覺、東吳大學的淨智、中原大學的慧智、清華大學的慧鐘、東海大學的覺音、逢甲大學的普覺、靜宜大學的東方哲學、臺中商專的等觀、臺南師專的明道、臺灣教育學院的進德、高雄師範學院的大慧、高雄工專的慈慧、國際商專的正定、屏東農專的智慧、臺北商專的明道、中央大學的覺聲、淡江大學的正智、淡水工商的哲學學會佛學組、中興大學的智燈、成功大學的東方哲學研究社、「中國醫藥學院」的藥王、臺中師專的勵德、高雄醫學院的慧燈、南榮工專的文化研究、勤益工專的菩提、東方工專的宏哲、崑山工專的東方哲學、樹德工專的法智、永達工專的正義、中華醫事技術學院的哲誼、僑光商專的哲學、屏東師專的東哲、二林工商的哲研、臺北工專的慧光、國立藝專的明德、臺北師專的曙光、嘉義農專的人生哲學研究社、弘光護專的覺苑、致理商專的至善、嘉義師專的曉鐘、花蓮師專的佛學研究社、臺東師專的愛智、臺北女師專的東哲、新竹師專的弘道等。[52] 但為避在校園傳播宗教之嫌,這時的大專佛學社活動還只是被界定在「佛學」層次,即僅把佛教當作學術來研究,佛學的宗教色彩被極力淡化。解嚴後,參加佛學社團活動至少被認為是一種有益的修行方式,不僅過去成立的大專佛學社積極開展各項活動,又雨後春筍般地成立了許多新社團,如親民工專的華梵、龍華工專的慧明、實踐家專的晨、臺南師院的慧慈、屏東師院的耕心、大華工專的人生哲學、臺南師專的曉鐘、海洋大學的普賢、臺北師專的國教、淡水商工專校的哲學社、中華工專的中華文化研習社、聯合工專的東方哲學社、建國工專的大雲、雲林工專的智覺、臺北工專的圓覺、東南工專的華嚴、四海工專的菩提、永達工專的正義、德明商專的晨鐘等。解嚴後大專佛學社團空前活躍,其標誌為:1. 積極開展校際聯誼活動。如1990年6月20日至7月9日,「大專佛學社團幹部研習營」假臺北土城承天寺舉行,來自全臺各大專院校、佛學社團、幹部代表等六十多人參加了會議。2. 與佛教團體及寺

190

院聯繫,參加精進佛七、齋戒會、八關齋戒等活動。3. 組織參加各種冬、夏寒暑假學佛營活動。4. 在佛教團體與寺院組織的活動中擔任義工。不少學生在參與佛學社團活動中思想有了很大變化,以頗有代表性的、參與1995年發起臺灣清華大學慈青社的博士生鍾同學為例,他參加社團後第一次活動是探視幫助困難戶,但困難戶卻被稱為「感恩戶」,同去者解釋,由於他們的示現,才使我們瞭解人生的苦、無常,所以更應心存感恩,他想到:「這個觀念,與我慣常的思考模式似乎背道而馳。但漸漸地,我從師姑、師伯及慈青夥伴身上體會到──發心做事、心存感恩,久而久之,這種奉獻的精神,就會成為自然而然的習慣。」[53] 透過探望教養院智慧不全的小朋友,他不斷省思:「世界上一切事物的成、住、壞、空,與人的生、老、病、死,始終以一定的速度在進行著,等到有一日自己年老了,是否有把握能好過這些小朋友現在的處境呢?」[54] 參加法會第一次禮佛時,他身體無法彎下,同學指出是「我慢」,他不服,後來經過多次熏習,他體會到:「當時的我,果真是『我慢心』很重。」[55] 他在參加了系列活動後感受到「幸得人生」、「聽聞佛法」、「精進修行」為人生三大難得之事,過去他常愛與人爭得面紅耳赤,「如今,在面對他人的指正時,我學會先觀照自己的『心』,清清楚楚、明明白白地接受善良的建言,並及時改正,我終於懂了何謂『收攝自心』的道理」。[56] 他得出「佛法是生活化的智慧」的結論,認為:「最初的我,參與慈善志業,覺得是去『給予』什麼;但是度過兩年的慈青歲月後,才發覺自己在智慧及思想上的獲得,反而遠遠超過實際的付出。尤其是內心世界的豐盈,以及對生命與生命間的體悟,真是無價的精神感觸。」[57] 他深切感恩有緣參加慈青社活動:「在一千多個與常住師父及眾多發心菩薩互動的歲月,使我這一段學生生涯,獲得許多課本上無法教授的寶貴經驗。」[58]

六、向特殊群體弘法

(一)監獄弘法。早在20世紀80年代中期,就有佛教寺院向監獄傳送佛法,如臺東清覺寺慈宗法師曾於1984年4月1日、1985年9月11日曾連續三次到臺東監獄舉辦精進佛七。但那時的弘法大多還只是侷限於佛教知識的普及,雙方尚無深入溝通,具體效果難以評估。進入90年代後,監獄

臺灣佛教

第四章　臺灣佛教的社會弘法

弘法風氣逐漸形成，其標誌為：1. 許多重要佛教團體積極參與。由於佛光山、慈濟功德會、佛教青年會等有影響的佛教團體積極介入監獄弘法，並把這項活動納入本團體工作重點，使監獄弘法逐漸常規化、規模化。如佛光山在各地的別分院都定出具體計劃，定期到監獄弘法，同時積極擴展弘法範圍，除宜蘭礁溪、臺北、臺中、嘉義等監獄外，又由所屬慈悲基金會支援承辦了屏東、高雄監獄及高雄看守所等處的弘法活動。2. 出現了一批具有豐富經驗的監獄弘法法師。這些法師在監獄弘法多年，大多被「法務部」聘任為優秀榮譽教誨師，其中最有代表性的是臺灣大學哲學系畢業後出家的妙慧法師，她把監獄當道場，堅持在監獄弘法二十年，不僅在女監、女所、少年觀護所等處弘法，還打破禁忌，第一個進入重刑犯監牢中弘法。剛開始時，這些帶腳鐐的死刑犯和重刑犯，有人渾身刺青，有人滿臉戾氣，有的充塞恨意，有的如行屍走肉，沒有明天，妙慧法師與他們談話、講故事，每週固定來兩趟，使犯人的面貌得到改變。妙慧法師認為：「即使是定讞列囚，走向人生的盡頭前，如能撥開心霧，體悟人世間的是非善惡的道理，也是好的。何況重刑犯房的囚徒，尚有不少罪不及死之人，關得再長再久，終會出獄，輔導他們，讓他們省思檢討過去，一百個人當中，若有一個脫胎換骨，社會少了一份黑暗的糾纏，就多了一份祥和。」[59] 由於弘法成績顯著，妙慧法師 1996 年 1 月受「法務部」頒發的「監所教化人員獎」，1996 年 11 月受「教育部」頒發的「教育文化勳章獎」，2001 年 11 月受「法務部」頒發的「監所教化有功人士獎」。3. 弘法方法和內容日趨豐富生動。在監獄弘法與一般性的弘法不一樣，由於對象不同，如將一般性弘法的方法和內容搬進監獄，必然難以取得預期的效果。有經驗的法師經過不斷總結和探討，積累了豐富的經驗。修懿法師的監獄弘法並無艱深的說理，往往以生動事例，深入淺出地講解，如在臺北女子看守所開示時，聯繫自己從小受到的良好家庭教育，再聯繫自己在弘法中所見的典型案例，指出「社會亂象源自於人與人之間缺乏責任感」，以親身經歷闡述「生命需真心付出」，受到服刑者歡迎。乙性法師在向重刑犯弘法時，在演講前以向服刑者化緣的方式，要求大家布施五分鐘時間與他結緣，即放下身心專心念佛，由輕聲念起，慢慢大聲，又再放大胸懷的唱念，唱到忘我的境界，使自己的聲音及身心完全融入於佛聲中，在短短

第三節　多種類型的弘法方式

的五分鐘內,服刑者從凶神惡煞的相貌變為佛菩薩的柔和自然相貌,然後靜下心來看看過去的自己,從「為什麼」、「因為」、「所以」這三步驟來看看自己的過去,「為什麼將我們關監禁在監所裡呢?因為我們平常就是不懂得如何約束自己的行為,才會有今天下場,試想現在就讓你被保釋出去的話,那你自由後的第一步驟是什麼?一定是找對方再理論,或是對方找你復仇,對不對?那之後的後果又如何?你可有想過嗎?所以說拘禁是關我們的身體而已,我們的心可自由得很呢,事實上拘禁也是在保護我們呢。」[60]監獄弘法中的個別輔導要求要有很高的技巧,乙性法師後轉為對重刑犯作個別輔導,他認為:「而我更樂於個別輔導,因為個別輔導要靠機智與經驗,這對曾在臺北觀音線當過副總幹事及諮商輔導的我而言,則不成問題,當然社會人士的問題與受刑人的偏差心理是不同的,所以輔導的技巧也不一樣,而我勇於接受考驗。」[61]乙性法師輔導過多個將伏法的死刑犯,為什麼明知死期將近還要投入大量精力輔導?他對此有自己獨到的看法,一次他精心輔導多次的一個謝姓的犯人伏法後,乙性法師欣嘆道:「爾今謝姓受刑人走了,據教誨師說走的很坦然,我也為之慶幸,所謂朝聞道夕死可矣!原因是他能在臨終以前靠他自己的持誦地藏經之力量,迴向給累世的冤親債主;所以他在伏法前就不會有這些冤魂來索債了,而我也適時的給予心理建設,這應該也是能安然地告別他這一生的原因。」[62]許多法師對監獄弘法都累積了豐富的經驗,如慈林精舍的常能法師善從靜坐導入正題,以一次在桃園龜山女子監獄弘法為例:常能法師不忙開示,而是先請大家靜坐三分鐘,然後敲木魚為訊號,叫大家先熱手、按摩頭、肩、腳,使氣能走到丹田,並吐出濁氣,先做一套熱身操;接著說氣要細而長,不要生氣,生氣是對身體的虐待,不要沉溺於低沉情緒之中,要保持快樂心情。怎樣才能保持快樂心情呢?常能法師接著才開始開示,最後以教大家唱歌結束。[63]4.弘法方式創意迭出。隨著監獄弘法活動的開展,弘法的方式也更加多樣。佛教青年會曾多次在臺北少觀所舉辦「智慧成長營」活動,主要希望透過三學(戒、定、慧)及五戒(不殺生、不偷盜、不邪淫、不妄語、不飲酒)的規範,以各種活潑的活動方式,使同學們能從實際生活中來肯定自己、建設自己,進而做一個踏實、感恩及充滿愛心的青少年。[64]佛教青年會還在監獄中發起「生命有愛,拒絕犯罪」徵文

臺灣佛教

第四章　臺灣佛教的社會弘法

比賽活動，參與者極為踴躍，不少徵文生動感人，出自內心，從靈魂深處表示了深深的懺悔。慈濟合唱團以歌聲締結法緣，她們定期到臺北女監演出，開始時，合唱團的角色並未特意凸現，然而，唱《普天三無》時，有人哭了；唱《祝你幸福》時，有人哭了；唱《咱要手牽手》時，有人邊哭邊牽著手邊要求再唱，要學。能夠流淚，是因為心已柔軟；容易落淚，是因為已經有了懺悔之意。合唱團不斷總結經驗，以歌唱為主題，進行精心安排，從《惜緣》、《人生進行曲》、《只牽你的手》、《火金姑》到《祝壽歌》等，並帶動手語及教唱，使服刑者心緒平靜、起落、交融、高昂，最後以欣喜結束。[65] 5.弘法人員與服刑人員產生互動。如臺北女監服刑人員與前來弘法的慈濟人產生了信任，曾集資六萬餘元捐入慈濟賑災基金；為培養愛心，慈濟人在監獄中教授紙花製作，女監服刑人員製作了三萬朵愛心花，義賣後捐入尼泊爾愛心屋基金。慈濟人還在各地監獄開展「監獄傳溫情」活動，定期進監獄開展講授佛法、分享人生體驗、手語教唱、委員現身說法等弘法活動，並在監獄開展「人性巡迴講座——誤與悟」系列活動，由慈濟委員赴各監獄現身說法。慈濟志工還常寫信給監獄中服刑人員，許多收信者從信中感受到一種向善的召喚力量，一位高雄監獄李姓服刑者讀信後寫道：「本以為生命就如此茫然度過的我，突然收到一封慈濟志工江秀鑾的來信，字裡行間表達了對我無限的關心和鼓勵，頓時觸動我心深處，茫然了十餘年的心終於開啟了曙光。那是向善的召喚，讓我那罪惡的心靈，有了洗滌的機會；生命不再是痛苦的追憶，而有了急轉的方向，雖然無法彌補這十餘年的浪蕩，但終是開啟了我生命的另一章。」[66]

　　（二）向吸毒者弘法。臺灣的吸毒者有多少，目前沒有確切的數字。長期致力於毒品防治的宣導及戒治的淨耀法師在一次宣講時說：據統計，1998年全臺灣的菸毒犯大概20萬人，但絕對不止。後來用一個比較科學的方法來統計，就是用尿液來篩選檢驗，發現每月吸毒的人口，大概增加5000人，12個月就有6萬人，如果再刪除一些回籠的，最起碼還有5萬人，若以保守估計一年增加4萬人來說，全臺灣2200萬的人口，要不了多久，幾年後我們全臺灣便會完全被毒化。[67] 吸毒者的增多，不僅使吸毒者身心受到傷害，還禍及社會，導致犯罪提高，成為臺灣社會的一大隱憂。臺灣佛教界積極參

與毒品的戒治，具體做法如：1. 在監獄中弘法反毒。佛光山在臺南監獄明德外役監成立了毒品戒治班，力圖透過宗教信仰、心靈熏陶的力量及心理輔導，期能徹底將吸食毒品的心癮連根拔除。舉辦過的活動有：灑淨、三時繫念、聖歌比賽、母親節報恩懇親會、慶生會、皈依三寶及專題演講比賽等，由多位法師協助學員做自我觀照，讓身心安定，將生活重新安排與規劃。課程內容豐富多彩，佛教方面的有：佛教叢書、佛經選讀、佛教聖歌、梵唄、禪坐指導等；技能訓練有：書法、美術、烹飪、園藝等；心理輔導有：諮商、座談、個人追蹤輔導等。2. 建立戒毒機構。佛光山與臺灣更生保護會合作，1996年5月8日在屏東輔導所設立「戒毒者中途之家」，以佛教之宗教思想幫助吸毒者戒治。輔導對象為離開矯治機構而自願接受更生保護輔導的吸毒者，時間3至6個月，必要時可延期，不僅一切免費，每月還發給零錢500元。輔導方式包括生活管理、宗教活動、教學課程、心理輔導及職能訓練等各階段教育輔導。旨在透過宗教的感化，使雖戒除身毒而仍有心毒的戒毒者戒去心毒，洗心革面，重回社會。[68] 3. 透過個別關懷使吸毒者戒毒。慈濟人透過現身說法、提供慈濟宣傳品、幫助找工作、邀請參加慈濟人的社會活動等方式，關心游散在社會上的吸毒者，收到顯著成效。如一位在黑道上混過、有多年吸毒史的徐先生，在戒毒過程中要找工作卻屢屢碰壁，慈濟人知曉後安排他進入慈濟人開的工廠，幫他樹立服務人生的目標，工餘組織他參加資源回收、「尊重生命」義賣、愛心捐髓抽血檢驗、訪貧、為殘障者籌款義賣等活動，使徐先生找回自我，不再使用毒品。[69]

第四節　社會弘法的管道

一、電臺弘法

1949年以來，臺灣佛教界利用電臺弘法，以1987年解嚴為界，可分為前後兩期。

（一）前期的電臺弘法。[70] 前期利用電臺弘法的主要有：1.「中國佛教會」弘法廣播組。播出名稱為「佛學講座」，前後時間有十餘年，所播出的電臺有：臺北民本電臺、彰化國聲電臺、高雄鳳鳴電臺、臺南勝利電臺、新

臺灣佛教
第四章　臺灣佛教的社會弘法

竹臺聲電臺、豐原農民電臺等，播出節目有：經論講解、佛教故事、婦女講座、佛法淺說、特約演講、佛教音樂等。2. 聖印法師。播出名稱為「慈明之聲」，至聖印法師去世，前後共持續了33年，可謂歷史悠久。所播出的電臺，1961年至1962年有：臺中農民電臺、臺北民聲電臺、臺北華聲電臺、竹南天聲電臺、新營建國電臺。自1965年元旦起，臺灣全臺八大電臺——臺北華聲電臺、臺北正聲電臺、桃園先聲電臺、竹南天聲電臺、臺中農民電臺、雲林電臺、高雄鳳鳴電臺、臺東正聲電臺播「慈明之聲」，由聖印法師擔任主播，內容如：誦經方面有早課、佛贊、佛教歌曲、佛教音樂、《佛說阿彌陀經》、《觀世音普門品》等。每一禮拜有三天佛學廣播，演述《佛說六方禮經》、《觀世音普門品講話》、《般若心經講話》等，有時還增加佛教廣播劇，廣播劇的內容包括佛經故事、談信仰、介紹修持等。[71] 3. 淨心法師。播出名稱為「淨覺之聲」，從六十年代中期開播至今未停，所播出的電臺，有高雄鳳鳴電臺、岡山正聲電臺、臺北正聲電臺、花蓮燕聲電臺、基隆震華電臺等，播出內容有佛經講座、通俗演講、佛教話劇等。4. 其他。最為常見的是借電臺開闢佛教節目，如在1952年，南亭法師於臺北創設華嚴蓮社，與周宣德、鄭崇武等居士，借民本電臺開闢「佛教之聲」節目，主要講解《阿彌陀經》、《妙慧童女經》、《十善業道經》、《孛經鈔》、《證道歌》、《釋教三字經》等。後由趙茂林居士經營十餘年，至六十年代中期，播出內容有趙茂林居士親自主持的學佛常識問答，或專題報告，聽眾有問題，可與電臺聯繫要求解答。具體播出排期：星期一為歷代高僧故事，星期二播放南亭法師講解的《妙慧童女經》、《十善業道經》等，星期三播放佛教歌曲，星期四由成一法師主講《普賢行願品》，星期五由戒德法師、佛聲法師、趙茂林居士唱頌早晚課，星期六、星期天播放佛教各種大讚唱誦。也有自己創設的電臺，如1959年，南亭法師、勝光法師與董正之、李恆鉞、劉鑠珍諸居士於新竹創辦法音電臺。為提高收聽率，當時有關佛教報刊還提前登出播出時間表，如1955年10月8日出版的《菩提樹》總第三十五期登出「佛教之聲」每日電臺廣播時間表：臺北民本電臺，時間7：35至8：05；新竹臺聲電臺，時間7：30至8：00；豐原農民電臺，時間8：00至8：15；彰化國聲電臺，

時間 7：45 至 8：15；臺北勝利電臺，時間 16：05 至 16：30。由此可大體看出當時播出的情況。

（二）後期的電臺弘法。後期利用電臺弘法的主要有：1.「中國佛教傳布協會」。此會成立於 70 年代中期，主席為心田法師，其組織較為嚴密，一般每年都開一次理監事聯席會議，報告上次會議決議案執行情形，討論此次提交的提案，制定下一年度工作計劃。如 1995 年 12 月 10 日召開的第一屆第十六次會議上制定的 1996 年工作計劃中，對「廣播電臺空中布教」工作進行了布置：「本會為加強傳播佛教種子，淨化人心，特在中廣電臺第三調幅廣播網每週日至週五下午 5 時起至 5 時 30 分播出『佛教之音空中布』節目，其收聽範圍遍及全臺各角落，因內容充實，聽眾極多，收效甚宏。至熱心弘法各寺院贊助廣播費者，分別予獎勵。」[72] 2. 佛光山。早在 1957 年，星雲法師就製作了「佛教之聲」節目在臺北民本電臺播出，至 60 年代、70 代年代又分別製作了「覺世之聲」、「信心門」等節目在電臺播出。80 年代，「中國廣播公司」第三廣播網向臺灣全臺聯播佛光山製作的電視節目（同時在電臺播出），內容有星雲法師佛學講座、每週一偈、佛教信箱、在家居士如何學佛等。進入 90 年代後，佛光山的電臺弘法進入全盛時期，在中廣、漢聲、天南、漁業等電臺播出「禪的妙用」、「生活的智慧」、「自在人生」、「佛光淨土」、「星雲禪話」、「佛光世界」等節目，受到廣大聽眾的歡迎。3. 慈濟功德會。慈濟功德會所屬慈濟文化志業中心廣播組精心製作「慈濟世界」廣播節目，在各有關電臺播出。從 1986 年至今，其節目製作內容，以慈濟「慈善」、「醫療」、「教育」、「文化」四大志業為報導主題，並以證嚴法師的語錄和隨即問答等開示，配合當天節目話題，深入淺出地將大家引入所要討論的問題。所播出的內容，皆為慈濟世界中的真人真事，具有教育和公益服務意義。由於內容真摯感人，又能貼進民眾生活，因此受到各年齡各階層聽眾的普遍喜愛。如 2000 年播出的「生命的春天──生時燦似夏花，死時美如秋葉」報導慈濟醫院心蓮病房中，兩位癌症患者去世並捐贈遺體給醫院的真實故事，為聽眾說明慈濟如何為癌症末期患者提供心靈的照護，也表彰這種捐贈遺體遺愛人間的捨身崇高精神。節目播出後，受到社會各界一致好評，並於當年 7 月獲「中國廣播公司」第三屆「日新獎」第三名。「慈

第四章 臺灣佛教的社會弘法

濟世界」的電臺節目在 90 年代中期就基本覆蓋全臺灣，當時播出的電臺如：復興電臺（調頻範圍：北部、南部、中部、宜蘭、花蓮、臺東，時間為星期一至星期六，18：10 至 19：00）；漢聲電臺（調頻範圍：臺北、桃園、雲林、左營、宜蘭、花蓮、臺中、臺南、高屏、澎湖，時間為星期一至星期六，22：00 至 23：00）；民本電臺（範圍為北部，時間為星期一至星期六，6：05 至 7：00）；中廣臺灣臺（範圍為中部，時間為星期一至星期六，6：30 至 7：00）；警察電臺（調頻範圍包括：新竹、高雄、臺北、臺中、新營，時間為星期一至星期六，9：00 至 9：30）；「中國廣播公司」（調頻範圍：臺北、高雄、臺中、花蓮、臺東、苗栗、嘉義、宜蘭，時間為星期天，6：30 至 7：00；調頻範圍：臺北、新竹、苗栗、臺中、嘉義、臺南、高雄、宜蘭、花蓮、臺東，時間為星期一至星期六，6：50，三分鐘靜思語；調頻範圍：宜蘭、臺北、高雄、臺中、花蓮、臺東、苗栗、嘉義，時間為星期一至星期六，12：45，三分鐘靜思語）；漁業電臺（範圍為海上，時間為星期一至星期天，00：20 至 00：40，良夜清宵，星期一，15：20 至 16：00，漁業走廊；星期二，10：30 至 11：00，幸福家園；星期三，12：20 至 13：00，漁友俱樂部；星期四，夜行船；星期五，8：20 至 9：00，一帆風順，星期六，16：20 至 17：00，農業園地。）進入 21 世紀後，慈濟廣播節目除了「慈濟世界」外，還增加了「真心看世界」等專欄，其播出的時間更長，覆蓋面不僅更廣泛，也有了具體分工，如臺灣全臺聯播的電臺有：中廣資訊網（時間為星期一至星期六，7：30 至 8：30）；復興電臺（時間為星期一至星期六，19：10 至 20：00）；漢聲電臺（時間為星期一至星期六，19：30 至 20：30）；中廣新聞網（時間為星期天，6：10 至 7：00）；中廣寶島廣播網（時間為星期天，6：30 至 7：00）；臺灣北部地區：民本電臺（時間為星期一至星期六，6：05 至 7：00）；世新電臺（時間為星期天，11：00 至 12：00）；新竹新農電臺（時間為星期一至星期六，6：00 至 6：30）；新竹新聲電臺（時間為星期天，6：00 至 7：00）；臺灣中南部地區：中廣臺灣臺（時間為星期一至星期六，6：30 至 7：00）；雲林神農電臺（時間為星期一至星期六，0：00 至 1：00，星期天，6：00 至 7：00）；臺南勝利之聲（時間為星期一至星期六，5：30 至 6：00）；臺南愛鄉之聲（時間為星期三，20：00 至 21：

00）；臺灣東部地區：東臺灣廣播公司（時間為星期一至星期六，7：00 至 8：00）；臺東之聲（時間為星期一至星期六，7：00 至 8：00）；臺東教育電臺（時間為星期一至星期五，9：00 至 10：00）；宜蘭宜陽電臺（時間為星期天，6：00 至 8：00）；全臺灣地區：「中央廣播電臺」新聞網（時間為星期一至星期天，22：00 至 22：30）；金馬之聲（時間為星期一至星期六，20：00 至 21：00）；美洲地區：紐約僑聲電臺（時間為星期一至星期五，9：50 至 10：00）；「中國廣播網」紐約臺（時間為星期一至星期五，8：50 至 9：00、20：00 至 20：10）；南非地區：南非僑聲電臺（時間為星期一至星期天，8：00 至 8：30）。4. 其他。一些法師也利用本地電臺弘法，在本地產生了一定影響，如雲林縣古坑鄉慈光寺圓教法師利用正聲電臺臺中二臺主持「慈光之聲」節目，演說佛教教義，進行空中弘法。嘉義縣中埔鄉能仁淨寺的慧深法師早年出身廣播界，出家後以廣播弘法為己任，在全臺各廣播電臺長期主持弘法節目，在信眾中有一定影響。

二、電視弘法

佛教界利用電視弘法與利用廣播弘法相比，要晚 30 多年。目前佛教界有影響的電視臺主要有以下三個。

（一）佛光山佛光衛星電視臺（今人間衛視）。佛光山的星雲法師早期就有利用電視弘法的構想，但由於當局的干預而未果。至 1979 年 9 月 4 日，佛光山與中華電視臺簽約，將本山製作的電視弘法節目《甘露》送播，這是第一個佛教團體製作的電視弘法節目。1985 年 9 月 22 日，公共電視播出「星雲大師佛學講座」，這是第一個在無線電視臺第四臺播出的佛教節目。1997 年 12 月 16 日，佛光山的「佛光衛視」試播，1998 年 1 月 1 日正式開播，由此使電視弘法進入一個新階段。「佛光衛視」的創辦，據星雲法師介紹，其原因有四：一是秉承佛陀弘法的理念，讓佛法能普遍為大眾所接受，其功德大於布施三千大世界的寶。二是負起社會淨化的責任，佛教負起了改善社會風氣，淨化人心的責任，最大的方便就是借重傳播媒體，尤其以電視功效最大，可藉此把佛法普遍到整個社會，送到每個家庭。三是提升信眾信仰的品質，讓每個人認識真正的佛教，讓邪說異端消除，使眾生不為邪魔外道所

迷惑。四是促進佛化家庭的和諧，以佛法中的尊重、包容、慈悲、喜捨、明理、忍耐等作為家庭成員中彼此相處之道，以促進家庭中和諧的倫理生活。[73]「佛光衛視」所標榜的理念有四，一是本土化：關心臺灣本土社會、文化、教育、藝術等各種人文現象的發展，製作系列有關臺灣現狀的報導節目。二是國際化：規劃世界各地佛光會的報導，同時對重要的佛教弘法活動，採用現場直播或衛星連線的轉播方式，讓臺灣信眾能同步接收資訊。三是人間化：順應觀眾要求，製作多元化的綜藝節目，力爭以最易被接受的方式，傳達佛法的內涵。四是生活化：針對不同族群的需求，製作多元化的節目，例如烹飪、兒童美語等節目。[74] 剛開播的「佛光衛視」節目類型主要有：1. 佛學節目：電視佛學院、早課與禪修課程、星雲法師佛學講座、道場介紹及佛教活動；2. 兒童節目：美語教學、卡通片；3. 益智節目：佛教 IQ、智多星；4. 人物專訪：佛教人物、明星、藝術家的故事；5. 旅遊節目：佛光普照、大千世界、發現臺灣；6. 家庭節目：天之美食、連續劇、影集、星期劇場；7. 新聞性節目：新聞集錦、帶狀現場叩應節目、評論當天所發生的新聞事件、世界各地佛教動態、佛光人的各種活動。

某一時期節目具體如下表所示：

第四節　社會弘法的管道

時間	星期一	星期二	星期三	星期四	星期五	星期六	星期日
06:00	梵音清流							
06:30	人間生活禪							
07:00	電視佛學院 佛教經典	電視佛學院 佛教教用	電視佛學院 佛教教理	電視佛學院 佛教教史	電視佛學院 學佛行儀	生活講座	佛學講座
08:00	BBC飛越生活流					假日卡通	假日卡通
09:00	約會在早晨				台灣關懷情	星雲大師 佛經講座
10:00	夜診熱線				拈花微笑元曉大師劇集	寺院巡禮 發現台灣
11:00	白冰冰　帶「法」修行				看手在說話關心影集神仙家庭	大陸行腳 關心影集 我愛露西
12:00	卡通　唐・吉訶德				大千世界	BBC 飛越生命線
12:30	海洋女孩					
13:00	懷念劇場　星星知我心				假日劇場 漢王劉邦	假日劇場 漢王劉邦
14:00	經典影集 虎膽妙算	經典影集 功夫	經典影集 法網恢恢	經典影集 輪椅神探	經典影集 飛俚戰史	星雲大師 佛經講座	日長片
15:00	電視佛學院 佛教經典	電視佛學院 佛教教用	電視佛學院 佛教教理	電視佛學院 佛教教史	電視佛學院 學佛行儀	假日卡通	
16:00	人間生活禪				談節目 焦點與觀點	假日卡通
16:30	長頸鹿美語教室					
17:00	卡通　唐・吉訶德				千世界	
17:30	海洋女孩					
18:00	BBC　飛越生命線				寺院巡禮 發現台灣	台灣心 關懷情
19:00	懷念劇場　星星知我心				看手在說話 關心影集 神仙家庭	大陸行腳關心 影集我愛露西
20:00	經典影集 功夫	經典影集 法網恢恢	經典影集 輪椅神探	經典影集 飛俚戰史	經典影集 虎膽妙算	假日劇場 漢王劉邦	假日劇場 漢王劉邦
21:00	白冰冰帶「法」修行				假日長片	論壇節目 焦點與觀點
22:00	夜裡熱線					拈花微笑元曉大師劇集
23:00	電視佛學院 佛教經典	經典影集 法網恢恢	電視佛學院 佛教教理	電視佛學院 佛教教史	電視佛學院 學佛行儀	生活講座	佛學講座

201

臺灣佛教

第四章　臺灣佛教的社會弘法

「白冰冰帶『法』修行」節目採用現場直播的方式播出，節目中邀請律師、法界人士給予「法」的解釋，還有心理諮詢專家的評點、有關社會人士介紹經驗及當事人現身說法，並邀請熱心觀眾參加，與觀眾形成互動，讓大家一起來為臺灣社會找出平衡點。「夜診熱線」節目不僅追蹤介紹當時社會上最熱門的醫藥衛生話題，還特別讓攝影機走進手術室或診療室，深入醫療網的最前線，拍攝最真實的畫面，並邀請醫生、養生的有關專家、病患及有特殊經驗的人士共同引領觀眾，化解社會上民眾對醫療問題的各種疑慮，更好地把握自己的健康。「看手在說話」是完全服務於聽障人的節目，完全以手語主持表演，由聲劇團演員吳學孟及藝術學院四年級演員顏淑怡擔綱，由最受聽障人士喜歡的綜藝節目主持人胡瓜、高怡平加盟第一集演出。「約會在早晨」旨在推廣婦女「愛家」觀念，宣揚家庭婦女「知性與感性」多樣化思維，進而激發婦女經營家庭的多元化方式。「佛光衛視」多次配合大型活動製作節目，在社會上引起反響。如 2002 年 2 月至 3 月，中國陝西扶風法門寺佛指舍利赴臺供奉，臺灣佛教各山頭「不看僧面看佛面」，共襄盛舉，臺灣成千上萬民眾爭相瞻禮，盛況空前，是臺灣有史以來規模最大、參與人數最多的宗教活動。「佛光衛視」創臺灣媒體紀錄，首度聯合全臺十餘家電視媒體，免費現場轉播供奉佛指舍利法會盛況，「佛光衛視」本身現場直播次數高達 17 場，創下開臺來單月最高直播次數，凸顯了兩岸的法乳一脈和同文同種。再如 2002 年 9 月 1 日，由「佛光衛視」、佛光山《人間福報》及「國際佛光會中華總會」共同策劃承辦的「媒體環保是日，身心零汙染」活動正式拉開序幕，由「佛光衛視」創辦人星雲法師帶領各媒體主管、新聞主播在大安森林公園舉行誓師大會，要以全民的身心淨化為己任，倡導臺灣地區、平面、廣播等三在媒體，共同推動媒體淨化活動，以「不色情、不暴力、不扭曲」為主旨，呼籲「做好事、說好話、存好心」的理念，以圖喚起臺灣媒體的自省、自覺，為臺灣人民的身心淨化以及媒體的團結寫新頁。「佛光衛視」開播的節目多次獲獎，如 1998 年，「番茄勇士」獲優質卡通獎；

1999 年，獲金鐘獎五項提名入圍、兩項金鐘獎，「帝王之旅」節目獲金鐘獎最佳剪輯獎，「看手在說話」獲金鐘獎最佳教育主持人獎；2000 年，「行行有狀元」節目獲金鐘獎優良談話節目獎，「生活經典」節目獲金視獎，「寶

第四節　社會弘法的管道

貝家庭妙事多」節目獲優良社教節目獎，「人間行路」節目獲社會建設獎；2001 年，獲「新聞局」頒發的「優良衛星頻道獎」，「佛光新聞——罕見天使系列報導」獲「社會光明面報導優等獎」，「DR 酷」節目獲金鐘獎最佳兒童節目主持人獎，「蒲公英的天空」節目被臺北市指定為各級學校補充教材；2002 年，「讀一流書」節目入圍金鐘獎文教資訊節目主持人獎，「行腳僧游記」節目獲「內政部」頒發的宣揚古蹟特別獎，獲「新聞局」頒發的「優良衛星頻道獎」。

　　2002 年 10 月，「佛光衛視」正式更名為「人間衛視」，其原因，是為了進一步貼近所謂「佛法在人間，不離世間覺」，使人間佛教的理念更清晰、更明確。更名後「對人間佛教的推行將更積極、更廣泛、更人性化、更生活化；在頻道的定位上更明確、在節目的製作上更多元，最重要的是，在系統的推廣上也將更有利、更有力。」[75] 人間衛視以「祥和、歡喜」為精神內涵，在頻道定位上，從四大方面求發展：一是年輕化，製作年輕屬性的節目，引導青年往健康道路上成長，大力製作以青年為訴求的「MVP 青年記事簿」、「玫瑰綻放」、「小沙彌看世界」卡通動畫等節目，並儘量製作更多屬於年輕人的節目；二是教育化，繼續製作已播出的具有社教意義的「讀一流書」、「電視佛學院」、「人間福報佛學院」、「迷悟之間」等系列節目，並規劃「小小讀經快樂行」等節目，為社會每一階層人士提供精神食糧；三是國際化，規劃更多的國際性節目，有關世界生態的環保節目、有關全世界佛光人動態的英語新聞——「人間環宇新聞報」，有英語佛教故事，並逐步將星雲法師的佛經講座及梵音清流早晚課誦等節目搭配英文字幕播出；四是公益化，發揚人間佛教慈悲的精神，關心社會、協助弱勢，對社會公益報導不遺餘力，「蒲公英的天空」、「大地之歌」、「雲水之愛」等都表達了人間衛視對社會的關心。人間衛視至 2003 年 2 月 13 日，在臺灣地區總普及率已達 96%，在全臺灣總數 70 家系統業者中，全天播出的有 54 家，半天播出的有 13 家，未播出的 3 家。人間衛視為實現在頻道位置上達到理想目標，走出一條新路，開始擺脫宗教臺的傳統束縛，建立公益教育的形象，力圖以此爭取公益頻道區塊，鎖定全臺七十頻道以前的位置，以便於觀眾點選收視。雄厚的經濟來源是支撐電視臺的關鍵，人間衛視除了向當局爭取公益或教育類型節目製作

費外，主要透過三個渠道增加收入：一是爭取企業贊助，如為贊助企業量身製作並播出《成長與成功的故事》特輯、為贊助企業製作並播出企業形象廣告、為贊助企業製作並播出節慶形象廣告、安排企業主於《人間行者》節目專訪；二是釋出頻道時段，為既兼顧人間衛視的嚴格品質，又增加頻道收入，人間衛視已釋出百分之四的時數，以播出其他佛教電臺製作的佛教節目，旨在以此方式，慎選節目釋出時段增加收入；三是開發周邊商品，在節目的開發上，考量節目後端及周邊的商品開發，一方面配合節目的推出提高節目曝光率，一方面為人間衛視開源，同時與市場通路結合，增加商品普及率及銷售量，如配合節目推出《小沙彌看世界》的周邊產品，諸如環保袋、香包、VCD、DVD 等，受到市場歡迎。[76]

（二）慈濟功德會大愛電視臺。慈濟功德會的大愛電視臺於 1998 年開播，當時提出的口號是「大愛，讓世界亮起來！」並立下「臺灣無以為寶，以愛為寶」的宏願，旨在讓大愛發揮光芒，使臺灣成為愛心之島。其目的，正如證嚴法師所言：「我們現在社會最缺乏的就是『愛』、『真誠的愛』、『廣大的愛』。愛是可以互相感染的，光靠新慈濟人在日常生活中一對一的宣傳是不夠的，所以我們需要借助媒體，『一眼觀時千眼觀』，讓愛傳出去，到那時就『一手動時千手動』」。「世間有愛就有力量，這一股愛來自清流、來自於無私、來自於奉獻，而這需要透過文化工作，普遍注入人心，所以我常說淨化人心、祥和社會、祈求天下無災難，這都要依仗於文化的普遍，這就是慈濟希望大愛電視的文化工作。」證嚴法師的話闡明了創辦大愛電視臺的原委、大愛電視臺工作的內容和方向，已成為大愛電視臺工作人員的座右銘。大愛電視臺創辦伊始，就用「為時代作見證，為慈濟寫歷史」理念來製作節目。開播至 2005 年，從播出的節目上看，並以 2001 年 12 月遷回南港籌備獨立建臺為界，可分為前後兩個時期。

第一時期為 1998 年至 2001 年這前 4 年，當時臺址靠租用，其特點是播出節目從選擇外片逐漸向自己製作過渡，內容逐漸向社會貼近。大愛電視臺剛創辦時，播出節目主要為三個方面內容，分別為「大愛外片」、「大愛節目」、「大愛新聞」。第一方面的「大愛外片」，主要尋求、選擇海外適合大愛臺播出的電視節目，如與英國國家廣播公司（BBC）、加拿大國家電影

第四節　社會弘法的管道

局（NFBC）、美國公共電視臺（PBS）、日本放送協會（NHK）、日本讀賣電視臺（YTV）、韓國公共電視臺（KBS）等合作，精選其製作的優質影片。剛播出時，具體內容如：1. 奧斯卡動畫。時間為星期天 19：00-19：30。以環保、家庭、教育為主題，其中有許多生活環保小知識。已播出的作品如《植樹人》，由發生在普羅旺斯的真實故事所改編，故事主人翁以一人之力創造了一個世紀奇蹟。2. 親子教育類。具體節目有：《電梯向上爬》，時間為星期六 19：00-19：30。一大群來自世界各地的可愛孩子，六個不同種族不同背景的社區家庭，一個會說話智慧高深莫測的電梯，還有一家三隻小豬一隻狼的咖啡館。《真善美》，時間為星期一至星期五 19：00-19：30，將糅合音樂與歡樂、希望與挫折的「DO 是一隻小小鹿，RE 是一滴黃金雨，ME 是我在呼喚我自己」這部臺灣人早已耳熟能詳的影片，採用卡通的形式播出，使觀眾認識什麼是真善美。3. 戲劇類。具體節目有：《醫院風雲》，時間為星期天 17：30-18：30。畫面由醫院急診室忙碌的身影，延伸至社會環境錯綜複雜的人際關係，跌宕起伏的劇情揭示了深刻的道理。《戰火赤子情》，時間為星期六 23：00-24：00。敘述一個以音樂療傷、洗滌戰爭痛苦的故事，作品表現了在戰爭中兩個家庭、四個孩子的悲歡離合。4. 紀錄片系列。具體節目有：《作家身影》，時間為星期天 22：30-23：30，透過走訪實地，重現五四運動時期的著名作家魯迅、沈從文、張愛玲、周作人的身影，為中國現代文學史留下足跡。《現代啟示錄》，時間為星期日 20：30-21：00，報導空難現場、軍事失誤、工程過失所造成的血淚記憶，以及現場第一線搶救生命的記錄。5. 日本劇場。時間為星期一至星期四 22：00-24：00，具體節目如：《我們的青春》，透過展示家庭生活平凡小事，表現了夫妻之間充滿智慧的相處藝術；《大婚之日》，在男友及其父母成全下，患血癌的女主角仍然踏上了紅地毯，臨終時，她心中充滿了感恩；《全心奉獻》，取材於日本知名導演家城己代與病魔搏鬥的真實故事；《戀人車站》，講述了三段在車站發生的溫馨感人的愛情故事。第二方面的「大愛節目」，皆為大愛電視臺自制的節目，具體內容如：1. 教育文化類。具體節目有：「巧手素家常」，時間為星期一至星期五 17：30-18：00，每集邀請素食名廚為觀眾量身定做各種健康素食，並教導如何利用時鮮蔬菜，做成經濟又有營養的素食。「慈

205

臺灣佛教
第四章　臺灣佛教的社會弘法

濟世界」，時間為每天20：00-20：30，每天不同的單元，從多角度、多方面來介紹慈濟各項志業的發展現狀和未來，如：星期一《人間廣角鏡》全面深入地介紹慈濟四大志業、八大腳印的未來走向；星期三《慈悲之愛》主要介紹慈濟在慈善、醫療方面所開展的活動；星期四《快樂菩薩行》主要介紹慈濟醫生、護士與社工等醫療團隊與病患者互動的真情故事；星期六《衲履足跡》忠實展示證嚴法師每日弘法行腳情況，《海外報導》主要介紹海外慈濟志業發展現況。2. 綜藝節目類。具體節目為《師兄放輕鬆》，時間為星期五21：00-22：00，主要請慈濟護法男居士慈誠師兄在輕鬆活潑的氣氛中，暢談加入慈誠隊的因緣際會，並分享個人在遵守慈濟「十戒」的體會。3. 紀錄片類。具體節目為《走過從前》，時間為每天20：57-21：00，忠實簡要地介紹慈濟自創立到發展、直至志業足跡遍布海內外的過程，生動地展示了慈濟的發展史。第三方面的「大愛新聞」，捨棄一般政治、經濟或社會陰暗面的取材模式，大愛新聞以媒體清流為使命、臺灣社會及全球慈濟人為主軸，以即時性、深度化的報導為慈濟發聲。具體節目如：星期一至星期五播出《大愛早安心新聞》、《大愛午安心新聞》、《大愛新聞民生晚報》及《慈濟人慈濟事特別報導》等常態新聞，力圖以深度專題強化人性光明。具體節目還有：《大愛新聞雜誌》，時間為星期五22：00-23：00，深度剖析臺灣教育、文化、生態等敏感問題的變遷，以愛的角度出發，真實看待社會問題。《大愛客語新聞週刊》，時間為星期六12：30-13：30，播報客家語家族的生活圈新聞大事，活絡客家族群交流管道，也借此讓一般觀眾認識瞭解客家文化。《慈濟與您健康有約》，時間為星期一至星期五13：00-13：30，連接花蓮醫療體系，即時為觀眾解答醫療問題。《大愛青春快訊》，時間為星期六18：00-19：00，主持人與慈青記者精英，將慈濟精神融入節目中，旨在向新一代年輕人宣傳慈悲善心的思想。[77] 開播一年多後，至1999年9月6日，大愛電視臺的節目又做了新調整，其中對觀眾影響最大的是於星期一至星期六21：00播出《大愛劇場》，其內容是由慈濟真人真事改編成的連續劇，第一批播出的有17個單元故事、103集。以首先播出的《阿彩》為例，劇中描述一位從小缺乏父愛的女孩，嫁給了長她31歲的軍人，老夫少妻間的鴻溝，讓女孩迷失於外面五光十色的生活。丈夫的苦苦規勸、兒子的叛逆反抗，

第四節　社會弘法的管道

都喚不回她墮落的心。後在慈濟人幫助下，她脫胎換骨，走向新生。此外還播出《我想有個家——陳祈全》、《變臉老爸——藍金元》、《一念之間——郭丁榮》等慈濟人的故事。為了讓觀眾能在有限的時間內知曉最新資訊，大愛電視臺特別調整出「整點新聞」，除上午6：00《早安慈濟人》、正午《午安慈濟人》、晚間19：00《大愛新聞晚報》及23：00《晚安慈濟人》外，上、下午各有三、四節整點播報，內容為海內外慈濟人在慈善、醫療、教育、文化這四個方面所做的工作。[78] 至2000年，大愛電視臺節目又有些調整，其中比較有影響節目如：《人間菩提》，每日定時播出證嚴法師的開示精華；《心靈園丁》，由主持人融入慈濟最新動態邀請訪談人物，與來賓話家常，分享不同人生體驗。戲劇類節目有代表性的如《失落的名字》，以時空交錯的手法，描寫一個40年沒有開口說話的窮苦阿嬤受到愛的陽光普照，放棄了自殺的念頭。《阿爸》描寫小戽斗的阿爸在愛的感召下改變了大男人的形象，讓人明白要心寬才能有更大的空間。《醫療拓荒者》全方位採訪臺灣各地中外醫護人員深耕愛心的故事，完全沒有宗教色彩。《慈濟大體捐贈——李鶴振篇》，為慈濟志工拍攝紀錄的真實報導：為了完成大體（遺體）捐贈，李鶴振在胰臟癌末期仍然堅持不動刀、不做化學治療，為求沒有傷口以完成大體捐贈寧願忍受那種撕心裂肺的痛苦。他在意識清楚時，還會向醫學系學生詳細說明身上的毛病，並再三叮囑這些學生，一定要將從他身上觀察到的情況加以融會貫通。[79] 大愛電視臺開播後，一路走來，聲譽日隆，獲獎無數，如：1999年3月6日獲第34屆電視金鐘獎；2000年3月24日《人間菩提》、《心靈園丁》、《醫療拓荒者》獲「行政院新聞局」頒發《廣播電視社會建設獎》；2000年7月3日《經典——看山的人》、《香蕉坑之歌》、《溫暖滿人間——1990心蓮》、《花之嶼》獲「文建會」頒發「第四屆地方文化紀錄影帶獎」；2000年8月29日金視獎入圍16項，居有線電視之冠；2000年10月6日入圍9項金鐘獎，《醫療拓荒者》、《大體捐贈公益廣告》敲響兩座金鐘；2000年10月18日，「大愛電視」獲「新聞局」頒發「優良衛星電視頻道獎」；2001年8月19日入圍12項金鐘獎，居有線頻道第一名，兩度敲響金鐘，《大愛劇場》獲最佳男配角獎，《經典節目》獲最佳攝影獎。

臺灣佛教
第四章 臺灣佛教的社會弘法

　　第二時期為 2002 年至 2005 年，其特點是節目進一步貼近現實，紀錄片數量和質量都不斷提高，為滿足觀眾瞭解中國的需求，增加了不少在中國拍的紀錄片。大愛電視臺所播出的內容繼續堅持以「是否淨化社會人心」為唯一標準，不做廣告，其費用來源除了慈濟功德會撥款外，還來源於環保志工、小額捐款、企業無償贊助等。至 2003 年，共租用 4 個衛星頻道 24 小時播放節目，費用極大，臺中人戲稱是「專幹燒鈔票的事」。該臺曾將中國山區一位老師癱瘓後還堅持給孩子們上課的動人事跡拍成電視劇，在黃金強檔播出，使觀眾深受感動，收視率創臺灣第三。2003 年 4 月播出的《印順導師傳》也為有影響的節目之一。印順法師 1906 年出生，1930 年 10 月 11 日於浙江普陀山福泉庵清念老和尚座下剃度，曾歷經清末、民國、北伐、抗戰時期後赴臺。年輕時，他身處中國最動盪、最苦難的時代，當時佛教的傳播面臨流於形式的危險。印順法師爬梳浩瀚佛典，闡揚「人間佛教」理念，強調「佛在人間」。八集的《印順導師傳》採用編年體的敘事方式，紀錄年代從 1906 年至 2003 年，每集 24 分鐘，以《無量義經》中的八句經文「靜寂清澄、志玄虛漠、守之不動、億百千劫、無量法門、悉現在前、得大智慧、通達諸法」為八集主題，力圖真實展示印順法師為佛教思想溯本清源、找回佛陀本懷的學佛歷程。紀錄片對照近百年來的時空背景，讓觀眾真正理解這位佛教界名人的思想發展，受到廣大觀眾如潮的好評。為製作這部電視片，大愛電視臺動員約 40 名工作人員展開資料研究、實際訪談、法師早年行跡路線拍攝、文稿撰寫及修潤，最後在中國有關專業人員的支持下完成。擔任製作的專案工作人員何建明道出了其中的艱辛與感悟：「8 個月採訪期間，導師共接受 15 次、每次約 2 小時的訪談，不論提問的深淺，導師從不拒絕，總是盡力解說到大家明白為止，我深深地受到導師的慈悲，以及平實平淡中流露出的偉大。而教界的高僧大德、學者也都願意接受採訪，實在非常感恩。我們總計拍攝了 83 捲影帶，整個過程中，收穫最大的是我自己。」[80] 印順法師已於 2005 年示寂，因此這部紀錄片更加彌足珍貴。至 2003 年，大愛電視臺的節目又做了新調整，有代表性的主要節目如：1.《大愛全球新聞》。透過《早報》、《午報》、《晚報》、《夜報》，每天以四個時段提供全球訊息，積極報導慈善、醫療、教育、文化、環保及要聞，力圖「為時代的美善作見證，

第四節　社會弘法的管道

為人類的大愛寫歷史」。2.《大愛劇場》。具體節目如：《阿母醒來吧》、《天地有情》、《回家》、《詠》、《真情回味》等，力圖以不一樣的戲劇訴說真實故事，生動展示生老病死、悲歡離合的真實人生。3.《早安慈濟人》。具體節目如：《人間菩提》，播報證嚴法師每日開示。《人生之美》，展示無處不在的全球慈濟人活動的身影與志工現場，暢談日不落慈濟世界。《志工筆記》，紀錄慈濟醫院志工慰問病患、鼓舞醫療團隊的事跡。《愛灑人間》，分享志工同仁服務非營利機構的點滴體會。4.《日安大愛》。具體節目有：《慈濟與您健康有約》，以個案剖析醫病關係，告誡在醫術之外，更要用愛心照顧病人。《溫馨醫病情》，由資深醫界人士現場討論典型病例，紀錄志工、病人與醫療團隊之間的故事，尋回人傷我痛、視病猶親的醫病關係。《環宇慈濟情》，全球慈濟志工連線報導，以歡喜心情，散播愛的種子。《大愛會客室》，與名人分享人生體驗和生活智慧。《大愛卡通》，帶狀卡通，每日一句靜思語。5.《午安大愛》。具體節目有：《靜思晨語》，播報證嚴法師的佛典開示。《菩提種子》，報導歡喜做慈濟的跨世紀青年種種活動。《草根菩提》，報導草根人物（普通人物）平凡的生活和飽滿的生命力。《大地與人的對話》，親近臺灣自然之美，認識臺灣生態環境，讓觀眾知福惜福再造福。6.《大愛親子堡》。具體節目有：《大愛才藝班》，教觀眾人人動手學習手工藝，生活添樂趣。《現代新素派》，講述吃素最健康的觀點，介紹素食餐點和每天一道菜，讓觀眾吃出活力與健康。《大愛引航》，親子互動，老師教學，共同學習，一起成長。《大愛 ABC》，透過傳統布袋戲，教觀眾學習生活中的 ABC，使學習英文成為有趣的活動。7.《晚安大愛》。具體節目有：《大愛劇場》，透過平凡人家真實故事，忠實呈現深刻人生。《大愛九點 Call-in》，依據大愛劇場內容擬定討論主題，與觀眾分享生命至情。《大愛醫生館》，大林慈濟醫院副院長簡守信以深入淺出的方式，引領觀眾瞭解醫病關係的深情與大愛。《殷瑗小聚》，以音樂、藝術、文化分享藝文人士的生活。8.《週日記錄報導》。具體節目有：「衲履足跡」，為證嚴法師行腳各地的影像紀實。「希望工程」，記錄地震殘壁中升起的新希望，數百名映像志工拍攝「9·21」希望工程學校的重建過程，報導建築及人文之美。《經

典》，深度報導臺灣人文地理。《9·21 山河變》，記錄自 1999 年「9·21」大地震以來，臺灣各地災區的情況與復原工程進度。

以大愛電視臺 2003 年 4 月 21 日至 27 日播出的節目表為例：

第四節　社會弘法的管道

時間	星期一	星期二	星期三	星期四	星期五	星期六	星期日
00:00 00:15 00:30	大愛劇場《夜明珠》第7-13集							
00:48	大愛會客室						
01:00 01:15	殷瑗小聚	大愛全紀錄—健康有約	菩提種子	寰宇慈濟情	草根菩提	大愛新聞雜誌	經典
01:30 01:45		靜思晨語					大愛鹹酸甜
02:00 02:15 02:30	後山素描	慈濟新聞深度報道					大愛手語
02:30 02:45	細語慈濟						
03:00	人間菩提						
03:15 03:30 03:45	大愛劇場《夜明珠》第7-13集						
03:48	大愛會客室						
04:15 04:30 04:45	印順導師傳第八集	大愛全紀錄-寰宇慈濟情	經典雜誌TV	大愛新聞雜誌	健康有約	菩提種子	映象志工社區報道
05:00 05:15 05:30	法華經序						
05:45 06:00	靜思晨語				衲履足跡	衲履足跡	
06:15	草根菩提				愛兒童周刊	草根菩提	
06:30	大愛小記者						
06:45	大愛新聞早報						
07:00	細說慈濟						
07:15 07:30 07:45	早安花蓮				映象志工社區報道	衲履足跡	

211

第四章　臺灣佛教的社會弘法

續表

時間	星期一	星期二	星期三	星期四	星期五	星期六	星期日
08:00	人間菩提							
08:15		靜思晨語				經典	菩提心要
08:30							
08:45		慈濟新聞深度報道					
09:00							
09:15	大愛劇場 《夜明珠》第7-13集						
09:30							
09:45							
09:48	大愛會客室						
10:15		靜思靜語				溫馨醫病情	慈濟歌全球唱
10:30							
10:45		早安花蓮				大愛兒童周刊	
11:00							
11:15	印順導師傳第八集	大愛全紀錄一草根菩提	健康有約	菩提種子	經典雜誌TV	寰宇慈濟情	戲說人生
11:30							
11:45							
12:00	殷瑗小聚					慈樂飄揚	慈樂飄揚
12:15	人間菩提							
12:30	大愛新聞午報						
12:45							
13:00	大愛劇場 《夜明珠》第7-13集						
13:15							
13:18	大愛會客室						
13:45		現代新素派				大愛鹹酸甜	大愛周日劇場 拼命阿煌
14:00							
14:15		大愛醫生館				殷瑗小聚	
14:30		公益百分百					
14:45		靜思晨語					
15:00		慈濟新聞深度報道				大愛手語學校	
15:15							
15:30	細說慈濟						

第四節　社會弘法的管道

續表

時間	星期一	星期二	星期三	星期四	星期五	星期六	星期日
15:45	人間菩提						
16:00	大愛劇場						
16:15	《夜明珠》第7-13集						
16:30							
16:48	大愛會客室						
17:00							
17:15	印順導師傳 第八集	大愛全紀錄－經典雜誌TV	大愛新聞雜誌	健康有約	菩提種子	草根菩提	後山素描
17:30							
17:45	現代新素派				菩提心要	映象志工 社區報道
18:00					
18:15	菩提心要				大家鹹酸甜
18:30	大愛手語學校				
18:45	功課百分百			愛兒童周刊	衲履足跡
19:00	大愛小記者				
19:15							
19:30	大愛新聞晚報						
19:45	人間菩提						
20:00							
20:15	大愛劇場						
20:30	《夜明珠》第8-14集						
20:45	20:45細說慈濟						
21:00	大愛劇場9點檔						慈濟歌 全球唱
21:15	《在牽你的手》第13-19集					
21:30	大愛全紀錄 －健康有約	菩提種子	草根菩提	球宇慈濟情	大愛新聞雜誌	經典	
21:45						
22:00	靜思晨語					殷瑗小聚	菩提心要
22:15				
22:30	殷瑗小聚				
22:45	大愛醫生館				
23:00	人間菩提						
23:15	草根菩提					慈樂飄揚	戲說人生
23:30	慈濟新聞深度報道				大愛手語學校	
23:45					慈樂飄揚

213

第四章　臺灣佛教的社會弘法

再以大愛電視臺 2005 年 9 月某日播出的時段與節目為例：

時間	內容	時間	內容
00：04	大愛會客室	00：15	戲說人生
00：45	日出(三)	02：45	人間菩提
03：00	草山春暉	03：45	大愛會客室
04：00	慈濟新聞深度報導	04：30	法華經序A
05：30	衲履足跡	05：55	人間菩薩
06：00	大林筆記	06：30	全球新聞-晨間新聞
07：15	TZUCHITHISWEEK	07：45	人間菩提
08：00	菩提心要	08：30	卡通第二季5版
08：57	人間菩薩	09：00	草山春暉
09：48	大愛會客室	10：00	全球新聞
10：15	地球的孩子	11：00	慈濟新聞深度報導
11：30	靜思書軒	11：45	人間菩提
12：00	全球新聞	12：30	草山春暉
13：18	大愛會客室	13：30	日出(四)
15：27	人間菩薩	15：30	全球新聞
15：45	人間菩薩	16：00	草山春暉
16：45	大愛會客室	17：00	戲說人生
17：30	殷瑗小聚	18：00	慈濟新聞深度報導
18：25	人間菩薩	18：30	衲履足跡
18：58	全球新聞	19：45	人間菩提
20：00	草山春暉	20：45	靜思書軒
21：00	戲說人生	21：27	人間菩薩
21：30	九‧二一希望工程-看見希望六周年特別節目	22：30	大林筆記
23：00	人間菩提	23：15	草山春暉

第四節　社會弘法的管道

再以大愛電視臺 2005 年 9 月另一日播出的時段與節目為例：

時間	內容	時間	內容
00：04	大愛會客室	00：15	大愛醫生館
00：30	菩提心要	01：15	每日靜思語
01：30	甘草人生	01：55	人間菩薩
02：00	大林筆記	02：25	音樂有愛
02：30	大地與人的對話12版	02：45	人間菩薩
03：00	草山春暉	03：45	大愛會客室
04：00	慈濟新聞深度報道	04：30	法華經序A
05：30	靜思晨語	05：55	人間菩薩
06：00	大愛醫生館	06：15	草根菩提
06：30	全球新聞-晨間新聞	07：15	音樂有愛
07：20	每日靜思語	07：30	TZUCHIHEADLINES
07：45	人間菩提	08：00	靜思晨語
08：25	人間菩提	08：30	深度報導
09：00	草山春暉	09：48	大愛會客室
10：00	全球新聞	10：15	大愛醫生館
10：25	人間菩薩	10：30	草根菩提
10：45	東南亞新聞	11：00	大愛小主播24版
11：30	TZUCHIHEADLINES	11：45	人間菩提
12：00	全球新聞	12：30	草山春暉
13：18	大愛會客室	13：30	慈濟與您健康有約
13：45	人間菩薩	14：00	草根菩提
14：15	音樂有愛	14：22	每日靜思語
14：30	大愛的孩子	15：15	大愛醫生館
15：30	全球新聞	15：45	人間菩提
16：00	草山春暉	16：45	大愛會客室

續 表

時間	內容	時間	內容
17:00	甘草人生	17:30	現代新素派
18:00	慈濟新聞深度報導	18:30	大愛小主播24版
18:58	全球新聞	19:45	人間菩提
20:00	草山春暉	20:48	大愛醫生館
21:00	靜思晨語	21:25	人間菩薩
21:30	慈濟與您健康有約	22:00	全球新聞-夜間新聞
22:25	音樂有愛	22:30	TZUCHIHEADLINES
22:45	大地與人的對話12版	23:00	人間菩提
23:15	草山春暉		

　　比照2003年與2005年的播出的時段與節目，可看出大愛電視臺在播出節目方面的特點和趨向：第一，從節目的持續性上看，三年中有一半以上欄目被保留，如《大愛會客室》、《殷瑗小聚》、《人間菩提》、《法華經序》、《現代新素派》、《大愛醫生館》、《靜思晨語》、《慈濟新聞深度報導》、《草根菩提》、《健康有約》、《戲說人生》、《衲履足跡》、《大地與人的對話》等，可見大愛電視臺還是比較注意節目的穩定性。這些欄目經過深思熟慮，有較強的前瞻性，並不斷在播出中得以提升，故日趨精美，能以其質量吸引觀眾，有的已成為品牌。也正是因為有一定的觀眾基礎，受到觀眾歡迎，才得以保留。第二，從節目的設置上看，雖是佛教團體辦的電視臺，卻形式多樣，不拘一格，並不僅侷限於佛教徒，節目中除了有經書講解、證嚴法師語錄和行蹤外，還有大量的新聞、音樂、環保、健康、讀書、吃的學問、社會熱點討論、電視劇等非佛教徒也極感興趣的節目，一天下來，訊息量大，內容豐富多彩，既有佛教特點，更有一般觀眾所需要的喜聞樂見的節目，這或許是大愛電視臺成功的主要因素之一。第三，從播出的時間長短上看，時間以45分鐘200至15分鐘為多。時間最長的為2小時，如電視連續劇；也有時間為1個小時的節目，如《佛經講解》；時間為45分鐘的節目，如表

現在慈濟影響下孩子的成長故事、表現臺灣自然之美和認識臺灣生態環境的紀錄片、播報東南亞新聞、介紹醫病關係等；時間為 30 分鐘的中等節目最多，如講述素食與健康、專題報導社會熱點、介紹全球新聞、分享藝文人士生活體驗等；時間為 25 分鐘的節目也不少，如介紹證嚴法師行蹤、表現志工活動等；時間為 15 分鐘的節目居第二多，有證嚴法師開示的短語、有讀書品書、有介紹平凡人生活等；時間最短的僅 5 分鐘，如音樂節目等。隨著時段、日子的不同，各節目的時間也會做相應調整。第四，從播出的時段上看，每天早晨、中午、晚上的黃金時段，都用以播報新聞節目，電視連續劇和對佛經的解說則安排在 0 點過後至 5 點 30 分之間進行，19 點 45 分至 21 點 30 分之間則播出臺灣社會對佛法的實踐所產生的積極效果（如《人間菩提》、《人間菩薩》等），節目不是機械地宣傳佛法，而是讓觀眾隨著節目中出現的一個個活鮮鮮的人物和故事走進佛法；這一時段節目還播出每個人如何關注自己的健康等人人感興趣的內容（如《大愛醫生館》、《慈濟與您健康有約》等），因此受到觀眾喜愛，收視率居高不下，成為臺灣最具影響的佛教電視臺。

　　（三）佛教衛星電視臺（後也稱慈悲電視臺、佛衛電視慈悲臺、佛衛慈悲臺）。由臺南新營妙法禪寺住持心田法師於 1996 年 10 月 5 日創辦，後從新營遷至高雄中山二路。其創辦的目的和宗旨是：弘法、教育、服務。佛教衛星電視臺堅持不將弘法時段做買賣，因婉拒政商財團贊助，加上種種原因，經費不足一直是該臺最大的困難。創辦初期，心田法師已投入七八千萬元；至 2005 年 10 月，每月需要六七百萬元，僅靠少數法師捐款及每月護持會員交納的 200 多萬元護持費，每月缺口相當大。由於經費不足，佛教衛星電視臺的設備難以更新，20 多名工作人員長期在空間不大的場所工作，條件相當艱苦。因為資源不足，所有自制節目及廣告動畫製作，都是由本臺工作人員自行製作。根據佛教衛星電視臺播出節目的變動情況，從 1996 年開播至 2005 年，可分為四個時期。第一時期為 1996 年開播至 1998 年，以 1997 年 9 月所播出的節目為例，在時間分配上，基本上分為 1 個小時和 30 分鐘兩種類型。具體節目，時間為兩個鐘頭的節目僅有空中佛學院課程；時間為 1 個小時的節目有：《早課》、《蓮池海會》、《空中佛學院師資介紹》、《打

第四章　臺灣佛教的社會弘法

坐入門功用行》、《健康世界》、《佛法講座》（志心法師）、《佛衛廣場》、《佛經講座》（淨空法師）、《美麗新世界》、《生活即禪》、《佛法講座》（如本法師）、《青草藥漫談》、《晚課》、《佛學講座》、《佛經講座》（傳道法師）、《名剎之旅》、《聖印法露》；時間為 30 分鐘的節目有：《佛經講座》（心田法師）、《清涼禪語和佛曲欣賞》、《佛教之聲》、《兒童故事》、《大法鼓》、《中國佛教》、《大唐西域記》、《插花》。第二時期為 1999 年至 2001 年，以 2001 年 9 月播出節目為例，取消了 2 小時的空中佛學院節目，時間為 1 小時的節目調整為：《早課》、《金剛經》（妙境法師、傳布法師）、《海濤法師弘法行》、《佛學講座》、《蓮池海會》、《菩提心修要》、《晚課》、《慧律法師講經》、《聖嚴法師講經》、《海濤法師巡迴講座》、《華嚴經導讀》、《天台宗綱要》、《念佛時間》；時間為 30 分鐘的節目調整為：《法華經》、《四十二章經》、《念佛時間》、《地藏經》、《能學淺說》、《花藝教學》、《慈音甘露》、《海濤法語》、《心靈法語》、《佛學講座》、《生死之謎》、《禪林寶訓》、《佛教英語》、《陽光經過我家前》、《漫畫漫話》、《陽光的故鄉》、《慈悲三昧水懺》、《繽紛花世界》、《兒童故事》、《名剎千里遊》。第三時期為 2002 年至 2003 年，以 2003 年 4 月播出節目為例，時間為 1 小時的有：《早課》、《海濤法師弘法行》、《成佛之道》、《大方廣佛華嚴經》、《瑜伽師地論》、《海濤法師巡迴講座》、《監獄弘法行》、《四十八願》（悟道法師）、《八關齋戒晚課》、《律寺晚課》、《海濤之聲》、《四十八願》（鑑因法師）、《金剛經》、《安寧療護》、《認識生命》、《不一樣的聲音》（聖嚴法師）、《菩提心要》（證嚴法師）、《大法座》、《經典佛曲》；時間為 30 分鐘的有：《達摩十二首》、《十方拳》、《念佛時間》、《楞嚴經》、《心經》、《蓮池海會》、《清涼法語》、《海濤法語》、《修行故事法要》、《經典佛曲》、《法句經故事集》、《大悲咒與經典佛曲及蓮花色女》、《藥師經》、《智者的故事》、《能學淺說》、《四十二章經》、《素食之美》、《百味香》；時間為 6 分鐘的有：《二時臨齋儀》。第四時期為 2004 年至 2005 年，以 2005 年 9 月播出的節目為例，時間為 2 小時的有：《曉光空中佛學院》（由眾法師解說的佛說阿彌陀經、圓覺經、百法明門論、中國佛教史、八宗綱要）；時間為一個鐘頭的有：《早課》、《大法鼓》、《不

第四節　社會弘法的管道

一樣的聲音》、《緣法源結法緣》（寬謙法師講解維摩詰經講記、阿彌陀經、金剛經、寶積經、地藏菩薩本願經、唯識三十頌、藥師經）、《人間菩提系列》、《華嚴教海》、《佛學開示》、《菩提心要》、《無量壽經》、《心靈法語》、《摩訶般若波羅蜜經》、《般若講座系列》；時間為58分鐘的有：《根本修道次第》、《學佛釋疑》、《解脫煩惱之道四處念》；時間為30分鐘的有：《清涼法語》、《阿彌陀聖號》、《佛曲欣賞》、《能學淺說》、《楞嚴經》、《蓮池海會》、《唱科儀話金剛》、《百喻經淺說》、《心靈法語》、《慈悲三昧水懺淺談》、《山海臺灣》、《世界搜奇觀賞》；時間為28分鐘的有：《雲游四方》；時間為26分鐘的有：《佛學講座》、《精進佛七》、《開示錄》、《師父的話》；時間為6分鐘的有：《二時臨齋儀》。

　　綜觀佛教衛星電視臺四個時期播出的節目，可看出其以下幾個不足的方面：第一，以講解為節目的主要樣式。一是以對佛經的講解，如不同法師對各種佛經的講解和詮釋；二是法師在各地的弘法錄像，有代表性的如海濤法師在臺灣、中國及東南亞等地弘法演講；三是法師針對所要探討的主題直接說法，如「清涼法語」，旨在以佛法為觀眾指路。這種樣式固然可節省大量的經費，但生動活潑性不夠，不能充分利用時空來表現內容，無異於「人頭搬家」、「黑板搬家」，顯得單調板滯，觀眾長時間聽完要有耐心，故難以吸引更多的觀眾。這或許是經費不足不得已而為之的無奈之舉吧。第二，時間大多定在1小時或30分鐘上，在觀眾口味日趨難調的情況下，顯得不夠靈活，在時間寶貴的現代社會，想讓大多數觀眾耐著性子從頭到尾看完1小時或30分鐘的講解，顯然不是一件容易的事。第三，黃金時段與一般時段區分不明顯，沒有根據黃金時段的特點製作相應的節目吸引觀眾，黃金時段仍是千篇一律的講經說法，這在電視臺競爭日趨激烈、可供觀眾選擇的電視節目日趨增多的今日臺灣社會，顯然是缺乏競爭力的。

　　佛教衛星電視臺在許多方面也做了大膽的有益嘗試，提供了一些經驗：第一，採用各種措施讓觀眾與電視臺互動。如在建臺一週年時，舉辦「佛衛電視臺週年慶徵文」，徵文題目如：《一年來的佛衛臺》、《末法時代的弘法明燈》、《佛衛臺一年甘苦談》、《佛衛的過去和未來》、《弘法之難》、《我看佛衛臺》及其他與佛衛臺週年慶有關的文章，對被評選獲獎者頒發獎

金。此外，《佛衛廣場》推出《十大訪談》，觀眾有任何佛學問題，均可來電來函洽詢。其《十大訪談》為：《菩提眷屬》（夫妻共修）、《夫妻之間》（渡化篇）、《父母與子女》（教育篇）、《婆媳之間》（三代同堂篇）、《佛愛人間》（佛陀篇）、《理念與人生》（生活篇）、《信念與事業》（事業篇）、《圓融的人生》（生命篇）、《正信的佛教》（正知見篇）、《佛教人生觀》（人間淨土篇），每一個訪談，下面都附有六、七個具體的問題，如《婆媳之間》下設的問題是：婆媳之間，彼此有怨言、心結時該如何處理？公婆是多神教、基督教，自己是佛教，該如何度化他們？家庭經濟如何管理較恰當？婆媳之間生活習慣不同時該如何？公婆太疼小孩時怎麼辦？公婆對小孩教育錯誤時該如何？再如《信念與事業》下設的問題是：學佛人的正確事業觀（行業的選擇），有經濟壓力、業力所迫時該如何？如何面對工作上交際應酬？如何面對工作環境之鉤心鬥角？環境逼迫須行賄時該如何？佛教之智慧對事業之幫助。電視臺的這些措施，大大拉近了觀眾與電視臺之間的距離。

　　第二，創辦刊物，以補電視臺之不足，並擴大電視臺影響。佛教衛星電視臺創辦人心田法師創辦了兩個刊物，一個是《妙法月刊》，不僅有一些電視臺播放的法師講稿在此刊刊登，也有大量的佛教電視臺衛星播出節目、播放頻道在此刊刊登，大大方便了觀眾；另一刊物是《慈悲電視臺期刊》（原稱《佛教電視大道場期刊》），除了刊登每個月播出的節目和省有線電視系統表外，還記錄了法師的一些弘法活動，追蹤一些重要法師的弘法行程，滿足了觀眾的需求。

　　第三，打造了一些有特色的專欄節目。如為了方便信眾進行早晚課的宗教生活，電視臺特別拍攝製作了《早課》、《晚課》節目。《早課》在南投淨律寺拍攝，《晚課》由海濤法師主法，在臺中港體育館拍攝，畫面莊嚴肅穆，聲音嘹亮。信眾可在家中跟隨電視畫面早、做晚課，彷彿身臨其境，更容易進入角色。星期六、星期日播出的《大法座》專欄節目，請島內外著名法師上座說法，或對深奧的佛經進行深入淺出的講解，或依據佛理對生活中常見煩惱進行開示，如妙境法師對《觀無量壽》佛經中《九品往生》章往生淨土的修行方法進行講解，用通俗易懂的語言告訴大眾往生淨土的方法；真華法師講述的題目是《世間多憂苦》、《何處有清涼》、《唯常念彌陀》等；

第四節　社會弘法的管道

果清法師對戒律有很透徹的研究，他說法的講題為《生活在妙戒中》。「講經說法」的專欄節目為系列講座，有代表性的如：妙境法師主講的《瑜伽師地論》依經據論，妙境法師認為：禪的思想淵源應追溯到佛教產生之前的印度其他宗教，禪與印度歷史上的瑜伽修行有很大關係，而瑜伽修行在佛教產生前的印度已存在很長時間了，印度具有瑜伽修行的宗教派別很多，佛教僅是其中之一。由於瑜伽修行的許多內容與禪的修持內容相同，還由於瑜伽修行的最初內容在印度比佛教產生早，印度古代瑜伽中的不少成分實際上是佛教中禪的最初形態，因此佛教中禪的思想來源就應到瑜伽中去尋找。海平法師主講《成佛之道》如石破天驚，海平法師認為：每一個人對成佛之道的修持都必須根據本身的能力、信心及歡喜心來決定，他要衡量自己的理解力、社會環境、教育水平和生活水準，更重要的莫過於自己的智慧及學佛的動機，因為這些條件都會引導他選擇自己的道路。因此，宣稱一乘比一乘好是非常不明智並帶有誤導性質的。每一乘都有它的特點、方針及指示，以領導與它有緣的修行人步上正道。理群法師主講《法句經故事集》深入淺出，理群法師透過對法句經佛陀的格言和故事的解讀，說明了佛陀說這些法句的時機因緣和其含義。理群法師認為：佛陀在四十五年講經說法中，雖然受到許多人讚嘆和皈依，但也有很多人反對、毀謗，甚至企圖謀害他，此外他也關心弟子修行的進展，並且循循善誘他們。法句經故事處處讓人感受到佛陀對法的闡釋，對人事紛爭的排解和勸誡，處理人世間愛慾情仇的高超智慧，也可以明白他對弟子的善巧教導，「佛在人間」，透過這樣的貼切的認知更能領會其中的真實含義。悟常法師主講的《修行故事法要》生動活潑，悟常法師先從佛教的故事談起，然後再針對故事內容，跟大眾講解相關的法義，最後做個簡單的探討。其所講修行故事法要內容共有：「誰先見佛」、「稱讚如來」、「口不可妄言」、「欠一錢得牛報」、「富貴學道難」、「懺悔功德」、「隨緣度眾」、「禮敬諸佛」、「雪山偈」、「大福德者」等。《般若系列講座》專欄節目於星期六、星期日晚上8：00至9：00播出，以2005年9月播出的時間為例，有聖佶法師主講的《不要迷信與性相不二》、普獻法師主講的《養生之道》、見闊法師主講的《至道無難》、《自性彌陀》、會涵法師主講的《學佛與情緒管理》（一至三）、智海法師主講的《念佛的好處》等，

臺灣佛教
第四章　臺灣佛教的社會弘法

都能貼近現實生活，緩緩道來，也別有情趣。《雲游寺方》專欄節目於星期六、星期日早上11：00至11：28播出，一個一個將臺灣有代表性的寺院形象生動地呈現在觀眾面前，使觀眾有如臨其境的感受。以2005年10月播出的寺院為例，播出的有：雲林古坑慈光寺、苗栗法雲禪寺、臺南清湖山慈慧寺、基隆靈泉禪寺、白河大仙寺、臺南法華寺、新竹法源寺、臺中慈光佛學院等。《清涼法語》專欄節目於星期一至星期五05：00至05：30、23：30至00：00播出，此節目會集了一大批青年法師，他們根據自己對佛法的理解，每講探討一個主題，各顯其能，從不同方面說法，力求透過生動活潑的方式解決觀眾心中的疑慮。以2005年9月為例，05：00至05：30播出的有：聖佶法師的《懊惱與懺悔》、聖雄法師的《從鬼說起》、福定法師的《斷疑生信》（一、二）、聖佶法師的《金剛經與無相懺悔》、淨耀法師的《學佛的真諦》、如本法師的《臨終助念的重要性》、見闊法師的《自性靈山》、淨珠法師的《命運的操縱者》、印海法師的《社會亂象的省思》、智海法師的《以佛法救世人》（一、二）、淨耀法師的《學佛本質》、界雲法師的《打算》、見闊法師的《念佛念自心》、如本法師的《諸著諸病叢生》、法藏法師的《宗教與現代觀》、見闊法師的《何期自性本自清淨》、理群法師的《如何面對學佛上的障疑》、見闊法師的《達摩東來》、如本法師的《隨喜讚歎法門》、宏印法師的《和平與戰爭》。由以上可看出，《清涼法語》專欄有著突出的特點，一是涉及內容廣泛；二是參與演講法師眾多；三是儘量淺顯，力避艱深；四是有一定針對性。由於受到歡迎，計劃在短期內推出VCD。第四，團結擁集了一批高素質的法師。相對來說，佛教衛星電視臺的門戶之見不深，如它設立專欄，禮請其他道場的著名法師在固定的時間上座弘法（如請法鼓山的聖嚴法師開《大法鼓》專欄、請慈濟功德會的證嚴法師開「菩提心要」專欄），還為其他大批年青法師提供上電視弘法的空間，除了上述的在《清涼法語》中弘法的法師外，常在佛教衛星電視臺弘法的有影響的法師還如海天法師、傳孝法師、志心法師、樟基法師、修懿法師、淨珠法師、心祥法師等，皆為一時之選。

註：

[1] 佛光山宗務委員會編輯：《佛光山開山 30 週年紀念特刊》，佛光文化事業有限公司，1997 年 5 月版，第 33 頁。

[2] 楊燕玲：《佛法馨香滿杏林——普印精舍藥師法會》，《中台山》，2003 年 4 月出刊，總第 59 期。

[3] 楊燕玲：《佛法馨香滿杏林——普印精舍藥師法會》，《中台山》，2003 年 4 月出刊，總第 59 期。

[4] 採訪組：《光德寺浴佛法會》，《中國佛教》，第四十卷第六期（總第 474 期），第 4-7 頁。

[5] 佛光山宗務委員會編輯：《佛光山開山 30 週年紀念特刊》，佛光文化事業有限公司，1997 年 5 月版，第 32 頁。

[6] 佛光山宗務委員會編輯：《佛光山開山 30 週年紀念特刊》，佛光文化事業有限公司，1997 年 5 月版，第 633 頁。

[7] 《秋季華嚴誦經法會共修精進同登層樓》，《萬行》1997 年 10 月號，總第 153 期，第 34 頁。

[8] 佛光山宗務委員會編輯：《佛光山開山 30 週年紀念特刊》，佛光文化事業有限公司，1997 年 5 月版，第 31 頁。

[9] 《十方》1997 年 8 月出刊，第 42 頁。

[10] 《新北市樹林區海明寺啟建大悲法會緣起》，《圓光新志》總第十九期，第 51 頁。

[11] 《護國民安祈祥福法會僧俗二眾共祈社會祥寧》，《圓光新志》總第十九期，第 51 頁。

[12] 《南投縣各界聯合千僧護國祈福消災大法會紀念特刊》，1999 年 9 月印刷，第 13 頁。

[13] 佛光山宗務委員會編輯：《佛光山開山 30 週年紀念特刊》，佛光文化事業有限公司，1997 年 5 月版，第 635 頁。

[14] 佛光山宗務委員會編輯：《佛光山開山 30 週年紀念特刊》，佛光文化事業有限公司，1997 年 5 月版，第 515 頁。

[15] 《中台禪寺北區各精舍「九十一年度」歲末圍爐法會》，《中台山》，2003 年 3 月出刊，總第 58 期，第 48-49 頁。

[16] 闞正宗：《重讀臺灣佛教——戰後臺灣佛教》（正編），大千出版社 2004 年 3 月版，第 402-405 頁。

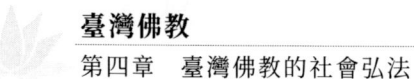

[17]《光德寺傳授在家五戒菩薩戒》,《中國佛教》1995 年 11 月 15 日出刊,第三十九卷十一期,第 16-17 頁。

[18] 佛光山宗務委員會編輯:《佛光山開山 30 週年紀念特刊》,佛光文化事業有限公司,1997 年 5 月版,第 326-328 頁。

[19] 心凡:《禮佛一拜罪滅河沙》,《覺世》,1997 年 12 月 20 日出刊,總第 1379 期,第 36 頁。

[20] 心凡:《禮佛一拜罪滅河沙》,《覺世》,1997 年 12 月 20 日出刊,總第 1379 期,第 36 頁。

[21] 蔣元全:《朝山點滴》,《生活禪》,1993 年 12 月 25 日創刊號,第 32 頁。

[22] 釋悟玄:《光德寺女八關齋戒的研討與迴響》,《淨覺》,1997 年 12 月刊,第十八卷第十二期,總第 216 期,第 28-35 頁。

[23] 覺遲:《遵守佛制十大特色》,《普門》,1988 年刊,總第 109 期,第 64-65 頁。

[24] 心甫:《戒場巡禮》,《普門》,1988 年刊,總第 109 期,第 71-78 頁。

[25] 江元燦:《我參加了出家生活體驗營》,《慈雲》,1997 年 9 月 30 日刊,第二十六卷第三期,總第 255 期,第 22-27 期。

[26] 佛光山宗務委員會編輯:《佛光山開山 30 週年紀念特刊》,佛光文化事業有限公司,1997 年 5 月版,第 334 頁。

[27] 滿遵:《隨順本然性,即時興禪應——佛光山冬日禪七、雙日禪特寫》,《覺世》,1997 年 2 月 20 日出刊,總第 1369 期,第 66-67 頁。

[28]《中台禪寺九十二年春季精進禪七報導》,《中台山》,2003 年 3 月 10 日出刊,總第 58 期,第 18-19 頁。

[29]《十方》,1992 年 1 月出刊,總第十卷三期,第 41 頁。

[30]《十方》,1997 年 8 月出刊,總第十五卷十一期,第 21 頁。

[31]《十方》,1996 年 6 月出刊,總第十四卷,第 2 頁。

[32] 朱紀忠:《放下教鞭熏習佛法》,《中國佛教》,1996 年出刊,第四十卷,總第 475 期,第 11 頁。

[33]《香光莊嚴》,1993 年 12 月出刊,總第 36 期,第 41 頁。

[34] 德輝、本思:《十種休閒即修行的方法》,《普門》,1998 年 6 月 1 日出刊,總第 225 期,第 45 頁。

[35] 德輝、本思:《十種休閒即修行的方法》,《普門》,1998 年 6 月 1 日出刊,總第 225 期,第 45 頁。

[36] 陳韻竹：《十方緣——參加十方禪林兒童學佛夏令營》，《十方》，1996 年出刊，總第十五卷一期，第 40 頁。

[37] 陳麗玲：《光德寺連續五年舉辦兒童夏令營》，《中國佛教》1997 年 8 月 15 日出刊，總第 488 期，第 28-31 頁。

[38]《十方》，1993 年 2 月出刊，總第十一卷五期，第 8 頁。

[39] 釋聖嚴：《人生為何》，《人生》，1996 年 12 月 1 日出刊，總第 160 期，第 7 頁。

[40]《十方》，1997 年 8 月出刊，總第十五卷十一期，第 37 頁。

[41] 釋見曄：《佛教理念與實踐的另一種對話形態：以香光尼僧團高雄紫竹精舍佛學研讀班為例》，《「中央研究院」民族學研究所集刊》2000 年，總第 90 期，第 111 頁。

[42] 釋見曄：《佛教理念與實踐的另一種對話形態：以香光尼僧團高雄紫竹精舍佛學研讀班為例》，《「中央研究院」民族學研究所集刊》2000 年，總第 90 期，第 125 頁。

[43] 釋見曄：《佛教理念與實踐的另一種對話形態：以香光尼僧團高雄紫竹精舍佛學研讀班為例》，《「中央研究院」民族學研究所集刊》2000 年，總第 90 期，第 133 頁。

[44] 釋見曄：《佛教理念與實踐的另一種對話形態：以香光尼僧團高雄紫竹精舍佛學研讀班為例》，《「中央研究院」民族學研究所集刊》2000 年，總第 90 期，第 149 頁。

[45] 簡秀治：《成人參與宗教課程的動機及其影響：以香光尼僧團紫竹林精舍佛學研讀班為例》，高雄師範大學成人教育研究所碩士論文，王政彥指導，1995 年。

[46] 張尤雅：《佛教成人教育課程規劃之研究》，中正大學成人及繼續教育研究所碩士論文，黃光雄、釋惠敏指導，1998 年。

[47] 覺兆：《佛光山世界佛學會考》，《覺世》，1997 年 6 月 20 日出刊，總第 1379 期，第 33 頁。

[48] 編輯部：《為人性光明顯相》，《慈濟》，1995 年 2 月 25 日出刊，總第 339 期，第 43 頁。

[49] 闞正宗：《重讀臺灣佛教——戰後臺灣佛教》（正編），大千出版社 2004 年 3 月版，第 481 頁。

[50] 摘自筆者 2003 年 4 月 23 日晚上 8 點至 10 點在臺北文殊院與臺灣師大、臺灣大學、德明技術學院、輔仁大學等院校學佛大學生座談筆記和錄音。

第四章 臺灣佛教的社會弘法

[51] 摘自筆者 2003 年 4 月 23 日晚上 8 點至 10 點在臺北文殊院與臺灣師大、臺灣大學、德明技術學院、輔仁大學等院校學佛大學生座談筆記和錄音。

[52] 「國史館中華民國史」社會志編纂委員會：《「中華民國史」社會志（初稿）》（下冊），1999 年 6 月初版，第 193-194 頁。

[53] 鍾文生口述，張舜燕整理：《課堂外的天空》，《慈濟》，1996 年 11 月 25 日出刊，總第 360 期，第 84 頁。

[54] 鍾文生口述，張舜燕整理：《課堂外的天空》，《慈濟》，1996 年 11 月 25 日出刊，總第 360 期，第 84 頁。

[55] 鍾文生口述，張舜燕整理：《課堂外的天空》，《慈濟》，1996 年 11 月 25 日出刊，總第 360 期，第 84 頁。

[56] 鍾文生口述，張舜燕整理：《課堂外的天空》，《慈濟》，1996 年 11 月 25 日出刊，總第 360 期，第 84 頁。

[57] 鍾文生口述，張舜燕整理：《課堂外的天空》，《慈濟》，1996 年 11 月 25 日出刊，總第 360 期，第 84 頁。

[58] 鍾文生口述，張舜燕整理：《課堂外的天空》，《慈濟》，1996 年 11 月 25 日出刊，總第 360 期，第 84 頁。

[59] 賴仁中：《監獄當道場，妙慧法師度化重刑犯》，《自由時報》，2001 年 10 月 23 日，第 8 頁。

[60] 乙性法師：《生死剎那間》，《妙林》，2001 年 8 月 31 日出刊，總第 13 卷 8 月號，第 45 頁。

[61] 乙性法師：《生死剎那間》，《妙林》2001 年 8 月 31 日出刊，總第 13 卷 8 月號，第 45 頁。

[62] 乙性法師：《生死剎那間》，《妙林》2001 年 8 月 31 日出刊，總第 13 卷 8 月號，第 45 頁。

[63] 林秀婷：《愛不生不入娑婆——訪桃園龜山女子監獄》，《萬行》，1997 年 8 月出刊，總第 51 期，第 38 頁。

[64] 《擁抱智慧人生——記臺北少觀所智慧成長營》，《中佛青》，1998 年 6 月 15 日出刊，總第 38 期，第 23 頁。

[65] 張瓊齡：《清涼菩提，萌芽長葉——臺北女監受刑人的慈濟緣》，《慈濟》，1995 年 2 月 25 日出刊，總第 339 期，第 87 頁。

[66] 《向善的召喚》，《慈濟》2003 年 2 月 25 日出刊，總第 435 期，第 7 頁。

[67] 淨耀法師：《心靈語露》，普賢教育基金會 2002 年 5 月 20 日出版，第 97-98 頁。

第四節　社會弘法的管道

[68]《佛光山與更生保護會簽約，成立屏東輔導所投入反毒工作》，《覺世》，1996年6月20日出刊，總第1361期，第12頁。

[69] 黃文玲採訪記錄：《一位戒毒者的自白》，《慈濟》1994年4月25日出刊，當代臺灣佛教 210 總第329期，第56頁。

[70] 闞正宗：《重讀臺灣佛教——戰後臺灣佛教》（正編），大千出版社2004年3月版，第343-344頁。

[71] 時同樂主編：《慧眼慈心生平事跡》，財團法人萬佛山聖印佛教事業基金會發行，第40頁。

[72]《妙法月刊》，1996年12月出刊，總第136-137期，第11頁。

[73]《彌陀聖誕眾生慶佛光衛星傳佛心》，《覺世》，1997年12月20日出刊，總第1379期，第12-13頁。

[74] 張惟晴：《創建電視淨土的佛光衛視》，《覺世》，1997年10月20日出刊，總第1377期，第9頁。

[75] 覺西：《佛法弘傳的新平臺——從「佛光衛視」到「人間衛視」看人間佛教的國際化》，《普門學報》，2003年3月出刊，總第十四期，第337頁。

[76] 覺西：《佛法弘傳的新平臺——從「佛光衛視」到「人間衛視」看人間佛教的國際化》，《普門學報》2003年3月出刊，總第十四期，第340-341頁。

[77] 張舜燕：《大愛新視際》，《慈濟》，1998年1月出刊，總第374期，第66-69頁。

[78]《九月六日，全新登場》，《慈濟》，1999年8月25日出刊，總第393期，第107頁。

[79] 田弘華：《浸潤人心，涵養性靈的甘泉》，《慈濟年鑑2000年》，慈濟文化出版社2001年版，第27-28頁。

[80] 莊淑惠：《大愛臺推出紀錄片「印順導師傳」》，《慈濟道侶》（半月刊），2003年4月16日出刊，總第414期第1版。

第五章　臺灣社會變遷中的法師

第五章　臺灣社會變遷中的法師

第一節　1949年至六七十年代的臺灣法師

　　自1949年至50年代末，臺灣法師主要由大陸來臺僧人組成，至六七十年代後臺灣本地法師逐漸嶄露頭角。

　　1949年前後赴臺的第一代大陸僧人中，有代表性的如：中國佛教會原會長章嘉法師，赴臺後亦任「中國佛教會會長」；安慶迎江寺方丈慈航法師，後赴南洋弘化，赴臺後為臺北汐止彌勒內院開山；南嶽祝聖寺住持道安法師，赴臺後為臺北松山寺開山；在各佛學院研習講學不輟的印順法師，後赴香港為香港佛教聯合會會長，赴臺後建臺北慧日講堂，並為福嚴寺導師；江蘇鎮江焦山寺住持東初法師，赴臺後為臺北北投佛教文化館開山；上海楞嚴佛教學院教務長白聖法師，赴臺後重興臺北十普寺；江蘇泰縣光孝寺方丈南亭法師，赴臺後為臺北華嚴蓮社開山；浙江雪竇寺方丈大醒法師，赴臺任臺北善導寺住持；河北省房山縣上方兜率寺住持道源法師，赴臺後為基隆海會寺開山；泉州承天寺廣欽法師，赴臺後為臺北土城承天寺開山；上海法藏寺監院續祥法師，赴臺後為臺北樹林淨律寺開山；漢藏教理院演培法師，赴臺後為臺北善導寺住持；廣東韶關南華寺住持靈源法師，赴臺後為基隆大覺寺開山；上海海潮寺悟明法師，赴臺後為臺北樹林海明寺開山。有影響的居士如：中國佛教會原理事李子寬，赴臺後為臺北「中國佛教會」常務理事；原大成至聖先師奉祀官府主任祕書李炳南，赴臺後任臺中佛教蓮社社長。

　　1949年左右赴臺的第二代大陸僧人中，有影響的如「中國佛教會」祕書長了中法師，福嚴佛學院院長真華法師，法鼓山創辦者聖嚴法師，臺北佛教會會長淨良法師，南山放生寺蓮航法師，福嚴佛教學院院長續明法師，佛光山開創者星雲法師，清涼寺創建者煮雲法師，菩提寺創建者白雲法師，蓮因寺創建者懺雲法師，善導寺住持心悟法師，善導寺住持妙然法師，彌勒內院僧人寬裕法師，西蓮淨苑創建者智諭法師，承天寺住持傳悔法師，人乘寺創建者聖開法師，南普陀佛學院創建者妙蓮法師，正覺精舍創建者道海法師。

1949年之後,臺灣本地有影響的法師如:「中國佛教會會長」淨心法師,安法寺創建者開證法師,元亨寺創建者菩妙法師,圓光佛學院創建者如悟法師,月眉山繼承者晴虛法師,靈鷲山世界宗教博物館創建者心道法師,萬華寺創建者聖印法師,宏善寺創建者淳皓法師。

第二節　當代社會變遷中的臺灣法師

臺灣社會透過20世紀六七十年代的變遷,已由農業為主體的社會變為現代化工商業的社會。在這種社會轉化和變遷中,佛教如何適應現實而生存、發展,頗為世人特別是佛教人士所矚目和思考。臺灣的一些想有所作為的法師,試圖以自己的身體力行,探尋佛教在現實社會中生存和發展的出路。

現選擇有代表性的十位法師及部分青年法師為例,闡明在臺灣社會變遷中法師所起的作用和社會變遷對法師的影響。

一、努力適應當代社會的聖印法師 [1]

聖印法師,俗姓陳,臺中人,生於1930年。自幼向心佛教,年輕時即祝髮苦學佛法,一生以弘法和發展佛教事業為己任,至1993年圓寂時,他已名滿叢林,在臺灣佛教史上留下了光輝業績。

聖印法師出生於奉佛的世家,祖父普慈一生務農,為虔誠的佛教徒,樂善好施,勤積功德,晚年傾其積蓄,獨自於東勢興建明山寺,持齋誦經,父母也篤信佛教,茹素不沾葷腥。所以聖印法師出生,即與佛教結下不解之緣。隨著年齡增長,聰慧資質漸露,而具有慈悲心腸,鄉里皆以其不同眾兒,長必有成。

17歲時,聖印法師已立志向佛,遍朝島內名山佛剎,參禮諸大德高僧,在北投慈航寺智性法師座下剃度,取法名果玄,字聖印,秉傳臨濟宗41世法脈,從此勤習佛學。20歲入新竹青草湖靈隱寺佛學院深造,受到慈航法師、印順法師、演培法師等啟示和教育,喜讀《太虛大師全集》。慈航法師勉勵他「以教育、文化、慈善為畢生志業」的訓示,對他影響很大。佛學院畢業後,

仍繼續努力進修，曾進入日本東京佛教大學學習，孜孜研究佛學。畢業論文獲教授協會推薦得獎。

勤學給他打下了佛學理論的堅實基礎，也堅定了他弘揚佛法和發展佛教事業的宏大誓願。他先是受智性法師之邀，在臺中寶覺寺任監院，並接辦臺中佛教書院，任教務主任，展示了其睿智的才華和勇於負責的精神，為演培長老所賞識。離開寶覺寺後，立志獨立建立法業。1959年在佛教信眾支持下開始創建慈明寺。初建一座講堂，次年增建大雄寶殿，可容600餘人共修。1963年建安玄寶塔，擴建講堂為三層樓房，又興建托兒所、幼稚園、圖書室等，並開辦慈明學院，集禮佛、佛學教育研究及慈善事業於一寺。1969年又在慈明寺中興建圓通寶殿，四壁安奉3333尊菩薩像。其後由於信眾增多，而慈航寺可容面積有限，乃別擇地於霧峰鄉本堂村興建兼具弘法與教育功能的佛教聖地。經十餘年建設，建成包括萬佛山、萬佛殿、萬佛城、藥師大佛像、佛學院、念佛道場、養老院、慈明商工職校等建築物，使萬佛山成為集弘法、教育、文化、慈善、觀光等於一身的佛教名剎。1963年應臺北市信眾的要求，在臺北市長安東路匯泰大樓11層，開創萬佛山臺北慈明講堂。這些寺業的建置，耗費了聖印法師巨大的精力，目的在於振興法運，擴大佛教的影響，並為其弘揚佛法建立根據地。他在萬佛山創辦中華佛教學院，提高了佛教教育和佛學理論研究的層次。此外，聖印法師還熱心應邀幫助續建或改造一些寺院，如臺中市豐原區的慈龍寺、臺中市五權路的大覺院、臺北市清涼山的真光禪寺、高雄新興區的聖願寺，以及紐西蘭奧克蘭城的慈明寺等。

聖印法師既有精深的佛學理論，又有弘揚佛法的基地，於是致力於弘揚佛法、研究佛學，撰寫有關佛教之書。首先是開壇傳教。1967年，聖印法師首次開壇傳戒，以繼恩師智性法師傳戒未了的心願。參加的戒子多達425名，打破了歷年傳戒的紀錄，成為佛教界的一時佳話。從此他以傳授戒法為己任，年年傳授在家五戒、菩薩戒法，並分別於1972年、1990年、1994年於萬佛寺繼續傳三壇大戒，其戒子幾乎滿臺灣。聖印法師認為，戒是生善滅惡的唯一工具，他力圖透過傳戒，使信徒能夠持守戒律，並將佛法種入他們的心田。其次是主持佛學講座。聖印法師於25歲時即開講座於寶覺寺，26歲開始到監獄弘法，為囚犯指點迷津。1984年元旦應邀於臺中市文化中心主講《新春

與佛法》、《因果與人生》，聽眾甚多，會場為之爆滿。又於桃園體育館主持超大型佛學講座，聽眾達萬人以上，創下空前紀錄。1990年為佛教《新聞週刊》一週年慶，他在新北市板橋體育館，首場演講《佛教家庭真美好》，使聽眾掀起聞法的高潮。這幾次講座，使聖印法師贏得了「深入教理，思維縝密，辯才無礙」的好評。從此由其主持的大型佛學講座，一場接著一場，而法師的足跡也遍及臺灣。花蓮、羅東、新竹、苗栗、南投、彰化、雲林、嘉義、臺南、高雄、屏東等縣市都留下了他弘法的足跡。同時他還赴各大專院校專題宣講佛學，在中興大學以《佛法的基本概念》為題，講析佛法所說的苦、空、無常、無我、出世等哲理，在逢甲大學講析《般若與人生》，使師生明白佛教並不消極，而是以積極救世為根本精神。聖印法師弘法的足跡還涉及海外，1986年11月應世界佛教徒友誼大會之請，於泰國以《世界宗教徒如何促進世界和平》為題發展演講，贏得各國佛教領袖的一致讚揚，給他們留下了深刻的印象。1990年應美國夏威夷大學之請，連續三天主持佛學講座，以《禪的倫理觀》、《禪的人生觀》、《人生最重要的一件事》為題發表演講，聽眾有各地華僑和美國人，座無虛席。印尼、馬來西亞、新加坡等地都邀請法師宣講佛法，在印尼連講三天，掀起信奉佛教高潮；在馬來西亞宣講兩天，媒體爭相報導；在新加坡宣講，入場券於三日前被索一空，聽眾達6000餘人，足見其弘法地域之廣、受益者之多和效果之著。第三，是空中布教。聖印法師為求弘法廣大，充分利用廣播媒體，進行空中布教。他在創建慈明寺之時，即於正聲廣播公司臺中電臺、臺北華聲電臺、臺南勝利電臺、花蓮燕聲電臺先後開闢《慈明之聲》。他不知勞累地穿梭於這些電臺之間，透過空中之聲，向聽眾講解佛教義諦，佛教的慈悲思想和倫理觀念，結合現實社會生活和人的思想，抨擊頹風，召喚正義，指點迷津，以佛教的積極精神開導人生，收到了良好的效果。臺北華聲電臺、桃園先聲電臺、竹南天聲電臺、臺中農民電臺、雲林電臺、高雄鳳鳴電臺等，都聯播《慈明之聲》，由聖印法師主播弘法。這種空中布教是臺灣佛教弘法的創舉。第四，創辦佛教刊物。為了回答眾多佛教信眾的諮詢，接引更多的信眾和聯絡信眾的感情，聖印法師創辦了《慈明通訊》的刊物，受到廣大信眾的歡迎，並要求增加篇幅，於是將《慈明通訊》改版為《慈明月刊》，堅持大眾化、普及化、

趣味化，以白話來普及佛學知識，並用活潑精彩的佛教故事啟迪讀者，得到佛教界許多人的肯定，一些著名的法師與居士都為這個刊物撰文，如淨心法師、印順法師、聖嚴法師等，連僑居海外的法師也踴躍投稿。第五，著書弘法。為了讓人們瞭解佛教產生的淵源，讀懂佛教的經書，理解佛教深奧的哲學真諦，聖印法師從 1949 年起，本著通俗化的原則，30 餘年間，以著書來弘揚佛法，先後出版了 40 餘部著作。有的介紹佛教的創立，如《釋迦牟尼佛傳》；有的介紹佛教的淨土宗的思想，如《淨土三經講話》；有的指點佛教布教法，如《佛教布教法》；有的講述佛門修懺法，如《慈悲三昧水懺講話》；有的闡釋佛教經典，如《金剛經》、《般若心經講話》等；有的剖析佛教的戒持，如《沙彌律儀要略》、《在家菩薩戒講本》；有的教育佛教信眾要盡孝父母，如《孝親之道》；有的研究世界各國佛教的歷史、宗派和制度等。其中《佛教概論》一書，則對佛教的創立、教內的宗派源流、義理、佛教的經典，作了綜合性、概略性的介紹和論述。《菜根譚講話》則集中國的經、釋、道思想於一爐，以精短的語錄，啟示人生，教育人生，成為暢銷書，先後印刷十數版。

本著佛法普度眾生和利他的精神，聖印法師也努力創辦慈善事業，透過慈善的行為來實踐佛法。數十年間，他辦了不少慈善之事：（一）在慈明寺附設貧民施診所，免費為貧民醫病；（二）每年固定發放冬令救濟，幫助貧苦者度過寒冬；（三）為受災民眾捐款，幫助他們擺脫困境；（四）每年舉辦表揚孝子孝女大會，提倡孝道，教育人們以孝道為立身處世的根本；（五）每年重陽節舉行敬老活動，教育全社會重視老人、尊敬老人，特別是重視老人的精神生活，以體貼和溫暖老人之心；呼籲社會正視老人化的現象，及早規劃，使「老有所終，幼有所養」，實現世界大同的理想。為了籌集慈善事業的經費，法師曾親自率領 200 多位新戒的比丘、比丘尼，徒步臺中各大街道募緣，得到眾多市民的慷慨支持。

聖印法師多次走出臺島，向海外弘揚佛法，與世界各國高僧互相交流佛法研究的成果，交換彼此的識見、經驗，瞭解彼此佛教的狀況。他於 1967 年 10 月前往泰國參加世界佛教聯誼會，與 30 個國家、地區的高僧結下了法緣，朝禮了泰國著名的佛寺，訪問了佛教大學、宗教廳等處，該國佛教的種

臺灣佛教

第五章 臺灣社會變遷中的法師

種設施給他留下了深刻的印象,他認識到沒有這些設施就不可能推動佛教的發展。次年他應邀赴新加坡、馬來西亞一帶弘法達一個月之久。1981 年又受邀赴新加坡作兩場演講,演講之日獅子城萬人空巷,信眾爭索入場券聆聽。1983 年率團 200 餘人赴韓國參與韓國法輪宗成立韓國佛教同修會,並進行交流、訪問。此外,他還到過新西蘭,並多次訪問日本,與該國佛教學者結下了深厚的友誼。1979 年 6 月,身為臺中市佛教支會理事長的聖印法師前住美國,在禪學研究中心演講,舉出禪經的要義,說明如何修學禪定,如何將生活與禪配合,得安心與自在。接著又住越南寺做「萬法唯心」的演講,認為要控制和訓練心智活動的能力,心是一切,掌握心,一切事便能成功,學佛到成佛亦如是。7 月 15 日,聖印法師在洛杉磯接受美國東方大學頒贈榮譽哲學博士學位,並應聘為該大學客座教授。東方大學校長天恩博士致詞中強調聖印法師在佛教教育、文化、慈善等到方面卓有成就,對佛教社會有很大貢獻,讚賞聖印法師德學高深,慈悲主義的胸懷使無數人受惠,在臺灣廣受人們敬愛。普魯士博士全面介紹了聖印法師的生平和他在佛教界、社會上的成就,聖印法師發言中說,他將中華文化、中國大乘佛法介紹到西方,作一個交流橋梁,增進彼此瞭解,共同為教育及促進團結為人類福祉而努力。聖印法師還應邀到夏威夷、聖地亞哥、舊金山、芝加哥等地演講,均受到歡迎。泰國國王在其 62 歲華誕慶典之前,舉行禮儀封聖印法師為華宗大宗長,全世界僅有 3 人獲此榮銜。此前泰國粒頌拍然雙僧王已將華宗法卷親自授給聖印法師。副僧王對聖印法師弘法的成就給了高度的評價,並且以一首巴利文詩歌祝福聖印法師。

綜觀以上,在當今臺灣社會急劇變遷中,聖印法師仍然能夠使佛教在臺灣得以生存並發展,而且其個人取得了相當高的成就。重要的原因是其個人有鍥而不捨的追求:(一)自幼向佛,年青學佛,追隨高僧研學佛法,進而到大學進修。他鍥而不捨地鑽研佛學,為其弘法奠定了理論的基礎。(二)年青祝髮之後即誓志創建法業,建立其弘法的基地。聖印法師先創建慈明寺,後又以鍥而不捨的精神,建成萬佛山佛教聖地,又幫助修建慈龍寺、大覺院、真光禪寺、聖願寺,以及新西蘭慈明寺等。這些寺院的建置,使其弘法基地遍及臺灣中部、北部甚至南部,而這些寺院中有些還附建有學校、佛學院以

及慈善機構，也都是弘法和實踐佛法所必需的。顯然他鍥而不捨地建置諸多法業，都是為使佛教從急劇變遷社會中走出困境，而且能夠不斷發展而擴大影響。（三）在社會急劇變遷中，各種思想也進行激烈的競爭。聖印法師以其堅實的佛學理論基礎，鍥而不捨地進行弘揚佛法的活動，從講壇至戒會，從臨場布教至空中布教，從刊物至著書立說，從島內至海外，從一般信眾至大專院校師生，使佛教思想不斷弘揚，遍及許多地域、許多階層。而弘法之中又善於從大眾化、通俗化等原則出發，結合現實社會的情況，闡揚佛法對人生的積極意義。這種適應現實社會的弘法，從內容、形式到方法，都表現了聖印法師的創新。鍥而不捨的精神，累積了他在佛教事業上的成就，使他蜚聲於臺灣佛教，成為臺灣社會轉型期佛教界的標誌性人物。

二、第一位比丘尼博士恆清法師[2]

恆清法師，生於 1943 年，臺灣臺南人。臺灣東吳大學英文系畢業，美國羅德島大學教育學碩士。1975 年依止宣化法師剃度出家，進入美國威斯康星大學，主修佛學。1982 年為撰寫博士論文，親自到中國收集相關資料。1984 年，以《永明延壽禪淨思想的融合》論文獲得博士學位，成為第一個佛學博士的比丘尼。

獲得博士學位之後，恆清法師回到臺灣，執教於臺灣大學哲學系，先為副教授，後晉升為教授。是臺灣第一個執教於高等學府的比丘尼。她還接受臺灣法光寺住持如學禪師的聘請，出任法光佛教文化研究所第一任所長。有鑑於佛教界缺乏研究佛學的高級人才，恆清法師在任研究所所長期間，確定法光研究所要走研究路線，一方面要為佛教高等學府培養師資力量，一方面要培養研究佛學的高等人才。她認為佛學人才的培養不是三年五年就能成就，研究佛學需要特別的毅力和耐心，非十年不可；而研究佛學還有一個個人出路的問題，研究者必須甘於淡泊，放棄個人名利。因此研究所每年只招生三至五名，卻從島內及海外聘請了著名的佛學教授，組成強有力的師資陣容。

1992 年法光寺住持如學禪師圓寂。1994 年恆清法師成立臺灣大學佛教研究中心，以建立系統化的佛學文獻資料庫為己任。為了籌集經費，恆清法師赴美募緣，獲得北美印順導師基金會和中華佛教研究所的全力支持贊助。

臺灣佛教

第五章　臺灣社會變遷中的法師

　　恆清法師回臺後，於 1998 年成立中華電子佛典協會，以便以電子化手段匯集佛學資料。恆清法師任該會常務委員，現該會已經完成大正藏 1～55 冊及第 85 冊電子化作業。

　　恆清法師認為佛學淵博精深，要研究有成，第一要有對佛法的堅持，第二要對自己有信心。面對壓力和奇異的眼光，只要有堅持、有信心就一定能克服，而且護法也一定會出現。這是恆清法師始終致力於佛學研究事業的體會和認識，表現了她對佛學研究的不懈追求，對培養佛學研究人才的高度重視。恆清法師對佛學的研究和教學有自己獨到的見解，她認為美日學風對臺的佛學有一定的影響，日本注重文獻學，功夫很紮實，哲學思想方面比較薄弱，缺點是比較放不開；歐美則相反。從大角度講，日本是見樹不見林，歐美是見林不見樹，要二者結合才好。有人反對電子佛典，認為靠電子佛典會造成學生不唸書，不讀原理，這是片面的，完全靠電子佛典不對，但不靠它也不對。電子佛典是一個工具，要會用它。現許多人學巴利文、梵文，學不是目的，要會將其運用到實際研究中去，不能為學而學。恆清法師認為現在涉及佛學教育有三種類型，一是佛教界自辦的佛學院，有代表性的如法光佛學教育文化研究所、圓光佛學院、中華佛學研究所；二是佛教界自己辦的大學，如佛光大學、華梵大學、玄奘大學等；三是臺灣各大學中自設佛學課程，如臺灣大學哲學系過去只有西方哲學，現在開有東方哲學，將《隋唐佛學》和《佛學概論》作為必修，教師中也有四五人是教佛學的，指 2002 年考研究所（博士）被錄取的前三人都是學佛學的，可見研習佛學的人日益增多。對於修持佛法，恆清法師強調要求實，要積累。求實就是不要相信神通，不要貪求捷徑，要走實證實修的道路，具體就是把佛法落實在日常生活之中。不要執著於形式，念佛固然是學佛和修持的一種方式，但不是唯一的方式。積累就是去掉平常的貪、嗔、癡之心，增長慈悲的、友愛的、隨喜之心，使戒、定、慧逐漸增長積累。念佛雖然也可累積往生資糧，但必須與自身的思想行為相應。

　　恆清法師代表作有《菩提道上的善女人》，書中探究佛教的傑出善女人在男尊女卑的社會意識形態下如何力爭上游，克服百般困難，發揮慈悲和智慧的特質，最後達到解脫和自在的境地。她另一部代表作《佛性思想》包括

印度佛教中有關佛性思想之經論研究、《大乘起性論》的心性說探討、初唐性宗和相宗關於「一性」、「五性」的爭論，最後從天台宗主張草木有性談到現代深層生態學，以論證佛性說可為現代生態學的哲理基礎。

恆清法師生長於社會急劇變遷的臺灣，具有相當高的學歷。這樣的一個女性，能夠投身佛門，走自己選擇的道路，以研究佛學、培養佛學人才，振興佛教事業為己任，為當時社會所不多見。她處於熙熙追求物質生活的社會之中，敢於面對種種壓力和奇異的眼光，以淡泊之心和自信之心，執著追求其所從事的事業和理想的實現，為臺灣佛教走出困境及振興、發展，獻出一片虔誠，因而在臺灣現代佛教發展史上占有一席的地位。

三、創辦女眾佛學院的悟因法師[3]

悟因法師，俗姓陳，臺灣臺中市人，1940年生。其父親任職於郵務部門，母親為家庭婦女，皆篤信佛教。法師自幼受家庭信仰熏陶，逐漸增長向佛之心。從彰化女子中學畢業後，隨父母遷居臺北。1958年浴佛節，在臺北新公園見僧侶浴佛，遂萌發出家學法之念，得父母允許之後，依止明宗法師落髮進入佛門，時年18歲。

出家落髮次年，悟因法師考入中國佛教三藏學院，受學於白聖法師。20歲受具足戒，繼續修業，成績優異，深得白聖法師器重。1963年畢業之後，在彰化善德堂開講《遺教三經》。後歷任戒場引贊、大專女青年齋戒學會講師、圓通學苑監院等法職。同時就學於文化大學，1976年畢業，獲文學學士學位，次年10月至美國夏威夷遊學，其後又數次至日本、韓國、東南亞及歐美等地遊學訪問，考察各地佛教情況。其累積的學業基礎和訪問、考察的經歷，對其後來弘傳佛法、致力於佛教教育，無疑產生了很大的影響。

悟因法師進入佛門之後，受白聖法師、天乙法師影響很深，以弘傳佛法、培育民眾為己任。1980年於嘉義香光寺創辦香光尼眾佛學院，作為研究佛學、培育尼眾人才的基地。法師認為佛學院不同於信眾教育或僅限於義解的教育，而是進行全僧格的教育，因此要特別重視僧伽本分、知能與發心之德養教導，包括持守戒律、整肅威儀、研究內外典籍、充實弘法知能等內容，

第五章　臺灣社會變遷中的法師

並強調這些內容必須透過日常生活的歷練和考驗才能修好。既要求以與大眾共住共學為基礎，勤學修道以求個人解脫，也不忘宗教的奉獻與服務。1981年悟因法師應嘉義佛教會館之請，講說《普門品》。次年受聘於晉山佛教會館。時聞皈依居士有「雖皈依佛門，神佛不分」之嘆，她覺察到當前佛教存在的問題，並開始探究這些問題的原因。她認為當代臺灣佛門，大多拘守「不作不食」的箴規，使僧侶日日陷於修習經懺和耕種的農務之中，少有時間研究佛學和對信眾進行佛法教育。於是她決心弘傳佛法普及於大眾，乃提出主張：「出家人應回到教育崗位」。遂於1984年創辦佛學研讀班，對大眾進行普及化的佛法教育。研讀班以「實踐佛陀的悲懷，以佛法美化人生」為宗旨，以成人為對象，主要講授大眾基礎佛學課程，三年制，分班上課，既引導參讀者認識正信的佛教，也動員他們參與社會教化工作。初時參讀者有兩班100人，後隨著要求研讀者增多，在香光寺之外，又於紫竹林精舍、安慧學苑、印儀學苑、養慧學苑、定慧學苑等處設班，如今在研讀班學習者，每年合約達3000多人之眾。有播種必有開花結果。佛學院畢業生各從事佛教成人教育、文化出版、圖書資訊服務、媒體傳播、社會福利，及佛教宗教師的養成教育等，對於弘揚佛法和社會安定都作出了貢獻。研讀班的歷屆畢業生，或參與社會教化工作，或在人際中安良勸善，或個人心靈得到安頓，生活充實而有意義，對於社會，對於家庭都起了淨化的作用。

悟因法師在其講壇弘法和著作弘法中，尤重視戒律實踐和時代的需要。她認為「佛在人間」的理念必須落實於生活，主張「以佛法美化人生」。不尚空談，致力推廣修道生活的實踐。1993年起，悟因法師先後在佛教三壇大戒壇講論比丘尼戒多次。1996年應「西方尼僧戒律生活營」的邀請，到印度菩提伽耶，向來自英、美等18個國家的80餘位比丘尼講論比丘尼戒，在講論之中，特別強調對戒律的實踐。她又鑑於佛教是世界性的宗教，當今世界社會已有很大變遷，「為法的要適應探尋出路，不宜故步自封」。在2000年10月31日出家戒會上，悟因法師解答新戒提問時說：「佛教弘傳於世界上，因適應於不同的民族風土而呈現不同的風貌，這表示佛教可適用於不同的社會。但是佛教在傳布的過程中，由於傳至某一地區而形成定型化之後，如果將此定型化的佛教硬套入另一地區，必然有格格不入之感。」因此她認

為戒律也必須因時、因地作不同的詮釋和不同的適應,她認為:「戒律是兩千多年前,在印度本土制定的。當初傳入中國之後,其中有不適應中國風土民情之處,歷代高僧祖師大德們,即作不同的詮釋,作不同的適應。今日世界由於交通的便利,行程縮小了,各地文化交流密切,更應該探討佛法本質,以求重新適應。否則,以現今的南傳佛教或中國佛教的形態,想要整個傳入西方世界,就會有所隔礙。比如所受的比丘(尼)戒,其中有部分戒條,不要說今日已不能適用,在中國本土 1000 多年前就已不適用了,因此對佛教、佛法,應深入瞭解,應探討佛教本義,才不致有不適應之感。」悟因法師認為:臺灣目前的佛教受 1949 年中國法師赴臺後傳播的叢林佛教影響,但也可看到臺灣民間信仰、日本佛教的影響,臺灣佛教的成分較為複雜。佛教不僅僅要從哲學角度進行研究;也不僅僅是替百姓送終,僅在婚喪中發揮作用;也不僅僅是搞慈善事業,如辦養老院等;也不僅僅整天為施主的認捐而到功德堂唸經,這要花很多時間,要到哪能年哪月?捐款本身就是功德,不必再送功德。臺灣佛教要走自己的路,出家不僅僅是吃齋,要有自己的宗教信仰,我出家不僅僅要做一個尼姑,而是要做宗教師。要以智慧為主,教理為主,來弘揚佛教。佛教早期在臺灣受到政治打壓,佛教走到今天不容易,要拓寬並深化佛教弘法的渠道,還要爭取宗教立法。要注意培養高層次佛教弘法人才。我們曾送法師到美國攻讀博士學位,要往遠處著手。悟因法師這種見解,在臺灣佛教界是具有前瞻性的,說明佛教在臺灣變遷的社會中,必須適應社會的變化和人情,對佛法作適應的改變,才有出路。

　　悟因法師在開辦佛教教育之時,相當重視佛教圖書館的創辦。在香光尼眾佛學院創辦了佛教圖書館,對該圖書館的性質、服務對象作了明確的規定:「本館為一佛教圖書館,為協助推展僧伽教育,使成為具有宗教性、文化性、教育性和學術性的佛學研究資料中心。自 1982 年起收藏各種佛教圖書資料,服務佛學院師生;1998 年起為回饋社會,以書香淨化心靈,乃開放予社會大眾入館閱覽使用。」圖書館占有兩個樓層,分行政區及讀者服務區,館中藏書以佛學圖書資料為主,輔以非佛學圖書資料(以文、史、哲為主)。藏書數目截至 2001 年 6 月止,有圖書及期刊合訂本約 32450 冊,現期期刊及館藏期刊約 492 種,尚有非書資料包括視聽資料、光碟、網路資料庫、微縮片、

貝葉經等約 5785 種。館藏圖書館資料數量多而類型豐富。該館館藏具有以下特色：1. 期刊中佛學期刊約有 300 餘種，占全部期刊的 70% 左右，為研究臺灣佛教史的重要資源；2. 收藏 1963-2001 年臺灣及香港地區有關佛教主題的碩士、博士論文全文，可供研究佛學參考。3. 剪輯有關佛教主題的文章，依主題分類彙編成冊，方便讀者所需。4. 典藏各佛教學術研討會的資料，供讀者使用。5. 為讀者提供多項服務：（1）館內閱覽為開架式，方便讀者自由取閱；（2）指導讀者使用館藏圖書及佛書分編；（3）提供錄音帶、錄影帶及相關設施供讀者在館內使用；（4）提供寬頻網路供讀者查詢網際網路資料、館藏書目資料及佛學資料；6. 備有複印機，供讀者複印資料之用。該館還經常開展館際交流活動，舉辦有關圖書資料的座談會、研習會等，並且還制定未來發展的指標。如此規模的佛教圖書館，無疑有助於佛教教育和佛學研究的發展。

　　為發展佛教教育和弘揚佛教事業，悟因法師還致力於編撰有關佛教教育和佛教發展志書。如推動《臺灣佛學院志》的編纂、《法音叢書》的編輯，並聘請學者編纂《臺灣佛教史》、《戒律辭典》等，出版《佛教與社會》、《臺灣比丘尼列傳》，創辦《香光莊嚴》雜誌社、香光書鄉出版社，為發行與佛教相關的書刊提供了方便。特別應該提起的是她所著的《點石集》一書，此書上篇是她對研讀班在家居士、大專青年的一些談話記錄與演講稿的結集，下篇是對香光尼僧團僧眾打佛七的講話。前者主要是將大乘菩薩道的精神落實於現實人間生活，後者主要是供淨土法門的修持與體驗，提升修行的內力。全書說理深入淺出，通俗易懂，如什麼是佛？為什麼要學佛？怎樣學佛？都能從日常生活引入，以通俗的語言講釋；又如什麼是大小乘？什麼是四聖諦？什麼是八正？什麼是三苦？什麼是因緣？以及佛教與人生等問題，本來都是佛教經典中令人難解的問題，悟因法師都能舉出日常生活例子，引證典故，貫穿在演講中進行解答，讓人一聽就懂，顯示了悟因法師佛法功底的深厚和學問的淵博，也顯示了她演講的高超技巧和駕馭語言能力。在演講中，她還說明佛陀不是神通，佛陀否定神權，人人皆有佛性，人人皆可成佛，成佛不外求而求內心等等，明確區別了佛教與其他宗教的不同，佛陀與其他宗教教主以救世主自居的不同。下篇則以親身的體驗，談論如何打佛七，從方法、

用心等方面進行指點。此亦可以說是佛教知識的普及本,是學佛者入門必讀。其中許多舉例精彩動人,理雖平實而能服人。難怪其講授的研讀班,入學者年年爆滿,而更是不少日常生活不如意者常來請求解疑釋惑。

　　悟因法師生長於變遷的臺灣社會之中,受家庭之薰陶,年青即入佛門,勤學佛法,遊學訪問各地考察各國佛教情況,借鑑佛教發展的歷史經驗,審時度勢,將培育佛教人才及普及佛教知識視為發展佛教的要務,先是開辦佛學院,以造就研究人才;又創辦研讀班,以普及佛學知識。同時創辦出版機構,努力推動有關佛教的志書、辭典、人物傳記的編纂發行,以媒體弘揚佛學。尤其值得稱道的是主張佛教、佛法應因時因地而變,戒律也應時代之情而作必要修改,以適應時勢,方便信眾。故其弘揚佛法不故步自封,而能突破傳統,聯繫當今人情世態,把深奧的佛理與特點人生結合起來,以淨化人心,淨化社會,使佛教貼近社會,貼近人生,能對建造文明社會、文明人生作出貢獻。她以比丘尼的身分,得任財團法人伽耶山基金會董事長、財團法人香光尼僧團伽耶山文教基金會董事長,以及香光尼眾佛學院院長等職務,成為臺灣佛教界的名人。

四、致力於辦學傳戒的晴虛法師[4]

　　晴虛法師,字修嚴,俗姓莊。臺灣南投縣人,1931年生。少時受日治時代教育,並受國學於名師李碧山、陳王水先生。16歲出家,受剃於晉欽上人座下。21歲入臺灣佛學會主辦的臺灣佛學院修業3年,24歲登壇受具足戒,戒師為智光老和尚。繼入福嚴精舍,從印順法師研修佛學。1963年負責《海潮音》編務,1979年留學於日本京都佛教大學文學部,4年後以優秀成績畢業。回臺後,先後受靈隱佛學院、太虛佛學院、東山佛學院等聘請,任佛學院講師或教務。後任基隆月眉山靈泉寺住持,1992年兼任臺南法華寺住持,並兼任臺北慧日講堂住持。晴虛法師在靈泉寺創辦靈峰正覺學苑及華文佛教學院,又在臺北市泰北中學創設「善慧老和尚獎學金」,以扶助學生。晴虛法師是繼演培法師之後,任月眉山靈泉寺住持的。為了發揚佛教文化,講授人文科學知識,他創辦了華文佛教學院,旨在培育佛教青年研修佛法,敦勵志行,期以造就弘揚佛法、淑世善群的佛教人才。院址在靈泉寺內,學院的

第五章　臺灣社會變遷中的法師

前身,是德融法師創辦的佛教禪林、慈航法師創辦的靈泉佛學院。華文佛教學院為四年制,自 1987 年起,晴虛法師擔任該院院長。該院曾是臺灣佛教學院中最具有歷史、最具備科際性的學科及配套規制的學院,設先修科和正修科,前者修學兩年,後者修學四年。所學課程以佛學為主,輔之以文學、中華文化史、外語、東洋文化史、衛生保健學等課程,並寫作畢業論文,學業采學分制,修滿學分,方為及格,發給畢業證書。成績優秀者,聘為本院教師,或資助出國留學,或輔導從政與弘法工作。該院所聘教師陣容強大,如印順法師是臺灣佛教界的泰斗,其他教師都具有高等學校的學歷或碩士學位,晴虛法師也親臨講課。

2000 年 9 月,靈泉寺舉行開基 100 週年紀念大會,同時舉行傳授三壇大戒,為期 7 天。以印順法師為北傳三壇大戒為得戒大和尚,以泰國副僧皇頌德拍菩達游傳授南傳比丘戒。受戒比丘 50 餘人,比丘尼 150 餘人(其中緬甸籍 1 人、波蘭籍 1 人、立陶宛籍 1 人、澳大利亞籍 1 人),受南傳比丘戒比丘 36 人;在家新戒者男性 90 餘人、女性 690 餘人。在戒壇上,晴虛法師登壇講戒,在講三皈五戒之後,先講在家菩薩戒,要求在家菩薩遵守三皈五戒,並對《在家菩薩戒本》中的戒條,逐一進行講解。繼而講解《毗尼日用切要》,認為此書的目的是「教導佛子在日常生活中,如何檢束自己身、心、意三業,勿令散亂煩動,而使身心寧靜,以達到清靜的境界」。再繼而講解《沙彌律儀要略》,要求沙彌遵守「不殺生」、「不盜」、「不淫」、「不妄語」、「不飲酒」、「不著香華鬘、不香塗身」、「不歌舞倡伎、不往觀聽」、「不坐高廣大床」、「不非時食」、「不捉持生像金銀寶物」。最後對一些新戒提出的「如何將空即是色、色即是空應用在日常生活中」「如何由戒生定,由定發慧」「如何將戒律應用在社會中」等提問,一一作瞭解答。從其講戒涉及的內容、範圍,且有講解有解答,見出法師對佛教的真義和戒、律的精通;又從聽戒及受戒的對象之多,見出法師在佛教界中的聲望。在臺灣變遷的社會中,有如此之多的在家信眾受戒,是個頗引人興趣的問題,「佛在人間」已有了引人矚目的效應。

晴虛法師在講學和戒壇弘法外,也以其著作弘揚佛法,其講著的《佛說〈善生經〉》講義,曾在中廣電臺播講,晴虛法師對《善生經》倍加推崇,

認為此經是「釋迦文佛對善生宣示『人間倫理』,使人間能得和諧安樂,以至幸福的寶典。」此經是佛教根本聖典《阿含部》中的一經卷,釋迦文佛透過與善生的對話,講解「四結業」,教導不於四處作惡行,不六損財業,不四怨如親,要四親可親,禮敬六方。也就是勸告善生不殺生,不偷盜,不邪淫,不妄言;不貪慾,不忿恚,不生怖,不愚癡;不沉湎於酒,不博戲,不放蕩,不迷於伎樂,不惡友相得,不懈墮;不要親近畏伏(表面恭順實藏禍心)、美言(表面說好話,背面毀謗)、敬順(表面順從、背後別有用心)、惡友四種人;要親近止非(止惡揚善)、利人(利益於人)、慈愍(對人仁慈、同情)、同事(同甘共苦)的人;要敬順父母,敬奉師長,夫妻相敬,親敬親族,善待僮僕,供奉沙門婆羅門。在經文中,釋迦文佛還教導善生要做好「四攝」之事,即「惠施(布施)、軟言(說話真誠和柔)、利人(為人做好事)、同利(幫助別人也得到別人幫助)」;要善治家業。綜合善生經的內容,是勸導做好人,做好事,處理好人際關係,和合眾人,修身治家。因此晴虛法師認為,從善生經可以看出佛教的真義是以人為本,關懷人生,以道德感化世人,規範人的思想和行為,對於人世有積極的意義,不是消極的。佛教「解脫」之說,目的是提升人的思想道德達到超凡的境界,而不是避世或遁世。因此他認為「中國佛教無論大乘、小乘都偏重於『出世道』或『大乘化』的弘揚,而忽略了人本主義的佛教文化特質」。顯然,晴虛法師的講著《佛說〈善生經〉》,目的在於糾正中國佛教弘揚「出世道」的偏頗,恢復佛教之真諦,弘揚佛教人本主義文化特質。其論述的觀點是具有代表性的,臺灣佛教日益走向社會,關懷人生,以教育淨化人心,濟危救困,正是這種人本主義精神的反映和實踐。

《中國淨土宗的創傳史及祖師傳之研究》一書,原是晴虛法師留學京都佛教大學修滿學分後的一篇畢業論文。法師在留學時發現,日本佛教淨土宗傳自中國,但其所推尊的淨土祖師與中國本土不盡相同。為探討其中原因,法師乃作此文。淨土宗為中國佛教八大宗之一,就中國佛教淨土宗史所見,在「國修淨業、功德高盛」的高僧中,有11位為淨土蓮宗社的祖師:初祖慧遠大師,二祖神鸞大師,三祖道綽大師,四祖善導大師,五祖懷感大師,六祖慧日大師,七祖承遠大師,八祖法照大師,九祖少康大師,十祖延壽大

師，十一祖省常大師。而日本的淨土宗，皆奉曇鸞、道綽為宗祖，前者地位尤為崇高，或稟為初祖。例如日本洛西二尊院祕藏《淨土五祖像圖》，為曇鸞、道綽、善導、懷感、少康等五位祖師。日本《淨土宗傳》有《八祖傳》，其中淨土宗祖師之首為曇鸞，繼之後為善導、懷感、少康三師。晴虛法師考證曇鸞、道綽大師專修淨業功德、弘贊淨土功勳，認為此二師應尊為祖師，且其席位應「高居在二祖、三祖之上，並不為過」。而中國佛教淨土史11祖中，不列曇鸞大師，道綽則列為三祖，不為公平。其原因，晴虛法師認為：（一）中國佛教傳統特尚「六度萬行」，約三學說，戒定慧三增上學，為佛學總綱，而曇鸞則倡導專修念佛往生淨土為宗趣，頗有偏離傳統之嫌。道綽繼承曇鸞思想，專提向西稱念「阿彌陀佛」為唯一勝行，後世或因此二人摒棄聖道，產生疑慮或誤解。（二）中國佛教歷經幾次滅法劫難，典籍文獻幾無所藏，曇鸞等事跡當亦因此毀而不傳。（三）有關淨土宗史的著作，皆出於後代「兼宗」者之手，而純粹淨土之門人士未見撰著。由此曇鸞、道綽沒有被中國淨土宗史擺進應有的地位。為使曇鸞、道綽在淨土宗史上得應有的地位，晴虛法師考據了其生平事跡和論著主張，認為「曇鸞以石壁谷玄中寺為根本道場，專修念佛事業，並著述《淨土論註》，闡明九品往生教旨，發揚佛陀本願思想，倡弘念佛法門，因而展開了淨土教史的新頁，成為一代宗師」。道綽生逢亂世，歷盡天災人禍和毀佛之難，產生人世惡俗和佛教「末法」之感，覺悟處在五濁惡世之中，欲成就佛道甚難。於是崇仰曇鸞「尚會講說，修淨土業」的高德，歸心淨土，走入專修念佛法門。不僅身體力行，日課以七萬聲佛號，並勤講淨土經典，弘揚念佛勝業，發明以小豆計數的方法以勸人念「阿彌陀佛」，即今日念佛「數珠」之濫觴。此法使修佛道變難為易，使佛法從寺院走入平民之家，從此成為修行佛法風習。道綽門下有善導、道穗、道生等人，其中尤以善導為繼起念佛勝行，弘揚淨土之法，成為淨土宗的一代宗師。晴虛法師的論述，有力地證明和肯定了曇鸞、道綽在中國佛教淨土宗史中，應居於二祖、三祖的地位，繼此二人之後為善導。這不僅糾正了日本法然上人認為其所開建的淨土宗之法統系傳自善導大師的說法，也理順了中國佛教淨土宗自慧遠大師之後傳承的關係，填補了淨土宗史的一些空白。這是晴虛法師對淨土宗發展史研究的一大成就，也是對中國佛教研究的貢獻。

晴虛法師致力於月眉山靈泉禪寺的建設，創辦佛學院，以講學弘揚佛法，以開設戒壇發展佛教，其著述尤值稱道：既闡說《善生經》以揭示佛教「以人為本」的文化特質，為佛教淨化社會、淨化人生提供理論的根據；又研究中國淨土宗傳承發展的歷史，糾正某些缺乏依據的說法，理清淨土宗傳承關係，填補某些空白。這些創見性的著述，顯示了晴虛法師佛學基礎之深厚，研究之深入，也可看出其對當代佛學、佛教發展的傑出貢獻。

五、大陸赴臺的真華法師[5]

真華法師，俗姓劉，名復宇，1922 年生於河南永城縣山城集。家本殷實，但童年多舛，4 歲時家中相繼死亡 8 人，次年又死 1 人，家道因而中落。其父從軍之後，他由祖母撫養。不久祖母去世，他孤苦一身，無依無靠。14 歲那年，他由鄰居陳大娘的善意介紹，到永城秦山禪院依淨文法師披剃出家。次年，淨文法師送其入私塾讀書。塾師認為其年齡太大，難以造就，他卻發奮讀書，使塾師頗為驚異。不久因故輟學，他被留在寺中做粗活。1945 年抗戰勝利，他奉師命單身到江南參學。先落腳於南京鼓樓東嶽廟，旋去當時有「律宗第一山」之稱的寶華山隆昌寺受戒，之後入常州天寧寺佛學院學法。不久，到蘇州靈岩山隨印光大師學佛，被任為靈岩山知客。1948 年其父到靈岩山，也自願削髮出家，法名能禪，並趕往寧波天童寺受戒，真華法師也經上海到寧波，待其父受戒之後，父子兩人到達普陀山，他先在普濟寺掛單，繼在法雨寺為行堂，後入住蓮池庵，正欲精進修行，卻被徵入國民黨軍隊。

入軍後，先隨軍到定海，後乘船到臺灣基隆，在臺中編入新兵大隊受訓，1949 年正式編入國民黨軍隊，因演習時不慎受傷，改任文書工作。1952 年退役轉業，到花蓮縣長橋國民學校為工友。次年大病 49 日，幸而不死，又動出家之念，於是辭去工友之職。經淨念法師、浩霖法師等介紹，到臺北汐止彌勒內院任飯頭師，後至基隆靈泉寺領香 3 個月，又返彌勒內院任原職，親近慈航法師。1957 年參學於福嚴精舍的印順法師，次年底在宜蘭縣三星鄉創辦念佛會。1959 年受聘為羅東念佛會導師。1965 年在屏東縣東山寺佛學院任院長 6 年。1970 年，任臺北市慧日講堂住持。1978 年能淨法師辦第二屆福嚴佛學院，聘其為院長，但未實際參與學院運作。1980 年任福嚴佛學

院長、「中國佛教會」常務理事、香光淨舍住持、千光寺導師。1986 年始掌管學院至第 7 屆，同時重建福嚴精舍，為培育僧才發展佛教建立良好的基地。真華法師先後還擔任女眾、蓮華、中華、菩提、華嚴、妙清、能仁等佛學院講師，及「中國佛教會」主辦的大專佛學講座教授，以及多次被各地傳授三壇大戒聘為引禮、書記、尊證、教授、羯摩等職，曾多次赴新加坡、馬來西亞、泰國、香港、美國、加拿大、日本、韓國等地弘法或參訪，如 1980 年 5 月到美國舊金山般若講堂弘法並住錫，獲得成功；1982 年 8 月又率 20 位佛教徒的訪問團訪問菲律賓、新加坡、馬來西亞、泰國等國家和香港地區，均受到熱烈歡迎，如 8 月 17 日訪問泰國時「中華佛學研究社」有 200 多人報名要受三皈五戒，真華法師即至中華社舉行皈依、受戒儀式，儀規如法，受規誡者無不懇切至誠。

真華法師經過私塾和以後的苦學，其國學和佛學都打下了堅實的基礎，又經在大陸和臺灣的多處參學，接近或秉承印光、印順等大師的法教，對佛法有相當精深的造詣。現實社會生活和其自身豐富經歷的體驗，使其弘法不僅能夠深入淺出，貼近人生，而且有自己獨特的見解，故頗受信眾和聽眾的歡迎。其在弘法講學的同時，又從事文字著作，《參學瑣談》和《行化雜記》兩書為其代表作。前者記述了作者的身世和參學的過程，實際是作者的自傳，從中可以看出他如何歷盡艱苦磨難，由俗家入空門，由空門又入俗世，又由俗世入空門修佛學的曲折經歷，表現了法師堅定向佛的決心和信心。在曲折經歷之中，法師嘗盡了人生的苦辣，歷盡了人情世態，即使在空門之中，也有善惡，既嘗到妒忌、排擠之味，但也嘗到受助之樂和溫暖。面對這些，他都歸之於因緣，因而更瘁心於佛學的研究和佛法的弘揚。這本《參學瑣談》也記述了一些著名法師的事跡和德行，例如慈航法師的「學而不厭」、「誨人不倦」和「慈悲喜捨」的精神；印順法師的佛學造詣、講經的深入淺喻，教學態度的自由活潑和虛懷若谷的精神。這些記述，既說明了這些著名法師的佛法高深、德行深厚和所以得到的崇高聲望，也表現了法師自勉和勉人的誠心。法師在書中，還提出了「常憶遺教」、「引普賢行」的修法與行法的主張。「常憶遺教」，即珍敬戒律，制心，戒睡眠，戒瞋恨，戒嬌諂，少欲知足，精進，攝念，習定，修慧，念所受法，世相無常。「行普賢行」，則

第二節 當代社會變遷中的臺灣法師

要修十種廣大行願,即一禮敬諸佛,二稱讚如來,三廣修供養,四懺悔業障,五隨喜功德,六諸轉法輪,七請佛住世,八常隨佛學,九恆順眾生,十普皆回向。他認為修持不必固執一法,「修行的法門是無量的,本著自己的根性和興趣,只要能夠隨分隨力地去『信佛所信,解佛所解,行佛所行』,結果都能達到『證佛所證』的境地。」為此,他又提出了修行的方法,必須由近而遠,由淺入深,循序漸進,按部就班,不可「欲速」,不可「躐等」,他推崇印順法師把趣向「成佛之道」分為五個層次:「一、歸敬三寶章;二、聞法趣入章;三、五乘共法章;四、三乘共法章;五、大乘不共法章。」即先有歸敬三寶之心,努力修學,不存依賴心理;皈依三寶之後,則要聞知諸法,從佛聞法,從佛弟子聞法。從經典聞法,聞知正法之後,才能分辨善法惡法,從而修行善法,制斷惡法。堅持正道修行,先修五乘共法:即發增上心,修集生人、生天的正當法門,為修出世聖法打好根基。繼而修三乘共法,成就人天的功德,是出世間法。然後進而修大乘不共法,到達人、天、聲聞、緣覺乘中所沒有的境界。總之《參學瑣記》既總結了真華法師自己一生參學的經歷,也表白了其一生參佛修行的真誠體驗,告訴人們參佛修行不容易,但要修到正覺也並不難,貴在堅持趣向佛道,聞法不倦,修行得法,並且持之以恆,為善去惡,終能達到學佛終極的目標。因此此書不僅可以作為有志修行佛學借鑑,也可以啟導有志修行佛學者如何學佛修行。

真華法師的另一著作是《佛化雜記》。共收文章 50 篇,其中包括遊記、追悼、憶往、自勵,以及對佛教界人事的評論等等。游記如《環島侍遊日記》、《旅美半年遊化記》等,前者是記述其隨侍印順法師作 11 天環島旅行的經過,後者是記述其率團赴美弘法的事。從前者可以看出臺灣寺院法師對印順法師的尊敬,各寺院法師之間的和合和互相尊重;從後者可以看出美國佛教界對弘法的真誠歡迎。追悼是對亡故的師友表達哀痛的追念之情。如《我記憶中的律航法師》,追念律航當過中將軍長而入空門的過程,憨直而又和合的為人。《淨土寺開山住持淨念法師傳略》,追記淨念法師生平學法弘法,及生活儉樸、善施貧窮,創建淨土寺、力行實踐等等。從這些文章可以看出臺灣一些法師修佛的虔誠和獻身佛教事業的品格。憶往主要是對其家鄉、俗家、童年以及初次出家和入塾的回憶。其中對故鄉的回憶,以親身的所見,糾正

247

臺灣佛教
第五章　臺灣社會變遷中的法師

一些文獻對「芒碭山」所在位置及傳說的記載錯誤，頗有考證的價值；對俗家的回憶，敘述了俗家如何從富有至破落的悲劇，寫出了世事的無常；對童年的回憶，充滿了悲苦與血淚，也洋溢著對仁慈祖母的深情懷念，十分真切而動人；對落髮時的回憶，寫他走投無路之時，好心的陳大娘如何勸導並幫助他入泰山禪院為僧之事，寫出世上有壞人也有好人，表達了他對陳大娘的敬愛；對泰山禪院回憶，寫出了該院真實的情況，也揭露了院中種種腐敗的情狀，從中看出了佛教的衰像和僧人墮落；對入塾的回憶，寫塾師和同學對他的抑鬱和嘲笑，促使他發奮讀書超過了同學，贏得塾師的喜愛，表現了他不甘落人之後的倔強個性，從而使他打下了國學的基礎。對佛教界人事的評論，則從現時、現地出發，直率地提出自己的見解和建言。例如在《關於傳戒之我見》一文中，他認為中國佛教的戒條，歷來是「因時制宜」，因此此時此地傳戒，應「因時制宜勿拘枝末」；「儀規宜嚴」但絕不可以打罵代替教誨，免傷受戒者的自尊心；同時鑑於傳戒儀式各行其是等現狀，要求嚴格選擇傳戒人選，對受戒的資格適當放寬，既保持佛教的莊嚴，又有利於佛教的發展。又如《〈僧服統一〉商榷》一文，對僧服統一的問題提出了其自己的建言，既對《中國僧侶服飾統一顏色商榷書》中的一些不恰當提法表示自己不同意見，也建言必須廣泛地徵求意見，再決定能否統一。凡此都表現了真華法師對佛教事業的高度責任感。在《行化雜記》中，還記載了真華法師弘法的言論，有的是對佛經經題、經義的釋解，有的是弘揚佛法的演講。前者緊扣經題、經義詳加講解，既準確道出真義，又易為聽眾理解。如《妙法蓮華經普門品釋題》、《尼犍外道的蒺藜論》等文。後者如《對佛教應有的認識》，把諸多高深的佛教理念歸納得簡要而淺顯。如什麼是佛教？他用「諸惡莫作，眾善奉行；自淨其意，是諸佛教」16個字概括。對於修真問題，則以「必先立志做人」為本，從凡夫地修到佛地，都先要從做好人做善事做起，否則什麼也談不到了。又如《談發大乘心》，在解釋「大乘」、「大乘心」之義後，先說「發大乘菩薩心應以菩提心為根本」，即要「上求佛道，下化眾生，自利利他，自覺覺他」。次說「發大乘心應以大悲為上首」，即「慈能與眾生樂，悲能拔眾生苦」。繼說「發大乘心應以無所得心為方便」，即要除去我執、法執，斷絕煩惱、所執，才能「照見五蘊皆空」。他認為這「三

心」不能離開「六度」,「菩薩的自利利他行,一切都攝在六度中」。所謂「六度」,即:一、布施,二、持戒,三、堅忍,四、精進,五、禪定,六、勝義慧。這「六度」乃由「三心」而生,故「六度」不離「三心」,而「三心」則由「六度」而成。因此他要求信眾要發「大乘心」,及時精進,自利利他。這樣弘法,就能從深奧中脫出,使人感到深切易解。在《學佛與做人》中,也強調學佛即應先學做人,認為佛法真正的精神,是必須先積聚做人的功德,必須「先以端正的人格為基礎,而後盡心盡力去為人類服務,為國家效勞」。而做人須具備條件是「五戒十善」,歸納起來就是「做好事」、「說好話」、「存好心」。這樣的演說,可以說是把深奧的學佛道理簡約化、通俗化了,方便於聽眾的理解,也方便於佛法的傳播。

真華法師以其深厚的國學、佛學的基礎,加上曲折而豐富的俗世和佛門的閱歷和經驗,既深諳佛理的真諦,又能結合實際的社會情況;既弘揚佛法於講壇,又傳之於著作。演講則深入淺出,通俗易懂;筆寫則淳樸無華,娓娓道來,沁人心脾,多方面成就足以見出他弘法的特點。

六、處於風口浪尖的昭慧法師[6]

昭慧法師,女,祖籍廣東梅縣,1957 年生於緬甸仰光,8 歲隨父母定居臺灣。臺北市立中山女子中學畢業,19 歲升入臺灣師範大學文學系學習。1978 年,已 21 歲的她在大學三年級暑假於板橋祥光精舍禮祥雲法師出家。次年以師大文學系文學士畢業,分配至桃園市觀音區草漯中學任教。1980 年受具足戒於臺灣高雄龍泉寺。此後以培育僧才為職志,1984 年在新竹福嚴佛學院教授中文與佛學,繼而歷任福嚴佛學院高級部主任、佛光山「中國佛教研究院」、華嚴專宗學院及佛教弘誓學院講席。1994 年起在輔仁大學講學,1997 年 9 月起於玄奘人文社會學院宗教研究所任教,並為佛教弘誓學院指導法師,2000 年 8 月升任玄奘人文社會學院副教授。

昭慧法師為推動佛學教育,於 1998 年初在桃園市成立弘誓文教基金會,任第一屆董事長,婉拒出任南投縣副縣長之職。同時致力於保護野生動物和佛教發展事業,1993～1999 年任關懷生命協會創會理事長,弘揚佛法護生的精神,推動教內信眾與社會力量,促使「立法院」透過《野生動物保育法》

臺灣佛教

第五章　臺灣社會變遷中的法師

與《動物保護法》。2000 年初，倡導佛誕放假運動，得到臺灣佛教界的積極響應和共同努力，使當局作出農曆四月初八日為佛誕節的決定。昭慧法師在致力弘揚佛學、培育僧才、發展社會公益事業和佛教事業的同時，也從事著作，佛學著作有《如是我思》、《佛教倫理學》、《律學今詮》、《初期唯識思想》等書，散文創作有《悲情觀音》、《人間佛教播種者——印順法師》、《敢向高樓撞晚鐘》、《人間佛教試煉場》、《千載沉吟》等。然而最使昭慧法師出名的，是她推動了臺灣佛教界頗具影響的多次運動，並始終處於事件的風口浪尖。前者如杯葛《思凡》、捍衛臺北七號公園觀音佛像，後者如廢除《八敬法》等。

　　1988 年，臺灣藝術學院舞蹈系定於是年 1 月 27 日至 29 日，在基隆市立文化中心推出年度公演，其中一個作品，係崑曲改編的《思凡》，內容為僧尼調情：一個出家的小尼師，耐不住佛門寂寞，羨慕凡塵男女的情愛，私自逃下山去。有關人士認為戲中曲詞低俗，含有淫蕩之風味，隨即引起佛教教徒的憤慨，認為此舞演出極度醜化佛門僧尼的形象，對廣大佛教徒產生心理的傷害，也歪曲了佛教。教徒們組織了以昭慧法師為組長的護教組，發函致藝術學院提出抗議，要求改演其他舞劇；並發函「中央通訊社」及各報，對佛教徒反對《思凡》演出作了幾點說明：第一，要求取消此一演出，以免傷害數百萬人的宗教尊嚴；第二，此一演出以「思凡」為始，以「亞當」、「讚美詩」與「歌」為終，其次序與內容，疑係有意高抬其他宗教而醜化佛教，已引起眾多佛教徒的憤怒；第三，藝術學院以「藝術性、學術性」為演出藉口，則任何誨淫誨盜、傷風敗俗之戲曲，皆可在藝術與藝術包裝下推出，有關當局應如何監督一切影視、舞臺之節目內容？如何處理抗議當局禁演之一切個案？第四，傳統戲曲中，「動作繁雜且豐富，舞蹈結構嚴謹」之作品甚多，何以不取教忠教孝之傳統精華，而取誨淫誨盜之傳統糟粕；第五，（略）；第六，經抗議後該系雖已略去「調情」章節，刪修對白中較為露骨的部分，但人物已定位於「小尼師」，主題已定位於其「思念情慾」，難使本組諒解，亦不免受教眾之強烈指責；第七，本組不願擴大事端，若執意演出而導致嚴重後果，則對藝術學院、對廣大教眾，皆是無可補償之損失。繼而護教組又制訂了全臺佛教徒抗議活動的計劃，決定採取全臺佛教徒於演出當日至演出

場所前抗議的行動，若藝術學院取消《思凡》公演，此一示威行動即取消。在此期間，昭慧法師對於不理解或反對此抗議活動的種種言論進行批駁。主要是有人認為佛教徒抗議《思凡》公演，是漠視「情慾本能」，無法容忍小尼師之「思凡」，是無視人性。昭慧法師立足佛法批駁，說明此不是抗議的理由，佛教並不避諱情慾本能，而且把情慾本能看做是人性的需要。出家者如果勉強壓抑此本能，必然造成心理障礙，不利於修持。僧尼禁慾，是使其有比世俗人更健康的心理，透過的漸修工夫，得到殊勝的輕安妙樂，是「超常」的昇華，而非「反常」的壓抑。修持當然是嚴肅而艱苦的，所以佛門並不阻礙甚至鼓勵不耐修持而放不下情慾者還俗，只要其向任何一個人表明還俗意願，即可光明正大走出山門。而《思凡》中之小尼師之逃下山，是對佛法的歪曲，也是對還俗者的嘲諷，既使人誤為佛教不人道，也使還俗者難見容於世。有人認為「藝術自由」，宗教不要干涉藝術。昭慧法師列舉古來藝術精品，如希臘及希伯來的神話文學與音樂繪畫，印度的《吠陀》讚歌等，無不是宗教與藝術之結晶，說明宗教與藝術向來血肉相連。而且「藝術自由」也不能侵犯他人的自由。藝術固然有創作演出之自由，亦應以「不踐踏他人之生活尊嚴」為前提。有人認為抗議此演出是「不慈悲、不忍辱」，昭慧法師認為慈悲忍辱不是沒有原則的，無原則的慈悲則陷於溺愛，無原則的忍辱則是姑息以養奸，對於醜化佛教，損害僧尼之人格，如果不抗爭、不批駁，或緘默而若無聞，則將危及佛教的事業。《思凡》的論戰和抗議的活動一時震撼了臺灣社會，不僅眾多的佛教徒參加了論戰和抗議，佛教會及佛教的大德長老也出面支持，佛教界登記參加遊行的已超過 5000 人。在此形勢下，臺灣「教育部社教司」出面協調，藝術學院和護教組雙方均作讓步，藝術學院可如期演出，但須刪去節目單上《思凡》的文字說明，撤除尼師的角色定位，以避免誤會及聯想；佛教也隨之取消遊行抗議活動，改以發送關於《思凡》背景的書面說明。雙方在藝術學院舉行聯合記者會，對協調的經過和結果作了說明，表示思凡風波已經平息。在這場風波中，昭慧法師如終站在浪尖之上，率先以文戰、舌戰的形式進行抗議和批駁，直至事件的平息。

1984 年，臺北市當局要將一片原屬私人花園之地闢為 7 號公園，原地有一尊觀音塑像，係明光法師請著名的雕塑家楊英風先生雕成。所發的公文已

明確表示：為維護藝術文化氣息，准予保留觀音像，並請大雄精舍捐給臺北市，由臺北市管理維護。後來臺北市受到基督教某些人的壓力，以「違建」為藉口，要拆除觀音像，而該像在某個深夜，竟遭潑屎尿與硫酸的汙損。對於臺北市屈於壓力而改變承諾，又不查辦汙損觀音像的元兇，明光法師雖感不平卻難與之抗爭，於是轉請昭慧法師參與護像。次年2月，昭慧法師在瞭解此中內情後，立即加入護像行列，行南走北號召佛教徒共同參與，並抓住每一個運用媒體的機會，頻頻受訪、論辯、撰文，披露真相，糾正某些輿論的導向，從而使許多人轉而同情佛教，贊同觀音像保留於原址，但這仍不能改變臺北市限期拆除的決定。為了護像，昭慧法師終於破釜沉舟，於3月19日來到7號公園的正前方，在新生南路的人行道上，與佛教居士林正杰先生展開「絕食、靜坐、護觀音」運動。由於媒體的報導，「觀音像事件」一時傳播各地。絕食、靜坐延續至6天，趕到現場聲援並留下簽名者，據事後統計達6萬多人。臺北市街談巷議，莫不同情佛教，有許多人每至夜裡就自動聚集現場，徹夜守護法師，唯恐其受到傷害。觀音像的雕塑者楊英風先生亦與雕塑大師夏華達先生挺身而出，使此事件不僅侷限於護教，而擴展為兼有維護社會正義與藝術尊嚴之內容，從而形成了更加壯大的護像力量。甚至一些基督教徒也轉而同情、支持這一護像行動，如身為基督教徒的道德重整協會會長劉仁州，也前往絕食現場公開宣讀《一個基督徒的愧歉》，表示基督教界應公開譴責向觀音像潑糞的行為，並希望留下觀音像。佛教界則準備於3月29日舉行萬人護觀音大會，屆時將有眾多佛教徒到達臺北，僅南部27日就將有300輛遊覽車載人北上。在此情勢下，為妥善解決此事件，星雲法師與「市政府」祕書長曹友萍、市議會議長陳健治等會見黃大洲市長，就觀音像去留進行協商後達成協議。協議書認定觀音像保留於公園內，抗議人士立即停止絕食，觀音像所有權人書面保證將觀音像無條件捐贈給「市政府」，並停止一切焚香膜拜等宗教行為。3月27日星雲法師代表佛教界將捐贈協議書交給黃大洲，在大批佛教徒的見證下，完成捐贈。至此，觀音像事件塵埃落定，絕食抗議停止，29日萬人護觀音大會也宣告解除。觀音像事件的起因，不在於觀音像的遷移，而在於「市政府」先承諾保留於前，後屈於壓力而限令遷移，而該像又遭潑糞之辱，遂引起佛教界的憤慨。此事件的最終妥善解

決,使佛教維護了尊嚴,伸張了公道,教育當政者必須公平對待各種合法的宗教,保證宗教信仰自由。在這一事件中,昭慧法師始終是居於核心地位,最終以非暴力尋求事件的圓滿解決。

廢除《八敬法》,是昭慧法師發起的佛教內部改革的一種行動,對這種行動的功過在臺灣佛教界尚有不同看法,對是否要「廢除」也有較大爭議。所謂「八敬」,即佛教相沿已久的《八敬法》(或稱《八尊法》),是比丘尼尊重比丘僧的規定。在佛教各部律中,「八敬」的條文中有一條:「犯尊法,於兩眾行半月摩那埵」(重罰),這是違犯「八敬法」的罰則。其餘七條,有四條是各部律所一致的:「一、兩眾中受具足;二、半月從比丘僧請教誡,問布薩;三、不得無比丘住處住;四、安居已,於兩眾行自恣」。所謂「受具足」,即是女眾出家受比丘尼戒,不但要得到比丘尼十人僧的認證,還要到比丘十人僧中獲得認證,即所謂「二部僧受戒」。也就是說,女眾出家受戒,在經過比丘尼審核後,還要經比丘僧的重新審核,才能完成出家受戒的手續,不如此,比丘僧可以否決,完成不了受戒。所謂「請教誡,問布薩」,即每半月僧眾須集會一處布薩說戒,比丘尼僧不但要參加,還要派人到比丘僧中「請教誡」(請求比丘僧推選比丘到比丘尼處說法教誡)、「問布薩」(向比丘僧報告:比丘尼等如法清淨)。所謂「比丘住處位」,即每年三月安居,比丘尼必須住在有比丘的地方,以方便向比丘請教誡。所謂「自恣」,是請求別人儘量(恣意)舉發自己的過失,使能依法懺悔得到清淨;比丘尼除了要在比丘尼中「自恣」外,次日還要到比丘僧中舉行「自恣」,請求比丘僧指示糾正。在上述四條外,還有三條:一、受具百歲,應迎禮新受具比丘(即是說不論新老比丘尼,都要向新受戒比丘頂禮);二、不得呵罵比丘;三、不得說比丘罪。從前面所舉的四條看,出家女眾須受二部僧戒,即比男眾出家多經過一道審核手續;出家的比丘尼要「從比丘僧請教誡,問布薩」,而比丘僧則無須向比丘尼「請教誡,問布薩」;比丘尼要在比丘尼僧中「自恣」外,還要到比丘僧尼中「自恣」。臺灣有人認為,這些條文對於比丘尼來說,顯得相當不公平,相對於比丘僧,比丘尼處於極不平等的地位。從後面所舉的三條看,比丘尼更處於低下的地位,相反來說,新受戒比丘地位反比長老比丘尼為高;比丘僧能呵罵比丘尼,而比丘尼不能呵罵比丘僧;比丘僧能說

第五章　臺灣社會變遷中的法師

比丘尼罪，而比丘尼不能說比丘僧罪。有人認為這種男女兩性不平等，不符合佛教的「緣起無我」、「眾生平等」的原理，是在「無明我慢」心理作祟下的男性特權思想，是不正義的階級意識的表現，造成比丘尼自卑、自輕、自賤的心理，養成比丘僧自高、自慢的優越感。為適應當今男女平等的社會，鑑於臺灣出家女性超過男性的現實，昭慧法師於2001年3月31日在一群比丘尼的簇擁下，舉行記者會，當眾撕毀《八敬法》，發表廢除《八敬法》宣言，宣告廢除佛門兩性不平等條約。這種佛教內部不平常的行動，立即掀起了反應的波瀾。擁護而贊同者有之，反對而責怪者亦有之。昭慧法師於前者中汲取力量，對後者則以文戰、舌戰批駁。反對者主要認為：《八敬法》為佛祖之制，不可廢除。昭慧法師以當代佛學泰斗印順法師之《道器的平等觀》作了辯解：「男與女，於信仰、德行、智慧、佛法中毫無差別。女眾與男眾，同樣可以修道解脫」，「女眾有大慧大力的，當時實不在少數。但釋尊制戒攝僧，為世俗悉檀，即不能不受當時的——重男輕女的社會情形所限制。所以對女眾的出家，釋尊曾大費躊躇，不得不為他們定下敬法。女眾雖自成集團，而成為附屬於男眾的。釋尊答應了阿難的請求，准許女眾出家，這可見起初的審慎，即考慮怎樣才能使女眾出家，能適應社會，不致障礙佛法的宏通。由於佛法多為比丘說，所以對於男女的性慾，偏重於呵責女色。如說：『女人梵行垢，女則累世間』，其實，如為女眾說法，不就是『男人梵行垢，男則累世間』嗎？兩千多年的佛法，一直在男眾手裡，不能發揚佛法的男女平等精神，不能扶助女眾，提高女眾，反而多少傾向於重男輕女，甚至鄙棄女眾，厭惡女眾，以為女眾不可教，這實在是對於佛法的歪曲。」這段辯釋主要說明：1.依據佛法的平等觀，女眾與男眾在信仰、德行、智慧等應無差別，不應存在不平等之事；2.依據當時事實，女眾有大慧大力的，實不在少數（而當今更不待言）；3.《八敬法》是釋尊依據當時重男輕女的社會習俗，為使女眾出家適應社會而審慎考慮定下的；4.兩千多年的佛法一直掌握在男眾手裡，故多偏袒男眾而輕視女眾，如對於男眾的性慾，即偏重於呵責女色；5.對於佛教中傾向於重男輕女，不能發揚佛法的男女平等精神，反而鄙棄、厭惡女眾，以為女眾不可教，實在歪曲了佛法。昭慧法師這幾點說明，否定了《八敬法》的合法性和合理性，指出了釋尊當時制定《八敬法》是依據其

時的社會情況，為呵護出家女眾而審慎作出的處置。她批駁了《八敬法》「為佛祖之制，不可廢除」，指出法必須因時而廢，認為廢除《八敬法》並無違反佛法而是符合佛法精神，並無違反佛祖之制而是依據釋尊因時制宜的精神而作出的相應改革行動，並不是有損佛教而是有利於佛法的弘揚和發展。

昭慧法師以其對佛法研究的深湛造詣，在立足講壇和透過著作積極弘揚佛法的同時，又積極從事護教護生的活動。杯葛《思凡》、護衛觀音像，表現了她勇於挑戰任何有損佛教的精神，而廢除《八敬法》的行動，使她成當今佛教界一位頗有聲望的女性。

七、提出新佛教時代觀的繼夢法師 [7]

繼夢法師，俗姓陳，臺灣宜蘭人，1950年生，1973年畢業於中興大學經濟系，後任職於「經濟部」，1990年依止夢參老和尚披剃，次年受具足戒。繼夢法師自幼即與禪門有來往，後經簡振盛居士啟蒙，正式涉獵教海。1975年正式深入經藏，1980年開始在全臺南北各地講經弘法活動，足跡還遠及中國、東南亞及美國、加拿大、新西蘭、澳大利亞。

繼夢法師為臺中雲華山大華嚴寺導師，他極力振興大華嚴寺，使大華嚴寺在臺北、臺南、嘉義、高雄有五個分院，在加拿大多倫多、溫哥華，在美國芝加哥，在新加坡，在澳洲悉尼、布里斯班、在奧克蘭等都有華嚴寺分別院及共修點，並於2001年在加拿大籌設華嚴世界總會。

繼夢法師被稱為e時代的法師，他提出「新時代的佛教觀」，他認為「佛教要走在時代的前端，領導群眾，發揮教化之功，這個才叫做普度眾生」。他將「佛教華嚴的精神」做了科學結構化，以五個法的具體呈現來利益眾生，使佛教更貼近社會，更貼近人生，即五大議題：健康、家庭、事業、青少年、老年；五大誘因：情感、知識、權力、財富、名望；寺院活動：禪七、八關齋戒、佛法講座、華嚴禪行法；四大工程：結界、華藏工程、華嚴大學、BQ廣場；五大行法：禪、淨、律、密、經教。其中最能代表繼夢法師倡導新時代佛教活動的是四大工程，其「結界」，繼夢法師稱其為人生與生命覺醒第一步、心量與願力啟發站，為個人資糧道的基礎，即擇定一處，劃定界線，於一段

時間內好好用功修行的方法,具體可分為「個人結界」和「共同結界」,結界的方法就是掌握時間、地點、功課三種,在一定期限內,時間固定、地點固定、功課自己發願,即針對自己弱點,在自己範圍內做一種最妥善的調整與安排。假如脾氣不好,可用「結界法」改善脾氣,哪裡痛就敷哪裡,哪個地方發生問題,就在哪個地方對治。其「華藏工程」,就是透過訓練,去啟發自己的覺性,進而培養欣賞、觀察、觀照的能力,訓練自己不侷限一個角度、立場,而能夠從不同角度、不同立場,來欣賞別人發表意見的能力,瞭解、接納其他有別於自己的思維模式與意見,由此來破我執法執,藉此擴大自己的心量,達到心靈的成長與超越。其進行基本法則,是由三至五人組成小組,每週一次共同討論,發表心得,由此放下是非計較、相互建立融洽的溝通管道;在小組內只要欣賞、聆聽,不講他人是非、對錯,並憑藉小組的結合,發動包括助念、社區關懷、社區救援等服務,透過這種薰修,試圖達到的功能是:對自己的身體語意作一矯正,因為不能批評,只能觀察,所以從他人身上反照自己,才能勘定、矯正自己的偏差,避免走入偶像崇拜或造成宗教狂熱的傾向,並藉由接觸眾生來擴大心量,放下自我、欣賞別人。其「華嚴大學」,是全方位的生命教育,其「大學之首」為「在明明德,在親民,在止於至善」。「在明明德」就是「智慧」;「在親民」就是「慈悲」;「在止於至善」就是「阿耨多羅三藐三菩提」。「華嚴大學」是全民制,不論學歷、年齡,每一個人都可以參加,它不需校區,不設藩籬,把世界上每一個地方都當做校區。它以社會為教室,每一個人都是學生,每一個人又都是老師。「華嚴大學」有兩大核心,一是「種子教授」及「華大教室」,一是「團體會員」。前者「種子教授」條件是:尋找、勘定華大教室;採訪記錄、拍照錄像;製作導覽手冊、錄影帶;帶領會員參加活動教室。「華大教室」條件分「靜態教室」與「活動教室」,「靜態教室」包括插花、寫經、喝咖啡、茶道等;「活動教室」包括公共設施、文化機構、特殊設施、藝術成就者、有生產性者、其他具有特色者。後者「團體會員」即由會員邀請親戚朋友、或客戶(直銷業者)、或企業員工,人數達到一定數額,即以「團體會員」名義加入。其「BQ 廣場」,B 是 Buddha, Q 是 Intelligence Quotient,BQ 是佛智的意思,它是藉由集體研討,共同成長佛智的園地,旨在將這覺

悟的智慧教育，推展到各階層，引導信眾認識生命真諦、啟發覺性、消除社會問題，建立人間淨土。「BQ 廣場」定期定主題，透過座談、專題演講、檢討會、專題研究、論文發表等方式，對各種議題進行探討，讓大眾瞭解社會狀況，是為信眾所進行的一種文化活動。

繼夢法師認為，現代社會人士因對佛法的誤解而落入迷信，甚至教內信眾也多流於形式上的膜拜而忘失世尊教法的真義，世尊以覺性來教導眾生離苦得樂的正法，已漸漸流為市井小民倫理道德規範，現在的佛教活動已難以帶領人們走向覺悟大道，而食古不化的佛教儀式已經鮮有法的存在，佛教的法化已無法契合時代的脈動。因而繼夢法師堅持以現代語言重新定義佛法的標的，試圖以此啟發眾生對生命的覺醒，鼓勵大眾進行自己心靈的改造。每星期天早上八點，繼夢法師在民視臺進行弘法，內容總稱「生命故鄉的呼喚」，他用現代語言，結合人們身邊常發生的事及人們的一些習以為常的想法，深入淺出地表現自己的見解，在《新時代的佛教觀》的演講中，他將佛教的含義放在二十一世紀、放在 e 時代中進行解釋，認為「佛陀的意義就是『覺醒』，意指人生的覺悟。我們覺悟了什麼？得到了什麼？人生意義是什麼？人生的目的在哪裡？這樣活著對嗎？這就是佛教的基本定義，人生的覺醒從這裡開始」。什麼才是真正的學佛，繼夢法師在《戒律不是用來綁人的》演講中指出：「今天臺灣佛教的戒律大概只剩兩條，一條要吃得少，一條要穿得破爛，這就表示修得好嗎？⋯⋯現在許多人一談到學佛，就好像變成是吃素、念佛。當然吃素、念佛是學佛，可是不吃素、不念佛也可以學佛，這點要弄清楚。常有人問：我學佛以後要怎麼辦？我想這個問題許多朋友都是遇到過，你或許也曾發生過這樣的問題。或許有人會說弄尊佛像、香爐，再弄條念珠、一本經書，然後就叫做信佛了，這是迷信的民間信仰，學佛不是這樣的」。「學佛的第一個要件，就是如何讓自己更快樂、更自在，如何讓自己與家人更和諧、更幸福，如何讓自己內心演算有所啟發。對於人生的真相、生命的價值與意義能有更懇切的認識，讓自己活得有價值，讓自己活出生命的芬芳，活出自己生命的天地，這個才是真的學佛，真的走在佛法的菩提道上！」

繼夢法師有著述多種，如《華嚴經淨行品剖裂率玄義疏》、《華嚴宗哲學概要》、《普賢十大願王修持法要》、《慈悲圓滿修持法要》、《中國佛教傳入史綱》、《開展如來自性修修持法要》、《文殊三摩地修持法要》、《華嚴玄談》、《如來心地法門修持法要》（上、下）、《心要法門講記》、《心靈方程式》、《智慧，一切搞定》、《海雲繼夢解心》、《三聖圓融觀》及演講彙集《生命故鄉的呼喚》等。

八、終身以創辦教育為職業的曉雲法師[8]

曉雲法師，女，俗姓游，1912年出生於廣東南海，自幼喜歡文章詞句，嗜好繪畫，曾求學於廣東文理學院、南中美術學院，1933年於香港藝術學院研究所深造，並任教於聖保祿女子高中。1946年作東南行，1948年抵達印度泰戈爾大學研究印度藝術，師事藝術學院院長難陀羅藪老教授，並在該大學藝術學院內講授「中國繪畫史」，親赴印度佛教藝術勝地阿姜塔觀摩、臨摹佛教壁畫，1951年返回香港，1955年初夏環球周行，經三年，歷亞、美、歐三大洲共20餘國，並在各國大學舉辦畫展，講解禪宗與中國藝術等專題。返港後，於47歲時依止天台尊宿虛法師剃度易服，創辦慧海中學，並成立佛教文化協會，推展香港佛教文化。後應臺灣文化大學之邀，赴臺任教華岡，主持佛教文化研究所，並兼任藝術、哲學二研究所教授，指導碩士、博士撰寫畢業論文。先後創辦蓮華學佛園、華梵佛學研究所、佛教慧海文化基金會等，積極從各方面討論時下教育問題，力圖將宗教人文精神融入學術領域。華梵佛學研究所成立於1980年，為臺灣第一所「教育部」核准的佛教研究機構，曉雲法師主講佛學及佛教藝術，曉雲法師希望為佛教培養真正修行比丘尼，「以慈修身，善入佛慧」。蓮華學佛園創辦於1970年，沿革天台宗主虛法師在青島創辦湛山學佛院宗風，以天台禪教並重，德重兼修為主旨，培育佛教弘法人才。創辦之初不登報招生，曉雲法師認為學生好就續辦下去，不好就停辦，借用陽明山永明寺小樓一角辦學。由於學生勤奮用功，曉雲法師恭請了許多名師前來授課，故雖然創辦以來從不公開招生，慕名而來的學生卻源源不斷，有來自美國、新加坡、馬來西亞、印尼、菲律賓、泰國、緬甸、韓國等地學生，學生人數通常保持在四五十位之間，畢業後或回寺院主持一

方，或辦佛學院，或在海外弘法，為佛教培養了不少人才。1990年創辦華梵工學院，1997年更名為華梵大學，力圖從「覺之教育」出發，期借教育推廣儒家倫理道德，及佛家悲智精神。

　　曉雲法師不建廟，不任主持，終身以教育為職業，她曾說：「教育與我的生命是一體的，它將陪我到生命的最後一天。」她在臺灣，除了辦學並在法雲佛學院等佛教院所擔任導師外，還於每兩年或三年舉辦一次「國際佛教教育研討會」，發行論文專集。研討會每次參加人都很多，如1984年7月9日舉辦的研討會，就有來自中國臺灣、美國、比利時、日本、韓國、印度、新加坡、馬來西亞等地近百位專家參加。對於臺灣宗教亂象，曉雲法師認為只能以教育著手。1997年「行政院」授予曉雲法師文化獎的會上，91歲高齡的曉雲法師認為臺灣雖然富，但沒有禮，她自謙自己沒有把教育文化工作做得很好，她提醒當局應做好「以心為本」的工作，多提倡人文教育，文化建設工作。

　　從1974年起，曉雲法師每年都要舉辦「清涼藝展」，以藝宣道，意境深遠，每次都獲成功，影響日益擴大。以2000年舉辦的「清涼特展」暨「曉雲山人七一畫齡回顧展」為例，展出曉雲法師不同階段的代表作，禪畫如《橋流水不斷》、《一探靜中消息》等，從佛理入畫的作品如《風雨近晴明》、《路長知馬力》、《白梅花海嘆奇觀》及華梵校園的美景等。畫展還展出了曉雲法師長期領導蓮華景園師生創作的一系列佛教變相圖，稱為《現代經變圖》，即擷取佛教經典中義理、故事而作畫，以鮮明簡潔的畫面，並配合文字說明，讓觀者容易瞭解。畫展曾在臺北、臺南、高雄三地展出。

　　曉雲法師著作與畫作甚豐，已出版《流光集叢書》70餘冊，其他尚在陸續編印中。

九、長期在監獄弘法的淨耀法師

　　淨耀法師，1954年生於臺灣，世界新聞專科學院編採科畢業，早期從事記者工作，曾試圖往企業界發展，曾期許自己能躋身於世界十大企業家之

林。在歷經一場生死攸關的重大車禍之後,他對人生意義有了新的體悟,遂於 1982 年剃度於廣化老和尚座下,並跟隨印順法師學習三年。

淨耀法師曾於 1986 年應臺灣「警備總部」之邀,到各管訓隊輔導,由此揭起監獄教化工作的序幕,向犯人弘法成為淨耀法師弘法的主要特點。20 年來,淨耀法師足跡踏遍全臺灣大小監獄,力圖用佛法讓犯人走出心靈的煩憂及痛苦,活出身心的健康。淨耀法師在面對受刑人做教化工作時,無論這些受刑人如何不善良,淨耀法師都能去包容,他認為:「若看到他們就產生恨、氣、討厭的情緒,那要如何去面對輔導他們呢?所以一個真正的修行人,心中沒有恨;一個真正的修行人,看世間的一切現象,是以因果論的觀點去看前因後果。」[9]20 年來,淨耀法師在監獄中輔導了許多死刑犯,包括一些黑道上的著名人物,他曾指出:「當前去輔導時,如果我的心態也跟多數人一樣,先給他們貼上『壞蛋』的標籤,我就無法繼續輔導他們。所以在從事輔導工作的同時,自己先要有『人性非本善,人性非本惡』的健全理念。人性本身是一種中性,只不過是因為他的因緣不好,所以他作奸犯科。」[10] 淨耀法師在投身監獄弘法時一直在思考:為什麼這麼多人犯罪?如何幫助社會大眾不去犯罪?如何幫助已經犯罪的人?他經過一番思考和實踐,認識到只有透過自己的投身其中,一步一個腳印去做,才能使社會逐步淨化。淨耀法師認為監獄中是一個恨最重、怨最多的地方,因怨生恨,愈恨愈深。累積的怨恨愈多便會釀成自然界的災難,「很多人不瞭解,為什麼我要從事監獄布教工作,我乃是希望轉化這些人心中的恨,能平靜面對既成的事實。」有一位死刑犯在被槍決時要求見淨耀法師,他不甘心地對法師說,我死了以後做鬼,也要將臺灣社會搞得亂七八糟。經過淨耀法師開導,他終於改變了態度。一次淨耀法師到土城看守所弘法,有 30 多位死刑犯及無期徒刑犯人一起皈依到他的座下,淨耀法師帶領這些人以唱誦的方式一遍一遍地唱「往昔所造諸惡業」,原先對社會充滿仇恨的犯人們表現順從,低垂著頭,雙手合掌一起唱誦。本來唱三遍即可,但犯人們一個個滿懷虔誠之心,捨不得停止。淨耀法師建議他們:「即使無法預知剩餘的生命時間,也要利用它發揮一點價值,也就是多行善、多關心、多鼓勵別人,精進於修行。」[11]

淨耀法師還盡全力於毒品防治的宣導及戒治，他認為監獄中有兩類人最多，一類是竊賊，一類是吸毒者。淨耀法師曾作過調查，指出 1998 年全臺灣吸毒者大概 20 萬人，而每月吸毒者，大概增加 5000 人，12 個月就有 6 萬，全臺灣就會被毒化。因此他奔走呼籲在臺灣各縣市都設一個戒毒中心，把戒毒的工作，從校園推家庭。淨耀法師以「淨化社會文教基金會」在社會上推廣讀經、唐詩新唱，書法才藝等，希望以此薰陶青年，讓他們在學習中培養氣質，不受吸毒等不良習氣影響。他為此多次呼喊：「如果天下父母，都知道吸毒重度、輕度症狀是什麼樣，當看到自己的兒女有這些症狀出現，就立即知道他的孩子有問題了。另外假若每一位學校的老師，也都瞭解毒品所衍生的種種情況，就會對他的學生多一份關懷及預防。」[12] 淨耀法固定在電視臺弘法，如在佛教臺週一至週五講《地藏經》，在法界衛星臺週五講《佛法概論》，華視臺週四講《清涼橋》，佛光衛視臺週日講《淨耀法理》。他的弘法活動和對社會公益事業的推動獲臺灣許多單位肯定，他曾獲好人好事代表、第一屆「國家」公益獎、「行政院」教化有功獎、「教育部」三等文化教育獎章、「內政部」全國績優社團獎、「內政部」青年和平服務獎等。淨耀法師認為得獎是一件喜悅的事，但也只是過程中的一小站，長年來看到許多社會陰暗角落的疾苦與問題晦澀，使他始終以將喚起社會大眾正視毒品泛濫、道德淪喪等問題當作自己目的，並期望能共同掃除社會黑暗面，共創人間淨土的實現。

　　淨耀法師不以收徒弟、建道場為己命，雖然佛光山的開山宗長星雲法師勸他要有幫手、慈濟功德會創辦者證嚴法師勸他一件事情做成功後再來第二件，但淨耀法師講：「我只傳播理念做帶動的工作」，並沒有想要抓住它、擁有它，「成功不一定在我」。他認為，他與星雲法師、證嚴法師發心不同，做法也不一樣，「他們著重實際去運作，實際去落實。而我只想做理念的傳輸和帶動，只要後續有人可以完成，功勞又何須一定在我身上？我不會想要道場，也不會想要有很多的信徒，然而信徒也不少，皈依的信徒走到那裡常常也會碰到，但我不會去刻意記得，因為我的理念認為你是皈依佛、皈依法、皈依僧，我只不過在你皈依三寶的過程裡，幫你作證明，所以我不想要去控制你，擁有你，因為你是佛教的一分子，不是我個人的，所以經常有人問我：

『淨耀法師你的道場那裡？』我會告訴他：『你站的地方就是。』」弟子們將淨耀法師在臺中普賢講堂長期說法的錄音整理為《心靈語錄》，由普賢教育基金會印行，在臺灣流傳甚廣。

十、努力推進禪修和海峽兩岸佛學交流的惠空法師

　　惠空法師，俗名周稚，祖籍安徽巢縣，1957年生於臺灣省屏東市，1975年就讀於臺灣師範大學中文系時參加中道社而學佛，親近西蓮淨苑，萌發出家之心。畢業後，曾任教彰化大城初中，1982年就學於中華學術院佛學研究所三年，1983年被剃於三峽智諭法師座下，同年在臺中慈善寺受戒。1976年往慧日講堂並協辦慧日星期學院，9月執教圓光佛學院，第二年任該院及佛研所教務長，先後任教於中華佛研所、慈明佛研所、福嚴佛學院等，有系統地進行經論宣講，如成唯識論、俱舍論、瑜伽師地論、中論、楞嚴經、攝大乘論、大乘起信論。1990年創辦文殊院，接引大專青年學佛，同年應慈善寺之請出任主持，1992年開辦慈善佛學院。現任臺北文殊院、臺中慈光寺住持，及慈光禪學院院長、佛藏文教基金會董事長。惠空法師注重透過宣傳品弘法，曾參與《僧伽》雜誌、《佛藏》雜誌創辦，主編《慈光禪學學報》及多本《兩岸禪學研討會文集》。

　　1993年10月，惠空法師回顧其生命的三大事為：任中道社長、任職圓光佛學院、住持慈善寺。自述其修行歷程，是從個人出離而青年活動，進而研究經論，轉為致力僧教育，而愈發關心教團，進而以普及大陸佛教為其菩提道業。故自期未來努力方向有三：青年學佛運動、僧教育、大陸佛教復興運動。如果因緣不具足，就自修參禪。[13]

　　惠空法師駐錫慈光寺以來，以禪修為主軸，每年舉辦兩期四十九日禪七，以推動禪法修學。慈光禪學研究所創辦於1996年，惠空法師倡導以禪理導正修行、會通各宗禪法，以禪宗行持為本，開顯智慧。以教觀並重學習方式，引導學生對於禪學理念及實際修學入手功夫有正確的理解及進入；以律儀化生活，引導學生用禪觀方法強化對自我之反省覺照。研究所除學習基本禪法外，還研習瑜伽禪法、禪宗、淨土宗、天台宗、大藏禪要等課程。學生行持以參話頭或永嘉禪為修行法門，輔以道場作務儀則，借事練心。

惠空法師注重自身的修持，生活儉樸，一切「能用即可」，自到慈光寺以來，沒添過一件衣服，有幾次有人要送他衣服，他以「衣服還有，福報留著後世用吧」回絕。他的車子陳舊，有人開玩笑說如停放不妥，會被當做報廢車拖到報廢場去。他對健康有自己獨到看法，他認為：「大家不要太注重身體，也不要太著重在營養上，因為注重營養的人身體不見得就很好；心境、環境及作息習慣都有很大影響，不單是營養上。所謂是否健康不在於營養與否的問題上，而是個人業報的問題，業報好即使天天吃地瓜葉，力氣依舊大，身體好得很。」[14] 他指出身體是否健康，關鍵是否能清淨身業、口業、意業，以及是否能清靜習性。惠空法師堅持一天兩餐，過午不食，長期不知疲倦地為弘法奔走，精力過人，或許和他倡導的所謂「不要在色身上追求，而是要在長遠整體的心性上去著想」有關吧！

惠空法師弘法的最大特點，是積極推動兩岸佛學交流，在這方面，全臺灣他首推第一。其特點主要有三個方面：第一，到中國拜訪高僧、參拜古剎、參加學術研討會、到佛學院講課、贊助佛教事業（如曾在廈門南普陀寺捐 5 萬元人民幣給黑龍江依蘭佛學院，在中國人民大學、復旦大學設立獎學金等），這種方式在臺灣召開的兩岸宗教文化交流學術研討會上被稱之為「惠空模式」。惠空法師幾乎每年都要到中國參訪，先後與中國佛教協會、中國佛學院、中國社會科學院、北京大學、中國人民大學、遼寧大學、南京大學、復旦大學、武漢大學、山東大學、福建佛學院、四川佛學院、陝西社科院、湖南社科院、青海社科院、及五臺山、九華山、普陀山等許多單位的學者、法師結下佛緣。第二，積極參加兩岸佛教法務活動。如 2003 年 7 月 10 日，廈門南普陀寺舉辦「海峽兩岸暨港澳佛教界為降伏『非典』國泰民安世界和平祈福大法會」，他帶領慈光寺雜誌編輯妙寂法師、慈光寺知客妙性法師、慈光寺教務助理妙元法師等與會。第三，主動舉辦高規格的兩岸佛教交流活動，邀請中國僧人和學者來臺灣交流考察佛教。自 1996 年以來，幾乎年年都舉辦，有時一年舉辦多次，如「兩岸僧伽教育交流訪問」、「兩岸禪學研討會」、「兩岸比丘尼對話研討會」、「臺灣當代佛教研討會」等，惠空法師每次都親自從臺中到臺北機場迎送，並認真組織落實中國來的客人到臺灣有代表性的寺院參訪，與臺灣有代表性的法師、居士、學者進行交流，殫精

竭慮地安排好參訪者的行程和生活,近幾年所邀請的中國學者到臺灣參訪的已達數百人,他們紛紛撰文在臺灣《佛藏》等刊物上介紹中國的佛教,並在中國刊物發表評介臺灣佛教的文章。雖然這種交流要花費大量的錢財和精力,但惠空法師及慈光寺的諸多法師都樂此不疲,以其並不富裕的財力執著地開拓推進兩岸交流,進一步增強了兩岸佛教界的瞭解和互通,使慈光寺成為兩岸佛教界交流的橋梁的和紐帶。

十一、當代社會變遷中的其他青年法師

除了以上十位法師外,在急遽變化的臺灣社會中,尚有一批20世紀五六十年代出生的、具有大學本科以上學歷的青年法師,他們以不同方式弘法,活躍於臺灣的佛教界,無疑將對臺灣佛教界的明天產生重要影響。現擇其主要介紹如下:

若勍法師,女,1954年出生,1977年文化大學英文系畢業,1978年至1982年曾任淨覺育幼院社工,1982年至1987年間任佛光出版社助理編輯,1987年8月投禮白雲法師出家,1995年起任千佛山女子佛學院院長。

常釋法師,女,1958年生,臺灣省臺南市人,1978年高等商業專科學校畢業,1980年到霧峰萬佛寺報考十方叢林書院,1984年畢業後,依聖印法師座下剃染,1987年任訓導主任。

常音法師,女,1957年生,臺灣省臺北市人,1976年依果真法師剃度出家,1979年於新竹翠壁岩寺受具足戒。兩年後到日本留學,就讀大正大學大學部及研究所,並取得碩士學位。1990年返臺,任海明佛學院院長,1995年於玉井創辦感恩精舍,成立臺南女眾學院,現為該院院長。

厚觀法師,1956年生,臺灣省苗栗縣人,淡江大學畢業,1985年依止印順法師出家,同年12月於妙通寺受三壇大戒,中華佛學研究所結業,修了日本東京大學印度學佛教學博士課程,現任福嚴佛學院院長、印順文教基金會董事長。

大航法師,1960年生,臺灣省臺中市人,東海大學哲學系畢業,日本大正大學文科碩士,1986年依止人乘寺聖開法師出家,同年11月於元亨寺受

三壇大戒。於天台學有深入研究，曾任新竹市佛教會理事，福嚴佛學院院長、圓光佛學院教務長，現任新竹縣峨眉鄉金剛寺住持。

　　法藏法師，1962年生，1985年畢業於成功大學物理系，1987年於臺中清涼寺出家，並至臺北臨濟寺受三壇大戒。常受邀至島內外演講，著作多種，現任屏東東城青龍寺副住持、佛教衛星電視臺曉光空中佛學院教務長、「中國佛教傳布協會」會長、《僧伽雜誌》發行人兼主筆、佛教僧伽教育院院長、僧伽文教基金會及僧伽出版社負責人。

　　果光法師，女，1959年生於臺中市，1991年獲美國俄亥俄州立大學農業經濟博士學位，1995年於聖嚴法師座下披剃，曾任法鼓文化叢書主編、法鼓山創辦人聖嚴法師機要祕書，現任法鼓山僧團教育院監院、僧伽大學佛學副院長兼女眾學務長。

　　惠敏法師，1954年生於臺南市，1975年畢業於臺北醫學院藥學系，1979年依止西蓮淨苑智諭法師出家，1985年中華學術院佛學研究所結業，1986年赴日本留學，六年內連獲日本東京大學印度哲學碩士、文學博士學位。1992年返臺，現任臺北藝術大學教授及教務長、法鼓山僧伽大學佛學院副院長、中華電子佛典協會主任委員、西蓮淨苑住持等。

　　性廣法師，女，1962年生，臺灣嘉義市人，1981年於汐止慈航紀念堂依止慧妙法師披剃，翌年受具足戒於樹林海明寺，1986年創辦佛教弘誓學院，領導學員從事護法行動及社會服務工作，1999年任關懷生命協會第三屆理事長，2000年獲玄奘人文社會學院宗教學研究所碩士學位，2002年進入中央大學哲學研究所博士班，現任佛教弘誓學院院長、法界出版社發行人。

　　永本法師，1954年生，1991年畢業於佛光山中國佛教研究部，主要研究天台宗歷史與各部典籍，擔任佛光山叢林學院教職十多年，教授佛教史科學等多門課程，現任佛光山叢林學院女眾學部主任、佛光山文教基金會副執行長。

會寬法師，臺灣省高雄市人，1951年出生於高雄市，1963年於臺南市開元寺菩妙法師門下剃度，先後畢業於南普陀佛學院、福嚴佛學院、太虛佛學院，20多年來傾力協助菩妙法師完成元亨寺建設，現為元亨佛學院副院長。

▍第三節　臺灣法師崛起的原因

　　臺灣佛教的興盛與臺灣出現眾多有所作為的法師有關，法師的崛起，有著各種原因。

一、臺灣佛教界出現了許多新的發展機會

　　臺灣社會無論從經濟上、政治上都發生了很大變化，一些傳統的弘教方式已不能適應這些變化，佛教急需尋找新的方式新的渠道來弘法。一些懷有遠大抱負的青年法師，不滿足於傳統的經懺、青燈、黃紙及遠離社會清修的方式，不願按辦寺院、當主持的傳統道路走下去，他們根據社會的需要，貼近社會，另闢蹊徑，或辦女眾佛學院，或搞慈善，或辦圖書館，或進監獄弘法，或站在反毒品前沿，或推出生態保護，或促進兩岸佛學交流，或關懷野生動物。時代的變遷，展現出許多機遇，讓處於轉型期的法師有一顯身手的機會。

二、具有大學以上學歷

　　能在轉型期顯身手的臺灣法師，一般都具有大學以上學歷，還有不少具有碩士、博士學位，有較高的文化素質。此外，法師們所學專業不同，不僅有佛學專業，還有英文專業、商業專業、物理專業、圖書館專業等，使他們在各自弘法崗位上，可根據專業特長，得心應手地發揮自己的作用，其綜合素質之高，是過去佛門所沒有過的。

三、不少法師具有海外的國際背景

　　有所作為的法師們的視野都較為開闊，不僅懂外文，也不同程度地與海外有著千絲萬縷的關係。其關係的構成如：（一）赴海外留學歸來，以留學日本、美國為多。（二）被海外大學授予名譽學位，如因弘法影響日盛，被日本、美國有關大學授予名譽博士學位。（三）到海外弘法。（四）赴海外

參加各種學術活動。（五）到海外參加各種法事活動。因有海外背景，所以有的法師思想新銳，常領風氣之先，不僅表現在佛學方面的革新，還表現出將海外先進技術引進佛教界（如製作電子版佛典、成立佛學數位博物館等）。

四、積極創辦刊物

幾乎每個有代表性的法師都創辦有刊物，如聖印法師創辦《慈明月刊》、恆清法師創辦《佛學研究中心學報》、悟因法師創辦《香光莊嚴》、昭慧法師創辦《弘誓》、惠空法師創辦《華藏》、法藏法師創辦《僧伽》等。刊物的創辦，使自己的觀點能及時與社會交流，擴大了自己的影響。

五、注意撰寫著作

法師們利用弘法間隙，撰寫著作，已成風尚，一人少則三五本，多則四五十本。這些著作內容如：（一）弘法行腳的記錄。（二）對佛法的闡述。（三）研習佛法的體會。（四）佛教歷史的研究。（五）對佛教經典的註疏。（六）演講內容的彙集等。這些著作有的由專門出版社出版（如昭慧法師的20多本書皆由法界出版社出版，繼夢法師的十多本書皆由圓明出版社出版），大大方便了讀者的選請，有利於集中流通。

六、利用最新傳媒弘法

法師們已不滿足於道場講法，而是利用最新媒體弘法，如除了製作錄音帶、VCD外，最初利用電臺進行空中傳法，之後又利用電視臺傳法。由於無論是電臺或電視臺，講法時間固定，內容豐富，因此有著廣泛的聽眾和觀眾，佛法由此得到傳播，法師也由此提高了知名度。

七、大多有自己的道場

除了個別法師不以建立道場為目的（如淨耀法師）外，法師們都有自己的道場，與佛光山、慈濟功德會、法鼓山、中台山這四大道場不同，這四大道場基本上都是開山者獨自創立（法鼓山多少有一些繼承），而這些法師的道場大都是在繼承前任的基礎上發揚光大，道場多少都有一定的歷史。一方

面原先有了基礎可免開山之苦,另一方面原先的基礎也造成一定束縛,要跳出框框並非易事。所幸的是這些有作為的法師都能在前人走過的路的基礎上再開拓自己的路,做出了成績。

八、社會多元化使法師有了獨立空間

臺灣解嚴後,權威逐漸喪失,一些傳統受到有力挑戰,思想更為多元,為法師挑戰傳統提供了土壤和空間。如昭慧法師提出廢除《八敬》法,繼夢法師提出「新時代的佛教觀」、淨耀法師走「成功不一定在我」獨特的弘法之路等,都是與社會的多元和寬容有著密切的關係。

註:

[1] 本節主要參考筆者 2002 年 7 月 31 日下午在臺中萬佛寺的採訪筆記及寺中提供的有關資料。

[2] 本節主要參考筆者 2002 年 7 月 31 日上午在臺北臺灣大學哲學系採訪恆清法師的筆記及有關資料。

[3] 本節主要參考筆者 2002 年 7 月 24 日上午、2003 年 4 月 26 日上午在臺灣嘉義縣香光尼眾學院採訪悟因法師的筆記及有關資料。

[4] 本節主要參考筆者 2000 年 12 月 29 日上午、2003 年 4 月 21 日上午在基隆市靈泉寺的採訪筆記及有關資料。

[5] 本節主要參考筆者 2002 年 7 月 28 日上午在南投縣中道學苑採訪真華法師的筆記及有關資料。

[6] 本節主要參考筆者 2002 年 8 月 2 日上午在佛教弘誓學院採訪昭慧法師的筆記及有關資料。

[7] 本節主要參考筆者 2003 年 4 月 18 日上午在臺中大華嚴寺採訪隆智法師、普觀法師的筆記及有關資料。

[8] 本節主要參考筆者 2003 年 8 月 1 日在臺北採訪華梵大學的筆記及有關資料。

[9] 淨耀法師著《心靈語錄》,普賢教育基金會 2002 年版,第 35 頁。

[10] 淨耀法師著《心靈語錄》,普賢教育基金會 2002 年版,第 94 頁。

[11] 淨耀法師著《心靈語錄》,普賢教育基金會 2002 年版,第 155 頁。

[12] 淨耀法師著《心靈語錄》,普賢教育基金會 2002 年版,第 121 頁。

[13] 釋見重撰述:《圓光佛學院志》,香光書鄉出版社 1995 年版,第 70 頁。

[14] 惠空：《佛法的健康觀》，《佛藏》，2000 年出刊，總第 20 期。

第六章　臺灣佛教四大道場的崛起與臺灣社會

第六章　臺灣佛教四大道場的崛起與臺灣社會

　　臺灣四大道場（也稱四大法脈、四大勢力、四大山頭），指位於南部星雲法師的佛光山、位於東部證嚴法師的慈濟功德會、位於北部聖嚴法師的法鼓山和位於中部惟覺法師的中台禪寺。四大道場本著「人間佛教」的精神，從寺院走向社會，服務社會。既修持佛法，又弘揚佛法，把舉辦各種慈善事業、各種文化教育、護生醫療事業，作為修持和弘揚佛法的重要內容，積極建設人間淨土，為淨化人心、安定社會、人類和平幸福作出努力，從而吸引了眾多的出家、居家的信徒，參與道場的修持、弘法及其所舉辦的各種事業和活動。在信眾和社會公眾的支持和贊助下，道場的硬體建設規模宏大，軟體設施也相當完備，既保持佛教傳統的風貌和精神，又強調了大眾化、現代化和人性化。四大道場還向全臺各地發展並設立了分支組織，使道場的信眾日益增多，道場的實力也日益發展壯大。四大道場已經成為臺灣佛教發展的主流，它掌握了全臺灣佛教界的大部分社會資源，包括捐款、人力、物力與媒體等，已成臺灣佛教發展的方向。它們的發展已超越臺灣本土，走向海外，東南亞各國以及美國、歐洲、非洲各地，都有其分支組織，也擁有其僧眾和信徒。這是中國佛教歷史上所未曾出現過的盛況。

▌第一節　八宗共弘的現代化叢林佛光山 [1]

一、佛光山道場的創建

　　高雄佛光山寺創辦人為星雲法師。1949 年，22 歲的星雲法師離開大陸進入臺灣，當時國民黨軍潰退臺灣，社會十分混亂，經濟蕭條，民貧而物質缺乏。星雲法師赴臺之初被送入軍營，他堅持出家而離開軍營，數次投奔寺院均不被接納，並以所謂「匪諜」之嫌疑被捕入獄，後由孫立人將軍夫人孫張清揚搭救出獄。由此可見當時臺灣社會治安之險惡和寺院對佛教內部不同

臺灣佛教

第六章　臺灣佛教四大道場的崛起與臺灣社會

派系的排擠，大陸赴臺的僧侶既無安全保障，又投靠佛寺無門。這些現象都促使星雲產生了淨化社會和創辦寺院的強烈願望。

　　星雲法師為江蘇江都人，1927 年生。入臺之前，12 歲即在南京棲霞山寺披剃出家，受過六年叢林的傳統教育和清苦的修煉，其間歷經無理苛求、缺食少穿、貧病交迫，做過挑水砍柴及各種粗活。但這些都沒有難倒他，卻磨煉了一身筋骨和從佛的堅強意志，也使他與寺院和當地信徒結下了法緣。1945 年星雲法師考入焦山佛學院，接受正規的佛學教育，從任教的老師那裡受到太虛大師「人間佛教」的思想影響，加入中國佛教會會務人員訓練班，立志改革佛教現狀，振興佛教。離開訓練班後，他擔任過小學校長，創辦了《怒濤月刊》，主編過《徐報》副刊。他沒有想到赴臺之前，他的文章越過海峽，在臺灣佛教界產生了影響，使他在臺灣數次投奔佛寺而無門可入之時，卻因他在大陸所寫的文章早已受到中壢圓光寺妙果法師及其弟子的賞識而被接納，進入該寺所辦的佛學院，後來被派到苗栗法雲寺看守山林。他在看守山林的三個月中回想赴臺所看到的社會和佛教的現狀，思考了自己未來弘法的內容：以正法扭轉臺灣深受日本影響的僧侶不分、出家人娶妻吃葷、不重經典戒律的佛教風氣；建造道場弘揚正法，並以道場為基地，培育人才，傳承正法；創辦文化、醫療事業，開展各種公益慈善活動，造福社會。出於這種思考，憑藉他受過佛教正統教育，對佛法深有研究，擅長於講經著文，並經過艱苦磨煉和赴臺的曲折經歷，以及堅毅而圓融、刻苦自律而又對人親和的魅力，不失時機地應邀到僻遠而已寺不成寺的宜蘭雷音寺講經弘法，邁開了獨立駐寺弘法創造事業的第一步。在雷音寺，他晚上閉門讀經，白天向信眾講經，並且以「人間佛教」的思想，在聽眾中組織歌詠隊，自己作詞，請楊詠溥作曲，與聽眾一起唱歌；成立光華文理補習班，為貧寒子弟免費補習英文、數學、理化，還輔導他們的心理和生活，使他在宜蘭受到歡迎和尊重。他講經弘法時，宜蘭萬人空巷，雷音寺擠得水洩不通。宜蘭弘法的成功，增強了他實現久已醞釀於心的藍圖的信心和決心。他的聲名漸漸鵲起，追隨的弟子也日益增多。

　　星雲法師不時到監獄布教以感化犯人，並帶領學生、信徒下鄉弘法，環島布教，還在臺北舉辦息災法會，所到之處漸漸播下了日後在各地發展的種

子。在講經布教忙碌的同時，他仍筆耕不輟，主編《人生》、《覺世》等佛學刊物，出版了《觀世音普門品講話》、《釋迦牟尼佛傳》、《玉琳國師》、《十大弟子傳》、《八大人覺經》等著作，所得稿費或為學生添置紙筆，或購買贈品給信徒。在他辛勤布教和勤奮筆耕下，培養出的一批青年法師，成為日後佛光山道場的核心，為創辦、發展佛光山教團事業打下了堅實的基礎。毫無疑義，他在宜蘭辛苦講經布教，文筆耕耘和培養人才，也帶來了豐盛的回報。這是星雲法師與社會互動而取得的初次結果。

　　1964 年，星雲法師應邀到高雄探望弟子，在當地信眾和地方人士的支持下，於高雄壽山公園內興建了壽山寺。在壽山寺裡，他創辦了在宜蘭尚無條件創辦的佛學院，以實現他長久以來正規培養佛學人才的夢想。於是他定期來往於宜蘭和高雄的一北一南的兩個道場之間，雖然辛苦，卻以為樂，因為他看到了自己理想實現的希望。為了籌措經費，他有時不得不為人趕經懺，同時發動學生一邊學習一邊勞作，堅持把佛學院一屆一屆地辦下去，以致壽山寺難以容納愈來愈多的參學者，於是創建一個更大的道場勢在必行。因緣際會，有人急於脫售高雄市大樹區麻竹園廣約十餘甲的山坡地。這片坡地荊棘叢生，蛇蠍橫行，星雲法師深入竹林勘察之後決心買下，旁人不能理解其意，他卻認為峨眉、五臺、普陀、九華四大叢林都在人跡罕到之處興起，何以不能在此建起一大道場？他拿出了自己所有的稿酬版稅，弟子們則賣出了高雄市區裡的房子，買下了這塊坡地，開始了佛光山道場的創建。

二、創建佛光山道場的指導思想

　　佛光山道場開始興建之初，擺在創辦人星雲法師面前的是佛光山要建成怎麼樣的佛教道場，使這個道場在諸多道場中不僅具有特色，而且能適應社會和時代的變遷，為發展佛教開闢一條新路。要回答這個問題，必須瞭解星雲法師的指導思想。星雲法師的指導思想主要來自太虛大師所倡導的「佛教人間化、生活佛法化」的主張。這個主張的內涵是使佛教與人間社會互動，即佛教要走向人間社會，造福人間社會，而人間社會也因之支持佛教事業，既有利於人間社會，也推動佛教的興起和發展。星雲法師以其富有創意的思

臺灣佛教
第六章 臺灣佛教四大道場的崛起與臺灣社會

想,根據臺灣佛教、社會和時代的實際情況,融會「人間佛教」的理念,形成了佛光山建設的藍圖。

首先是八宗共弘。對於臺灣當時佛教八宗(淨土、律宗、密宗、天台、華嚴、三論、唯識、禪宗)林立,互相排擠的情況,星雲法師以太虛法師八宗並重的思想,要把佛光山建成包容佛教八宗的叢林。在《佛光山開山碑文》中,他揭示了佛光山包容佛門各宗的宗旨:「佛法雖隨眾生機感而有宗派之分,然溯本尋源,唯有一乘,說二說三,皆成戲論。故唯有八宗並重,不涉偏畸,取觀音悲、文殊智、地藏願、普賢行,融歸一貫,契佛本懷,前路所趣。」在「人間佛教」的旗幟下,將佛教不分南北傳、宗派不分禪淨密,信徒不分男女、不分出家和在家,都包容團結起來,擰成一股強有力的力量,共同創辦佛教事業,弘揚佛法,為振興、發展佛教而努力。

其次是建設現代化的叢林。太虛法師的「人間佛教」提出已幾十年,時已進入現代化,臺灣社會也有很大變遷。星雲法師審時度勢,認為佛教要發展,不能不適應時代和社會而有所創新。無論是弘法方式、禮儀、寺院組織行政和會議都要創新;改變不重視事業只重視道業的舊套,興辦各種經濟事業,以開闢經濟來源,福利眾生;寺院的建設及設備也應力求現代化,把寺院建設成眾生嚮往的人間樂土。在其《如何建設現代佛教》一文中,他提出弘法要「以樂觀喜悅的說理,觀機逗教,使眾生同霑法益,悟佛知見」。文中並提出:「佛法現代語文化,佛教現代科技化,修行現代生活化,寺院現代學校化。」以改變過去講經照本宣科,聽者朦朧不解和盲修瞎練式的閉關修行的情況,以通俗的語言,並應用現代電子科技,以及歌詠等手段講經弘法,使聽眾喜聞樂見,以便收到弘法的最大效果。修行必須面向社會,面向人間生活,以服務奉獻、耐勞六度和生活作務積累功德,利己利生。寺院不僅要有傳教辦道功能,還應具有傳播教育文化功德,讓僧人有廣博知識,讓寺院講席成為活躍的學術論壇,提高弘法和研究佛學的層次,吸引大眾接受佛法和文化教育。對於佛教組織行政,他認為寺院必須只認管理人員不認住持,以免產生糾紛;要改變寺院中職事太少、不能適應社會變遷,住持終身制以及濫收信眾、經濟財務全憑一人處理等不利於佛教發展等現象,應該建立現代化的寺院組織行政,來取代舊的組織行政,以清除各種弊端。臺灣經

過土地改革之後，靠田產收租的寺院經濟產生危機，為順應這種情勢，為佛教的前途，星雲法師在《佛教的前途在哪裡？》（第三講）中指出：「我們希望的不光是佛教的慈善事業，文教事業而已。現代化的佛教事業，應包括工廠、農場、保險、銀行、公司，所謂工農商等。佛教寺院可以鼓勵信徒設立，僧徒合作，為佛教經濟的發展，為佛教事業的現代化立一個楷模。」這樣既可以解決寺院本身的經濟來源及其生存的問題，又可以有經濟力量來服務社會，福利群生，使佛教發展得到可靠的保證。

其三是入世重於出世。星雲法師19歲時被派參加太虛法師舉辦的中國佛教會會務人員講習會，太虛法師以「人間佛教」為題發表講話，其中「我們要建立人間佛教的性格」一語給星雲法師以很大的啟示，他認為佛陀的一生正是人間佛教性格的體現，佛法主要是以人為對象，人間佛教就是佛教的根本精神。佛經中說：「十方諸佛都是在人道中證悟佛果。」六祖惠能說：「佛法在世間，不離世間覺，離世求菩提，猶如覓兔角。」都印證了要修持完成證果，離不開人世。因此他認為「人間佛教是入世重於出世的，生活重於生死的，利他重於自利的」。「要先入世後出世」，「要先度生後度死」，「要先生活後生死」。他說：「我們接受佛教信仰，並不是把佛教當成一個保險公司，完全希望佛祖神明一樣廉價給予我們保佑。我所謂的人間佛教，是希望用佛論的開示教化，作為改善生活的依據，使我們過得更有意義，更有價值！」因此佛教不是教人早日了生脫苦，而是使現世的生活能因佛法而美滿幸福，這要比個人的了生脫死重要得多。佛教要求以佛法空闊的內心世界，將佛法落實於生活實踐，使人世間生活能轉苦為樂，眾情和合，使所有的世界都成為光明亮麗而幸福美滿的淨土。這就改變了過去人間只有苦海無邊而必須清苦修行，由此解脫人間苦海而往生西方淨土的說法。他認為佛教的責任是以佛法改善人的思想道德，改善人世的生活，改善人的生活環境，創造人世間真實的淨土，以求得眾生共脫痛苦，得到美滿和幸福。

其四是擁有振興佛教的人才。星雲法師研究中國佛教發展歷史，有感於隋唐佛教的興盛，緣於當時佛教人才濟濟，因此提出「中興以人才為本」。幾十年來，他在弘法和從事佛學院工作之中，無處不重視佛教人才的培養。創建佛光山道場之前，他擔任靈隱寺佛學院教務主任兩年，有幾個學生如晴

第六章　臺灣佛教四大道場的崛起與臺灣社會

虛、聖印、智道、聖定、慧定等法師，後來都在佛教界成名。在宜蘭弘法，他的弟子如心平、慈莊、慈嘉、慈惠、慈容等法師，後來都成為他建設佛光山道場的得力人才。這使他更深切感受到人才的重要。以至佛光山佛學院有五六百個學員，他還認為弘法的人才不夠用，人才來不及成長。並且一直問：「人才在哪裡？」因此他創建佛光山道場，即把發展文化教育事業、培育人才放在重要地位。他要在佛光山創辦學校，從幼兒園到大專院校；創辦文化事業，從歌詠隊、圖書館到出版社，以及聲光錄像、廣播。他認為「佛教的復興不在寺院多少，不是僧數的有無，而是在佛教的普及」。他要求佛光山的人才，不僅有高學歷，而且具有佛法修養和道德修養，能夠奉行「人間佛教」的精神。「先入世後出世，先度生後度死，先生活後生死，先縮小後放大」；「要有宗教的情操，要有因果觀念，要有慚恥美德，要有容人雅量」；「不私收徒眾，不私蓄金錢，不私建道場，不私交信者，不私自募緣，不私自請託，不私置產業，不私造飲食。」其目的是使人才對建設佛光山和振興佛教作出無私的奉獻。

　　其五是與社會互動。星雲法師認為佛教在人間，人間佛教的性格，就是「我為人人，人人為我」。也就是人我互動，利己利他。佛光山的建設和發展，不僅要靠僧眾自我的努力，還應該是僧眾與社會大眾「因緣的匯聚，共緣的成就」。「有錢出錢，有力出力」。與有緣人共創人間淨土。一方面以弘法與社會廣結法緣，透過設壇弘法、應邀講經、環島弘法、電視播送等管道，既弘揚佛法，取得聽眾熱烈的反響，又廣結法緣，取得教內教外廣泛的信任和支持。一方面創辦各種文化教育、醫療衛生以及各種慈善事業，組織有關佛教的各種活動，推廣「人人為我，我為人人」的精神，以增強與社會互動的力量和影響。另一方面星雲法師以自己的文筆，著文出書，主辦刊物，既弘揚佛法，又在社會上廣結文緣，與社會取得互動。這種廣結善緣與社會互動的結果，使佛光山的創建取得教內教外的贊助和支持。弟子們與他篳路藍縷，開啟山林，居士們獻房獻地獻金，他則把自己所有的稿酬版稅都投進了建設。在佛光山事業取得進展之後，這種廣結善緣、與社會互動的思想，更推而廣之，超出島內，走向海外。

其六是建立新的管理機構和制度。星雲法師親身經歷過許多寺院生活，深受寺院管理機構混亂、制度無一定的章程、或有章程卻不公平合理之苦。寺院的一切事全憑住持說了算，住持終身制不盡合理，如遇住持是個庸才，可能是寺院的一場災難。寺院無嚴格合理的財務制度和人事的制度必然產生貪汙腐化、人多而不辦事，以及各為私利而明爭暗鬥等亂象。為此，他的指導思想是把現代的民主制引入寺院的管理機構和制度，寺院的住持、長老不能搞終身制，寺院的高層領導及各級機構採取委員制，建立健全的人事機構和制度，對各級人事實行嚴格的考核審查，並且有章可循。各級管理人員依個人的學歷、年資、戒臘、經歷專長和特殊貢獻，由寺院召開評議會審核，擇優選拔、晉升、任用。避免任人的隨意性和不公平、不稱職。機構則因事而設，職有專司，避免人事泛濫而有事無人負責、互相推諉等現象。建立新的管理機構、制度，藉以消除舊的弊端，以適應人間佛教和現代佛教的需要。

三、現代化佛光山道場的創建

（一）佛光山本山道場的基建

依佛教傳統奉佛弘法的需要，佛光山本山建有大雄寶殿、大悲殿和朝山步道，還有舍佛樓、雲居樓、玉佛樓、如來殿、綜合大樓、檀信樓、妙慧樓等建築。在這些建築物中，有可容 2000 多人的大會堂（在如來殿），可容千人的大會堂（在檀信樓），可容千人的大齋堂（在玉佛樓），可容 800 人的大齋堂（在檀信樓），可容 3500 人同時用齋的大齋堂（在雲居樓），可供 180 人同時抄寫佛經的抄經堂，可供來山朝佛者住宿的寮房近 300 個房間，可容女眾 260 人的寮房（後又新增可容女眾 150 人的寮房 24 間），可容 500 輛車子的停車場（在雲居樓一、二層）。這些建築物中，還設有多個辦公室及會客室、宗史室、宗務室、外禪堂、內禪堂、佛光緣文物展覽館、施診醫療隊等，還辦有男眾禪學院、女眾禪學院等。其中綜合大樓設有英文佛學院、綜合圖書館（館內藏書 3 萬餘冊，並設閱覽區，設研討室供小組討論之用）、大講堂（有完善的燈光音響設備，可容 350 人）。妙慧樓有房 109 間，其中有雙人房及個人小套房，可供 130 人居住，服務於本山的女眾員工入住。崧鶴樓則是老人公寓。此外還建有 6 層高的慈育大樓，為大慈育幼院之用；

7層宮殿式的萬壽園，供告別、追悼、安葬之用，免費提供2000個龕位給貧困無依者安厝靈骨。這些都是高層的現代化建築，外表多黃頂粉牆，或宮殿式，或西洋式，內部裝修也是現代化。由上可以看出，佛光山道場莊嚴宏偉，功能多樣，其硬體的設置相當完備。它包容了許多應設的機構和弘法、文化教育、醫療、居住、飲食等場所，以及為老人喪葬服務的單位，其中弘法和提供住食的場所，規模都相當大，講究寬敞、方便、舒服和現代化。不僅為僧眾的修持和弘法創造了良好的條件，也為朝山者提供了諸多方便。顯示了「人間佛教」以人為本的精神，也顯示了創建者的長遠眼光和宏大的法願。

（二）佛光山道場的弘法布教

佛光山道場在本山進行常規弘法之外，還以「人間佛教」的精神，走出本山寺院，富有創意地採取各種形式，組織、開展各種弘法活動，透過文娛、聲光等大眾喜聞樂見的手段，把佛法弘揚到社會，以至青少年和婦女，深入到家庭生活中去。並藉以與社會互動，既弘揚佛法，又推動大眾參與佛光山的事業。

1. 以不同的對象組織營、會進行弘法。如青年弘法隊、老年夏令營、兒童夏令營、青少年冬令會、媽媽夏令營、大專夏令營等。

2. 以朝山者為對象組織弘法活動。如朝山列車、一步一朝山等。

3. 到軍營、監獄弘法。如軍中弘法、臺北監獄短期出家修道會、明德戒毒村輔助戒毒等。

4. 為信徒組織不同形式的弘法活動。如信徒講習會、短期出家、信徒香會、回歸佛陀時代弘法大會、禪淨密三修法會等。

5. 運用燈光聲電的手段進行弘法。如弘法幻燈機、電臺弘法、電視弘法、傳記電影、佛教歌曲唱片等。

6. 以娛樂形式弘法。如平安燈法會、青年歌詠隊、佛光山青少年交響樂團等。

7. 深入家庭生活弘法。如舉辦集體佛化婚禮、為個人舉行佛化祝壽、為個人舉行信眾報恩法會、到信徒家中開示建立佛化家庭的新觀念等。

透過各種形式的弘法活動，使佛法的弘揚更廣泛深入，拉近了寺院道場和群眾的距離，擴大了佛光山道場的影響，使群眾親近、信任以至贊助佛光山，有力地推動了佛光山與社會的互動。

（三）佛光山的社會教育

佛光山舉辦各種社會教育，旨在提高大眾科學文化知識的水平，為社會培養人才。隨著佛光山事業的創建和發展，各種面向社會的教育也隨之舉辦起來。如：兒童念佛班、光華文理補習班（為清貧子弟義務輔導英、數、理等科目）、青年學生會（對象為初、高中學生）、慈愛幼兒園（佛教界第一所）、國文補習班、民眾補習班（3個月一期，為鄉民提高知識水平）、幼教研習班（培訓幼教師資）、中華學校、印度文化研究所（培育中印文化人才）、西來大學（在美國洛杉磯，為一所國際宗教及佛學教育機構，致力於東西宗教和文化的交流）、勝鬘書院（為未婚女性學佛場所）、佛光大學（為臺灣第一所學雜費全免的私立大學）。這些社會教育的對象，包括了幼兒、少年、青年，也包括了知識水平較低的成年鄉民；其層次從幼兒園、中小學到大專院校，而且把教育從島內辦到了海外，顯示出佛光山對培育人才的重視及高度的社會責任感。同時也為佛光山的事業發展種下了因緣，許多畢業的學子也以不同的方式對佛光山的培育作出感恩的回饋。

（四）佛光山的佛教教育

為適應佛教發展的需要，星雲法師在積極創辦社會教育的同時，也重視佛教教育，以提高培養佛教人才的層次，並培養佛教對外弘法人才和外國佛教的人才。如：

佛光山叢林大學：為臺灣第一所佛教大學，培養佛教最高層次人才。

傳燈學院：對佛光山本山的出家弟子、師姑及畢業生進行在職進修和弘法訓練。

宜蘭仁愛之家：培養負責社會慈善事業服務的比丘尼，開創佛教教育的先例。

英文佛學中心：培養英文佛學弘法人才，以促進國際佛學交流。

國際學部：以方便外籍學生研究大乘佛法，使其學成回國勝任國際的佛教溝通，促進國際佛教文化交流。

英文佛學班：鑑於國際學部開辦後，來山參學的外籍僧侶日益增多，亟須培養外語弘法人才，乃開辦英文佛學班，全部採用英語教學，培養國際弘法人才。

日本佛學班：主要培育日文翻譯及日語弘法人才。

南非佛學院：由佛光山南華寺與南非佛學院設立，為佛教在非洲弘法的修行教育中心，培養南非本土的弘法人才，促進佛教在非洲的傳布。

外籍學生先修班：招收來自馬來西亞、印度尼西亞、泰國、印度、香港、日本、韓國、尼泊爾、南非等國家和地區的學生，每年獎助來讀的 10 名學生，至 2003 年，留學的名額共達 100 名。

高層次的佛教教育和不同形式的佛教對外教育的開辦，既提高了佛教人才的素質，也方便了佛教對外的傳播，並促進了中外佛教文化的交流，加強了佛光山道場和海外社會的互動。

（五）佛光山的佛教文化藝術

在中國佛教史上，佛教與文化藝術結成了很深的因緣，佛教文化藝術成為中華文化藝術中的重要部分。佛教借助其文化藝術弘揚佛法，也豐富了中華文化藝術，並促進了佛教的影響和傳布。佛光山創辦人深明此理，也十分重視推動佛教文化藝術的事業和活動。

首先是出版發行佛教的經典和有關佛教的著作。如：印製發行中國佛教高僧全集、中英對照佛學叢書、佛光大藏經、臺灣寺院庵堂總錄、佛教梵唄大全錄音帶、佛光大辭典及光盤版、中國佛教經典寶藏精選白話版、佛教叢書等。

其次是收藏佛教文物。如：從緬甸、泰國、斯里蘭卡、中國等地區迎來100多尊玉佛，安座在新建的七層高的玉佛樓外周的敦煌式的佛龕中，與金佛樓遙遙相望。從日本迎請大藏經回臺。興建佛教文物陳列館，收藏豐富，是臺灣第一所專門典藏佛教文物的博物館。

再次是打造佛教藝術品和舉行佛教藝術活動。如：建造的淨土洞窟表現《阿彌陀經》極樂世界盛況，融合了佛教繪畫、雕塑藝術的結晶。建造的名家百人碑牆，收集歷代書法家的佛教名言字句、大悲出相圖、佛教大師全身法相，將其鐫刻在黑色花崗岩上，為中國佛教的首創。舉辦敦煌古展，展覽敦煌石窟佛教藝術，展期三個月，參觀者達百萬人次，加強了兩岸文化、藝術、宗教的交流。開設佛教藝術展覽館，館中展示佛教文化與藝術結合的精品，為臺灣人民提供了認識中國佛教文化的場所。

佛光山頻繁舉辦這些事業和活動，弘揚了佛法和佛教歷史，對其信眾進行了直觀形式的教育，保藏了佛教重要的文物、藝術，加強了海峽兩岸之間的文化、藝術、宗教的交流，展示了臺灣佛教與大陸佛教的淵源關係、臺灣藝術與大陸藝術的傳承關係。

（六）佛光山道場的慈善事業

佛光山從佛法的普濟眾生、利己利他出發，關切人間世界大眾，舉辦醫療、育幼、護老、救災等事業和活動，以慈善事業和活動實踐推廣人間佛教的精神。其創建推廣的慈善事業具體如下：

1. 佛光診所。原創設於高雄壽山寺，目的是為社會一般貧困的患者提供完善的醫療，兩年後遷回本山，診療項目改為一般內科，後增設中醫、西醫、針灸等項目，醫療設備日臻完善。服務對象為山上信眾、普中學生、附近居民、來往遊客等，僅1999年至2000年度，受診人數達12296人次。

2. 雲水醫院。鑑於佛光診所服務有限，為將施診醫療擴大到偏遠地區，先成立施診醫療隊，後擴編更名為雲水醫院，其特點是以佛光山各別分院為據點，以「弘法義診車」為醫院，穿梭於偏遠地區施藥治病，每年受益人數均有3.5萬餘人次。

3. 大慈育幼院。建有六層高樓，收容 3 至 12 歲的父母雙亡的遺孤，為他們提供生活起居、醫療保健、學習服務，已培育出 400 餘名身心健全的孩子。他們走進社會後，從事公教、工商、宗教等工作。目前院中收容的有來自香港、泰國、新加坡、印度尼西亞、馬來西亞等地兒童。育幼院已成為孤獨無依兒童的樂園。

4. 佛光精舍。為護養皈依佛教的老人而設。來此接受護養的有退休的公務人員、大學教授、軍官、律師及企業家等，過著誦經、品茗、養蘭等隱士般的生活，也使其家屬無後顧之憂。

5. 宜蘭蘭陽仁愛之家。原係基督教之仁愛救濟院，因經濟困難，星雲法師接辦後改為今名。增設設備，增建院舍，美化環境，原為收容孤苦無依老人為主，後擴大收容 60 歲以上健康老人，並開辦日間托老。老人在院中健身養性，過著田園生活。

6. 老人公寓。公寓為地下一層、地上十二層的大廈，有 200 多間高級套房，房內有一流現代設備，以出租方式供老人居住。公寓為老人提供住宅服務、營養午餐、醫療保健、休閒康樂等服務，並組織文化娛樂、健身及節日等活動，使老人生活多樣，精神充實。

7. 明德戒治分監。為應前法務部長馬英九的邀請，在監中設立佛教戒毒班，以佛法教化吸毒犯。經 6 年的教化戒治，已有 360 人假釋出獄，67 人停止戒治出獄，追蹤輔導 361 人，再犯者僅 35 人。佛光山道場為此活動支出了 150 萬元。

8. 萬壽園。為佛教信徒安然往生而設。建有七重宮殿式大樓，一樓有 4 間大小禮堂，可供超薦法會、告別、追悼等用。二樓有如意居 6 間，設有現代化的家庭起居設備，供病人臨終前與家人共聚，在安善照顧與助念梵音中走完人生最後旅程。三至七樓設有供奉靈骨的龕位，有個人龕、夫妻龕、家族式等三種。

（七）佛光山道場各種救濟活動

1. 愛心法寶節（原冬令救濟）。佛光山慈悲基金會每於歲暮天寒之時，均主辦冬令救濟活動，給低收入者發放賑濟品，免費施醫，並有法師隨行開示佛法，讓他們度過溫馨的春節。

2. 急難救濟會。也由佛光山慈悲基金會主辦。平時活動主要是救濟緊急事故、為貧困者施糧、施棺。通常捐助為 3000 至 5000 元之間。特殊者則依個案需求給予濟助。「9·21」臺灣中部大地震，造成 2000 多人死亡，10 萬餘戶無家可歸。次日慈悲基金會即由各地區慈悲委員帶領會員前往災區展開賑濟、慰問、助念等活動。

（八）佛光山道場義工組織與培訓

慈善事業活動需要大量義工，義工以無私的奉獻自動投入各項救濟活動，廣種福田，廣結善緣，佛光山慈悲基金會組織基金會的幾百個義工在各項活動中做了很多工作和奉獻。為了提升義工服務的技巧，佛光山慈悲基金會舉辦義工講習班，邀請專家學者授課，使義工掌握專業知識與技巧，以減少救助中所遇到的阻礙和困難。

慈悲基金會舉辦了許多慈善活動，如為獨居老人服務、海上法會暨慶祝母親節、敬老尊賢、銀髮族黃金之旅等活動。從上述可以看出佛光山所舉辦的慈善事業和各種活動，富有創意，項目繁多，對象顧及社會各階層，包括了生老病死，尤其關懷老幼貧苦及偏遠地區的人民。佛光山道場正在實踐人間佛教的主張和精神，為佛法的弘揚和佛教的發展走出了一條新路。這些慈善事業和活動，使佛教從出世而入世，從寺院走進了人間，從漠視人生而關切人生，從單純修持而走向功德修持。大眾開始對佛法有了新的認識，認識佛法不是自求解脫，而是普濟眾生，利己利他；佛法不是苦道，而是給人帶來了歡樂和希望，從而使他們接近佛教、進而信仰皈依佛教，並參與佛教的弘法和所舉辦的慈善活動，不惜獻金出力，與佛教結成了深厚的法緣關係，彼此互動的結果，使佛光山的事業日益發展起來。

（九）佛光山道場管理組織和人事制度

第六章　臺灣佛教四大道場的崛起與臺灣社會

　　管理組織和制度是佛光山道場創建和發展的重要保證。為實踐人間佛教的思想，為適應佛教現代化、未來化的要求，佛光山對其行政管理組織和制度的建設十分重視，既對傳統的佛教管理組織、制度有所揚棄，也立足現實、放眼未來而多有創新，並逐步完善。

　　1. 行政管理組織。

　　其一，引進民主制，建立最高領導機構。最高領導機構是採取委員制的宗務委員會。宗務委員是由學士二級以上的僧眾會員，以不記名方式從學士三級以上的僧眾會員中，選出 11 名而產生的，然後由宗務委員中推選一人為宗長，兼任總本山方丈之職。宗長、宗務委員任期均為 6 年，宗長連選得連任一次，宗務委員連選得連任。從而改變了傳統一人獨斷行政管理事權和方丈終身制的方式，使最高領導機構在決策、管理上具有民主性、開明性，也使其權威建立在僧眾的基礎上，避免了領導權落在昏庸的領導者手上，以致產生專制獨斷、腐敗無能、爭權奪利等種種弊端。

　　其二，在最高領導機構宗務委員會之下，分別設立僧眾和信眾兩個行政組織系統：一是僧伽系統，一是信眾系統。這兩個系統俱受宗務委員會統攝，如車之兩輪並軌而行，各有分明的組織互相尊重配合，把僧眾和信眾兩支力量統納於佛光山道場的旗幟之下，共同為佛光山的建設和發展而努力。

　　在僧伽系統方面，設都監院、教育院、文化院、長老院、傳燈會，具體如下：

　　都監院，為最高行政單位，管理各項寺務、財產經費、人事調動升級及獎懲等行政事務，設院長一人，由方丈於修士級以上僧眾中提名。都監院之下設立：（1）監院室，其下分設寺務監院、信眾監院、典制監院，分別管理寺務、信眾、慈善、人事、工程、福利、典制等事務，各司其職。（2）海內外別分院，管理海內外別分院有關事務。（3）佛光山淨土文教基金會，管理文教基金的籌集和使用。（4）書記室，下設行政組、文書組、國際組、訊息組、事務組，分工做好祕書性的工作。

教育院，為最高教育單位，管理各項教理、教化、教化的研究，僧眾各項才能與專長的評鑑等工作。設院長一人，由方丈於修士級具有學術教育專長的僧眾會員中提名，經宗務委員會會議透過後任用，院長之下設學監、主任若干人。教育院下設僧伽教育和社會教育兩類機構。僧伽教育有僧伽教育委員會、「中國佛教研究院」、佛光山叢林學院、東方佛教學院、進修學部等教育機構。社會教育有學前教育（幼兒園、佛光山幼兒教育發展中心）、中學教育（普門中學）、大學教育（西來大學）、成人教育（都市佛學院、短期出家修道會、佛學研究班等）。

文化院，為最高文化單位，管理有關文化出版等事務。設院長一人，由方丈於修士級具有文化工作專長的僧眾中提名，經宗務委員會會議透過後任用。文化院下設佛光山文教基金會、編藏處、佛光山出版社、普門雜誌社、覺世旬刊社、視聽中心、佛教文物陳列館、佛光書局等機構，各司編輯出版等事務。

長老院，為最高監察單位，設院長一人。由長老互推產生。長老3～5人，由修士級以上僧眾會員互推產生。院長與長老擔任方丈與宗務委員會顧問，與方丈同進退。其職責是對失職或違法的委員，提出糾舉或彈劾。

傳燈會，代表師尊、法脈照顧和輔導僧眾，猶如家庭之家長。其工作為審核決定僧眾的皈依、剃度和入會申請，受理徒眾的懺悔、申訴和告舉，仲裁徒眾的行事及得失，輔導會員的內修內證，管理佛光山僧伽基金會，主持師徒傳燈會。設會長一人，由上座僧眾互推產生。上座僧眾3～5人，由開士級僧眾互推產生，與方丈同進退。會中設有巡監察室、人事監察室及安位監察室。

在信眾系統方面，設有佛光山職事、功德主、國際佛光會，具體如下：

佛光山職事是指在佛光山派下所屬單位服務者，其等級位階依學歷、年資核定，但不越過修士三級。

功德主是一般在家信眾，憑其參與佛光山活動、接引信眾皈依、以智慧幫助佛光山開發、著書立傳（有關佛光山）、財施功德幫助佛光山發展等績

效，由信徒進而檀那（施主），再進為護法，再進為佛光山功德主。功德主分九品，在佛光山享有不同的權利。例如一、二品功德主至本山及各別分院道場享有住宿、餐飲招待，七品以上，可享有由佛光山奉養老年的權利，若不上山，佛光山則按退休制度，每月按時送交奉養金。

國際佛光會由中華佛光協會擴展而成。會員分為個人會員和團體會員兩種。凡年滿 20 歲皈依三寶的佛教徒，經兩名佛光會員介紹，繳交會費者，得為個人會員；凡贊同佛光會宗旨的佛教寺院、學校或其他公私之機關團體，得加入成為團體會員。設會長一人、副會長若干人、委員 5～11 人，由選舉產生。選舉總會設理事 31 人、監事 9 人，但比丘、比丘尼不得少於三分之一。佛光會的組織結構為：世界總會——各國家地區總（協）會——地方分會——個人會員。團體分會——團體會員。至 1995 年，佛光會員已超過 10 萬人，全球已有 79 個協會和近 20 個籌備會，323 個分會。

2. 人事制度（僧伽系統）。

佛光山徒眾按個人的學歷、年資、戒臘、經歷專長和特殊貢獻，分為清淨士（共 6 級）、學士（共 3 級）、修士（共 3 級）、開士（共 3 級）、大師（即長老）五個等級。評定等級或升級強調公平、公正。等級晉升，每年由宗務委員會召開人事評議會，依年資，以學業、事業、道業三項表現為考核標準，另考慮其對常住的貢獻與發心，逐一唱名審核。雖依法審核晉升，但確為能力強、學歷高而又可當一面者，即使年資未到，也可較快升等或跳級；無建樹或貢獻者，雖年資已到也暫緩升等。

佛光山道場行政管理組織和人事制度的建立，富有其創意和特色：（1）最高領導機構採取集體領導的委員制，有利於集思廣益，發揚民主，調動各方面積極性，使宗務委員會成為佛光山強有力的最高領導機構。

（2）設立都監院作為最高行政單位，長老院作為最高監察單位，傳燈會作為最高仲裁單位，即把傳統的集於方丈一身的行政、監察、仲裁大權分開，避免了集權過重而造成個人專斷的弊端，使都監院有執行權而無監察、仲裁、人事等權，而長老院、傳燈會雖有監察、仲裁、人事權而無行政權。這些單

位雖分權而掌，但在宗務委員會統攝之下，必須互相配合，但又互相制約，發揮機制的功能，依法做好整個道場的各項工作。

(3) 教育院和文化院，作為與都監院、長老院等平行的單位，顯示了佛光山對研究佛學、弘法以及培養僧才的高度重視，有利於佛學的研究、佛法的弘揚、提高僧眾和信眾的素質，歸根結柢有利於佛教的傳布發展和人間佛教精神的播揚。

(4) 信眾系統機制的建立，既有利於團結信眾，也有利於調動他們的積極性，弘法布教，為建設佛光山事業獻策、獻金、出力，並積極參加佛光山各項慈善活動，擴大佛光山的影響。

(5) 宗務委員會及各機構人員的產生，採取公開選舉、推薦、審議等辦法，有利於選賢任能，使賢能者發揮其用，又有公眾共同認知的權威，而其權威又受到公眾的監督，從而保證各個機構職能的正常發揮和運轉，推動佛光山事業的進展。

(6) 建立等級審定、晉升的人事制度，明確晉升標準、堅持晉升原則等，有利於調動僧眾勤修學業、勤成事業、勤弘道業的積極性，也有利於各種寺規的遵守和各種任務的執行。使僧眾人人都有晉升的希望，都按標準來要求自己，各盡所長，各盡其能，並努力創造條件，使自己能夠超級而升。同時又可防止怠惰而無能者投機取巧、濫竽充數。

(7) 僧眾系統所制定的等級位階核定辦法和功德主序級的條件，充分顯示了佛光山對信眾力量的重視。這些辦法、條件旨在提高信眾的素質，堅定他們對佛法的信仰，努力為佛光山的事業作出努力和貢獻。對功德主按九品而享有權利的制定，更能調動他們建設佛光山的積極性。佛光山賦予他們的權利，實際是他們得到了實在的回報，從而鼓勵了許多信眾為參與佛光山的事業、活動而努力。

(8) 國際佛光會的設立，表現了佛光山領導人使佛教走向國際化、未來化的宏大法願。為佛教向島外、美歐、非洲發展指明了方向和道路，擴大了

佛光山弘法布教的規劃，並逐步付諸實施，使佛光山從島內叢林向島外叢林發展。

四、由臺灣向海外社會發展

（一）積極向山外發展

20世紀60年代，臺灣社會經濟尚未起飛，人民生活處於困難時期，而佛教的生存、發展也處於困境。佛光山道場的創建就在這種社會環境和條件下起步，星雲法師在其弟子和周圍信眾的支持下，從無到有，從小到大，從少到多，取得如前文所述的成就，這是佛光山與社會互動而取得的成果，而這種成果又使互動的範圍日益擴大，互動的功力日益增強。有限的佛光山已難以容納這種互動範圍日益擴大、互動力量日益增強的形勢，於是佛光山的發展必須走出本山，向山外發展，向全臺發展，並向海外發展。互動推進了發展，而發展產生了更大的互動。為此，佛光山在本山之外別設分院，先是在臺灣各地設立別分院，後又在海外設立別分院。別分院共分為別院、分院、禪淨中心三級。

第一級為別院：設於人口超過100萬的都市，經常性度眾集會約有1000人，派駐出家眾8人以上主持院務和服務信眾。臺北普門寺、高雄普賢寺、美國西來寺、東京別院等，皆屬此級。

第二級為分院、道場、講堂：設於人口超過50萬，經常性度眾集會在500人次以上的縣市，分派4～8名出家眾主持。分院為傳統寺院形式，如基隆市極樂寺、臺南市慧慈寺等。若為高樓寺院，則稱道場或講堂，如臺北道場、桃園講堂等。

第三級為禪淨中心：設於鄉鎮地區或大都會某一區，經常性集會在200人以上，派駐2～4名出家眾主持。如花蓮禪淨中心、永和禪淨中心。第三級之中，則有布教所，設於偏僻或較小區域，由法師巡迴布教。如有條件，則升格為禪淨中心。

從佛光山道場創建成功，到如今島內已有分別院52處，其中一級分別院22處，二級29處，三級1處。海外各地區已有分別院94處，其中在日

本 10 處，在澳門 4 處，菲律賓 6 處，馬來西亞 5 處，新加坡 1 處，澳大利亞 10 處，新西蘭 2 處，巴布亞新幾內亞 1 處，美國 19 處，加拿大 4 處，哥斯大黎加 1 處，巴西 1 處，巴拉圭 2 處，阿根廷 1 處，法國 2 處，英國 3 處，德國 2 處，漢堡 1 處，瑞典 1 處，瑞士 1 處，荷蘭 1 處，西班牙 2 處，葡萄牙 1 處，匈牙利 1 處，奧地利 2 處，捷克 1 處，非洲地區共 7 處。

（二）島內分別院的建設

島內分別院的建設，除極少數為本山派人興建外，大部分由於以下幾種情況而建：

　1. 由勸募而建。如內湖禪淨中心由當地信徒熱心勸募而建成，岡山禪淨中心由正心法師與當地居士資助下建成等。

　2. 由佛光會員發心而建。如北投安國寺由佛光會員發心建造，泰山禪淨中心由許卉吟居士發心提供場地及信徒努力下建成，斗六禪淨中心由居士李督導發心提供場地並領眾共修，臺南講堂由大大建設公司發心建造，屏東講堂由郭金葉發心提供場地而興建等。

　3. 由居士捐獻場地或樓房而建。如北海道場由日本華僑王村文彥居士捐地而建，永和禪淨中心由孫立人將軍夫人張清揚女士捐地而建，清水禪淨中心由婦產科醫生蔡梓文居士捐獻出四層樓的醫院而成立，三重禪淨中心由民權銀行劉經理獻出其四層樓房而建等。

　4. 由寺院原住持禮請佛光山接管而成為佛光山分別院，如宜蘭靈山寺、基隆極樂寺、新竹法寶寺、苗栗明崇寺、臺南福國寺等，都由於原住持仰慕佛光山道場，禮請佛光山接管經營，而成為佛光山道場的分別院。

　5. 由信徒集資或自建。如澎湖縣馬公市海天佛刹由當地信眾集資購地而建，明見寺由海軍退伍軍官胡紹德自費購地而建。

（三）海外分別院的建設

海外分別院多由以下情況建成：

第六章　臺灣佛教四大道場的崛起與臺灣社會

1. 由當地信眾捐獻而建。如馬來西亞東禪寺由郭建風女士捐獻祖產而建，菲律賓圓通寺由鄭榮勛、洪玲玲等居士購地建寺，美國關島佛光山由功德主姚宏影居士捐獻房舍而建，巴西如來寺由張勝凱、劉學琳居士購地和捐獻花園別墅而建，阿根廷佛光山由張勝凱捐獻雙層豪宅而建，西班牙禪淨中心由當地僑領吳金蘭女士提供飯店改建而成，澳洲臥龍崗市南天寺由寸時嬌女士（並獲該市議員之助）捐獻土地 26 英畝而建等。

2. 佛光山道場應信徒之邀而建。如馬尼拉佛光山為永光法師應馬尼拉信徒之邀，購得前蘇聯大使館建築物而改建；馬來西亞芙蓉佛光緣為佛光山應信徒要求，購得一所房子而改造；美國達拉斯講堂應當地居士之請，並由當地信徒籌募而建成；巴黎佛光山為當地僑民要求並在林潤、黃玉珊等居士協助下覓得一座古堡改建而成等。

3. 應邀接管。如加拿大滿地可華嚴寺因缺住持，經 6 位創辦人聯名請佛光山執管等。

4. 由個人興建。如菲律賓宿務華僑呂希宗、林珠珠夫婦（皆為天主教徒）謹遵慈母遺命，興建 1000 餘坪的寺廟，取名慈恩寺。

此四類之中，尤以第一類為最多，舉不勝舉。

由上可以看出，佛光山由本山而全臺而海外發展，是佛教與社會互動的結果。而互動的主因在於佛光山道場特別是其創辦人星雲法師始終不渝地奉行「人間佛教」，不僅在弘揚佛法之時貫徹「人間佛教」樣板，而且在實踐上把「建設佛光淨土」作為其理念，使佛光山道場成為「人間佛教」的楷模。所以星雲法師弘法所到之處，均受到熱情歡迎，他連續多年至香港，均在可容 2 萬人的香港紅磡體育館弘法，聽眾十分踴躍。澳門信眾多次邀請星雲法師至澳門弘法，均座無虛席。海外許多別分院亦以「佛光山」命名，如馬尼拉佛光山、休士頓佛光山、奧斯汀佛光山、關島佛光山、溫哥華佛光山、多倫多佛光山、阿根廷佛光山、巴黎佛光山、倫敦佛光山、瑞典佛光山、瑞士佛光山、荷蘭佛光山等。而許多分院亦效法佛光山本山的建構，以建設其道場。如澳門禪淨中心總面積 8000 多平方英呎，硬體設施包括佛殿、多元化功能的禪堂、圖書館、教室、閱覽室、餐廳、客廳，均具有完善的視聽設備，

另設有辦公室、佛教文物流通處、廚房及數間客房等為信徒服務。吉隆坡佛光文教中心為一棟高五層的大樓，每層面積4800平方尺，地下室設有大廚房，及可容三四百人的大齋堂；一樓有辦公室、服務臺、流通處、會客室等，二樓有講堂、禪室、閱覽室；三樓為佛堂；四樓為寮房及容納80人的客房。此中心舉辦的各種活動如：1. 社會人士教育（就業講習、中英文佛學班、佛學講座、都市佛學院、八關齋戒及教師夏令營等）；2. 青少年教育（青少年生活營、補習班、輔導班、座談會、參學獎金等）；3. 兒童教育（兒童快樂營、兒童班等）；4. 社教活動（各項展覽、感化院弘法、義診及每週日設素食結緣交流會等）。海外各別分院實踐佛光山當年開山的目標：「以教育培養人才，以文化弘揚佛法，以慈善福利社會，以共修淨化人心」，頗得當地著名人士的讚許和支持，如美國西來寺建成後，美國副總統戈爾、當地市長、州長、議員都到該寺參觀，表示讚賞。南非布朗賀斯特市的佛光山南華寺，原擬以3公頃地建寺，當地議長漢尼則把贈地增加為6公頃，一時轟動該市。

在臺灣從農業生產社會轉變為現代工商化社會的進程中，佛光山道場以提倡人間佛教，建立佛教淨土為理念，富有創意地弘揚佛法，把「以教育培養人才，以文化弘揚佛法，以慈善福利社會，以共修淨化人心」作為其宗旨，取得了與社會互動，在本身的努力及社會的眾多人士贊助下，不僅完善和壯大了佛光山的建設，而且走出本山，發展至全臺各地而至海外五大洲，使佛光山道場成為當代佛教的著名叢林。其經驗值得佛教界的思考與記取。

第二節　廣辦四大志業的慈濟功德會 [2]

慈濟功德會在臺灣幾乎家曉戶知，而且其名聲已超越全臺，遠播海外。它的成名不在於弘法，而在於慈濟，即以佛教的大慈大悲之心，弘濟受苦受難的貧困大眾，造福社會，並及於世界，以累積功德，達到佛教的理想勝境。所以慈濟功德會雖是臺灣佛教著名的四大團體之一，卻不同於其他團體。慈濟功德會（以下稱「慈濟會」）沒有眾多的禪林，沒有眾多的出家僧尼，也沒有頻繁地開壇說法，但卻以其慈善、醫療、教育、文化四大志業的成就，顯示了其獨具的特色。遍布各地的慈濟會的功能勝過了許多禪林的功能，遍

布各地的慈濟會員多過了許多禪林的僧侶,而其慈濟的事業和行為更使「眾惡莫作,眾善奉行」的佛法深入人心。歸結其一點,慈濟會的特色重在做而不在說,即以其實際行動把佛法主要精神做給人看,使人認識佛是入世而不是出世,佛是濟世而不是脫世,佛是利他而不是利己,佛在人間而不在天上,成佛在於實實在在地做慈善之事,累積功德,而不僅僅在於閉門修持或只誇誇其談而不做利他利世之事。所以,做就是慈濟會的法門。慈濟會的宗旨就是:「根據佛教無緣大慈,同體大悲的精神,人傷我痛,人苦我悲,我們應無怨無由地付出,並透過善捨之心和理事圓融之智慧,來同造愛的社會。」

慈濟會自從 1966 年農曆 3 月 24 日成立起,即不停歇地在「做」。40 餘年的時間裡,在創辦人證嚴法師主持下,一步一腳印,由偏僻的小小的花蓮靜思精舍,走出花蓮,遍及全臺,又越出臺灣,走向海外;會員由當初的 30 人增加到如今的 400 多萬人,其中不少是海外人士;經濟上當初的手無寸金,僅以手工所得賑貧,而今則財源滾滾,頻頻用於大規模慈濟事業的發展;而慈濟事業也由當初單純的賑災濟貧,逐漸發展成現今包括慈善、醫療、教育、文化等四大志業的浩大工程。慈濟會已成為臺灣最大的宗教慈善團體。

一、自力更生創慈濟

慈濟會的創辦,不能不提到創辦人證嚴法師。證嚴法師俗名王錦雲,1937 年 5 月生於臺中市清水區,15 歲時母病,王錦雲發願為母增壽,母病癒,錦雲茹素還願。1960 年 6 月父突發病去世,錦雲因感人生無常,開始探索佛法。次年棄俗離家,到臺東縣鹿野山王母廟帶髮修行。1963 年 2 月禮印順長老為師,受比丘尼具足戒。印順長老為其寫下法名「證嚴」,並囑其「出家以後,要時時刻刻為佛教,為眾生。」受戒後住於花蓮普明寺,研究《法華經》教義,每天誦《法華經》,每月寫一部《法華經》。同年 10 月移單至花蓮慈善寺,歷 8 個月,與眾弟子結緣。次年秋天,帶著弟子回普明寺結伴修行,並與弟子立下清規:一不趕經懺,二不做法會,三不化緣。一切自力更生。

此時臺灣社會正處於農業社會轉向現代化工商社會時期,經濟尚不發達,下層人民仍然貧困,而佛教也處於舉步艱難的時期。1966 年的某一天,因緣際會,證嚴法師與弟子到一家醫院探視因病住院的信徒,走出病房時看到地

上一攤血，得知一位臺灣原住民婦女小產，因繳不出保證金又讓人抬了回去。她於是立下決心，要為貧病同胞解困，奉獻自己的心力。又是因緣際會，在一次與花蓮海星中學三位修女談論宗教、人生，論辯教義之時，修女問證嚴法師：「我們天主教為了普愛世人，建醫院、蓋學校、辦養老院，雖然佛陀也說慈悲救世，但是請問，佛教對社會可有什麼具體貢獻？」證嚴法師深感佛教徒雖有行善，但多不留名，故不為人知，而且零散缺乏組織，未能形成一股強有力的慈善力量，以對社會作出貢獻。這兩次因緣際會的巧合，觸發了證嚴法師組織信徒以慈善事業救窮濟困、實踐佛法慈悲救世的動機。在這動機的驅使下，辦慈善事業的根苗，就在證嚴法師心裡開始萌芽。

任何事業的艱難在於邁開第一步。而創辦慈善事業首先要解決的是資金問題。證嚴法師早先已立下不趕經懺、不做法會、不化緣的清規，因而籌集資金唯一的途徑是依靠自力更生。其辦法是六位同修每人每天增產一雙嬰兒鞋子，並組織30個會員，每人發給一支存錢竹筒，在每天買菜前先省下五毛錢投入竹筒。於是一個月30個竹筒裡就可取出450元，加上製作嬰兒鞋所得的720元，每個月就有1170元作為濟貧的救助金。精誠所至，金石為開。此事一傳開來，在花蓮引起了許多人的感動，參與者越來越多，而「千手千眼」救助苦難的活動也日益擴展。以當時臺灣的社會經濟和人民生活水平以及佛教的處境來看，有能力禮請做經懺、做法會者不多，而人們的生活尚且自顧不暇，能施捨給化緣的自然也不多。在此社會情況下，證嚴法師與其弟子走自力更生之路，從一針一線和一人一日省幾毛錢做起，聚沙成塔，無疑是正確的抉擇，而事後的成就，更證明了其明智和勇氣。

慈濟會建立和發展，必須有其基地，以便製造加工品和處理日益增加的會務。證嚴法師的俗家母親為其買下了土地，證嚴法師以其積累的資金和銀行貸款，建起了精舍，後又經11次增建，使精舍成了慈濟會創始的發展基地，後來更成了全球慈濟人的故鄉。初步的成功，更增強了證嚴法師及其弟子堅持自力更生之路，開辦慈善、醫療、教育、文化四大志業的決心與信心，把慈濟會的宗旨和事業從精舍推向社會，推向全臺，進而推向海外，閃耀出證嚴的佛教理想光輝，也創造了慈濟會的輝煌，因而得到了臺灣以及海外社會的廣泛讚揚和支持，凡參與慈濟會志業者都被稱為慈濟人，而參與慈濟會志

業者也以此為榮。他們服膺慈濟以慈悲喜捨之心起救苦難之行，以與樂拔苦的理想與誠、正、信、實的精神，以實際行動用事理圓通之智慧，力邀天下善士，同耕一方福田，同造愛的社會。從慈濟會創辦伊始，至2002年10月，慈濟會已有委員13730人，慈誠隊員6535人。慈濟委員和隊員遍布海內外，慈濟的志業也由慈善、醫療、教育、文化志業，擴及國際賑災、骨髓捐贈、社會志工、環保，可謂「一步八腳印」。

二、慈善志業的成就

慈善志業首先從賑濟苦難開始。慈濟會透過其遍布於社會各角落的成員進行調查和探訪，發現確有貧困和苦難之人，則施予關懷和長期的物質、精神的幫助及照顧。到2002年10月，曾經接受慈濟長期幫助的貧困苦難者共達28051戶，直到此時仍有2846戶8852人是慈濟長期照顧幫助的對象。這種經常性的慈善濟貧，對貧困苦難者無疑是雪中送炭，取得了社會特別是貧苦人的好評和信任，使其慈善志業有了群眾的基礎，然而其慈善志業更大的成就在於對突發災難的濟助。

臺灣「9·21」大地震災情嚴重，道路中斷，房屋倒塌，許多人死亡或無家可歸。慈濟人立即伸出救助之手，在最短時間內出動救災人員，提供給災民熟食，發放急難救濟金，關懷和陪伴罹難者親屬，並為罹難者助念往生。為瞭解決無家可歸者的困難，在18個社區興建1882戶大愛屋，這些大愛屋不是苦難的集中營，而是能夠長期居住並方便居住者生活的住所，既能安身，又能安生、安心。繼而對因災被毀的49所中小學展開了「希望工程」的重建，經過艱苦的募款重建，到2002年10月底，已建成啟用的有47所學校。既為受災區的民眾解決了住宿問題，又為其子弟解決了學習問題，而且這些學校都是以鋼筋、水泥為材料，教學樓房實用而美觀。這不僅使災民受到很大的撫慰，也給他們帶來了希望。自臺灣經濟起飛之後，因過度開發而嚴重破壞了地貌，生態的失衡和地球溫室的反應，使常年頻發的颱風所造成的災害一年比一年嚴重，而慈濟救災的行動始終堅持不懈，從1996年重創全臺的賀伯颱風，到道格、溫妮、象神、潭美、桃芝以至納莉的颱風災難，慈濟人無不聞聲救苦，實時解難。颱風肆虐之時，慈濟會即成立救災指揮中心，

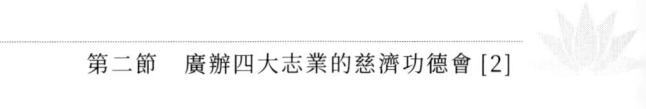

展開救助行動。例如納莉颱風發威時，慈濟人即對停水停電的災民供應了66萬多份的便當，發放急難救濟金以及毛毯、睡袋等生活用品。颱風一過，即幫助災後清掃，到醫院慰問傷病者，為他們義診、助念，既幫助災民解決了臨時生活的困難，又撫平了他們的心靈之痛。2002年5月25日發生的華航澎湖外海空難，共有225人罹難，在臺、澎兩地的慈濟志工即投入煮食、助念、認屍、翻譯、迎靈和撫慰罹難者家屬的工作，全臺各地的慈濟志工也對當地罹難者家屬進行家訪。在兩星期中，即有志工參加救助達7000人次。

最能體現慈濟人救災出色的特點是：

（一）迅速。救災如救火，慈濟人深知搶時間救災，對於減少人民生命和財產的損失至關重要。9月21日凌晨1點47分大地震，不到30分鐘，慈濟人即在臺灣的北、中、南、東四區行動起來。凌晨3點鐘，慈濟臺中分會即成立中區救災中心，展開救災工作。慈濟醫療團也於同日進駐埔里、草屯、集集、東勢等11個受災嚴重地區，成立醫療站。花蓮慈濟醫院組成40人醫療團，分別進駐東勢榮民醫院及大裡市仁愛醫院等。當臺灣當局救災工作尚未開始，而慈濟已緊急動員全臺志工近2萬人次投入了救援工作，為災民提供飲食及毛毯等生活用品，動用急難救濟金，緊急採購救災物資運抵災區贈給災民。21日及22日短短兩天，慈濟發放應急金已達到1.6億元，受益的災民達12萬人以上。

（二）物質與精神並重。救災工作往往以物質供應為主，但災民缺乏物質是暫時的、可見的，而其心靈之痛都是長期和無形的。慈濟人深知於此，不僅以物質支持災民，而且對災民的安撫工作更是不遺餘力。「9·21」大地震在臺灣當局緊急命令頒布之後，救災指揮漸趨統一，救災物資源源而到。慈濟人救災工作即從直接的物資援助，轉變為災後心靈輔導和家園重建。慈濟志工繼續組隊赴災區，到醫院及災民臨時住宿處，探訪災民並進行心靈撫慰（華航空難亦是如此）。慈濟醫院精神科團隊進駐南投縣，對災民進行精神撫慰和治理。慈濟大愛電視臺則從10月3日起，每晚在災區舉辦「用愛心建家園祈福晚會」，以現場直播的節目和溫馨的表演，慰問災民，傾聽他們的心聲，以幫助災民走出精神的困難，樹立重建生活的信心。證嚴法師鑑

於災民無家可歸，於 9 月 21 日晚即決定要興建簡易屋以安置災民，並認建學校 39 所，援建 11 所，整建部分校舍 7 所，合計 55 所，為災民解除了子弟就學之憂，也表現了慈濟對教育的重視。

（三）周到。救災工作往往只顧死者不顧生者，或只顧收埋死者而對生者關照不周，或只顧災時而不顧災後。慈濟人救災既幫助生者解決物質和精神的困難，對於死者亦深寄同情和關切。「9·21」大地震部分地區罹難者多，欠缺收納屍體的屍袋及冷凍櫃，慈濟會除提供 1200 個屍袋外，還向中國造船公司（臺灣）商借 10 個冷凍櫃，運抵臺中，以免屍體腐臭，死者難安。慈濟人還為死者往生助念，祝福往生樂土。對於救災物資，則周全統籌，根據各災區具體的需要安排，對急需者先行運送，多者補缺，以免運送不及時或多餘浪費。對於興建簡易屋，證嚴法師認為災民是一時的災難，不是一世的落難，所以不要將簡易屋建成慘淡的難民營，而應該是人性化的、安全的、環保的，讓災民看到重新生活的希望。對於重建學校則著眼於長遠和為學生創造良好的學習環境，幫助學生擁有美好的未來，不惜投注大量的資金，把興建學校作為具有難以估計價值的「希望工程」。使這些學校具有創造性、啟發性、時代性的新世紀學習環境。

（四）自覺。慈濟人對於突發性的災害救助，表現了高度的自覺性。在災害突發之時，由於災情緊急，慈濟會員、隊員、志工尚未得到當局和慈濟總會的指示，即已自覺地組織起來，開展救災工作。「9·21」大地震於凌晨 1 點 47 分發生，在短短的 30 分鐘時間裡，慈濟人就已經在臺灣的北、中、南、東四個區自動組織起來，開始救助工作。其自覺程度之高，投入救助之迅速，使全臺灣都為之驚嘆。這種自覺和迅速的救災行動，給臺灣人留下了深刻的印象，也為慈濟人贏得了無價的聲譽。所以當集集鎮鎮長林明溱到臺中分會拜訪證嚴法師時，稱讚：「第一個來集集幫忙的，就是慈濟人！」並感謝慈濟人不顧自己的房屋受損而全力投入賑災工作。事實上震災已過 6 天，許多受災的慈濟人仍然忙於救災，而尚未回家看看受災情況，白天忙於賑災，晚上住在帳篷裡。這種不顧自家而專心於幫助他人的精神，是使慈濟人具有高度自覺性的主要原因，表現了慈濟人的大愛之心。

第二節　廣辦四大志業的慈濟功德會 [2]

（五）不分地域。臺灣與中國不可分割，臺灣同胞與中國人民同是炎黃的子孫，由於歷史和政治的原因造成許多年的隔閡。當大陸發生自然災害之時，要不要向受災的大陸地區人民伸出援助之手，一時爭議紛紜，但證嚴法師不以政治理念為芥蒂，衝破了歷史和地域造成的阻隔，毅然組織慈濟人到大陸進行救災工作。1991年華中、華東洪水為災，慈濟人基於「直接、重點、尊重」的原則，首先援助安徽全椒、江蘇興化和河南固始、息縣等地。此後救援工作以災情的需要，漸擴及安徽、江蘇、河南、湖南、廣東、廣西、遼寧、江西、湖北、雲南、青海、河北、福建、貴州、浙江、甘肅、寧夏等17個省及內蒙古自治區。慈濟人把糧食、衣被等各種物品及慰問金直接送到災民手裡，並尊重災民的意願，援建房屋、學校、敬老院、福利院、海堤、集水窖等。自1991年起，援建的中小學已多達30所，鋼筋水泥結構的災房3632戶，為安徽興建敬老院10所，在湖北武漢援建1所兒童福利院。此外，還在部分中小學和大學設立獎學金、助學金，鼓勵清寒優秀子弟勤勉學習。對於學校的援建，慈濟人特別重視，既著眼於學生有學可上，又著眼於現代化和未來化，例如安徽宣州朱橋慈濟中心小學，建成後軟體硬體兼備，成為當地的重點小學，吸引越來越多的孩子就讀。更難能可貴的是，來參加中國救援的慈濟人都是自籌旅費，不計遠近，不懼跋涉和辛勞，親自把物資送到災民手中，表達對中國同胞最誠摯的關懷和祝福，表現了慈濟人慈悲大愛的理念和炎黃子孫的骨肉之情。

慈濟人還把慈善志業擴展到海外，使慈濟會成為更加廣泛性的慈善團體。從1991年救助孟加拉國水災開始，慈濟援助工作已遍及全球，包括蒙古人民共和國、尼泊爾、泰國北部、柬埔寨、阿富汗、朝鮮人民共和國、車臣、阿塞拜疆、科索沃、土耳其、盧旺達、科特迪瓦、哥倫比亞、祕魯、多明尼加、洪都拉斯等國。援助的物資有糧食、衣被、谷種、藥品等，還援建房屋、提供義診和協助開發水源等。如朝鮮發生旱災，糧食收穫大減，慈濟人多次發放塑膠薄膜、種子等，以改善該國耕種。2001年1月薩爾瓦多發生強震，由美國總會慈濟人採購物資，給3萬多災民發放1個月食物，並舉辦義診施藥，為340個災戶重建被毀房屋，並建有小區中心、義診中心、學校、圖書館、足球場及綠化工程。同時與法國關懷基金會合作，對因地震造成兩萬人喪生

的印度進行援助，興建 227 戶大愛屋，已於次年 5 月完工。1998 年多明尼加颶風為害，慈濟人於廢墟之上興建慈濟小學，並以慈濟小學為中心，在周邊開闢了道路，興建房屋、商店、市場，使之成為健全優美的社區。「9·11」事件後，阿富汗烽火連天，造成百萬難民流離顛沛，慈濟會與騎士橋國際救援組織合作，分兩批進入阿富汗展開救助，為 1550 戶 11500 人發放米、小麥、大豆、糖、茶、食油、煤油、煤油爐、毛毯、鞋等日用品，以及醫療機械和慈濟醫藥包。慈濟人在海外的慈善工作，深受各國災民的歡迎，他們感謝慈濟人無私的援助，讓他們鼓起重建新生活的勇氣。例如慈濟為印度薩卡哥友市建成大愛屋後，當地居民熱烈歡迎慈濟人，姑娘們盛裝並以傳統的儀式接待慈濟人。

二、醫療志業的成就

經歷十餘年的賑災濟貧，證嚴法師深感「疾病是痛苦的根源、貧窮的由來」。於是發願創辦醫院為眾生解除病苦。在她奔走呼籲之下，於 1975 年籌辦慈濟醫院，1986 年 8 月 17 日慈濟醫院在花蓮正式開業，從而啟動了慈濟的醫療志業。慈濟醫院由於不斷提高醫療質量和服務質量，聲名鵲起，成為花東地區的醫學中心乃至全臺的知名醫院，而慈濟醫療志業，也隨之不斷發展，取得了相當出色的成就。其特點具有以下幾個方面。

（一）廣泛的醫療網點。慈濟醫院聲名鵲起之後，就醫者日益增加，許多病患者不顧路途遙遠前來就醫。為了滿足就醫者的要求，免除病患者奔波道路之苦，慈濟會以慈濟醫院為中心，將醫療網點撒向臺灣中部、北部以及其他地區。先是於 1999 年成立慈濟玉裡分院，以方便南花蓮民眾就醫。2000 年 3 月又成立慈濟關心分院，以治療骨、外科和急重症病患為主，從而形成了臺東地區的醫療網。2000 年 8 月在嘉義正式成立大林慈濟醫院，以滿足嘉義及其周邊地區病患者的要求。2000 年 6 月 10 日在臺北開建新店慈濟醫院，2002 年 4 月又開建臺中潭子慈濟醫院。這兩家醫院建成，使慈濟在臺灣北、中、南、東各有一個醫學中心規模的醫院。

但慈濟人並不滿足於這些醫學中心的建設，而是把這些醫院作為北、中、南、東的慈濟醫療點，進而把慈濟醫療網伸向學校、偏鄉及邊遠地區。例如

第二節　廣辦四大志業的慈濟功德會 [2]

慈濟醫院除努力落實偏鄉醫療服務之外，並支持原住民小學口腔預防保健教育、原住民疾痛篩檢和提供花蓮全縣幼兒園以及小學學生視力健康檢查服務，還定期組織醫療隊下鄉巡迴義診。大林慈濟醫院也積極走入偏鄉，為偏鄉民眾提供醫療服務，設立大埔醫療站，以方便該地病患者就醫，並經常派醫師就診。慈濟人還成立慈濟人醫會，主動到全臺 8 個一級偏遠的深山鄉無醫村和遠離本島的各島進行定時定點的巡迴義診和健檢服務，醫療和健檢也伸向都市遊民、都市的原住民以及仁愛之家養老院等。北區慈濟人醫會還派出設備齊全的牙科醫療巡迴車，進行流動醫療。至 2002 年，全臺慈濟人醫會義診的服務人數已超過 48535 人次。廣泛的慈濟醫療網點的形成，顯示了慈濟會醫療志業的發展和成就，證嚴法師當年的法願經過艱難的實踐已變為現實。慈濟醫療志業既為解除病患者痛苦，也取得了廣大人民的信任與支持。

隨著慈善志業擴大到中國，慈濟會的醫療志業也擴展到中國，主要進行醫學交流和舉辦義診。1999 年春，慈濟會與廈門市醫學會舉辦醫學交流及聯合義診，隨後陸續在福建的福鼎，安徽的銅陵、郎溪、宣州，貴州的花溪，河南的平輿、固始舉辦義診。此外慈濟會還援建上海東方肝膽醫院新病房慈濟樓和福鼎醫院病房大樓。體現了慈濟與大陸的骨肉之情，也為加強兩岸聯繫做了有益的貢獻。

普濟眾生的佛教教義，慈濟人既實踐於臺灣、中國，也實踐於海外。其醫療志業也隨著慈善志業向海外發展而發展。慈濟人為落實「大愛無國界」的理念，先後在許多國家、地區建立醫學中心或義診中心，主要為當地貧困和低收入、無保險的病患者提供醫療、體檢服務。例如：美國南加州慈濟義診中心於 1993 年 11 月成立，對不同族裔、沒有保險的貧困人提供西醫、牙醫、中醫的義診服務，並將服務擴大到墨西哥、哥倫比亞、祕魯等中美洲國家。夏威夷義診中心於 1997 年 5 月成立，主要為沒有保險和低收入的居民提供義診服務，並不定期到太平洋一些小島進行義診。馬來西亞洗腎中心由慈濟檳城分會成立，以服務貧困等待洗腎的照顧戶為主。馬六甲慈濟義診中心於 2002 年 5 月成立，除服務照顧戶之外，並為贍養院、孤兒院、殘障盲人中心義診。巴西義診從 1996 年開始，慈濟醫療團每月不定期到聖保羅市郊貧民小區，提供中、西醫及按摩、氣功等服務。此外還建立加拿大慈濟傳

統醫學中心,舉辦菲律賓義診、印度尼西亞義診、越南義診、日本義診。其中菲律賓義診深入該國海島的偏遠村落,至 2002 年 10 月,已舉辦 37 次大型義診,服務將近 12 萬人次。

更值得稱道的是,慈濟會基於「尊重生命」的理念,為挽救全球血液病患者的生命,1993 年成立慈濟基金會骨髓捐贈資料中心。在證嚴法師「捐髓救人、無損己身」的號召下,海內外慈濟人積極響應,不僅率先挽袖捐髓驗血,並組織宣傳小組到公司企業、學校、社團宣傳,鼓勵人們志願捐獻骨髓,挽救血液病患者生命。1999 年成立慈濟臍帶血庫。2002 年 4 月,慈濟骨髓捐獻中心轉型為慈濟骨髓幹細胞中心,把救治對象擴大到老人失智症和帕金森患者。到 2002 年 10 月止,慈濟骨髓庫已收集志願捐髓者數據 236638 筆,已完成 463 例非親屬骨髓捐贈移植手術,其中臺灣為 159 例,島外 314 例,涵蓋美國、加拿大、德國、丹麥、澳大利亞、日本、新加坡、中國、香港、瑞典、義大利、韓國、英國、挪威、泰國等地。慈濟骨髓庫已成為全球最大的亞裔骨髓庫,也是全世界僅次於歐、美的第三大骨髓庫。臺灣成為全世界志願捐髓比例最高、拒絕率最低的地區,被海外人士稱為「愛心之島」。這是慈濟人醫療志業的巨大成就之一,使慈濟聲譽播遍全球,是慈濟人士的光榮。證嚴法師功不可沒,她贏得了國際的尊重和信任,也推動了她所領導下的慈濟事業在海內外廣泛支持下而向前發展。

(二) 高水平的醫療質量。慈濟不僅把醫療網點撒向全臺、海外,而且重視醫療質量不斷的提升,盡最大的努力完善醫療硬體軟體設備,精益求精地提升醫療技術和護理服務的質量,以擴大其醫療的影響,為更多的人解除痛苦,把病患者從瀕危中搶救過來。慈濟醫院草創初期還不知名,許多年輕醫師不肯來,證嚴法師以三顧茅廬的真誠,聘請臺大教授杜詩綿博士為第一任院長。杜博士深受法師悲願偉行的感動,以罹患肝癌之身到花蓮就任院長。受其影響,臺大一些知名教授也應聘而來。如婦產科李紿堯教授、腸胃科王德宏教授、內科消化系王正一教授、外科陳楷模教授、骨科劉堂桂教授、耳鼻喉科徐茂銘教授、胸腔內科楊思標教授等。隨著臺大教授的參與,也有其他醫院的醫師加入陣容。杜院長病逝後,由曾文賓博士接任第二任院長,自美歸來的林俊龍博士任副院長,抱著為證嚴法師分勞之心,力佐院長推展院

務。在許多教授、專家的帶動下，慈濟醫院醫療及護理質量日益提升，拿出了一份份有分量的成績單，例如骨科以開刀手術而聞名，成功完成斷指再植手術；神經外科的腦瘤和腦部外科手術，均馳名全臺。心臟外科的手術是高難度的手術，到現在已完成 150 例；骨科是慈濟醫院最具代表性的一科，曾經完成高難度髖臼骨折手術，並完成了全世界最大角度的駝背變形矯正治療，矯正駝背病者已達 33 名，創世界最多病例數字；泌尿科開創了臺灣泌尿科界先進手術的先河，如人造膀胱及迴腸膀胱擴大整形術，治療者脊髓損傷的排尿障礙，婦女尿失禁膀胱頸無切割懸吊手術等；血液腫瘤科能完成抽取捐贈者骨髓，並進行骨髓移植手術，成為臺灣東部地區最大的癌症治療中心。由於治療質量的優良，得到廣大民眾的信賴，治療也日益繁忙，以開刀而論，啟業時一個月開 200 臺的刀，現已每月增加到 1080 臺刀。

（三）有服務良好的志工。在慈濟醫院開建之前，即有志工奔走全臺各地，籌募建院基舍。醫院開辦之始，志工即主動參與護理工作，彌補護理人手不足，或彌補護理人員夜間無法照顧病患的缺憾。第一任院長夫人張瑤珍女士及各科室主任夫人，都投入了志工的行列。現今慈濟醫院有來自全臺各地的志工 2000 多人，每天固定有 60 人在醫院服務。志工要先受一連串訓練，課程從醫療護理、心理輔導到溝通技巧。在院當志工每班 3 至 6 天輪換，住在靜思精舍，清晨三四點鐘起床梳洗，接著在鐘鼓聲中進入大殿誦課，聆聽證嚴法師的開示。7 至 8 點由志工上臺講心得或作個案報告，法師在旁聆聽給予鼓勵支持，或提示輔導方法。然後身著藍衣，滿懷歡喜心和信心到達醫院，先向求診者熱情招呼，或表演手語歌、保健歌、帶動求診者作簡單的按摩推拿，讓求診者興味盎然，浸遊於歡樂的氣氛之中。門診開始時志工分組回到自己應守的崗位開始工作，或整理環境，或扶持病人，或來往巡邏，或為病房區把關，或管好病歷，或幫助醫師讓病房安靜，或為病患者作開解寬慰工作，使病患者得到幫助和安慰，把醫院看做是他們的溫馨之家，而志工也自詡是「活動的服務臺」。志工忙了一整天後回到精舍，而另一批志工又趕來接替，慈濟醫院每天 24 小時都有志工在活動。

慈濟醫療志業，由於有廣大的醫療網點，有高質量的醫療隊伍和有眾多的志工作為後勤力量，故能使其從無到有，從不知名而聲譽遠播，成為佛教

醫療志業的楷模，最大發揮了其大慈大悲、普濟眾生的功能。慈濟人以這三個特色，創出了其醫療志業的品牌，因此可以說這三個特色是慈濟醫療志業成功的三大法寶。

三、教育志業的成就

慈濟的教育志業是從為慈濟醫院培養醫療和護理人才開始的。慈濟醫院位於臺灣東部花蓮後山，雖風光綺麗但偏遠而交通不便，經濟人文也不如西部地區，所以醫院創辦之初，醫生和護理人才均缺。醫療人員雖有臺大等支持，但流動性很強，而護理人員只能招收從醫護校畢業的學生。為保證醫護人員的穩定和醫護質量的不斷提升，慈濟把創辦醫學教育列為必先解決的問題，乃於 1989 年 9 月 17 日創辦成立慈濟護專學校，1999 年 8 月 1 日升格改制成慈濟技術學院。隨著時間推移和實際的需要，系科不斷充實和增多，設有物理治療、放射技術、醫務管理、幼兒保育、會計、護理等系科，除招收應屆高中畢業生入學外，還招收臺灣原住民免費生。既為慈濟醫療志業培養後續人才，解決護理人才不足的困擾，又提供東部青年男女就學業的機會。校中以最好的設備、師資和慈濟獻身的理想培育學生，並設有「懿德母姐會」制度，首開在校園設立生活媽媽的先例。懿德媽媽由慈濟委員擔任，每兩三個媽媽照顧 10 位學生，期以懿德媽媽的示範和幫助，使學生具有優良的道德、人格，並能適應未來多角色、多功能的要求。實踐證明這種教育是有成效的。護理教育畢業生約有 43% 留在東部服務，花蓮 1000 多位護理人員中，超過 30% 均來自慈濟教育體系。

慈濟大學繼慈濟技術學院之後，先於 1994 年 10 月創立慈濟醫學院，1998 年 8 月改名為私立慈濟醫學暨人文社會學院，同年 8 月改製為慈濟大學。設有醫學院、人文社會學院、生命科學院及教育傳播學院，後又陸續增設傳播、人類發展及東方語文學系、兒童發展與教育學系等，共有 11 個學系和 1 個研究所。

慈濟教育志業的特點是先從解決慈濟所急需的醫護人才開始，繼則著手提升教育的品位和層次，然後實現教育的完全化。把教育從托兒所、幼兒園、小學、中學、專科、技術學院，直至大學、碩士、博士班，完全納入慈濟的

教育體系來完成，造就具有慈濟的理想和社會所需要的人才。為此，於 2000 年 9 月慈濟大學即附設幼兒園、實驗小學和中學（含初、高中）。中學生家在外地的一律住校，每間教室均配備電視、電腦及網路，安排學生利用假日至慈濟醫院從事志工活動，並發給服務護照，以進行生活教育和道德質量教育。小學課程則採用雙語教學，著重人文及訊息教育。由此可見，慈濟所實施的完全化教育，既重視現代化和未來化的知識技術教育，也十分重視生活能力、服務能力和道德質量的教育，把教育與社會、時代、生活緊密地聯繫起來，使其所培育出的人才能夠打造新生活，獻身新社會、新時代。

慈濟也將其教育志業的觸角伸向海外。全美及澳洲、英國、加拿大等分支會聯絡處都設有慈濟人文學校，傳授中文教育，研習靜思語，引導孩子不忘祖國，走向美好的人生。墨西哥、多明尼加、南非等地都設有慈濟小學。此外，美國南加州分會與南非、菲律賓、馬來西亞、印度尼西亞、阿根廷、澳洲都設有助學金，照顧清寒學生。

四、文化志業的成就

如果說慈善、醫療和教育三大志業，是慈濟人在行動上實踐人間佛教及慈濟的「慈悲喜捨」的理想，而其文化志業，則是以各種媒體來介紹、宣傳這種理想。慈濟人的實踐，使其媒體宣傳增強了真實性和可信性，而媒體的宣傳又促進了實踐，並增強和擴大了實踐的力量。慈濟人處在臺灣走向現代化的時期，充分運用了講壇、文字以及新興的聲光、電視、電腦等手段，從平面、立體、空中各方面進行文化傳播、宣傳。

（一）文字媒體。出版發行平面定期刊物，主要有《慈濟月刊》、《慈濟道侶半月刊》、《經典雜誌》、《慈濟年鑑》等。《慈濟月刊》以「為心靈淨化作活水，為祥和社會作砥柱，為聞聲救苦作耳目」為宗旨，宣傳淨化人心，慈悲救苦，創造祥和社會。《經典雜誌》則主張「對生命的尊重，對天地的感恩，對萬物的關愛」，創造人人共愛、人與自然共愛、人與萬物共愛的人間淨土。此兩種雜誌從 2000 年起，連續 3 年每年都獲得金鼎獎。前者還發行到美、加、澳、日、馬、菲、新以及南非、香港、阿根廷等地。此外還有《英文季刊》、《日文月刊》等。

（二）廣播媒體。1985 年 11 月於民本電臺開播《慈濟世界》，收聽範圍已涵蓋臺澎金馬、中國、北美等地，每天在 16 家電臺 19 個頻道平均播出 10 個小時，內容啟發人心向善向上，活潑充實，而又製作嚴謹，不僅收聽者多，而且多次獲獎，如獲廣播電視社會建設獎、兩岸關係暨大陸新聞報導獎、中廣日新獎等。

（三）電視媒體。1998 年元旦正式開播《大愛》電視節目。以為時代作見證、為慈濟寫歷史作為宗旨，著重闡揚人性光明面和社會良善，並宣傳慈濟對人間對社會的奉獻。次年 10 月起已由衛星傳送向全球播映。由真人真事改編的《大愛人間劇場》，以及《別來無恙》、《人間有愛》等節目均相繼獲獎。

（四）講壇。如在政治大學、銘傳大學、師範大學、輔仁大學、交通大學、德霖技術學院等大學開辦慈濟精神講座，並舉辦各種不計其數的茶會座談等，主要宣傳佛法思想及慈濟精神，以達到淨化人心淨化社會之目的。

此外，還成立慈濟文化出版社、靜思文化公司，出版各種慈濟書籍、錄音帶、錄影帶以及英、日、德文的慈濟書籍。美國南加州分會及新加坡、馬來西亞皆設有慈濟文化出版中心，銷售慈濟各種書籍到各地。還設有慈濟新聞剪報全文數據庫，1998 年登上國際網路，向全球開放，供網友查詢。而證嚴法師的《靜思語》富有哲理而又通俗易懂，暢銷海內外，既是慈濟人的座右銘，又成為人生思想行為指導的教科書。

五、慈濟成功的經驗

慈濟會從證嚴法師及其弟子草創開始，到如今已成為擁有如此規模而實力雄厚的組織，究竟有何值得人們借鑑？慈濟會的迅速成長和順利成功，不外有主客觀原因兩方面。以主觀原因而論：首先是他們有堅定的誠心。這就是「慈悲喜捨」之心。慈心，就是以菩薩之心為眾生拔苦救難，施大愛於眾生；悲，就是悲願，奉行菩薩道，共創濟度眾生的千秋事業；喜，即對於有益於眾生之事，甘心做，歡喜做，做得越多越好，自利利他；捨，即捨得一切，歡喜布施，種福田，結善緣。慈濟的四大志業，就是秉持這種誠心，並集百

萬慈濟人之誠心而創辦和發展起來的。這種誠心使他們的志業從無到有，從幾個人草創到百萬人參與，從臺灣擴大到海外；這種誠心，使慈濟人有共同的理想，共同的目標，並不怕艱難地去追求、實現；這種誠心，使慈濟人的個力發展成眾力，而眾力又擰成一股強大的力量，去克服困難完成共同的事業。這種誠心，並不需要外力推動，而人人能夠聞風而動，自覺地投入慈善、醫療等活動，盡自己的所能做好能及的工作。這在臺灣「9·21」大地震中體現得特別清楚。

其次是自力更生之路。由證嚴法師及幾個弟子以手工製鞋積累慈善基金，並動員有志於慈善事業者節省日用以累積資金，依靠手工和節省日用來舉辦慈善，賑窮救困，無疑更能感動受益者，從而促使受益者也投入這種活動利己利他；同時也能使親見親聞者受到感動，以同情或贊助支持這種活動。如此一來，由當初幾個人依靠自力而舉辦的慈善活動，就像滾雪球一樣地在社會不斷滾動，不斷有人加入，使慈濟功德會不但有許多委員、會員，還有許多志工組成服務隊、慈青隊、慈誠隊等。這許多成員的加入，都必須由本人提出申請，經過考察而被認可。加入之後則自覺地為實現慈濟的「慈悲喜捨，起救苦難，與樂拔苦」理想而在物質、力量上作出貢獻。慷慨捐贈巨款及辛苦奔走為慈濟籌募善款達百萬元以上的委員、會員，更成為榮譽董事。這就使慈濟人在當初僅有幾個人的自力更生而蛻變為百萬人的互動，產生了物理學上的共鳴共振的現象，慈濟的志業成為百萬人共同的志業，他們以理想為動力，以誠、正、信、實為精神，以智慧相結合，以愛心相扶持，聞聲救苦，實時解難，發揮了「一眼觀時千眼觀，一手動時千手動」的功能。一方面透過「千眼觀」及時發現處在社會角落的苦難者，一方面又透過「千手動」，把慈濟的關懷和幫助，及時地送到最需要的地方和人的手裡。而這種「千眼觀」、「千手動」，又反過來使慈濟受到社會的信賴和支持，更壯大了慈濟的隊伍和力量。這就是自力更生所產生的巨大社會效應，也就是慈濟之所以迅速壯大的重要原因。

其三是言傳身教。證嚴法師不僅對自己要求嚴格，而對其弟子也嚴格要求。當初在精舍以手工自食其力，並從手工開始其慈濟事業。如今慈濟已非昔日慈濟，志業的發達和興旺，並沒有失去證嚴法師及其弟子的本色。證嚴

臺灣佛教

第六章　臺灣佛教四大道場的崛起與臺灣社會

法師仍然言傳身教嚴格要求弟子，弟子也謹守證嚴法師的言傳身教。她們仍然住在昔日的精舍，仍然自食其力；對於慈濟價值千百億萬的志業，他們從不取一分一厘之利。把慈濟社會所取得的所有利益，全部回饋給社會，用於建設四大志業，造福社會。明目細帳，眾人有目共睹，從而使其受到了社會及其追隨者的尊重和信賴，而贊助和支持也源源不絕，甚至受其救助者也將受益之金回投到慈濟事業。受到如此無私奉獻精神的感召，於是有許多企業家以資金投入慈濟回饋社會，成立慈濟企業家協會，為奉獻社會出力；企業家夫人也組成「慈友會」，屢屢捐獻義賣其藝術珍藏和珠寶首飾；許多人自願成為慈濟志工，無償地到慈濟醫院服務，為慈善事業服務；大專院校學生組成大專青年聯誼會加入志工活動，為慈濟志業而努力；教師則組織教師聯誼會，研討慈濟的人文精神，並將其融入教學活動之中，以陶冶學生品格、啟發良知良能，淨化校園。無私奉獻的言傳身教，不僅推動了慈濟志業的發展，而其精神也在臺灣社會產生了巨大的迴響。這也是慈濟之所以成功的原因之一。

　　從客觀原因來說，證嚴法師及其弟子由於兩個因緣而發心建立慈善事業為貧病同胞解困（前文已述），故慈濟志業的發軌是當時時代背景的使然。在此時代背景之下，創辦慈善事業要籌集資金相當困難，既不趕經懺、不做法會，又不化緣，而唯有自力更生之途。這固然是證嚴法師明智的抉擇，而其中也有時代的因素。這種抉擇出人意料地在社會產生了良好的效應，使其增強了信心，看到了希望。不久，臺灣經濟起飛，社會轉型，人們開始富裕起來，其自力更生所產生的良好效應，則像滾雪球一樣愈滾愈大。此時臺灣佛教漸漸振興，人間佛教成為臺灣佛教的共同趨向。慈濟乘時以四大志業獨樹旗幟，以腳踏實地的身體力行來弘揚佛法，受到社會的廣泛矚目，而且其身體力行的成果又為社會所共睹和許多人所身受，慈濟大慈大願不僅受到社會讚揚，也使許多人為之感動，媒體介入宣傳，社會知名人士為其解困，官方為其發展提供某些方便，臺大教授為其提供醫護支持，人民大眾的讚許和許多人志願加入行列，都有力地促進了慈濟的成功。臺灣社會轉型和「解嚴」之後，社會政治多元，經濟競爭激烈，思想浮動，社會治安惡化，道德沉淪，此時證嚴以「慈濟精神淨化人心」為號召，更能得到人們的熱烈響應，因為

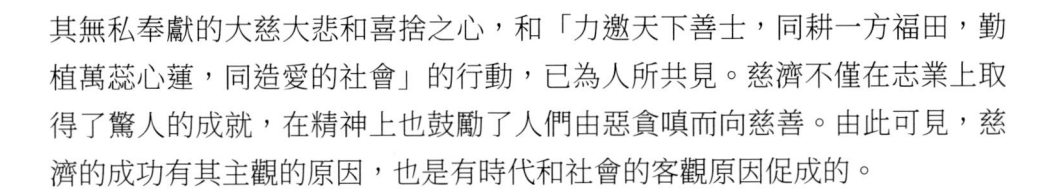

其無私奉獻的大慈大悲和喜捨之心，和「力邀天下善士，同耕一方福田，勤植萬蕊心蓮，同造愛的社會」的行動，已為人所共見。慈濟不僅在志業上取得了驚人的成就，在精神上也鼓勵了人們由惡貪嗔而向慈善。由此可見，慈濟的成功有其主觀的原因，也是有時代和社會的客觀原因促成的。

第三節　提升人的品質、建設人間淨土的法鼓山 [3]

一、法鼓山的崛起

　　法鼓山是由東初法師創建的農禪寺與中華佛教文化館發展而來。農禪寺創建於 1971 年，以禪修為主，務農為生。1977 年，聖嚴法師接任中華佛教文化館、農禪寺主持。1989 年 4 月，新北市金山區面對北方海洋的一片約 60 甲的山坡地，被聖嚴法師定名為「法鼓山」，並成立「法鼓山護法會」，於是法鼓山道場的建設進入新階段。「法鼓」一詞，佛典中多有論及，如《妙法蓮華經》雲：「惟願天人尊，轉無上法輪，擊於大法鼓而吹大法螺，普雨大法雨，度無量眾生，我等咸歸請，當演深遠音。」所謂「擊大法」，就是敲響佛法淨化心靈的鼓聲，使人心獲得安樂與平靜。再由於這片約 60 甲的山坡地環山面海，山勢向前開展，與金山平原和翡翠海灣接壤，雙溪繞山環抱，左似青龍昂首，右如伏虎低頭，俯覽則似大鼓縱臥，故而命為「法鼓山。」法鼓山道場（以下簡稱「法鼓山」）的建築，既具有中國歷史文化的優良傳統，又有展望未來文化的創新；既保持建築地的原有風貌，珍惜原有的自然資源（如溪流、活泉乃至一草一木），又儘量做到技術和建材的現代化，以及形象、顏色的本土化。其軟體建設以教育為中心，包括佛學院（分為大學部、高中部及函授部）、國際禪修中心、國際弘化中心、人文社會學院、編譯出版中心等。這樣的規模是凸顯教育，把法鼓山建設成繼承歷史文化傳統，面向現代化、未來化的全面佛教教育的根據地。因此，聖嚴法師提出，法鼓山工作的重點是「一大使命，三大教育」，即以推動全面教育為使命，落實大學院教育、大普化教育、大關懷教育。這「一大使命，三大教育」，目的在實現聖嚴法師「提升人的品質，建設人間淨土」的理念。他要從教育方面切入，

307

第六章　臺灣佛教四大道場的崛起與臺灣社會

一方面提升僧侶的品質，以挽救中國佛教的衰落；一方面提升信眾以及社會大眾的素質，「建設人間淨土」。

聖嚴法師「提升人的品質，建設人間淨土」理念的提出，一是基於社會現實。他童年生活在大陸兵荒馬亂之際，社會的動盪，人心的浮動給他留下了深刻的印象；去臺之初，這種印象仍在延續。臺灣社會轉型、經濟起飛之後，社會又出現了新的矛盾、新的紛爭，使他深感到建設人間淨土的必要，而建設人間淨土首要是提升人的品質，提升人的品質的有效方式是教育。二是基於太虛法師、印順法師的「人生佛教」、「人間佛教」思想的影響。他在去臺之前，於上海靜安寺佛學院插班學習時，即已接受了太虛法師「人生佛教」的教育，去臺之後，由「人生佛教」發展的印順法師「人間佛教」的理念，又使他深感佛教不能離開人群，佛教徒必須為建設這個世界服務，才能達到解脫自己的目的。往生淨土，淨土也可以在人間建成，而建設人間淨土必須從教育著手。其三是基於佛教的現實。臺灣佛教的現狀是許多寺院不重佛學而注重經懺佛事，或佛學修持脫節，或只顧修持而脫離了社會人群，僧侶不懂經文者所在多見。不改變這些現狀，佛教非衰亡不可，更談不上「建設人間淨土」。要改變這些現狀，就急需舉辦教育，提升寺院僧侶素質。「提升人的品質，建設人間淨土」的理念有其萌芽、成長和形成的過程，是聖嚴法師在人生歷程中，受了多種因素的影響和推動，經過審視和思考而完成的。因而這理念就成為他畢生追求並努力使之成為現實的目標。聖嚴法師既以教育作為提升人的品質為手段，來實現「建設人間淨土」，首先就從自我開始，使自己成為精通佛學並善於弘揚佛法的教育者，即先提升自我的品質，然後才能從事提升他人品質的事業。從他的經歷來看，提升自己品質幾乎貫穿了一生。他的一生就是在不斷提升自我的品質中度過，並且在不斷地提升自我的品質中，不斷地弘揚佛法，以弘揚佛法來教育佛教信徒和廣大的信眾，從而取得佛教信徒和廣大信眾的信賴和支持，以創建法鼓山的道場，來完成其「全面教育」的使命。聖嚴法師的一生經歷，與他實現自己的理念是密不可分的。

二、聖嚴法師對自我品質的提升

　　（一）從童年到成為靜安寺佛學院學僧。這一時期，是聖嚴法師提升自我品質的開始。聖嚴法師於 1930 年出生在江蘇南通狼山之陽的小娘港，幼時乳名保康，入學後更名張志德。他童年時代經歷了抗日戰爭和解放戰爭。國家多難，社會動亂，一次洪水之災，使他家鄉沉沒於長江洪水之中，家庭被迫遷移到常熟扶海鄉的一個村落，陷於貧困的境地。他 9 歲入學讀書，14 歲便因「年景不佳」而輟學。一個偶然機緣，經鄰居好心人的介紹和父母同意，入狼山廣教禪寺出家。在寺兩年，除早晚課誦外，主要幫寺裡做些農活，沒有讀書的機會。兩年後他 17 歲，被派到上海大聖寺。在大聖寺常跟眾僧為趕經懺而忙碌奔走，寺裡沒有能力供他讀書，但其讀書的要求卻更加迫切。經再三要求，他終於得到了機會，進入上海靜安寺佛學院，成為一名插班的學僧。儘管有些課程十分深奧難學，但他無論如何捨不得放棄這個難得的機會。經過刻苦和虛心的學習，一連五個學期，學期成績總是列在全班第五、第六之前。這個佛學院是傳播當代佛學大師太虛法師「人生佛教」思想的基地之一，院長是著名的白聖法師，有雄厚的師資隊伍，太虛法師也親臨演講。聖嚴法師在此學習時間雖然不長，卻受益不淺，接受了「人生佛教」思想的影響，打下了佛學的基礎。因此這個時期雖然只是他提升自我品質的開始，卻是十分可貴的開始。後來他回憶說：「我今日這一點佛學基礎，主要是跟靜安寺佛學院有著很大的關聯，直到現在，我還非常懷念當時的學院生活，以及共同生活過的老師和同學們。」

　　（二）在軍營中自學和寫作。這是他繼續學佛和練筆的時期。繼續學佛是為了充實佛學的知識，提升自己的品質，練筆是為了以文字弘揚佛法，增強佛法教育的功能。1949 年，聖嚴法師加入了國民黨軍隊。隨軍到臺灣後，在通訊兵部隊先是當兵，後當了準尉官。但他始終沒有忘記自己是出家人，也沒有忘記自己的信念。他盡可能地買到、借到佛學有關的經書和各種著作，如饑似渴地自學，也讀了一些古今文學作品，邊讀邊做筆記。在閱讀之中也試著練筆。先是為軍中牆報及小報刊撰寫一些小文章，進而在社會上的文藝雜誌發表小說、新詩。他發表過《文學與佛教文學》等文章，主張佛教徒要

多尊重文學作品,以文學的筆觸和技巧表現佛經的理念。可見他寫作文藝作品,其實是為了弘揚佛法。

　　練筆為他打下了寫作的基礎,進而把寫作熱情傾注在哲學和宗教方面。他不僅閱讀了《華嚴經》、《法華經》和《金剛經》的註解,還閱讀了《胡適文存》、羅素的《西洋哲學史》中譯本和香港王道主編的《人生》雜誌、《新舊約聖經》,以及印順法師的所有著作,吸收各方面的知識,提升和擴大自己的知識面和思辨能力。他開始把自己寫的論述和思想性的稿件,投向香港《人生》雜誌,及臺灣的《海潮音》、《佛教青年》、《今日佛教》、《人生》等佛教刊物,主要是探討人生問題和佛教問題。他以「醒世將軍」為筆名,針對若干佛學理念和佛教現狀問題,發表自己的看法。例如《論經懺佛事及其利弊得失》一文,針對寺院只靠香火、經懺和信徒的應酬交際而維持生活,使人誤解佛教是迷信、消極、不生產的現狀,提出了批評。他在文中說:「佛事總是要做的。不過,理想的佛事,絕不是買賣。應該是修持方法的實踐指導與請求指導,因為僧眾的責任,是在積極的化導,不是消極地以經懺謀生。」針對社會上誤解佛教消極、對社會沒有貢獻,他發表《理想的社會》一文作了說明。他說:「世間淺見人士,都以為佛教的人生過於消極,因為學佛的最後目的是在超脫三界,離開這個世界,而不是努力於這個世界的建設。事實上,離開這個世界是學佛的目的,建設這個世界才是學佛手段。」他又說:「佛教的教化,是使得人人各安本分,不但『諸惡莫作』,而且『眾善奉行』。凡是有害於一切眾生的事情,佛教徒不會去做,凡是有益於大眾福利的,佛教徒則『從善如流』。」文章從「學佛的手段」和「佛教的教化」目的,辯明佛教是積極的,不是消極的,而且是推動這個世界的建設,有助於人心向善。在軍營中,聖嚴法師繼續學佛、讀書和練筆,使其自我品質起了質的變化,不僅充實了佛學知識並拓展了其他方面的知識,增強了哲學思維和宗教思辨的能力,而且寫作能力有了極大的提高,既能創作文藝作品,又能寫出有說服力的論述和有思想性的文章,為以後從事佛學著作寫作打下了堅實基礎。其苦心孤詣是十分難能可貴的。實際上,他在提升自我品質的同時,也以其論述和思想性文章弘揚佛法,教育佛教徒、信眾以及社會廣大人群。

第三節　提升人的品質、建設人間淨土的法鼓山 [3]

（三）重披袈裟，閉關六載，專注於讀經和著作，取得豐碩的成果。這是聖嚴法師著作的豐收期，對正律、正法和護教作出了重要的貢獻，樹立了其宗教學術地位，進一步提升了其自我的品質，使中外佛教徒及廣大信眾均受其教育之惠。聖嚴法師在軍中十年半之後，因病於1960年退役。退役之後又回到了佛門，由東初法師為其剃度，法名聖嚴，字慧空。他秉承東初法師之命，接編《人生月刊》，住進佛教文化館，發心讀完《華嚴經》等經書。次年依道元法師正式受比丘戒，戒期中完成了將近13萬字的《戒壇日記》。秋天，因健康原因，辭去《人生月刊》編務，離開北投，到美濃大雄山朝元寺閉關修行。在六年的閉關修行中，每天除了早晚課誦和禪坐以修養身心外，他把大量時間投入了閱讀經書和研究佛學之中，並把閱讀與研究化成成果，做了正律、正法和護法三件事。

首先是正律。聖嚴法師在受戒中既做受戒者，又擔任《戒壇日記》的執筆工作。在受戒與執筆工作中，發現佛教的戒律，不管是出家戒或在家戒，聲聞戒或菩薩戒，不僅僅在義理上需要下功夫做一番釐清，就是對今日世界、現實社會的因應而言，也需要做大幅度的審視。否則徒見重視戒律之名，而缺少淨化人心、淨化社會之實。佛教律藏部帙浩繁，動輒30、40以至50、60卷，非有大量時間閱讀和研究不可。閉關使他有了閱讀和研究的機會，他遍讀了佛教律藏和有關的著作，邊讀邊寫筆記，並分類逐篇整理，終於完成了長達19萬字的《戒律學綱要》的著作。此書的性質「是通俗的，是研究的，更是實用的」。其特點是將戒律學上各種主要問題，作了通俗的介紹和疏導，使古老的佛教律學復活，能夠應用於現實。書中徵引了各部律典及古德註疏的重要數據，儘量註明出處，以便讀者作進一步的研究參考。《戒律學綱要》的出版，產生了很大的影響，有不少人因此而發心皈依佛教，或發心出家，或發心受菩薩戒，而且被一些佛學院採用為課程教材，南京金陵刻經處還將此書翻印流通。這是他正律的一大成就，也是對弘揚佛法和佛教學術的一大貢獻。他也因此被公認為當代佛教律師。

其次是正法。聖嚴法師在研究戒律之時，發現研究戒律也必須通達《阿含經》。戒律中常把「正法律」三個字連用，說明佛教和戒律不可分開。《阿含經》明法，毗尼明律，所以明律必須明法，正法才能正律。正法是對邪法

而言，正律是對邪律而言。他鑑於現今的佛教，由於民間固有的習俗，加上神道怪誕的傳說，使其根本的精神已經湮沒，許多人竟把佛教看作充滿了牛鬼蛇神的低級迷信。因此正法是佛教當前急需解決的問題，他在釐清和審視戒律的同時，也決心糾正律法被誤解和歪曲的混亂現象，以恢復佛教的本來面目和佛法的根本精神。他通讀《阿含》，做了不少卡片，綜合不同版本的敘述、見解，根據其個人研究的所得，配合時代思想的要求，並參考了太虛、印順法師的一部分見解，寫成了《正信的佛教》一書。此書以《阿含經》為基礎，除了對在家居士學佛有重大啟發外，並有效地釐清了佛教受誤解、歪曲的部分，恢復了佛教被湮沒的根本精神和本來的面目。此書一出，成為佛教界暢銷的讀物，發行量超過 100 萬冊以上，發行地區遍及臺灣、香港、東南亞以及歐美等地，中國也在 1980 年開始不斷地印刷流通。這是聖嚴法師正法的一大成就，也是他弘法的又一大貢獻，因此他又被認為是佛教界一位知名的法師。

其三是護教。聖嚴法師在軍中之時，即陸續寫了《評駁佛教與基督教的比較》、《論佛教與基督教的同異》、《再論佛教與基督教的同異》等文章。在閉關之時，他從一些雜誌和論著中看到了基督教徒寫的攻佛、破佛和叫陣挑戰的文章，為此，他不得不為佛教界挺身而出應戰。在三年時間裡，他有系統地研究基督教，陸續地寫成了《基督教之研究》一書。他在此書的自序中說：「由於基督教的攻佛、破佛、叫陣挑戰，才使我對基督教發生了研究的興趣，結果使我寫成了一本書，所以本書的功臣，應該是攻擊佛教的基督徒。我為寫作本書，特別精讀了 50 多種有關的中西著作。我的態度，是以西方學者的見解，介紹西方人信仰的宗教，是用基督教正統的素材，說明基督教內容的真貌，同時也對佛教與基督教之間的若干重要問題，作了客觀和理性的疏導。我不想宣傳基督教，也無意攻擊基督教，只是平心靜氣地加以分析研究，用歷史的角度，考察基督教。」可見在此書中，他並不攻擊基督教，而是用歷史的角度，考察、分析基督教，以「理智的筆觸，解開不同宗教觀念的糾結」，說明宗教的信仰不應該是獨斷、排他和征服性，宗教與宗教之間互不兼容，不是宗教的正面價值所在。宗教信仰，原本是為人類帶來幸福，如果由於不同宗教之間的互相敵視，而為人類帶來災難，就違背了宗教的價

值。因此他主張宗教應該像佛教那樣有寬大的心量，對不同的宗教互相尊重，彼此瞭解，減少猜疑，減少敵視，彼此觀摩，彼此學習，取長補短，世界的人類才會真心地從宗教的信仰得到和平與幸福。

聖嚴法師的筆下雖然不露鋒芒，但卻有力地批評了某些基督徒的性格和對宗教正面價值的違背。此書出版，產生了兩種極端的反應：一是佛教感到長了佛教的志氣，而一些神父和牧師也鳴金收兵；二是有些基督教徒不僅不服氣，還把聖嚴法師視為眼中釘、心上刺，或投稿投刊挾嘲帶罵。這正說明了此書在社會上產生了巨大的反響，它既保護了佛教，又使人們認識佛教的寬容，也有能力來響應不公平的看待和攻擊。其後，聖嚴又根據當時能夠收集到的中、日文以及由外文譯成中文有關宗教的書籍和著作，半年之中寫成了20萬言的《比較宗教學》一書，對各種宗教的歷史關係、背景關係，及其源流的探索和展現作了比較，使人們對各種宗教的特點有了比較清晰的理解，認識了各種宗教的短長。

其四是寫作世界佛教史書。聖嚴法師在研究佛教戒律之時，已認識到研究戒律不能離開佛教的歷史。戒律的本身，是關係僧團的活動，僧團活動的延續，就是佛教的歷史。因此，重視史學的高僧，會對戒律也能夠兼顧。佛教已經傳播了2000多年，各有傳承和主張。現今佛教衰微，一些宗派又互相抵抗，彼此對峙，不僅不能將佛法發揚光大，還會抵消彼此的努力。為此，聖嚴法師又循歷史的軌道，探究佛教的源流及其興衰的原因，以糾正今日佛教的弊病，開創明日佛教的前途。他發願要寫一部世界佛教通史，計劃寫作100多萬字，分上、中、下三冊。這種世界佛教通史，還沒有人寫過。聖嚴法師用了三年時間，寫出了上冊，包括印度佛教史、西藏佛教史、日本佛教史、韓國佛教史、越南佛教史。可惜1969年春，他因留學日本，沒有能夠繼續完成寫書的計劃。但是《世界佛教通史》上集的出版，引起了世界佛教界的矚目和好評，中國有的佛學院已把此書作為教科書。

聖嚴法師這個時期的著作，都是佛教界前所未有的創新性的著作，展示了其佛學研究的功力和高水平，展示了其閉關讀經提高自我品質又登上了一

個高層次。這些著作不僅使他揚名臺灣，而且遠播海外及中國。而這些著作所產生的教育效應更是難以估量。

（四）留學日本六年。這個時期，他一面學習，一面寫作，完成並透過了碩士、博士論文，榮獲了博士學位，更提升了其自我品質和學術的地位。聖嚴法師於1969年3月從臺北到達東京，開始了其六年的留學生活。在日本，他進了東京立正大學，先學懂日文，後又弄通了初級梵文文法，同時攻讀碩士課程，第一年的下半年，他已修完了該課程學分的四分之三。到了第二年的上學期，學分只剩了四分之一，就有時間專寫碩士論文。他以《大乘止觀法門之研究》作為論題。為此，他熟讀了《大乘止觀法門》原文、原著和有關註解，常往一些大學圖書館查閱、抄錄、影印相關的數據，前後用了兩年時間，寫出了一篇十來萬字的論文，得到了指導導師阪本教授的肯定和讚揚，獲得了碩士學位。論文先交給臺灣《海潮音》雜誌發表，後又由東初出版社出版。在阪本教授的鼓勵下，他決定繼續攻讀博士學位。

從1971年到1975年，他除了攻讀學分之外，所有時間都在東京各大學圖書館瀏覽，並利用寒暑假時間，去訪問道場，實際去參加日本各宗派的修行活動，不僅瞭解到日本在學術上可供學習的地方，而且吸收日本在宗教活動上值得借鑑之處。同時還接觸到日本佛教各宗派、教團，與他們的領導人和後起之秀建立了深厚的友誼。他的足跡，南至沖繩，北至北海道，從而使他看到日本從上到下、全面深入的普遍信仰的佛教現況。此外，他還拜訪過東京、京都有關研究天台學及中國佛教的專家學者，參加了一些學術團體的活動，如印度學佛教學會、道教學會、西藏學會、日本佛教學會、日蓮宗學會等，從而接觸到日本全國的有關學者，也有機會接觸到世界性的學術會議。透過這許多活動和接觸，聖嚴法師對日本佛教，有了清晰的認識：1.日本佛教的最大成就，在於有許多學者、高僧、禪師，無不全身心投入佛教教育、文化的建立、學術研究。2.日本佛教不僅有人修行，而且更有許多人在嚴格修行。這與中國人所謂的日本「有佛學而無佛教」，或「有真居士而無真和尚」的看法有很大出入。3.日本的寺院是弘法的大本營，各宗各派的「大本山」及「本山」各自創造了日本佛教的高等學府，培養了許多傑出的人才，延續了佛教的命脈。4.日本的佛學，在方法學、語言學、梵文、巴利文原典的研究，

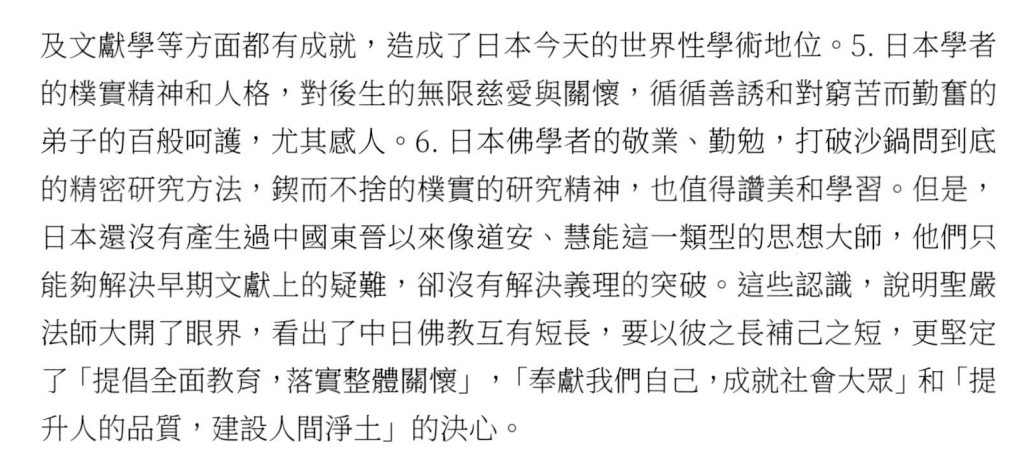

第三節　提升人的品質、建設人間淨土的法鼓山 [3]

及文獻學等方面都有成就,造成了日本今天的世界性學術地位。5.日本學者的樸實精神和人格,對後生的無限慈愛與關懷,循循善誘和對窮苦而勤奮的弟子的百般呵護,尤其感人。6.日本佛學者的敬業、勤勉,打破沙鍋問到底的精密研究方法,鍥而不捨的樸實的研究精神,也值得讚美和學習。但是,日本還沒有產生過中國東晉以來像道安、慧能這一類型的思想大師,他們只能夠解決早期文獻上的疑難,卻沒有解決義理的突破。這些認識,說明聖嚴法師大開了眼界,看出了中日佛教互有短長,要以彼之長補己之短,更堅定了「提倡全面教育,落實整體關懷」,「奉獻我們自己,成就社會大眾」和「提升人的品質,建設人間淨土」的決心。

　　聖嚴法師先在阪本教授指導下,寫《明末中國佛教之研究》的博士論文,不久阪本逝世,由阪本的兩位好友金倉圓照、野村耀昌博士繼續指導。為了完成論文,他通讀和研究了明末四大師之一的天台宗蕅益大師的所有資料,其中最重要的是《靈峰宗論》。他以《靈峰宗論》為研究的重心和線索,在兩年之間讀了二十七遍。在論文中,聖嚴法師介紹了蕅益的時代背景、蕅益的生涯;分析、論述了蕅益信仰和實踐及其著作,探討了蕅益思想的形成及其展開,從而歸結出益的宗教觀,目的在促成佛教大一統的局面。蕅益處在明末之際,由其宗教觀可以看出當時整體的佛教狀態和要求,那就是性相和禪教的調和,天台及唯識的融通,天台與禪的折衷,儒教與佛教的融合,結果是達成禪、教、律、密合歸於西方阿彌陀的淨土。這篇裝訂成三大本的博士論文,經過指導教授的簽名推薦,由立正大學大學院 20 來位教授以不記名投票全數透過,並由立正大學校長授予文學博士證書。當時日本,凡是研究歷史、宗教、文學、哲學者,都頒授文學博士,而在所有的博士學位中,以文學博士最難。聖嚴法師在四年內完成博士課程,提出論文並獲得學位。這在立正大學,甚至日本全國尚未有先例,所以這對聖嚴法師攻讀學位而獲博士學位來說是得來不易的殊榮,他的自我品質的提升已達到了其最高的層次,成為臺灣佛教僧尼的第一位。於是邀請其參加國際會議者有之,盼望其回臺辦佛教教育者有之。他應邀回臺參加了第四屆海外學人「國家建設研究會」,在會上提出了三個問題:1.宗教教育應納入大學的教育系統;2.社會教育應注意風化區的整頓和黑社會的疏導;3.注意精神的教育,也就是人文

315

臺灣佛教

第六章　臺灣佛教四大道場的崛起與臺灣社會

科技當並行發展。由此可看出他對佛教教育和「提升人的品質」的理念，始終懸於心懷而要使之實現。在會議上，他接觸了不少國際知名的海外學者，也接觸到當時臺灣的高層人物，這不僅提升了他的學術和政治地位，也給他以後開辦佛教教育、弘揚佛法，創辦法鼓山道場等，創造了有利的條件。

　　（五）赴美傳禪，兼顧臺灣指導禪修。聖嚴法師成為博士之後，東初法師及印順法師均希望他回臺主辦佛教教育，但臺灣佛教界大多持冷淡和觀望的態度。此時臺灣經濟發展迅速，佛教界也發生了重大變化，佛光山的建設已近完工，慈濟功德會也快速發展，面對這種陌生的局面，他感到回臺辦教育無從下手，於是接受美國佛教會的邀請前往紐約，意圖開拓新的局面。1975年12月中旬抵美，住進美國佛教會的所在大覺寺，一面學習英語，一面講經弘法，並指導禪修。次年被選為美國佛教會董事，不久接任大覺寺住持及美國佛教會副會長。1977年5月主持了以美國人為主的第一次禪七，又接連舉辦了四次禪七，成績斐然，還出版了禪雜誌。同年冬，東初法師在臺灣圓寂，聖嚴法師趕回臺灣料理東初法師後事，秉承遺命，擔任中華佛教文化館館長，並應聘為中華學術院佛學研究所所長。從這一年起，他往來臺、美兩地，輪流主持三個道場和一個佛學研究所。在美國，於紐約成立禪中心，並將《禪雜誌》改名《禪通訊》，每月發行一期。後又將禪中心遷至東初禪寺。他順應美國人喜好禪修的心理，使用他在中國和臺灣所學所用的禪修方法，以及在日本所見的禪修形式，新創出修禪的觀念和打坐的方法，既凸出自己獨特的禪風，又適應西方人的需要，不拘泥於固定形式，所以易為西方禪眾所接受，取得了成功。這種以中國禪為核心的融合多種禪修的禪法，就成為「東初禪」。透過發行英文《禪通訊》的宣傳，這種禪法傳播到美洲、亞洲、歐洲、大洋洲、非洲36個國家地區，其主持的紐約禪中心，成為國際知名的禪修據點。在臺灣，他以佛教文化館和譯經院的工作人員及信眾為班底，把美國禪修成功的經驗帶回臺灣。由於這種禪修方法，能夠適應經濟高發期人心調整的需要，使人容易將心內攝，打下修行的基礎，逐漸風靡全臺。從1976年開始，在美國跟他直接和間接學習禪修的學生已達3000多人，在臺灣則達5萬多人，其中不少是高層次的社會精英，包括政、學、工、商、文教等各界的主管人員。傳禪的成功，使聖嚴法師又成為國際知名的禪師。聖

嚴法師一向主張解行並重，定慧兼修。而他也身體力行，終於成為既有學養又有行持的、修道與學術並重的佛教精英，既全面提升了其學佛的聲譽又具有了從事和推動佛教教育的所需能力和條件。

（六）從事和推動佛教教育。辦佛教教育是聖嚴法師長期而一貫的理念，而今作為佛教教育者的各種條件都已具備，從事和推動佛教教育乃其順理成章之事。上文已提到聖嚴法師於1978年執掌中華佛教文化館館務，後又被聘為文化學院哲學研究所所長和佛教研究所所長。1981年夏，佛研所收首屆碩士班新生，錄取8名。同年文化學院升格為文化大學，附屬的中華學術院佛學研究所連續三屆招生，聖嚴法師也受聘為中華文化大學華岡教授，擔任培養佛教高級人才任務。1984年學術院佛研究所停止招生，聖嚴法師乃在中華佛教文化館成立中華佛學研究所。中華佛學研究所開展了國際學術交流活動，除了每年發行學術年刊《中華佛學學報》，還從1990年起，每隔一年，由中華佛學研究所召開一屆國際佛學會議，邀請海內外佛學專家學者參加，在會上宣讀論文，會後編輯出版，頗得好評。這種學術性的會議，既能提高研究所的聲譽和學生的學術研究的能力，又帶動了臺灣佛學研究的氣氛。中華佛學研究所已有不少畢業的研究生到海外深造，例如在日本東京大學獲得文學博士的惠敏法師、鄧克銘居士、同校博士班的導觀法師、名古屋大學博士班的郭瓊瑤居士、九州島大學博士班的陳宗元居士，京都大學碩士班的果頤法師，美國威斯康星大學博士班的梅乃文居士、密西根大學交換研究員果祥法師、夏威夷大學碩士班的李美煌居士、佛羅裡達大學碩士班的陳秀蘭居士等。留在島內的畢業研究生，或留在本所教授藏文、梵文，或在各佛學院及高職學校任教，為臺灣的佛教教育提供了一批優秀的師資及弘化人才。海外留學歸來的，也為各方爭相延聘。

在創辦高等教育機構以推動教育同時，自1976年以來，聖嚴法師經常於夏冬之際，到歐美各國50多個著名學府，主講有關中國禪宗及佛教，超過萬餘場，弘法地區也遍及加拿大、英國、哥斯大黎加、捷克等國。在臺灣他則經常應邀到各大學舉辦佛學講座，並舉辦大專佛教夏令營，對青年進行佛學教育。聖嚴法師還多次到中國演講，以2005年4月25日下午應北京大學哲學系邀請發表演講題為《中國佛學的特色》為例，當時只可容納200人

的演講廳，湧進近 300 位師生，聖嚴法師幽默風趣的演講引起大家不斷的笑聲及迴響。聖嚴法師首先針對佛教、佛學、佛法、學佛四個名詞做瞭解釋，接著用深入淺出的分析及例證，提出佛學的特色就是因緣、無常、無我，說明我雖然不是真實不變的我，而是生命過程的工具，但仍要善用生命、利益眾生，因此，佛教不贊成自殺的行為；接著聖嚴法師表示中國佛學的特色就是適應力強，而禪學更成為中國佛學的顯著代表。此外，聖嚴法師並以其文字著作弘揚佛法、推動教育。他著作等身，撰有近 60 本的佛學及禪學著作，對當代許多知識分子的思想產生了影響，並使他們進而學習佛法和參禪。而其著作中的 11 本英文禪學著作，也接引了許多海外人士瞭解中國禪宗的思想及修行法門。

聖嚴法師不斷地提升自我品質，終於成為著名的佛教律師、法師、禪師，又是國際公認的學者。他的淵博的佛學、深湛的學術，他在臺灣的名望，以及擁有眾多的學生、信眾，使其能夠將其「提倡全面教育，落實整體關懷」和「提升人的品質，建設人間淨土」的理念付諸實施，因而以佛教教育為中心的法鼓山道場的創辦，終於水到渠成。

三、法鼓山的弘法理念和組織架構

（一）以「心靈環保」為主軸的弘法理念

聖嚴法師在聯合國「世界宗教暨精神領袖和平高峰會議」開幕式上致詞時指出：「法鼓山以『心靈環保』為基礎，推動禮儀、生活、自然生態的環保運動。我們相信，希望追求世界和平及徹底解決人類的貧窮和環境的問題，須先從檢討人類的觀念和提升精神層面做起。」其「心靈環保」，指的是佛法的「心」法，聖嚴法師認為它是釋迦牟尼在修行後留給世人的觀念和方法，能讓世人的心不受煩惱汙染，不受環境、挫折干擾。

法鼓山以「心靈環保」為核心主軸，具體方法是實踐「四環」，即：1.心靈環保。這是法鼓山所有行動的總綱，旨在保持心靈環境純淨與安定。2.禮儀環保。旨在以心儀、口儀、身體的淨化，促進人我和諧。3.生活環保。旨在透過少欲知足，簡樸自然，落實禪宗「修行就在行住坐臥間」的觀念。4.自

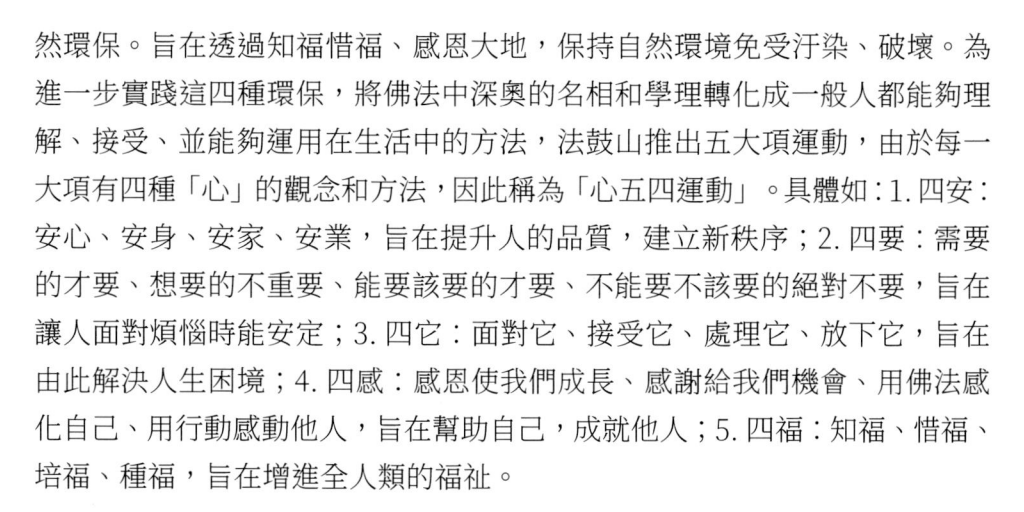

然環保。旨在透過知福惜福、感恩大地,保持自然環境免受汙染、破壞。為進一步實踐這四種環保,將佛法中深奧的名相和學理轉化成一般人都能夠理解、接受、並能夠運用在生活中的方法,法鼓山推出五大項運動,由於每一大項有四種「心」的觀念和方法,因此稱為「心五四運動」。具體如:1.四安:安心、安身、安家、安業,旨在提升人的品質,建立新秩序;2.四要:需要的才要、想要的不重要、能要該要的才要、不能要不該要的絕對不要,旨在讓人面對煩惱時能安定;3.四它:面對它、接受它、處理它、放下它,旨在由此解決人生困境;4.四感:感恩使我們成長、感謝給我們機會、用佛法感化自己、用行動感動他人,旨在幫助自己,成就他人;5.四福:知福、惜福、培福、種福,旨在增進全人類的福祉。

他們明確地提出了自己系列的理念、精神、方針和方法。其理念是「提升人的品質,建設人間淨土。」人品包括人的品格、品德和質量,法鼓山強調要提升人的品質,應先從自己做起,觀念及行為雙管齊下,如果每個人的品質都提升了,社會自然就成為人間淨土。其精神是「奉獻我們自己,成就社會大眾」。他們認為,如果人人都想成就自己,不想奉獻,社會將是一片你爭我奪的亂象;如果都奉獻自己、成就別人,則人人都能蒙獲利益,自身的福慧也將有所增益。其方針是「回歸佛院本懷,推動世界淨化」。法鼓山提出要效法佛陀以慈愛悲為懷,希望世界所有人都能從自己做起,以修學佛法、弘揚佛法、護持三寶,來淨化社會、淨化人心、淨化世界。其方法是「提倡全面教育,落實整體關懷」。他們認為只有以系統化、全面化的方式興辦教育、培養各種類人才,才能以正確的知見接引大眾信佛學佛。而關懷與教育,是一體的兩面,關懷更是發揮教育的意義。

法鼓山整個事業是以僧團為精神指導中心,傳布正信佛教觀念與法鼓山理念,為推廣大學院、大關懷、大普化「三大教育」而設計了系列架構,在護法方面,有護法總會,下有護法會、般若禪坐會、福慧念佛會、義工團、助念團、合唱團、榮譽董事會、法行會、法緣會、教師聯誼會、法青會等。在推廣方面,有土城教育訓練中心、三義DIY心靈環保教育中心、禪修推廣中心、佛學推廣中心等。在文化方面,有法鼓山文化事業股份有限公司、《人生》雜誌社、紐約法鼓山版社等。在弘法修行方面,有農禪寺、臺北市中華

佛教文化館、齋明寺、各分院（如安和、臺中、臺南、高雄、臺東分院等）、辦事處和共修處（如中山、中正、基隆精舍及各地辦事處和共修處）、海外道場。在公益方面，有法鼓山佛教基金會、法鼓山文教基金會、法鼓山社會福利慈善事業基金會、法鼓山大愛文教基金會、法鼓山救災中心。在教育方面有中華佛學研究所、僧伽大學、法鼓大學、法鼓人文獎助學術基金會等。

四、法鼓山的人心淨化實踐

　　法鼓山的人心淨化實踐，是以「三大教育」為具體的實踐方法。其「三大教育」如下：

　　（一）大普化教育。大普化教育就是普及教化，啟蒙風氣。其基本內涵，是循著生活化、實用化的多元管道，廣披於現代人所能觸及的每個角度，幫助人們蕩除心靈的憂悶，返歸清淨安寧，以帶動社會風氣的轉變。大普化教育就是要引導大眾從自心清淨做起，讓每一個人小小的好，累積成社會大大的好。其具體內容如下：

　　1. 修行弘法。經常舉辦各種共修法會及儀式，提供現代人精進用功的管道，根據大眾不同需求採用多元修持方式。第一是禪修。其內容包括入門類課程：禪修指引、初級禪訓班；初階類課程：禪一、禪二、禪三；進階類課程：禪七、禪十四、禪四十九等。此外，尚有禪淨雙修的「念佛禪」，結合禪修與大自然休閒的「戶外禪」。法鼓山還在舉辦了 20 屆社會精英禪修營之後，於 2003 年舉辦第一屆領導人禪修營，學員多為政商名流。聖嚴法師認為，禪修的三個層次是：自我肯定、自我成長、自我消融，而修行是要觀念加方法，禪修讓我們知道自己的狀況，掌控情緒，身心合一。第二是念佛。法鼓山雖以禪修為本，推廣念佛亦不遺餘力，除了舉辦清明報恩佛七、彌陀佛七、精進佛一、佛三、八關齋戒法會，每週六晚上的念佛共修，往往有近千人參加。第三是各種共修法會。定期舉辦的法會包括朝山、大悲懺、地藏懺、觀音法會、梁皇寶懺、瑜伽焰口等法會，透過這些法會儀軌，提升宗教情操，淨化心靈。

2. 佛學普及。透過佛學課程、讀書會等引導，用現代語言來詮釋蘊藏在經典中的精深法義，使古老經典成為現代人生活的智慧指南。第一是佛學推廣。以為大眾提供有次第、有系統的佛法課程為主要目標，除了每週日在農禪寺由僧團常住法師宣講聖嚴法師對各部經典的講錄外，各地「佛學推廣中心」都定期舉辦佛學講座，以2003年4-6月若干區域為例，列表如下：

日期	區域	佛學講座內容	上課講師	時間
3.7—6.27	台南分院	心的經典		周五晚上7：30—9：30
3.14—6.13	台南分院	佛教入門	淨照法師	周五上午9：30—11：30
3.5—6.25	社子共修處	念佛生淨土	謝水庸	周三晚上7：30—9：30
4.7—6.30	淡水共修處	無量壽經講記	禪松法師	周一晚上7：30—9：30
4.12	中永和共修處	念佛生淨土	田季訓	周六上午9：30—12：30
4.12—7.26	台中分院	學佛五講	善音法師	周六下午2：00—4：30

第二是讀書會，包括在各道場、共修會舉辦讀書會，及法鼓山全球資訊網的「網路讀書會」，以聖嚴法師著作為主。法鼓山還常舉辦「讀書會帶領人」種子培訓，如於2003年在法鼓山高雄紫雲寺舉辦南部地區培訓班，初期一期8期次，內容為：專題討論，大堂示範及分組演練方式，次第指導帶領讀書會之方法，加強熟習動作之技巧及佛法在日常生活之實踐，由此推動讀書會活動的開展。許多人參加了讀書會種子培訓後，受益匪淺。宜蘭郎祖鳳在《法鼓雜誌》2003年3月1日發表的《嚼出讀書好滋味》中說：「自從參加『心靈環保讀書會種子培訓』，每個星期的實際演練，讓我學到了各種技巧。比如說，先熟悉材料，讀書會時，用輕鬆幽默的言語帶出問題，引發參與者的對話，藉由彼此的交流，觸動個人的情感，繼而引出生命故事分享。這些感性的方法，使讀書會的作用全蹦了出來，木訥的人開始滔滔述說，大家競相分享文章中的感動，不但借此交流到朋友，佛法的正信正念，也經由討論而更加明白了。」

3. 文化出版。文化出版為法鼓山主要特色之一。法鼓文化目前已出版各類圖書300餘種，其中聖嚴法師九輯70冊的《法鼓文集》為代表出版品。

法鼓文化出版物以出版系列為特色,其文字出版物如「禪修指引」系列(16種)、「學佛入門」系列(10種)、「環球自傳」系列(13種)、「聖嚴法師看世界」系列(10種)、「禪學英文版」系列(15種)、「清涼世界」系列(5種)、「琉璃世界」系列(3種)、「智慧海」系列(42種)、套書系列(6種)、「中華佛學研究所論叢」系列(40種)、「清心百語」系列(3種)、「現代經典」系列(7種)、「人間淨土」系列(6種)、「琉璃文學」系列(6種)、「智慧人」系列(4種)、「隨身經典」系列(26種)、「世紀對話」系列(3種)、「智慧掌中書」系列(22種)、「梵唄書籍」系列(4種)、「高僧小說」系列(40種)、「生活」系列(16種)、「萬用卡」系列(9種)、「筆記書」系列(4種)。同時還有大量的有聲品出版。法鼓山還創辦了《人生》雜誌和《法鼓》雜誌,前者為月刊,主要針對現代大眾的切身問題,以佛法的觀點提供多向度的思考,內容包括社會關懷、人文思維、佛法體驗、深入佛學等;後者為報紙型月訊,主要報導法鼓山體系內四眾弟子活動,以新聞、專題等報導方式呈現。

(二)大關懷教育。大關懷教育是指人們從出生到死亡每一個階段、每一個層面都得到應有的關懷,關懷範圍具體如下:

1. 社會救助。法鼓山於2001年3月成立了「法鼓山社會福利慈善事業基金會」,接續已從事社會救助數十年的福田會工作,以辦理社會福利及海外公益慈善事業為宗旨。其救助內容包括:(1)急難救助。為因應各種天災所建立的緊急救援系統,以期在發生災難時,能用最快的速度動員人力、物力,投入物資救濟、助念關懷、災區慰訪等工作。除了「9·21」地震所擬定的災後人心重建十項專案計劃外,也對海外受災國家提供援助。(2)安心服務站。初期為持續推動「9·21」災後人心重建計劃,在中部受災地區設立四個安心服務站,後為擴大關懷層面,據點擴及全臺灣。除了開設安心講座、藝術、文化、禪修等活動外,更主動關心急需救助的民眾,是一個使當地居民安心的處所。(3)冬令慰問、貧病慰訪。他們已舉辦40多年的冬令救濟,提供災民慰問金、物質,協助轉介相關社福機構。(4)發放獎學金。設有法鼓山百年樹人獎學金,專為低收入戶子女所設,每年申請案超過百餘件。

2. 推廣「四環」。「四環」，即：「心靈環保、禮儀環保、生活環保、自然環保」。其心靈環保，如分別針對小學、初中、高中學生，於寒暑假期間，在三義 DIY 心靈環保教育中心舉辦心靈環保體驗營，以 2003 年體驗營為例，中學營 7 月 2 日～7 月 6 日，小學營分四批，分別為 7 月 8 日～12 日、7 月 14 日～7 月 18 日、7 月 26 日～7 月 30 日，活動內容為：生活禪法、攀岩教學、自然體驗、環保教育、人際關係、心靈成長等，藉由環境營造和課程設計，讓青少年體驗「四環」觀念，並引導其應用、落實於生活。其禮儀環保，旨在推動各項民俗儀典的簡約、淨化，以突出顯示並發揚其精神內涵。有代表性的如：佛化聯合祝壽，即每年重陽節，各地分院邀請 70 歲以上長者，共度一個三寶祝福的生日，使其將儀式內涵帶入生活，活出老年新光彩。佛化聯合婚禮，即每年農曆前，為認同莊嚴、簡約儀式的新人舉辦婚禮，期勉雙方互為同修伴侶，共建佛化家庭。佛化聯合祀奠，即每一季固定於臺北舉辦一次，每次十名，讓逝者和家屬在隆重而莊嚴的儀式與佛號中，得到安定與祝福。其生活環保和自然環保，從日常生活細微入手，提倡不使用紙餐盒、竹筷、塑膠袋，落實垃圾分類、資源回收，每年在全臺灣各地展開環保列車活動，以推動環保工作的開展。僅以 2003 年的「福慧平安心靈環保列車」5 月～6 月活動為例，或由此可見一斑：

第六章　臺灣佛教四大道場的崛起與臺灣社會

日期	區域	活動項目	活動地點
4月6、13、27日	中山地區	蝴蝶生態研習活動	中山精舍
4月12日	淡水地區	河川生態導覽	淡水大屯溪
4月12日	屏東地區	自然生態及鄉土文化導覽	墾丁公園
4月19日	花蓮地區	生活、禮儀環保、新道場灑淨	花蓮共修處
4月19—20日	土城板橋	土城桐花節活動	土城教育訓練中心
4月20日	內湖地區	心靈環保嘉年華	內湖親水公園
4月20日	新莊樹林	2003年福慧平安心靈環保列車活動	光華小學
4月20日	基隆地區	人文古蹟遊蹤	金山魚路古道
4月20日	大三重地區	戶外禪、生態導覽、參訪齋明寺	東眼山、齋明寺
4月27日	中山地區	蝴蝶生態復育教育暨登山活動	中山區劍南路
5月3日	士林天母區	台北孔廟人文導覽解說	台北孔廟

　　3. 關懷青少年。法鼓山重視對青少年進行品德情操的教育和薰陶，專門在宜蘭設立第一座公益兒童繪本館（即畫本圖書館），期望透過圖文並茂的故事書，培養孩子良好的生活習慣及高尚品德，並培訓愛心媽媽，以帶動臺灣全臺繪本閱讀的風氣。法鼓山每年都要舉辦旨在教導青少年的各項活動，如好家庭親子營（家長與10～15歲子女一同參加）、大專青年禪修營、兒童及青少年營隊、種子輔導員培訓等，以生活為中心，禪修為方向，規劃經典導讀、聖嚴法師著作導讀、生活佛法講座及聯誼等活動。

　　（三）大學院教育。大學院教育就是讓人透過學習，進一步提高視野，最大限度地開拓出生命潛能，將自身成就轉化成奉獻服務他人的願心；並透過正規教育的養成，讓受教育者以務實、奉獻為宗旨，在學術領域裡一步步

進步發展,讓各種層次專業人才,能在研究、教學、弘法、服務等領域中為引導大眾、啟迪觀念作出貢獻。其具體有以下管道:

1. 中華佛學研究所。1965 年創辦,在教學、研究、出版等方面都有突出成就,可稱得上臺灣研究佛學重鎮。其教學,招有全修生,課程內容為三年密集佛學專業訓練,尤重梵、巴、藏等佛學研究語言;選修生與選課生,首期以兩年為限,可續申請兩次,最長以六年計;推廣部學生則不限修學年限。目前已有多位獲得海外博士學位的畢業生,陸續在臺灣佛教界的教學領域發揮積極作用。其研究,指每年都要召開各種類型的高規格的學術研究會,並與美國、日本、泰國、俄羅斯、中國等進行多項學術交流,鼓勵本所教師和研究人員撰寫各種高水平的論文和專著。定期舉辦佛教博、碩士學術論文甄選,對傑出論文,頒給新臺幣 3 萬至 10 萬的獎學金,共舉辦了 10 餘屆的學術徵文活動,推進了學術水平的提升。進行多種努力進行佛學資源數字化建設,CBETA 中華電子佛學學會,整合各方資源完成《大正藏》光碟版,「佛學數位圖書館暨博物館」、「中華佛學研究所圖書資訊館」等建立,使中華佛學研究所在研究與應用方面走在前列。其出版,自 1994 年起,開始編輯出版「中華佛學研究所論叢」系列學術專著,出版項目包括本所研究人員專題研究論文、本所研究生畢業論文、博碩士佛教學術論文、特約稿、外來投稿等,內容包括:梵、巴、藏、日等語文的佛典譯註,原典語文教材,學術工具書,及佛教文獻、歷史、思想等項目的學術著作,至今已出版有 30 餘冊。同時,每年還編輯出版在佛教學術界深有影響的學術刊物《中華佛學學報》、《中華佛學研究》等高品位的學術刊物。

2. 法鼓大學。法鼓大學以「人文社會化、社會人文化」為教育理念,未來將設立宗教學院、藝術學院及管理學院等,以十二系九研究所為目標,預計可容納 3000 至 4000 名學生,是一所理論與實踐並重的精緻大學。1996 年 10 月 6 日舉行奠基大典,籌備處主任由李志夫教授兼任。1997 年 10 月 1 日,李志夫卸任,「國家圖書館」前館長曾濟群教授接任首任校長。目前正在開展相關研究、交流活動,舉辦各種人文發展研討會,針對家庭倫理、科技發展與兩岸青年現狀等主題進行研討。

3. 僧伽大學。僧伽大學於 2001 年開辦，是一所四年制的宗教師養成學府。聖嚴法師於 2001 年 8 月 8 日為僧伽大學親自揮筆題寫校訓「悲智和敬」。悲，以慈悲關心人；智，以智慧處理事；和，以和樂同生活；敬，以尊敬相對待。在此學習的學僧，選擇的是一種不同的生命形態和學習目標，在此學做出家人、學做宗教師，落實在生活中的是每一個行為、每一個念頭皆在修行──練習修正偏差的心力。觀照念頭，是將舊有不善的念頭，一次次練習轉向清淨的善念。學習的課程安排以漢傳佛教的理論及實踐為本，特別重視思維能力與國際語文的養成。學習時注重以佛教之戒、定、慧三學為基礎，依聞、思、修三慧之方法，培養弘揚佛法、利益眾生之僧才。

4. 人文社會獎助學術基金會。成立於 2000 年的人文社會獎助學術基金會宗旨是「人文社會化、社會人文化」；其組織由董事七人組成，其獎勵的辦法如：項目研究、專題研究、獎助學金、講座設置、學術交流、項目出版計劃等，已完成的專項研究如：中央研究院院士楊國樞為顧問的「宗教信仰於災難後心理復健歷程中的功能──法鼓山的理念與實務研究」；政治大學前校長鄭丁旺主持的「非營利組織發展及動作之研究」；花蓮師範學院前院長陳伯璋主持的「人文教育之推動與落實──人文社會化、社會人文化之研究」。基金會還與臺灣大學、臺北藝術大學合作，設置「法鼓山人文社會講座」、「法鼓山科技藝術人文講座」，並辦有金山社會大學，為金山區開闢首所提供終身學習教育的大學。凡是能富足鄉民生活及生命的課程，都是學校增添的內容。

法鼓山道場的建置是以教育為中心，其發展方向也將是首重教育。正如聖嚴法師所說的：「法鼓山目前的方向是教育，共分兩類，第一類是普化教育，也就是農禪寺和美國道場正在做的──培養學法、弘法、護法的人。我們提供場地和環境讓人深造、成長、修行和學習；待他們修學佛法之後到各地去，多多少少可以弘揚佛法，教人修行，帶人修行。第二類是研究所教育，做學術研究、文化出版工作。我們努力使中國的佛教在國際上有地位，也使佛教在學術界獲得一定的地位，使佛教在教育界開闢一個層面並有具體貢獻。我們培養人才，期望對社會、國家和世界，在文化、教育、學術等方面有所貢獻。」[4] 這段話也顯示了法鼓山與其他道場不同的特色。

第四節　以新法參禪的中台禪寺 [5]

　　2001年，一座規模雄偉的禪寺出現在臺灣南投埔里中台山上。這就是知名的中台禪寺，也就是新建的中台道場。中台禪寺高約108公尺，相當於30多層的大樓高度，上為7層寶塔，塔下設三佛殿，每殿置一尊12公尺高的大佛。三身佛殿前方為上禪堂、禪堂與四大天王殿等三層主要建築，另有講堂、教室、寮房、關房等。這個禪寺綜合中西文化的建築風貌，其特色是注重修行。除寶塔、佛殿供佛之外，其重點在禪堂，讓僧俗在此參禪悟道；其次是講堂、教室，是法師在此講學弘法、中台佛學院學僧學經及研究佛學的場所。中台道場除中台禪寺和中台佛學院外，還在臺灣的臺北、高雄、屏東、臺中、臺南、基隆、桃園、花蓮等城市，設立了60多處精舍，在晚間或假日開辦禪修班，由法師講經說法，指導禪修，參與共修的社會人士眾多。到了2002年，全臺及海外的分支道場已超過70座，信徒已達上百萬，出家弟子約1500人。僅僅10年時間，便有如此規模的發展，其速度令人矚目。

一、創辦中台道場的惟覺法師

　　惟覺法師生於1928年，四川省營山縣人，俗姓劉。他到臺灣出家前的經歷不詳，只知道他年輕時受過儒家教育，喜讀四書五經、諸子百家，為他出家後研讀佛經奠定了基礎，使他對佛學的研究和佛法的弘揚，有特殊的悟性和創新的見解。

　　1964年，惟覺於基隆十方大覺寺禮靈源老和尚出家。靈源老和尚於1932年在福州鼓山湧泉寺由虛雲禪師剃度出家，惟覺序為徒孫。因此惟覺法師基本上是傳承了虛雲這個法脈。惟覺法師在十方大覺寺受具足戒後仍住寺中，擔任香燈與大寮等職。每天凌晨，當僧眾還在寢息之時，他即已起來整理大殿，把內外環境灑掃乾淨。中午當僧眾用過午餐去午睡時，他一個人留在大殿禮佛，從不休息。在擔任大寮（即廚房）工作時，他經常頭戴一頂斗笠，使視線不超過1公尺的範圍，用這個方法來收攝六根，以便專心用功。從這一段生活來看，他是一個苦行僧，過著發願共修的生活。在苦修生活中，

臺灣佛教

第六章　臺灣佛教四大道場的崛起與臺灣社會

他無師自通地徹悟了「三千大千世界，不離吾人當前一念」的禪淨一如、萬法唯心之理。

1966年後，惟覺法師離開十方大覺寺，先後在松山普門寺、新竹圓通寺、宜蘭吉祥寺、香港大嶼山茅棚等處閉關。70年代末返臺隱居新北市，仍然過著衲衣粗食苦修的生涯。據一些當時接觸惟覺法師的信眾弟子們說：「老和尚看起來像個莊稼漢，樸實厚重，生活很是刻苦，身上穿的是縫縫補補的破舊衲衣，日常佐餐的是自種的辣椒、地瓜、地瓜葉及自製的泡菜，有時泡菜生了蛆，老和尚不忍殺生，必定等到蛆死了之後才吃。」[6]四五年後，臺灣陽明山公園興建產業道路，經過其居住的茅棚之前，過客發現了苦修的惟覺法師，向其請教佛法和人生的問題，發覺其回答圓滿而有智慧，客人成了皈依弟子，再經弟子的口耳相傳，惟覺法師的聲名漸漸為人們所知，並傳播開來。這是他個人苦修、徹悟的特質，因緣際會而取得的初步成果。

苦修實際上是惟覺法師對佛法的身體力行，可見他對佛法是解行並重。經過相當長時間的苦行僧生活，使他對社會現實有較深的認識，把佛經與現實生活聯繫起來，以其國學的基礎和特殊的悟性，對於社會存在的種種困擾問題及原因，對於如何以佛法來挽救社會人心，都有其自己的理念。中台道場的創建和發展，都與其既傳承靈山、臨濟的傳統又具有創新的理念分不開。

惟覺法師到臺灣之後，直至70年代末，輾轉於各地苦修，過著獨行而清苦的苦行僧生活，既磨煉了身心，也使他嘗盡人生的苦甜酸辣，接觸了社會陰暗面，看到了眾生的痛苦，不能不將佛教與人生聯繫起來，思考如何以佛教來解決人間社會的諸多弊病。從他在臺北山間苦修被人發現，過客問他有關佛教及人生問題時，他都能作圓滿的回答來看，當時他對這些問題都有深入的研究和見解，故其名聲逐漸傳播開來。因緣際會，正好臺灣已進入80年代，經濟迅速發展，給人們帶來了富裕，但也給社會帶來了不擇手段追求物質享受，造成治安混亂、人心浮動等新的矛盾。人們一方面要求有一個穩定的良好社會，一方面也需要有安定的內心世界。在這種時代和社會背景之下，惟覺法師順應人們的要求，以「明心見性」提出成佛的心法，以「數息」、

「參話頭」及「中道實相觀」三個法門，作為參禪成佛的階梯。這些簡明易行的心法和法門，自然容易受到信眾及人們的歡迎。

由於上述的主客觀原因，隨著時間的流轉，認同惟覺法師的禪學理念、參與其主持的禪七活動的人越來越多，原先住持的靈泉寺已難以容納眾多的聞法與參與禪七者。於是創建規模宏大的佛教道場已成為迫切的需要。經過多方努力，於山明水秀、氣候溫和的南投縣埔里鎮，選擇了約120甲土地，興建起一個可以容納2000人出家常住和1000名居士掛單的十方叢林道場。道場的建成，不但可供講經弘法，還可供修行的人參禪、悟道，而且能夠恢復和重振唐、宋禪宗興盛之時道場的雄風。

為了興建這個叢林道場，惟覺法師親自規劃，精心描繪藍圖，親自與弟子披荊斬棘，挑擔運土，而且親自下山，向社會大眾化緣。同時隨處開壇講經說法，指導禪修，廣大信眾既喜聞其講經說法，解說人生問題，又踴躍參與其指導的禪修活動，更欽仰其苦行僧的本色，紛紛輸捐贊助，終於建成了中台禪寺和中台佛學院。2001年9月1日舉行中台禪寺新建工程落成啟用暨佛像升座開光灑淨大法會，有來自世界各地10萬多名的信眾參加，其中有來自中國、美國、日本、韓國、菲律賓、越南、泰國、馬來西亞、印度尼西亞、印度等地的佛教或宗教界的代表。法會期間，成立了世界宗教和平聯誼會，惟覺法師被推為聯誼會的總召集人。而這時惟覺法師屬下的精舍也已發展至將近70處，分布在臺灣各地。

然而惟覺法師並不滿足於這些成就，在中台禪寺落成的法會上，他說：「今在不僅僅是慶祝中台禪寺的落成，更進一步聯合所有善心人士，不分國籍、黨派、種族，本著慈悲、智慧與平等的廣大心量，共同來努力，相信我們的社會，乃至整個世界，就越來越安定，越來越太平。」由此可見，他的理念並不侷限於中台叢林道場的建成，也不侷限於佛教的振興，而是透過叢林道場的建成，以慈悲、智慧與平等的心量，凝聚大眾之心，為創造安定的社會、和平的世界而努力。

在臺灣社會環境中，惟覺法師由一個默默無聞的苦行僧，以其獨特的佛學理念和創新的參禪方法，一朝成名，擁有眾多的弟子和信眾，創建了其有

別於其他道場的十方叢林,實現了其「三環一體」的理念。這說明了佛教的發展和振興,必須理論聯繫實踐,必須創新,必須參與社會、參與人生,讓人們認識佛教有益於社會,有益於人生,才能受到人們的認同與支持。如果只是日日念經,而不理解經義的精髓;只是沿襲老一套的經懺、法會,而不順應時代和社會的變遷而創新;只是坐讀佛法,而不肯身體力行,都只能使佛教抱殘守缺,相沿舊襲停滯而不前,甚至為迅速發展的時代潮流拋棄和淘汰。

二、中台法門對佛法的新解

惟覺法師傳承中國禪宗的主張,但以其個人新解,把禪宗「頓悟法門」分為三個時期。第一個時期:「世尊拈花,迦葉微笑」就是傳法,新傳之法是離開語言文字,頓悟自心的法門。傳法的對像是出家僧眾,不傳在家眾;一個傳一個,同時傳法又傳衣。這是「靈山單傳」的特色。第二個時期是從六祖大師到虛雲老和尚。這段時期,在靈山單傳至六祖大師之後,繁衍了臨濟、曹洞、法眼、溈仰、雲門五個宗派。這五宗傳遍天下,稱為一花開五葉,又稱為祖庭法門。其中臨濟宗所傳的人眾最多,繁衍最盛,所以叢林流行一句話:「臨濟兒孫滿天下」,就是說臨濟法門傳得非常廣泛。臨濟法門就是頓悟法門,主張「頓悟自心,直了成佛」。也就是說人人都有佛性,人人皆可成佛。傳法的對象以出家人為主,在家居士為輔。包括四眾,即出家二眾(比丘、比丘尼)、在家二眾(男眾居士、女眾居士)。第三個時期是中台法門,此時社會轉型,人心追求物質享受,不擇方法手段,各種問題叢生,無論個人、家庭或社會都受困擾,要把中台法門推廣到社會各階層,落實在人人生活上,以安定人心,安定社會。所以中台法門傳法的對像是在家與出家並重,只傳法不傳衣,讓大家都能得到佛法的利益。

那麼,中台法門是什麼呢?惟覺法師的所謂中台法門,指的就是禪。他解釋,禪就是佛心,也就是人的本心、人的念心。他認為,人的念心有善有惡,不論是善是惡,時時刻刻都在彼生此滅的變化之中。要透過學禪、修禪、參禪,去惡取善,達到最高的境界,善也不執著,最後歸於中道,歸於實相。實相就是指這念心不起心,不動念,超越善惡,達到風平浪靜、一塵不染、

一念不生的境界。能達到這種境界，就是「明心見性」、「見性成佛」。所以學禪、修禪、參禪，可以起淨化人心的作用。學禪，是以弘揚佛的教化，讓人學習佛法的根本精神，認識什麼是禪，什麼是佛，怎樣達到佛的最高境界。修禪和參禪，是教人如何做到念心不起心、不動念，達到佛的最高境界，即心中風平浪靜，一塵不染，一念不生。所以他說：「頓悟自性本來清淨，本無煩惱，本自具足，此心即佛，畢竟無異」，便是「明心見性」，即可成就心中淨土，立地成佛。如果人人能夠如此，就可以實現「人間淨土」，解決現實社會中存在的許多困擾的問題。那麼，實際行動中要如何實行呢？惟覺法師提出了四句箴言：「對上以敬，對下以慈，對人以和，對事以真」。按照他的說法：「用恭敬心（對上以敬），去掉我慢；用慈悲心（對下以慈），去掉瞋恚；用謙卑、忍辱、和合的心（對人以和），去掉粗暴；用真誠不偽的心（對事以真），去掉虛偽不實。」他認為「無論是做人、做事，從這四方同來用功、學習，朝這四方向努力，這一生不論是學問、事業、道業，一定有成就。」惟覺法師對佛法的新解，既傳承了靈山、臨濟的法脈，又依據太虛、虛雲法師「人生佛教」、「人間佛教」的精神，並根據當代社會現實，對佛法作了圓融活潑的解說，具有創新性的意義。使人們認識佛法不是深不可學，佛也不是遙遠而難成，而是可以透過學習而得到佛法的精要，透過參修而能夠「明心見性」、「見性成佛」。這無疑對大眾都有吸引力。

　　修行學佛的最終目標是得到解脫，成就道果。如何達到這目標呢？惟覺法師認為就是要參禪。中國佛教參禪修行的方法有漸修和頓悟兩個法門。如要漸修到超凡入聖，妙覺成佛，其過程所需的時間，相當漫長而遙遠，讓人望洋興嘆。另一法門即「先要悟到自己的心，『頓』悟了我們的心，也就縮短了修證的時間。」即所謂「明心見性」、「見性成佛」。而要頓悟，唯有參禪。中國禪宗從六祖慧能以下，參禪即以頓悟法門相傳，但到宋、明以後漸生出不立文字、不重經教的弊端。一般禪門流行學偈頌、學答話、上堂，小參等徒有形式而空無內容的作風。「口頭禪」者比比皆是，而真修實參者少，一字不識者也可成為大禪師。他們不僅不讀經，還要訶佛罵祖，謗經毀教。似此使中國佛教的禪宗脫離經教，空談心性，走向衰微之路。

臺灣佛教
第六章　臺灣佛教四大道場的崛起與臺灣社會

　　為矯正這種不正之風，惟覺法師既傳承禪宗頓悟法門正法，又根據當前社會人心思定和生活節奏加快的情況，創造了「精進禪七」的參禪方法，來接引大眾參禪。參加禪七者，應於七日之中摒擋一切俗務，居在寺中，禁止言語，不閱書籍，除飲食睡眠之外，終日靜坐，唯聆聽主持禪七法師的開示。其特色是在七天中，前兩三天先修數息，數息的作用是調整身心，保持正念。所謂「息」指入息，即用丹田呼吸，開始先練習從一數到五，習慣後可增至七或十，以後不宜再增。若妄想太多，可倒數。能數之心要清楚明白，所數數字不可間斷夾雜。呼吸要無聲、綿密、悠悠揚揚，通暢無礙。接著第二步驟是參話頭：「念佛是誰？」所謂話頭即念頭。由「念佛是誰」的念頭而生起疑猜，當此想不出、猜不透之時，沒有什麼妄念，只剩「念佛是誰」的唯一妄念。參透這一念頭之後，又生出第二、三念頭來，又繼續參。把所有的煩惱念頭都逼出來，破除疑猜。這好比一把鑰匙，打開心門之後，把一生所有的塵勞事情都看得一清二楚，把心中的煩惱妄念除個乾淨，超越虛妄，行住坐臥保持無念、無住、無相、無為的心性，即入中道實相觀之門。他把數息、參話頭與中道實相觀說成是：「禪七三藥」，可治眾生疾病。數息是溫補，可以定心；參話頭是瀉藥，可以淨心；中道實相觀十全大補，可以明心。先溫補，再瀉之，最後大補，乃可病除，乃可成佛。

　　這種修行方法，究竟有無成效？曾任國防部長的陳履安（陳誠之子），在其《我的學佛心路歷程》一書中，說到他自己參加禪七修行的體驗：「我在打禪七之前，對禪七是什麼都不知道，我想我已練習了七八個月，應該沒有問題。沒想到一到禪堂，才曉得每天要坐11次，很嚴格，每次要坐45分鐘，小鈴聲一響，就要下座慢走、慢跑10分鐘，休息5分鐘以後再上座。當然中午有段時候要休息，晚上睡得很早，10點鐘後就寢。清晨4點半起來，從早到晚打坐，這個簡直受不了，大家都坐著不動。我那時情緒起伏不定，我這麼聰明的一個人，居然跑到這裡來受罪，為什麼？心裡很煩躁，我這一生沒有那麼煩過。腿也痛，頭兩天真是可以說痛到骨髓裡去，但是大家都不動，我也不好意思動，算了，既來之則安之。」「坐到大概第四天的時候，老和尚教我們數息、參話頭的方法，到參話頭的時候，就開始有些感覺，這些感覺是我從來沒有過的……它讓我清楚體會到：靜坐，尤其在密集靜坐一段時

間內,它確實可以把你帶到一個境界,是你從來沒有去過的一個地方,這點我可以肯定。」以陳履安這樣的一個有地位並很自負的人,有如此的體驗,又在一年半之內打了三次禪七,自然引起了社會的矚目,而且社會上一些政商名流,也對惟覺法師所創造和接引的禪七大加稱揚,更引發了眾多人的參與。但惟覺法師主持禪七並不拘泥一式,對於參與者按其身分或職業採取不同的形式加以區分,對一般大眾則舉行大眾精進禪七,對僧眾則舉行僧眾精進禪七,對學院僧則舉行學院僧眾精進禪七,此外還有中小學教師、校長、大專青年、大學教授、醫護人員、司法人員等精進禪七,便於因人開示引導,也有利於把禪七和弘揚佛法擴及社會各階層。

三、「三環一體」與「五統弘聖教」

所謂「三環」,是指成道必須從修福德、深研經教、深入禪定三個環節入手。依照惟覺法師「三環」的理念,中台山建設的布局分為以下幾大部分:

1. 精舍。成立精舍是為了廣開禪門,讓初機者也能參加禪坐,一窺禪法的堂奧。並透過精舍宣揚佛法,使更多的人能夠契悟人生的真理。精舍有統一的教學方法,開設初級班、中級班、晉修班、研究班。先講授三經(《無常經》、《八大人覺經》、《四十二章經》)一論(《達摩祖師二入四行觀》)。在學完三經一論後,進而入研究班,專門研究一部經,如有《金剛經》研究班、《楞嚴經》研究班、《圓覺經》研究班等。在講授或專門研究的同時,配合禪修及其他共修課程,舉辦各種法會和禪七活動,以落實修行和提升精舍學員、發心居士們的道業。

2. 佛教學院。設立佛學院是為了培養弘法利生的僧才。學院設有初級部、中級部、高級部、大學部、研究所。經過在學院學習晉修後的僧眾,遴派至精舍,負責管理和指導精舍,弘揚「頓悟自心,直了成佛」的心法,並配合事修、教理,將佛法生活化、生活佛法化落實於日常生活之中。

3. 關房。設立關房,是為了讓僧眾精進用功,及各精舍住持法師的講習與閉關進修。中台禪寺全部建成之後,還可提供在家居士閉關精進禪修之用。

由此可見,「三環」就是精舍弘法,學院經教觀行,關房專修證悟。這便是惟覺法師「精舍、小中台與大中台」的中台三環的布局。三環一體,環環相扣。其根本理念是為了當前社會環境的需要,透過弘揚佛法以淨化人心。所以中台山道場在全臺廣設分支道場,也就是設在全臺各地的 70 多個精舍。

所謂「五統弘聖教」,即惟覺法師認為時代不同,因緣也不同,道場的建設和弘揚佛法的方式不同,也需要作適當調整,由此他提出五個統一,即統財、統建、統教、統化、統修,並以這五個準則來建設中台禪寺。

統財,就是財務統一。道場中一切生活用品都由常住供應,修行人不必有私產,有了私產就會擔心和分心,難以修行。所以財務必須由常住統一計劃和運用,而常住要以最少的錢為大眾做更多的事。中台禪寺設有財團法人及會計制度,所屬 70 多個精舍的財務由中台山統一規劃及管理。精舍的住持是住持佛法,主要負責管理、推動精舍的行政、法務,並監督精舍的財務制度,但不能隨意去運用財務。正由於財務統一,才有源源不斷的經費來源,順利蓋起中台禪寺,也使中台禪寺中 1500 多出家人可衣食無憂地干自己的工作。

統建,就是建設統一。無論中台禪寺、各地精舍或是關房建設,都應由工務所統一規劃、督導、施工,既可省經費,又容易使道場發展。因為現在與過去農業社會不同,不是省錢就可以建,它涉及申請各種執照、周圍環保等因素。有人隨便搭一茅棚閉關,結果達不到目的。只有選好地點統一建茅棚,在一塊大區域當中閉關,讓衣食住行都沒有顧慮,加上師父指導,才能安下心來。

統教,就是教育統一。教育分為僧眾教育與社會教育。僧眾教育,應有佛教學院教育、早晚課共修、平時功課與常住制度,這都是統一的教化。教育有言教、身教、制教、培教,其中制教就是制度的教化,一切所作所為都需要遵循制度,這些制度就是統一教化。社會教育就是各地精舍的教育,這些精舍教育的課程是統一的,分初級班、中級班、晉修班、研究班四級。還有大專青年禪學會、當局機關、民間團體、醫院、學校等,不定期由法師前往開示。

統化，就是統一度化眾生。中台山的各精舍雖然是單獨成立、單獨存在、單獨運轉，但是同一法脈、同一師父、同樣在弘法；每家精舍的建設、弘揚佛法的方法，都是統一的，彼此互相帶動，不要排擠、嫉妒，常住要協助精舍解決問題，各精舍也要配合常住。

統修，就是統一修行。在中台山僧團，常住舉辦禪七，設立關房、茅棚，這就是統修。各精舍的住持法師，每年都要閉關及講習，並有定期的課程，而常住，佛教學院的執事也要輪流閉關，這就是一個統修的制度。

四、佛法五化運動

佛法五化運動是惟覺法師為適應佛教傳法的新形勢而提出的，並以此作為中台僧團實踐佛法的方向，在實踐中，中台僧團又進一步豐富、深化了其內涵，其具體內容是：

1. 佛法科學化。他們認為，佛法不僅符合現代科學，還能給予各個領域學科新的契機，譬如佛法的唯識對應於近代的心理學，龍樹菩薩的《大智度論》、《中觀論》對應於現代的宇宙觀、幾何粒子；十二因緣對應於基因工程等，都能得到啟發。現代科技突破時空（如傳播媒體），也可協助佛法弘揚。中台禪寺主體建築，被認為是實踐佛法科學化的具體實例和模板，建築過程中的許多特殊施工法，正是利用科學化的推演技法，如蓮花瓣，用以象徵本性清淨無染，全棟以1058朵蓮花瓣做建築邊飾，其中最大片的蓮花瓣高4.4公尺，寬3公尺，由7片不同模子壓製成型的銅盤組合而成，線條細膩而優美，成功地襯托出整棟建築的空間層次。其研發過程歷經數年。再如錫杖，坐落於中台禪寺左右兩側，總高28公尺，底部直徑2.5公尺，其頂端將大乘佛法的六波羅蜜、大圓鏡智與小乘佛法中的四諦、十二因緣，以簡單造型語彙巧妙融為一體，意指修行道者應當回小向大，行普濟之法，與十方眾生共成大圓鏡智，在建造過程中，難度極大，後採用電腦多次仿真，才得以順利精確組構成功。此外，位於萬佛殿的大玻璃帷幕，總高30公尺、寬16.5公尺，如同菩薩親切睿智的雙眸俯瞰大地，結構之中全無框架，增加了整體的透明度。採用水平鋼索預加預力交織成網，再以鋼索爪件固定這些玻璃件，其科技含量極高。位於中台禪寺頂端的金頂直徑17.25公尺、排高13.2公尺、總

球面積 780 平方公尺，猶似向有情眾生提示人人本具佛性的無礙圓滿。其施工難度極大，也正是在佛法科學化精神指導下而順利完工。

2. 佛法學術化。他們認為，一方面要對過去經典做深入研究，以突顯它的價值；另一方面要以學術研究嚴謹審慎的態度來實踐佛法，以更契合時代的面貌來呈現佛法的精神。即既要進一步研究原典，也要跟上時代發展。惟覺法師提出佛教的五化運動，就是契合時代而提出的。在中台禪寺落成之時，就假中台禪寺華藏門及正覺廳舉辦「世界宗教文化交流研討會」，研討主題為「宗教文化在新世紀的展望」，禮請世界各地宗教長老、專家學者透析佛法如何跟上時代，研討佛法在 21 世紀的弘化及如何在生活中「落實佛法」，為佛法學術化開路。

3. 佛法教育化。中台山教育體系包括三個方面：一是僧伽教育，培育弘法利生的僧才；二是社會教育，在島內外廣設精舍，弘揚佛法；三是學校教育，籌設普台中小學、普台高中，以佛法的精神貫穿到世間的學校教育當中。

4. 佛法藝術化。他們認為，佛教藝術能引導大眾超凡入聖，對佛教藝術的瞭解及對佛教文物的保存，能增強對佛教法脈和傳承的信心。創作藝術品、欣賞藝術品的過程本身也是一種修行，以外在的齋戒到內心的淨化，不但是佛法的展現，而且能夠淨化許多人的心靈。中台禪寺闢有特藏室，收藏許多各個時期的佛教藝術珍品。中台禪寺落成時，其藝術表演活動、藝文書畫聯展、攝影聯展是佛教藝術化的具體落實和體現。藝術表演有 15 個表演團體參加，演出人員多達 1700 多人，分音樂、舞蹈、戲劇、民俗四大類，在九個表演點演出，佛法寬廣、無所不包的合融性，透過表演者的舉手投足得以體現。藝文書畫聯展將佛法與藝術相結合，以期達到淨化人心之目的。展出的有海峽兩岸 100 多位藝術界知名人士作品，分雕塑類（包括石雕、木雕、銅雕、鐵雕等）、油畫類、國畫類、水彩類、膠彩類、陶藝類、書法類、工藝類（包括刺繡、湘繡、竹雕、竹編、藤編、草編、鐵器等）、版畫類等九類。攝影聯展邀展的作品內容為「中台禪寺新建工程暨周邊景觀」、「山水、名勝古蹟、民俗風情」等，展示了佛法藝術化的性格。

5. 佛法生活化。如何落實佛法在日常生活當中？他們認為，首先要親近道場；其次是禪修的養成；漸漸地，不只是在靜當中能用功，在動當中也用得上功，無論日常生活多麼忙亂，乃至逆境現前，都可以有正念、善念。而對於佛法有所體會之後，就能更積極地參與慈善活動，這樣大大擴展了佛法生活化的層面。

第五節　臺灣佛教四大道場崛起的特點

無論是以「佛光普照三千界，法水長流五大洲」為標榜的佛光山，或是以「佛法生活化，菩薩人間化」為理念的慈濟功德會，以「提升人的品質，建設人間淨土」為目標的法鼓山，以「佛教學術化、教育化、科學化、藝術化、生活化」相號召的中台山，在短期內的崛起，有許多複雜的因素。分析、歸結其崛起的特點和原因，似可從以下十一個方面來探討：

一、有明確的目標

創辦者根據臺灣現狀和自己對人生的感悟提出明確的理念和口號，有著切實可行的發展目標，有著崇高的宗旨，而這些理念、目標、宗旨與社會發展相契合，正是社會所需要所期盼的，因而受到廣大民眾的擁護和支持。星雲法師在創辦佛光山之初提出佛光山的宗旨是：「以教育培養人才，以文化弘揚佛法，以慈善福利社會，以共修淨化人心。」佛光山的目標是：「弘揚人間佛教，開創佛光淨土；建設四眾教團，促進普世和慈。」佛光人的理念是：「光榮歸於佛陀，成就歸於大眾，利益歸於常住，功德歸於檀那。」佛光人的精神是：「佛教第一，自己第二；常住第一，自己第二；大眾第一，自己第二。」佛光道場發展方向是：「傳統與現代融合，僧眾與信眾共有，行持與慧解並重，佛教與藝文合一。」證嚴法師提出，慈濟人的理想是：「以慈悲喜捨之心，起救苦救難之行，與樂拔苦，締造清淨之慈濟世界。」慈濟人的方法是：「以理事圓融之智慧，力邀天下善士，同耕一方之福田；勤植萬蕊心蓮，同造愛的社會。」慈濟人的工作是：「集慈善、醫療、教育與文化四大單元於一爐。」慈濟人的精神是：「誠、正、信、實。」也有人認為慈濟會主要從事慈善，佛教功能弱化，不能稱得上真正意義的佛教團體、道場、

法脈。而實際上慈濟會的創立宗旨和理想「慈悲喜捨」就是佛教精神的全部，證嚴法師則進一步指出：「慈悲喜捨這四個字，分開來說，慈喜是予樂，是教富；而悲捨是拔苦，是救貧」。因此慈濟人的志業是「濟貧教富」。聖嚴法師提出法鼓山的最終目的是：「提升人的品質，建設人間淨土」；法鼓山的核心主軸是「四環」，即心靈環保、禮儀環保、生活環保、自然環保；法鼓山的行為綱領是「心五四」（即四安、四要、四它、四感、四福）；法鼓山的方針是「回歸佛陀本懷，推動世界淨化；」法鼓山的方法是「提倡全面教育，落實整體關懷」。惟覺法師提出中台的四箴行是：「對上以敬，對下以慈，對人以和，對事以真。」旨在以此維持僧倫綱紀、圓滿僧格；以「教理、福德、禪定」三環一體之修行總綱為僧伽教育理念；中台山以「明是非辨正邪、明善惡識因果、明取捨達禍福、明時務知進退、明權變通實相」為中台五正明；實踐契入無為之出世精神與弘法度眾、自利利他之入世大悲；中台山的社會教育（普通教育）理念是：以中學為「體」、西學為「用」、佛法為「根」，建立學生健全的人格；惟覺法師提出推動佛法的五化運動——「佛法學術化、教育化、科學化、藝術化、生活化」為其實踐內容。

二、有各自的鮮明特點

　　這四個道場都絕不都重複其他道場所走過的路，創建者不同的生活經歷、不同的特質，決定了各自發展的道路，各自找到自己的位置，各領風騷。如佛光山重在建設現代化叢林，慈濟功德會重在慈善事業，法鼓山重在學術教育，中台山重在禪修。這些選擇和取向，都與創建者不同的人生際遇有關。星雲法師年青時代經歷過社會動亂、數次被拒於佛門之外之苦，並親眼看到佛門中互相排擠和腐敗現象，由此立下了改革佛教的志向，故佛光山以「佛法現代化、佛教現代科技化、修行現代生活化、寺院現代學校化」的四化為標榜，走佛教革新之路。證嚴法師曾親眼看到原住民婦女小產因無錢被拒於醫院之外，又親聞天主教修女對佛教不辦慈善的奚落，遂有志於創辦慈善事業，以其女性的特質，從每天多做一雙嬰兒鞋、每天省五毛菜錢做起，終成規模。聖嚴法師透過孜孜學習與寫作，在無路中找出路，在堅毅中見禪慧，他深切感悟到：「佛法這麼好，知道的人這麼少，誤解的人這麼多」，於是

創建了以弘揚學術文化、培養人才、推廣三大教育（大學院、大關懷、大普化）為宗旨的法鼓山。惟覺法師以苦行僧獨斷獨行，清苦的修行不僅使他深有感悟，還創新了參禪、修禪的方法，不斷舉辦精進禪七，形成以數息觀、參話頭、中道實相觀三法門循序漸進、應機用藥的中台禪修。不僅這四大道場發展方向各不相同，就是同一道場，每年也給自己定出新目標，以圖更契合社會。以法鼓山為例，幾乎每年都提出新的活動主題，如 1992 年度主題為「心靈環保年」，1993 年度主題為「萬行菩薩年」，1994 年度主題為「禮儀環保年」，1995 年度主題為「人品提升年」，1996 年度主題為「菩薩成長年」，1997 年、1998 年度主題為「人間淨土年」，1999 年度主題為「祝福平安年」，2001 年度、2002 年度主題為「大好年」，2003 年度主題為「福慧平安年」。

三、創辦者都是超級經營和管理大師

四大道場的創辦者，不僅對佛法有精深的研究，也都是經營高手，對寺院和僧團的管理發展有獨到之處。星雲法師曾在臺灣佛教寺院行政管理講習會進行演講，系統闡述了他的經營觀，其中有許多獨到見解，如提出：「有權的不可以管錢，管錢的要沒有權」；「不要輕易去跟信徒化緣，化緣要化小錢不要大錢」等，星雲法師還對什麼會賺錢、什麼不會賺錢、佛教的經濟來源、佛教僧團在經濟上應怎麼經營提出自己的看法。佛光山在管理上，也有一套嚴密制度和規定，如其「宗務委員會」訂有嚴密組織章程，規定宗長的選舉制。其「僧眾等級制度」釐定分層負責的行政體系，所定的人事法規、所建立的僧俗二序列等級評定製度無不激勵住眾積極向上。其「住持任期制度」首開臺灣寺院住持有任期制度的先例，並規定門下徒眾不論職務高低皆須定時輪調。佛光山還規定本山僧眾不私下拜師父、也不下山剃度出家弟子及私收在家皈依弟子。證嚴法師所領導的慈濟功德會管理極為嚴密。證嚴法師自己從來不經手錢，慈濟功德會有完整、嚴密的組織網絡，主要由三個基本單位構成：即「會員」、「幕後委員」、「委員」。「會員」通常按時捐款給慈濟，每次由一百元到數千元不等，由「委員」或「幕後委員」到「會員」家中或上班地方收費，通常每個慈濟家庭只有一個「委員」，他負責繳全家會費，認為這樣可為全家或整個家庭累積功德。一個「委員」通常負責

聯繫數個「幕後委員」，一人「幕後委員」通常負責 5～30 戶家庭「會員」的捐款，而一個「委員」通常要負責 30 戶以上「會員」捐款。一個人要成為「幕後委員」，要經過「委員」推薦，還要符合系列條件。當「幕後委員」或「委員」向「會員」募款時，會憑藉慈濟出版的許多書籍、雜誌、錄音帶、錄影帶和小冊子，向「會員」宣傳慈濟的理念和故事。「幕後委員」有一本平裝收款簿，「委員」有一本正式精裝收款簿，無論數目多小，都清楚地記在本子上。這個本子也顯示出「幕後委員」、「委員」在募款上所做的努力。此外，慈濟功德會還有全部由男人參加的「慈誠隊」，主要在慈濟活動時負責安全協助等義務工作；還如凡捐 100 萬元以上的被稱為「榮譽董事」，簡稱「榮董」。聖嚴法師的法鼓山的組織也十分嚴密，法鼓山將所有活動都以「三大教育」（大普化、大關懷、大學院）來涵括，在此之下，設有護法、推廣、文化、弘法、修行、公益、教育等七大方面，這七大方面又各有自己的系列，每個系列中又有自己的組織結構。中台山的組織也很嚴密，本山有各司其職的各個組織結構，使一切有條不紊，如有負責製作法師衣服的縫紉組，有負責維修山上 200 多輛汽車和 100 多輛摩托車的交通組，有負責山上公務的公務所，有負責山上近千門電話分機的通訊組，有負責拍攝並編輯多媒體出版品的音像組，有負責編輯文字出版物的師訊組等。其遍布全臺的 70 多座精舍，更是將舉辦各級禪修班及法會活動的收入源源不斷地輸往本山，以統一使用。

四、創辦者均有高超的口才

這四大道場的創辦者均有高超的口才，個個不僅善於演講，還定期經常演講，特別在電視上開專題講座，對吸引信眾起了很大作用。他們的共同特點是在演講佛教時，聯繫臺灣當代社會現狀，再融入自己對人生的獨特感悟，有感而發，有的放矢。筆者曾多次聆聽過證嚴法師、聖嚴法師、惟覺法師演講，都很有特色。證嚴法師擅長講故事，將平常的事情緩緩道來，深入淺出地上升提煉為人生警語，很有吸引力。一次講到對父母態度時，她用閩南語說：「父母並不希望子女能為自己做些什麼，只要子女在回家時能對父母說『爸爸、媽媽，我愛你』，父母就滿足了……」講到動情處，不由令人潸然

第五節　臺灣佛教四大道場崛起的特點

淚下。筆者目睹一次在慈濟精舍舉辦的中學生夏令營演講會上，一個頭髮染成金黃色的男生上去講自己的染髮過程，另一個女生接著對這種「炫」的做法表示不同意見，最後由證嚴法師進行點評，她在表示不同意中學生染髮時闡述了對美的看法：「端莊是美，活潑是美，自然是美」，從日常生活中講出自己對人生的感悟，很能打動在場的聽眾。聖嚴法師則定期在各有關精舍講經，由於他有深厚的學養，能深入淺出地將深奧的經典講得通俗易懂，且講話也頗得要領。2002年10月13日他在福州西禪寺對該寺住持趙雄法師說：「趙雄法師的師父是明長老，我的師父是白聖長老，明長老和白聖長老的師父都是圓瑛法師，所以我和趙雄法師是師兄弟。」三言兩語，點明了與西禪寺的關係，拉近了與在場信眾的距離。聖嚴法師的演講邏輯性強，語言雖平緩卻有一股穿透力，讓聽眾不得不為之折服，故他那略帶江浙口音的錄音帶總是供不應求。惟覺法師曾閉關多年，有深厚的佛學根底。他在演講時往往先精闢地講出佛學道理，然後用現實生活中的小故事、或歷史故事進行印證，將深奧的佛學原理用生動的、易被接受的方式來表現，效果極佳，連續講了近百次，集成《自在步紅塵》百集VCD，在民間廣為流傳。惟覺法師審時度勢，所講的話頗能為對方所接受。如筆者2002年7月29日訪問中台禪寺時，惟覺法師說：「三通未通，宗教先通；宗教未通，佛教先通，中台先通；中台未通，心靈先通。」並稱「不看僧面看佛面，同祖同宗、一脈相承的兩岸信眾沒有理由不通」。一時讓聽眾頗受鼓舞。星雲法師演講最大的特點是從不迴避生活中的矛盾，還常常主動涉及這些人事，極有針對性，往往在信眾徘徊之間談出自己的看法，彷彿信手拈來，卻讓聽眾感到有所領悟，他常用譬喻、舉例來說明道理，並善於製造懸念，製造氣氛，加上他常用肢體語言協助演講，增加了生動性，故其演講有相當大的影響，有時在大型場合的聽眾不僅座無虛席，且秩序井然。

五、注重利用各種傳媒的宣傳

四大道場都千方百計地儘量擴大本道場的影響，為此都辦有自己的刊物，定期在電視上弘法，透過各種途徑宣傳本道場理念和各種活動，使外界人士隨時可透過各種媒介熟知本山對社會的貢獻和對開山法師的瞭解。慈濟功德

臺灣佛教

第六章　臺灣佛教四大道場的崛起與臺灣社會

會常年印刷種種易讀的介紹資料，如小冊子和類似各種傳單的印刷品，其中影響較大的有陳慧劍居士撰寫的《證嚴法師和她的慈濟世界》；慈濟功德會還出版了數十本證嚴法師的著作，其中影響最大的是《證嚴法師靜思語》，它以格言形式記載了證嚴法師在不同場合中的演說和談話，書中不僅涉及慈悲與愛，還對當代臺灣社會中出現的種種問題談了自己的看法，被稱為臺灣人的生活指南，一版再版，初版於1989年，十年後已印刷超過250多版。慈濟還辦了《慈濟道侶半月刊》、《慈濟月刊》、《慈濟年鑑》，皆為免費贈送，發行量很大，其內容涵蓋了慈濟有關活動和證嚴法師的演講及行蹤。慈濟還製作了大量的錄音帶和錄影帶，除了收錄證嚴法師的演講和開示外，也收入一些慈濟委員的現身說法，如一個廣為流傳的慈濟人的親身經歷是：一次非洲某國家發生暴亂，一慈濟人被黑人綁架，當綁架者弄清這被綁架者是慈濟人後，立即釋放了他，說慈濟人曾在這個國家發放麵粉白米，在此賑災救貧，是黑人的朋友。這個故事大大增強了慈濟人善有善報、無償做好事的信念和積極性。慈濟會還有許多以現代化手段為主的宣傳形式，如1987年開始的廣播電臺節目、1995年開始的電視節目、1996年開始的國際網路網址、1998年開播的慈濟大愛電視臺等。再如有丘秀芷撰寫的《大愛——證嚴法師與慈濟世界》、潘煊撰寫的《證嚴法師琉璃同心圓》等也在民間有一定影響，對任何一個想瞭解慈濟會的人，都十分方便，使慈濟會在形式上已深入人們的日常生活中。佛光山印有諸如《我們的報告——佛光山做了些什麼？》、《佛光山開山紀念30週年特刊》、《慈善年鑑》、《國際佛光會中華總會年度特刊》等多種精美的宣傳品，皆無償廣為散發，還創辦有《覺世旬刊》（2004年改為《人間福報》）、《普門》等。此外，星雲法師從平常所撰文章、日記、口語、法語、偈語及演講稿中選擇出有代表性、有利於當代臺灣社會人士修身養性的文字彙編成多集的《佛光菜根譚》、《迷悟之間》，發行量不斷攀升，多次再版，在臺灣社會廣為流傳，並有中英文對照本。星雲法師還定期在電臺、電視臺弘法，利用現代媒體擴大佛光山知名度。此外，由陸鏗主編的《人間佛教的星雲》，符芝瑛撰寫的《傳燈——星雲大師傳》、《薪火——佛光山承先啟後的故事》、林清玄撰寫的《浩瀚星雲》等，在民間廣為流傳，對人們瞭解星雲法師開山弘法頗有助益。法鼓山印有諸如

《法鼓山》、《耕耘播種——中華佛學研究所廿週年特刊》等宣傳品,並將聖嚴法師為解答臺灣社會現實中問題而撰寫的弘法講稿編成「生活實用」法鼓山智慧叢書,約數十本;法鼓山還辦有《人生》、《法鼓》兩份雜誌,及時宣傳報導法鼓山的理念和活動。此外,陳慧劍撰寫的《建設人間淨土的聖嚴法師》、傅偉勳主編的《聖嚴法師學思歷程》、林其賢主編的《聖嚴法師七十年譜》、施叔青撰寫的《枯木開花——聖嚴法師傳》、辜琮瑜撰寫的《聖嚴法師的禪學思想》、林煌洲等合撰的《聖嚴法師思想行誼》等,都在民間有一定影響。中台山的特點是每一件事或活動結束後都要印成宣傳品廣為宣傳,如惟覺法師閉關結束時,編印了《三關塵路——惟覺大和尚掩關紀念集》;中台禪寺落成時,編印了《中台禪寺新建工程落成啟用暨佛像升座開光灑淨大法會紀念專輯》;到大陸參訪交流後,編印了《中台禪寺海峽兩岸宗教文化交流紀念專刊》;為介紹在普通學校中唸書的小沙彌,編印了《小釋子在中台》;為紀念中、小學學生參加中台山的禪修營活動,編印了《小星辰望中台彙編全集》,等等。中台山還辦有《中台山》月刊(原名《靈泉月刊》)、《中台世界》輯刊,並將以介紹中台山理念和特點為內容的文章彙編成《中台行處》,廣為散發,其目的正如此書中所稱:期使「大眾『地不分南北東西,人不分男女老少』都能同證法身」。中台山還將惟覺法師的開示和語錄分別編印成《見性成佛》、《惟覺法》,廣為結緣,旨在使人們對中台有進一步的瞭解,並將禪修中有關問題編印成「中台山法燈叢書」,以便於讀者禪修。

六、注意對人才吸收培養

　　四大道場都極為注意對人才(特別青年人才)的吸收培養,各道場都形成了以開山靈魂人物為核心,一批拚死相隨、精明強幹的人才在運作的場面。對於人才,四大道場具體做法雖有所不同,但考察其發展過程,亦可找出其以下幾個方面的共同點:(一)培養。如星雲法師早期在宜蘭弘法時,創設了一個幼稚園,他見這個幼稚園中七八個年輕小姐很有學習熱情,就省吃儉用湊出一筆經費送她們到臺北學習,後來她們都陸續隨星雲法師出家。在佛光山草創初期,經費極為困難,星雲法師還陸續送慈慧、慈嘉、慈怡、慈莊、慈容等人赴日本留學,學成後返回,成為佛光山的支柱,幫助星雲法師辦理

各種文教事業,「佛光山因此基定了厚實的基礎」。[7]之後星雲法師還在創辦佛光山過程中繼續選送出家眾到世界各地深造,這些人返回後,都成了建設佛光山的中堅力量。聖嚴法師創辦的中華佛學研究所培養了一批又一批人才,凡留下的,都成為建設法鼓山的主要力量。如聖嚴法師的隨行英語、閩南語翻譯釋果祥,在法鼓山任教的有中華佛學研究所副所長的釋惠敏、中華佛學研究所的推廣教師林孟穎、專任教師杜正民、廖本聖、宗玉等,在法鼓山僧伽大學任教的有釋果、釋淨照、釋因、釋天襄、釋清德等;在《中華佛學研究》編輯部工作的如洪金蓮、賴姿蓉、郭麗娟等。法鼓山的中華佛學研究所目前有15人在國外攻讀博士學位,返回後定會成為各方面的中堅。(二)選請。如聖嚴法師注重從世界各地選請有影響的專家學者來法鼓山的中華佛學研究所任教。慈濟功德會的證嚴法師在選請人才上也是不遺餘力,如慈濟傑出的志工老兵顏惠美是慈院社服室副主任,當時她從臺北商專畢業後,進入臺灣數一數二的大企業東元公司服務,1982年打算到日本進修,臨行前應朋友之邀到靜思精舍參觀,證嚴法師與她談過話後力邀她當委員,顏惠美沒有應允,證嚴法師說:「我也不隨便叫人做委員的,我只要你一點力量……」顏惠美仍未答應。她正要離開時,證嚴法師心絞痛發作,但證嚴法師忍著痛楚對顏惠美說:「你要來幫我喔,你要來當委員喔。」顏惠美想:「這位師父是何苦來哉啊!為了眾生,竟然不顧自己的生命……」她當下允諾來當義工。[8] (三) 延攬。如中台山的惟覺法師曾於1993年延攬取得美國哈佛大學博士學位的見鐸法師為小星辰禪修營營主,並有至少十餘位有大學學歷以上的法師運作小星辰禪修營,以至於1996年9月1日底發生157位大多為高學歷的營員集體剃度事件,當時被迅速分散於中台山全臺40餘座分支道場中,由於未徵求家長同意,引起一場風波,以致各界人士高度關注。

七、注意與中國保持溝通和聯繫

這四大道場都與中國保持密切聯繫,四個開山者中,除證嚴法師因有心臟病一般不出國外,其餘三人都多次到過中國。其與中國的聯繫,主要如:(一)參訪考察。以法鼓山聖嚴法師為例,曾多次率團赴中國參訪考察,如1996年4月帶領法鼓山僧俗二眾共二百九十九人,第三次赴中國作「佛教

第五節　臺灣佛教四大道場崛起的特點

聖蹟巡禮」,行程 26 天,2002 年 10 月又帶領法鼓山僧俗 500 餘人到中國參訪考察。佛光山星雲法師於 1989 年 3 月帶領本山僧俗二眾 200 餘人到中國參訪考察,行程一個月。中台山的惟覺法師曾帶領近 400 人的參訪團,到中國參訪名剎古蹟。(二)學術交流。兩岸如有學術活動,一般都會互相邀請,以佛光山為例,不僅多次舉辦各種類型的學術研討會,邀請中國學者參與,還多次接待中國學者參訪本山。星雲法師於 1999 年 4 月 17 日應邀參加在上海舉辦的《海峽兩岸學術座談會》,並題字:「兩人相好、兩地相思、兩情相悅、兩心相通。」法鼓山不僅每次必邀請中國學者參與其主辦的各類學術研討會,多次與參訪的中國學者座談交流,聘請在臺灣訪問的中國學者到所屬中華佛學研究所開講座,還積極參與中國的學術活動,如 1998 年 9 月 6 日至 8 日,中華佛學研究所與中國中國社會科學院世界宗教研究所聯合主辦,法鼓人文社會學院協辦的兩岸首次佛學會議在北京召開,會議主題為「北傳佛教和東方文化——紀念佛教傳入中國兩千年」。臺灣中華佛學研究所創辦人聖嚴法師、所長、副所長等十餘位代表出席了會議。1999 年 1 月,法鼓山中華佛學研究所所長李志夫到深圳參加華南師範大學與深圳市合辦的「文化與社會國際學術會議」。(三)教育互通。如佛光山曾多次聘請中國有關專家前來授課,中台山曾選送十餘名學僧到中國四川大學宗教研究所攻讀學位,法鼓山不僅多次請大陸學者來講課,聖嚴法師還曾於 2002 年 12 月到山東大學演講,中華佛學研究所李志夫所長於 1999 年 1 月至廣州中山大學演講並與此校簽訂交流合約。(四)法務活動。星雲法師曾在中國演講多次,如 1989 年 3 月,在北京大學、清華大學、人民大學、中國社科院世界宗教所等六個單位於北京圖書館舉辦的佛學演講會上演講「禪心與佛心」,同年 4 月 6 日在中國文殊院、尼眾佛學院,4 月 16 日在上海玉佛寺等處弘法開示,並多次參加中國法務活動,如 2003 年 7 月 10 日,廈門南普陀寺舉辦「海峽兩岸暨港澳佛教界為降伏『非典』國泰民安世界和平祈福大法會」,星雲法師帶領佛光山眾多法師參加,計有佛光山教育院院長慈惠法師、中華佛光總會署理會長慈容法師、南華大學教授依空法師、佛光山都監院副院長慧得法師、南華大學文學院院長慧開法師、佛光山叢林學院男眾部主任慧瀚法師、佛光山禪堂副堂主慧昭法師、《人間福報》攝影記者慧延法師、中華

佛光總會祕書長永富法師、佛光山港澳地區總住持滿蓮法師、佛光山書記室研究員滿義法師、《人間福報》佛光通訊社社長覺念法師、電視佛學院英文講師妙光法師、佛光山宗務委員蕭碧霞女士等。法鼓山與會的有法鼓山都監果品法師、法鼓山學務長果齊法師、法鼓山學務助理常寬法師。（五）文物往來。這些往來包括文物參展，1991年12月8日，中國社會科學院在佛光山舉辦「中國敦煌古代科學技術特展」，展出時間有一個月，觀眾50萬人次。再如2002年2月23日，以佛光山星雲法師任臺灣佛教界供奉舍利委員會主任委員的臺灣佛教界，迎請大陸佛指舍利到臺灣供奉，前後37天，當時由星雲法師與中國達成「星雲牽頭，聯合迎請，共同供奉，絕對安全」的佛指赴臺供奉協議，供奉引起轟動。再如2002年法鼓山聖嚴法師弟子用重金在海外購得一尊石雕古佛頭像，並將其捐贈給法鼓山佛教博物館收藏，聖嚴法師經查得知此頭像佛身為大陸濟南四門塔阿閦佛，毅然親自護送古佛頭像送至濟南，將其無償送歸濟南四門塔，得到了各個方面讚譽。（六）編纂出版。佛光山的佛光文化事業有限公司出版的許多叢書，如中國佛教經典寶藏精選白話版叢書、概論叢書、史傳叢書、文選叢書等，都有許多中國學者參加。法鼓山編纂的在學術界影響甚大的「中華佛學研究所文化論叢」，也有中國學者加盟，（七）賑災救困。以慈濟功德會最有代表性，其除了向災區賑災外，還幫助捐蓋希望小學、義診（如2004年9月20日慈濟慈善基金會與福鼎市醫院在福鼎市溪鎮舉辦聯合義診，全鎮有2200多人在義診中接受治療）、深入偏僻地區給貧困戶發生活用品、捐獻骨髓等。其他道場也多有這方面的行動，如1991年華東、華中地區水災，星雲法師發起募款賑濟活動，美國佛光總會響應捐獻美元兩萬元，佛光山本山及中華佛光協會暨佛香精舍還聯合發起「送愛心到華東」活動，海內外各地佛光協會捐款達新臺幣800萬元。

八、積極向海外拓展

（一）建立機構。如據1997年佛光山開山30週年紀念資料顯示，佛光山在海外的一級機構有74座（如中心、別院、寺院、道場、精舍、學舍、講堂、會館等），其中美洲28座、亞洲17座、大洋洲8座、歐洲11座、非洲7座、直屬別院3座。至今，已超過了百萬座。再如據2002年7期出版的《慈濟

第五節　臺灣佛教四大道場崛起的特點

月刊》公布的數據，慈濟功德會在海外機構共 109 家，其中美國 49 家，加拿大 2 家，墨西哥 2 家，多明尼加 1 家，巴西 1 家，巴拉圭 2 家，阿根廷 1 家，奧地利 1 家，英國 1 家，法國 1 家，德國 1 家，荷蘭 1 家，西班牙 1 家，南非 6 家，賴索托 1 家，日本 1 家，香港 1 家，菲律賓 3 家，泰國 2 家，越南 1 家，馬來西亞 18 家，新加坡 1 家，印尼 1 家，汶萊 1 家，約旦 1 家，土耳其 1 家，澳大利亞 5 家，紐西蘭 2 家。法鼓山在海外的機構共 33 家，其中美洲 27 處，亞洲 3 處，大洋洲 2 處，歐洲 1 處。中台山海外機構較少，但僅在美國也有 4 處。（二）弘法演講。如佛光山星雲法師在 60 歲時已將佛光山的住持託付他人，在世界弘法成了他生活的主要內容之一，因此他每年有大量時間在海外道場巡迴演講，傳播佛法，正如《浩瀚星雲》作者林清玄所言，星雲法師是「全世界走透透」。[9]（三）指導禪修。如法鼓山聖嚴法師自 1976 年赴美國弘法後，因其推廣的禪法觀念平實、方便實用，得到海外歡迎，因此聖嚴法師每年要定期到海外指導禪修，教導東西方人士禪坐方法，如 1997 年設立的美國象岡道場，每年固定舉辦禪七、禪十、禪四十九等禪修活動。聖嚴法師足跡遍布歐、美、大洋洲各大洲，使漢傳禪法得以在世界各地區逐漸開展。（四）救災治病。以慈濟功德會為代表，此類事幾乎每天都有，幾乎是哪有病人和天災，哪裡就有慈濟人。僅隨意選取 2000 年 1 月為例：1 月 7 日，越南慈濟人於芽皮縣舉行義診，看診人數達 4418 人次；1 月 11 日，馬來西亞沙巴亞庇發生火災，約兩千居民無家可歸，慈濟人前往送食物並發放舊衣、慰問金；1 月 12 日，馬來西亞加雅島發生火災，殃及 34 間海上木屋，14 日，慈濟人抵達災區，發送 40 包舊衣服及 3500 元馬幣；1 月 16 日，慈濟馬六甲分會舉行第 67 場例行發放，共計發放總額達 8550 馬克的生活補助；紐約慈濟人至華埠聯合老人中心慰問並致贈年禮；新加坡慈濟分會為照顧戶舉行歲末祝福；1 月 22 日印尼、新加坡慈濟人醫會結合空軍醫護所前往印尼巴淡島義診，共嘉惠 1497 位病患；越南慈濟人前往胡志民市芽皮縣協福社及隆泰社發放 2655 份日常生活用品與食品。[10]

九、適應臺灣社會的變化

　　四大道場不墨守成規，紛紛推出的許多新措施，都能適應現代社會的變化。（一）社會思想出現的真空使人們尋找思想上的依託。臺灣自「解嚴」後，一方面社會多元，為各種思想的產生提供了土壤和空間；另一個方面過去長期被臺灣政府強迫信仰、灌輸的一套觀點，一下轟然倒塌，人們在急促的社會變化中需要精神依託、需要生活準則的依據。這時，深入淺出、應運而生的證嚴法師的《靜思語》、星雲法師的《迷悟之間》和《佛光菜根譚》、聖嚴法師的系列智慧隨身書、惟覺法師的《自在步紅塵》（VCD）出版，一時成為人們為人處世的依據，故一版再版，被臺灣民間認為不失為淨化社會的良劑，也提高了作者的知名度，為佛教的發展贏得了空間。（二）緊張工作的焦慮使人們迫切尋找心靈平衡的方法和渠道。臺灣由農業化社會向工業化社會轉型過程中，現代生活、工作的緊張使許多人難以適應，焦慮成為許多人的通病，如何釋放焦慮，使心情平和以適應現代生活、工作的快節奏，禪修成為一種選擇的方法，因此不少工薪階層和企業主對此趨之若鶩，樂此不疲。有的人在從事義工中，心靈得到平衡。（三）經濟發展使人們有餘力從事、支持各種佛事、善事活動。臺灣經濟起飛後，一時有「臺灣錢淹腳背」之說，「慈悲喜捨」得到大多數人認可，今天捐出錢是為今後種福田的思想風行一時，在捐出錢後並不會太大影響自己生活水平前提下，捐款並參加道場組織的各種法會，捐款加入慈濟功德會，捐款蓋精舍、廟宇，一時成為風氣。

十、與社會產生互動

　　臺灣自轉型後成為一個矛盾的社會，社會治安惡化，道德水準滑坡，人們焦慮不安，四大道場著力於臺灣社會現實和人們的需要，旨在讓人們認識在現代物質社會中，以道德心、慈悲心來求自心的淨化，解脫自己的種種煩惱，消除自己的貪、嗔、癡，處理好自己與家庭、社會等人際關係，解決人與人之間的矛盾，以求得自身的清淨和社會的安定，這種精神上的賦予，無疑是當今物慾橫流、人心浮動的臺灣社會所急需的。四大道場創辦的諸如慈善、醫療、文化、教育等事業，使社會上許多人得到益處。這種精神結合物質的施予，在社會上產生了良好的反映，不少人皈依其座下，作為道場的弟

第五節　臺灣佛教四大道場崛起的特點

子或虔誠信眾，有錢出錢，有力出力，他們不僅積極參加各道場各種活動，還踴躍捐款和樂於充當義工，使道場的各種活動得以順利開展。道場吸引了眾多信眾，而信眾的支持又促成了道場的更大發展，道場和社會產生了互動，如果沒有這種互動，臺灣四大道場的創建和發展，是難以想像的。

十一、改變了臺灣佛教的生態

這四大道場崛起，對臺灣佛教產生了極大的影響，以佛光山為例，其對佛教影響，正如《佛光山開山紀念三十週年特刊》中所總結的，可從十六個方面來看，即：從傳統的佛教到現代的佛教、從獨居的佛教到大眾的佛教、從梵唄的佛教到歌詠的佛教、從經懺的佛教到事業的佛教、從地區的佛教到海外的佛教、從靜態的佛教到動態的佛教、從山林的佛教到社會的佛教、從遁世的佛教到救世的佛教、從唯僧的佛教到和信的佛教、從弟子的佛教到講師的佛教、從寺院的佛教到教團的佛教、從宗派的佛教到尊重的佛教、從行善的佛教到傳教的佛教、從法令的佛教到活動的佛教、從老年的佛教到青年的佛教等，其他三個道場也對臺灣佛教的生態產生了極大影響。

註：

[1] 本節主要參考筆者 2003 年 5 月在佛光山的參訪筆記及佛光山提供的有關資料。

[2] 本節主要參考筆者 2002 年 7 月在慈濟會的參訪筆記及慈濟會提供的有關資料。

[3] 本節主要參考筆者 1997 年 12 月、2003 年 5 月在法鼓山的參訪筆記及法鼓山提供的有關資料。

[4] 闞正宗：《重讀臺灣佛教·戰後臺灣佛教（續編）》，大千出版社 2004 年版，第 423 頁。

[5] 本節主要參考筆者 2002 年 7 月、2003 年 5 月參訪中台山時的參訪筆記及中台山提供的有關資料。

[6] 闞正宗：《重讀臺灣佛教·戰後臺灣佛教（續編）》，大千出版社 2004 年版，第 431-432 頁。

[7] 林清玄《浩瀚星雲》，圓神出版社 2001 年版，第 403 頁。

[8] 阮義忠、袁瑤瑤：《永遠的志工老兵——顏惠美》，《慈濟月刊》2002 年 7 期。

[9] 林清玄：《浩瀚星雲》，圓神出版社 2001 年版，第 231 頁。

[10]《慈濟年鑑》（2000 年），慈濟文化出版社 2001 年版，第 256 頁。

第七章　臺灣佛教藝術與臺灣社會

第七章　臺灣佛教藝術與臺灣社會

▎第一節　臺灣佛教音樂

一、傳自中國的臺灣佛教音樂

　　音樂包括聲樂和器樂。臺灣佛教音樂，基本上以聲樂為主。這種聲樂，廣義來說包括佛教平時禮佛課誦和法會儀式上讚頌佛陀的「梵唄」，朗誦佛教經文的轉頭及宣講佛法的「唱導」。狹義則指「梵唄」。所謂「梵唄」，是以清淨之心謳歌讚頌佛陀的意思。梵唄早在佛教傳入中國之時，即隨之傳入，但因梵語與漢語的語言結構不同，傳播不便，於是有人以漢語創作「梵唄」，三國時代曹子建曾創製了《漁山梵唄》。其後創製者漸多，至隋唐而大盛。

　　臺灣佛教的梵唄，隨著佛教的傳入而傳入。早期傳入的是「龍華音」，後則有「鼓山音」、「海潮音」的傳入，目前多屬後者兩種音系。

　　臺灣佛教音樂主要是海潮音和鼓山音。海潮音屬北方系統，為大陸北方傳入，國民黨退到臺灣，隨之到臺的僧人所傳的唱腔多為海潮音。鼓山音屬南方系統，傳自福州鼓山湧泉寺，故名。日據前後，臺灣僧人以到鼓山湧泉寺受戒為榮，他們回臺後也將在鼓山所學的唱腔帶回。

　　海潮音和鼓山音所唱的旋律架構大致相同，但也各有不同的特點：在曲調旋律方面，海潮音曲調加花較多，旋律起伏較大，速度節奏也較大；鼓山音多用閩南語發音，曲調拍子進行平穩流暢，在旋律中裝飾音和加花音較少。在伴奏方面，海潮音僅以擊樂器伴奏，鼓山音除擊樂器伴奏之外，在經懺法會上常加入旋律樂器作為伴奏。

　　臺灣佛教音樂主要用於日常念佛、早晚課和法會等。念佛，即念詠佛號，在臺灣十分流行，多屬淨土宗，或禪淨雙修，反覆詠唱佛號，邊詠唱，邊繞佛而行，一步一拍，旋律樂句不多，變化也不大，目前流行的佛號有「本師釋迦牟尼佛」、「阿彌陀佛」、「地藏王菩薩」、「觀世音菩薩」、「藥師

第七章　臺灣佛教藝術與臺灣社會

佛」等。早晚課，為出家僧人日日必修的功課，課誦內容以大乘藏攝為主。早課唸誦《楞嚴咒》、《大悲咒》、《十小咒》和《心經》等，晚課唸誦《佛說阿彌陀經》、《往生咒》、《禮佛大懺悔文》等。在早晚課中，誦經之外，梵唄占著重要的地位。法會有節日法會、法懺、焰口、水陸法會等。法會內容有供奉佛菩薩、齋僧、拜懺、戒壇、超度等。大法會有四個法要：1.誦梵唄，2.散花，3.唱梵音，4.振錫杖。足見梵唄在法會中占有重要的分量。節日法會主要是慶祝佛菩薩誕辰，如二月十九日觀音菩薩誕，四月初八日釋迦牟尼誕，七月三十日地藏菩薩誕等。法懺是佛教徒懺贖罪的重要儀式。著名的法懺有「梁皇寶懺」、「慈悲水懺」、「大悲懺」等。焰口為佛教僧人對餓鬼施食和超度所舉行的法事，主要採用清康熙時華寶山德基法師所修訂的《瑜伽焰口施食集要》。水陸法會為救拔水陸諸鬼於苦海的儀式，場面盛大，往往有數十個僧人參與，歷時多至七晝夜。此外，尚有「打七」（禪七、佛七）、「三時繫念」等法會。法會中梵唄的音樂多姿多彩，仍以五聲音階為主，偶有七聲，曲調緩和，「拖腔」是其特色，往往一字拖唱雙聲多拍，從容而尊嚴。[1]

臺灣佛教音樂包括：經文的朗誦、梵唄的歌唱、經文敷演的通俗故事等。臺灣佛教傳自中國，因而中國佛教傳統的音樂也傳入臺灣。中國佛教梵唄的一些贊唄，至今仍在臺灣佛寺院中流行。例如《戒定真香》：

戒定真香，

焚起沖天上，

弟子虔誠，

熱在金爐放，

頃刻紛紜，

即遍滿十方。

昔日耶輸免難消災障，

南無香雲蓋菩薩摩訶薩。

一般寺院中把這首贊梵唄作為晚課之用，或用於焰口儀式和水陸法會儀式。又如《爐香贊》：

爐香乍熱，

法界蒙薰，

諸佛海會悉遙聞，

隨處結祥雲，

誠意方殷，

諸佛現金身，

南無香雲蓋菩薩摩訶薩。

這首贊梵唄在佛教法事儀式中常用，也在晚課中常唱，並可與《戒定真香》互用。又如《寶鼎贊》：

寶鼎熱名香，

普遍十方，

虔誠奉獻法中王，

端為國家祝萬歲，

地久天長，

南無香雲蓋菩薩摩訶薩。

每日早課時作為第一首唱，或在每月初一、十五早課開始時唱。

除傳統的音樂外，近現代臺灣佛教為了弘法，一些法師、居士、信眾也創作了一些音樂。這風氣是大陸的弘一法師首開其端，例如在臺灣流傳甚廣的由弘一法師作曲、太虛法師作詞的《三寶歌》：

人天長夜，宇宙黮暗，誰啟以光明？三界火宅，眾苦煎迫，誰濟以安寧？大悲大智大雄力。南無佛陀耶，昭朗萬有，衽席群生，功德莫能名。今乃知：唯此是，真心皈依處；盡形壽，獻身命，信受勤奉行。

第七章　臺灣佛教藝術與臺灣社會

　　二諦總持，三學增上，恢恢法界身；淨德既圓，染患斯寂，蕩蕩涅槃城；眾緣性空唯識現。南無達摩耶，理無不彰，蔽無不解，煥乎其大明。今乃知：唯此是，真正皈依處；盡形壽，獻身命，信受勤奉行。

　　依淨律儀，成妙和合，靈山遺芳型；修行證果，弘法利世，焰續佛燈明；三乘聖賢何濟濟，南無僧伽耶，統理大眾，一切無礙，住持正法城。今乃知：唯此是，真正皈依處；盡形壽，獻身命，信受勤奉行。

　　歌中頌揚佛開啟光明、拯救眾苦、予人智慧等威力，勸導人們皈依佛陀，心身奉行。此歌在臺灣寺院頗為流行，影響許多人以新曲和現代語言創作佛教新歌，贊佛弘法，使佛教從寺院走向社會，走向大眾以至兒童，發揮了佛教音樂的巨大宣傳功能。於是有《佛教聖歌集》、《梵音集》等歌集的出版。

二、臺灣佛教音樂的類型

　　從佛光出版社的《佛教聖歌集》200多首歌曲來看，其內容大約有十種類型：

　　（一）皈依佛教

　　皈依，即身心歸向之意。佛教稱皈依佛、皈依法、皈依僧為三皈。此類歌曲或表自身願皈依佛教，或勸人皈依。前者如星雲法師作詞、林良夫作曲的《皈依阿彌陀佛》，其第一段歌詞云：

　　皈依阿彌陀佛，你是我的救星，你慈心悲願，給我們有了依靠，我懺悔慚愧，明白已不能救時，這時候只有你知道現在的我。

　　又如洪青作曲的《歸命佛陀》：

　　佛功德難思量，報身莊嚴永劫長，我從無始來，三界遍流浪，不聞正法何所依，一切一切憑妄想，世間苦，我盡嘗，溺在生死海，前途渺茫茫，如今我聽見了佛陀的慈音在呼喚，如今我看見了佛陀的智光在照亮。佛陀呀，佛陀呀，你是人生的歸命處；佛陀，佛陀，你是宇宙的光明藏！你能救我出苦海，你能令我所願得償，我今盡形壽歸命佛陀，我今盡形壽歸命法王。壽歸命法王。

第一節　臺灣佛教音樂

　　以上兩首都是以第一人稱為唱，前一首認佛陀為救星，以為皈依佛陀可以知己、救時。後一首以自己聞法前的無所歸依、溺於苦海，和聞法後見到佛陀的智光、宇宙的光明藏相比，認識佛陀可以救人離苦海，令所願得償，因而要以身皈依佛陀。這兩首都是表示自願皈依佛教，還有勸導人們皈依的，例如《何不皈依佛陀座下》（心然法師詞，夢海曲）：

　　名利如變幻的浮雲，榮華如逝去的青春，談什麼你爭我奪，原都是草露風燈。你看那郊外的古墳，風霜下暴露的白骨，在當年許是赫赫人物，到如今卻悄悄無聞。啊！啊！啊！既知名利如浮雲，既知榮辱如青春，何不皈依佛陀座下，捨棄那自私的我，履行那利群的事。（第一段歌詞）

　　歌中勸導人們不要貪戀名利榮華，因為名利榮華轉眼成空，要皈依佛陀，作捨我利群之事。既宣揚佛教色空的思想，又倡導佛教捨我利他的主義。

（二）禮讚佛陀

　　此類樂歌或用以禮拜佛陀，或讚美佛陀。例如《禮佛》（淨施詞、蕭滬音曲）：

　　合掌以為華，身為供養具，阿彌陀佛（再連續唱「阿彌陀佛」七遍）。善心真實香，讚歎香雲布，阿彌陀佛（再連續唱「阿彌陀佛」七遍）。諸佛聞此香，時復來相度，阿彌陀佛（再連續唱「阿彌陀佛」七遍）。汝今勤精進，終不相疑悟，阿彌陀佛（再連續唱「阿彌陀佛」七遍）。

　　表示禮拜的真誠，會得到「諸佛」的「相度」。反覆唱「阿彌陀佛」，充滿著禮佛的一片虔心。

　　讚美佛陀的頌歌頗多，大抵都是讚美佛陀及諸佛的偉大和無上的功德威力。例如《偉大佛陀》（一）（星雲法師詞，李中和曲）：

　　佛陀佛陀，偉大的佛陀！您智慧的光明照大地，用無我的真理救世間，太平洋難比您深廣，大雪山難比您崇高。我何幸今朝覺悟早，對著您偉大的佛陀，像聽到歸家的呼喚；我何幸今朝覺悟早，對著您偉大的佛陀，像聽到慈母的音聲。啊！佛陀啊！佛陀啊！佛陀啊！偉大的佛陀，我需要您，我需

要您,我需要您需要您,偉大的佛陀,偉大的佛陀,我需要您,我需要您,我需要您,需要您,需要您,需要您,偉大的佛陀,偉大的佛陀。

歌中讚美佛陀的偉大崇高,反覆迴環呼唱「偉大的佛陀」和「我需要您」,對佛陀表示無比崇拜和歸依之心。又如《贊佛偈》:

天上天下無如佛,十方世界亦無比,世間所有我盡見,世間所有我盡見,一切無有如佛者,一切無有如佛者。

讚頌佛陀為唯一偉大之神,而且反覆強調,既表示崇拜者的虔心,也表現佛是無所不見,無所不在的。由張齡作詞、吳居徹作曲的《佛陀頌》,包括「皈敬佛陀」、「降生兜率」、「雪山修行」、「降伏魔軍」、「成等正覺」、「轉妙法輪」、「臨終付囑」、「雙林入滅」、「威光普照」等九章,歌唱了佛陀降生的靈異、修行的艱苦、降魔的威力等事跡,洋溢著讚美和嚮往之情。有的讚歌如《佛號》,全篇只是反覆詠唱「南無阿彌陀佛」,或六字七音,或四字七音,但都是贊禮之聲,以見出贊禮者全心投入,別無雜念。

(三)表白心願

這一類歌詞是向諸佛表白自己心底的願望或誓願。例如《自誓》:

一寸光陰一寸金,利他兩利要精勤。黎明即起修佛法,解行並進正身心。不隨習俗諸行樂,不懈不怠不因循。誓將佛化救世界,興教責任在我身。

歌中表示要勤修佛法,發誓要負起救世和興教的責任。又如《四弘誓願》:

眾生無邊誓願度,煩惱無盡誓願斷,法門無量誓願學,佛道無上誓願成。(重複一遍)

這是佛僧、佛徒發出的四個宏願,表白自己要集中精力,學道有成。另一首名為《發願》的歌,其內容與《四弘誓願》同,一字不易。

(四)稱頌西方極樂世界

西方極樂世界吸引了許多信眾嚮往。一些聖歌描繪出西方極樂世界的圖像,如《西方樂》(煮雲法師詞,鐘鳴曲)第一段:

西方樂，西方樂，西方樂，西方樂，西方之樂樂無疆，樂無疆。法音浮動萬物香，八德蓮花吐芬芳，遍界閃耀著毫光。在那裡天樂清脆又鏗鏘，生命成為永恆，免除一切災殃；在那裡百鳥和鳴法音流暢，到處輕快，到處安詳。我愛西方，我愛西方，我們一齊去西方，西方之樂樂無疆。

　　西方世界被描繪得神奇誘人，這個世界只有美好，沒有醜惡，只有吉祥，沒有災殃，生命成為永恆。如果說《西方樂》是反映人們對極樂世界的熱愛和嚮往，而《西方》（星雲法師詞，楊詠譜曲）一歌，則反映人們對極樂世界的追求：

　　苦海中一片茫茫，人生像一葉小舟，漂泊在海中央。聰明的人兒想一想，我們的目標在何方？一刻不能猶豫，一刻不能停留，趕快持好佛法的羅盤，搖向那解脫安穩的西方。（首段）

　　由成一法師作詞、洪青作曲的《極樂之門開了》一歌，說明極樂之門已經敞開，門裡是個極樂世界，有佛陀為導師，有觀音作良友，環境十分美滿，生活種種都是現成，鼓勵人們急趕追求。

　　（五）懺悔與醒悟

　　懺悔之歌，內容主要是懺悔過去所造的罪業，向佛表示改過，希望佛引向光明。例如孫喜章作曲的《懺悔文》：

　　往昔所造諸惡業，皆由無始貪嗔癡，從身語意之所生，今對佛前求懺悔。

　　又如由心悟法師作詞、吳居徹作曲的《懺悔》歌：

　　我從宿世來，積罪重如山，愚癡生我執，處處起慳貪，因果決不昧，豈能逃厄難？深恩三塗苦，著實膽心寒，我今向佛求懺悔，唯願慈光照無間，令我速離貪嗔癡，蒙佛接引赴蓮邦。

　　在懺悔中，兩首都強調造成罪業的原因是貪嗔癡，後一首說明因果報應，貪嗔癡必將帶來厄難，因而向佛懺悔，求佛引向光明世界。

所謂醒悟，是從迷夢中醒悟過來，深感以往貪嗔癡之非，覺悟要解除一切塵惱和迷戀富貴，必須斷絕私慾，解去一切障蔽。如《迷與悟》（宣化上人法語，黃昭雄曲）：

　　清淨是福無人享，煩惱是罪個個貪，名利小事人人好，生死大事無人防，貪心有如無底坑，填之難滿嗔恨生，五欲紛陳顛倒想，癡然不覺法器崩。（第一段）

　　由張三豐作詞，吳居徹作曲的《無根樹》歌，把貪戀榮華的人生比作苦海中的孤舟，勸人及早醒悟，回頭是岸。歌詞云：

　　無根樹，花正幽，貪戀榮華誰肯休？浮生事，苦海舟，蕩來飄去不自由！無岸無邊誰繫泊？常在魚龍險處游。肯回首，是岸頭，莫待風波壞了舟。

（六）虔心修持

　　修持是佛教僧人、徒眾要達到成等正覺的一種方法，佛教一些歌中就有以修持為內容的，例如《靜修歌》（李淑華詞）：

　　窗外雲煙曉霧，佛子聞鐘聲，上早殿，心心交會於靈明，結跏趺坐修禪觀。一二三四，數息修，集中思維兩眉間。解困惑，化疑難。心心交會於靈明，結跏趺坐修禪觀。

　　歌中描寫寺僧結跏趺坐靜修的情狀，靜修時要心心交會於靈感之中，從而解開困惑和疑難。《自修》一歌則是寺院外在家修行者之歌。其詞云：

　　念佛好，念佛好，時時念佛無煩惱。勤燒香，常打掃，佛堂清淨觀瞻好。研真理，靜思維，圓解圓證教人好。吃長素，著布袍，樸素自然人格高。記著這話常實踐，才是佛門小英豪。

　　歌中具體說明了日常修持的活動和生活的自我要求，透過自我修持可以消除煩惱，做個好人，品格高尚。《信心門之歌》（星雲法師詞、李中和曲）則強調修持要有堅強的信心。歌中云：

　　世間的財富要用信心的手去取，遼闊的江海要靠信心的船來渡，豐碩的果實要有信心的根生長，無盡的寶藏要從信心的門進入，信心信心，它是道

德的根源；信心信心，它是智慧的保姆。有信心就有希望，有信心就有力量，那信心門裡更有無盡的寶藏。

（後三句重複一遍）

說明只要有信心堅持修持不懈，就有希望修好道德，增長智慧，取得佛門思想的寶藏。佛教的禪宗不主張繁瑣的修持，而提倡自心即佛，這在《自性》（壇經摘句耕耘曲）一歌中也作了反映：

菩提自性，本來清淨，但用此心，直了成佛。菩提自性，本來清淨，但用此心，直了成佛。何期自性，本自清淨；何期自性，本不生滅；何期自性，本自具足；何期自性，本無動搖；何期自性，能生萬法。菩提自性，本來清淨，但用此心，直了成佛。

極力強調自性覺悟，即可成佛，不需向外尋求。

（七）弘法護法

弘法護法是佛教徒的主要職責，目的在保護佛教，弘揚佛教的宗旨，擴大佛教的隊伍和思想影響。在煮雲法師作詞、鐘鳴作曲的《我要做護法的金剛》歌中，唱出了虔誠佛教徒弘法護法的決心：

人生苦海中一片夜色茫茫，多少餓鬼豺狼，多少修羅魔王，為了名聞利養，抹殺人類本有的天良，吐霧瀰漫了宇宙，眾生失去了方向，萬丈波濤洶湧，沉溺的人兒在呼號，末法時代法弱魔強，邪說妖言，正法之障，我們要佛法救世，必先降伏魔王，我們要佛法久住，誓做護法的金剛。為救苦海人生，寶杵慧劍一致對準那魔王，不怕犧牲傷亡，來把正法弘揚，我要做護法的金剛，我要做護法的金剛。

歌中把有悖佛教思想、陷溺眾生的「邪說妖言」，比作所謂的「魔王」，要以「寶杵慧劍」護法弘法，其宗教的色彩十分強烈。《佛教驅邪總動員》（星雲法師詞、蔡繼琨曲）之歌，則強調護法弘法是佛教徒之責，一再強調：「宣揚聖教責在我雙肩」，「誓在濁世植金蓮」。《弘法者之歌》（一）（星雲法師詞、楊詠譜曲），並以弘法者的身分，發誓要不惜犧牲布教，要為聖

教興隆作先鋒、建勳功。這些聖歌都表現了虔誠佛教徒對佛教的忠誠和強烈的護法弘法的責任心。

（八）利他利群的思想

佛教從其利他思想出發，認為只有利他利群，生命的本體才有價值，才能發出耀眼的光明，這應該是佛教思想的一個亮點。例如普筠作詞、蕭滬音作曲的《啟蓮》一歌云：

也許正需要好好的休息，心力的休息，精神的休息，但摒棄外在的一切時，生命也頓然休息，靈魂緊抱自我的形骸而飢渴，靈魂緊抱自我的形骸而飢渴。讓心力為眾生湧出慈悲的法水，讓精神因服務獲得無限的法喜，讓生命的本體，生命的本體，生命的體，為別人而並發出光明與歡喜，只因為那是在佛陀慈光的照耀中新開啟，開啟的一朵蓮，只因為那是在佛陀慈光照耀中新開啟，開啟的一朵蓮。

佛教利他思想最主要的是救世、濟世、廣度眾生，願意把自己作為橋梁、竹筏，讓眾生渡過苦海，達到彼岸。例如《橋贊》（釋振法詞）：

橋梁橫躺在溪流上，炎熱夏季不怕驕陽。一心只為世人服務，嚴寒冬日不避風霜。你有銅鐵般的身手，永遠穩站在崗位上。你是一位無名英雄，我們為你盡情歌唱。若見橋道當願眾生，廣度一切猶如橋梁。

讚美橋實際是讚美佛教普度眾生的利他利群的思想行為。又如《菩薩的精神》（心然法師詞、夢梅曲）：

驚濤滾滾，駭浪滔滔，漂溺的難者在呼號！菩薩慈悲不遲疑，不顧自身向前蹈！只要可作浮筏渡，何惜生命葬海濤啊！只要可作浮筏渡，何惜生命葬海濤啊！

寧可犧牲自己生命，也要幫助他人脫險活好，這是佛教所提倡的佛的精神。

（九）佛化家庭生活

近 20 年來，隨著臺灣佛教漸趨鼎盛，佛教的傳播也從寺院走向社會，走向家庭，由山林走向城市，為了使佛教深入人心，深入大眾的生活，於是有「佛化家庭」的提出。另一方面當今的臺灣政局混亂，思想紛紜，導致了社會和家庭倫理道德的淪喪，生活的不和諧。於是信佛者紛紛把佛教引入家庭，旨在解決道德淪喪和生活不和諧的問題。因此臺灣佛教有些聖歌也反映了這種情況，例如《佛化家庭》（一）：

家庭佛化真美好，合家男女樂陶陶；皈依三寶佛法僧，習氣遠離人格高；善生經，玉耶女經，信受奉行莫辭勞。

《佛化家庭》（二）：

甚深佛法，不離世間衣食住行，家庭佛化，大乘教義，始能完成，五戒十善，在家男女奉行莫更，自利利他，以身作則，一氣同聲。

把佛教引入家庭，佛化家庭以化解和調和家庭存在的問題，《實行佛教新生活》則說明家庭如何實行佛化生活：

佛教化新生活，大家來實行，諸惡昨日死，眾喜今日生，爸爸媽媽，哥哥弟弟，成立佛化新家庭，修我之身，明我之心，慎我之言，謹我之行，明因識果，習氣除清，佛化真理，嚴屬實行，慈悲喜捨，自利利他，八字當作座右銘。

說到底，就是要把「慈悲喜捨，自利利他」貫穿到家庭生活中去，以調和家庭之中的利益矛盾和人際關係的不和諧。這是當今臺灣無法解決社會、家庭問題的一種反映。

（十）其他

這一類歌，有的反映佛教的禁慾和禁殺生的教義，例如《護生歌》反對世上殺生，以消除人間刀兵之劫。《灑脫愉快一擔挑》（王文生詞、呂泉生曲）則主張有恩竭力圖報，有負於我者一筆勾銷。《心光》（達宗法師詞）透過對印度雪山的嚮往，傳達對生命奧祕的徹悟。《佛教青年》（李炳南詞，陳關生曲）將慈悲喜捨作為青年誓願對青年寄予無限期望。《摩尼珠》（曉

雲法師詞)、《迷夢》(宣化法師法語,黃昭雄曲)、《美滿姻緣》(心然法師詞,吳居徹曲)等都表現了各自不同的內容。

三、臺灣佛教音樂的特點

臺灣佛教音樂從其內容來看,有以下幾個特點:

(一)臺灣佛教音樂與中國有割不斷的延續關係。臺灣現今寺院仍然流行著從中國傳去的「海潮音」和「鼓山音」。臺灣佛光出版社出版的《佛教聖歌集》中,就收有「海潮之音」的聖歌20多首。而臺灣近現代創作的聖歌,大都是受到大陸弘一大師創新的啟發和影響而創作的。

(二)臺灣佛教音樂富有創新的精神。臺灣教界能夠繼承中國佛教、福建佛教的衣缽,又能突破傳統,依據臺灣的人情世態,創作出契合佛理的新佛歌,對於傳播佛教理念,啟導佛教宣傳,擴大其信眾並取得支持,無疑是起了相當的作用。

(三)臺灣佛教音樂能夠深入到家庭以至兒童。臺灣佛教聖歌中,不僅有多首佛化家庭或實行佛化新生活之歌,把佛教的理念、生活滲入到家庭天倫生活之中去,而且還有《佛教青年》、《佛教青年進行曲》、《佛教青年的歌聲》等,對青年進行佛教理念的教育,精勤修行,「荷起如來家業,弘揚佛法遍天下」等。更有甚者還深入到兒童之中,讓兒童接受佛教的思想理念。《佛教聖歌集》中,就有適合兒童的「童韻之歌」30多首,以兒童的身分、口吻唱出。例如《好寶寶》、《我是佛教好寶寶》、《小貓咪》、《素食戒殺》等,都滲透著濃厚的對佛信奉的思想。可見臺灣佛教利用音樂傳播佛教思想理念已經相當廣泛而深入。

(四)臺灣佛教音樂擁有一支創作的隊伍。這支隊伍的成員不僅有佛教法師、僧人,而且有居士、信徒,其中有些是作曲家。他們互相配合,就能創作出許多新聲妙曲,從而形成不可忽視的佛教宣傳力量,其效應不在誦經弘法之下。

四、臺灣佛教界的音樂活動

　　臺灣佛教界為提升普及佛教音樂，讓佛教音樂融入臺灣社會，採取了許多措施，開展了系列活動，具體如：

　　（一）舉辦各種類型的教學活動。如中華佛教音樂推廣協會多次舉辦佛教歌曲創作研習營，該會認為現今透過演唱佛曲的方式來弘揚佛法，已經為佛教引進一股新的氣息，因此不分男女老幼，只要對佛曲創作有興趣，對歌詞創作願作嘗試者即可入學，免交學費。1998 年 5 月，中華佛教音樂推廣協會在臺北市舉辦「僧眾佛曲研究班」，課程內容為基本樂理、正確發聲法、歌唱技巧、佛曲詞創作、民謠及合唱團指揮等。臺灣佛教界還舉行佛教音樂學習班，如 1971 年 10 月，每星期三下午 7 時 30 分至 10 時，中華佛教居士會便舉辦梵唄研究班，有百餘名男女居士參加，由受過寶華山正統傳授梵唄的戒德法師教授。由大舍精舍推動贊助的甘棠藝文學苑為培養佛教歌曲人才（作曲作詞），招收中等程度以上、不分年齡者入學，課程為樂理、作曲法、曲式學和聲學及敦煌變文選讀等，教學過程創作與理論示範相結合。佛教界特別注意從兒童開始培養對佛曲的興趣，如通法寺曾舉辦「佛教燃燈兒童合唱團」，旨在「以音樂弘揚佛法淨化人心」，招生對象為小學三年級至六年級學生，課程內容為童謠、民謠、創作佛曲、基礎樂理、初級佛學等。學成後安排正式音樂會演出，或配合公益活動演出。

　　（二）開展各種規模的研討會。如 1998 年 2 月，由南華管理學院、佛光山文教基金會聯合召開「中國佛教音樂學」研討會，分為傳統佛教音樂之研究、佛教思想與佛教音樂、佛教音樂的發展、臺灣的佛教音樂等四大方向展開研討。為不讓研討會成為佛門自家事，特意選擇在「國家圖書館」召開大會，並安排佛教誦念梵唄及演唱在「國家演奏廳」舉行。其中發表的有關臺灣佛教音樂的論文如：南華管理學院藝術文化中心主任林谷芳的《臺灣佛教音樂的發展與探討》、歐洲中國音樂研究基金會委員陳慧珊的《佛光山梵唄源流與中國佛教音樂的關係》等。

　　（三）進行各種形式的比賽。如 1974 年，開證法師領導的高雄佛青國樂團，參加高雄市音樂比賽獲得社會組國樂合奏冠軍。1990 年 12 月，由《慧

炬》雜誌社主辦，余家菊文教獎學基金會、音樂中國出版社、梵音藝術學院協辦的「第一屆大專佛曲演唱比賽會」於臺灣師大舉行。

（四）經常組織各種類型的表演會。如1977年臺灣佛教界在孫中山先生紀念堂舉行大型梵唄音樂會，演出包括四個方面內容：聯合大合唱、現代佛曲演唱、星雲法師介紹佛教梵唄歷史、傳統梵唄演唱。1982年9月，高雄宏法寺佛教青年國樂團在臺中中興大禮堂、臺北實踐堂分別舉行演奏會，節目精彩，內容豐富，尤以「梵山鐘鼓」一曲而深獲好評。1985年7月，中壢圓光佛學院在桃園市立文化中心演藝廳舉辦「佛教音樂欣賞會」。

（五）舉行音樂弘法會。如1990年5月，佛光山於臺北市國父紀念館舉行佛教梵唄音樂弘法大會。1991年8月，佛光山梵唄團在北中南等地演出12場，吸引了全臺1萬多名信眾及音樂愛好者，梵唄團一連演唱「梵文大悲咒」、「七如來」及「五方佛禮讚」等曲，令觀眾法喜充滿，並於10月赴歐洲演出。

（六）舉行佛教音樂講座。如星雲法師常舉行佛教唱經講座，並編有《佛教唱頌講座教材》（香海文化事業有限公司出版），分為三天講座，第一天講「我一生弘法的心路歷程」，所涉曲詞如《三寶頌》、《弘法者之歌》、《祈求》、《快皈投佛陀座下》、《佛曲》、《西方》、《觀音靈感歌》、《佛教青年的歌聲》、《佛光山之歌》等；第二天講「修行人的一天」，所涉曲詞如《鐘聲偈》、《觀音發願文》、《六塵供》、《普賢警眾偈》、《拜願》、《召請文》、《懺悔發願文》、《祈願祝禱》、《回向偈》等；第三天講「古德示教悟道偈」，涉及曲詞如《順治皇帝贊僧詩》、《六祖惠能大師無相頌》、《憨山大師醒世歌》、《星雲十修歌》、《太虛大師五十歲生日感言》、《慈航大師圓寂遺偈》、《祈願祝禱》、《回向偈》等。再如法源寺也曾舉辦「佛教·音樂與人生」專題講座，由寬謙法師講《梵唄賞析與教學》、范李彬居士講《佛教音樂之體觀》、賴信川居士講《梵唄五問：如何瞭解佛教梵唄》等。

（七）發表大量有關佛教音樂的論文。臺灣的雜誌近些年發表了大量的佛教音樂論文，有代表性的如：呂炳川《佛教音樂在臺灣》（《實踐學報》11期）、青峰《佛教音樂概況》（《菩提樹》344期）、懺業僧《梵唄探索》

(《中國佛教》25-24期)、見享法師《在梵音中修行——梵唄教學設計》(《青松萌芽》6期)、默如《提示敲鼓之法——欣賞鼓聲開智慧》(《海潮音》64期)、演培《三寶歌解說》(1～5)(《菩提樹》376～380期)、王海燕《普庵咒琴歌彈奏與吟誦的綜合研究》(《藝術學》9期)。

（八）出版大量佛教音樂錄音帶。臺灣佛教界認為：佛教音樂的推廣是必然的趨勢。從法樂之聲迴入耳根，對心靈的淨化而入佛門者是方便行。因此錄製了大量錄音帶出版結緣。如流行甚廣的《慈悲的活水》係從《華嚴經》中選編而成，包括「慈悲的活水」、「普賢十大願王」、「善財童子五十參」、「活在當下」等四曲；《彌陀的呼喚》係從《無量壽佛經》中選編出「宇宙戲變」、「心菩提樹」、「彌陀的呼喚」、「寒夜念彌陀」、「悲愴大地」等五曲，音調委婉莊嚴，音色優雅淨心，皆為結緣品。再如《吉祥經》出自原始佛典「小部經」，是佛陀開示人天二界如何得到真正吉祥的三十八種方法，其經文簡短扼要，淺顯而生活化地將修學佛法的重點，由世間法到出世間法囊括其中，臺灣省佛教藝術研究會與有關專業人員，用原住民各族曲調編成佛曲唱誦，配以新式的大小木魚節奏，唱來輕快流暢，活潑祥和，易於背誦流通。中台山佛教基金會製作的《禪詩音樂組曲》CD，包括「插秧偈」、「醒世詩」、「禪詩」；各有演唱版和演奏版。

第二節　臺灣佛教戲曲舞蹈

一、臺灣佛教戲曲

臺灣佛教戲曲最早演出可追溯到1974年，由星雲法師所撰的《萬金和尚》劇本，由佛光山臺北別院在臺灣藝術館演出。1980年臺北市第五屆話劇藝光獎評審，為感謝星雲法師歷年來對戲劇運動的支持，星雲法師獲「劇運貢獻獎」。1975年5月，金色蓮花表演坊分別在臺中、花蓮、新竹、臺南、高雄表演《太虛大師》戲劇。1998年2月，金色蓮花表演坊於臺北國父紀念館首演佛教戲劇《維摩詰居士》。劇中演維摩詰居士穿梭於佛陀十大弟子、天帝釋、菩薩與魔王間除執破相、權變顯空，顯示出佛教的精神與特色。首演後，還赴新竹、高雄、臺南、花蓮、臺中等地巡迴演出。隨著藏傳佛教在

臺灣的興起，金色蓮花表演坊還排出了藏密傳奇《蓮花生大士》舞臺劇，在臺灣各地巡迴演出。隨著佛教「淨化人心」的口號深入社會，歌仔戲也開始編排佛教內容的戲曲。1997年8月，高雄隆峰寺與南方薪傳歌仔戲劇團為將口號化為實際行動，願將世間善惡、因果循環、勸人向善的期許，透過傳統地方戲曲的表演方式加以宣揚，排演了歌仔戲《未生怨》，一律免費入場。用臺灣本地戲曲歌仔戲來表現佛教內容，可謂是首創。1998年6月4日～7日，新古典舞蹈劇團在臺北市「國家戲劇院」售票演出劉鳳學編排的佛劇《地獄不空，誓不成佛》，再次將佛教內容搬進劇中。

二、臺灣的佛教舞蹈

臺灣的佛教舞蹈的興起與古秋妹有關。解嚴以來，泰雅族人古秋妹與中國民族舞蹈演員交流後，認為臺灣現有舞蹈都是外來的，臺灣極少屬於自己的原創舞蹈，於是經過十年的研究，並受到善慧法師的點化，創造出「手印舞」、「佛緣」等經典佛舞，比起元極舞，經典佛舞更加簡單好學，有時看起來像是體操動作，有時又活潑得像小學生的唱遊，其間夾雜著民族舞蹈動作，還有佛教的合十與蓮花指，豐富多變。其中有一首專為受虐兒童及婦女所編的揚眉吐氣運動舞，著重吐納的舞蹈動作，使跳舞的人邊跳邊吐怨氣。2000年5月，臺北市立體育館內召開「青年杯經典佛舞社區演出教學觀摩會」，來自不同社區17支隊伍、400多人參與，其中有數隊七八十歲高齡的夫妻檔及兒童參加。為使經典佛舞開始由此深入社區、學校，進一步推動經典佛舞，古秋妹還成立了臺灣佛教藝術研究會，創辦了經典佛舞工作室，旨在秉持佛教「勸人為善」、「淨化人心」理念，以藝術的「真、善、美」意境去闡揚人之本性，達到「純真心性」、「善良行為」、「美化生活」，並以此為經典佛舞的精神。經典佛舞工作室招收初級班、中級班、進階班、個別班、男眾班等。亦可派老師到機關、團體、寺院指導，初級班教授的內容如：觀音六字真言、觀音六字真言養生操、無量佛光、清淨法身佛、悉達多、地藏王菩薩等，男眾班教授的內容如：六拱手印、六字真言養生操、祥龍十八式、九龍功法等。活動的內容如：1.劇團演出──每月末週六晚上七點半至九點半；2.舞團應邀演出；3.師資外聘教學；團體教學、個別指導；4.會員慶生會、

共修會。工作室推出了法門舞（即傳承舞的六供手印）、祥龍十八式、朝聖舞等，培養了一批經典佛舞人才，受到宗教界、藝術界等方面的肯定。此外，經典佛舞工作室還常在社區舉辦「社區經典佛舞教學觀摩會」，在會上帶動唱、運動舞、法會舞、養生操及現場教學。

專業舞蹈團中也排演了與佛教有關的舞蹈，有代表性的如編舞家蔡麗華歷時兩年完成的作品《異色蓮想》，結合「太極導引」、「蘇菲旋轉」、「敦煌身韻」等元素，作人類心靈層次的探索。舞劇共分為「序曲」、「紅塵」、「濕生」、「流轉」、「火宅」及「菩提」六段，由佛教「地、水、火、風、空」五大皆空的觀念發想而成。「紅塵」由喜氣洋洋的婚禮揭開序幕，經歷「濕生」中陰陽交感的太極導引，以及四對雙人舞牽引出的「流轉」，加上「火宅」中的心魔交戰，最終達到步步生蓮的淨土世界──「菩提」。舞劇由臺北民族舞團於 2000 年底在臺灣演出八場後，又應邀到海外演出，並於 2001 年 6 月在臺南、臺北、臺中、嘉義、新竹等地巡迴演出。

第三節　臺灣佛教文物

一、臺灣的佛教文物博物館

臺灣的佛教文物，是隨著中國佛教的傳入和中國人民移居臺灣而傳入臺灣的。數百年中，隨著時間的流逝，由於自然的變化，人事的變遷，流失者不知幾何。國民黨遷臺之時，帶入了大量的歷史文物，其中也有私人帶入。「文革」期間，有不少中國文物經香港等地流入臺灣；改革開放以來，更有數目驚人的文物經種種渠道進入臺灣。在這些歷史文物中，不少是佛教文物，或收藏於臺灣各個公私文物館、博物館，或收藏於私人之家。藏於私人之情況如何，難以得知；藏於公私文物館、博物館者亦僅知其大略。臺灣現今共有公私文物、博物館 100 多處，但藏有佛教文物者不多，現擇其主要評介如下：

（一）私立中華文化大學華岡博物館

該館藏有佛教神像及器皿等。

（二）臺北善導寺佛教歷史博物館

館中五樓展出魏晉六朝至清代的佛教造像，多為藝術精品。造像包括釋迦如來、彌陀世尊、彌勒菩薩、觀音大士等，另有男女供養人立像。此外還有多尊佛像頭、浮雕、石碑、佛龕、造像碑等，還展示各種佛珠。最珍貴的收藏，是斯里蘭卡希揚格納寺分贈的佛陀舍利。六樓藏有唐、宋、明、清及近代的木雕佛像、玉雕佛像、陶瓷佛像、牙雕佛像等。還有形體小而精緻的金銅佛像。七樓展示宋、明、清以及近代的佛畫，其中最重要的是宋代阿彌陀佛接引像，明代黃道周繪的普賢菩薩像，現代張大千繪的敦煌唐人壁畫吉祥天女像。

（三）鴻禧美術館

該館藏有金銅佛像，其中以明、清時代的造像為精美，是佛教造像史上極為重要的研究資料。

（四）蒙藏文化中心

此中心一樓二樓均有陳列室，一樓陳列藏傳佛教的法器、佛像及經文，例如章嘉活佛像。

（五）華梵文物館

館中展示佛教文物，有佛教的法物、法相、法寶等，書畫區陳列有禪畫及佛經變相圖，較為獨特。

（六）歷史博物館

館中藏有佛教石雕、木刻和金銅像，善業泥像，西藏佛畫等。

（七）安平文化中心陳列館

館中藏有清代白瓷觀音。

（八）佛光山佛教文物陳列館

第三節　臺灣佛教文物

藏有佛教各種藝術造像，如魚籃觀音、普賢菩薩、文殊菩薩、地藏王菩薩、彌勒三尊、善財童子等，明代的菩薩雕刻也為數不少，尚有一尊韓國新羅時代的菩薩銅像，風格頗具時代特徵。還有泰國的佛陀行化立像也很精美。

（九）靈鷲山世界宗教博物館

館區有「淨心水幕」、「朝聖步道」、「金色大廳」、「宇宙創世廳」、「華嚴世界」、「生命之旅廳」、「世界宗教展示大廳」、「生命覺醒區」、「靈修學習區」、「感恩紀念牆」等。館藏文物包括宗教儀式用品、聖書、服飾、神像、繪畫等，約有 4000 餘件。其中佛教、道教與臺灣民間信仰是收藏的重點，佛教文物的來源除臺灣之外，尚有中國、尼泊爾、緬甸、柬埔寨、印度與泰國等，極富地方色彩。

（十）中台禪寺佛教特藏室

室中藏有中國曆代各種石雕、木雕、金銅等佛教雕像，件件高超精美，極具代表性。

二、臺灣的佛教文物展

臺灣各種有關博物館常舉行佛教文物展，有代表性的如：

1960年青松、廣化二師與花蓮佛教蓮社及《菩提樹》雜誌社等在花蓮玉里舉行東部佛教文物展覽會，恭請甘珠爾瓦呼圖克圖設壇祈福兼剪綵，展期觀者如潮。

1964 年 10 月，臺灣省博物館舉行宗教文物展覽會，展出的佛教文物如：佛像，包括銅像、玉石像、雕塑像、脫沙像、瓷像、漆器像、繪圖像、針繡像及拓印像等。法器，包括實物和照片；及各類經書，出版物、文化教育、社會福利等有關照片實物等，展出的各類珍貴文物約六七百件。

1970 年 10 月，臺北故宮博物院舉行中印文物展，展出的佛教文物如：佛像畫，包括宋人如來說法圖、千手千眼觀音菩薩、元人畫華嚴海會圖等 18 幅；佛教經典，包括大方廣佛華嚴經、大藏經、甘珠爾經等 14 種，有宋元刻本、手寫本、緙絲本及清乾隆內府朱印滿文等。

臺灣佛教

第七章　臺灣佛教藝術與臺灣社會

　　1976年5月，臺北歷史博物館舉辦佛教文物藝術特展，展出項目如：1.繪畫：寺院壁畫（敦煌、麥積山等石窟壁畫，包括北朝——宋元時代作品）；禪畫，暨宋元時代的減筆畫；古今名家畫跡；其他（刺繡、藻井圖繪等）；2.雕塑及鑄像：雲岡石窟等處的北魏雕像圖片；龍門石窟等處的唐代雕像圖片；大足石窟等處的宋代雕像圖片；敦煌、麥積山等各處歷代塑像圖片；歷代各寺院鑄金銅佛像圖片；其他各地所攝立體佛像圖片；史物館所藏歷代雕鑄像（石刻、牙雕、泥像、銅鑄、錢幣）；各方徵集有關佛教歷代創作及近人名作；3.法書及文字史料：碑刻，如泰山金剛經刻石拓片、三藏聖教序拓本等；書法，如張繼之楞伽阿跋多羅室經等名家書法等；寫經，如敦煌寫經；金石。4.建築：歷代寺院建築圖片；寺院庭園設計；歷代名塔建築圖片；歷代經幢建築圖片；臺灣各地名剎攝影圖片；館藏各種有關佛教建築圖片。5.法器：密教供具；顯教供具，如木魚、磬、引磬、鐘、鼓等；舍利及其他。6.服裝：僧衣；念珠；僧勒；其他。7.大藏經：磧砂藏、頻伽藏等歷代藏經；大正藏、續藏；中華大藏經；高麗文藏經；巴利文藏經；西藏文及其他文字藏經。8.歷代出版書刊：佛教專集；佛教雜誌；佛教書刊；佛教郵物；其他；9.音樂：梵唄；佛教唱片。10.世界各國佛教史蹟圖片：如印度、日本、韓國、中亞地區、東南亞地區及其他地區的佛教史蹟圖片。展出的逾千件藝術文物中，尤以北魏九層石塔、唐代敦煌原畫、宋代李龍眠畫五百羅漢，及明代巨幅大藏畫等均為絕世孤品。其中又尤以唐代稀世之寶敦煌絹畫原跡《蓮花菩薩》最為珍貴。這幅敦煌人物絹畫高兩尺、寬八寸，除絹底有斑駁外，畫面頗為完整。所繪為蓮花菩薩側面立像，頭頂華蓋，彩雲飄動，髮髻高聳，鬢貼耳際，繫以綵帶，飾綴紅花，粉面櫻唇，鳳眼長眉，豐頤闊耳，神態端莊溫厚，左手垂貼股部，右手纖纖重托盆栽六瓣蓮花，衣裙折摺有致，間以鑲佩飄帶，微露天足，踏於粉紅黛綠的蓮花之上，肌膚細膩，腴而不肥，在素白、淡黃與紅黑等色陪襯中，愈見穩重動人，唐畫筆法蒼勁有力，以其描繪之功力令人神往，佛身端莊慈祥，設色技巧已達登峰造極境地。

　　1978年2月，臺灣歷史博物館舉辦明末四僧「漸江、八大、石溪、石濤」書畫展，展品140件。

第三節　臺灣佛教文物

　　1982 年 6 至 7 月，華岡博物館舉辦佛教藝術展，展出作品如：1. 古今佛像雕塑；吳克明木雕佛像、臺灣民間佛像等；2. 西藏佛教藝術：西藏佛教木刻版畫、繪畫、法器、西藏佛教生活圖片等；3. 古今佛教書畫：顏真卿八關齋會報德記、董夢梅自描及設色佛像、曾後希仿敦煌壁畫、鐘有輝絹印等；4. 中國佛塔古蹟：圖片百幅；5. 佛教圖案、飛天剪紙。

　　1987 年 10 月，臺北故宮博物院舉辦大規模金銅佛造像特展，為故宮建院以來首度有系統地介紹金銅佛像，共 222 件，有鎏金及鑄銅佛菩薩像，除了中國歷代精品外，還包括印度、尼泊爾、韓國、日本、巴基斯坦及其他東南亞國家作品。

　　1989 年 10 月，臺北市木柵深坑正慧精舍，展出臺灣首度以木質雕刻的密宗佛像。

　　1990 年 9 月至 12 月，臺北故宮博物院舉辦羅漢畫特展，展出宋、元、明、清諸代羅漢畫精品 31 件，並攝製透明片配合陳列。

　　1997 年 7 月至 10 月，臺北歷史博物館舉辦「中國佛雕之美」展，共分三大特展，即「北朝佛教石雕藝術展」，展出北朝石雕精品 70 餘件；「宋元木雕佛精品展」，展出宋元木雕佛像精品展 20 餘件；「歷代金銅佛造像特展」，展出歷代金銅佛、觀音共 100 餘件。其展出的北朝石雕精品如下表：

第七章　臺灣佛教藝術與臺灣社會

佛雕名稱(石質)	高度(釐米)	時代	收藏者
佛坐像(花崗岩)	28	十六國	台北私人
佛坐像(砂岩)	46	十六國	台北私人
佛坐像(砂岩)	79	北魏中期	良盛堂
供養菩薩像(石灰岩)	57.2	北魏(六世紀初)	靜雅堂
佛坐像(石灰岩)	90	北魏(六世紀初)	震旦文教基金會
彌勒倚坐像(砂岩)	57	北魏熙平元年	石愚山房
交腳菩薩像(石灰岩)	37	北魏(六世紀前半)	靜雅堂
菩薩立像(砂岩)	109	北魏中期(六世紀前半)	國巨股份有限公司
定光佛三尊像(砂岩)	52	北魏永安三年(530)	台北私人
佛三尊像碑(砂岩)	84	北魏延昌二年(531)	台北私人
佛三尊像碑(砂岩)	122	北魏(六世紀前半)	震旦文教基金會
佛三尊像碑(砂岩)	80	北魏(六世紀前半)	台北私人
菩薩立像(砂岩)	60	北魏(六世紀前半)	鑫玉堂
佛三尊像碑(石灰岩)	65	北魏孝昌元年(525)	台北私人
釋迦像碑(砂岩)	69.8	北魏景明四年(503)	震旦文教基金會
佛七尊像(黃花石)	43	東魏興和三年(541)	靜雅堂
佛立像(石灰岩)	98	東魏(534—550)	靜雅堂
佛三尊立像(石灰岩)	70	東魏(534—550)	鑫玉堂

續　表

佛雕名稱(石質)	高度(釐米)	時代	收藏者
菩薩立像(石灰岩)	70	東魏（534—550）	靜雅堂
佛頭像(石灰岩)	22	東魏（534—550）	台北私人
造像塔節(砂岩)	34	西魏（535—556）	台北私人
佛頭像(石灰岩)	22	北齊（550—577）	台北私人
佛頭像(石灰岩)	22	北齊（550—577）	鑫玉堂
佛頭像(石灰岩)	135	北齊（550—577）	震旦文教基金會
佛頭像(石灰岩)	98	北齊（550—577）	靜雅堂
佛頭像(石灰岩)	116	北齊（550—577）	靜雅堂
佛頭像(石灰岩)	75	北齊（550—577）	台北私人
菩薩頭像(砂岩)	75	北齊（550—577）	國巨股份有限公司
菩薩頭像(石灰岩)	22	北齊（550—577）	震旦文教基金會
菩薩立像(石灰岩)	60	北朝末年（550—618）	台北私人
金剛力士像(砂岩)	134	北齊（550—577）	良盛堂
菩薩立像(白岩)	42	北齊（550—577）	鑫玉堂
雙觀音立像(漢白玉)	36	北齊武平六年（575）	台北私人
雙思維菩薩像(漢白玉)	40	北齊天統五年（569）	石愚山房
佛立像(石灰岩)	45	北齊（550—577）	台北私人
彌勒佛倚坐像(漢白玉)	50.5	北齊（550—577）	靜雅堂
佛坐七尊像(漢白玉)	60	北齊（550—577）	震旦文教基金會
佛五尊立像(石灰岩)	164	北齊（550—577）	台北私人
佛三尊像(砂岩)	24	北齊（550—577）	台北私人
佛五尊像碑(石灰岩)	134	北齊河清二年（563）	震旦文教基金會

第七章　臺灣佛教藝術與臺灣社會

續　表

佛雕名稱(石質)	高度(釐米)	時代	收藏者
四面造像(漢白玉)	99.5	北齊（550—577）	進雅堂
四面佛龕像碑(石灰岩)	84	北齊（550—577）	台北私人
思維菩薩像(漢白玉)	39	北周（551—581）	靜雅堂
菩薩立像(漢白玉)	56	北周（551—581）	台北私人
觀音菩薩坐像(石灰岩)	68	北周（551—558）	震旦文教基金會
四面龕像塔(砂塔)	29	北周（551—581）	鑫玉堂
佛頭像(石灰岩)	42	隋（581—681）	台北私人
交腳化佛龕像(漢白玉)	44	隋（581—618）	台北私人
菩薩首佛身立像(石灰岩)	11	隋（581—618）	靜雅堂
菩薩立像(漢白玉)	107	隋（581—618）	石愚山房
菩薩立像(砂岩)	98	北朝末年（550—618）	台北私人
菩薩立像(石灰岩)	66	隋（581—618）	台北私人
坐佛像龕(漢白玉)	46	北朝末年（550—618）	台北私人
造像碑(砂岩)	107	隋仁壽二年（602）	台北私人
造像碑(石灰岩)	130	隋仁壽二年（602）	台北私人
故塔像碑(砂岩)	90	隋開皇六年（586）	台北私人
佛坐造像碑(砂岩)	71	北朝末年（550—618）	石愚山房
四面像碑(石灰岩)	120	隋大業元年（605）	鑫玉堂
四面像碑(石灰岩)	152	隋開皇四年（584）	震旦文教基金會
治公和尚舍利塔(漢白玉)	103	隋開皇八年（558）	震旦文教基金會

第三節　臺灣佛教文物

上表所列的佛教石雕像，主要為北朝時期（包括北魏、東魏、西魏、北齊、北周）雕像。為配合這次展出，歷史博物館彙編了一本《佛雕之美——北朝佛教石雕藝術》畫冊，現根據並參考畫冊中有關內容，[2] 將展出北朝各時期主要佛雕藝術特點略陳如下：

1. 北魏

有坐像或立像，石質為砂岩或石灰岩。像之頭部，一般是肉髻高凸，個別頭戴三瓣寶冠，或作捲曲髮飾結雙辮垂繫於耳下；臉部多為圓而闊，個別臉型方圓或較長；眼部細長微張或半張，俯視，眉彎如月；嘴角上揚，作微笑或含笑狀。坐像一般都結跏趺坐，個別交腳而坐；雙手或放在腹前，持禪定印；或右手舉至胸前，左手平舉，右手持無畏印，左手持與願印，或右手持蓮莖，左手持法器。服飾著偏袒肩僧衣，外披袈裟，袈裟垂至雙腳及臺座，個別著有裙裳，較寬長，或著高腰裙裳。衣裙有皺紋，起伏如階梯狀。腰繫束寬帶或環帶，有些像以瓔珞作為頸飾或胸飾，或頸下飾有環形瓔珞垂於胸前，胸前正中懸一圓形寶珠；或頸下橫垂寬大的瓔珞，突出於胸前服飾之上；或胸前有連珠紋形式的瓔珞，懸繞交會於小腹前。

這些佛教石雕像，不論頭髻、臉型五官、僧服款式和衣皺表現，都可說是北魏時期造像藝術的特色。尤其是國巨股份有限公司收藏的北魏中期的菩薩立像（砂岩）、鑫玉堂收藏的北魏中期的菩薩立像（砂岩），技法洗練，前者尤其精美，造型自然，富有神采，為北魏雕像發展成熟的代表作品。

在這些造像中，臺北私人收藏的北魏孝昌元年（525年）的佛三尊像碑（石灰岩）、震旦文教基金會收藏的北魏景明四年（503年）的釋迦像碑（砂岩），均採用剔地雕刻的畫像石技法。前者為立式造像碑，碑上刻一佛二菩薩，佛頭部肉髻低小，菩薩則頭戴三瓣巾冠，冠繫僧帶；佛坐於中，二菩薩分立左右，身形均清瘦，雙手纖細，右持無畏印，左持與願印，身著偏袒僧衣和雙領長袈裟，菩薩跣足立於蓮華臺上，造像與衣褶陰刻線條自然流暢，菩薩天衣長帶作飄揚之狀。這兩個陰刻造像，都表現出成熟、流暢的藝術風格，是北魏晚期的精緻線刻畫作品。

2. 東魏

有坐像、立像,石質為石灰岩或黃花石。像之頭部或肉髻高凸,或細圓高凸,或無髮飾,或結小螺形髮飾,個別戴花蔓紋五角頂寶冠,冠之兩側繫僧帶而下垂。面部多為方圓,個別半圓;眉目細長微張而清秀,嘴角上揚含笑,給人以慈和親切之感。這是東魏佛像造型五官的特徵。眉目造型不以陰刻線條強調,而以刻陷來凸顯眼窩的弧度,嘴形則借下唇圓弧式的彎曲,帶動上唇兩角的上揚,自然地表現發自內心的微笑,這又是東魏造像的五官表現的特徵。坐像結跏趺而坐,右手持無畏印,左手持與願印;立像跣足立於座上,雙手往外平伸,右持無畏印,左持與願印。坐像身著偏袒右肩僧祇衣,外披雙領下垂袈裟,裙裳垂至座,以階梯狀表現衣褶。立像上身著雙肩披巾,下身著束帶高腰長裙,天衣飄帶或以繫璧結飾相交於小腹前,或懸垂交會於下肢。物飾或項飾平貼在胸前,另以長串瓔珞環繞身前,以寶珠繫璧相交於小腹前;或頸下懸瓔珞項飾,正下方以一塊三角獸面紋繫璧作為配飾,全身又懸以長串瓔珞,疊附於天衣飄帶上,在小腹前的繫璧交叉相會。東魏佛像不僅眉目造型特徵使造像脫離了概念化的線性暗示而栩栩如生,更具現實感,而且通身飾物精緻華麗優美,典雅秀逸,表現出其製作的精細和技法的成熟。特別是靜雅堂收藏的東魏的菩薩立像(石灰岩),可稱為東魏造像藝術的代表佳作。

3. 西魏

上表所列的西魏佛教文物「造像塔節」,是柱形象塔之某節。塔節四面開龕造像,每龕都有佛坐五尊像,為一佛二菩薩二比丘。其一龕主尊結跏趺坐於須彌座,頭部肉髻高凸,面方圓,眉目細長,右手持無畏印,左手持與願印,上身內著偏袒右肩僧祇衣,外披雙領下垂袈裟,下身著裙裳。對面另一龕主尊,頭部面部與前者相似,雙手則放在腹前,持寶珠或法器,作禪定印,兩者手法相同。另一相對兩龕,一龕為文殊維摩說法像,左邊為維摩像,維摩詰為在家居士,故手持羽扇身著士服;右邊為文殊,頭戴冠巾,身著雙披肩,天衣飄帶繞身。另一龕為交腳坐像,右手持無畏印,左手持與願印,頭戴寶冠,下著裙裳。從四龕像見出佛像眾多,主次清楚,而題材豐富,是北朝末年新式的表現形態。

4. 北齊

多為立像，坐像較少。石質多為石灰岩，砂岩者少，也有白石、漢玉石。北齊時期佛的頭像多是肉髻低平，髮飾多為結小螺旋形，臉型多為長圓形而且豐腴，與北魏、東魏有明顯的不同。在五官處理上，雖然延續東魏的表現手法，雙眉弧形如月，雙目細長微張，但眼神俯視，雙唇緊閉，取代以往的慈和含笑，有如內省禪想的神態，具有端正和法相尊嚴之美。雖然個別佛像頭部仍是肉髻高凸，慈目含笑，但只是東魏的餘風。佛身或著偏袒右肩僧祇衣與袈裟，或著低身圓領袈裟。衣褶以遒勁流暢陰刻紋來表現，或兼用了立體月形沙丘弧線。衣紋的處理簡潔，貼著身體的高低而起伏，故有薄衣貼體的輕便優美之感。這與以往華麗厚重的僧服有明顯的不同，是北齊造像新式藝術風格的特徵。

良盛堂收藏的北齊的金剛力士像（砂岩）頗具特色，頭戴西式的武冠，禿髮寬額，鎖眉瞪眼撅嘴，作嗔怒之態。身著皮盔薄甲，右腳支撐，左腳歇站，右手叉腰，左手握拳，表現出健武而將搏戰的神態，可稱是護法之神。臺北私人收藏之北齊武平六年的雙觀音立像（漢白玉）也頗具特色。二觀音頭戴巾幘寶冠，冠之飄帶下垂過肩，髮型中分平貼。臉型長圓豐頰，眉彎如月，目細長微張，神態端莊優雅而安詳。二像身立挺直，手勢以對稱表現，靠中軸內側提手至胸前，外側放手持法器。上身著雙衣披肩，下緣天衣飄帶垂於肘臂，頸繫瓔珞，環繞胸前，交會於腹前繫璧。下身著高腰長裙，腰圍束帶，帶飾懸垂至下擺。裙下衣褶簡潔，跣足立於複瓣蓮花臺上。這件二觀音並立的造像，以往未有，說明北齊開始出現雙觀音造像與信仰。

5. 北周

有坐像、立像，石質為漢白玉石、灰岩或砂岩。頭部多戴冠，或三瓣花蔓輪形寶冠，巾幘垂肩；或連珠花蔓紋高冠，繒帶垂肩；髮飾中分平貼。個別頭部為肉髻低平，髮飾結小螺旋形。臉部額寬而面闊，方圓而豐頰。這與東魏、北齊有明顯的不同。眉彎如月，目或纖細俯視，或全張平視；唇或曲折緊閉，或緊閉微翹，或微張含笑；鼻勢皆寬挺。上身多為裸露，或著雙披肩，或雙肘懸繞天衣垂至正面下擺，或披雙披肩而天衣飄身後。下身或著裙

襬,天衣垂飾;或著低腰束帶裙襬,上裙翻褶複帶;或著高腰束帶長裙,下擺懸垂於蓮臺之上。衣褶或起伏如階梯狀;或陰刻,簡潔流暢。胸飾方面,或胸前懸以連珠紋瓔珞,瓔珞之下正中有一寶珠懸垂;或除此胸飾之外,另懸長串瓔珞,貼附天衣環繞至下擺;或胸前懸有方格紋之寬帶瓔珞,以花形、連珠紋飾點綴,另懸長串瓔珞寶珠,繞頸垂於下擺。這種繁複華麗的胸飾,亦不同於東魏、北齊。

靜雅堂收藏的北周的思維菩薩像(漢白玉)在造型上富有特色。菩薩右腳半跏而坐,右腳脛放於左腳膝蓋之上,左手撫著右腳脛,儀態優美典雅,輕巧而不失尊嚴。這種思維坐像,較為少見。

從整體來看,北周佛像造型頭大身短,額寬面圓而豐頰,粗頸、窄肩與細腰相配,頭身比例過大,是北周佛像造型的特徵。

北朝歷經幾個少數民族政權的更換,由於統治者好佛,因而造佛風氣盛行,但由於各少數民族的好尚、文化風俗,以及漢化的程度不同,統治者的好尚不同,影響佛教造像的形態和式樣不同,使各個朝代佛教造型在傳承的過程中,各有其不同的特色和風格。因而這個時期的佛雕,在中國佛教藝術史,以至中國雕刻藝術史上占有重要的地位。

1997年12月,臺北故宮博物院舉辦的「雕塑別藏——宗教編」特展是極為精彩的展覽,它由石愚山房、良盛堂、源吟堂、震旦文教基金會、靜雅堂、藍田山房、鑫玉堂等七個雕塑收藏單位出其珍祕展出,其中大多是第一次示人。[3]

宗教雕塑特展在臺北故宮文獻大樓展出,這是其主樓旁的另一座造型古樸典雅的建築物。展出的近百座宗教雕塑按年代排列,分置於若干展廳。北魏雕塑造型樸實古拙,刀法平直。其中石灰岩石雕「彌勒菩薩交腳像」(高55公分,良盛堂藏),出自龍門石窟古陽洞,為孝文帝遷都洛陽後第三期作品。造型精巧,臉型略長,五官細秀,勁細肩窄,衣紋對稱,線條流暢。石灰岩石雕「阿難頭像」(高55公分,良盛堂藏),出自龍門石窟中的蓮花洞,洞中正壁主尊立佛左右各一脅侍比丘,惜三尊佛像頭部均被盜,其中一尊現藏於法國吉美博物館。石雕造型極為高妙,正面視之鼻歪眼斜,似五官不正,

第三節　臺灣佛教文物

這正是當時匠師以八分面的角度來體現侍者與主尊的關係，可謂匠心獨具。石灰岩石雕「白馬跪像」（高25.5公分，良盛堂藏），秀骨清像，馬脖細長，馬體肥大，緊靠馬體的人物下蹲，與馬體比似略為單薄，這正體現人物對白馬的依戀。石灰岩石雕「佛立像」（高92公分，靜雅堂藏），造型古樸，佛像面闊頰豐，雙臉透出寧靜的微笑。砂岩石雕「菩薩頭像」（高20公分，良盛堂藏），細眉高眼，嘴含微笑，隱透出一種安詳寧靜的氣氛。東魏造型童稚純真，線條簡潔。石灰岩石雕「佛三尊像碑」（高132公分，震旦文教基金會藏），三位主佛各腳踏蓮花，當中立佛比兩邊高出一頭，五官細膩，臉頰豐滿，左右對稱，兩位立佛身軀比例均勻，衣裙線條各不一樣，三位立佛表情看似自然，卻於平淡中蘊藏著醇厚。石灰岩石雕「佛三尊像殘碑」（高47公分，震旦文教基金會藏），形態各一，中立者面帶微笑，目視前方，神態祥和，右立佛比中立佛矮一截，左立佛又比右立佛矮一截，線條簡潔明快。兩座石灰岩石雕「化佛飛天殘碑」（一座高69公分，石愚山房藏；一座高58公分，靜雅堂藏），佛像造型簡率拙樸，極富立體感。石灰岩石雕「佛立像」（高92公分，震旦文教基金會藏），造型簡潔，立佛足踏蓮花，臉頰豐潤，表情於自然中透出一種雍容氣度，一手掌心向上（惜四指折斷），一手掌心向下，衣褶貼體，線條凸起，極富立體感。北齊宗教雕塑內容豐富，人物眾多，表現手法富有變化。石灰岩石雕「佛立像」（高64公分，震旦文教基金會藏），佛像表情端嚴、肅穆，於下斂的眼光中透出一種靜泊神情，衣服質感柔軟，凡乎不見衣褶，造型流暢，渾然一體。石灰岩石雕「佛頭像」（高21公分，震旦文教基金會藏），微露雙眼，肉髻低平，做沉思狀。石灰岩石雕「法界人中殘像」（高66公分，震旦文教基金會藏），雖殘缺了頭像，但可看出其刀法圓潤，站姿挺直，身軀渾圓如柱。大理石石雕「佛頭像」（高82公分，震旦文教基金會藏），頭型渾圓，雙眼微張，安詳沉靜。大理石石雕「半跏思維菩薩像」（高70公分，良盛堂藏），布局複雜，圖像繁縟，背後有飛天為背景，龕中一菩薩端坐其中，裝束簡樸，兩邊各站兩位侍者，層次分明。石灰岩石雕「佛立像」（高64公分，震旦文教基金會藏），線條流暢，臉上透出悠然安詳之意。

臺灣佛教

第七章　臺灣佛教藝術與臺灣社會

　　隋代宗教雕塑上承南北朝餘風，下啟唐風。石灰岩石雕「菩薩立像」（高115.3公分，靜雅堂藏），面部雙眼下視，姿態僵直，衣著繁縟。石灰岩石雕「菩薩立像」（局部，震旦文教基金會藏），面部肌理柔和，雙眼微張，肩寬體壯。黃花石石雕「佛三尊像」（高33公分，源吟堂藏），三個佛像，身軀轉接自然，中間一尊粗矮渾圓。唐代是中國雕塑史的黃金時代，造型極具韻律感，從雄渾莊嚴的氣氛中透出一種大唐氣象。菩薩在唐代所有佛教雕塑中變化最大。石灰岩石雕「菩薩立像」（高119.4公分，良盛堂藏），為龍門石窟立像，面如滿月，肌體豐腴，天衣斜披，腰肢擺動，身材矮健，整個造型顯得生動優美，嫵媚動人，表現出一種世俗情調，對後世佛像生活化、世俗化產生了很大影響。「阿彌陀佛坐像」（高36公分，良盛堂藏），面圓頰滿，曲眉豐頤，雙肩寬厚，袈裟衣褶自肩上滑落，呈圓弧形，衣壁隆起，時淺時深。整個造型雄健飽滿，可看出唐代以胖為美對佛像雕塑的影響。石灰岩石雕「天王像」（高99公分，良盛堂藏），身材魁梧，胸闊臂壯，左臂上舉，右臂叉腰，左腿立地，右腿成虛步，造型威武，透出人格化、世俗化氣息。石灰岩石雕「菩薩坐像」（高39公分，良盛堂藏），頭為螺旋式高髻，面相豐腴，從胸部到腰部弧線明顯，委婉柔美，造型靜穆端莊，可看出佛家思想和世俗追求相結合的一種唐代的創造特點。

　　宋代宗教雕塑繼承了唐代飽滿瑰麗的作風和洗練的手法，但造型更加自在閒適，體現出一種獨特的人情味。木雕「菩薩坐像」（高156公分，藍田山房藏），兩眼下視，表情平靜、嫻雅，肌體豐滿，右腳抬放座上，左腳下垂，右手置膝上，一副從容自在的姿態，從菩薩的莊嚴中透出人世間的情感。木雕「菩薩立像」（高230公分，震旦文教基金會藏），面頰豐滿，雙眼下視，造型端嚴，於雍容大度中隱透出一派富貴氣質。遼代雕塑繼承唐代傳統，也融合了本民族特色，以寫實為主。木雕「菩薩坐像」（高117.5公分，良盛堂藏），表情肅穆，右手抬起，掌心向前，左手平放小腹前，雖為直坐，但腰直背挺，隱隱透出一種威嚴。大理石石雕「弟子立像一組」（高63公分，震旦文教基金會藏）左邊一位面龐豐滿，雙手放於胸前，意態閒適；右邊一位雙手合十，似乎在傾聽佛主的吩咐，各自表現出不同的心理個性。金代雕塑承遼風，佛像大都面相豐腴，神情冷漠。木雕「菩薩坐像」（高82公分，

良盛堂藏），面如釋尊，方圓豐腴，左手放於腰間，右手展伸於膝上，上身大部分袒露，豐胸鼓腹，神情凝重。木雕「菩薩坐像」（高 128.5 公分，良盛堂藏），頭戴高花冠，精巧華麗，帔帛裙褶質感強，體態豐滿，身軀敦實，已顯出臃腫之感。木雕「天王立像」（高 118 公分，良盛堂藏），天王面闊耳寬，雙眉緊皺、全身鎧甲褁身，顯得十分威嚴，氣勢不凡。

明代宗教雕塑造像陳陳相因，缺乏唐宋風采，日趨形式化。三彩「觀音菩薩坐像」（高 135 公分，良盛堂藏），腰直背挺，雖然製作精細，瓔珞華麗，但因表情板滯而顯得生硬，缺少一種神韻。石灰岩石雕羅漢坐像（高 79 公分，藍田山房藏），坐姿板直，面部隱透出一臉無奈，雙手伸向胸前。石灰岩石雕「羅漢坐像」（高 82 公分，藍田山房藏），雙眼微笑下垂，衣褶等線條清晰，造型自然。其總體藝術水準，已遜於前代。

第四節　臺灣佛教造像工藝

佛教隨著大陸人民移入臺灣，佛教的神像也隨移民的隨身攜帶而進入臺灣，所以臺灣早期佛教的神像，都來自大陸福建等地。早先由私人個體帶入，以後隨著佛教在臺灣的發展，臺灣佛教信徒的團體或寺院，則從大陸寺院，把佛、神分香、分靈迎入臺灣。隨著佛教影響的擴大，移入佛、神之像日益不能滿足信眾的需要，於是臺灣佛教造像工藝便應運產生和發展。由於早期佛像主要來自福建，而福建與臺灣又只隔一水，臺灣佛教造像工藝或由福建造像藝人遷臺，或由寺院、佛教團體禮聘福建工匠而傳入臺灣。這些造像藝人以其精湛的工藝取得寺院和信眾的認可，便留在臺灣，並將其工藝代代相傳，成為其家傳專業。例如當今臺灣著名的神像雕刻師父吳清波，是泉州「小西天」神像雕刻祖鋪的第五代傳人；臺灣「國寶」級藝匠李松林，其曾祖李克鳩從福建永春渡海去臺，參與鹿港龍山寺修建，以後便定居鹿港，世代以木雕為業，李松林繼承三代家傳工藝，擅長人、神造像，成為臺灣雕藝界的名流。

臺灣佛像造型工藝，由於傳入的渠道不同而有流派之分。一般來說有泉州和福州兩個流派，各具特色。從外觀、造型看，泉州派重寫意，福州派重

臺灣佛教

第七章　臺灣佛教藝術與臺灣社會

寫實，而兩派在色澤、身長比例、漆線等方面各有不同：以色澤而言，泉州派色法濃而沉重，稍呈橘紅色；福州派淡而雅，如膚色。以身長比例而言，泉州派頭身比例為 1：3～1：4.5 之間，福州派則仿真人比例縮小。以漆線而言，福州派用「粉漆」，泉州派用「乾漆手抽法」製作線飾，比「粉漆」均勻細緻，而且紮實耐久，是其一大特色。吳清波的五原色粉彩和手抽乾漆就極為有名。但泉州派技法繁複，費時難學，授徒又多以家族相傳，故傳承不如福州派廣泛。清末以後，福州派師父漸多，現今則散布臺灣各地，而泉州派師父則僅以鹿港為主。[4]

臺灣傳統的神佛造像，十分虔誠而神聖，選材要依據神佛的指示方向選定，開斧要選擇吉日良辰舉行傳統的儀式，雕造時要由下往上，先粗後細，然後雕刻臉部五官，經過思索、上膠、粉繪等整飾等工序，最後舉行儀式開光點眼，才算完成。

臺灣佛教造像取材有銅、石、木等。但臺灣產銅不多，石材又缺，因此取材於木的較多。故木雕佛像多，石雕次之，銅雕甚少。

一、銅鑄佛像造型工藝

臺灣最傑出的銅鑄佛像工藝師為被稱為大師級的楊英風。楊英風 1925 年出生於宜蘭，1997 年逝世，其作品完美而豐富，可用「前衛的心、本土的情、莊嚴的境」來形容，他晚年在與病魔頑強的鬥爭中創作了一批精品佛像，為臺灣各界所讚歎。現據寬謙法師在《覺風》第 21 期所提供的作品年表，將其與佛教有關作品陳列如下：

第四節　臺灣佛教造像工藝

年代	作品名稱	材質	作品或設置地點	尺寸(公尺)
1952	觀自在菩薩	銅	創作品	約0.5(頭像)
1955	慈悲版畫	版畫	創作品	約0.38x0.25
1955	仿刻雲岡石窟大佛（第20窟）	石膏	仿作品	約0.82x0.85x0.37
1956	阿彌陀佛立像	石膏	宜蘭雷音寺念佛會	約2(立像)
1960	釋迦牟尼佛及千佛背景	水泥	新店法濟會	約1.2(趺坐像)
1960	慈眉菩薩	石膏	仿北魏及創作品	約0.5(半身像)
1961	佛顏浮雕	銅	仿及創作品	約0.3x0.2
1962	釋迦牟尼佛說法像	水泥	新竹法源寺大殿	約2.5(趺坐像)
1962	須彌法界圖	磨石子地面	新竹法源寺大殿	約10x5
1962	地藏菩薩	水泥浮雕	華源寺華藏寶塔二樓	約0.5(趺坐像)
1962	釋迦牟尼佛及菩薩飛天背景	水泥圓雕及浮雕	華源寺華藏寶塔二樓	約1.2(趺坐像)
1972	庭園規劃、石景布置	庭石	新加坡雙林寺	
1975	四臂觀音	銅	永和貢噶精舍	約1.5(趺坐像)
1975	虛老和尚像	銅	台北慧炬佛學會	約0.5(趺立像)
1976	印光大師像	銅	台北慧炬佛學會	約0.8(趺坐像)
1976	恆觀法師像	石膏	美國萬佛城	約0.3(趺坐像)

第七章　臺灣佛教藝術與臺灣社會

續　表

年代	作品名稱	材質	作品或設置地點	尺寸(公尺)
1977	美國萬佛像	設計規劃	美國萬佛像	
1979	盧舍那佛	銅	創作品	約0.3(趺坐像)
1980	地藏菩薩	銅	創作品	約0.3(趺坐像)
1980	(造福觀音)	銅	創作品	約0.7(半趺坐像)
1981	(造福觀音)放大工程	水泥	花蓮和南寺	約12(高半跏趺坐像)
1981	覺心法師像	銅	新竹法源法堂二樓	約0.6(半身像)
1981	甘珠活佛金身像	銅加泥金	永和甘珠精舍	約1.5(趺坐像)
1981	須彌法界浮雕	銅	創作品	約0.7x0.7
1982	盧舍納佛(放大)	銅	高雄文化院	約0.5(坐像)
1982	須彌法界(放大)	水泥浮雕	高雄文化院	約7x7
1982	古蹟修護	彩繪金箔整修	台南開元寺	(山門、彌勒殿、大雄寶殿、大士殿、重新彩繪、四大天王、彌勒菩薩、十八羅漢重修、另增兩幅觀音菩薩浮像)
1983	盧遮那佛及背光	水泥	新竹法源四法堂三樓	主尊高約2公尺(趺侍像)
1984	華藏上師像	銅	台北諾那華藏精舍	約1.5(趺坐像)
1984	觀音殿佛龕及屏風設計製作	紅木	美國莊嚴寺	約5x2.5
1985	祈安菩薩	銅	創作品	約0.7(立像)
1985	祈安菩薩(放大)	銅	台北大熊清舍/設置於七號公園內	約14.4(立像)
1985	釋迦牟尼佛	銅	創作品	約0.6(趺坐像)

第四節　臺灣佛教造像工藝

續　表

年代	作品名稱	材質	作品或設置地點	尺寸(公尺)
1986	聞思修	銅浮雕	創作品	約0.7x0.2
1987	天人禮菩薩	銅浮雕	新竹法源寺法堂三樓	約4.5x10
1987	福嚴佛學院重建	設計規劃	新竹福嚴佛學院	
1987	日月星緣	不鏽鋼	新竹法源寺庭院	約1.5x2.0 x0.7
1987	地藏王菩薩壁浮雕	花崗石金線雕	法源寺華藏寶塔一樓	約3.0x2.5
1987	地藏王菩薩	銅	美國萬佛城	約0.9(趺坐像)
1988	三摩塔	水泥	新竹法源寺庭院	約1.0x1.50 x1.5
1988	藥師佛	銅	創作品	約0.3(坐像)
1988	千手千眼觀音菩薩	畫像	創作品	約0.45x0.35
1989	善財禮觀音	銅	創作品	約0.9(高半跏趺坐像)
1989	華嚴三怪(釋迦佛，文殊、普賢普薩)	銅	創作品	主尊高約0.6 (趺坐像)
1989	續明法師像	銅	創作品	約0.5(半身像)
1989	印順導師像	銅	創作品	約0.3(倚坐像)
1989	印順導師像(放大)	銅	新竹福嚴佛學院	約1.5(倚坐像)
1990	羅漢像系列(一)(二)(三)(四)	銅	創作品	約0.3(倚坐像)
1991	華嚴三怪及飛天石窟背景放大	銅及水泥	新竹福嚴佛學院	總立面月15x20
1993	慧日講堂重建	造型設計	台北市慧日講堂	地下三層，地面五層
1995	小善財禮觀音	銅	創作品	約0.5(半跏坐像)
1995	慈悲新版	版面	創作品	約0.9x0.7
1995	阿彌陀佛	銅	創作品	約0.5(趺坐像)
1996	千手千眼觀音普薩新版	版面	創作品	約1.0x0.7

385

續　表

年代	作品名稱	材質	作品或設置地點	尺寸(公尺)
1996	彌勒菩薩	銅	放大工程正在進行中	約30(趺坐像)
1997	慧華、敏智上師像	銅	台北諾那華藏精舍	約1.5(趺坐像)

　　臺灣著名的銅鑄製作家還如謝毓文，其作品有兩大主題：一是佛像，二是歷代人物。他鑄作佛像，以中國傳統的青銅文物為借鑑，選擇青銅為創作材料，以便保存久遠；製作則選擇青銅「脫蠟鑄造法」，將其所學的西洋雕塑技術與理念，融入傳統的佛像製作之中，把西洋重客觀意識表達的人體雕塑，與傳統著重主觀意識表達的佛像塑造結合起來，既注意作品外觀的觀察，又能以心觀照佛心，所以其所鑄造的佛像法相莊嚴、神態威儀，有均衡之美。他重視衣飾簡潔的線條與色彩的搭配，加強衣褶的飄逸與律動感，筆觸細緻、粗獷並濟，遠觀有整體結構的美，近觀則有造像神韻細緻之美，使佛像不只為一種宗教藝術，而且兼具藝術的價值。這些鑄造佛像的工藝特點，都在其佛像作品中得到體現。許多銅鑄佛像頭戴寶冠，或有結小螺旋形的髮飾，或無冠帽和髮飾；臉部方圓豐頰，兩耳寬長，眉如初月，眼細長下視，表現一種沉思禪想和自我觀照的神態，鼻勢端突，兩唇微張含笑，顯示佛之祥和與慈悲。雙手或右手持禪杖，左手持法器；或右手放於腳上，左手平放腹前，掌中持法器。服飾則在衣外披袈裟，袒胸，胸前或懸有瓔珞環飾，或無。衣褶或作階梯形，或簡潔飄逸。佛像整體栩栩如生，無論整體結構或造像神韻，既顯示北朝佛像造型的美，又表現西洋人體表現之美。

二、石雕佛像造型工藝

　　石雕在中國有悠久的歷史，遠的不說，漢墓的石刻、雲岡和龍門的石雕，就已經達到了石雕藝術的高峰。臺灣石雕佛像造型工藝也來自大陸，無疑也深受祖國傳統石刻藝術的影響。臺灣石雕大約已有三百年的歷史，早期工匠是從大陸請來的。這些工匠或把手藝傳給子弟，或傳給徒弟，代代相傳，產生了一代又一代的名師高匠，也有是從藝術院校科班出身的藝術名家。花蓮

第四節　臺灣佛教造像工藝

是臺灣石雕的著名產地。臺灣早期的石雕所用的石材，大多來自福建，有青石、花崗石等。後來花蓮發現、開採了大理石，一時石雕工藝在花蓮興起，產品大量外銷。上世紀 80 年代後，佛教雕刻開始興盛，出現了楊英風、陳夏雨、林忠石等眾多石雕名家。其製作工藝過程大約是選好石材，根據石材和所要雕刻的對象進行構思，接著選好日子開斧動工，先佛身後佛頭，完成雛形之後進行精雕細刻。雕刻師在製作中除了參考傳統石雕佛像的造型之外，還表現出民間普遍性的認同標準。由於雕刻師的匠心獨運，故其作品既能看出傳統石雕的影響，又能表現出其獨具的特點，從中可以瞭解臺灣的民俗藝術。當今臺灣石雕家鄧廉懷是老一輩名師楊英風的高足，其石雕文殊菩薩、接引如來、思維菩薩、悟、達摩祖師等作品，均達到出神入化之妙，連連得獎。據說他雕刻佛像時，虔心吃素，以執著的毅力，全身心投入雕刻之中，把對佛的虔敬和對藝術無盡的追求的精神萃集於佛雕作品之中，足見臺灣石雕名師的精益求精的藝術風韻。詹文魁石雕也別有特色。1991 年 7 月，詹文魁在臺北市新生畫廊展出四種類型的作品，即：1. 完整立體的圓雕，作品不留殘石；2. 近圓雕的高浮石雕像，佛像全身完整，但遺有部分殘石；3. 半身或胸像的石佛；4. 石像的五官或手掌部分施以細緻的處理，而花冠衣袍部分則全以粗獷的原石裂紋表現。

三、木雕佛像造型工藝

　　臺灣木雕佛像的主要用木是檀木和樟木，檀木質地細緻，而來源少，後者來源較多，而且能防蛀，兩者都能散發出奇異的香味，給佛像增加宗教的氣氛和神祕的色彩，增強對佛信仰的吸引力。但也有用杉木的。木材的選擇很重要，如彰化縣溪湖鎮鳳山寺中有一尊花工千元從福建莆田請來的大型千手觀音，15 年過去了，卻從中間裂開，寺中法師想盡種種辦法卻無結果，法師請筆者考察，始知此尊觀音像為龍眼木，一到時間自然開裂。

　　佛像的雕刻，都是全身像，有坐姿、立姿，半身像很少。佛像的木刻大約經過幾個工序：第一，選材。舉行儀式，求神佛指示，按照神佛的指示選好木材。第二，開斧。選擇良辰吉日，舉行開斧儀式；向神佛禱告，在已選好的木材上象徵性地輕砍三刀或七刀，意喻三魂七魄，用紅紙或紅布蓋住，

臺灣佛教

第七章　臺灣佛教藝術與臺灣社會

以表示此木材已有了靈明之氣。第三，祈佛決定雕像的大小和姿態。即舉行儀式向神佛禱告，由神佛透過乩童傳達神佛指示。雕像的大小先約略定為二尺或三尺，後以平安尺來確定雕像的確實尺寸。如果乩童指示的尺寸不大適當，可溝通改變。第四，入神。雕刻成為粗坯時，選定吉日良辰舉行入神儀式，拈香祭拜後，將虎頭蜂或金、銀、香火等，塞進雕像背後預先挖好的洞內，用木塞封住。目的是使神像之像具有神明之威力。第五，開眼。經過精雕細刻以及思索、上膠、彩繪等整飾後，佛像基本雕成。此時必須舉行開光點眼儀式，使佛像具有神靈，能夠顯聖。如此，佛像才算雕刻完成，可供奉祀祭拜。[5]

　　木雕佛像工藝，在臺灣有泉州、福州兩個流派。泉州派雕法的特色沉穩、自然流暢，福州派重生動、活潑。兩派都注重師徒傳承，但泉州派是以家族子弟來傳承手藝，福州派可擴大至旁系親屬。這種傳承可以保證手藝代代相傳，各保特色，並精益求精。當今鹿港已成為臺灣木雕佛像的重鎮，許多著名雕刻師，如李松林、施鎮洋、吳清波、施至輝等，都是木雕佛像傳統工藝的傳承者。他們的雕像出於藍而青於藍。李松林在鹿港木雕界有「龍頭」之稱，施鎮洋得臺灣第8屆薪傳獎，吳清波得臺灣第3屆薪傳獎，施至輝之父施禮被稱為「神刀」，而至輝作品一如乃父。這些雕刻師對於傳統工藝十分執著，例如吳清波是泉州「小西天」神像雕刻祖鋪的第五代傳人，至今他仍執著地傳承吳家傳統古法，在雕刻佛像或神像過程中毫不含糊，堅持要親自用手工打造粗坯，絕不用機器代替手工。粗坯經中坯、磨光之後，製出佛像白身，便用黃土溶上水膠，勻刷白身。其所用黃土，是來自山裡的真純黃土，絕不用化學替代品。刷上黃土，便粘貼漆線。一般雕刻鋪的漆線，是將白色牙膏狀的溶水礦物用畫筆容器擠出。而吳清波仍堅持用吳家古法，將乾漆搓成均等的細線，粘在佛像之上。粘漆線則全憑自己手藝高超，從不打底稿。在色澤方面，仍是堅持吳家古法，只用紅、黃、青、黑、白五種原色，因而他雕刻成的佛像質樸、莊嚴，無豔麗炫目之狀。這種執著傳統工藝的精神，使古法工藝得以傳承，以保留古拙質樸的風格，其苦心孤詣令人欽佩。[6]

　　傳統的雕刻技藝也是一種不可再生的資源。一旦失傳，無法復活。隨著現代化的進程，雕刻工藝的一些工序，漸以機器代替手工，以化學材料代替

原材料，使雕刻工藝的作品遜色不少。近十幾年來，臺灣佛像工藝品受到中國一些廉價工藝品的衝擊，有些雕刻佛像的廠家或個體經營者，以加快速度降低成本來爭取生存，以致降低了成品的質量，其結果是喪失了精湛的傳統工藝，也失去了雕刻作品的固有特色。但是也有一些像吳清波那樣的雕刻師，仍然執著於傳統工藝的創作，保留了自己的佛像雕刻的特色，保證了佛像作品的質量和特有的風格。而有關的美術工藝團體，也設有「薪傳獎」，對傳承傳統工藝作了貢獻的雕刻師進行鼓勵，這無疑是可取的。

為了滿足各地對佛像雕塑家的需求，民間還成立了雕塑學習班。如秦華佛像雕塑研究學會創辦了「佛像雕塑速成班」，以大藏經中造像量度經為基礎，神情以「慈悲」、「莊嚴」為目標，每期時間六個月到八個月。

臺灣的佛教造像刺激了臺灣的消費。以苗栗縣三義鄉廣成村為例，村中幾乎人人製作佛像，村中還辦起了佛像博物館，村中佛像店鋪接連鱗比，很是熱鬧。選請木像者、參觀者人頭攢動，來往車輛、團隊接連不斷，是名副其實的木雕一條街。木雕生意，滋養了整村人。

第五節　臺灣佛寺建築藝術

一、臺灣佛寺的山門

山門是佛寺的門面，給人以第一印象，往往透過山門可判斷佛寺的規模和主人的喜好。臺灣佛寺的山門形式多樣，風格不一，常常給人留下深刻印象。牌坊型山門，是臺灣佛寺山門中常見的樣式。牌坊在古代稱「綽楔」，又名牌樓，其造型美觀，一般在斗拱額坊柱兩旁，都有堅固的斜戧，用作山門，可增加莊嚴肅穆的氣氛。牌坊型山門有門樓式、宮殿式等多種形式，臺灣佛寺大多數牌坊型山門也多是這兩種形式，一般有一大（中間）二小（兩邊）三個門。苗栗縣苑裡鎮的慈光寺，其山門上下兩層，上下層的屋簷外都置以走獸瓷器，兩檐微微翹起。彰化市桃源里的八卦禪寺，其山門上下兩層中格開六個空格，於端莊之中透出空靈，其山門左右兩側的詩偈為：「八方皈法眼悟菩提樹生虛境，卦象印禪心知明鏡臺絕俗生。」彰化縣員林市的紫

第七章　臺灣佛教藝術與臺灣社會

竹禪寺，牌坊型山門為宮殿式，屋脊中為一法輪，簡約古樸。上下兩層之間密封沒有空隙，顯得厚密穩重。彰化市福山里的福山寺，高大的山門上下層之間飾以彩繪，顯得端莊雄偉。嘉義縣民雄鄉的寶林禪寺，山門兩邊用磚貼砌，並無詩偈，屋脊也無任何裝飾物，顯得樸實端莊。南投縣水里鄉的蓮因寺，銀白色的山門一字排開，除了風鈴外並無任何裝飾，半圓形門上的石刻花紋精細優美，與整個山門和諧地體現出一種豁然和寧靜。南投縣竹山鎮的德山寺以四根柱子抵住上面的建築，雖無可開的門，卻表現出一種大氣和端莊。

富麗堂皇是臺灣佛寺山門中的一個特點。臺中市太平區的清涼寺，山門為歇山二重式屋頂，正方形正門，兩邊為拱形圓門，再兩邊各有四個精美圖案的門壁，山門前兩排石階中昂首怒目的巨龍極為華麗莊嚴。臺北市中山區的劍潭古寺，其山門的四根圓柱上都刻滿詩偈，屋簷下為彩繪，「劍潭古寺」匾額下又為山水人物彩繪，顯得光彩奪目。南投縣埔里鎮的地藏院，山門為中間正、兩邊斜的模式，三扇半圓形門上都雕有精美的花紋，顯得美輪美奐。臺南市仁德區的淨修禪院，山門前後各有兩排石柱，山門為兩層，上層即為精美的花紋圖案，下層的門楣上也是圖案，精美絕倫。臺南市西港區的信和禪寺，山門前有兩個遙相對應的石獅，山門二層屋簷下的石條上均為精美雕刻。臺南市新營區的妙法禪寺，山門的出檐極為繁縟，宛如宮殿，四根柱子上均刻有詩偈，極為雍容華貴。基隆市信義區的大佛禪院，山門為三個歇山頂式建築，當中一個高於兩邊。屋脊上的仙人和動物等裝飾，將山門點綴得富麗華貴。

有的山門形態各異。彰化市中山路的南山寺，山門為拱門形式，中間正門為全圓形，旁邊兩個邊門上為花瓣形，下為長方形，門前青獅一對，門前後各有象首四只。彰化縣田中鎮的鼓山寺，山門用水泥灌為冂型，上有三個法輪，可稱別具一格。雲林縣古坑鄉的慈光寺，山門四個石柱上站立著高各四丈餘的四大天王，一種威嚴之感油然而起，據說僅此四天王造型就歷時二年餘。嘉義縣梅山鄉的禪林寺，有兩座山門，一座在山腳下，一座在寺院前。南投縣名間鄉靈山寺，山門屋脊裝飾極為繁縟，雖有「一大（正）二小（邊）」三個門，但只開正門，兩邊門是封住的。臺南市北園街的開元寺，山門極為

第五節　臺灣佛寺建築藝術

金碧輝煌：山門為硬山式，屋簷上四隻向著檐中法輪的鳳凰泥塑，兩邊屋簷飛翹極為誇張，山門前的正門、側門左右皆鑲有石雕圖案，共六幅，屋簷下有一藍底橫匾，上書「登三摩地」四個大字。臺南市白沙區的大仙寺，山門只開一個正門，邊門不是開在兩邊而是開在兩側，兩層屋脊的兩端高高翹起。

有的山門精緻小巧。苗栗縣通霄鎮的福智寺，山門僅一扇門，上題「福智寺」三個大字，如農家四合院大門，精緻簡樸，門上屋脊微微起翹如燕尾式，顯得小巧玲瓏。彰化市卦山里的茗山岩，僅開的一個山門小巧古樸，山門上的屋簷兩條騰躍的長龍相向而對，顯得堂皇又精巧。有的山門簡潔樸實。苗栗縣竹南鎮的永蓮寺，山門由四根長方形柱子組成，柱子上無任何裝飾，顯得小巧簡潔。臺南市關廟區妙法寺，山門掩在叢林中，兩根柱子，上加一橫梁，橫梁上再加一拱形柱，僅有一門，顯得簡潔古樸淡雅。臺南市六甲區的龍潭寺，山門僅用兩根柱子，上以鐵線彎成弧形而成，簡單樸實。臺北市信義區的真光禪寺，山門用兩根柱子，加一橫牌，橫立在進山路上。新北市新店區的海藏寺，山門在巷口立上兩個柱子，上面用拱形鐵件撐住，下掛三個燈籠。

二、臺灣佛寺的屋頂

佛寺的屋頂在某種意義上說是佛寺精華所在，由於它對佛寺的空間和造型起了決定性作用，又因為它給人以第一眼印象，在遠處最先眺望到的是屋頂，它猶如人的頭或冠，因此歷代建築師都極為看重屋頂。臺灣佛寺的屋頂以硬山和歇山兩種結構為主，但也逐漸衍化出許多類型，現簡述如下。

硬山式結構。所謂硬山，指屋頂只有前後兩坡，而且與兩端的山牆牆頭齊平，山面裸露而無變化，顯得質樸而硬。硬山式結構一般為較古老的建築，近十幾年寺院修建的已不多見。硬山式也有許多種，如硬山一條龍脊式，即屋脊呈下彎曲線，連續不斷從右山牆連至左山牆。其如臺北市內湖區的古月禪寺、桃園市大溪區的齋明寺、苗栗縣造橋鄉的清泉寺、臺南市中區的法華禪寺等。另一種為硬山三川脊式，即屋脊曲線分段，當中稍高，兩邊稍降低，但尾部都向上彎起。臺北市南港區的金山寺，屋脊為兩段，當中稍高，兩邊稍低，脊上裝飾繁縟。新北市淡水區的鄞山寺，其屋脊亦為當中稍高，兩邊

稍低，多出兩道壓住棟架的垂脊，其前端止於檐柱上方。新北市林口區的觀音寺、新北市石門區的妙濟禪寺、基隆市信義區月眉山的靈泉寺、桃園市楊梅區的回善寺、桃園市楊梅區的妙善寺、新竹市境福街的淨業院、新竹縣竹北市的蓮華寺、苗栗縣通霄鎮的福智寺、彰化縣鹿港鎮的龍山寺、彰化縣社頭鄉的清水岩寺、新竹縣新埔鎮的香沁堂等，屋脊分為三段，依次降低。

歇山式結構。歇山式又稱為垂頂，四面落水，而左右兩坡只斜一部分就接上山牆。實際就是把一個懸山頂（各條桁或檁不像硬山那樣封在兩端的山牆之內，而是直升到山牆以外，以支托懸挑於外的屋面部分）套在廡殿（屋頂前後左右四面都有斜坡，並有一條正脊和四條垂脊的建築）上，使懸山的三角形垂直的山，與廡殿山坡的下半部結合。其如臺北市士林區的妙法寺、新北市樹林區的海明禪寺、新北市樹林區的吉祥禪寺、苗栗縣景頭屋的明崇寺等。歇山式另一種樣式是升牌樓式，即在屋頂中段升起如牌樓，看似又起一層，但大多數並無層樓，而僅為增加室內光線和加強通風，也有僅是為了裝飾而增多屋脊，其如新店市的大佛寺、桃園市大溪區的妙法寺、新竹縣竹東鎮的大願寺、苗栗縣苑裡鎮的慈光寺、苗栗縣造橋鄉的靈天禪寺、新竹縣湖口鄉的鳳山寺、臺中市大雅區的龍善寺、彰化市華北里的慈濟寺、彰化縣田中鎮的鼓山寺、彰化縣田中鎮的普興寺、雲林縣斗六市的湖山寺、嘉義縣水上鄉的法雨寺、南投縣竹山鎮的明善寺、南投市彰南路的碧山岩寺、南投市大莊路的養德禪院、南投縣國姓鄉的清德寺、南投縣集集鎮的慈德寺、臺南市體育路的竹溪寺、臺南市永康區的妙心寺、臺南市永康區的淨土寺、臺南市新營區的興隆寺、臺南市白河區的華嚴禪寺、臺南市下營區的慧山寺等。

攢尖式結構。攢尖頂，宋代稱為斗尖頂，其屋面較陡，無正脊，數條長脊交會於頂部，上面再覆以寶頂。一般有方、圓、三角、六角、八角等多種。六角攢尖頂需要先定好檁子的步架，在檁的交角處承以柁墩或瓜柱，再就是安角梁、雷公柱等。八角攢尖頂也是先定好檁子的分位，然後以柁墩支承檁墊枋。柁墩可擱在抹角梁或長、短扒梁上，長扒梁擱在金柱的正心檁上，躲開柱頭。臺灣攢尖式屋頂，如臺北市士林區的東方寺，頂上正中為攢尖式結構，加上左右兩個，共三個並排攢尖式，給人一種莊嚴的感覺。彰化縣大城

鄉的古巖禪寺的正法寶殿，亦為攢尖式結構，遠遠望去，猶如古塔。苗栗縣獅潭鄉的弘法禪院，其地藏殿五層，最高一層為六角攢尖頂，雄偉壯觀。

盝頂式結構。這種結構四邊有檐，頂部做成平頂的形式。最有代表性的如南投縣名間鄉的白毫禪寺。

組合型結構。即將不同類型的結構進行組合，如苗栗縣通霄鎮的慶雲寺，由左右兩個攢尖頂式，加當中一個硬山式組成屋頂。苗栗縣頭屋鄉的慈願寺，屋頂前沿為二龍相視，正中為硬山式，兩邊為攢尖式。

三、臺灣佛寺的裝飾

臺灣佛寺與福建閩南佛寺都有一個共同特點，即將精美的裝飾與整體建築融為一體。其裝飾的部位有許多方面，如屋脊，往往以剪黏、泥塑組成，脊中間一般多為法輪、寶塔或三仙，兩邊如燕尾翹起，做振翅欲飛狀；有時為翻轉飛躍的蛟龍。有的簡潔，有的繁縟。屋脊的檐尾處，往往排列有仙人，仙人之後依次為龍、鳳、獅、麒麟、天馬、海馬、魚、獬、吼、猴等獸類，最後一個獸類後面，有一獸頭稱垂獸，同時檐角下必有另一獸頭，稱為套獸，據說可避邪。臺階，指從地面到臺基的階梯式的通道，主要以螭虎或卷草裝飾櫃臺腳。御路，指踏跺中間部分，不砌條石，而斜置一行來離以紋樣，以示富貴氣派，一般雕以雲龍。柱礎，指木柱或石柱下墊的石墩，其作用是既可傳遞上部荷載，又可防止潮濕和碰磕損傷柱腳。臺灣佛寺柱礎的礎腳大多為蓮瓣形，也有圓柱形、圓鼓形、扁圓形、大小弧瓣形、四方形、六方形、八方形等。柱，指承受建築物上部重量的直立桿體，按質地，有木柱、石柱之分；按樣式，有圓柱、八角柱、方柱、瓜楞柱、雕龍柱之分。臺灣佛寺以石柱為主，其次為木柱，近期也出現用水泥澆灌的圓柱。其裝飾性大多為龍柱，如一柱一龍式、一柱雙龍式、天翻天覆式、九龍盤柱式；如再細分，一柱一龍式又可分為柱身純雕龍形，柱身除龍形外，再配以其他圖形。也有花鳥柱，如龍鳳柱、百鳥朝鳳柱、百鳥朝梅柱、特殊花鳥柱等。還有人物柱，如單獨人物柱、花鳥人物柱等。此外，還有蝙蝠柱、楹聯柱等。

臺灣佛教

第七章　臺灣佛教藝術與臺灣社會

　　臺灣佛寺屋頂的裝飾，主要在主脊、垂脊及山牆。新店市的大佛寺，其主脊兩端末稍為大唇魚頭向空中伸展，雲頭花紋立於後，簷尾處有四五位仙人及奇禽異獸。新北市樹林區的光明寺，屋脊中間孤立著一法輪。新北市汐止區的慈航堂，屋脊上蹲立遠眺的瓷獅子，憨態可掬。新北市淡水區的龍山寺，寺脊中一回首飛奔的麒麟，披掛的坐騎上放著八卦圖盤。新竹市的圓光寺，大雄寶殿屋脊成一條直線，並無裝飾物，但其屋脊下的屋瓦上卻有雙龍戲珠的圖形，雙龍不是呈張牙舞爪狀，而是幾乎成直線形的委延向前伸張。新竹縣北埔鄉的金剛寺，屋頂正脊成弧線，向左右舒展成燕尾起翹式，正脊上有複雜華麗的紋飾，兩邊雙龍龍頭向上，龍尾伸向內側，戲珠於屋頂，氣勢不凡。新竹市蓮街的竹蓮寺，殿頂樓閣重疊，屋簷起翹優美，簷牙高琢，翼角朝天，屋瓦相連。屋脊上由各式龍、鳳、人物、花草的剪黏所構成，三川殿正脊為雙龍護珠，而正殿上為乘浪而來的雙龍，中有背馱八卦的麒麟，變化豐富，而牆頭懸魚、交趾陶等飾物亦皆為藝術極品。

　　臺灣佛寺中的雕刻藝術遍布寺內各個建築部件。臺北市中正區的聖靈寺，大雄寶殿前的兩條龍柱為上等石材，所雕巨龍環抱石柱，從上而下，龍頭上角如麒麟，頭如獸，腳有爪，身有鱗，雕工精細，生動活潑。新北市汐止區的靜修禪院，前殿有兩根龍柱，龍作昂首蜿蜒乘勢而上之態，石壁上布滿精美的雕刻品，有麒麟和仙人圖。中壢市芝芭里的圓光寺，山門雕梁畫棟，石柱上的飛龍似要騰空而起，壁上各式壁雕生動熱鬧，如上品中生、中品下生、下品上生、靈山聖會、夫人悟道、獅子榴燕、向上前呈等讓人目不暇接。新竹縣竹北市的蓮華寺，到處是精美的雕刻：梁下殿外一角雕有精細的梅花樹，樹下行走的馬匹延伸兩旁，各種浮雕的飛禽異獸栩栩如生，再往下是大耳穿著銀色銅環的小白象，腳下是二十四孝的故事集，再往下是文王訪姜子牙的浮雕。臺中市霧峰區的乾靈寺，三門上是綠簷，白柱正、背面各有六只象首，加上最外兩只，共有十四只，雕工精細。臺北市士林區的報恩寺，寺內有十幾幅「佛陀成道往生故事集」的浮雕，從釋迦牟尼誕生到涅槃，雕工渾厚結實。新竹市竹蓮街的竹蓮寺，其三川殿前步口一對石雕龍蟠柱，龍身環抱石柱，由上而下，龍頭略低做上昂翻騰姿態，龍柱間有八仙插置，柱頂為金瓜造型的柱斗，並有極具諧趣的老鼠咬金瓜雕刻，金瓜上方又有白菜的瓜斗，

第五節　臺灣佛寺建築藝術

這種連續採取瓜斗重疊的柱子相當罕見。柱子下方的石珠則為麒麟、八珍、馬等飾雕。正殿為標準二通三瓜建築，精雕的瓜筒與各種仙人、武將及各式細琢有飛鳳、鰲魚雀替，使正殿有一種富麗之感，書卷展開造型的通隨，中加以封神榜為內容的透雕堪稱精湛。桃園市龜山區的壽山巖寺，雕刻是寺中最主要裝飾之一，主要出現於三川門至正殿的屋架，題材以花鳥、走獸、吉祥物及人物為多，受空間及尊卑原則影響，有不同的表現方式。石雕大多在兩側山牆及門架牆堵、山門及正殿檐柱的盤龍柱等，題材以人物、走獸、花鳥三類為多，其中人物多為半浮雕、花鳥用淺浮雕、走獸為立雕，如龍盤石柱與獅座即以整塊石料立雕而成，門枋也是由整塊石料雕琢而成的石門楣，形體相當龐大。臺北市萬華區的龍山寺，雕刻藝術極為豐富，建築史專家李乾朗建議在參觀龍山寺時，應特別留意幾個方面：1. 石雕技巧變化多，手法細緻，可謂雕刻藝術寶庫；2. 前殿的銅鑄龍柱，悉出自名匠之手；3. 前殿及正殿的藻井，構造奇巧，有如華蓋；4. 鐘鼓樓屋頂採用精頂式，造型玲瓏；5. 前殿正面及正殿迴廊石牆堵的書法及詩句，琳瑯滿目，爭奇競妍；6. 後殿供的神像，姿態、神情各異，極富雕塑之美；7. 正殿主觀音木雕像，造型圓潤，表情柔美，展現慈悲為懷的氣質。其中，大部分與雕刻藝術有關。

　　臺灣佛寺建築中的壁畫彩繪，除了各類幾何花紋、自然紋樣外，佛教中的各類故事是最常見裝飾品的內容，但也有雜糅一些其他歷史故事。彰化縣溪湖鎮的鳳山禪寺，有畫在木板上的山水人物畫，據說已有80多年歷史，還色彩鮮豔；大悲殿中有11個壁畫，其中兩個是飛天，一個為雙鳳朝陽，另外8個將《觀世音菩薩普門品》的內容畫成壁畫展示。桃園市大溪區的齋明寺，因主要崇祀觀音菩薩，故其繪畫故事多取材於與高僧傳記、佛教故事及觀世音有關的演義小說，如正殿匾額兩旁的彩繪取自《西遊記》「觀世音收紅孩兒」、「觀世音收鯉魚精」等，三川門柱聯旁的彩繪取自《正法念處經》的「龍王聽經」、《高僧傳》的「志公師渡化梁武帝」等。新北市林口區的觀音寺，寺牆用亮麗的彩圖雕飾而成，其圖內容為二十四孝佛陀本生故事，一共七八十幅之多，幾乎把整個寺院圍了起來。中壢市芝芭里的圓光寺，大雄寶殿牧牛圖的壁畫，深具佛教含意，如第一幅上有一翹首豎角的黑牛，一邊奔馳飛躍，一邊吼叫大嚷，一牧童則我行我素手執鞭子，準備馴服黑牛，

臺灣佛教

第七章　臺灣佛教藝術與臺灣社會

此幅畫為要消除一般眾生中「我執」的心意的寫照。第二幅畫中，牧童已拉住黑牛，代表「心」已漸收；最後一幅畫中，旭日東昇，風和日煦，在陽光照射下，牧童愉快輕鬆地拉著已被馴服的黑牛，象徵人法俱旺。苗栗縣苑裡鎮的慈光寺，寺中壁畫以佛教為內容，其左室供奉地藏菩薩，左廊壁畫即以「地藏菩薩救塗苦」為題材，右方壁畫則相對以「觀世音楊枝水灑甘露」為題材，左右壁一慈一悲相對。其壁上的「大悲出相圖」更是添加了佛教的氣象。臺灣佛寺中的壁畫彩繪最有代表性的，為臺南市中區法華街的法華寺，其彩繪無論在數量上或內容上都為珍品，裝飾性極強，其中進天王殿的壁畫如：「虎溪三笑」、「寒山拾得」、「蓮池海會」，彩繪如「伏生受經」、「龍王拜觀音」、「志公度梁式」，彩繪門神如「增長天王」、「廣目天王」、「伽藍護法」、「韋陀護法」、「多聞天王」、「持國天王」。中進三寶殿的壁畫如：「降龍尊者」、「伏虎尊者」、「和靖詠梅」、「淵明采菊」、「茂叔賞蓮」、「子猷種竹」、「楓橋夜泊」、「山水畫」，彩繪如「太子出家」、「佛陀度五比丘」、「佛陀度阿難尊者」、「佛說藥師琉璃如來本願經」、「佛說妙法蓮華經」、「佛說阿彌陀經」。大士殿彩繪如：「禪畫」、「右軍觀鵝」、「懷素寫蕉」、「慶友尊者」、「伏虎尊者」、「禪畫」、「迦理迦尊者」、「跋陀羅尊者」、「虎溪三笑」、「蘇頻陀尊者」、「九年面壁」、「莊周夢蝶」、「大悲出相」（共六幅）。左進關帝殿壁畫如：「九年面壁」、「志公度梁武」、「迦理迦尊者」、「生公說法」；彩繪如：「松下問童」、「掛印封金」、「老子觀井」、「秦叔寶」、「尉遲恭」、「雲長刮骨療傷」、「桃園結義」、「玉川品茶」、「茂叔賞蓮」、「玉泉山顯聖」、「贈袍」、「單刀赴會」、「水淹七軍」、「王喬騎鶴」、「琴高跨鯉」、「秉燭待旦」。右進南極殿的壁畫如：「王質爛柯」、「莊周夢蝶」、「蘇頻陀尊者」、「跋陀羅尊者」；彩繪如：「米顛拜石」、「伏生授經」、「元章題石」、「神荼」（門神）、「鬱壘」（門神）、「八卦爐中逃大聖」、「渭水河」、「唐明皇遊月宮」、「商山四皓」、「紫氣東來」、「歷山歸隱」、「孔子問禮」、「志公度梁式」。壁畫共十九幅，彩繪共六十七幅。從其內容可得知，除了以佛教內容為主外，還涉及一些民間信仰。佛教故事可分羅漢高僧圖（如降龍伏虎羅漢圖，附禪詩的羅漢比丘圖，高僧說法圖，高僧故事圖）、佛陀故

第五節　臺灣佛寺建築藝術

事圖、大悲出相圖等。各類壁畫和彩繪在起裝飾作用同時，也造成了教化作用。用這種形象的方式宣傳佛教的學說，隱透著一種潛移默化的功能。桃園市龜山區的壽山巖觀音寺，除兩邊護龍空間僅施頻色純淨彩油漆外，其餘各空間盡可能塗飾華麗色彩圖案，彩繪所使用題材較為複雜，有線條、花鳥、人物、走獸等，除了保護建材、裝飾寺院功能外，還有教化功能，其彩繪故事的內容有：取材於演義小說，如《西遊記》的「大聖大鬧南天門」、「觀音收悟空」、「魏徵斬龍王」、「觀音收善財童子」、「觀音大士收魚精」、「觀音佛祖收金毛獅精」，《西漢演義》的「漢高祖斬白蛇」、「月下追韓信」，《三國演義》的「呂奉先射戟轅門」、「元直走馬薦諸葛」、「劉皇叔洞房續佳偶」、「玉泉山關公顯聖」、「斬蔡陽兄弟釋疑」，《封神演義》的「申公豹」、「崑崙山子牙下山」、「楊戩三頭六臂」、「太乙真人收石磯娘娘」、「楊戩收七怪」、「渭水聘賢」、「李靖與李哪吒」、「赤精子收殷洪」，《東周列國志》的「專諸刺吳王僚」，《五虎平西前傳》的「狄青與八寶公主」，《薛仁貴東征》的「仁貴救駕」，《說唐全傳》的「裴元慶威震瓦崗」，《月唐演義》的「唐明皇遊月宮」，取材於民間傳說、名人逸聞，如：「青蓮醉酒（太白醉酒）」、「和靖愛梅」、「白虎堂（白虎堂斬子、轅門斬子）。」「十三太保李存孝」、「酒仙」、「歷山隱耕（大舜耕田）」、「羲之愛鵝」、「淵明愛菊」，取材於佛教故事與高僧傳記，如「十八羅漢（降龍尊者、伏虎尊者）」、「達摩」、「南極仙翁」、「瑤池獻瑞（八仙蟠桃會）」、「彌勒佛」、「玄天上帝收龜蛇精」、「南北星君」、「千里眼順風耳」、「漢鐘離」、「五老仙人」、「八仙大鬧東海（八仙過海）」等。如此繁多的內容。使信眾或觀者在不知不覺中受到影響，彰顯了寺院的教化功能。

　　佛寺的窗也有許多形狀而讓人眼花繚亂。如臺北市北投區的普濟寺，其大雄寶殿的窗為鐘形，有一種莊重的感覺，別有一番風味。臺北市內湖區的古月禪寺，入口門左右有兩個六角形的窗戶，窗口並用三根仿竹形的石柱綴飾，上有色彩豐富的泥塑人物，表現了住戶對福祿壽的追求。臺北市北投區的法雨寺，殿口左右各有一個八角形的窗戶，隱透出一種神祕撲朔之感。

　　各種佛寺的裝飾都有自己的特點，有的融屋脊、彩繪、雕刻等為一體，如臺北市中正區的東和禪寺，柱礎為蓮花瓣，屋角布滿各類生動小巧的靈獸

泥塑，左右迴廊上門堂上高寫「談經」、「說法」，猛虎與飛龍的立體雕刻生猛靈動。臺北市萬華區的龍山寺的屋脊依次昂起，屋脊兩邊雙龍昂首雲天，各類泥塑仙人極為繁複，銅柱上的雲龍上下翻騰，期間還有各種仙人穿梭於龍體的空隙。龍山寺的石窗也極具特點，如仿木格子使用圖形有幾何形、花葉及蓮花等，另一石窗由五個竹節組成八角形，在竹節上有花卉等裝飾。龍山寺許多繪畫將整個建築裝點得金碧輝煌，如正門上有四天王中的持國天王、增長天王畫像各一，其畫像大眼高鼻，手持寶劍，身穿盔甲，面孔有如印度人，服裝卻為中國式。寺中有許多繪畫並非佛教主題，如大家所熟悉的「張良受書」等，都十分精緻。

四、臺灣佛寺的格局

臺灣佛寺的格局，主要有以下幾種：

傳統院落式。這類建築最為常見，主要有三合院或四合院式，院的四面都有房屋的叫四合院。無倒座或缺一面廂房，只是三面有房屋的叫三合院。三合院如：臺北市北投區的安國寺，當中為大雄寶殿，左邊為廂房，右邊為客廳和廚房。桃園市楊梅區的妙善寺，中間是大殿，左右分別為「靜修寮」和「靜思堂」。桃園市大溪區的齋明寺，中間為正殿，左右為廂房。臺中市太平區的慈光寺，中間為大雄寶殿，左邊為廚房和寮房，右邊為寮房；大雄寶殿高為二層，第二層大殿供奉釋迦牟尼佛，左右兩殿分別為功德堂和藥師殿。藥師殿後有一間寮房，冬暖夏涼，筆者曾在此間居住過二十餘天，自認妙不可言，並與之結下不解之緣。嘉義縣中埔鄉的白雲寺，為典型的三合院式，中間為大雄寶殿，左右為寮房。嘉義縣竹崎鄉的德源禪寺，大雄寶殿居中，左右為寮房。四合院式如桃園市楊梅區的回善寺，分前殿、天井、後殿。左右廂房中各有一塊空地，為典型的四合院造型。桃園市平鎮區的湧光寺，中間為大殿，左側為齋堂，右側為知客室。臺南市佳里區的善行寺，歷史已有80年，木構的殿宇已開始剝落，卻是典型的四合院構造。

宮殿式。宮殿式的建築大都雄偉端莊，建築面積占地較多，顯得大氣磅礡，氣勢不凡。臺北市士林區的湧泉寺，雄偉壯觀，刻有菩提樹花紋的迴廊寬廣明亮，共有三層建築，包括地下室、大雄寶殿、禪房三大部分。新北市

第五節　臺灣佛寺建築藝術

新莊區的善導庵，其金碧輝煌的大雄寶殿雖僅上下兩層，卻有一般建築的七層高，兩廂與寶殿同高，大殿內牆均採用水晶大理石貼壁，巍峨壯觀。雲林縣水林鄉的法輪寺，大殿、兩廂都高三層，為宮殿式建築。嘉義市中山路的普濟寺，有四層樓，完全是宮殿式建築，特別是三樓為排高式建築，採光良好。嘉義市朴子市的圓光寺大雄寶殿為宮殿式的二層建築，高大雄偉，金碧輝煌。臺南市東區的龍山寺，為三層樓高的宮殿式建築，層層屋簷均出挑，飛簷的裝飾物將建築裝點得更加華麗氣派。

庭院式。庭院式的佛寺腹地廣大，少數在鬧市，大都在較為僻遠的郊外，臺北市敦煌路的平光寺，由於腹地廣闊，佛寺以園林式構造，庭院中亭臺樓閣、假山池塘、小橋流水，極為雅緻，悠游的金魚、扶疏的花木，處處隱透出一種林泉之樂。臺中市石岡區的明山寺，寺內腹地廣大，庭園遍植綠樹花草，幽雅清爽。臺中市大雅區的龍善寺，為庭院式設計，種植有數百種之多的各種花木，並設有溫室苗圃。彰化市華北里的慈濟寺，雖然空地並不寬廣，但還是在大殿後方布置了假山、盆栽、水池等，使寺中亭臺樓閣兼而有之。彰化縣花壇鄉的虎山岩寺，假山水池、茂林修竹，一片庭園景色，十分幽靜。

洋樓式。這類布局的佛寺，大都為近些年所蓋。特別在寸土寸金的大城市，佛寺只好向上發展，加高層次，類似現代化的高層洋樓。如臺北市忠孝東路的善導寺，其九層的慈恩大樓為全寺的核心，一樓為「觀照堂」，供奉三寶佛；二樓供奉三尊佛像，為作法會佛事之處；三樓供奉高大的白玉臥佛，四樓為圖書館，五樓為藝術館。位於臺北市南昌街的十普寺的萬佛大樓有六層，一樓為大雄寶殿，二樓供奉觀世音。臺北市中正區的華嚴蓮社，五樓臨街，把一般寺院的功能分散，大殿、二殿、三殿的功能集中到每一樓，如：一樓為地藏殿，供奉地藏菩薩；二樓為吉祥殿，供奉盧舍那佛；三樓為藥師殿，供奉藥師佛；四樓為萬佛殿，中間供奉盧舍那佛，左邊供奉普賢菩薩，右邊供奉文殊菩薩。臺北市赤峰街的聖觀寺，外觀像四層樓洋房，各層都有自己的功能，如二樓為接客處，四周掛滿字畫；四樓所供奉的是一尊有千年以上歷史的隋朝石刻觀音。臺北市中山區的普門寺共十二層樓，可容千人以上活動，十一層為行政中心，其餘各層皆有自行用處，寺中所供五方佛，並

有六千餘尊阿彌陀佛立像。臺中市北區的圓覺寺，為三層的鋼筋水泥建築，二層為大雄寶殿，頂層為涼亭花園，頗有現代化住家的氣息。

多進式。這類佛寺多歷史悠久，古色古香，最有代表性的如彰化縣鹿港龍山寺，共有四進，首進為山門，山門後為前埕；二進為五門殿；三進為正殿，分拜亭及大殿；四進為後殿，殿側左右為禪堂和靜室；全寺共有九十九個門，為臺灣三大古剎之首。臺南市北園街的開元寺，為三進式，第一進為三開間的彌勒殿；第二進為大雄寶殿；第三進為大士殿；從大士殿月門可達花草豐美的後花園。臺南市法華街的法華寺，院宇三座並列，且各有三進深，各進各殿各有所奉，正中為大雄寶殿，首進供彌勒佛、四大天王，中進供三寶佛、地藏王菩薩，後進供福德正神，右殿前進供火德星君，後進為聚賢堂，堂前挖放生池，放生池中有橋，橋上有亭。

雜糅式。即新舊各種不同樣式雜糅於同一寺院中。如基隆市信義區的靈泉禪寺，有傳統的四合院式的格局，進了山門後左右兩邊為廂房，中間為大雄寶殿，但緊挨著又有一座洋樓式的建築拔地而起，氣派非凡，傳統建築與現代建築雜糅於一個寺中。苗栗縣通宵鎮的福智寺，大雄寶殿左右是對稱的廂房，左邊以現代大型落地窗取代了古老的磚牆，右邊則仍然保存古老的窗櫺，新舊互映，反映出寺院在傳統與現代中掙扎。

隨意式。指佛寺隨環境或地勢而建，打破了一般的布局。有的佛寺就地取材，如臺北市北投區的法雨寺是用山岩堆建而成，古樸而又堅固。有的佛寺隨地形地勢而建，如新北市土城區的廣承寺，為配合地勢，與一般為「冂」型結構的佛寺不同，呈「L」形狀，可謂獨出機杼。彰化市國聖裡的慈航寺，造型不是一般傳統佛寺的長方形，而是正正方方，頗有特點。

五、臺灣的佛塔

臺灣的佛塔大多在佛寺中，成為佛寺的一個組成部分，其功能或存放靈位，或埋葬舍利，或禮佛拜佛。

臺灣佛塔有的造型奇異，在臺島內罕見。如臺南市大北門外的開元寺，寺後的三座舍利塔，共建於一個基座之上，三塔排成「品」字形，中間最高，

第五節　臺灣佛寺建築藝術

六層，五角形，樓閣式，前面兩側，一對三層六角形，樓閣式，三塔下面都設欄杆，塔頂均立高聳的刹柱。檐脊卷草，華麗精緻，色彩鮮豔，富有濃郁的地方建築裝飾特色，塔周有短垣，題名「圓光寂照」，為臺灣省唯一的三塔組合實例。嘉義縣番路鄉的紫雲寺，內建有蓮花造型寶塔，在臺灣殊為罕見。塔共三層，塔頂末部為寶塔形，塔頂為六角形，各角有簡單鴟吻，第三層為蓮花形相連而成，二層為六角形，一層為正方形。桃園市大園區的淨蓮寺，進入山門後第一座就是有相當濃厚印度風格的「彼岸塔」。塔高三層，為正方造型，和一般中國寺塔有顯著不同。南投縣中寮鄉的心佛寺，為密教道場，其金剛寶塔，為壇城式建築，上下共分五層，最下一層為地藏殿，其結構形式在臺僅見。

　　臺灣有的佛塔因獨特的風韻而成為藝術品。臺南市南溪畔的竹溪東寺，東面為建於清代的五層蓮花寶塔，磚結構，樓閣式，每層塔上都懸掛名家所書匾額，成為人們觀賞書法的好去處。新北市石碇區的光明禪寺，寺前池塘邊有平房式的小塔，稱復真塔，為山間石塊砌成，有對聯稱「複本還源同登覺岸真空妙有共證菩提」，橫批為「復古正宗自天真」，引人燃起思古之幽情。新竹市寶山路的翠碧岩寺，內有三層慈覺塔，莊嚴輝煌，層層出挑，其對聯為「慈愛為懷羽化使得安樂國覺輪道性超升即達涅槃城」，塔為綠瓦，由下往上看，檐角放射狀圖案有秩序地往外伸展，每個檐角都掛有一只風鐸，每當風吹起就會響起清脆的鈴聲，特別吸引觀者。新北市五股區的西雲寺，有一琉璃寶塔，共七層，塔頂為兩個半球形，最上為小珠，中間為中球，下為半個球，邊檐為六角形，顯得小巧玲瓏。

　　臺灣還有一些佛塔以其特有的造型給觀者留下深刻印象。新竹縣獅頭山的元光寺，內有清代所建五層昭忠塔，平面八角形，高 3 公尺，樓閣式，外形為錐形，古樸穩重。臺北市士林區中山北路的報恩寺，後院中的報恩塔是信徒為祖先安置靈位的地方，讓去世的人得到安樂，常在此超度及念佛經；塔為四層，下層為四角形，三層右梯上用石柱支撐，上面三層為圓形。臺中市太平區的清涼寺，內建有七層中國式千佛舍利塔，為方形，每層每個方向都有 2～6 扇窗戶，白石扶欄，塔頂最高處為寶葫蘆，塔頂為攢尖式，構造宏偉。基隆市安樂區的大覺寺，高處建有七級浮屠，每層為正方形，各層有

臺灣佛教

第七章　臺灣佛教藝術與臺灣社會

門,各層的各個朝向有弧形窗戶,塔頂為寶葫蘆,層層出挑,起翹處微有裝飾,顯得雅緻簡潔。桃園市三元街的宏善寺,後山建有七層靈峰塔,鵝黃色與白色相間,塔門邊的偈語為「秀靈氣鍾斯岳麓壽峰迴護彼山庭」,塔內二樓供奉地藏王菩薩,塔處院庭廣闊。苗栗市頭屋鄉的普光寺,大雄寶殿右邊有五層高的寶塔,每層或供地藏王菩薩或供觀世音菩薩。

註:

[1] 王正平:《漫談臺灣佛教音樂》,陳郁秀編著:《百年臺灣音樂圖像巡禮》,臺灣時報文化出版企業股份有限公司 1998 年版,第 37-43 頁。

[2] 黃永川:《佛雕之美·北朝佛教石雕藝術》,臺灣歷史博物館 1997 年版,第 10-243 頁。

[3] 本段至本節止,參照筆者 1997 年 12 月 30 日參觀臺灣「雕塑別藏——宗教編」時的筆記及展出單位提供的有關資料。

[4] 林明德:《臺灣民間工藝博覽》,臺灣「行政院」文化建設委員會 2000 年版,第 10-12 頁。

[5] 劉文三:《臺灣宗教藝術》,臺灣雄師圖書股份有限公司 1998 年版,第 16-17 頁。

[6] 劉愷俐:《神像雕刻》,王秋桂等編《表演、藝術與工藝》,臺灣稻鄉出版社 1996 年版,第 181-182 頁。

第八章　臺灣佛教的學術研究及學術活動

第一節　臺灣佛教研究史上的印順時代與後印順時代

一、臺灣佛教研究史上的印順時代

在臺灣佛教思想史上，有學者將 1950 年至 20 世紀 90 年代中期稱為印順時代，20 世紀 90 年代中期至今稱為後印順時代。[1] 如果以印順法師在 20 世紀 90 年代中期後基本封筆及之後出現有代表性的對印順法師著作的駁疑現狀看，是適合臺灣佛教研究史的劃分。

印順法師，俗名張鹿芹，1906 年出生於浙江省海寧縣農村，1949 年由廈門赴香港，1952 年抵臺灣，2005 年 6 月 4 日在臺灣圓寂。1972 年間，日本大正大學關口真大博士翻譯印順法師所著《中國禪宗史》為日文，並提請授予文學博士而透過，使印順法師成為未赴日留學、未參加面試而獲博士學位的中國第一位博士比丘。印順法師著作等身，涉及內容博大精深，其著述共出版 41 部，有代表性的如《妙雲集》27 冊，其中包括《般若經講記》、《寶積經講記》、《勝鬘經講記》、《藥師經講記》、《中觀論頌講記》、《攝大乘論講記》、《大乘起信論講記》、《佛法概論》、《中觀今論》、《唯識學探源》、《性空學探源》、《成佛之道》、《太虛大師年譜》、《佛在人間》、《學佛三要》、《以佛法研究佛法》、《淨土與禪》、《青年的佛教》、《我之宗教觀》、《無諍之辯》、《教制教典與教學》、《佛教史地考論》、《華雨香雲》、《佛法是救世之光》；《華雨集》（1～5 冊）；其他專書如《印度之佛教》、《印度佛教思想史》、《原始佛教聖典之集成》、《說一切有部為主的論書》、《初期大乘佛教之起源與開展》、《空之探究》、《大智度論之作者及其翻譯》、《如來藏之研究》、《中國禪宗史》、《中國古代民族神話與文化之研究》；編著如《雜阿含經論會編》（上、中、下）、《太

虛大師選集》（上、中、下）等。印順法師以其著述的廣博，大大地推動了臺灣各層面的佛教研究，提升了臺灣佛教研究的水平，普及了臺灣信眾對佛法的認識。印順法師對臺灣佛教研究的貢獻是多方面的，最為學術界所重視和認可的，主要如：1. 對阿含學的闡揚，明顯地引發學術界對原始佛教或南傳佛教的研究熱忱，也一掃傳統中國佛教忽視或貶抑小乘佛教的風氣；2. 對中觀學的詮釋，破解了研讀《中論》之層層難以穿越的藩籬，打消了臺灣學界對中觀學望而卻步的顧慮，使中觀大義成為臺灣佛教學術界的顯學；3. 對大乘三系的判攝，引發了學界的熱烈討論，其判攝的三系（性空為名、虛妄唯識、真常唯心）主張也成為臺灣佛教學術界流行的理論之一；4. 提倡以「人間菩行」為基調的人間佛教，提出人間佛教是緣起的觀點，由於其中有契合時代、糾治偏失的意義，已成為風行大乘佛教實踐法門。[2]印順法師是1950年以來在臺灣佛教學術思想界影響最大的出家人，他的佛學著作不僅被許多佛學院校選做教材，也成為佛教界持久不衰的熱門讀物，出現了其著作的電子版和介紹其佛學的辭典，印順長老著作全文檢索測試版已上網，建有印順文教基金會網站，並出現了許多研究其佛學思想的專著，以其作為研究對象而獲博、碩士學位的更是不乏其人；還出現了印順思想研讀班、研討會、印順學術研究所等，並成立有印順文教基金會，曾發放論文獎學金。印順法師已成為臺灣佛教發展方向的導引者，以致普遍被臺灣佛教界稱為「導師」，成為實際上的精神領袖，人們在對佛教界的一些看法發生分歧時，往往愛援引印順法師的話為評判的標準。由於印順法師的巨大影響，長期以來，沒有誰公開表示過對其著作內容的質疑，更沒誰公開批評或挑戰他的觀點。因此，1950年至1994年這一階段被稱為印順時代。

二、臺灣佛教研究史上的後印順時代

但自1994年以來，這種一統的局面開始被打破，一些學者或出家人在刊物公開發表不同意印順法師著作中某些觀點的論文，在臺灣佛教界引起了強烈反響，故也稱後印順時代。有代表性的如溫金柯在其著作《生命方向之省思》[3]中有三篇文章批評印順法師，其《繼承與批判印順法師人間佛教思想》[4]認為印順法師的人間佛教思想是「比較重視利他精神，而較不重視修

證；」劉紹楨在《大乘三系說與淨土三系說之研究》[5]中否定了印順法師大乘三系說與淨土三系說，並否定了印順法師對淨土信仰的看法。最有代表性的是如石法師的兩篇論文，《大乘起源與開展之心理動力——永恆懷念是大乘起源與開展的動力嗎？》[6]、《臺灣佛教界學術研究、阿含學風與人間佛教走向之綜合省思》[7]這兩篇論文後來都收入作者所著《現代大乘起信論》書中，由南林出版社於 2001 年 10 月出版。前篇認為印順法師《初期大乘佛教之起源與開展》、《印度佛教思想史》所提出「佛滅後，佛弟子對佛的永恆懷念」為大乘起源與開展的原動力不足為憑，此命題難以成立。作者先是假設初期大乘經典思想形態與佛弟子的心理需求是相呼應的，而這種心理要求很可能就是主導大乘起源論與開展的原動力；接著從初期大乘經典中找出了它們基本思想形態：發菩提心、修菩薩行而成佛；並從後期大乘的《勝鬘經》、《究竟一乘寶性論》和《大乘起信論》中，發現有是以作為大乘發心形上基礎的「佛性清淨正因」和「真如熏習」的說法，這種大乘發心的思想原型，正反映了人類普遍「渴望無限」、「追求超越」、「嚮往圓滿」的深層心理需求，應該以佛弟子集體潛意識中欲仿效佛陀、追求超越、嚮往圓滿的心理需求作為大乘起源與開展之原動力。因此，作者最後認為：「印老對大乘佛教某些方面的見解，的確相當程度地淺化、窄化，甚至曲解了印、藏、漢大乘佛教的深廣意涵。」後篇認為近十年來臺灣傳統佛教明顯式微，阿含學與人間佛教大行其道，其原因直接源於印順法師所引導的佛教學術研究。作者指出：「如果研究的角度不當，淡化了佛教以實證為主的經驗層面，而且以未經證實的片面研究成果或偏頗的結論，對傳統佛教的某些理念、信仰或內證經驗作負面的解釋與批判，則可能會對佛教造成嚴重的破壞。在臺灣，印老的學術研究就是一個最典型的例子。」作者認為，印順法師所做佛學研究的目的，無非就是要證成他的「人間佛教」主張，以宣揚「人間佛教」的理念。作者進一步指出：「『人間佛教』不斷煩惱的基本立場，和以出離三界、解脫生死為主的《阿含》基本思想，顯然是互相違背的，而和奠基於《阿含》而開展出來的方廣大乘佛法，也是貌合神離的。」作者列舉了「印老在佛學上所犯的五點錯誤，或令人質疑的論點」，認為印順法師「對中國大乘佛法

第八章　臺灣佛教的學術研究及學術活動

本質上的曲解,或淺化、窄化的詮釋方式,以及不合理的批判與貶斥」,「會嚴重誤導教界的走向」。

　　如石法師的論文發表後,立即在臺灣佛教界、學術界引起反響。這不僅僅是因其出家人的特殊身分,還在於其論文旁徵博引,有一定分量,且發表其論文的《中華佛學學報》是在學術界有著廣泛影響的刊物。於是,立即有人發表文章進行反駁。有代表性的如江燦騰《關於「後印順學時代」的批評問題——從陳玉蛟先生(即如石法師)兩篇書評談起》[8] 從五個方面反駁了如石法師,認為「印順導師的人間佛教思想,在涉及批評大乘法身思想的部分,一方面固然有他的時代關懷在,另一方面其實也是受到從十九世紀後期到二十世紀初期的世界佛教新思潮的影響的結果。」[9]《江燦騰博士質疑陳玉蛟教授兩函》對如石法師文中所提「傳統中國佛教式微」提出質疑。釋昭慧《方法學上的惡劣示範——評如石法師<大乘起源與開展之心理動力>》[10] 從方法學上批駁如石法師,列舉事例,指出如石法師「常常把大部專書或長篇論文掐頭去尾,信手抓取『自認為對自己論點有益』的片段,斷章取義,冷嘲熱諷一番。」釋昭慧的另一篇《出世與入世的無諍之辯——評如石法師之<臺灣佛教界學術研究、阿含學風與人間佛教走向之綜合省思>》[11] 以長達七萬餘字的篇幅,根據如石法師的原文,從八十四個方面逐一提出不同看法,認為印順法師不僅沒有淺化、窄化大乘佛教,而是深化、廣化了大乘佛教。李志夫《批評態度、立場與方法——從如石法師兩篇論文探討起》[12] 從「印老的人間佛教」、「如石法師的諸天說」、「關於大乘佛教之起源」這三個方面闡述了自己不同於如石法師的看法,回應了如石法師的觀點。呂勝強《如石法師評論印老文章之反思》[13] 針對如石法師評論內容,從十個方面進行討論,提出自己不同看法。也有認可如石法師的,有代表性的如薛維格《<臺灣佛教學術研究、阿含學風與人間佛教走向之綜合省思>讀後》,[14] 由於作者是美國南伊利諾大學數學及統計系教授,對國際上有關學術研究和人間佛教情況較為熟悉,故旁徵博引,甚至說明有的例子可作為如石法師論點的有力佐證。

三、後印順時代的啟示

這場爭論對臺灣佛教研究史來說是有著深遠意義的，它不僅是「印順時代」與「後印順時代」的分野，也昭示著許多啟示。

（一）歷史發展的必然趨勢。「後印順時代」之所以出現許多批評印順法師的文章，有著多種原因，如有認為因此時年邁的印順法師已基本封筆，無法應戰。「印順導師可能要深深嘆息他『生不逢時』吧！在他還『講得動、寫得動』的年代裡，所有批評他的看法都只流諸口耳相傳，不敢正式表諸文字，以資互作法義上的『無爭之辨』，對比，他總是深感遺憾。諷刺的是，到了『講不動、寫不動』的耄耋之年，他竟然『很巧』地開始面對著紛至沓來的批判文章（以下簡稱『批印』文章）。縱算他有再高深的『立破無礙』智慧，『講不動、寫不動』就是他最大罩門。於是，緘默，成了老邁的他面對所有的挑戰時，唯一的回應方式。」[15] 其實與老邁無關，這是臺灣社會發展的必然結果。即使印順法師此時仍思如泉湧、筆走龍蛇，爭論也是必然出現。臺灣自 1987 年「解嚴」後，思想空前活躍，已無權威存在，更沒有什麼人不能批評。在佛教界，各種思想互相激盪，西方各種思想也空前活躍，一些固有的看法、學說、定論需要進行重新反思評價，學術界已不滿足只有一種或兩種聲音，正如美國南伊利諾大學教授薛維格所言：「學術的工作者，如果一味高捧印老，把他的看法當做聖言，而不做更上一層的研究與評論，這就沒有盡到學術研究的職責。西方思想之所以能不斷前進，其原動力就是不以權威為足，而以追求真理為目標，不斷地探討革新。」[16] 此外，亦有國際上的特定背景，正如藍吉富教授在《臺灣佛教思想史上的後印順時代》中所言：「20 世紀的當代世界，面臨的是一個空前劇變的時代。世界各地，大多被籠罩在難以掙脫之全球化劇變的脈絡之中。人類的思維方式、倫理觀、價值體系、方法論等都有前所未見的新發展。學術界對異質文化的容忍度、去中心化、重視它者、安於無常（瞬間即逝）、反對形態等等新時代的特質，都是前此所罕見的。」[17]

（二）對臺灣學術研究重新審視的需要。臺灣佛教界學術研究應怎麼評價？它對臺灣佛教產生了什麼影響？長期以來臺灣佛教界、學術界對其看法

第八章　臺灣佛教的學術研究及學術活動

不一，眾說紛紜，對其進行考量評估是不可避免的。有學者認為誰掌握了佛教界的學術地位，誰就無形主導了佛教界的走向。而印順法師是臺灣佛教界的頂級權威，要分析把握臺灣佛教界的走向，必然要涉及臺灣佛教學術研究，這又必然涉及印順法師。當然，也有學者認為學術研究在臺灣佛教界影響並不大，因為「信仰型」的廣大教徒一向把學術研究當做是「說食數寶」、「打閒岔」。不管怎麼說，臺灣佛教界、學術界近些年出現的眾多學術研究成果（當然質量有高低之分）是近現代中國佛教研究史上罕見的，其各種方法的運用也是有目共睹的。

（三）臺灣的「人間佛教」待重新定位。「人間佛教」在臺灣近些年風起雲湧，已成為臺灣佛教的主要特點之一。但隨著「人間佛教」影響日益擴大，對其看法也日趨不一，而印順法師作為臺灣佛教界倡導「人間佛教」的頂級人物，在對「人間佛教」重新審視時，涉及印順法師對「人間佛教」看法是不可避免的。要想對「人間佛教」重新定位，自然就免不了對印順法師的有關論述進行重新評估，這是繞不過去的。有的學者反覆強調自己對印順法師的尊敬，聲稱自己絕不是「反印順」，但一涉及「人間佛教」問題，遂又對印順法師的觀點進行批駁，這種看似矛盾的現象恰恰說明了問題的癥結。

（四）彰顯展示了臺灣佛教學術研究中的寬容度和自由度。第一，從發表的刊物上講，《中華佛學學報》是臺灣佛教學術界頂級刊物，有著廣泛的影響。但學報編輯並沒有因為所批評的印順法師是臺灣佛教思想界頂級權威而顧慮，「學報編審雖然並不完全同意，但仍本學術開放立場毫不猶豫地刊登了」。[18]《香光莊嚴》也是一家印刷精美、有著廣泛影響的雜誌，在刊登批評印順法師的論文時，該刊「編者按」言：「印順導師的學術成就自有其時代意義與啟發，這是眾所周知、毋庸置疑的，但是任何偉大的學術成就，在變遷的現代時空中都有重新討論、思考與對話的空間，這也正是佛法得以常存世間的基礎、佛教不斷進步的動力。」[19] 這些都隱透出臺灣雜誌主持人不願墨守成規的廣闊胸懷。第二，從爭論的方法和內容上講，有四種不同風格，1. 不留餘地，如江燦騰在《江燦騰博士質疑陳玉蛟（即如石法師）兩函》中言：「作者陳玉蛟先生曾於 1988 年左右，在我去中華佛學研究所演講結束時，幫我提行李，陪我走到新北投東站搭公車，但一路上，主要是想向我

請教：他因本人不善於學術研究，今後他要如何在臺灣學界立足的問題。」[20] 接著對如石法師提出質疑：「我，江燦騰博士的十四種佛教史著作，時間是從明代到近代、區域則從大陸到臺灣，並已被兩岸和國際學界視為研究中國近代佛教史與臺灣佛教史的代表性學者之一，例如現任教哈佛的詹密樓教授即曾許本人為當代臺灣佛教史的頂尖研究學者之一，如何在陳玉蛟先生的長文中一字不提本人的相關研究？理由何在？」[21] 2. 語言犀利，如昭慧法師在《方法學上的惡劣示範——評如石法師＜大乘起源與開展之心理動力＞》中稱，如石法師的文章「明顯的是『以學術規格包裝信仰立場』，方法用錯，思路不清」。「在方法學上，是嚴重的便宜行事，不夠用功，投機取巧的。」「作者無論是運用舊方法還是新方法，都是不及格的。」[23] 3. 留有餘地，如李志夫《批評態度、立場與方法——從如石法師兩篇論文探討起》批駁了如石法師的觀點後稱：「本文對如石法師的批評態度、立場與方法雖有不同的看法，但對如石法師對大乘佛法之信仰真切與維護，也同樣給予尊重。」[23] 4. 溫文爾雅，以商榷探討口吻提出不同看法，如呂勝強《如石法師評論印老文章之反思》雖不同意如石法師文章，卻沒有任何霸氣，而是通篇以委婉商榷的口氣緩緩道來，正如作者在「引言」中認為：「如石法師引據導師著作之內容是否有出入？理解上是否有斟酌之處，亦可一併復按原文探討之！再者，最重要的，佛法是『理智、德行的宗教』，如果評論者，都能秉持『無諍』與『無我』的精神，相互勸勉，那才是真誠的佛弟子，這是筆者整理本文的動機。」[24] 這些不同看法，無論是尖銳與緩和，無論是無理或有理，都能及時在臺灣發表，彰顯了臺灣佛教界的包容度。

第二節　臺灣發表的研究佛教論文

一、臺灣發表研究佛教論文的類別和篇數

　　1977 年至 1999 年底，臺灣各刊物發表的研究佛教論文約 6700 餘篇，具體數字如下：

第八章 臺灣佛教的學術研究及學術活動

論文類別	篇數
(一)佛教總論	314
1.佛教概論	75
2.佛教與現代社會	161
3.佛教的弘法	27
4.人間佛教	15
5.佛教的改革與未來	36

續 表

論文類別	篇數
(二)佛教教理	705
1.佛學概論	170
2.原始佛教教義	216
3.學佛實踐	196
4.戒律	92
5.佛學研究法	31
(三)佛教經典與文獻	955
1.佛教目錄學	213
2.大乘經典	447
3.小乘經典	79
4.中國撰述	183
5.藏語、巴利語系典籍	33
(四)佛教歷史	1320
1.總論	7
2.印度佛教史	56
3.中國佛教史	808
4.中國地方佛教	26
5.台灣佛教	194
6.藏傳佛教	103
7.中外佛教關係	19
8.各國佛教	107
(五)佛教學說‧宗派	1914
1.學說與宗派總論	227
2.般若‧佛性與涅槃	164
3.三論‧中觀	194
4.唯識‧因明	264

續 表

論文類別	篇數
5.天台宗	157
6.華嚴宗	116
7.禪與禪宗	569
8.淨土宗	179
9.密宗	44
(六)寺院與禮儀	220
1.寺塔勝跡	83
2.教團組織	63
3.禮儀	34
4.節日與習俗	24
5.佛教經濟	16
(七)佛教文化・藝術	1353
1.總論	144
2.佛教美術	449
3.佛教考古・文物・雜誌	116
4.佛教文學	153
5..佛教音樂・舞蹈	39
6.佛教文教事業	152
總數	6781

以上統計數字中，有部分為香港佛教刊物，但也有數份未公開出版的論文集未統計在內，兩下相抵，篇數大體是差不多的。

二、臺灣研究佛教論文的特點

　　從以上數字中可看出，研究佛教學說宗派的最多，其次為研究佛教歷史和佛教文化藝術，再次為研究佛教教理。從這些論文，可看出臺灣研究佛教已出現許多新氣象：

　　（一）從傳統性的弘法性研究轉為新型學術性研究。20世紀六七十年代臺灣的佛學研究，大多還是以弘法為目的，停留在對佛教經典的闡說和陳述，隨意性研究者因缺乏嚴格的學術訓練而使論文缺乏規範。進入八九十年代之後，隨著不少佛學院的崛起和大批資金的注入，研究者受到系統的訓練，也無需因食宿資金而煩惱，因此論文日趨精深和規範。

　　（二）隨著研究資源日趨豐富而使研究領域逐漸擴大。過去臺灣佛教可供直接研究的資源有限，缺乏佛教遺址、寫卷、古佚文獻，且佛教長期由「中佛會」控制，生存空間有限，因此研究領域窄小。臺灣「解嚴」後，許多研究者到中國考察佛教文物，查找文獻資料，且佛教發展速猛，各種道場崛起，也在客觀上提供了可供研究的豐富資源。

　　（三）隨著大批從歐、美、日返回留學人員的介入，臺灣佛教研究引進了一些先進的研究方法，並有學者不僅能直接閱讀外文的學術佳作，還能利用所掌握的梵文、巴利文、藏文進行研究，這些使臺灣佛教研究在方法論上受歐、美、日影響，大大拓展了研究視野，進一步開掘了研究的深度。

　　（四）各種網路、資訊文獻、數位資料庫等現代研究條件日趨完善，使臺灣佛教研究者大大提高了研究效率，透過精確檢索，提高了論文的質量。如受蔣經國學術基金會和中華佛學研究所贊助的正在建構中的「臺灣佛教文獻數位資料庫」，將從明鄭時期的臺灣佛教資料收集、編整，並將日據時代資料的整編、翻譯，至當代佛教文獻彙編，並運用最新科技技術將這些文獻資料數位化，並將其置於網際網路上，以提供學術界參考。這類資料庫的增多，必將給臺灣佛教研究帶來福音。

第三節　臺灣高校博碩士學位論文對佛教的研究

臺灣 20 世紀 60 年代至 20 世紀末，高校中（不含佛學院）攻讀博碩士學位者撰寫的與佛教相關的論文有 1000 多篇，代表了臺灣攻讀博碩士學位者對佛教研究的總體水平，從中亦可看出佛教研究已成為臺灣高等教育博碩士關注的一門顯學。其特點可從以下幾個方面考察。

一、涉及內容廣泛

這些研究佛教相關的論文，涉及佛教的方方面面。從大的方面來說，包括佛教文獻學、佛教思想、佛教史、佛教人物及其思想、佛教地誌、佛教經典研究、佛教論書研究、僧制及僧制史、佛教信仰修持儀制、佛教事業、佛教語文、佛教文學、佛教藝術、佛教應用、佛教各宗，其中還涉及與佛教有關的西藏研究、敦煌學、宗教與信仰、民間信仰及習俗、宗教藝術、印度哲學等。許多論文立足於中國佛教，對中國佛教（包括中國各地佛教）及各宗的歷史發展，一些佛教著名人物及其思想對中國佛教及各宗的發展所起的影響和作用，作了較系統而深入的探討和研究；對佛教的一些重要經典和論書的研究，不僅能探源發微，而且能在前人研究基礎上獨抒見地；對僧制及修持儀制等的研究，能忠實歷史釐清其沿革和古今之演變；對佛教事業則評估了佛教教育，並著重於今天之臺灣佛教教育和慈善服務的事業；於佛教語文，不僅探研佛書的音義聲韻，並對佛書的語法、某些虛詞、句式以及語言風格作了分析和探討；於佛教文學，廣泛地研究了佛教與中國文學理論、詩歌、小說、傳奇、變文等的關係，佛教思想對一些著名詩人、作家創作的影響，並探討了佛教對一些西方著名作家、作品思想的影響；於佛教藝術，研究論文涉及了佛教藝術思想及源流，佛教思想對中國書法繪畫的創作理念、意境、風格，以及對中國雕塑的造型、意涵的影響，也研究了中國佛教的音樂和戲劇；對佛教應用的研究，說明中國佛教素食文化的形成及素食對人體健康的關係，說明佛教靜坐技術及靜坐對人的生理、心理等有益的影響，還分析拜香燃燒氣體之有害化學成分而提出改善的方法，並從佛教角度對臨終病人的心理作了分析而提出了療護工作的建議；對中國佛教各宗，則研究了三論宗、

天台宗、華嚴宗、淨土宗、禪宗的思想特色及其理論根據，較多的論文探討了禪宗的禪學頓教的思想，及其派下曹洞、臨濟、雲門等各宗理論的不同。

還有不少論文涉及了西藏和敦煌學。西藏研究包括對西藏歷史、西藏政教制度、社會經濟、宗教、語文及藝術等方面研究。西藏歷史研究著重論述歷代西藏地方政權與中國中央政權關係，說明自古以來西藏是中國領土不可分離的一部分。西藏政教制度方面的論文，研究分析了此政教合一制度形成的原因，在此制度下西藏領導階層權力的結構、政教間的合作與糾結等。西藏社會經濟方面的論文，包括對婚姻制度、社會制度、經濟發展、對外貿易等西藏之研究；西藏宗教方面的論文主要是探討藏傳佛教金剛乘的起源和特色，以及藏傳佛教在臺灣的發展。西藏語文及藝術方面的論文，有對古代藏語和中古漢語語音系統進行比較分析，確認漢藏語言同屬一個語系，是兄弟語言，屬同一血緣關係的語言；也有對藏族歌謠、唐卡藝術及藏戲等進行研究。敦煌學文化是從屬中華文化的一部分，也是中國佛教文化的一個重要部分，論文涉及有關敦煌學研究的達 60 多篇之多，其內容包括敦煌文獻、敦煌文學、敦煌佛教藝術、敦煌字書等。其中敦煌文學的研究論文，包括了韻文（曲子調、民歌、詩歌、詩歌用韻）、變文、講經文、小說、應用文等內容；敦煌佛教藝術方面的論文，則包括書畫及雕塑兩個部分內容，前者有書法、壁畫之研究，後者有莫高窟佛像雕塑和中國維摩造像研究等。

二、具有較高的專業性和學術水準

從總體上看，論文有較高的學術水準是毋庸置疑的。

評估論文學術水準最重要的依據是論文本身。以研究佛教思想為例，不少論文對佛教思想理論方面作了深入的探索，具有相當的深度。例如《原始佛教之生命觀》（李宗興撰，文化大學哲學研究所碩士論文，李志夫指導）對原始佛教的生命觀的產生，及其對後來佛教思想理論的發展起了深遠影響和作用的原因做了研究和論證。作者認為佛陀的生命觀思想是源自他對印度傳統之承接與批評而產生的，與當時印度文化及社會背景有相當的結構性關係，因此佛教傳入中國也不能不面臨中國固有的文化結構而繼承和批判，以致中國佛教在承接原始佛教之後出現了許多學派。作者又認為佛陀的思想不

僅同於他所處的文化結構,而且超越他所處的文化結構,所以能對後世依然產生影響。由於原始佛教生命觀,著重於一些生命的根本而且重要的問題上,只將思想的重心放在生命的苦惱解說上,不為外來的枝節所動搖,使其具有相當大的未來性和開放性,所以佛教思想能隨著時空而發展。論文的深層意義,在於說明任何偉大思想的產生和發展,都必須與現實相關而有超越,有繼承有批判,並堅持其根本而具有未來性和開放性。不少論文對佛教及其各宗思想進行研究。淨土思想是大乘佛教的特色,人間淨土、天上淨土、三乘淨土、諸佛淨土等都屬此思想之範圍,何以一般大眾都深信只要稱念一句彌陀聖號即可往生?《淨土思想之研究》(吳燦明撰,文化大學印度文學研究所碩士論文,楊顯祥指導),以歷史研究法探索了印度初期大乘淨土思想及其後發展和流變,得出了稱念彌陀聖號即可往生,乃後出的《觀無量壽佛經》加入的思想,並非淨土思想之正源,從而糾正了「諸經所贊,盡在彌陀」的說法,說明淨土思想除了稱名念佛之外,尚應廣積福德,多修淨業,才能往生淨土。此文不僅釐清了淨土思想諸說,為淨土思想正源糾偏,而且對信奉淨土思想者作了正確的引導。

不少論文對前人研究佛教的缺失有所澄清和彌補。《釋契嵩反排佛論研究》(王文泉撰,淡江大學中國文學研究所碩士論文,周志文指導)針對學者對於北宋儒釋論爭之研究,率以理學家之排佛論為主,而將儒生之排佛論略略帶過,並甚少探討釋子反排佛論。作者在此文中,論述了北宋儒生反佛論的特色,並論述契嵩針對儒生反佛論而進行的反排佛的論爭,說明其反排佛思想乃佛為儒本之思想體系,同時比較了契嵩與慧遠的反排佛,也比較了契嵩反排佛論與北宋理學家排佛論。從而彌補了歷來學者於北宋學術所略而不詳的部分,也確定了契嵩在儒釋論爭上的地位。

楊文會是近代中國佛教的先覺者之一,然而前人對其研究不足。《近代佛教先覺者楊文會》(吳麗玉撰,高雄師範大學國文研究所碩士論文,簡宗修指導)對楊文會的生平及其從事佛教事業作了頗為全面的介紹和論述。文中稱道了楊文會「重視佛典與居士佛教為主」的二大佛教發展取向,探討了文會對整體佛教新教育的規劃,及其所創辦的祇洹精舍與佛學研究會,也介紹了其創辦金陵刻經處的成就、功能和特色,以及其對中日佛教交流的貢獻

和意義。此文彌補了前人研究的缺失,使人們對這個近代中國佛教界的重要人物有一完整而深入的認識。

對於寺院經濟,歷來研究都限於唐末五代以前,涉及宋代以後甚少,自上世紀40年代以後則沉寂多時。《宋代寺院經濟的研究》(黃敏枝撰,臺灣大學歷史學研究所博士論文,方豪、傅樂成指導)論述了宋代寺院如何取得莊園、寺院與佃客的關係、寺院與社會密切關係,並專門探討了寺院對於工業與商業營運的關係,說明宋代寺院既重視禪觀修行,也重視生產營利,既積極經營莊園,也積極進行工商業活動,因此在社會生活及經濟中居於相當重要的地位。此文彌補了宋代寺院經濟方面研究的缺失,揭示出宋代工商業發展與寺院經濟發展的密切關係。這是研究北宋工商業發展所不可忽視的。

對於宋代張載的學術思想,歷來學者或將其比附於唯物論而稱之為唯氣論,或認為其思想摻雜了佛學思想,視其為佛家義理之改頭換面。《論張載弘佛道以反佛的理論根據》(朱建民撰,臺灣大學哲學研究所碩士論文,牟宗三指導)認為上述的兩種說法都是對張載之學的誤解,而提出了自己的新見解予以澄清。作者透過對張載的天道論和心性論的論述,並論述張載如何相應地以儒家道德的實理實事批評佛家之缺失,說明張載之學是以反佛來彰顯儒家之思想。《張載氣化論之結構》(金春植撰,政治大學哲學研究所碩士論文,高懷民指導)探討了張載學術思想經歷了三次大轉折的過程,先儒而繼出入佛老,探索心性修養,終又回到六經,於《周易》找到解答名教之要的答案。從他詮解張載氣化論文之結構和張載對佛教提出的強烈批評,也可知張載出入佛學,是為其自己儒學理念和弘揚儒家義理。兩文內容不同,但都提出了獨見,有助於對張載之學的進一步深入的研究。此類頗有新見的論文尚有不少,但限於篇幅,不能一一介說。

三、全面深入地研究了中國佛教人物及其思想

此類論文有106篇,約占所有論文的十分之一。評論所涉及的人物約有55人,其中魏晉南北朝時期有支遁、道安、鳩摩羅什、僧肇、慧遠、竺道生、道文、法雲等法師和沈約;隋唐時期有智者、智顗、吉藏、法藏、法融、善導、惠能、鑑真、馬祖道一、大珠慧海、希遷、懷海、宗密、臨濟義玄、洞山良價、

第八章　臺灣佛教的學術研究及學術活動

法眼文益等大師和王維、梁肅；宋代有永明延壽、大慧宗杲、契嵩、惠洪、圓悟克勤、玄智正覺等法師及程明道；明清時期有紫柏、蓮池、憨山、德清、益智旭等法師和李卓吾、袁宏道、焦竑、陶望齡、蒲松齡、王陽明、羅近溪等；民國時期有弘一、太虛、倓虛、印順等法師和歐陽竟無、章太炎、熊十力、梁漱溟、李炳南等。

　　此類論文以研究及評論人物思想者為多，如對支遁、道安、僧肇、慧遠、竺道生、法融、善導、惠能、希遷、宗密、法眼文益、永明延壽、大慧宗杲、李卓吾、益智旭、印順等大師的思想，均以專文研究評論。或結合人物的生平論述其思想，或從某個角度（如其禪學的思想）進行論述，或從其理論主張探索其思想。

　　有的論文就人物某一方面思想進行研究評論，如研究評論竺道生的頓悟思想，智者的實相論與性具思想，蒲松齡的地獄思想，法藏的法界思想緣起，熊十力的「內聖外王」思想等。有的論文則從人物的論著入手研究評論其思想，如從支遁殘餘之文考察其「即色游玄」的主張，就僧肇所著的三篇論文分析探討其佛教哲學體系，在智顗的《觀音玄義》中研究其「性惡說」的思想和所彰顯意義，從《壇經》的內容探討惠能的思想，從王維的詩畫探討禪宗思想對其影響，從法眼文益所著《宗門十規論》中研究其思想，以袁宏道《西方合論》為中心研討其思想，以《四書蕅益解》研究蕅益大師調和儒釋的思想，從章太炎《國故論衡》、《齊物論釋》等著作評估其佛學研究的成就及其入世治世的思想，從印順的著作研究佛教的特色與價值，從法融之《心銘》、《絕觀論》等論著研究其禪學思想等。

　　從此類論文中可以看出，所研究評論的人物相當多，時空跨越了一千多年，從魏晉南北朝到今日。這些人物都是歷代佛教界的精英，他們的思想理論、弘法實踐等，都對當時和後來佛教及佛教思想的發展，起了重要的影響和作用，其思想甚至影響至其他領域。對他們的研究，無疑有助於深入瞭解佛教歷史、佛教思想發展的過程，及其對歷史社會的影響，建構更完整的佛教發展史和佛教思想發展史。從此類論文也可得知臺灣博碩士學位論文對佛教人物及其思想的研究面相當廣，而不集中於某個時代的人物或某個別人物。

四、研究佛教文學的論文占有相當數量

　　博碩士論文中研究佛教文學的約有一百來篇，約占論文總數十分之一。此類論文包括佛教文學理論、中國佛教詩歌史、中國佛教小說、變文、寶卷、佛教與中國小說、佛教與東方文學等部分。其中以中國佛教詩歌史部分的論文最多，有 40 多篇，占此類論文總數的三分之一強。其中有對詩人王梵志、王維、蘇軾、黃山谷等禪詩之研究，有對皎然、寒山、齊己、蘇曼殊等詩僧的詩歌研究，有對詩禪關係之研究（如南朝詩歌與佛教關係、禪學與唐宋詩學、唐代詩歌與佛家思想、唐代詩禪互相影響、盛唐詩與禪、禪宗與宋代詩學理論等），有對詩人及其創作與佛教關係研究（如唐代詩人與佛教關係、白居易詩與釋道關係、李商隱與佛教因緣、佛教對蘇東坡詩詞文影響、從憨山德清思想探討其夢遊詩等），有對某個時代詩歌與佛學關係研究（如晉宋山水詩、東晉玄言詩、六朝玄言詩、唐代詩歌與佛家思想等），有對佛教文學理論研究（如佛教譬喻文學、漢譯佛典譬喻析微、文心雕龍與佛教關係、韓柳文學與佛教關係、由禪的「解構」義探討其與文學創作的關係、六朝文學與思想心靈境界研究等），此外還有對宋代僧人詞、六朝漢譯佛典謁頌與詩歌等研究。

　　從此類論文中，可以看出博碩士對禪學思想與詩的關係研究範圍相當廣泛，時空從魏晉六朝到近代，涉及了文學理論、詩人的創作思想及其作品的內容、藝術所受到禪學思想的影響，說明佛教思想在中國的傳播，給中國的文學理論和歷代詩歌創作注入了新鮮的血液，使中國詩歌園地出現了奇卉新葩，思想內容上呈現異彩，藝術上有所創新。儘管禪詩關係的研究和論述，前賢時人已有不少，但在這些論文中亦有新的發掘。例如在中國詩歌史上，歷來忽視對漢譯佛典偈頌與六朝詩歌關係的研究，少見全面性的論述，《六朝漢譯佛典偈頌與詩歌之研究》（王晴慧撰，靜宜大學中國文學系碩士論文，李立信指導）在搜索了相當多數量的漢譯佛典中偈頌的基礎上，從其形式、內容及文字三方面分析漢譯偈頌的文學特色，並將六朝洋溢濃厚佛教文學特色的詩歌如佛理詩、山水詩、玄言詩等列入討論，研究漢譯偈頌與詩歌形式、內容、修辭角度等之間相因相承的關係，說明漢譯偈頌與詩歌有三方面的關

臺灣佛教
第八章　臺灣佛教的學術研究及學術活動

聯性（形式上會通，內容上浸染，修辭風格上借鑑）。可見此文發前人所未發。又如在宋詞中，僧人之詞歷來甚少注意，《宋代僧人詞研究》（謝惠青撰，中興大學中國文學研究所碩士論文，羅宗濤指導）以所收集的142首僧詞為依據，聯繫宋代佛教興盛的背景及詞僧出現之前存在詩僧的現象等，探討了當時僧人之詞的內容、藝術的特色和語言風格，彌補了宋詞研究中的一個空白。

論文中涉及佛教與中國小說、變文、寶卷之關係的約30多篇。其中有論述佛教思想與小說、傳奇、變文之關係的論文，有論述佛教思想與小說、傳奇、變文的個別作品之關係的論文，以後者論文為多。如《濟公傳》、《廣異記》、《幽明錄》、《西遊記》、《封神演義》、《三言二拍》等。有些論文則探討了作品中的佛教思想，如唐人小說中的定命觀、話本小說的果報觀、《聊齋誌異》之宿命論和果報觀。有些論文則專就作品中某一方面描寫內容，探索作品所受佛教思想的影響，如以六朝小說中描寫的「死後世界」、「夢象」等內容，探索佛教思想對志怪小說創作的影響，並從中論析六朝時人的死後世界觀、生命觀、時空觀。這種研究方法往往為之前的眾多研究者所忽略。

值得注意的是出現了不少佛教與西洋文學關係的論文，其中有佛教與美國文學17篇、佛教與英國文學6篇，多是從個篇作品中探索其所受佛教思想的影響，以禪學的觀點詮釋或分析小說作品中的思想內容。其中所涉及的作品有《空籠故事》、梭爾·貝婁《雨王亨德森》及《何索》、沙林傑《九篇故事》、安德森《小城故事》、馬克·吐溫《湯姆歷險記》及《頑童流浪記》、梭羅《湖濱散記》、梅鐸《大海，大海》與《哲學家的學生》、海明威《老人與海》、佛斯特《印度之旅》、莎士比亞《李爾王》、狄更斯《孤星血淚》等。還有以禪學來詮釋西洋的詩歌，如對華萊士·史蒂文斯的詩歌、艾蜜莉·狄金生詩歌的詮釋。這種別有見地地從佛教思想的角度研究西洋文學，為研究西洋文學拓展了思維的空間，也揭示出佛教對世界文學影響的廣泛。

五、開闢了研究與佛教有關婦女問題的新視野

在研究佛教的學術領域，佛教與婦女關係問題的研究，歷來鳳毛麟角，博碩士論文中則有多篇論文研究與佛教有關的婦女問題。《佛教的女性觀》（王翠貞即釋永明撰，文化大學印度文化研究所碩士論文）從佛陀的眾生平等觀、原始佛教時代的女性觀、小乘佛教時代的女性觀和大乘佛教時代的女性觀的闡述和分析，綜合說明了佛教的女性觀是男女平等，佛教是女權的倡導者。《北朝婦女佛教信仰活動》（吳玲君撰，中正大學歷史研究所碩士論文，韓獻博指導）以佛教造像銘刻為例，分析發現北朝婦女信仰佛教活動，說明當時婦女除傳統的家庭活動之外，尚有從事佛教活動的空間；除傳統的家庭觀之外，已借助佛教信仰而為自我心靈尋找慰藉之所，更因佛教教義，使他們的關懷點從小我擴展到法界眾生。《宋代婦女的佛教信仰》（王平宇撰，臺灣清華大學歷史研究所一般史組碩士論文，黃寬重指導），研究宋代信仰佛教的婦女，從她們日常「持誦」與「齋戒」的修行、參與佛教集會、捐獻布施的活動，研究三種不同形式出家的女性：佛教教團中的比丘尼、「臨終出家」的婦女、在家中「帶髮修行」的女性。同時還研究了佛教女信徒外的兩種對佛教信仰態度特殊的女性：一是信仰佛教，也摻雜對道教、占卜、陰陽等各家思想的信仰；一是根本將佛教信仰視同迷信，非但拒絕，甚至加以批判。透過以上研究論述，交織出宋代婦女信仰佛教的基本面貌，揭示了在佛教教義影響下，信仰佛教女性的慈善表現和具有善心的特質。

此類論文雖然不多，但顯示了佛家的男女平等觀和女權的思想，而且展示了北朝、宋代婦女信仰佛教的行為和思想，從社會史來看，這是一個可貴的收穫。因為許多社會史甚少涉及對歷史上婦女的行為和思想的研究，更少涉及女性信仰宗教的行為和思想。從而啟示社會史研究者，對歷史上婦女問題的研究，尚有相當寬大的空間。

六、研究了佛教與教育的關係

教化世人是佛教的一個重要出發點，而教育是教化的重要手段，所以教育歷來為佛教所重視，是佛教研究和實踐的重要課題。《阿含經中有關佛陀

教學之研究》（楊素英撰，華梵大學東方人文思想研究所碩士論文，蔡耀明指導）以「漢譯四阿含」為依據，研究佛教教育緣起於佛陀，佛陀教學最重要的理念是四姓平等，有教無類；教學的四大特色是以智慧為主軸，善巧為方便，漸進為次第，身教為典範；教學的方法：以講解為主，以討論為主，以勸勉為主，以情境為主，以及語言之外的教學；而其一貫的教育原則是：強調自力求解的學習原則，允許學生懷疑的學習態度，可親身逐步證驗的學習過程。這是對佛陀教育思想頗為全面的研究和論述，可以看出佛陀教育思想有許多地方符合教育的一般規律，存在著許多科學性和合理性，因此為歷代佛教所繼承發展。有的論文探討了「佛陀眾生教化理念在現代教育上的意義」，有的對佛教團體教育實況進行了研究和評估，有的研究佛教成人教育課程規劃。《由法藏「新十玄」論臺灣教育之重建》（謝時瑩撰，臺灣師範大學教育研究所碩士論文，林玉體指導）針對當前臺灣教育的弊病，採取法藏「新十玄」的觀點，從教育自主性、人與自然環境關係、人與社會關係等三個方面探討臺灣教育，提出用自由、科學、民主和愛作為重建臺灣教育的基石，試圖以佛教思想來重建臺灣教育，可謂別開生面。

　　慈濟功德會證嚴法師帶有哲理性的語錄在臺灣被稱為「靜思語」。近年來，臺灣小學實施了證嚴法師的「靜思語」教學，頗引起社會矚目。有多篇論文就靜思語教材、實施教學方法及其取得成果進行探討，說明教師中必須秉按大愛從事教學，視學生為己子，尊重與包容孩子個別差異；教材選取重視生活與實用性；教育者應以身作則，以人格感召孩子；而培學方式應不給學生壓力為原則。這些論文雖然是對「靜思語」教學的探索和評估，但其中的確也有可供教育者借鑑的東西。《小學靜思語教學之研究》（賀正楨撰，臺中師範學院國民教育研究所碩士論文，陳啟明指導）透過分析小學實施靜思語教學的情形，探討了教師如何選取靜思語教材、如何實施靜思語教學及小朋友學習靜思語的情況，並提出了自己的見解。《慈濟教師教學信念與教學行為之個案研究》（黃天長撰，臺中師範學院教育研究所碩士論文，陳啟明指導）以一位小學五年級導師及其班級為研究對象，探討了慈濟教師的教學信念及其教學行為，並指出靜思語教學的侷限性。《一個研究者探索靜思語教學的反省歷程：兼論整合觀點的德育模式》（洪素芬撰，臺北師範學

院教育研究所碩士論文，湯梅英指導）透過對靜思語教學整體脈絡發展及內容的探討，研究了應如何全面理解靜思語教學，並提出「整合觀點的德育模式」，以此作為研究者個人教育信念的一種理解與表徵。

七、對當代臺灣佛教的研究別開生面

當代臺灣佛教的蓬勃發展為研究者提供了豐富的資源，博、碩士論文以當代臺灣佛教為內容的，表現在以下幾個方面：

一是對臺灣僧制與僧團生活的研究。《僧團制度之研究：印度、中國及現行臺灣三階段之比較》（釋依仁撰，文化大學中華學術院印度研究所碩士論文，星雲法師指導）從僧團制度的演變來探討制度發展問題，其第四章研究現行臺灣僧團制度，認為臺灣僧團統制有兩個層面，一是統攝全臺的中心行政機構「中國佛教會」，一是各獨立發展的寺庵僧團；在僧團活動形態上有兩種，一是持靜修的保守派，一是持社會弘化的激進派。論文探討的是解嚴前的臺灣佛教，故文中如實地反映了當時「中國佛教會」一統全臺的情況。《臺灣佛寺的現代功能：佛光山田野研究》（盧月玲撰，臺灣大學考古人類學研究所碩士論文，唐美君指導）以佛光山為例，研究臺灣佛寺適應社會變遷而產生的現象，論文從宗教領袖的人格特質、人事及經濟的運作、教育文化及慈善事業的開展三個方面進行論述，凸現了臺灣佛教與臺灣社會的關係。《佛光山派下國內分級據點蠡測：以中部教區為例》（翁銘宏撰，東海大學建築學系碩士班碩士論文，洪文雄指導）以佛光山派下據點為整體，再針對中部教區的道場深入研究，指出其建築在現代化過程中的四個內容：道場志業化、據點化的歷史與社會背景；據點的形成、功能、分級、區位等策略；不同據點條件下的宗教設境與慣用手法；道場現代化的規劃、使用等常模與課題。《臺灣的比丘尼僧團及其不同的生命經驗：一個社會學的個案研究》（李雪萍撰，東海大學社會學系碩士班碩士論文，丘延亮指導）以阿含寺內的幾位比丘尼、沙彌尼、學法女做個案探討，分析並展示了某些僧團中師徒、共住者之間的權力、情、經濟結構、意識形態監控、戒律實踐、複雜紐結的寺院生活。

臺灣佛教
第八章 臺灣佛教的學術研究及學術活動

　　二是對臺灣佛教信仰、修持、儀制的研究。《大學生皈依佛教信仰之歷程研究：深度訪談分析》（彭昌義撰，輔仁大學應用心理學研究所碩士論文，丁興祥指導）以臺灣北部七所大學為研究對象，探討了大學生佛教信仰皈依歷程的背景、影響因素及皈依後的種種現象，指出個人皈依歷程是與歷史、文化、社會及個人人生際遇、生活經驗與心路歷程息息相關的。《都市地區佛教團體活動多元化及選擇性提供模式探索性分析：以臺北市為例》（陳曼玲撰，政治大學東吳大學社會學研究所碩士論文，黃維憲指導）透過對臺北市所有佛教道場進行研究，探討了佛教經濟體系供給面本身多元化的程度、受到市場經濟邏輯所支配的程度與方向，揭示了市場需求、教團組織本身宗教理念、與寺院空間結構之限制三大面向對整體佛教經濟的作用方式等問題，建構出臺灣都市佛教活動模型，論證了臺灣佛教表面上活動多元化現象的背後仍有一套內在網絡進行支配。《臺灣地區健康家庭特質之研究：以慈濟家庭為例》（林惠萍撰，文化大學生活應用科學研究所碩士論文，王淑俐指導）以北、中、南、東四個區域中9個家庭為研究對象，從夫妻相處、親子互動、宗教信仰三個方面探討了慈濟家庭特色，指出慈濟家庭對健康家庭特質的認知。《佛教焰口儀式與音樂之研究：以戒德長老為主要研究對象》（何麗華撰，成功大學藝術研究所碩士論文，呂錘寬、陳碧燕指導）透過田野訪談及文獻資料的整理，以五線譜呈現戒德長老於1979年錄製之律腔焰口錄音帶之音樂現象，整合其音樂特徵，以說明其音樂對儀式的功能與其宗教意義。

　　三是對臺灣慈濟功德會的研究。近三十年來，臺灣佛教界深受「人間佛教」思想，特別是受印順法師思想的影響，慈悲濟世之風風起雲湧，臺灣佛教尤其一些僧團以慈悲濟世為功德，興辦救濟、教育、醫療、環保等事業，遍及臺灣，甚至延伸至海外。由證嚴法師創辦的慈濟功德會，是其中之佼佼者。對於慈濟功德會如何從最初創辦時只有幾個成員，增加至有400多萬人之眾，如何從創辦之初的缺少資金，成為臺灣佛教中最有經濟實力的組織團體；如何從最初的微弱救濟組織，擴展為擁有相當規模的醫療、教育、救濟等系統，引起許多社會學者的研究興趣。博碩士論文中有關慈濟功德會的論文就有近20篇。這些論文以慈濟功德會為例，或探究臺灣宗教福利思想與福利服務；或研究臺灣慈善機構組織融入、組織文化與慈善行為；或研究佛

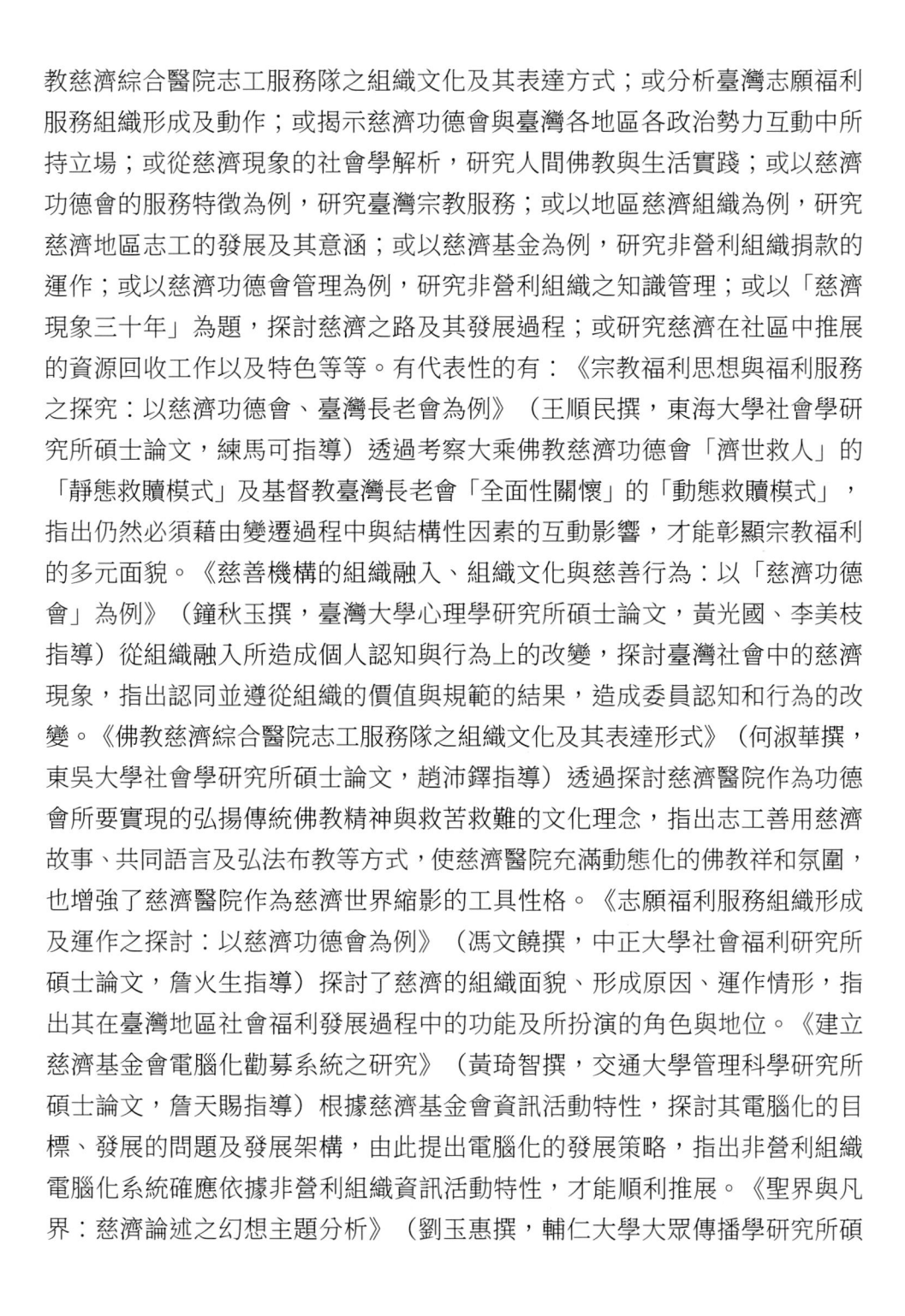

第三節　臺灣高校博碩士學位論文對佛教的研究

教慈濟綜合醫院志工服務隊之組織文化及其表達方式；或分析臺灣志願福利服務組織形成及動作；或揭示慈濟功德會與臺灣各地區各政治勢力互動中所持立場；或從慈濟現象的社會學解析，研究人間佛教與生活實踐；或以慈濟功德會的服務特徵為例，研究臺灣宗教服務；或以地區慈濟組織為例，研究慈濟地區志工的發展及其意涵；或以慈濟基金為例，研究非營利組織捐款的運作；或以慈濟功德會管理為例，研究非營利組織之知識管理；或以「慈濟現象三十年」為題，探討慈濟之路及其發展過程；或研究慈濟在社區中推展的資源回收工作以及特色等等。有代表性的有：《宗教福利思想與福利服務之探究：以慈濟功德會、臺灣長老會為例》（王順民撰，東海大學社會學研究所碩士論文，練馬可指導）透過考察大乘佛教慈濟功德會「濟世救人」的「靜態救贖模式」及基督教臺灣長老會「全面性關懷」的「動態救贖模式」，指出仍然必須藉由變遷過程中與結構性因素的互動影響，才能彰顯宗教福利的多元面貌。《慈善機構的組織融入、組織文化與慈善行為：以「慈濟功德會」為例》（鐘秋玉撰，臺灣大學心理學研究所碩士論文，黃光國、李美枝指導）從組織融入所造成個人認知與行為上的改變，探討臺灣社會中的慈濟現象，指出認同並遵從組織的價值與規範的結果，造成委員認知和行為的改變。《佛教慈濟綜合醫院志工服務隊之組織文化及其表達形式》（何淑華撰，東吳大學社會學研究所碩士論文，趙沛鐸指導）透過探討慈濟醫院作為功德會所要實現的弘揚傳統佛教精神與救苦救難的文化理念，指出志工善用慈濟故事、共同語言及弘法布教等方式，使慈濟醫院充滿動態化的佛教祥和氛圍，也增強了慈濟醫院作為慈濟世界縮影的工具性格。《志願福利服務組織形成及運作之探討：以慈濟功德會為例》（馮文饒撰，中正大學社會福利研究所碩士論文，詹火生指導）探討了慈濟的組織面貌、形成原因、運作情形，指出其在臺灣地區社會福利發展過程中的功能及所扮演的角色與地位。《建立慈濟基金會電腦化勸募系統之研究》（黃琦智撰，交通大學管理科學研究所碩士論文，詹天賜指導）根據慈濟基金會資訊活動特性，探討其電腦化的目標、發展的問題及發展架構，由此提出電腦化的發展策略，指出非營利組織電腦化系統確應依據非營利組織資訊活動特性，才能順利推展。《聖界與凡界：慈濟論述之幻想主題分析》（劉玉惠撰，輔仁大學大眾傳播學研究所碩

士論文，林靜伶指導）透過對 1990 年 1 月至 1993 年 6 月證嚴法師與委員論述 155 篇語義文本的分析，指出慈濟人的世界觀是由聖界與凡界構成，聖界是一個屬於慈濟人的神聖領域，凡界是慈濟社群外個人現實生活中的平凡事件。《慈濟功德會與臺灣地區各政治勢力互動中所持立場的研究（1966～1992）》（楊明芳撰，中山大學中山學術研究所碩士論文，俞劍鴻指導）詳細列出各個時間慈濟功德會與臺灣地區政治勢力團體的互動內容，引導出慈濟功德會與臺灣地區各政治勢力互動中所持的立場，並由此得出結論：慈濟功德會始終以慈善事務為主，不涉及政治。《人間佛教與生活實踐：慈濟現象的社會學解析》（林宜璇撰，臺灣清華大學社會人類學研究所碩士論文，張維安指導）以證嚴法師與慈濟世界來詮釋生活實踐的理念根源，以慈濟人的改變說明生活實踐的過程，並透過慈濟的永續善行基礎說明生活實踐具有改變社會的結果。從這些論文的研究，可以看出慈濟功德會是臺灣佛教慈濟事業的典型團體，是佛教從事慈濟活動的一個縮影。所以眾多的論文都以其為典型例子，研究解剖臺灣佛教慈濟福利事業等種種情況。由此，管中窺豹，研究瞭解慈濟功德會，多少可以看出臺灣佛教團體舉辦慈善事業的指導思想、組織的情況、服務和資金運作，與社會互動等等。這是臺灣慈濟功德會對佛教慈濟服務事業的新創造，其發展的過程和經驗，對於佛教如何濟世、如何在當前現實中取得社會支持而振興發展都具有指導意義。

　　四是對臺灣佛教事業的研究。有代表性的如：《臺灣地區佛教團體運作績效之研究》（劉偉業撰，南華大學亞洲太平洋研究所碩士論文，王旺指導）以臺灣地區佛教團體為研究對象，探討在臺灣地區的佛教團體對其本身運作績效的認知，及其慣用衡量效績的指標和方法。《成人參與宗教課程的動機及影響：以香光尼僧紫竹林精舍佛學研讀班為例》（簡秀治撰，高雄師範大學成人教育研究所碩士，論文王政彥指導）以研讀班為個案，指出成人參與佛學研讀班的動機可分為求知興趣、逃避或刺激、社會服務、外界期望、社交關係、生活實踐和機構因素等七種類型，其中以求知興趣和社會服務所占比例最高。《佛教團體教育的實況與評估：以高雄市元亨寺學佛營為例》（龔蕙瑛撰，高雄師範大學教育學系碩士班碩士論文，邱兆偉指導）分析了學佛

營活動的狀況、參與動機和期望、學員的背景和學習狀況、學員的學習成績和影響等有關問題，提出了自己的建議。

八、對敦煌學的研究成績突出

此類論文所以突出，一是數量多，約有 60 多篇，相當可觀；一是論文所涉及敦煌學的面相當廣泛。

此類論文涉及敦煌文獻、敦煌文學、敦煌藝術、敦煌字書等四個方面。敦煌文獻的論文，有對敦煌寫本儒家經籍異文之考證，有敦煌佛經寫卷題記之初探，有對老子化胡經之研究，有研究敦煌文獻呈現之社會生活研究，有對敦煌吐魯番文書中的量詞研究等。研究敦煌文學的論文包括文學總論、韻文、變文、講經文、小說、應用文等，其中以研究韻文為多，有敦煌賦、曲、曲子詞、民歌、邊塞詞、世俗詩歌、陷番詩歌，以及西北方音、詩歌音韻、敦煌寫本高適詩研究等。敦煌變文研究，有對敦煌變文之內容、種類、體裁、結構、價值、影響之探索，變文之主題、變文之故事（董永變、舜子變、伍子胥變以及雙恩記）等研究，有些論文還研究了變文的語法結構、詞彙中之同義反義關係、否定詞用法等。敦煌講經文研究，有對現存的講經文的研究，有從題材考、用韻考、語體考、儀式考、時代考等方面研究敦煌講經文之文學表現等。敦煌小說研究，有敦煌話本研究、敦煌史傳故事研究等，其中敦煌兒童文學研究頗引人注意，因為對此論題研究者甚少。敦煌應用文研究，有對贊文、文書題記、社文書、碑誌文、書儀中應用文書、禮懺文功德記等應用文的研究。敦煌藝術，包括：敦煌書畫研究，有寫卷、寫經書法之研究，有敦煌壁畫、壁畫內容與風格等研究。敦煌雕塑研究，以莫高窟雕塑為主要的研究對象，如莫高窟中的西方淨土變、早期的千佛圖、隋代 420 窟等的研究。此外，還有唐代敦煌法華經變的研究等。敦煌字書研究，有對敦煌寫本兔園策府、寫本識字類蒙書、字樣書《正名要錄》等研究。

由上可知，敦煌學論文所涉及的研究面相當廣，反映了臺灣學界對敦煌學相當關注。

九、從不同方面研究佛教藝術

此類論文約有 60 多篇。包括對佛教藝術總論的研究，對佛教書畫、雕塑、建築、音樂、戲劇以及石窟藝術的研究。凡佛教藝術所有領域，無不觸及。

對佛教藝術總論的研究，有對中國佛教藝術的探源、有中印佛教藝術思想、禪宗精神與中國藝術關係、犍陀羅美術對中國佛教美術的影響、臺南法華寺的佛教藝術及其源流等。

佛教書法有研究唐代書風的衍嬗和弘一法師的書風。佛教繪畫有探討印度佛教的蓮花紋飾、禪畫創作心態、佛教迦陵頻伽鳥圖像的來源及其涵意象徵、中國水墨畫的空靈意境、中國墨竹畫的起始及風格、中國南宗畫及其對朝鮮時代後期繪畫的影響、宋代禪意水墨畫的形成及發展、宋代西方淨土變相、南宋禪畫獨特的畫風及其形成原因、明代女性觀音畫的特質。有的論文還對一些繪畫作品和畫家及其創作進行研究，如對《潑墨仙人圖》、石谿《報恩寺圖》等的研究，對石谿、八大山人及石濤等畫家的生平、畫論、創作等的研究。值得注意的有 3 篇論文是當代臺灣三個畫家撰寫的，他們各自論述其在繪畫創作中所受佛教思想的影響，別有特點。

佛教雕塑的研究，主要是研究佛教造像，如中印大乘佛教造像造型、北朝石佛三尊像、北朝獨立造像的佛誕圖像、唐扶風法門寺塔地宮密教造像、寶頂山大佛灣本尊教造像、臺北市佛寺中觀音像等。《中國佛教石雕藝術研究》（董夢梅撰，文化大學藝術研究所碩士論文，莊尚嚴指導），則是對中國佛教石雕藝術較為全面的研究。有的論文還探討了龍門石窟萬佛洞、雲南劍川石窟寺造像、雲岡石窟造像等。

佛教建築的論文，主要是研究佛教寺院藝術和寺院空間的設計，前者研究如以臺灣新竹佛教寺院為對象，後者研究如以臺灣寺院空間為對象。

佛教音樂論文中，《中國佛教音樂之研究》（李純仁撰，文化大學藝術研究所碩士論文，鄧昌國、曉雲法師指導）探討了佛教音樂的起源、中國佛教音樂發展史，並對佛教音樂的音韻、旋律、法器等進行了分析研究。有些論文則對佛教音樂的《魚山聲明集》、《普庵咒》，以及唐代淨土讚歌之形

式作深入的探討。另有論文,則對臺灣佛教音樂、佛教音樂在臺灣發展進行了研究。有的論文還研究了佛教戲劇,如研究鄭之珍《勸善記》、探討民間目連戲中的庶民文化,有的論文以金色蓮花表演坊為例,探討劇場專業化的道路等。

十、以現代科學探究佛教生活與人體健康關係

涉及此類的論文有 30 餘篇,立足於現實,運用現代科學的理論方法,對佛教素食、靜坐、拜香於人體健康的利弊作了分析探討,並提出切實的改善辦法。

研究素食的論文有 10 篇,其中有探索中國佛教素食的形成,分析比較素食與雜食對人體健康的影響,研究臺灣地區素食樣品、素食煉製品的品質等問題。研究靜坐的論文有 12 篇,其中有對靜坐的理論和技術的研究,有對靜坐對於人的生理、心理的作用產生良好的效果的分析。有些論文則研究了靜坐對小學生注意力、創造力與生活、學習以及學業成績的影響,靜坐對企業員工情緒管理與人際關係的影響等。拜香的論文多為分析研究拜香的煙與灰的成分、性質等,尋找改善的方法,以減少對環境的汙染和對人體的危害。

此類論文多以實際的調查觀察和科學實驗的方法,進行實事求是的論證,既有現實性,又富有科學性,目的在於改善素食、靜坐、拜香,以適應當今的現實社會。

十一、形成臺灣高校博碩士論文特點的原因

(一)臺灣自解除戒嚴之後,佛教活動日趨活躍和發展,引起社會的關注,佛教的信徒信眾增多,佛教的許多思想理論和實際問題,都引起人們瞭解和探討的興趣,而有關佛教的論文的撰寫,正是適應社會這種要求。(二)臺灣自解除戒嚴之後,思想界、知識界的學術自由度日益增加,面對佛教日益發展的情勢,不僅佛教寺院成立了許多佛學院作為研究佛教學術的機構,許多高等院校及研究所,也把佛學列入其研究的課題,促使許多碩士生、博士生從事與佛教有關的專題研究和撰寫論文,以完成學業。

（三）從佛教本身來說，其思想理論相當深博，而其歷史又相當悠久，有許多值得研究的地方，雖然已有過研究，但尚待深入或開拓，有的尚未觸及或挖掘，因而有足供深研和擴展的空間，研究者都可以從中選擇研究論題，自由抒發己見。

（四）佛教思想理論的影響相當廣泛，特別是文化方面，涉及文學、藝術，甚至政治、經濟，如此廣泛的涉及，本身就擴展了研究的範圍和領域，尤其是受影響最多的思想、文學、藝術等，因而這些方面可供研究論題也較多，而產生較多論文也就不足為怪了。

（五）臺灣高等教育的興盛，使高校中的博士生、碩士生不僅濟濟一堂，而且科類日益增多，這就為論文撰寫者從教育學、心理學、管理學、藝術學、文學、考古學、經濟學、建築學、社會學、人類學、歷史學等角度研究佛教提供了條件。

（六）臺灣工商經濟的發展，極大影響了佛教方面的發展，出現了實力雄厚的寺院和僧團。他們憑藉著雄厚的實力，開辦學校、醫院、圖書館、佛學研究機構、慈善事業、刊物、學報、印刷出版機構，既為研究提供了新的課題和場所，也為學術論文的撰寫和發表，提供了所需的資源和園地，從而直接或間接地調動了研究者的積極性，為有關佛教論文的多量產生創造了條件。

（七）在經濟發達的推動下，臺灣有眾多的高等院校和學術研究機構，擁有不少學有專深、卓有成就的學者教授，有足夠的力量和時間對碩士生、博士生的研究進行多方的指導，使研究能夠拿出成果來。

第四節　臺灣當代有代表性的佛教研究者

臺灣研究佛教者不好界定，只能提供一個大概數據，如以研究佛教而取得碩士、博士學位者約千餘人，發表過佛教論文者愈 4000 人，但真正專業從事佛教研究的，不會超過百人。現僅將各領域有代表性的人物選其 20 人簡介如下。

第四節　臺灣當代有代表性的佛教研究者

　　1. 江燦騰，現為光武技術學院副教授，主要研究臺灣近現代佛教史，為這方面最有代表性的學者，著有這方面著作 14 種，僅 1977～1999 年就發表論文 53 篇。其代表作如《臺灣佛百年史之研究（1895～1995 年）》，全書 40 餘萬字，全面並分門別類地探討了臺灣省近百年來有關佛教史方面的各種專書、論文和調查報告，對於日據時期 50 年和戰後 50 年的狀態，圍繞教團史、宗教政策、佛藝創新、教勢發展、經營策略，以及思想變革和學術爭辯等，都作了開創性的翔實研究。《臺灣當代佛教》（南天書局）以流利、簡明和新穎的筆法，剖析了臺灣道場崛起的背景、經營手法、事業的社會訴求、接班問題、所面臨的發展困境等。江燦騰其他佛學著作還如：《人間淨土的追尋——中國近世佛教思想研究》、《現代中國佛教思想論集》、《晚明佛教叢林改革與佛學爭辯之研究》、《臺灣佛教與現代社會》、《臺灣佛教文化的新動向》、《20 世紀臺灣佛教的轉型與發展》、《殖民統治與宗教同化的困境——日據時期臺灣新佛教運動的頓挫與轉型》等。

　　2. 藍吉富，現為臺灣佛光人文社會學院宗教所副教授，主要研究臺灣當代佛教、佛教史料學、佛教形態學、佛教工具書等。1977 年至 1999 年發表論文 12 篇，其《佛教史料學》（東大圖書公司）將各種常見的大藏經作實用性的分析，然後分別論述印度、中國等國佛教文獻的內容及特質，最後以實例說明佛典翻譯、版本、偽經與遺蹟等在佛教研究過程中的重要性。其《聽雨僧廬佛學雜集》（現代禪出版社）收入作者 30 年來所寫的有關佛教文章的結集，共分為專題、佛典、人物、序跋、隨筆小品等五個部分，其中對臺灣佛教的系列思考論文，具有作者獨到見解；其中論述佛教文化形態的形成及其發展，更具獨到視野，發人所未發，言人所未言。其著作還如：《隋代佛教泛論》、《二十世紀的中日佛教》、《中國佛教泛論》、《提婆達多》等，主編辭典如《中華佛教百科全書》（10 冊）、《印順、呂澂佛學辭典》（3 冊）；主編叢書如《現代佛學大系》（60 冊）、《大藏經補編》（36 冊）、《世界佛學名著譯叢》（100 冊）、《禪宗全書》（100 冊）；主編佛學文集如《雲南大理佛教論文集》、《中印佛學泛論》、《當代中國人的佛學研究》、《印順思想》；並主編信仰入門書 10 種。

第八章 臺灣佛教的學術研究及學術活動

3. 闞正宗,現為《菩提長青》雜誌負責人,主要研究臺灣佛教人物、臺灣佛教史、臺灣佛寺文化,其《臺灣高僧》(菩提長青出版社)對臺灣惠光、廣欽、慈航、道源、靈源、道安、續明、煮雲、清嚴等著名法師的生平進行了研究,史料翔實,考辨細緻。《臺灣佛教一百年》(東大圖書公司)評析介紹了近百年來在臺灣有重大影響力的佛教宗派,對於一些名不見經傳常不為人所注意的宗派,作者都予以一一評介。作者研究表明,臺灣佛教的宗派主要傳承自福建鼓山湧泉寺,光復後的臺灣佛教以大陸赴臺僧侶為主導力量。《戰後臺灣佛教》(正篇、續篇)(大千出版社)為一部研究臺灣當代佛教史的力著,全書氣勢宏偉,資料翔實,新見迭出,為瞭解臺灣佛教不可不讀的著作。此書最大的特點是將田野訪談和史蹟中資料相結合,態度持平,不帶個人偏見,視野開闊,成功地架構出臺灣整個宗教的生態變化,客觀地呈現當時佛教核心人物對佛教處境的評估與反應。全書分為導言、政治篇、文教篇、衝突篇、開展篇五個部分,其各部分主要內容為:(1)晚清、日據時期的臺灣佛教中心北移過程中各種力量的角逐和互動;(2)戰後至1987年解嚴時期「中國佛教會」在歷次政治中起的核心作用;(3)戰後臺灣佛教在文化教育上的特點和成就;(4)臺灣佛教對於自我宗教定位的危機感與定位;(5)實踐「人間佛教」卓有成效的臺灣五大佛教團體。作者還著有《臺灣佛寺導遊》系列叢書、《臺灣佛寺的信仰與文化》,譯有《凝視死亡之心》等書。

4. 萬金川,現為南華管理學院佛教文化研究所所長,主要研究佛教中觀思想,擅長梵、漢、藏、巴等佛教經典語文,1971～1999年發表佛學論文20餘篇,出版的代表作如《中觀思想講錄》(香光書香出版社),為近些年臺灣研究中觀最有影響的著作之一,作者以文獻學方法,利用通曉梵、藏語言優勢,從各種譯本中來探求中觀的真諦,且視野開闊,涉及了歐美的有關文章,全書給讀者耳目一新的感覺。全書可分為三個部分,第一部分分析阿含經裡中道思想特質,以及此一特質與龍樹中觀思想之間的關聯性;第二部分講述《中論》著名的「皈敬偈」,根據《中論》第二十四品裡的詩頌分析龍樹所謂的「緣起性空」之義和「二諦」義;第三部分介紹中外學人在中觀學研究領域的建樹,並探討了藏地學者對龍樹著作的一個整體看法。

5. 楊惠南，現為臺灣大學哲學系教授，主要研究佛教哲學思想，以哲學思辨入佛學法海，僅 1977 年至 1999 年就發表研究佛教哲學論文 72 篇，代表作有《從「法性無解」到「性惡」》（《佛學研究中心學報》1 期）、《看話禪和南主戰派之間的交涉》（《中華佛學學報》7 期）等。已出版的著作有《六祖壇經——佛學的革新》、《佛教思想新論》、《龍樹與中觀哲學》、《當代學人談佛學》、《佛教思想史論》、《禪史與禪思》。

6. 吳永猛，現為臺灣空中大學教授，主要研究佛教經濟、佛教藝術、臺灣當代佛教，僅 1977～1999 年就發表佛教論文 26 篇，代表作如《壇經與六祖禪畫》（《中華佛學學報》1 期）、《當今臺灣佛教募款方式之探討》（《商學學報》2 期）、《臺灣寺廟募款與現代社會的互動關係》（佛光出版社《1996 年佛學研究論文集》）、《〈阿含經〉中的印度經濟社會》（《華岡佛學學報》6 期）、《佛教蓮社的合作事業》（《華岡法科學報》3 期）、《論禪畫的特質》（《藝壇》215 期）、《達摩禪與達摩禪畫》（《佛教藝術》1 期）。

7. 李志夫，現為中華佛學研究所所長、研究員，曾留學印度，為臺灣學術界少數研究印度宗教學者之一，主要研究印度思想文化史、天台學、唯識學，僅 1977～1999 年就發表論文 27 篇，代表作如《試論〈俱舍論〉在佛教思想史中之價值》（《中華佛學研究》3 期）、《玄奘大師在印度境內遊學與善財童子參與有關地理、路線及其意義之探討》（《中華佛學學報》7 期）、《佛教中國化過程之研究》（《中華佛學學報》8 期）、《智者之圓教教義及其形成之探討》（《中華佛學學報》12 期），著有《印度哲學導論》、《印度當代哲學》、《楞嚴校譯》、《中印佛學比較研究》、《法華玄義研究》、《摩訶止觀研究》等書。

8. 周伯戡，現為臺灣大學歷史系副教授，主要研究佛教理論、佛典翻譯、電子佛典。1977～1999 年發表佛教論文 17 篇，代表作如《庫車所出＜大智度論＞寫本殘卷之研究——兼論鳩摩羅什之翻譯》（《臺大歷史學系學報》17 期）、《＜大智度論＞略譯初探》（《中華佛學學報》13 期）、《慧遠沙門不敬王者論的理論基礎》（《臺大歷史系學報》9 期）。

9. 林保堯，現為「國立藝術學院」傳統藝術研究所暨研究中心主任，主要研究佛教藝術，僅1977～1999年就發表各類有關佛教文章99篇，代表作如：《弗列爾美術館藏北周石造交腳彌勒菩薩七尊像略考——光背僧伽梨線刻素畫圖相試析之二》（《佛學研究中心學報》4期）、《東魏武定元年銘石造釋迦五尊立像略考——造像題名與像主尊像構成體式及其圖式試析》（《藝術評論》2期）、《東魏武定元年銘石造釋迦五尊立像略考——造像記文的造像主與造像對象試析》（《東方宗教研究》1期），著有《公共藝術的文化觀》、《傳統藝術與地方文化》等書。

10. 李玉珉，現為臺北故宮博物院研究人員，主要研究佛教藝術，1977～1999年發表佛教藝術文章20餘篇，代表作為《敦煌初唐的彌勒經變》（《佛學研究中心學報》5期）、《黑水城出土西夏彌勒畫初探》（《故宮學術季刊》13卷4期）、《法界人中像》（《故宮文物月刊》80期）、《從敦煌壁畫看中國佛教的發展》（《宗教世界》42～43期）。

11. 曹仕邦，現為中華佛學研究所副研究員，主要研究佛教戒律在華蛻變史、中國佛教史、佛教典籍研究，1977～1999年發表佛教論文60余篇，代表作如《中國古代佛教寺院的順俗政策》（《中華佛學學報》1期）、《僧史所載中國沙門堅守戒規或天竺傳統的各類實例》（《中華佛學學報》2期）、《從歷史與文化背景看佛教戒律在華消沉的原因》（《中華佛學學報》6期）、《淺論中國求法僧俗出國前、後學習域外語文的機緣》（《中華佛學學報》10期）、《中國佛教的譯場組織與沙門的外學修養——大乘佛教基於東亞的兩大要素》（《中華佛學學報》12期）。著有《中國佛教譯經史論集》、《中國沙門外學的研究：漢末至五代》、《中國佛教史學：東亞至五代》等書。

12. 陳英善，現為中華佛學研究所研究員，主要研究天台學、華嚴學，1977～1999年發表論文31篇，代表作如《＜觀音玄義＞性惡問題之探討》（《中華佛學學報》5期）、《慧思與智者心意識說之探討》（《中華佛學學報》11期）、《慧思的禪思與首楞嚴三昧》（《佛學研究中心學報》3期）、《天台智者的戒體論與＜菩薩戒義疏＞》（《佛學研究中心學報》5期）。著有《天台性具思想》、《天台緣起中道實相論》、《華嚴無盡法界緣起論》等書。

13. 陳清香，現為中華文化大學史學研究所教授，主要研究佛教藝術和建築，1977～1999年發表論文48篇，代表作如《涅槃變相研究》（《中華佛學學報》1期）、《達摩事跡與達摩圖像》（《中華佛學學報》12期）、《大溪齋明寺的傳承宗風》（《中華佛學學報》13期）、《妙禪佛寺的建築藝術——日據時代的臺灣佛寺風格探討》（《1998佛教建築設計與發展國際研討會論文集》）。

14. 黃運喜，現為玄奘大學宗教系副教授，主要研究佛教經典、佛教史、僧伽制度、佛教教育，1977～1999年曾發表論文26篇，代表作如《國法與戒律之間——唐代僧團律令分析》（《元培學報》3期）、《佛經概述》（《史化》11期）、《玄奘譯＜心經＞價值初探——以梵文原典與羅什譯本對照》（《獅子吼》28卷4期）、《理想中的佛學系、佛學研究所教育》（《中國佛教》31卷1期）。

15. 熊琬，現為政治大學中文系教授，主要研究中國佛教人物、佛學與理學，1977～1999年發表佛教論文25篇，代表作如《戒香薰修的南山律宗開山祖師——釋道宣》（《海潮音》66卷3期）、《流沙中的千古英雄——法顯》（《海潮音》64卷7期）、《開創正統中國佛教的天台祖師——慧思、智者兩位大師》（《海潮音》65卷3期）、《闡揚重重無盡華藏世界的清涼澄觀大師》（《海潮音》65卷12期）、《朱子理學與佛學》（《華岡佛學學報》7期）、《宋代性理思想之淵源與佛學（禪學）》（《佛教的思想與文化：印順八秩晉六壽慶論文集》）。

16. 釋惠敏，現為中華佛學研究所副所長、藝術學院教授，研究方向為佛教哲學、戒律、禪定與教育，1977～1999年發表論文23篇，代表作如《月喻經的研究——以＜瑜伽師地論＞有關部分為主》（《中華佛學學報》1期）、《戒律與禪定》（《中華佛學學報》6期）、《＜聲聞地＞中「唯」的用例考察》（《中華佛學學報》7期）、《漢傳「受戒法」之考察》（《中華佛學學報》9期）、《「心淨則淨土淨」之考察》（《中華佛學學報》10期）。代表專著《戒律與禪法》（法鼓文化事業股份有限公司）為其發表在各學術期刊的

研究成果結集,該書系統深入探討了「合乎倫理的外在行為習慣」(戒律)與「調整內心情緒反應與思考模式」(禪法)之互動關係。

17. 釋慧嚴,現為中華佛學研究所副研究員,主要研究臺灣佛教史,1977～1999 年發表論文 16 篇,代表作如《中國禪宗在西藏》(《中華佛學學報》7 期)、《臺灣佛教史前期》(《中華佛學學報》8 期)、《明末清初閩臺佛教的互動》(《中華佛學學報》9 期)、《日本曹洞宗與臺灣佛教僧侶的互動》(《中華佛學學報》11 期)、《從臺閩日佛教的互動看尼僧在臺灣的發展》(《中華佛學學報》12 期)、《西來庵事件前後臺灣佛教的動向——以曹洞宗為中心》(《臺灣佛教學術研討會論文集》)。

18. 楊郁文,現為中華佛學研究所研究員,主要研究阿含經、巴利佛典,代表作《以四部阿含經為主綜論原始佛教之我與無我》(《中華佛學學報》2 期)、《南、北傳「十八愛行」之法說及義說》(《中華佛學學報》3 期)、《初期佛教「空之法說及義說」(上、下)》(《中華佛學學報》4 期、5 期)、《佛法的人間性及現實性》(《中華佛學學報》10 期),著作有《阿含要略》、《<長阿含遊行經>註解》、《由佛法透視緣起、我、無我、空著》、《佛教聖地隨唸經註解》、《生活中的呼吸禪:安那般那念》、《生活中的四念處:佛說念處經》等。

19. 蔡耀明,現為華梵大學東方人文思想研究所副教授,主要研究佛教經典,代表作如《歐美學界大乘佛教起源地之探討及其論評》(《佛學研究中心學報》3 期)、《<大般若經·第二會>的嚴淨、清淨》(《佛學研究中心學報》4 期)、《因材施教與教學上的人我分際——以<論語>、<阿含經>和<大般若經>為根據》(《佛學研究中心學報》5 期)、《<阿含經>和<說無垢稱經>的不二法門初探》(《佛學研究中心學報》7 期)。

20. 陳宗元,現為輔仁大學宗教學系講師,主要研究佛教哲學思想,代表作如《陳那的三性思想——在<佛母般若波羅蜜多圓集要義論>中的理解》(《中華佛學學報》13 期)、《護法在<成唯識論>的立場之研究》(《中華佛學學報》7 期)、《陳那唯識理論的初探——以<集量論現量章>為中心》(《法光學壇》1 期)、《唐窺基大師之淨土思想》(《獅子吼》24 卷 8 期)。

第五節　創辦了一批高水平的純學術刊物

現擇最有代表性的研究佛教的學術刊物評介如下：

《中華佛學學報》年刊，由中華佛學研究所主辦發行，創辦人釋聖嚴，發行人李志夫，主編釋惠敏，執行編輯洪金蓮、賴姿蓉，為臺灣佛教學術刊物中最有代表性的學術刊物之一。其特點有四：1. 編審力量強大，陣容可觀。其編審委員會委員皆為世界頂級的學者，如立正大學教授三友健容、羅格斯大學教授于君方、堪薩斯大學教授史迪文生、佛教大學教授水谷幸正、新加坡東亞哲學所研究員古正美、馬克馬斯特大學名譽教授冉雲華、夏威夷大學教授成中英、中華佛學研究所研究員李志夫、中華佛學研究所副研究員杜正民、日本京都大學教授牧田諦亮、哈佛大學東亞語言文化研究所柯利瑞、密西根大學教授格梅茲、哈伯和威廉史密斯學院教授黃啟江、中華佛學研究所副研究員曹仕邦、中華佛學研究所副研究員陳英善、聖地亞哥州立大學教授華珊嘉、中華佛學研究所副研究員楊郁文、臺灣大學教授楊惠南、中國社會科學院世界宗教研究所教授楊曾文、中華佛學研究所維習安、亞利桑那大學教授詹密羅、薩拉·羅倫斯學院副教授福示克、紐約州立大學水牛分校教授稻田龜男、暨南國際大學助理教授鄧克銘、夏威夷大學教授鄭學禮、馬克馬斯特大學教授篠原亨一、中華佛學研究所研究員穆克紀、中華佛學研究所研究員藍吉富、加州柏克萊大學教授藍卡斯特、密西根大學教授羅培茲、臺灣大學教授釋恆清、「國立藝術院」教授釋惠敏、中華佛學研究所助研員釋厚觀、中華佛學研究所副研究員釋慧嚴等。2. 刊登論文面廣質高。至13期，共發表論文304篇，其中印度佛教63篇（文獻24篇、歷史3篇、哲學思想74篇），西藏佛教9篇（文獻1篇、歷史2篇、哲學思想6篇），近現代佛教31篇。由上述可看出，印度佛教、中國佛教是研究重點，其中又側重於哲學思想探討。3. 作者大多為研究佛教各領域的代表人物，如該所特聘研究人員、編委會成員等，其中大陸學者也占一定比例，如王邦維、方廣、王堯、黃心川、魏道儒、方立天、任繼愈、宋立道、巫白慧、李富華、杜斗城、季羨林、洪修平、高振農、業露華、溫金玉、樓宇烈、潘桂明、賴永海、韓廷傑等。4. 以中文為主，兼發英文。

臺灣佛教

第八章　臺灣佛教的學術研究及學術活動

《中華佛學研究》年刊，由中華佛學研究所主辦發行，創辦人釋聖嚴，發行人李志夫，主編釋惠敏，執行編輯常慶（郭麗娟）、賴姿蓉。編審委員基本為本所人員，如中華佛學研究所研究員李志夫、副研究員杜正民、研究員陳英善、助理研究員黃繹勳、講師廖本聖、研究員楊郁文、助理研究員蔡柏郎、助理研究員釋見弘、研究員釋惠敏。此刊大都刊登青年佛學學者的論文，如本所研究生畢業論文、本所研究生學期研究報告、本所獎助的各大學碩博士論文、所外青年佛學研究者論文。可用中、英、日文發表。從1至5期看，所發表論文中，印度佛教共24篇（文獻10篇、歷史3篇、哲學思想11篇），南傳佛教2篇，中國佛教28篇（歷史11篇，哲學思想17篇），西藏佛教4篇（文獻1篇，歷史11篇，哲學思想2篇），近現代佛教5篇，從中可看出，《中華佛學研究》大致繼承了《中華佛學學報》的取稿標準。

《佛學研究中心學報》年刊，由臺灣大學佛學研究中心編輯委員會編輯，該刊採用主編輪流制，如第五期主編為臺灣大學哲學系教授林義正，執行編輯為臺灣大學哲學研究所博士生林久絡；第六期主編為臺灣大學外文系教授張靜二，執行編輯為臺灣大學哲學所碩士生趙東明；第七期主編為臺灣大學中文系教授蕭麗華，執行編輯為臺灣大學中文研究所碩士生方柏琪、哲學所碩士生趙東明。編委會委員為：臺灣大學中文系教授古清美、蕭麗華，哲學系教授林義正、楊惠南、釋恆清，歷史系副教授周伯戡、外文系教授張靜二，藝術史研究所教授陳葆真，及故宮博物院書畫處研展科科長李玉珉等。該刊物面向社會，主要刊登與佛學有關之文學、史學、哲學、藝術、心理、教育等有關論文，學術性強，作者隊伍基本為臺灣各界佛學研究者。從一至七期看，共發表81篇文章，其中發表最多的為佛教哲學思想，其次為中國佛教史，再次如佛教藝術與文學等。

《普門學報》雙月刊，由星雲法師創辦，佛光山宗務委員會總發行，佛光山文教基金會發行，主編滿果法師，編輯道圓、覺祐、妙斌。發表內容有佛教學術論文、佛教著述書評、佛教學術動態、佛教書目文獻、佛教文摘等。從第一期至第十四期，發表的佛教學術論文有177篇（含續接篇），其中發表論文篇數的種類依次為：中國古代佛教史、佛教與中華文化（教育、文學、哲學、民俗、藝術等之關係）、佛教思想、近現代佛教史（主要指臺灣）。

作者隊伍為島內外佛學研究者，其中大陸學者占發表總數的四分之一以上。此外，該刊幾乎每期都有特別指導、學術會議報導、書評、文摘等，增加了刊物的訊息量。四川大學張子開博士所撰《＜普門學報＞建言指瑕錄》（《中國俗文化研究》第二輯）對《普門學報》有系統研究，有興趣者可查閱。

《圓光佛學學報》年刊，發行人釋如悟，執行編輯釋性謙，圓光佛學研究所發行。該學報注重與日本的交流，發表了大量日本佛學論文，以第六期為例，如日本國立東北大學名譽教授村上真完《無常（剎那滅）說與永遠的佛》、日本國立九州大學副教授正量部的《傳承研究：現在劫的劫末意識》。此外，以發該研究所各研究室研究人員論文為主，也發表社會上自發來稿。

《中國佛學》半年刊。發行人高仰宗，學術顧問為北京大學教授季羨林、周一良、宿白，香港中文大學教授饒宗頤，中國佛教協會副會長周紹良，北京圖書館館長任繼愈。總編輯宗山，主編黃夏年，編輯賙濟、邱秀卿、朱紀忠、陳建明、劉志雄、闞正宗，編委會成員49人，大多為中國學者，作者隊伍也大都是中國各高校教師和研究所的研究人員。

第六節　臺灣佛教學術研討會評述

一、臺灣佛教學術研討會簡介

臺灣近些年佛教學術研討會次數頻繁，參加人數眾多，涉及領域廣闊，現擇其有代表性的簡介如下：

第八章　臺灣佛教的學術研究及學術活動

主辦者	研討會名稱	時間	地址
台北市法濟寺主辦，現代佛教學會承辦，台灣大學佛學研究中心協辦(以下承辦、協辦單位略)	天台宗之歷史與思想研討會	1995年12月16日—17日	台北台灣大學哲學系
南華管理學院籌備處暨觀音研究工作室	第一屆觀音思想與現代管理研討會	1995年11月9日—11日	台北政治大學公企中心國際會議廳 嘉義南華管理學院
佛光山文教基金會	第一屆宗教文化國際學術(主題為宗教信仰與現代社會)研討會	1996年1月26—29日	高雄佛光山

第六節　臺灣佛教學術研討會評述

續表

主辦者	研討會名稱	時間	地址
金色蓮花雜誌社	密教藝術國際學術研討會	1996年2月1日—4日	台北「中央圖書館」
天台宗學會	第二屆天台宗學術會議	1996年4月9日	華梵人文科技學院
玄奘人文社會學院籌備處、東吳大學社會學系	宗教與社會學術座談會	1996年4月13日	台北東吳大學
佛教青年文教基金會、悲廣文教基金會	台灣佛教學術研討會	1996年6月1日—2日	台北台灣大學
華梵佛學研究所、華梵人文科技學院	第十屆佛教教育研討會	1996年7月20日—23日	台北「國家圖書館」
圓覺文教基金會	第四屆佛學與科學研討會	1996年7月20日—21日	台北東吳大學
「中國佛教會」	佛教興革研討會	1996年9月16日	
法鼓山中華佛學研究所	第三屆中華國際佛學會議（主題為人間淨土與現代社會）	1997年7月19日—21日	台北「國家圖書館」
弘一大師紀念學會	第二屆弘一大師師德學會議	1997年8月24日—26日	台北英雄館
覺風佛教藝術文化基金會、中華慧燈學會	1998佛教建築設計與發展國際研討會	1998年1月3日—4日	台北慧日講堂
南華管理學院、佛光山文教基金會	中國佛教音樂學術研討會	1998年2月26日—27日	台北「國家圖書館」
法鼓山中華學佛學研究所	佛教文學與藝術學術研討會	1998年4月11日—12日	台北台灣大學
南華管理學院宗教文化研究中心	第一屆當代宗教學研討會	1998年12月19日—20日	嘉義南華管理學院

臺灣佛教

第八章　臺灣佛教的學術研究及學術活動

續表

主辦者	研討會名稱	時間	地址
佛光山中國佛教研究院	佛光山國際禪學會議	1999年1月8日—11日	高雄佛光山
臨濟寺	都市、佛教與文化資產研討會	1999年4月10日	台北臨濟寺
華梵大學、華梵佛學研究所	第十一屆國際佛教教育文化研討會	1999年7月10日—13日	台北「中央研究院」
自然科學博物館文教基金會、自然科學博物館、中華自然文化學會	二十一世紀敦煌文獻研究回顧與展望研討會	1999年8月14日—15日	台中自然科學博物館
慈光禪學研究所、中華禪淨協會	第二屆兩岸禪學會議（主題為念佛與禪）	1999年10月23日—24日	台北台灣師大
弘誓文教基金會	人間佛教薪火相傳研討會	1999年10月23日—24日	台北「中央研究院」
慈光禪學研究所、中華禪境協會	第一屆台灣當代佛教發展研討會	2000年10月14日	台北台灣師大
佛教蓮花臨終關懷基金會	第三屆佛法與臨終關懷研討會	2000年11月11日	台北榮民總醫院
佛教僧伽醫護基金會、佛教蓮花臨終關懷基金會	觀老命苦，渡生死海－生命與生活國際研討會	2001年3月10日—11日	台北天母農訓中心
弘誓文教基金會	第二屆人間佛教薪火相傳學術研討會	2001年3月31日	台北「中央研究院」
慈光禪學研究所、中華禪淨協會	第三屆兩岸禪學研討會	2001年10月27日—28日	台北台灣大學

續表

主辦者	研討會名稱	時間	地址
蒙藏委員會、台灣宗教學會	藏傳佛教在台灣	2001年11月3日-4日	台北「中央研究院」
中華佛學研究所、中華發展基金會管理委員會	兩岸佛學教育研究與發展研討會	2001年11月10日-11日	台北天母國際會議中心

二、臺灣佛教學術研討會特點

由以上排列可看出其特點：

（一）有主辦、有承辦、有協辦，如「天台宗之歷史與思想研討會」主辦者為法濟寺，承辦為現代佛教學會，協辦者為臺灣大學佛學研究中心。再如「佛教與中華文化國際學術會議」主辦者為中華文化復興運動總會宗教研究委員會，承辦者為中華佛學研究所，贊助者為中華文化復興運動總會、「行政院」文化建設委員會、財團法人林榮三文化公益基金會、財團法人吳尊賢文教公益基金會、「內政部」、「教育部」國際文教處。

（二）會議時間短暫，一般控制在兩天，最短的半天。

（三）主辦者有「官方」、有研究機構、有佛教團體、有各種基金會。

（四）所探討的主題一般都是現實中亟待解決的。

（五）儘量選擇有影響的地點場所開，以求符合學術規範和擴大影響。

（六）許多研討會有連續性，或定期召開，或一年、兩年召開一次。

（七）參加各研討會途徑一般有三種。第一種是在一定範圍內憑主持者的瞭解或有關人員介紹直接相邀，第二種是在有關媒體（如報刊、雜誌）公開徵文，由欲與會者試投論文摘要及全文，由大會組織專家審核後再發通知。如「第四屆佛學與科學研討會徵文」頗有代表性，其共有七個方面內容，即：1.時間：7月中下旬某週六、日；2.地點：臺北市某地；3.研討方式：分為「論

文發表」、「壁報式研討」和「專題討論」三部分；4.徵稿：「論文發表」與「壁報式研討」徵稿，歡迎各界人士針對宗旨，以中文自由投稿。5.審稿：本會特成立「審稿委員會」慎重審查來稿，並就時間因素、稿件與宗旨符合程度等性質，安排論文發表或壁報式討論。6.投稿需知：論文或壁報稿件一律用600字稿紙繕寫，並附作者簡歷一份。7.投稿期限，2月29日前惠寄論文題目與摘要（400字）、4月30日前請惠寄全文（4000字）。聯絡地址：市街號。第三種是已定下發表論文者名單，發布公告訊息目的主要徵求參與者。如「佛法與臨終關懷系列研討會」在報刊發表的內容為：1.名稱：佛法與臨終關懷研討會；2.目標：（1）瞭解佛法之「生死」觀念與安寧療護之理念；（2）瞭解安寧療護之靈性照顧與佛教覺性照顧之異同；（3）瞭解如何在疼痛控制的過程中，確保病人「神識」的覺醒；（4）瞭解安臨療護如何時協助佛教徒做臨終前後之護理；（5）促進彼此人力與資訊之交流；（6）彙整研討會內容並結集成冊。3.對象：（1）佛教寺院團體；（2）佛教學術團體；（3）安寧療護之學術界人士；（4）安寧療護之實務工作者；（5）在學醫、護學生；（6）有興趣之社會人士。4.內容：11月22日9：00～9：50安寧療護的照顧哲學；10：00～11：00，佛教對臨終者神識清楚之界定；11：00～12：30，綜合研討；13：30～14：20，安寧療護之靈性照顧；14：40～15：30，靈性照顧與覺性照顧之異同；15：30～17：00，綜合研討。11月23日，9：00～9：50，疼痛控制與對意識之影響；10：10～11：00，佛教對臨終與死亡者神識清楚之界定，11：00～12：30，綜合研討；13：30～14：20，安寧療護的臨終與遺體護理；14：40～15：30，佛教的助念意識與實務；15：30～17：10，綜合研討。5.報名方式和地址。這種形式標明各時間段和具體內容，便於與會者選擇。

（八）編輯各種與會出版品是臺灣佛教研討會的慣例。這種出版品有兩種，第一種是會議實錄。如以多次由法鼓山召開的中華國際佛學會議為例，每屆都印有精美的會議實錄，《實錄》內容為：1.會議簡介，包括：緣起、研討主題、研討子題、會議時間、會議地點、與會學者、會議事項、交通方式、膳宿安排；2.程議，包括各時間段各組主講人員內容、主持人等；3.開幕典禮，包括開幕詞、賀電、有關人士致詞等；4.主題演說，包括演說者姓名及演說

內容；5. 論文提要；6. 閉幕典禮；7. 與會代表名單等。再以《佛光山國際禪學會議實錄》為例，內容如：1. 大會主題；2. 大會緣起；3. 會議活動日程表；4. 會議活動影集；5. 大會講詞：（1）開幕典禮；（2）閉幕典禮；6. 會議主辦、協辦、贊助單位；7. 會議籌備單位人員名錄；8. 論文發表人及來賓芳名錄；9. 論文場次一覽表；10. 論文主持人簡介；11. 中文論文彙編；12. 日文論文彙編；13. 英、日文論文彙編（中譯）；14. 綜合討論：（1）中文組報告；（2）韓文組報告；（3）討論；15. 附錄——活動側記。第二種是論文集。以《佛教與中華文化國際學術會議論文集》為例，按發表場次順序排列，共編入中外文論文 46 篇，其中中文 31 篇，英文 8 篇，日文 7 篇，分上、中、下冊出版，印刷精美。

註：

[1] 藍吉富：《臺灣佛教思想史上的後印順時代》，《聽雨僧廬佛學雜集》，現代禪出版社 2003 年版，第 271 頁。

[2] 藍吉富：《臺灣佛教思想史上的後印順時代》，《聽雨僧廬佛學雜集》，現代禪出版社 2003 年版，第 269-270 頁。

[3] 溫金柯：《生命方向之省思》，現代禪出版社 1994 年版，第 12-17 頁。

[4] 溫金柯：《繼承與批判印順法師人間佛教思想》，現代禪出版社 2001 年版，第 9-176 頁。

[5] 《諦觀》，1995 年出刊，第 81 期。

[6] 《中華佛學學報》，2001 年出刊，第 14 期。

[7] 《香光莊嚴》，2001 年出刊，第 66-67 期。

[8] 《弘誓》，2001 年出刊，第 53 期。

[9] 《香光莊嚴》，2001 年出刊，第 67-68 期。

[10] 《弘誓》，2001 年出刊，第 53 期。

[11] 《香光莊嚴》，2001 年出刊，第 67-68 期。

[12] 《世紀新聲：當代臺灣佛教的入世與出世之爭》，法界出版社 2002 年版，第 285-296 頁。

[13] 呂勝強：《人間佛教的聞思之路》，高雄市正信佛教青年會印行，2003 年版，第 319-362 頁。

[14]《香光莊嚴》，2001 年出刊，第 68 期。

[15]《世紀新聲：當代臺灣佛教的入世與出世之爭》，法界出版社 2002 年版，第 10 頁。

[16]《香光莊嚴》，2001 年出刊，第 68 期。

[17] 藍吉富：《聽雨僧廬佛學雜集》，現代禪出版社 2003 年版，第 283 頁。

[18] 李志夫：《批評態度、立場與方法——從如石法師兩篇論文探討起》，《世紀新聲：當代臺灣佛教的入世與出世之爭》，法界出版社 2002 年版，第 297 頁。

[19]《香光莊嚴》，2001 年出刊，第 66 期。

[20]《香光莊嚴》，2001 年出刊，第 67 期。

[21]《香光莊嚴》，2001 年出刊，第 67 期。

[22]《弘誓》，2001 年出刊，第 53 期。

[23]《世紀新聲：當代臺灣佛教的入世與出世之爭》，法界出版社 2002 年版，第 296 頁。

[24] 呂勝強：《人間佛教的聞思之路》，高雄市正信佛教青年會印行，2003 年版，第 320 頁。

第九章　臺灣佛教的現狀與走向

▎第一節　全方位的多元化

一、佛教組織多元化

　　從1949年國民黨當局敗退臺灣至1987年臺灣解嚴前，臺灣佛教界完全由國民黨掌控的組織「中國佛教會」所控制。「中國佛教會」統攝臺灣所有的佛教組織，臺灣所有的佛教組織都是它的分支，與「中國佛教會」皆為隸屬關係，如「中國佛教會」下設臺灣省、臺北市、高雄市三個分會，臺灣省分會之下，則有20多個縣市支會。「中國佛教會」以各分會及直屬支會為團體會員，分會以所屬各支會為團體會員，支會以該縣市轄內各寺院及佛教教育、文化、慈善團體為團體會員。出家僧尼及受三皈依的在家信徒為個人會員，均在所在地分支會入會。外省市籍的僧侶及僑居海外的佛教團體及僧侶，當地無直屬支會組織者，直接向「中國佛教會」辦理入會為直屬會員。[1]據解嚴前的1986年《「中華民國」年鑑》中的資料所示，是年，「中國佛教會」有總、分、支會25個，團體會員1440個，個人會員45063個。「中國佛教會」不僅壟斷了臺灣佛教在信眾、資金等方面的所有資源，還猶如臺灣佛教界的指揮中心，具有裁決功能，掌有生殺大權，成為定奪臺灣佛教界一切法務活動的唯一權威機構，大到傳戒活動，小到選派代表臺灣參加海外佛教會議的人員，都是「中國佛教會」說了算。如三壇大戒的傳戒法會，解嚴前必須由該會批准才能舉辦，而該會一年僅批准一次。自解嚴後，「中國佛教會」的權威地位在受到空前挑戰中被瓦解，「中國佛教會」一統天下的局面被徹底打破，臺灣佛教進入一個嶄新的多元化時代。由於臺灣在解嚴後可以自由組織社團，各種佛教組織或與佛教有關的組織如雨後春筍，彷彿在一夜之間冒了出來，讓人目不暇接。以佛教會為例，每個縣、市都有自己的佛教會外，標之以「中華」、「中國」的就有多家，除了原有的「中國佛教會」外，新成立的如「中華佛教僧伽會」、「中華佛教護僧協會」、「中國佛教青年會」、「中華佛寺協會」、「中華佛教傳布協會」、「中國佛教大

臺灣佛教

第九章 臺灣佛教的現狀與走向

圓滿吉祥佛學獅子會」、「中國佛教孔雀法協會」、「中華圓融慈悲喜捨協會」、「中華弘揚如來聖法協會」、「中華原始佛法三摩地學會」、「中華佛教比丘尼協進會」、「中華密嚴宗佛教協會」、「中華佛教顯密智慧協會」、「中華正法源學佛會」、「中國佛教齋僧功德會」、「中華佛弟子協會」、「中國世紀佛教協進會」、「中華佛教三寶功德會」等，有的甚至還標之「國際」、「世界」，如「國際佛光山中華總會」、「佛光山國際佛教促進會」、「世界佛教僧伽會」等。再以佛教學會為例，標之以「中華」的如：「中華現代佛教學會」、「中華慧炬學會」、「中華觀音佛學會」、「財團法人中華淨宗學會」、「中華佛教金剛乘吉祥佛學會」、「中華大乘禪功學會」、「中華大乘佛學會」、「中華薩迦諾爾旺遍德林佛學會」、「中華慧源佛學會」等；其他專業學會，以淨宗為例，如：臺北淨宗學會、臺南淨宗學會、妙音淨宗學會、嘉義淨宗學會、臺中淨宗學會、高雄淨宗學會、屏東淨宗學會、花蓮淨宗學會、岡山淨宗學會、淨宗菩提學會等。此外，還有大量的基金會、慈善會、功德會、研究會、佛教文物流通社（處）、居士林（會）等形形色色的佛教組織形態，更是難以計數，不勝枚舉。這些佛教組織之間不存在隸屬關係，都是各自獨立的，平分秋色，誰也無權號令誰，誰也不買誰的帳，各行其是，各自運作。

二、佛教教派多元化

臺灣20世紀50年代的佛教，是以中國的漢傳佛教為主體，期間雖有外來佛教教派的斷續傳入，也有少數臺灣佛教教派的活動，但由於臺灣佛教界的主事者大多為中國赴臺的外省僧人，他們所傳播、所注重的自然是漢傳佛教，其他教派的活動空間受到限制而難以彰顯其影響。臺灣解嚴後，各種教派處於平等的自由競爭狀態，原來並不顯著的、或新組建的、或海外傳入的各種教派層出不窮，有的發展迅速。以臺灣本土的教派為例，如現代禪提倡新禪法獨具一格，曾風靡一時，頗有代表性。再以解嚴後外傳的藏傳、南傳與日本佛教為例：

1. 藏傳佛教在臺灣發展迅猛，藏傳佛教的寧瑪派、薩迦派、噶舉派與格魯派這四大教派也都正式地向臺灣「內政部」登記並備辦立案，大規模地在

臺灣傳教。「根據蒙藏委員會的統計顯示，近來，臺灣每年都有 1000 人次的喇嘛、格西、仁波切前來弘法，而目前在內政部以財團法人、社團名義登記的西藏佛學中心則有 82 個之多，因此有人推測臺灣的藏密信徒有 50 萬人之多，當然其中不乏顯密同修者。」[2] 據本世紀初的調查，可確認在臺灣的藏傳佛教中心有 122 個，其中寧瑪派有 43 個，噶舉派有 41 個，薩迦派有 20 個，格魯派有 11 個，覺囊派有 1 個，其他 6 個為跨教派中心。[3] 有代表性的學會如「中華薩迦佛學會」、「中華藏密大手印聖支佛學會」、薩迦塔爾畢楊澤佛學會、薩迦諾爾旺遍德林佛學會、「中國宗喀巴佛學會」等，縣市級的如臺北竹巴噶舉佛學中心、臺北市宗喀巴佛學會、臺北市藏密南卡穹宗佛學會、臺中市藏密白玉佛學會、新北市藏密薩迦喜金剛協會、高雄金剛乘學會等。藏傳佛教極為頻繁地在臺灣舉行各種法會，其密度之高，讓人驚嘆，如藏密薩迦喜金剛協會 2000 年 4 月第一週（4 月 2 日至 7 日）所舉辦的各種法會有：藏密威力大日如來超度大法會、南無阿彌陀佛傳法灌頂、長壽三尊大法會、大悲觀音護國息災大法會、時輪金剛亨吉給巴本尊傳法灌頂、五路財神總集法會、病藥師法會、六臂白瑪哈嘎啦財神護法灌頂、21 聖救度母息災開運增益法會、薩迦普巴金剛息災除障火供、薩迦達媞主法：綠度母灌頂、紅棒瑪嘎啦吉祥天母除障法會、薩迦普巴金剛傳法灌頂、中心傳法灌頂等。藏傳佛教舉行的共修活動也很經常，如臺中市寧瑪巴貝諾法王中心在 2001 年 3 月舉行的各種共修活動有：綠度母共修、蓮師薈供、大白傘蓋佛母共修、藥師佛共修、四臂觀音共修、黑財神共修、空行母薈供、阿彌陀佛共修、心經共修、蓮師祈請文共修等。再如「中國藏密薩迦佛學研究會」臺北總會在 2001 年每月共修的內容為：綠度母四曼達共修、四臂觀音共修、卡雀佛母共修、藥師佛、文殊菩薩、財寶大王、瑪哈嘎啦崗梭修法等。藏傳佛教還舉行「大藏經環臺法會」，由參加者迎請並護持運送珍貴的《大藏經》繞行全島一週，每抵一處，生於西藏的耶謝桑波仁波切親自帶領大家做薈供，唱頌金剛歌，甘露水灑淨，修持密法中極殊勝的「釋迦牟尼佛修持儀軌」並做功德回向。

　　藏傳佛教在臺灣的藏僧紛紛在臺灣開課講學，傳授藏傳佛教的精華，以期藏傳佛教能真正在臺灣本土生根，如臺北市普賢書院邀請藏密具德上師系統傳授顯密完整經論及修持密法，共分五個階段，第一階段講授佛法基礎教

理，即顯教經論：寄國王書（龍樹菩薩）、中觀四百論（提婆菩薩）、入菩薩行論（寂天菩薩）、佛陀正道勝解（薩迦班智達）、普賢上師語錄（巴楚仁波切）、菩薩道修學次第，以及藏密各大教派源流史等。第二階段為基礎修持，即佛教基礎止觀修持，無常、皈依、慈悲心、菩提心的觀修，中觀見的建立，及藏密各大教派重要教法介紹、菩薩戒受戒和教學等。第三階段講授密宗基礎教義，即密法修持和特殊意義及見地；修持密法加行準備；上師和傳承的意義；密宗戒律解說：十四根本墜戒教學；侍師五十法頌；薩迦班智達：三乘戒律明辨；密法的下三部修行及四加行；如何完成密宗基礎閉關。第四階段為密法的深入修持，即各大教派重要教法教學；上師、本尊、空行護法的灌頂、教學及修持；密宗戒律的持守及復戒；四灌頂修持，生死圓滿次第之禪修。第五階段為密法的空間究竟修持，即各種根本密續的教學；各大教派的根本教授；大圓滿、大手印、輪涅無二的禪修教授。

1997年完工的貢噶寺，為密宗白教在臺南的重要弘法場所。1992年被發現是轉世活佛的洛本仁波切，俗名魏呈祥，原在臺北做生意，32歲時被發現，他所蓋的密宗道場噶瑪噶居寺，已成為藏傳佛教噶舉派（白教）在南臺灣的另一個重要道場。據有關方面統計，藏僧來臺灣傳法灌頂的頻率占其對外弘法之冠，而據保守估計，臺灣近些年捐獻給西藏佛教的供養金，總金額已達新臺幣數億元以上，居全世界之冠。臺灣信眾所以慷慨解囊，是因為感到「很有福報」，其主要含義正是「布施者有福了」。因為即使是藏人，很多人也不容易見到法王，然而不但各教派的優秀喇嘛赴臺傳法，四大法王也相繼來臺，這確實是臺灣信眾殊勝難得的際遇。[4] 藏傳佛教在臺灣的風行，以致原本與藏傳佛教無關的一些活動，也要引進藏傳佛教的內容來滿足與會者。如由「中國佛教齋僧功德會」主辦、聯合報系協辦的1998年全球供佛齋僧法會在桃園市林口體育館舉行，有4000多名僧尼、6萬多名信眾參加，法會依程序先後進行灑淨、盂蘭盆法會、佛前大供等儀規，中午席開300桌供奉與會僧尼，下午迎請藏密紅教貝諾法王主壇、阿彌陀甘露灌頂皈依大典與瑜伽焰口法會後，《聯合報》1998年9月7日稱此為「讓法會在顯密交會的圓融氣氛中圓滿結束」。藏傳佛教熱也在大專青年中興起，新北市三峽藏密噶陀寺曾舉辦了「大專藏傳佛教顯密研修營」，對大專生介紹藏傳佛教的

觀念、教理與基本修行法門。藏傳佛教在臺灣的興盛，不僅在臺灣掀起修持藏密熱，大量藏傳佛教叢書在臺灣廣為流通，也推動了臺灣社會對藏文的學習、對藏傳佛教教理的研究，出現了一批不是從英文而是直接從藏文翻譯過來的藏傳佛教中文書籍，出現了一批研究藏傳佛教教理的成果，還出現以研究藏傳佛教在臺灣傳播現狀為內容的科學研究課題，如中央研究院曾將「藏傳佛教在臺灣的發展」列為子課題進行研究，國科會亦將「藏傳密宗在臺灣地區的發展及其社會功能的探討」列為資助項目進行研究，大學研究所也出現了以此為研究內容的畢業論文，如《藏傳佛教在臺灣發展初探：以臺南地區的藏傳佛教團體為研究對象》（黃慧撰，臺南師範學院鄉土文化研究所2000年碩士論文）。臺灣還多次召開藏傳佛教研討會，如2001年11月3日至4日，臺灣「蒙藏委員會」委託宗教學會在「中央研究院」學術活動中心舉辦「藏傳佛教在臺灣」學術研討會，分別探討藏傳佛教四大派在臺所傳不共法及其特性，進而探討臺灣西藏佛教過去與未來的發展。臺灣還多次召開免費的藏傳佛教專題講座，如「蒙藏委員會」曾在西藏文化季委託《中央日報》、「中華民國西藏協會」主辦「藏傳佛教文化」演講，內容如「藏傳佛教的寺廟建築」、「藏傳佛教中的因明」等。許多出版社出版了大量的藏傳佛教書籍，僅以大千出版社為例，出版的藏傳佛教書如：《藏傳佛教大趨勢》、《藏傳佛教密宗奇觀》、《藏傳佛教智慧境界》、《藏傳佛教大師生涯》、《藏傳佛教活佛轉世》、《藏傳佛教僧侶生活》、《藏傳佛教文化研究》、《藏傳文化死亡的藝術》、《尋找香格里拉》、《藏傳佛教各宗派傳承表》、《藏傳佛教思想體系表》（顯教）、《藏傳佛教思想體系表》（密教）、《藏傳佛教因明學整理表》、《藏傳佛教密咒總集》等。

  2. 南傳佛教在臺灣傳播的重點，主要在教義與修持方法的弘揚。解嚴後，南傳佛法開始頻繁地流傳於信眾之間。泰國阿迦曼尊者的修行經歷、佛使與阿姜查的教法、居住在緬甸的印度人葛印卡所提倡的「十日禪」，以及緬甸名師馬哈希、烏巴慶、帕奧等人的傳記或修持法，都在臺灣信眾中廣泛流傳。南傳佛教還不斷舉行規模不一的各種法會，如國際法身修行中心曾在新北市立板橋體育館舉行大型南傳「衛塞節」浴佛法會。以臺灣十多萬泰國勞工為對象，泰籍僧侶釋猜育法師成立了第一個泰國佛教佛法中心，使南傳佛教有

了道場。在文獻方面，南傳修持法的著述也有多種被譯為中文，南傳名著《清淨道論》被一些佛學院或道場作為授課教材。高雄元亨寺出巨資譯出的《南傳大藏經》中文本行世，進一步推動了南傳佛教的傳播。[5] 有關道場還印行了大量南傳法系的系列著作，以嘉義新雨道場為例，其印行的如：阿姜唸著《身念處禪觀修法》，依「三十七道品」的說教，以「四處念」的修法為依止，復以「四聖諦」的解說對毗婆奢那的四念處禪觀進行指導。《三十二身分》用身體各部照片及圖解等，依《南傳佛教課誦本》所列次第，為觀察身體成分的禪法。淑一比丘編譯的《短期出家需知》係南傳出家之說明，及巴利經文受沙彌戒儀軌等，為欲依南傳短期出家者先熟知的內容。

　　3. 日本佛教長期以來一直有計劃地向臺灣進行延播和移植，日本新興教派入臺的如靈友會、創價學會、立正佼成會、阿含宗、真如苑、淨土真宗親鸞會等，日本傳統教派入臺的如淨土真宗、真言宗、日蓮正宗等，這些教派在臺灣有計劃地安營紮寨，立宗結社，從事弘法工作。[6]

三、弘法內容多元化

　　這種多元化表現在許多方面：

　　1. 舊方式增加新內容。如法會是過去常見的一種弘法方式，往往先請僧侶誦經，再由信徒禮拜，再請法師開示，最後在寺中用齋。現在則根據不同種類的法會，增加了大量大家喜聞樂見的新內容，宛如遊園活動。如在法會上舉辦藝術作品展、宗教文物展、陶瓷工藝展、民俗技藝展、農產特產展、盆景花卉展等，有的還舉行義賣活動、叩鐘活動、許願活動、猜謎活動、摸獎活動、演唱活動等，情趣盎然，吸引了大量的信眾和小朋友。

　　2. 由僧侶主導組織的各種集體活動。如：朝山禮佛，指組織信眾到名山大寺（包括中國、印度、尼泊爾等地）向佛菩薩進香，以懺除業障或還願。短期出家，指信眾換上僧服，到寺院體會出家人的僧團生活。靜心禪修，指信眾到寺院禪堂進行參修，有隨喜禪、一日禪、雙日禪、三日禪、禪七等多種形式。學佛營，指針對不同對象於冬夏兩季舉行的參學佛法活動，有教師學佛營、大專青年學佛營、中小學學佛營等。

3. 以普及文化名義舉辦的各種活動。這類活動有利於參與者親近、瞭解佛教，為接引佛學提供了方便，故也屬弘法範疇。這類活動主要有各種學習班和各種講座，其學習班如：中國插花班、書法藝術班、佛像繪畫班、篆刻班、保健共修班、素食烹飪班、兒童讀經班、心靈成長班等；其講座如：「如何降服煩惱習氣」、「喜悅與豐富人生」、「現代人如何面對死亡」等。

4. 保留了大量的傳統弘法方式。如唸經、共修、法師開示等。

四、弘法對象多元化

由於有著充裕的弘法資源，臺灣佛教界進行全方位弘法，人不分男女老少、各行各業，地不分東南西北、島內島外。以幼兒及青少年為例，佛教團體和寺院辦了大量的幼稚園和各種名目的兒童讀書班，提供大量的幼兒圖書館，每年冬夏兩季舉辦數量極多、各種類型的小學、中學、大專學佛營，指導大學中眾多的佛學社，不時有法師進校園開講座等。以成人為例，佛教界針對社會成人大眾提供的「佛教成人推廣教育」在臺灣盛極一時，這種教育一般以佛學為主，兼及文化、生活等，成績合格者發給證書。法師們除了長年累月在寺院、講堂為信眾講法，有的還常常全島巡迴弘法，到公務部門、企業單位弘法演講，並指導公務部門、企業單位的居士團體及社會上的居士林開展學佛活動。有的法師還向特殊群體弘法，並長期以此為己任，樂此不疲，如向少管所中失足少年弘法，向監獄中服刑犯人弘法，向戒毒所中戒毒者弘法等。由於臺灣佛教界有充沛的弘法人員，所以將弘法的對象延伸到極致，幾乎不放過任何死角，連居住在偏僻山區、幾乎與世隔絕的殘障孤寡老人家裡也有人去弘法和送溫暖，甚至連關押偷渡者的拘留所也有人前去弘法並為之呼籲要改善條件。

五、弘法媒體多元化

1. 傳統的文字平面媒體全面開花。一是《大藏經》的普及。由於經濟的發展，民間購買力的提高，原來無法問津的《大藏經》，現已走進尋常百姓家，正如研究臺灣佛教的學者指出：「就以《大藏經》為例，現今臺灣各界持有比率之高，可說達到佛教在漢地弘傳兩千年來最高點。不僅寺院、研究機構、

學者,包括一般信徒,都將《大藏經》視為重要的佛教文物。」[7]二是出版社出版的各種與佛教有關的普及讀物豐富多彩,購買方便。三是各種免費贈閱的結緣品充斥各寺院、講堂、共修點、學習班、念經處、佛教文物流通處、佛教團體、居士林以及素餐館等處,幾乎唾手可得。四是佛教界辦的各種刊物百餘種,絕大部分為免費贈送,並由辦刊方郵資總付,只要索刊者告知地址,刊物就會定期寄到。

2. 現代化電子傳播媒體被廣泛應用。一是多家佛教團體精心製作廣播節目在覆蓋面廣的電臺播出,使觀眾隨時可聽到弘法的聲音。二是多家佛教團體創辦的電視臺(佛教衛星電視臺、法界衛星電視臺、佛聲衛星電視臺、佛光衛星電視臺、慈濟大愛電視臺、生命電視臺等)互相競爭,使觀眾24小時隨時打開電視都可看到弘法的節目。三是大部分佛教團體都建有自己的網頁,有的還辦有電子報(如佛教弘誓學院),閱讀者只要提供自己的電子信箱,電子報就會定期透過網路傳送到。

3. 各種音像、多媒體製品層出不窮。佛教界將法師講課的內容或弘法節目製成錄音帶、錄影帶、VCD光盤等作為結緣品無償贈送,數量之多,讓人目不暇接。

六、佛學研究多元化

1. 名目繁多的佛學研討會。一是召開研討會的內容紛繁多樣,花樣翻新,涉及佛教界方方面面的問題。二是召開研討會的時間有差異,有的兩天,有的半天;有的每一年或隔幾年開一次,有一定延續性;有的僅開一次就銷聲匿跡。三是主辦者五花八門,有官方、有研究機構、有佛教團體、有各種基金會,甚至也有個人或某寺院主辦的。四是會議規格懸殊不一,有號稱「國際」的,有全臺灣的,有某道場(山頭)的。

2. 包羅萬象的學術成果。一是研究領域彰顯出極大的寬容度和自由度,已不存在任何禁區,沒有什麼問題不能討論,沒有什麼人不可商榷,權威已不復存在。二是研究人員各式各樣,有專業、業餘,有出家人、在家眾,有大學研究所及佛學院以研究佛教為畢業論文的學生,有申請到各種佛學研究

論文獎金者,有僅靠興趣客串一下的過客。三是出現了一批各有特色的佛學研究刊物,為研究者提供了發表園地,活躍了研究氣氛。四是臺灣各種出版社極多,為各種不同層次的科學研究成果問世提供了便利。五是可供研究的佛教資源日益豐富(如可到中國參訪和查找資料、臺灣佛教勃興的現狀等),也使研究者的研究範圍不斷擴大,導致研究成果五花八門。

七、佛教經濟多元化

1. 吸納資金的途徑形形色色,各顯神通。一是法會收入,這是傳統的也是主要的收入之一,但各種法會名稱、內容、規模不一,所收入的金額也就有很大的差距。二是供齋大會,即在家信眾出於對出家人的尊敬而捐資供養,近幾年在臺灣較為風行,由於參與人多,每次籌得資金也不在少數。三是托缽化緣,此與傳統的僧侶個人沿街乞討不同,在當代臺灣主要以寺院或僧團為單位,募款先廣為宣傳,大造聲勢,並由名僧帶領,集體出發。四是靈骨塔收入,即死者家屬將死者骨灰寄存於寺院的靈骨塔(也稱納骨塔)內,由寺院收取相應的費用。五是義賣,即由信眾或僧人捐出個人藏品交由寺院義賣,收入歸寺院,有影響的寺院或佛教團體義賣募款數額驚人。六是光明燈收入,即寺院替信眾在佛前設不滅之燈,並定期按時念經,信眾則交納一定費用。七是會員、委員制,即信眾透過認捐一定的金額後就可成為某道場準組織的會員或委員。八是油香錢,即信眾到寺院拜拜後,隨喜捐進寺中功德箱的錢。九是興辦事業,即佛教界創辦的一些公益事業,初衷是為做善事而不是為賺錢,但由於經營得當,加之信眾隨喜捨捐,還會有結餘。十是趕經懺做佛事,即信眾請僧人到家中舉行唸經及佛教儀式活動,信眾付以一定費用,有時雙方當面議價,有時由信眾隨意包送。十一是寺產收入,如山地果園等。十二是觀光朝山收入,如有的寺院對某些項目收費,有的在觀光朝山區域組織各種收費的活動等。十三是出版收入,有的出版物由信眾出資護持,經營得當,可有收入。十四是文教活動收入,佛教界常舉辦的各類文教活動,如社教館、才藝班、講座、日語班、插花班、國畫班、念佛班、研習會、共修會、展覽會、夏令營、放生、培訓班、書畫展、文物展等,或因收費,或因參與者隨喜捨捐,往往有結餘。十五是信徒供養,即信徒直接將紅包送

給法師，有的法師動輒捐出幾百萬、幾千萬，可看出這類供養金數額不少。十六是進香收入，即信眾組團到所信仰的寺院進香，於拜拜之後呈上錢款。十七是供僧道糧，即僧人不外出應供，由護持的信眾直接向寺院供僧道糧。十八是各種特定捐獻等。2. 吸納資金的方式各種各樣，層出不窮。一是集腋成裘，積少成多，不求捐款者捐的數額大，但求捐款者人數越多越好。二是以網絡形式，從下往上，層層繳納。三是頻繁舉辦各種活動，廣闢籌款途徑，如增辦法會、增加經懺佛事時間、不斷舉辦名目繁多的活動。四是「一元不嫌少，萬元不嫌多」，來者不拒，形式多樣，或郵局劃撥，或專人勸募，或現場交款。

八、僧伽教育多元化

臺灣解嚴後的僧伽教育，與臺灣早期的僧伽教育，有著極大的不同，臺灣「早期傳統的僧伽教育，多半是師徒相授，徒弟長時間跟在師父身邊學習，而學習的內容多是殿上敲打唱念、日常的職事作務、生活的威儀習慣等等，能讀讀基本經典就算是比較好的，而整個教界也只偶爾有一、兩間佛學院而已。」[8]至解嚴後，有影響的佛學院有三十多所，其僧伽教育各式各樣，呈百花齊放局面，1. 課程有較大差異。一是教材不統一，有的用本院法師著作，有的用臺灣著名法師著作。二是開課方式各有特點，有的注重研討，有的注重修行。三是教學手段和內容多種多樣，有的墨守成規，延續傳統，有的趕時鮮，向普通院校看齊，如將電腦課放在首要位置，要求掌握梵文、巴利文、藏文、英文、日文等。2. 管理模式不一樣。有的是院務會議（或基金會、或董事會）負責制，有的是導師（或開山長老、或佛學院所創辦人）負責制，有的是院長（或校長、或所長）負責制。[9]3. 各佛學院由於辦學宗旨不一樣，呈現出各自不同的辦學風格和特色。如有的是為培養弘法利生人才，有的是為培養寺院負責人，有的是為培養佛學研究人員，有的是為培養宗教師等。[10]對僧伽的教育除了佛學院外，還不乏其他管道，「有很多出家眾都去大學裡唸書拿文憑，甚至還有人到國外大學去唸書，念的不一定是佛教的科系，也有念哲學的、建築的、教育的、歷史的、藝術的、電腦的，不一定。所以現今的僧伽教育不是專門以修行解脫為教育的方向、主旨，不是以傳統經典、

戒律的學習為教育的主題。僧伽教育的管道及內容都多元化了，這樣的現象，勢必造成未來出家人表現出家生命、弘化及推動佛教發展的形式、本質的多元化演變。」[11]

九、寺院功能多元化

臺灣的寺院逐漸從封閉的單一功能向多元功能轉化，以適應急遽轉型的現代社會，其功能如：

1. 宗教功能。主要指出家人在寺院中的日常宗教活動，如每天早晚課、供養佛尊、念持經咒、禮拜三寶、梵唄歌贊、各種法會、剃度受戒、閉關坐禪、自修自證、超度法事、祝禱禮懺等。

2. 弘法功能。主要指出家人在寺院中向信徒弘法，如說法開示、定期講經、講授基礎佛學、傳授學佛行儀、舉辦各種共修法會、組織各種念佛會、舉辦八關齋戒、選印佛像、贈送經書、宣傳品結緣、舉辦短期出家活動、舉辦佛七禪七，及信徒至寺院中祈願，如上書頂禮、祝壽祈福等活動。

3. 教育功能。許多寺院辦有托兒所（幼稚園、育幼院），如雲林縣慈德寺曾辦有全臺灣最大的幼稚園，高峰期曾有兒童 800 多人，臺中市慎齋堂還曾與臺中市當局合辦「保育人員培訓班」，臺中市各幼稚園教師當年多出其門下；有的寺院在學校設立獎學金；有的寺院自辦中學；有的寺院為成人提供夜間補習教育；有的寺院為在校生提供諸如中文、外語等各種功課的補習班；有的寺院為兒童提供各種才藝班；有的寺院還直接介入臺灣教育界最熱門的「聯考」，如新北市三峽區的元亨堂在正堂後蓋有許多禪房，讓參加當年「聯考」的學子在酷熱的考季中有一處清涼幽靜的地方自修；新竹市碧雲寺每年都會收留大批參加「聯考」的學子，由寺中法師嚴格管理督促。

4. 文化功能。大部分寺院都辦有圖書館（室），有的還辦有盲人圖書館、兒童圖書館，寺院中經常舉辦各種文化活動，如書畫教學、插花教學、佛教國樂團、讀書會等活動，有的已成為寺院的職能和慣例，如臺中市的慈航禪寺每週三晚上七點半至九點，都舉行插花教學活動，臺中市的寶覺禪寺，每

第九章　臺灣佛教的現狀與走向

週一、三晚間，都舉行四書研習會，請大學教授講解《論語》、《孟子》、《中庸》、《大學》，並講述儒釋兩家哲學思想。

5. 傳播功能。許多寺院都自行印刷製作大量的結緣品，有的寺院還辦有雜誌或小報，有的還製作大量節目定期在電臺、電視臺播出。

6. 流通功能。寺院已成為最大的結緣品集散地，這些結緣品種類繁多，有各種刊物、小報、佛學普及讀物、錄音帶、錄影帶、DVD、VCD等，有本寺製作的，有其他寺院製作後送來的，也有信眾把多餘的送來的。一般寺院都備有專櫃安放這些結緣品，任人選請。

7. 慈善功能。臺灣寺院普遍熱衷於積極推進慈善事業，大多寺院注重開展對社會的救助活動，內容包括布施米麵、捐款送衣、救災濟急等，特別是冬令慰問，已成為許多寺院每年必須履行的一項主要工作，有的還專門成立救濟機構，如臺中市的寶覺禪寺成立了救濟會，發起每日每人一元救濟運動，救濟無依的孤兒及孤獨年老的病患。有的寺院還創辦了救濟院、養老院、孤兒院、診所、醫院等，如佛光山壽山寺不僅創辦了老年公寓，還創辦了專收孤兒的大慈育幼院，根據孤兒年齡分成好幾個班撫養；三峽普賢寺創辦懷仁教養院，專門收容貧困家庭二至八歲重度智障兒童；苗栗縣弘法禪院創辦了養老院，收容了十二三位老人及智障者；苗栗縣造橋鄉妙豐寺不過是一個小寺，卻收留了12位殘障兒童，並自命「譜愛殘障收養院」；有的寺院聯合行動，如高雄市宏法寺等八所寺院組成佛寺文教基金會，接辦專門招收聾啞及重度殘障學童的啟英小學。寺院對造橋鋪路等地方公共建設亦多捐助襄贊，對其他一些公益事業也相當關注，如一些佛教團體曾在臺北市十普寺舉辦佛教青年集體獻血活動，一日之內獻出12000毫升鮮血。

8. 經濟功能。這種經濟功能可從兩方面考察，一是為本寺吸納了資金，如透過辦法會、設「功德箱」、點「光明燈」、蓋「納骨塔」及信徒隨喜捨捐等籌措經費；二是刺激了周邊經濟和有關行業的發展，如在寺院周圍常形成商販市集，有的久而久之甚至擴展為商業區（如臺北龍山寺），由此帶動了佛具業、建築業、雕刻業、香燭業、箔紙業、糕餅業、食果業、素食店等的勃興。

9. 藝術功能。臺灣許多寺院建築本身就是一座精美的藝術品,[12]其格局有傳統院落式、宮殿式、庭院式、洋樓式、多進式、雜糅式、隨意式等,各自標新鬥豔。[13]寺院內神氣活現的蟠龍石柱與栩栩如生的花鳥雕柱互相映襯,精巧的橡木插角、雷紋的透雕桁、迴旋的蜘蛛藻井、精美的雕花斗拱、豔麗的彩繪壁畫等與整個建築融為一體。臺灣的寺院雖多屬華南系統,由於各個建築師的風格不同,或格局紛繁、形式曲翹,或氣質典雅、端莊精緻。寺院中的許多雕塑亦為巧奪天工的藝術珍品。許多寺院還經常開展各種藝術活動,或舉辦各類藝術講座,或演奏佛歌梵音[14],或舉辦書畫攝影展,讓人們在寺院中受到藝術的薰陶。有的寺院還舉辦藝術培訓班,如臺中市豐原區多次舉辦經典佛舞初級班、中級班。

10. 歷史功能。臺灣許多歷史悠久的寺院堪稱「歷史博物館」,因為寺院中或文字或實物不同程度地保留了歷史遺蹟,已成為研究歷史文化的重要佐證。臺灣各寺院保存的,雖然是記載寺院的歷史,卻可從中知曉臺灣歷史上方方面面的情況,是研究臺灣歷史不可或缺的史料,故彌足珍貴。如從彰化市開化寺出土的殘碑記載,可知曉開化寺曾重建於「庚子春二月」,之前二次於兵燹,可推知一次與「林爽文之亂」有關,一次或與「陳周全之役」、「戴萬生之役」、「施九緞之役」有關,由此可得知當時兵燹給民間帶來的破壞程度。從臺中清水區紫雲岩寺中石碑《牛罵頭觀音廟後堤防復修碑記》(「牛罵頭」即清水區舊稱)中可知清乾隆、咸豐、光緒年間幾次水患造成的危害及多次築堤的經過。從彰化縣鹿港龍山寺出土的石碑《龍山寺開山純真璞公塔》、《龍山寺圓滿師塔》中的記載,可清楚得知龍山寺在清嘉慶年間,曾為泉州開元寺的分寺,泉州開元寺曾經派高僧管理;寺中所藏另兩塊道光年間石碑《重修龍山寺碑記》、《援倡首敬捐六月十九籌費碑記》,詳細記載了當年泉廈郊商運載磚石建寺及捐款的經過。從彰化縣鹿港鎮的地藏王殿所存清嘉慶二十三年(1818年)的《重興敬義捐碑記》中得知捐款者為廈郊金振順、布郊金振萬、糖郊金永興、郊金長興等四大郊商,有利於對當時活躍的郊商研究。嘉義市太元寺出土的《太元堂碑記》詳細記載了當年建堂的經過,對寺中所依賴的「香燈之資」來源和具體數字有清楚的記錄,由此可知曉當時臺灣的寺院經濟。嘉義縣苦竹寺一塊清乾隆四十二年(1777年)立

臺灣佛教

第九章 臺灣佛教的現狀與走向

的石碑記載了苦竹寺的由來、初建時的規模、多次修建的經過,以及修建的費用,從中可瞭解當時人們對佛教的態度。嘉義縣紫雲寺藏有多塊石碑,如清乾隆三十年(1765年)阿里山通事立的碑記,從中可得知紫雲寺原址是臺灣原住民活動地,通事為防止臺灣原住民奪回土地而取的措施;另一於清咸豐七年(1857年)首事立的碑記,從中可知寺內成立的「佛祖會」中有不肖之徒不思香業,欲將地契私自典與他人,故公開將地契在佛祖殿焚化。

11. 教化功能。寺院的教化作用往往是靜止的,如傳統的即透過寺院中壁畫所表現的忠孝節義、對聯所表現的警世醒語、講經所表現的因果報應等方面,在潛移默化中受到中國倫理美德的薰陶,以便從善棄惡,並由此激發高尚情操。臺灣當代寺院不僅僅滿足於此,而是主動面向社會,如嘉義縣的能仁淨寺主動開展「淨化心靈」的各種活動,推展「身心靈整體健康」的研習修行。南投縣白毫禪寺以小學升中學這一階段青少年為對象,舉辦「無塵營」;後又以輟學學生為對象,與臺北市教育局合辦了「白毫學園」,期盼藉由宗教的教化力量,喚回正走在邊緣的青少年。臺南市彌陀寺開展家庭問題諮詢等事項,以此引導人心向上,提高信徒素質。有的寺院還力圖用宗教的教化力量來教化服刑人,如臺東清覺寺曾為臺東監獄服刑人舉辦佛七。

12. 娛樂功能。寺院的娛樂作用不僅僅是休閒式的,如傳統的即人們於閒暇之餘,於寺院中三五成群,兒童嬉戲,老人下棋,或談天說地,或扣弦吟唱,皆自得其樂。臺灣當代寺院主動組織各種娛樂活動,如各種類型的夏令營、冬令營、兒童合唱團等,這些活動,可謂花樣翻新,層出不窮,如臺南市法源禪寺曾舉辦全臺灣詩人聯吟大會,轟動一時。臺中市寶覺禪寺與臺中市當局合作於寺內建立老人休憩中心,為老年人消遣休閒之處所。

13. 觀光功能。臺灣的寺院,或位於山明水秀的鄉村,或隱於人跡罕到的山林,或處於熱鬧繁華的都市,寺中花圃、公園、假山、魚池、噴泉、小橋、樓閣、涼亭、古塔等,加之晨鐘暮鼓,別有一番風味,是人們嚮往的遊覽勝地。有許多寺院本身就是當地的名勝,如臺北市金龍禪寺本身就是一個人文和自然交織而成的大公園;桃園市大溪區齋明寺後的「萃靈塔」之「靈塔斜陽」為大溪八景之一,黃昏時刻綠樹斜陽,令人陶醉;新竹縣竹東鎮觀音禪

寺在 1980 年全臺勝景選拔賽中,在全島十二景中排名第七,可謂人傑地靈,因緣聚會;臺中市大雅區龍善寺擁有的大花園種植有數百種之多的花木,為臺灣罕見;雲林縣斗六市湖山寺四周環境優美,被稱為南臺灣的八大名勝之一。有的寺院被臺灣「內政部」定為文物保護單位,本身就具有觀賞價值,如:臺北市萬華區龍山寺、臺北市萬華區地藏庵、新北市淡水區鄞山寺、新北市淡水區龍山寺、新北市五股區西雲寺、桃園市龜山區觀音寺、桃園市大溪區觀音寺、桃園市大溪區齋明寺、彰化縣鹿港鎮龍山寺、彰化縣彰化市開化寺、彰化縣芬園鄉寶藏寺、嘉義縣番路鄉紫雲寺、高雄市鳳山區龍山寺、新竹市東區金山寺、臺南市北區開元寺、臺南市中區法華寺、臺南市中區擇賢堂等。為了吸引觀光者,有的寺院還組織了朝山、遊園、展覽等活動,如臺中市寶覺寺曾舉辦「臺灣民俗文物展覽會」,吸引了眾多的觀光者。

14. 藏寶功能。臺灣不少寺院注意收藏各個時期的佛教文物,有的專門建立了佛教文物展覽館以示人,如高雄佛光山設有「佛教文物陳列館」,將所藏佛教文物向觀光者開放;臺北市善導寺五樓整層闢為「佛教歷史藝術館」,向參觀者展示各個歷史時期的石雕佛像。有的寺院所珍藏的佛教文物一般不以示人,如中台禪寺收藏有各個歷史時期的佛像和其他相關石雕,其數量之多、質量之精,實為罕見,但一般情況下祕不示人。有的寺院本身就有許多極具文物價值的物品,如臺北市臨濟護國禪寺位於圓山山麓,從寺旁小巷的《大砥石沿革記略》石碑可知,從寺內大砥石出土的文物,「觀其古樸壯麗皆為我先民在二千至四千年前所製古物,抑為當時佛家所重視,就現代而言,尤為考古學上之寶貴資料。」護國禪寺還是臺北市級古蹟,其大雄寶殿為臺灣木造寺院中保存最好的一座,山門為日本江戶時代佛寺的典型建築,寺內庭園及石板路、石砌臺階、八角石臺基、開山始祖墓及門外大砥石都保留原創的形貌。彰化市中和佛堂珍藏有錫製燭臺、木製魁生、明宣德年間銅製香爐、一顆含有大小不同三十幾種刻印四方形印章,都為不可多得的珍品。桃園市齋明寺珍藏的影印宋版磧砂經本為鎮寺之寶,全臺灣僅此一部,臺灣出版的《中華大藏經》就是以此為藍本。臺北市寶藏巖建於清康熙二十年(1682 年)間,是臺北市最早興建的觀音廟,廟內目前仍存有不少泉州、安溪等地移民所捐獻的楹聯和石柱等,並存有道光三年(1823 年)的建築物

和古碑,及古老石材、觀音像、石壁等,且此廟位於土名石壁潭上,仍昔日水陸主交通要道,是安溪人往新店溪上游拓墾的見證,頗具歷史意義。臺北市的東和禪寺鐘樓是日本佛教曹洞宗大本山教派在臺北設置的別院鐘樓,是日據時代東門一帶重要地標,其獨特的仿木造式石構鐘樓被臺北市列為古蹟文物。臺北市的不動明王寺是臺北少見的石窟式寺廟,寺內供奉三尊不動明王(不動明王為大日如來的化身,屬密教的真言宗),雕像風格特殊,所保存的石碑及石造遺蹟量多豐富,被臺北市列為古蹟。

15.學術功能。臺灣許多寺院熱衷於學術活動,有的寺院經常在本寺召開各種學術研討會,如臺中市慈光寺常在寺內大殿召開諸如「臺灣當代佛教的發展」、「臺灣佛教的危機與轉機」等研討會,來自各個山頭的出家人旁徵博引、高談闊論,頗為熱鬧。臺北市臨濟護國禪寺在寺內召開的「都市佛教與文化資產」研討會,由民政司長主持,各方面專家雲集。高雄市信徹寺召開「生與死的成長——藝術療育研習營」,前後兩天,由臺大醫院老師作重點發言,集體研討。有的寺院編印佛學專著,除了佛光山編印了「法藏文庫——中國佛教學術論典」等幾百本系列學術專著外,不少寺院也紛紛涉獵艱深的學術研究和出版,如由臺南市妙心寺歷經十年組織編寫的、共800多萬字的《中華佛教百科全書》的出版,填補了這方面空白,其特點,一是在每條解釋名詞上另介紹有書目,便利於研究人員進一步探討;二是每一註釋都註明出處,使文獻更具說服力。妙心寺再接再厲,又組織編寫了《臺灣佛教辭典》。妙心寺還因此成立了一所「佛學資料中心」,為編寫的副產品之一。彰化市福山寺也組織編寫出版了《佛學大辭典》、《佛教史年表》,其重新標註《大藏經》的出版最為學術界讚歎。

十、法師思想多元化

臺灣解嚴後,隨著政治約束力的崩潰,社會寬容度和自由度急增,各種思想相互激盪,「只要我願意,沒有什麼不可以」風靡一時,法師思想也空前活躍。過去一些在佛教界被認為是天經地義、不容置疑的體制、觀點和說法,受到強有力的挑戰,如比丘尼尊重恭敬比丘之八種法(即「八敬法」),長期被認為是佛祖應阿難三請而制定的,臺灣有女法師不僅公開撰文反對「八

第一節　全方位的多元化

敬法」，還召開反對「八敬法」的會議，組織有代表性的人物上臺撕「八敬法」條文。過去一些在佛教界諱莫如深的問題，如今不僅可以公開討論，而且還眾說紛紜，如佛教與政治的關係，過去一般不論及，現在則公開化，有人認為要緊密結合政治，以便更好改造社會；有人認為要遠離政治，不問俗事；對於臺灣政治中最搶眼的選舉，有的法師認為出家人不宜捲入，甚至有的知名法師一到選舉白熱化就出國；有的法師認為應該捲入，並公開出來為某人站臺；還有法師認為佛教界應抓住選舉機會顯示力量，還公開宣稱要避免「所有雞蛋放在一個籃子裡」，這樣有利於選舉後取得當選者對佛教的支持。對學佛的理解更是智者見智、仁者見仁，如有人認為要遠離社會，閉門清修；有人認為要貼近社會，走「人間佛教」的道路；而對何謂「人間佛教」，又有不同的看法和解釋，如此等等，不一而足。

臺灣社會多元化是臺灣佛教多元化的土壤。臺灣解嚴後，臺灣社會徹底完成了由農業化進展到工商業化的社會轉變，強權政治體制的崩潰使社會日趨多元，包括思想多元化、價值多元化、政治多元化、社會參與多元化、社團多元化、教育多元化、經濟多元化、職業多元化等等，這些多元化性使任何佛教的教派都有其生存的空間，都有其施展的舞臺。各教派是做大做強，還是曇花一現，不取決於政治勢力的控制，或強權體制的介入，而是取決於能否適應這個社會。臺灣社會是以多元化為特點的，臺灣佛教自然也必須呈多元化特點。

臺灣經濟的發展是臺灣佛教多元化的動力。臺灣早期農業社會的經濟形態中，信眾沒有錢，自然不可能捐給佛教。「而現在國民所得已經到了一萬三千到四千美金，整個臺灣社會經濟富裕，不僅很多出家人可以擁有自己俗家的財富，即使個人出家前沒有財富，也很容易從多種管道得到信眾的供養，以取得個人生活所需或弘法的支持。因為容易取得個人生活所需，所以僧眾可以不必依賴僧團生存，可以自由自在地過自己的日子，不受僧團的束縛；因為容易取得弘法的支持，所以僧眾可以自立門戶，用自己的方式弘法、用自己的思想弘法，不必受到師長的侷限，可以很年輕就出去弘法。」[15] 有了經濟做後盾，法師不必受制於任何方面，沒有後顧之憂，沒有任何制約，自然促進了佛教的各方面更加多樣。

第二節　居士佛教的勃興

一、居士團體的興起

　　臺灣解嚴前最主要的居士團體是「中華佛教居士會」，創辦者李謇居士，河北順義人，出生於1908年，1998年在加拿大多倫多去世，他曾任國民黨中央警官學校校長等職，1963年皈依印順法師，主理「中華佛教居士會」達18年之久。「中華佛教居士會」成立於1968年1月5日，至1978年9月才於臺中市成立臺灣省分會。由於當時的政治環境，「中華佛教居士會」實際上是由國民黨掌控的兩大佛教團體之一（另一個為「中國佛教會」），一開始就有著濃郁的政治色彩和鮮明的官方特點，如經常與「中國佛教會」一起代表臺灣出席在島外各種與佛教有關的會議，經常代表臺灣當局表態或發表聲明，並組織當局所希望的活動，如組團赴金門「勞軍」等，實為當局的傳聲筒。所以每當「中華佛教居士會」舉辦大型活動，臺灣當局都會派出要員參加。但自成立以來，此會也不遺餘力地舉辦了許多弘法、護法活動，如定期請法師或居士講經，開設英文佛學講座，組織助念團幫助會員臨終往生西方，召開佛學座談會[16]，成立梵唄班，舉辦普度法會，組織環島弘法訪問團，組織認捐獎學金活動等。臺灣解嚴後，隨著臺灣權威政治的崩潰和臺灣佛教的快速發展，居士團體也開始走向興盛。至21世紀初，有代表性的居士團體如：「中華佛教居士會」（臺北市）、「中華佛教居士林」（臺北市）、文殊居士林（臺北市）、復仁居士林（新店市）、中觀居士會（新北市）、臺南居士林、澎湖居士林、清心佛教居士林（桃園市）、如來家業弘法居士林（臺北市）、基隆佛教居士林、慈航居士會（臺南市）、臺南佛教居士林、妙慧居士林（臺南市）、林園居士林（高雄市）、花蓮佛教居士會等。此外，許多名目繁多的學佛會、念佛會、佛學會、共修會、同修會等也如雨後春筍般湧現出來，有的以行業為組織，如電信學佛會；有的以共同宗旨為組織，如中華慧炬佛學會（專門向大專青年弘法）；有的以區域為組織，如桃園念佛共修會；有的為紀念過世名僧而命名，如廣欽禪淨學佛會；有的以地名為組織，如位於臺北市峨嵋街的峨嵋念佛會、位於三重區的三重學佛同修會；有的以所修內容為命名，如淨宗共修會、「中華正法源學佛會」；有的跨區

第二節　居士佛教的勃興

域、跨行業，如佛教正覺同修會、在家菩薩同修會、蓮品念佛會。這些居士組織都開展了各種積極的活動。再以「中華佛教居士會」為例：一是與其他組織一起舉辦，「中華佛教居士會」往往和「中國佛教會」、「中國佛教青年會」聯合舉辦大型活動，如 1996 年 11 月 8 日在臺北市大安公園音樂臺廣場舉行世界佛教靜坐日大會，有近 2000 人與會；再如 1999 年舉行「慈愛與悲憫──臺灣青少年繪畫比賽」，有近千個青少年參賽。二是介入重要活動的參辦並為發起者，「中華佛教居士會」經常介入臺灣佛教界的重要活動，並為主要發動組織者，如為慶祝佛誕 2543 年、佛教北傳中土 2000 年、大乘佛教僧伽教育與制度傳入臺灣 50 年，臺灣佛教界於 1999 年 4 月 8 日在臺北市召開慶祝活動，「中華佛教居士會」理事長於七時就前往「中國佛教會」迎請釋迦太子像，然後恭捧香案緊跟比丘執錫杖隊後，大會開始後致詞，皆為大會不可或缺的角色。三是召開成立年慶大會，以聯絡會員之間的感情，如 1997 年 2 月 16 日召開 27 週年會慶暨會員大會，會中對 1996 年參加活動、贊助經費等有功的個人和團體發獎牌，獲獎團體如大緣精舍、法雨同修會、緬華佛教會、慈心佛教文化中心、諾那精舍等五個團體。再如 1999 年 2 月 28 日召開 30 週會慶暨第 29 屆會員大會，有諾那精舍等獲獎，下午 1 時起推出系列精彩節目。四是組織與居士有關的活動，如組織居士助念團，以幫助居士臨終時往生西方；再如組織禪學研究班，請禪學及坐功俱佳的老居士主持。五是參與海外活動，力圖拓展在島外的影響，如 1998 年 11 月，「中華佛教居士會」與「中國佛教會」、「中國佛教青年會」及佛光山代表出席了在澳洲雪梨南天寺召開的第 20 屆世界佛教友誼大會，居士會派出的三個代表都當選，黃書瑋居士當選為世佛會副會長，游祥洲居士當選為執行委員，鄭振煌居士當選為團結委員會主席。2000 年 10 月，「中華佛教居士會」帶領泰國供僧團共 35 人前往泰國清邁供僧，供奉 878 位泰僧每位泰幣 200 元。六是舉辦各種法會活動，以 2000 年 1 月為例，就舉辦了慈悲三昧水懺、仁國護國法會、誦戒、慶生報恩法會、大悲懺、年終祭祖等法會活動。各居士團體還經常聯合開展各種聯誼活動，以促進居士之間交流，如 1997 年春節，首屆臺灣居士界團體代表及個人聯誼團拜活動在大乘精舍講堂舉行，首先向十方常住三寶頂禮三拜，再向釋迦牟尼頂禮三拜，兩序大眾相對合掌問訊，

然後居士代表賀詞,以「不漏失一分一秒地行菩薩道,永不退轉」自勉、互勉,接著各居士紛紛發言,企盼居士界團結,並將此活動推廣到中、南部。1999年春節居士各團體聯誼會在蓮品念佛會舉行,會上就世代交替、積極開展佛學教育及社會服務工作、在學術研究上加強精進、培育青年人才等方面達成共識。居士各團體還常舉行參訪活動,如1999年3月28日,佛教居士界由蓮品念佛會領團,參訪了被稱為「居士界學佛典範」的李炳南老居士紀念館和老居士創辦的佛教蓮社、菩提醫院、菩提仁愛之家等,回顧老居士辛苦經營的過程,勉勵自己更加努力。有的居士組織以辦成輕鬆自在的心靈休閒為目標,如陳履安居士於1999年9月在臺北都市創辦的化育居士林,有700平方公尺的面積,有茶藝館,居士們可來此自由閱讀佛書、飲茶、便餐及佛法對話、佛學解惑等,並尚有定期共修、佛學講座等,另外家中新的衣物玩具、店家過期商品,都可送到居士林義賣。

二、居士弘法

　　一是居士講經弘法。長期以來,佛教界有一條不成文的規矩,即「法師弘法,居士護法」,弘法一向被認為是出家人的本分與使命,在家居士儘管學佛多年,精通佛法,卻永遠被定為弟子,無法積極投入弘法工作。如今,這條界線在臺灣被徹底打破。佛光山僧團首創了「檀講師」制度,請在家居士上臺講經弘法,為居士提供了弘法的空間。凡檀講師表現優異者,經評審合格,可以繼續升任為檀教師、檀導師。檀講師並非人人都可擔任,所必須具備的條件如:1. 皈依三寶,信仰人間佛教,具有正知正見。2. 佛光會員,認同本會宗旨,熱心與人為善。誠信修睦,淨持根本戒法,沒有不良嗜好。信受法要,積極弘法利生,能夠契理契機。佛光山僧團還為此找到了依據:「綜觀中國佛教四大名山的四大菩薩,除了地藏菩薩現出家相以外,觀音菩薩、文殊菩薩、普賢菩薩均現在家相,可見佛教是重視在家信眾的,是僧俗融和的。另外,維摩居士、勝鬘夫人、妙慧童女等,皆以在家居士之身而在社會各階層中宣說大乘佛法,若說他們是檀講師的始祖,實不為過。因此,今日檀講師之設立,可以說是不離傳統佛教,而又能因應現代佛教的需要。」[17] 佛光山僧團認為居士講法,從僧眾到信眾,從寺廟到社會,從自學到利他,

第二節　居士佛教的勃興

從靜態到動態，從弟子到教師，從本土到世界，將使佛教面貌發生極大變化，「創立『檀教師』、『檀講師』的制度，授予才德兼備的居士有講經弘法的資格，這不只是創見，也是佛教史上的創舉。」[18] 此外，一些團體也鼓勵並安排居士講經弘法，如「中華佛教居士會」長期舉辦由居士主講的系列佛學講座，有的是英文佛學講座。各書院、講堂、寺院、圖書館、學苑、精舍及各種學會等，都有居士在講經弘法，有的長期為居士在主持，在臺灣似已成普遍現象。有代表性的如家庭計劃協會長期舉辦免費佛學講座，由臺北市大乘精舍主持樂崇輝居士長期主講佛學經典，四年後，由研習佛學的資深教授巢海容居士接講。有的藏傳密教道場也由居士主持，如臺北市普賢書院以弘揚佛陀三乘顯密教法為本旨，每月不定期舉辦顯密不同課程，均由鍾力新居士、妙音居士主持。應該說，居士演講的內容與法師演講的內容並不完全一樣，居士演講的更貼近社會現實，如十方禪林於1996年主持的《維摩精舍叢書導讀》佛學講座，主要由居士演講，以林毓文居士9月2日至11月4日（每週一次）所演講的題目為例：1. 談人生的趣味、陷阱與究竟歸趨；2. 談佛法的精髓；3. 談南北傳佛教之匯通；4. 談禪宗消化痛苦的珍貴心法；5. 談豐富人生的靈性法鑰；6. 出生與死亡；7. 談心靈成長的正道與歧路；8. 談提升心靈境界的要點；9. 談禪修與身心靈整體健康；10. 談工作禪與生活禪；從這些講題可看出，大多是試圖透過佛法來解決生活中碰到的種種問題。

二是居士主辦法會。臺灣許多法會也是由居士主辦的，以高雄金剛乘學會為例，其2001年5月的法會有：5月2日的會供、蓮師法會，5月4日的大白傘蓋、財神、度母法會，5月11日的空行心要共修法會，5月18日的布薩誦戒法會，5月25日的觀音、放生法會，都是由奕睆居士主持的。

三是居士編印弘法出版品。許多居士創辦出版社、刊物，編印各種佛書以利弘法，有代表性的如臺北市大乘精舍傳祿居士出資，向社會上廣為徵求《淨土聖賢錄五編》文稿，請適當人選定成編，廣為印發。《淨土聖賢錄初編》為清代彭希涑撰，以記述淨土教主阿彌陀佛及闡教聖眾如觀世音、大勢至、文殊、普賢等菩薩為始，集錄歷代宣揚淨土法門的比丘、比丘尼等凡500人的事跡。之後，有人以《淨土聖賢錄初編》體例為準，編寫過續、三及四編，傳祿居士在《徵求文稿》中稱：「前四編外，20世紀中，全球華人內，念阿

彌陀佛聖號，信願行具足，往生極樂者，須足以啟信、策進後傳記體精要寫之」，[19] 其對弘法的傾心可見一斑。居士撰寫對經書的講解，由寺院或佛教團體印刷，作為結緣品在社會上廣為流通，已頗為流行，如新北市中和市法明寺長期印刷出版品結緣，其中大多為居士所撰，以其 2001 年 5 月印刷的結緣品為例，有于凌波居士的《大乘廣五蘊論講記》、賢首居士的《彌勒行法》、張通文居士的《中陰身的自救法》、湯次了榮居士的《大乘起信論新釋》等。也有許多居士撰寫的非結緣品在社會上流通，每本均有定價，酌收一定費用，如朱義肯居士所撰《世尊拈花正法眼藏智慧教化》，以在家居士對禪宗參悟的解說，以利於對祖師禪參究棒喝及明心見性的解，每本收 200 元；再如江元燦居士主講《念佛改變我一生》錄音帶，一盒五卷，每卷 125 元。由此可見，居士弘法還是較為便利，靠個人力量單打一即可。

四是出現了一批從事學術研究的居士。這些居士雖然也從事演講，但主要還是以其對佛學的研究和宣傳在社會上造成的影響更大，有代表性的如南懷瑾對禪學的系列研究對社會上的禪修熱起了直接推動作用；于凌波的《向知識分子介紹佛教》、《中國近代佛門人物誌》風行一時，流傳極廣；楊惠南長期對佛學的深入研究不僅提升了臺灣佛學研究質量，還在知識界引起知識分子對佛學的關注；藍吉富主編的《中華佛教百科全書》（10 冊）、《現代佛學大系》（60 冊）、《禪宗全書》（100 冊）為學佛、研佛者提供了極大的便利。

三、居士護法

一是居士團體護法蔚然成風。如臺灣每個區域都有由居士組成的三寶護持會，活動頻繁，護法不遺餘力，僅以有代表性的臺中市三寶護持會為例，其護法活動之繁多、場面規模之宏大、居士感情之虔誠、參加活動之認真，讓人嘆為觀止。其 2001 年主要護法活動有：3 月 18 日，協助般若行學佛會舉辦清明追思、感恩念佛大法會；4 月 7 日，協助臺中市佛教會舉辦慶祝佛誕節園遊會；4 月 8 日，協助「中國佛教會」舉辦慶祝 2545 年佛誕節浴佛大典；4 月 29 日，舉辦尊重生命——珍愛自己疼惜別人系列活動、生命的教育講座暨念佛法會；5 月 27 日，舉辦尊重生命——2001 年新世紀生命博覽會；

5月27日，協助慈航禪寺舉辦智聰法師榮任住持晉山升座大典；6月10日至8月21日，全臺禮僧，臺北臺中台南禮請長老及法師應供，拜訪居士大德；8月26日，主辦臺中全臺供佛供僧大會；9月2日，協助南普陀寺舉辦消災超度法會；9月8日，舉辦臺中全臺供佛供僧大會圓滿茶會；10月1日，協助慈光圖書館舉辦淨空法師2001年演講敘舊法會；12月2日，協助豐原慈龍寺舉辦常露法師升座大典；12月16日，舉辦第十一屆護國息災祈福大法會。所有活動中，每年都要舉辦的全臺供佛僧大會實為不易，事先要開五六次策劃會，一般都在體育館舉行，參加者有十幾萬人，常常把會場擠得水洩不通。大會場面極為莊嚴隆重，先由統一著裝的百餘名端莊大方的師姐（即女居士）在悠揚的音樂聲中排隊緩緩走出，再由居士對慈悲應供的幾千名在場僧人一一供奉，組織嚴密，一絲不苟。這種護持會的開支收入渠道，以臺中市三寶護持會2001年開支為例，其2001年收支項目如：會員常年費（每年每人1000元基本會員費）470000元，會員隨喜捐助款123340元，榮譽會員費（每次捐助1萬元以上者）30000元，雜項收入15000元，贊助活動款870825元，利息收入9059元，總共收入1518224元，總支出1284021元，加上2000年度結餘款227364元，共有結餘款461567元。從中可知，會員年費和贊助活動款為主要收入來源。再如桃園市林口縣體育館每年都要舉辦全臺供佛齋僧大會，每次都有萬餘名居士與上千位僧侶參加，已成為每年不可或缺的一項活動。二是居士以個人身分參加供僧活動。這類活動往往由僧人團體舉辦全臺性的供僧大會，眾多居士參加並慷慨解囊，眾多法師慈悲應供。有時活動中還進行「供僧」意義的演講，並有傳統國樂團演奏梵音。三是居士對出家人以實質性的經濟幫助。如臺灣「9·21」大地震發生後，「中華佛教居士會」為幫助中部受災寺院，撥出100萬元為重建金，由理事長帶隊，共11人前往南投災區，做慰問之行，先後參訪慰問了名間靈山寺、中寮淨土禪寺、國姓東方淨苑，又在國姓鄉慰問了眾多的法師，分別供養五萬至十萬元的重建金，表達了在家居士以實際行動護法的意願。民間以個人名義捐款支持弘法事業的也不乏其人，如為響應法鼓山聖嚴法師「預約人文世紀」的理念，施炳煌與其夫人吳宜燁捐出市值2億元的股票。四是居士組織各種與佛教有關的多種形式活動，旨在擴大佛教的影響。如以宗山居士為首

臺灣佛教

第九章　臺灣佛教的現狀與走向

的南海佛教文化弘法學會曾舉辦「中國佛教禪畫特展」，展出能表現契合禪意法趣的佛教人物、山水、花鳥等禪畫。五是為僧人弘法保駕護航、出力出錢。如受「中國佛教協會」、「中華佛教青年會」、淨化社會文教基金會指導，由「中華佛教居士會」、明古村藝文薪傳聯誼會、臺灣佛法中心主辦的「國際僧眾千里環島行腳」祈福活動，一行41位出家人（其中比丘尼6位），從2000年12月31日至2001年2月6日，在臺灣環島行腳一週，其中風雨無阻，過午不食，隨緣掛單或方便夜宿，旨在「喚起民眾的善良心性」。沿途居士大力支持，紛紛供齋食及飲水，特別是明古村居士群在林明華居士領導下，皆以護法的精神，始終如一地為行腳僧人排憂解難，除了面對沿途民眾的詢問做了大量工作，還默默地做好後勤保障，當行腳僧人圓滿完成任務，列隊進入臺北惠光寺時，由「中華佛教居士會」常務監事代供供僧，惠光寺信眾代表也以日常用具等供僧，再由大乘精舍樂居士供行腳僧團5萬元、齋僧1萬元。再如有的居士義賣籌款弘法。如國畫大師蔣青融居士將其珍藏品六幅梅花義賣，每幅20萬元，義賣款供監獄弘法之用。六是積極參加佛教界組織的各種護法活動。如2001年3月，為抗議阿富汗毀佛事件，臺灣佛教界在「中國佛教協會」三樓舉行座談會，眾多居士代表參加，「中華佛教居士會」代表樂居士在會上提出四點建議，得到與會者共鳴。樂居士認為：1.任何有歷史的文化遺產，不因為國家、族群、地域等因素，認為是某一國族所私有，就應視同世界性群體所共有之文化遺產；2.對於阿富汗目前執政之「神學士」破壞具有歷史性的文化遺產──巴米揚省53公尺及38公尺石窟佛像，除以此不智且不當行為，深感遺憾外，應請「政府」聯合世界上愛好文明的國家同聲譴責；3.對未來許多歷史性的文化遺產，應由聯合國教科文組織，國際性普查具有歷史文化的重要價值之遺產列入保護檔案，確實做到保護文化遺產的責任與維護歷史文明的使命；4.建議由「中國佛教會」、「國際佛光總會」、「中華佛教青年會」等邀請佛教團體連署，如可能時亦邀請各宗教領導組織，包括回教協會在內也參與共同連署，發起維護歷史文化遺產宣言，致電聯合國教科文組織、世界佛教僧伽會、世界佛教友誼會等，以示關切之意。[20] 七是居士以個人行動進行護法。最有代表性的如嘉義縣施嘉信居士發起「救臺灣要靠佛弟子」的全島宣傳活動，他從嘉義縣朴子市出發，

第二節　居士佛教的勃興

到各地去宣揚這種理論，他認為：「目前臺灣剩下的唯一淨土，就是宣揚正法的道場，但是除了出家眾外，能長時間親近道場的佛弟子，為數有限。政黨的惡鬥，會讓惡質文化更加嚴重，因此要拯救臺灣，只有靠佛弟子站出來，並付之實際的行動才有可能。只要佛弟子先透過目前自己能用的媒體管道，開始討論如何建立民主賢能政府，就能逐漸引起民間學者與媒體的注意與討論。這種聲勢一旦形成，臺灣就有救了。但願佛弟子能響應這個訴求，才能用佛法讓臺灣轉危為安。」[21] 施居士的想法或有可商榷之處，但他對佛法的倚重、對護法的傾心也可見一斑。

四、居士修法

一是團體修法。即整個居士團體集體修法，或以區域為團體，或以企業為團體。有代表性的企業團體如成立於 1989 年的電信學佛會，有嚴密的組織章程，選出的理事等召集人可以連任。他們十多年來如一日，長期堅持集體修法，具體活動如：1. 定期共修，這是最主要的修法活動，主要利用從星期一至星期五的午休時間，或念佛，或誦經，或拜佛，星期三中午有的則參加禪坐共修，至 1993 年後，又增加了每星期二中午研討佛法（如討論佛教經典，包括「學佛三要」、「法句經」、「學佛群疑」、「學佛知津」等），這些活動從不間斷。所以能堅持下來，共修者認為集體共修效果遠超個人：「實在說來，在上班午休空檔，聚眾共修，誠非是最佳的選擇，一者沒有寺廟莊嚴的攝受力，二無充裕的時間，再者缺乏師父的領眾，這些是美中不足的地方；但從其它方面看，我們很需要這樣一個心靈熏修的活動，理由如下：基於同事攝受的方便，大家是共事的立場，相互學習，給予有心學佛的人，有機會體驗共修的好處；同時大部分女同事們上班之外，又得忙做家事，另一半未許可學佛的情況下，我們提供了她們這個選擇；在局內咫尺的距離，不勞遠行，對於無法到外面道場共修的蓮友，的確是個彌補；又集合大眾之力，相互攝受，其勝力遠超個人獨自用功。」[22] 共修者還感覺共修後法喜充滿、心漸開朗：「自去年起，有緣參加電信學佛會，每週五天與師兄、師姐們共修、念佛、拜八十八佛、隨喜布施，及看到每位師兄、師姐發出的愛心，使我法喜充滿。以前常跟母親至寺院參拜，對於佛理不甚瞭解，如遇不如意

之事，即易發脾氣，難過很久。自從參加電信學佛會以來，凡事漸能以寬容心來包容一切，使身心漸而開朗。但願以歡喜心，廣結善緣，共行菩薩道。」[23] 2. 請法師或居士臨本會演講。應邀前來演講的法師和演講的題目如：法鼓山創辦者聖嚴法師的《學佛與人生》、《推動佛教教育建設人間淨土》、《生活中的禪》、「中華青年佛教會」會長宏印法師的《歧途與正道》、《菩薩道與解脫道》，美國萬佛城宣化法師的《科技時代應有的人生觀》，慈濟功德會創辦者證嚴法師的《人生要有生命的清流》，美國佛教會副會長顯明法師的《學佛的基本觀念》，淨化社會文教基金會董事長淨耀法師的《快樂的人生》，美國華府佛教會會長淨空法師的《學佛應有的心態》，靈山文教基金會董事長淨空法師的《開拓光明的人生》，馬來西亞佛教青年總會會長繼程法師的《禪與淨》，以行醫弘揚佛法的大醒法師的《如何回家》，創辦金色蓮花表演坊的如空法師的《從人性到佛性的淨化》，在法國創立梅村提倡正念禪的一行法師的《生活禪的藝術》，負責輔導大專青年學佛社團的果竣法師的《用禪法來安身、安心、安家、安業》等等。應邀前來演講的居士和演講題目，如時任總統府資政林洋港的《我的人生座右銘》，時任監察院院長陳履安的《生活中的修行》等。3. 集體朝山參訪。在參訪同時，請寺中法師開示。以 1996 年為例，前往朝山的寺院有松山真光禪寺、苗栗銅鑼九華山大興善寺、新竹壹同寺等，前往參訪的寺院有新竹福嚴佛學院、新竹慈濟聯絡處等。再以 1997 年為例，前往朝山的寺院有松山真光禪寺、瑞芳佛慈禪寺等，前往參訪的有員林蓮社、大湖法雲寺等，前往供僧的有蓮因寺、南林精舍、正覺精舍、三峽西蓮淨苑等。4. 每年舉辦一次年會。每次年會，大約都在佛誕日的稍後，一般都禮請著名法師來主持和開示，所以也稱法會。以 1997 年舉辦的年會為例，以藥師上燈法會的方式，作為這次年會活動的主題。佛光山住持心定法師帶領普門寺十餘位尼師前來，除了開示外，並舉行消災延壽藥師佛上燈法會。心定法師作了一個多小時開示後，開始帶大家學唱弘法歌曲。四點半左右，上燈法會正式開始，由爐香的梵音而起，諸位法師優雅的唱腔，配合莊嚴的法器聲，令人油然肅穆起敬，接著藥師佛偈、藥師咒之後，大眾代表上臺引燃供佛法燈，並傳於大眾，一時全場燈火照明。關閉水銀燈後，四周黑暗，唯見燭光燈炬閃耀，邊唱藥師佛聖號的同時，大

第二節　居士佛教的勃興

眾舉燈向上,接著又放下,動作整齊劃一,場面洋溢著莊重法喜的氣氛。年會上將大眾所繳的錢做了以下布施:贊助中國弘法 4000 元,勵馨社會福利事業基金會(幫助雛妓、性侵害受難者)5000 元,十方大法禪寺(青少年輔導中心)6000 元,佛教慈濟基金會大林醫院建設 11850 元,三峽普賢寺(殘障育幼院基金)6000 元。5. 撰寫研修報告和學佛心得。研修報告主要談透過共修後對佛法的理解,有一定的理論深度和佛學涵養,篇幅較長;學佛心得主要談透過共修後的一孔之見,或透過一件事來表達自己學佛後的體會和認識,為隨筆性質,篇幅較短。這兩種文章寫完後都擇優發表在電信學佛會的年刊上,在會員中交流。有代表性的研修報告如:《「圓滿人生」研習心得報告》、《淺說靜坐習禪》、《菩薩六度修行淺述》、《往生淨土三資糧》、《簡單方便穩當的念佛法門》、《聖道門與淨土門之配合修行》、《佛法修學心得述要》、《直心就是道場》、《生活中的修行》等;有代表性的學佛心得如:《入世的行修是為出世濟人》、《學佛的好處》、《錢財帶得走嗎》、《身在福中》、《佛法不離世間覺》、《活在愛的感覺裡》、《我的學佛因緣》、《人為什麼「唯我獨尊」》、《老實念佛求生淨土》、《惜福》、《懺悔》、《助念》、《母親往生的回想》、《凡事回頭看》等。二是閒散型的共修。即或三五人,或七八人,往往利用某居士熱情好客及較寬敞的房子,共修時間不定,共修內容不定,閒時多修,忙時少修,處於一種閒散形狀況。如臺中鄉間有一獨門獨院的「咖啡小屋」,主人對學佛有興趣,利用自己寬敞的住房和清幽的環境,組織周圍居士前來共修,並熱情提供咖啡及茶水等,雖然時斷時續,但也長期堅持下來,自覺受益匪淺。三是由法師主持共修。以法師為核心,定期按計劃主持居士共修,這類現象在臺灣也較為普遍,如首愚法師長期在臺北、臺中親自主持共修,其每月時間表如:星期三晚上在十方禪林臺北道場主持念佛共修會共修,每月第二、四星期的星期四晚上在新竹佛教蓮社主持準提法共修會共修,每月第一、三星期的星期四晚上在十方禪林豐原道場主持準提法共修會共修,星期五晚上在十方禪林峨嵋道場主持觀音共修會共修共修,星期六下午在十方禪林峨嵋道場主持準提法共修會,星期六晚上在苗栗佛學共修會主持準提法共修會共修,每月第三星期的星期日上午在十方禪林臺北道場主持藥師法門共修會共修,星期日晚上在十方禪

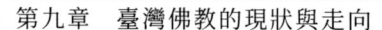

林臺北道場主持準提法共修會共修。有的有固定場所,由法師長期指導修法,如南投集集宗普覺精舍專修淨土,由法師帶領居士共修,從清晨五點至晚上九點,每日不斷,為滿足不同居士的需要,備有五個區域供居士自行調整,如有繞佛區、拜佛區、靜坐區、小佛堂誦經、視聽教室聽經聞法等,每月第四周為精進周。四是由居士主導的各種共修。這類共修有多種,有的收費,有的不收費;有的純為修法,有的與鍛鍊身體相結合。以某密集式初級禪坐研習班為例,收費,每期為兩天,由居士主持,研習內容為:1. 四聖諦;2. 止、觀、止觀雙運之道;3. 為何悲智雙運;4. 如何調食、調睡、調身、調息與調心;5. 動禪與靜禪實習;6. 重要法門(無為法、有為法)介紹與實習;7. 昏沉、散亂、掉舉、沉沒之緣由與對治;8. 日常生活之活用;9. 修持要領歸納。五是居士找出家人共修。有的居士居家條件較好,或擁有較好的修行場所,出於自己修法的需要,也出於對出家人的恭敬,禮請出家人前來靜修。六是居士在家中獨修。這類現象在臺灣也大量存在,房子有空餘的居士往往專備有一間佛堂,以供修行之用。七是有意吸收社會上弱勢人群(如長期病患者)的居士加入修法隊伍。如觀音念佛會成立以來,在常住師父引導下,除了早晚課誦外,定期舉行藥師、拜懺法會,並於每週三、五分別恭誦《普門品》和《金剛經》。他們還吸納了安養院的病患者一起修行,「齊聚一堂的患者中,有中風經年的老人;也有遭逢意外而終身癱瘓的年輕病友,在義工逐字、逐句耐心的指導下,漸漸都能敞開胸懷,融合大眾。每當鐘鼓、木魚、梵音響起,在眾人的和聲中,但見病患童顏般專注的神情,謹慎小心地開闔著久閉的唇齒,容或五音不全,卻驚覺輪椅上癱瘓的肢體,躍躍欲試地舞動著無言的招式,渾身上下使勁賣命而渴望融眾的熱切,綻放生機,令人動容。」[24]

五、居士志工

「志工」即志願義務從事無償服務的人,早期一般稱作義工,後臺灣有關部門於1989年頒布《志願服務登記證登錄使用要點》中對志願服務人員,簡稱志工。因為「義工」是指義務幫忙,有點強迫性的色彩,而志工是依自由意願參與服務,是自動自發的精神而非外力逼迫。之後,對志願提供時間及專長為他人服務的人都稱「志工」。居士志工的崛起是臺灣佛教一種特殊

的文化現象,其人數之多、涉及面之廣、所承擔任務之重、工作熱情之旺盛、工作時效之持久、工作之全心投入、工作效益之高,為任何群體不可比擬。甚至有的人幹本行工作都不如當志工投入,不少人幹其他工作有時還要計較一番,當志工卻義無反顧、任怨任勞。可以說,臺灣佛教界許多事情如果沒有居士志工的介入和支持,是根本做不成的。這是因為「奉獻就是修行」已深入人心,「施比取更有福」已得到大家的認可。當志工的很多是成功人士,但他們在志工隊伍中絕不談自己的成功,而是默默奉獻,無條件全力以赴地工作,認為能為他人服務是一種福氣,所以要感恩,感謝別人接受自己的服務。此外,大家都珍惜志工活動,在志工的隊伍裡大家感到很溫暖,心靈得到淨化,這是因為凡是加入這個群體的每一個人都不是為名利而來,是為奉獻而來。尤為感人的是不少殘疾人也踴躍參加志工隊伍,有一位失去雙臂的青年在慈濟臺中分會任基金總務,他不但能勝任工作,下班後還當志工,在他臉上洋溢著對生活的自信,對未來充滿希望。[25] 一位 16 歲時因誤觸高壓電而導致失去雙手、右小腿及右眼視力的青年,也參加了慈濟的志工隊伍,到醫院當志工,到慈濟高中志工營去講課,引起極大震撼,他本人也在志工隊伍中受到熏陶,在為他人奉獻中得到滿足,他表示:「我一定要活得更有意義、更有朝氣,甚至要活得對別人有幫助。」[26] 志工隊伍的工作使他在為他人付出時心存感恩,他認為:「自從我擔任志工以來,便有一種體會:不要拿我們所擁有的,去襯托別人所沒有的。我總是以感恩之心來看待事情——感恩讓我學習、讓我體會。」[27]

　　居士志工有多種形式,一是有嚴密的組織和一定的規模。其加入有一套嚴密的手續,平常的管理也有嚴格的規定和章法,佛教慈濟功德會中有各種志工隊,以最有代表性的「慈誠隊」為例,這是一個全部由男性組成的義工團隊,有統一的制服,隊員一般是被視為理想的丈夫與父親的好男人,他們在慈濟活動中主要提供的服務,包括:維護活動的交通和安全、維持各種活動(如義賣)的次序、搬運、開車、分會的巡守、對委員的協助等;此外,還要參加許多社會上的義務工作,如每星期義務參加一次社區的「資源回收」工作,即開著自己的小卡車,到幾個固定地點,一方面做垃圾分類,一方面蒐集街坊鄰居可回收的資源,並將回收所得捐做慈濟的慈善基金,這項工作

臺灣佛教

第九章　臺灣佛教的現狀與走向

「是可以讓五個大漢汗流浹背辛勞地工作八個時以上」。[28]要想成為「慈誠隊」的正式隊員，也不是一件容易的事，首先，與所有的慈濟人一樣，必須遵守「慈濟十戒」，即：不殺生，慈悲喜捨；不偷盜，誠正信實；不邪淫，夫妻守分；不妄語，口吐蓮花；不飲酒，身心輕安；不嚼檳榔戒菸酒；不可賭博勿投機；孝順父母聲色柔；交通規則切遵守；關心政治不介入。其次，必須有兩位正式慈誠隊員推薦，並經過一年的培訓和考核。再次，必須透過分隊長及大隊長在某些事項上的考核，像「慈濟十戒」、定期的參與、與其他隊員合作相處的情況。最後，還必須由分會中隊長和大隊長的認可，並進一步得到總會的同意等。參加慈濟志工的人所以越來越多，是因為人們從中得到快樂，其想法諸如：「幫助別人我很快樂」、「從做的過程中，我感到法喜充滿」、「雖不認識但幫助他，自己會很快樂」、「給他們快樂，自己也有快樂」、「做的很快樂，就像在天堂一般」、「樂在工作捨不得離開」、「現做現賺快樂，讓人很有成就感」、「我也是個能給的人」；有的認為對自我成長有益：「從中嘗到許多新觀念」、「學到不少生活中的智慧」、「擔任幹部而學到如何承擔責任」、「志工經驗對成長很有幫助」、「幫助別人也可順便學習」、「是個自我磨練的好機會」、「利人又利己」，還有的產生了一種使命感，認為：「我們是他們的希望，不能輕言離開」、「希望自己微薄力量，能來散播善的種子」、「我們是一股社會上的清流」。

二是在社會上公開招募有一定專業技能的志工。這些專業技能的志工如電腦編排、刊物編輯、圖書管理、醫生護士、修補佛像、修理駕駛汽車等，其招募簡章的內容，大致有這幾個方面：宗旨、工作目的、工作範圍及內容（對專業的要求）、服務時間及地點、對象（限定要清楚）、志工權利、志工責任、甄選（過程、方式、條件）、報名方式及附報名表、獎勵與福利、權責劃分、止聘。應聘志工的動機有各種各樣，以香光尼眾佛學院圖書館的居士志工為例，其無償奉獻的宗教性動機如：1.閱藏開智慧。古德云：「翻閱藏經有不可思議功德」，志工認為來圖書館是一種接觸藏經、佛書的機會，藉此多熏習可開智慧。2.培福的信仰。來當志工的居士確信「三寶門中福好求」，在佛門奉獻服務，可以培植自己的福報，讓自己更有福氣、德行，是累積陰德的機會。3.廣結善緣。透過與人接觸，結交善緣，建立和諧的人際

第二節　居士佛教的勃興

關係，使人緣更廣。4. 借事練心磨習氣。古德云：「在佛門裡做事是一種修行」，志工藉由做事來磨煉自己的心志，考驗心性，改變不良習慣。5. 法施理念。志工認為透過圖書可以將佛法之義理施予別人，在圖書館工作最有機會做到「法施」，尤其是從事參考諮詢工作，幫讀者找資料，是一種以「法」布施成就別人開智慧的服務。6. 感恩回饋心。可將自己所獲得的利益推及更多人受益，讓自己的生命得到成長而激起願意奉獻回饋之心。7. 結交善知識。希望藉此結交良師益友，成為修學佛法的善知識，彼此互相增益學習。8. 消業障的信仰。相信積聚功德可以改變運氣，將過去所做不善行為消除。9. 隨喜功德。出於善心助人，若有人相約則跟隨去，無其他目的。10. 還願的心。這是一種酬謝的心態，將信仰當成利益輸送的工具，若能滿足所求，則願意奉獻。[29] 圖書館以什麼來回饋志工呢？香光尼眾佛學院圖書館藏主認為：「佛教圖書館大多數志工都希望藉由工作中得到宗教性的提升，如：親近善知識、體證佛法、幫助自己修持菩薩道等。所以有形的獎賞則較為其次，但管理者若能適時口頭致謝，關懷其修學，或是帶領參訪善知識、參加研習活動、舉辦成長營、讀書會使其獲得法義，將是對志工最大的鼓勵與支持。」[30]

三是因活動需要而臨時招募。如舉辦大型法會、各種大型典禮活動、大型遊園活動、義賣活動、環保活動、賑災活動、各種學佛營等，對這種臨時招募的志工，一般都提供餐點，有時還隨緣致贈些結緣品。

四是社區志工。這種志工帶有自發性，即居士們以社區為單位，或走進社區醫院幫忙，或到養老院奉獻愛心，或相邀街坊鄰居出錢出力結合成助人團隊，或努力提升社區生活品質（如保護老樹、綠化環境、清掃衛生、認養公園、資源回收、整治河道、大型講座、書畫展覽、音樂欣賞、戲劇演出、戶外踏青等）。以高雄岡山地區慈濟環保志工的資源回收工作為例，每月第一個週日被定為岡山地區的資源回收日，這一天，全鎮二十個里的150多個慈濟人，總會準時地相邀集合至各回收點，將垃圾分類回收，在鼎盛時期，曾動用了六部大卡車運載紙類、三部大卡車運載廢鐵和瓶子，才處理完畢。回收的所得全納入社區基金，造福里民，更讓大家有共同為社區付出的向心力。一位資深志工說：「一起做環保，不僅使居民之間的感情變得更融洽，無形中，環保的觀念深植至每個家庭。」[31]

五是長期對口志工。即由宗教界組織志工長期到某部門定點服務。如大乘精舍組織的居士志工團體——大慈服務隊，長期進入醫院當志工，根據不同病房的病人進行不同方式的服務。以都是孤寡老人的第一病房為例，除了從簡單地幫他們洗澡、擦洗、理髮、刮鬍鬚、修指甲等工作外，還要進行感情交流和心理疏導。由於他們都是長期慢性病患，久臥病床，非常自卑，要開啟他們封閉的心胸、雙方建立信賴與信心，有一定難度。志工們不厭其煩地進行了大量的善意溝通、傾聽、關懷，感受他們的一切，並視他們為親人長者，使他們逐漸接受了志工，在每週固定的日子裡，迫不及待地等候志工的到來，就像等候與朋友的約會。有的病患者因失去對生命的希望，在長期病痛的折磨下，情緒極為沮喪，志工們以感同身受的想法來安慰他們，再以耐心、愛心、信心等人性關懷來鼓勵他們，只希望他們在生命的這段步伐走得自在些。由於志工們都是居士，所以皆以佛教信仰來處理他們的後事。「這其中不免遇到往生者、無力安葬者，憑藉佛菩薩的力量，蓋能為他們募集些喪葬費用，甚至亡者穿著衣物等所需用品，希望他們也能走得體面點、自在點，為彼稱念佛號，回嚮往生西方極樂世界。」[32]志工們從對他人的服務中感到自己人生價值的體現，無不感到自己是最大的收穫者。一位長期在第一病房服務的居士志工說：「對於從事義工，需秉持學習的精神，積極參與的決心，全心投入的意念，活在每一個當下，把自我全部掏空，拿掉那些自以為是的尊嚴，放下身段，甚至提起那分不敢愛人的勇氣，要提得起，這就是一份大愛與大悲。當見身上的汗水夾著淚水的時候，才感覺是收穫的最多。好比我們倆手各拿著一個蘋果，如果無法放下一個，又怎能拿到更多更大的蘋果呢？在這多年的義工生涯中，即是我人生旅程中獲得學習的轉折點，能夠學習待人處事，尊重與包容，充實自我，培養達觀精神，也許這就是別人說我開朗的原因。婦女同胞擁有最大的可塑性與韌力，如果可以投入義工的行列，將是非常的適合；不論是醫院、老人院、精神病院或是學校等，在您付出的同時，最後獲益的將是自己。」[33]

　　六是長期關係戶的志工。這類居士志工並無嚴密的組織，也無固定的活動目標，更無定期服務的對象，但由於與寺院有著密切的關係（如或為寺院某法師的信徒、或常參加寺院法事活動、或即居住在寺院周圍、或家中有親

戚在寺院出家），一旦寺院有事，招之即來，來之能幹，效益之高，皆大歡喜。如臺中慈光寺常年請中國學者來臺灣交流，有時一年好幾批，每一批都有幾十人，且都要根據需要分散到各地考察，慈光寺召集了與之有關係的諸多居士來幫忙，一切問題迎刃而解。這些居士志工開著自家車，興致勃勃地前來服務，有時連續幾天忙到深夜，有時直接影響了自己的本職工作，但這些居士志工始終無悔無怨，工作一絲不苟，熱情如一，令人讚嘆。

必須提到的是，由於志工來源充沛，志工服務的項目曾被推到極致，一些本不應該由志工承擔的項目也由志工承包了。如慈濟中區分會蓋護理大樓，後勤工作本應由工地派專人負責，但卻由慈濟志工承擔了。用餐時慈濟志工站在餐廳門口，向工人遞上擦手毛巾，要求工人做到五點，即：不吸菸不嚼檳榔不講髒話、不賭博不投機取巧、孝順父母、遵守交通規則戴安全帽、不參與政治活動不示威遊行。工地上志工分好幾組，有燒茶水的，有炒菜的，有煮飯的，個個精神飽滿，認真負責，力圖以自己實際行動感染工人。

六、居士佛教勃興的原因

臺灣解嚴後居士佛教的勃興有多方面原因：第一，臺灣解嚴前居士佛教悠久傳統的影響。1949年，隨著國民黨當局敗退臺灣，許多不同身分、不同職業、不同經歷的居士到臺灣，他們根據自己的條件，聯合臺灣居士，不同程度地開展護法、弘法、修法等活動，在臺灣產生了一定的影響，為今後居士佛教的勃興奠定了基礎。有代表性的如李炳南、李子寬、趙恆惕、李添春、張清揚、朱鏡宙、鍾伯毅、南懷瑾、周德宣、蔡念生、于凌波等居士。以李炳南老居士為例，他1890年出生，1986年去世。1949年作為「大成至聖先師奉祀官府主任祕書」身分赴臺，當時個人住處尚未安頓，就在基隆碼頭發願表示，要將阿彌陀佛的名號傳遍臺灣每一個角落。開始他在法華寺弘法時，聽眾一度僅剩三人，但他仍然樂此不疲，持之以恆，終於打開局面，不僅聽眾急增，還開展了大量的弘法慈善活動，並於臺中創辦了佛教蓮社。從1955年起至1985年，李炳南陸續在臺灣各地成立布教所、蓮社、念佛會、合作寺院及公益場所，計有：字布教所、太平布教所、鹿港布教所、慈光圖書館、霧峰布教所、慈光育幼院、般若精舍、菩提仁愛之家、員林布教所、水蓮社、

臺灣佛教

第九章　臺灣佛教的現狀與走向

豐原布教所、明倫社、後里布教所、淨廬念佛會、佛陀教育基金會、青蓮念佛會、澹寧齋、淨業精舍、金剛寺、卓蘭布教所、本淨寺等[34]，為居士佛教的勃興、為「人間佛教」的興起起了某種意義的示範作用。正如有臺灣學者指出：「隨著崛起於日據時代的臺灣佛教四大法，在光復後日益式微，而大陸來臺僧侶或其門人開展的『新四大法』（佛光山、慈濟、法鼓山、中台山）尚未穩固之際，李炳南所領導的居士團體，早已在中台灣穩健地發展，並陸續建立了蓮社、慈善等相關道場及機構，至今仍未有白衣能出其右者，就算僧侶亦不遑多讓。或許可以說，淨土念佛在臺灣光復後，一直占據著佛教信仰人口的主流，與李炳南的全力提倡有著相當重要的關係。以淨土念佛為核心的李炳南，會通儒佛、『援儒入佛』，開創出具有個人特色的『人間佛教』，這種『傳統』、『保守』的性格，並沒有因為『嚮往他方淨土』，而放棄建設『人間淨土』，這也充分表現出臺灣戰後『人間佛教』的共構性與多元面向。」[35]

第二，都市化的生活使居士便於集中。隨著臺灣由農業社會急遽向工商業社會轉型，都市化生活在臺灣越來越普及。由於居住相對集中，且交通工具也較為便利，為召集居士提供了方便。特別是一些根據居民居住點建的各種「蓮社」、「居士林」、「齋堂」等如雨後春筍般湧現出來，讓居士們很方便地就可以找到共修的場所。此外，都市化生活也為居士們交往提供了便利，許多人參加居士活動，就是因鄰居關係，一個介紹一個而加入的。都市化進程使居士居住集中便於共修，已引起建築商和建築師們的關注，一位建築師在文章中稱：「近幾年來，民間新建的集合住宅已達到瓶頸，有心的建設公司都在思考如何突破現狀，本文亦試圖提供一個房地產的新方向。由於臺灣的佛教徒約有 300 萬人，如果在家居士的修行社區普遍被接受，不啻是另一種居住形態。由於在此社區中居住者有強烈的同質性，居住意識和居住行為都很確定，因此在設計階段已經可以做很好的預測與溝通。建設公司甚至可在投資前就先尋找有意願的共修團體，不但可減少盲目投資的風險，甚至在整個興建的過程及完成以後的使用維護，都可與使用者及設計者形成良性的互動。」[36]

第二節　居士佛教的勃興

　　第三，社會現實使信仰佛教的人增多。臺灣解嚴後，隨著權威體制的崩潰，人們原有的信仰基礎也轟然倒塌，而生活水平不斷提高，信仰又成為必不可少的精神需要，此時走「人間佛教」道路的臺灣佛教由於貼近社會，吸引了越來越多的臺灣民眾，於是念佛修行蔚然成風。此外，臺灣社會治安急遽惡化，各種前所未聞的事件層出不窮，許多人於無奈之際，將希望寄託於教人「慈悲喜捨」、「諸惡莫作、眾善奉行」的佛教，正如施嘉信居士在《救臺灣要靠佛弟子》中說：「打開電視，大家所看到、所聽到的新聞報導，要不是政治人物缺德的口水戰，就是名人的八卦；要不是談豐胸，就是談壯陽；要不是辣妹秀，就是猛男秀，甚至連國際性的展示中心，都成了脫衣舞場的秀場；要不是吹捧有錢人的奢侈浮華，就是貧窮人的自殺悲劇；要不是毒品槍炮，就是古惑仔的兇殘殺戮。這就是『缺乏生命與靈性』的當代臺灣文化，正是魔鬼波旬所展現的勝利果實。」[37]施居士因此提出只有佛教才能救臺灣。施居士的看法在臺灣頗有代表性，佛教成為臺灣民眾最樂意接受、也最放心的宗教，如家長們都普遍認為「學佛的孩子不會變壞」，熱衷於送孩子進各種「學佛營」；有的競選者為了表明自己與佛教的關係，在競選演說時故意閃爍其詞地表明自己是慈濟功德會的「榮董」、「委員」、「志工」等。

　　第四，經濟的高速發展為民眾走進佛教奠定了基礎。經濟寬鬆後，不必整天為吃穿發愁而拚命工作，有了閒暇時間去參修佛法和當志工；特別是經濟上有餘力參加供僧等活動，以臺中市三寶護持會募集供僧款為例，每次都非常順利，大家認為這沒有什麼負擔。經濟上的寬裕，使組織各種護法活動變得既簡單又容易。

　　第五，周圍環境的影響。隨著佛教在臺灣的迅猛發展，民眾接觸佛教變得極為容易，似乎佛教已滲透到生活的每一個方面，不管你想不想接觸，佛教無時不在：走進寺院，各種法會和各種活動一個接一個；走進佛教場所，大量的佛教刊物、佛教宣傳品等幾乎隨處可見，任人索取；走進各種講堂、精舍，各種佛學講座和共修活動一場接一場；走進素食館，幾乎家家都備有經書結緣品；打開收音機，不同頻道的佛教節目在同時播出；打開電視機，一天二十四小時有佛教節目；從幼兒開始，寺院辦的各種幼稚園比比皆是；在學校，從小學到大學的各種「學佛營」已成為每年寒暑假不可或缺的內容，

大學中的佛學社團更是如雨後春筍；在單位，有以本單位人為主的各種學佛會、共修會；在住處，有以區域為特徵的各種居士林和念佛會；在社區，有人前來相邀參加環保慈善等志工活動；甚至在家中，或許不時也有人前來詢問是否願為佛教慈善事業捐款。在這種環境氣氛下，想不成為居士都難。

第三節　出家女眾的崛起

一、出家女眾推動了臺灣佛教的興盛

　　臺灣佛教的興盛，與出家女眾的崛起關係密切。臺灣出家女眾以「素質高、人數多」的特色及活躍的弘化活動，備受臺灣各界肯定。臺灣「中國佛教會」淨心法師曾說過，對出家女眾的崛起，「白聖長老早有遠見，認為臺灣未來的佛教是比丘尼的天下，所以儘量地讓女眾成長。從女眾今日的表現，日後的臺灣佛教比丘尼將承擔很大的責任。」[38]臺灣著名佛教史研究者江燦騰認為：「臺灣佛教其實已是女性當家，若比丘尼集體罷工，則當代臺灣佛教有可能馬上就要面臨崩盤的窘境。」[39]臺灣出家女眾的具體人數有多少，沒有準確的數字。其比丘尼與比丘的比例多少，也沒有統一的說法。一說為8：2，[40]一說為3：1。[41]以有記錄的受戒的比例來看，從解嚴後到1999年主要的傳戒的寺院和受戒的比丘、比丘尼的人數分別為：1988年，海會寺（傳戒寺，下同），127人（受戒比丘，下同），359人（受戒比丘尼，下同）。1989年，天龍寺，146人，446人。1990年，萬佛寺，165人，544人。1991年，日月禪寺，205人，492人。1992年，慈雲寺，162人，532人。1993年，光德寺，125人，465人。1993年，妙法精舍，67人，158人。1994年，萬佛寺，126人，455人。1994年，妙通寺，172人，484人。1995年，護國清涼寺，90人，185人。1995年，慈恩精舍，182人，399人。1996年，靈巖山寺，89人，223人。1996年，福嚴禪寺，81人，167人。1996年，龍泉寺，59人，193人。1997年，日月禪寺，176人，411人。1998年，靈巖山寺，73人，173人。1998年，光德寺，86人，209人。1999年，清涼寺，45人，66人。1999年，寶蓮禪寺，30人，127人。由以上可看出，1988年至1999年，受戒的比丘有2206人，受戒的比丘尼有

第三節　出家女眾的崛起

6023人。這個數字表明，比丘尼與比丘的比例約為6：2。比丘尼不僅在數量上大大超過比丘，在佛教界發揮的作用也毫不亞於比丘。比丘尼中人才濟濟，有的是寺院的開山者，不畏艱辛地建造起輝煌大寺；有的是執掌全寺事務的主持，將寺院打理得蒸蒸日上；有的是弘法的高手，無論在面對信眾的講壇上或在監獄布教活動中都可經常看到她們的身影；有的是僧團中的得力管理人才，無論是日常庶務或大型活動都安排得有條不紊；有的是執掌經濟的行家，無論是對內運作或對外吸納資金都極為成功；更多的則具有一技之長，或長於編輯，或善於翻譯，或專於美工，或喜愛縫紉……正如美國新澤西州立大學宗教系教授于君方指出的：「尼師們在臺灣引起人們的注意力，不光是她們的人數眾多，同時也因為她們的高學歷與辦事能力。她們當中，許多受過高校或學院級的教育，有些甚至遠赴日本、美國和其他國家留學，並考取高等學位。與臺灣其他職業女性一樣，比丘尼也致力於教育、慈善公益事業，熱心社會運動以及學術研究、從事寫作、編輯雜誌，主持電臺、電視臺節目，並採用新式行政管理技術來管理寺廟。雖然個別尼師可能將她大部分時間花在靜坐修行上，一般的臺灣比丘尼和她們的同修一樣，卻並非過著隱逸生活的冥想者。」[42] 比丘尼已成為臺灣佛教界的主力軍，臺灣佛教的蓬勃發展，比丘尼功不可沒。江燦騰曾把臺灣比丘尼的整體表現歸為三點：「1. 臺灣佛教界的事務，有百分之八十是由比丘尼負擔的。2. 臺灣比丘尼的專業水平，在佛教史上是罕見的。3. 臺灣比丘尼的事業之多元化、之認真、之受社會的肯定及其影響力，在歷史上也是被肯定的。」[43]

二、出家女眾崛起的標誌

臺灣出家女眾崛起的標誌，可從以下幾個方面考察。

（一）成立了全臺性的比丘尼組織。1996年11月23日，「中華佛教比丘尼協進會」在新竹市靈隱寺成立，其成立的宗旨和意義，正如大會主席明宗法師在大會致詞中所說：2600年前釋迦牟尼以慈悲平等胸襟，允許女眾加入弘揚聖諦的行列，成就了十大弟子、十大比丘尼，顯見「大地眾生皆具有如來智慧之德相」，不因性別不同而有差異。臺灣地區婦女在憲法賦予平等之保障，婦女在各行各業中不乏傑出優秀人才，受到各界肯定。我們比丘尼

渥蒙長老提攜，個個以感恩的心來積極弘揚正法，默默承擔社會教化的重任，為提升比丘尼的素質，使弘法利生更能深化到人群，比丘尼協進會一面親承長老的教誨，一面團結心力，普度眾生，祥和社會。[44]會上選舉了一位理事長，兩位副理事長，25位理事，6位常務理事，7位監事，一位常務監事等。協進會成立後即積極開展活動，影響日增，僅成立一年多，就於1998年8月獲內政部頒發的甲等團體獎。

（二）推動了臺灣佛教的多元化。如藏傳佛教在臺灣的傳播是臺灣佛教多元化的特點之一，臺灣的比丘尼在這方面發揮了積極的作用。最早將藏傳密教傳到臺灣的，是被稱為女菩薩的貢噶老人。貢噶老人俗名申書文，原是清皇室後裔，1902年出生，1997年圓寂。她39歲到西藏向密宗白教的貢噶佛爺求道，被賜名「貢噶老人」，「貢噶」是藏語「雪山」之意。1958年，貢噶老人將從貢噶佛爺處傳承的「鈴」、「杵」兩大衣傳到臺灣，當時有人為貢噶老人法力所感召，前來皈依，並捐贈成立「貢噶精舍」。貢噶老人於1960年受臺南竹溪寺全妙法師邀請，到臺南弘法，吸引南部不少信眾，並於1963年成立臺南貢噶精舍，促進了藏密在臺灣的傳播，其傳法精神在社會上早獲肯定，被稱為「大成就者」。20世紀80年代，藏傳佛教的噶舉派、寧瑪派、薩迦派、格魯派這四大教派開始在臺灣傳播，其中以噶舉派傳入最早，發展也最為迅速，不僅先後成立了40多個中心，來臺弘法的喇嘛也數不勝數，其原委與貢噶老人積極邀請噶舉派喇嘛赴臺傳法分不開，貢噶精舍也成為引介藏僧赴臺的主要中心和重要據點。80年代，貢噶精舍與其臺南分舍正式更名為「噶瑪三乘法輪中心」，可算是初期藏傳佛教在臺灣發展的一種轉型。[45]

（三）為健全比丘尼制度和總結比丘尼經驗做出積極的努力。臺灣比丘尼組織將設立比丘尼制度理論化，在《為何設立「比丘尼制度」》中稱：「佛陀為使正法能久住世間而制定戒律，規範弟子們的生活，每一位比丘尼都必須學習、持守比丘尼戒，它不只關係著本身的修行、解脫，更牽涉到個人、僧團及大社會彼此的關係。『比丘尼制度』的目的在於：藉著養成再進修教育的訓練，發揮分工合作、彼此勸諫的力量，令比丘尼在個人修道及弘法知能上有所增益，促進比丘尼僧團的清淨和合，向社會弘揚佛法，並積極推展

各項有益社會的宗教、文化、教育、慈善活動，令世間常存佛法的清流。」[46]臺灣大學佛學研究中心、佛教弘誓學院、香光尼眾佛學院、香光尼僧團、臺灣比丘尼協進會等於 1997 年 3 月聯合召開了「比丘尼的臺灣經驗座談會」，悟因法師就臺灣比丘尼僧團的成立與運作，說明閩南女眾勤苦堅忍的性格加上臺灣社會急速激盪、教育的提升以及比丘大德的支持，為臺灣的比丘尼提供可以發揮的天地。恆清法師、昭慧法師分別針對臺灣比丘尼在學術文化領域的成就以及對社會的關懷，提出報告。恆清法師、昭慧法師、悟因法師等著名比丘尼及有關學者還於 1997 年 11 月召開「漢藏比丘尼佛教傳承座談會」，積極為藏傳佛教建立比丘尼戒建言，對藏傳佛教沒有比丘尼戒的原因，法師們認為：中國離印度一樣遙遠，藏傳佛教的比丘尼及女眾在傳統社會文化下未積極爭取比丘尼傳戒，才是藏傳佛教沒有比丘尼的原因。且依戒律的規定，只要各十位比丘、比丘尼願為出家女眾傳戒，即可建立比丘尼戒，問題在於喇嘛們是否想改變藏傳佛教比丘獨大的體制。[47]慈光禪寺於 2000 年 10 月組織了海峽兩岸比丘尼對話的「二十一世紀比丘尼的角色與定位」研討會，臺灣比丘尼還在海外傳授比丘尼戒。佛光山曾於 1998 年 2 月在印度菩提伽耶傳授女性出家眾比丘尼戒，由佛光山尼師慈莊、慈容、慈惠等知名阿黎擔任得戒、羯摩、教授。長期以來，佛教發源地印度等「南傳」地區及藏傳地區因比丘尼戒失傳，女性出家人只能受「沙彌尼戒」，無法受比丘尼戒，女性在當地無法作住持、主持法會或傳授弟子。臺灣是目前世界少數保有比丘尼戒完整傳承的地區，可為海外傳授比丘尼戒提供範本和借鑑，使中斷千年的印度、南傳與藏傳佛教得以再生。

（四）大力推動臺灣的各項教育。以普通高等教育為例，如中國佛教史上第一個由佛教創辦的大學華梵大學是由比丘尼曉雲法師創辦的，第二個由佛教創辦的大學慈濟大學也是由比丘尼證嚴法師創辦的，這兩所大學都獲得了臺灣「教育部」的承認。除了辦學外，還有許多比丘尼在臺灣大學、中興大學、輔仁大學、華梵大學、南華大學、玄奘人文社會學院及臺灣佛光山在美國創辦的西來大學等大學任教。再以社會教育為例，如監獄弘法演講、成人教育推廣班、校園輔導、組織夏令營和冬令營等，都有大量的比丘尼參加。最後以比丘尼的僧教育為例：臺灣僧教育的興盛與女眾佛學院的崛起分不開，

[48] 有代表性的女眾佛學院所如：位於臺南市的千佛山女子佛學院、位於苗栗縣的法雲佛學院、位於嘉義縣的香光尼眾佛學院、位於臺北市的華嚴專宗學院佛學研究所、位於南投縣的壽峰山光量學佛院、位於臺中市的中華佛教學院、於臺南市的臺南女眾佛學院、位於新北市的蓮華學佛園和華梵佛學研究所、位於南投縣的中台女眾佛教學院、位於新竹市的壹同女眾佛學院等，有代表性的男、女眾兼招的佛學院所如：位於高雄市的元亨佛學院及佛學研究所、位於高雄市的佛光山叢林學院、位於花蓮縣的佛教力行學院及佛教解脫道研修所、位於臺北市的法光佛教文化研究所、位於新北市的法鼓山中華佛學研究所、位於新北市的法鼓山僧伽大學佛學院、位於基隆市的華文佛教學院、位於臺南市的開元禪學院、位於桃園市的圓光佛學研究所、位於臺中市的慈光禪學研究所、位於臺中市的護國清涼寺淨土專宗學院等。在臺灣最有代表性的 24 家佛學院所中，其中專門招收女眾的有 10 所，男、女眾兼招的有 12 所，專門招收男眾的僅兩所，由此可見比丘尼的僧教育在臺灣的興盛。比丘尼僧教育的興盛，也成長造就了一大批年輕傑出的比丘尼教師，她們普遍受過正規大學訓練，具有較高學位，有的還在海外留過學。以近年崛起的獲博士學位有代表性的比丘尼教師為例，如：英國牛津大學哲學博士釋若學、美國威斯康星大學佛學博士釋如念、日本京都佛教大學文學博士釋悟莊、日本駒澤大學文學博士釋達和、日本京都大學印度哲學佛教學博士釋智學、日本佛教大學博士釋慧嚴、美國加州舊金山整體學院宗教哲學博士釋觀慧、美國俄亥俄州立大學農業經濟博士釋果光、高雄師範大學國文所博士釋依空、美國華盛頓大學教育學博士釋見諦、美國威斯康星大學成人教育所哲學博士釋見咸、交通大學資訊工程研究所博士釋見晉、日本國立東北大學文學部印度學佛教史博士釋性一、日本東京大學人文社會系博士釋智學、美國加州大學柏克萊分校佛學研究所博士釋仁朗等，可見比丘尼中不乏較高層次的教師，她們將所學知識融入教學中，大大提高了教學的質量。臺灣比丘尼的僧教育培養了一大批傑出的人才，她們畢業後在各自不同的崗位上發揮著積極的作用。

（五）各行業湧現出一大批在各方面都有代表性的傑出比丘尼。《萬行》雜誌在社論《不凡的毅力無悔的堅持——談女性與臺灣佛教的發展》中稱：

第三節　出家女眾的崛起

「臺灣佛教界漸漸有許多年輕、學歷高,而且勇於踏入社會的出家女眾,從建寺、弘法、學術研究、教育、文化、社會隨喜等,各個領域上的表現都非常出色。諸如領導慈濟的證嚴法師,任教於大學的恆清法師、慧嚴法師,創辦華梵人文學院的曉雲法師,著作等身的昭慧法師,都堪為佛教界的楷模。」[49] 對於比丘尼在各個領域的領軍人物,如證嚴法師、恆清法師、悟因法師、昭慧法師、曉雲法師等,筆者在《臺灣四大道場與臺灣社會》、《臺灣社會變遷中的法師》等文中已有具體評介,此不贅述。現僅以在文化、弘法、社會關懷等不同領域做出一流業績的極具代表性的比丘尼為例。先以所編學術刊物在臺灣具有示範性的滿果法師為例。佛光山滿果法師主編的《普門學報》（雙月刊）,以精湛的學術水平成為臺灣一流的學術刊物,從 2000 年創刊至今,被專家學者稱為「目前全球華人佛教文化圈內的一流刊物,無論在佛教界內部、還是在學術界都有相當的影響」。[50]《普門學報》所以能得到學術界一致好評,與滿果法師的辦刊理念分不開:首先,以學術標準為取捨的唯一考量,作者面廣泛,除了臺灣作者外,還包括大陸、港、澳及海外作者,同時非常注意培養青年佛學研究人才;其次,與作者保持良性互動,作者投出稿件後,不管用否,都會及時得到答覆,如要修改,也與作者商量討論,一位中國學者感嘆地說:「這樣高的編輯效率、這樣認真的編輯態度、對作者表現出這樣高的尊重編輯精神,與中國某些編輯以能操縱作者論著『生死』大權而『牛氣』十足、收稿後 2 年方給作者回音或根本是泥牛入海、在根本不與作者溝通情況下擅自改動原文等種種行徑相較,真是相距涯岸矣。」[51] 其三,論文發表後,仍繼續與作者聯繫,或寄來下幾期刊約稿計劃,或寄來徵求意見表格,使作者繼續關注本雜誌。從高水準的《普門學報》受到普遍讚譽中,可看出滿果法師的奉獻精神。再以在圖書館行業中開風氣之先的自衍法師為例。自衍法師擔任香光尼眾佛學院圖書館館長以來,將圖書館的規模、品味、管理水平等都提高到一個新水平,不僅成為全臺灣佛教圖書館最有代表性的一所,也成為臺灣圖書館系統的模範,為在當代臺灣社會現狀下如何提升圖書館的功能和水準提供了成功的經驗。自衍法師利用執掌《佛教圖書館館訊》的便利,組織並發動了系列旨在提高圖書館功能和水準的研究和實踐,內容如:臺灣地區佛教圖書館發展現況、佛教圖書館自動化、佛教

臺灣佛教

第九章　臺灣佛教的現狀與走向

圖書館館際合作、佛教圖書資料的分類與編目、佛教圖書資料的選擇與採訪、佛教圖書館的義工管理、佛教圖書館的空間規劃、佛教圖書館的參考資料、佛教圖書館參考服務、佛教圖書館推廣服務與利用教育、佛教資料電子化、圖書館行政管理、非資料管理、圖書館與出版、邁向21世紀佛教出版、電子出版、電子佛典製作、佛教電子期刊、佛教學位論文研究、佛教圖書分類研究、佛教目錄學、圖書館與知識管理、佛教知識組織管理、工具書編輯、佛教工具書編輯、書評、佛教文獻檢索與利用等，對圖書館如何適應現代社會做出了積極的探討，取得了眾所公認的成就，成為不僅是佛教圖書館而且是所有臺灣圖書館的典範。再以在執掌社團方面做出驕人業績的修懿法師為例。修懿法師自擔任「中國佛教青年會」理事長以來，帶領該會在宣傳法治，推動心教育、淨化人心及改善社會風氣方面做出突出成績，多次被評為臺灣「社團優等獎」，成為與「中國佛教會」、「中華佛教居士會」並列的三大佛教社團之一。修懿法師在2002年新年到來之際發表的《胸懷菩提，展望未來》中，談到對新年的祝福，也是她理念的流露：「1. 對過去，不要有太多的執著，不再重複相同的錯誤。能多擔當、多負責、多貢獻、多付出，生命將會多一份意義！2. 對未來，不要有太多妄想，要清楚掌握屬於自己的道路。應重視『想要』與『需要』的抉擇，生命才會多一份肯定！3. 對眼前，不要有太多的抱怨，能把握住當下。能多傾聽、多包容，生命將會多一份喜悅！」[52] 修懿法師提出佛教事業弘揚的方向，也是她為自己定下的目標，即：「1. 信，加強對佛法的認識及信心，教內能凝聚共識，發展一套有效的計劃，避免資源重疊或浪費。2. 願，為佛法的弘揚，發清淨的願心，設定有意義的目標，廣行利益眾生之事。3. 行，發揮智慧，以鍥而不捨的動力，逐步『實踐』計劃。」[53] 佛教青年會每月都組織十多位法師到看守所、監獄等教化單位演講，一年有時開出多達700場心靈感化教育講座。每年都到少年觀護所、少年輔育院為同學舉辦福智生活營，使眾多同學受益。推展法治漫畫至全臺各地參展，至學校宣傳法治教育，並贈送法治教育漫畫與青少年閱讀。為淨化社會風氣，舉辦了系列活動，如「唐詩新唱文教活動」、「論語朗讀書藝文活動」、「宗教之美在臺灣攝影比賽」、「寫經比賽」、「兒童寫生比賽」、「全臺唐詩新唱大賽」、「淨化選舉漫畫展」、「陽光之島——遠離毒品淨化社

第三節　出家女眾的崛起

會」、「慈愛與悲憫在臺灣青少年繪畫比賽」等活動，在全臺開展「生命有愛，拒絕犯罪」徵文比賽，旨在呼籲社會大眾接納曾經犯錯者，鼓勵將個人曾經徘徊於歧路上的心路歷程或感悟心語，透過文章來表達，並將獲獎徵文編輯成書出版，分送機關學校及獄所單位。佛教青年會的系列活動在臺灣社會產生了一定影響，受到臺灣各界人士的一致認可。最後以在社會助殘方面作出突出貢獻的蓮懺法師為例。蓮懺法師未出家前就積極投入為殘障人服務，出家後，她更是將所有精力都投入對殘障人的幫助。她體會到「關懷要有慈悲，協助要有智慧」，於1992年成立了臺灣佛教界第一個為盲人弘法和服務的組織「中華五眼護盲協會」，意在以肉、天、慧、法、佛五眼，來保護、愛護、護持、護念盲人，成為明眼人與盲人之間的「明盲橋樑」。蓮懺法師認為，殘障人所需要的其實不是金錢上的協助，而是就學、就業空間的拓展，及謀生技能的培養，如果能協助其解決生活上的問題，等其有信心了自然會對佛法也產生大信心，心靈問題也解決了。[54] 蓮懺法師常組織志工營活動，她勉勵志工：「瞭解要比同情好，關懷要比可憐好」，她深知護持殘障人不應僅僅是同情，而應該是關懷、諒解與協助。然關懷需有慈悲，協助要有智慧，為此她創辦了「五眼樂藝團」，全部為盲人的團員，個個身懷高超樂藝，因眼睛看不到，於是將一整本的樂譜全背熟以練習。團員們多次在北、中、南等地演出，引起社會關注和反響，如團長黃東裕在其1997年的鋼琴獨奏會上，演出的曲目如：布拉姆斯間奏曲作品11T之1李斯特B小調奏鳴曲、貝多芬第十四號奏鳴曲升C小調作27之2等，全部作品都熟爛於心，引起轟動，極大地提高了盲胞的自信心。音樂會讓盲人的音樂才華有一個高水準的表演舞臺，使盲人覺得「縱然是眼盲，路程卻是光明的」。蓮懺法師還經常舉辦明盲聯誼大會，旨在促進雙向交流，拓展盲人生活領域。其活動內容如：明盲共修、朝山、健行、聯誼、參訪等，提供點字聖典、盲友期刊及有聲圖書等結緣，並提供醫療保健諮詢服務與協助等。以1997年舉辦的一次聯誼會為例，為使關懷殘障效果更直接、氣氛更融洽，活動特別選擇於坪林茶葉博物館及坪林中學舉行，設有博物館巡禮、法語甘露、品茗交心、法樂活動等單元，參加者眾多，獲得圓滿成功。蓮懺法師還透過舉辦會慶來促進明盲間的交流，以便給盲人以更多的幫助。以1998年3月舉辦的慶祝建會

六週年為例,其內容如:3月15日下午2時,於會所舉行「燃供會」,燃燈供佛,祈願風調雨順,世界和平;祈願心海光明,法水長流。3月22日下午2時,舉辦「禪茶會」,以禪悟道,以茶會友。會中並有禪茶講話及「五眼樂藝團」的精彩演出。3月28日晚上,在新店文化大樓由明、盲音樂家同臺演出。4月11日下午2時,於師大綜合大樓舉辦明盲聯誼會,在明、盲同胞共聚一堂的自導自演的節目中,明、盲和成一片清淨的心田。[55]

(六)比丘尼僧團的興起。臺灣比丘尼素以整體傑出表現而為世人稱道,其整體表現,又往往於僧團的特色來體現。臺灣比丘尼以整體活躍於佛教界的,大體可分為兩種,一種是比丘、比丘尼所組成的僧團,如佛光山、法鼓山、中台山僧團中的比丘尼,她們人數不亞於比丘(如佛光山僧團中比丘尼總數占僧團總數五分之三強),默默地承擔了大量的工作;另一種是全部由比丘尼組成的僧團,如悟因法師帶領的香光尼僧團、曉雲法師帶領的蓮華學佛園、性廣法師帶領的弘誓學院等。現僅以最具代表性的香光尼僧團為例。香光尼僧團成立於1980年,真正得以快速發展是在臺灣解嚴以後。1998年時僧團共有尼眾119人,半數的尼眾住在位於嘉義縣竹崎鄉內埔村的本山香光寺,其他則住在香光寺下轄分布於高雄、臺北、臺中、彰化及嘉義縣鎮上的加五所分院。[56] 香光尼僧團在長期的發展過程中,形成了鮮明的特點:

第一,制定合理而又嚴密的制度作為尼僧團組織運作的依據。其制度可分為:1.管理制度,包括志業發展、組織規劃、行政運作、財務管理。2.人事制度,包括行者制度、請執制度、福利制度、服務奉獻。3.教育制度,包括基礎教育、繼續教育。每項制度都有其獨到的功用和含意。如人事制度中的行者制度,設立的目的,是對願出家的女信眾加入尼僧團前所進行的考核,以選擇真正適合出家,又是尼僧團所需要的人才。即願出家的女信眾從社會生活過渡到僧團生活前,先做身心的轉換調適,並謹慎思考、澄清自己出家的動機,有時間與家人協調、溝通出家的想法,另一方面也使願出家的女信眾與僧團能有彼此認識的時間,並實行出家修行的生活,先有感性認識和體會,由此打下些基礎。其考核的程序,先是由願出家的女眾提出書面申請,透過女居士期的觀察,成為行者後,於僧團內經過三至六個月的修學,再透過行者的考核之後,才准予出家。在香光寺住了八個月進行考察的于君方教

授指出:「悟因規定想在香光出家的女眾,須經歷三至六個月的等候期,以俗眾的身分住寺中,然後再經歷半年的童行的身分。在這期間,她得設法與她的父母溝通,並說服他們,以免造成家人長期對自己採取疏遠的態度。」[57] 而出家後,進入養成階段,先學習兩年,經過尼僧團的認可,才可到比丘僧中求受比丘尼戒。前後觀察的責任是由比丘尼義不容辭地承擔起來,當比丘尼能夠承擔這樣的問題時,事實上也就是比丘尼對佛教、僧團真正的關心,同時真正的、主體性的責任與使命就在這裡出現。其最大的特點是對想進入尼僧團的人選必須經過考核,考核的決定權不是由師父一人決定,而是由尼僧團大眾共同認定,以一個僧團共同來接受一個人出家,[58] 再如人事制度中的福利制度,旨在建立對尼僧團中的比丘尼的衣食住行醫育各方面實行給予福利的制度,具體規定極為周到,使她們無後顧之憂。又如教育制度,即為尼僧團培養人才的制度,它大大保證了源源不斷進入尼僧團後續人才的素質。制度規定,比丘尼出家後先於佛學院接受五年的基礎教育,前三年是基礎的通才教育,後兩年依據個性傾向與特長施以專才教育,五年後再根據比丘尼個人的志向,配合尼僧團志業的發展,提供繼續教育的機會,其內容包括專業教育、管理教育、能力教育、自我提升教育,以進一步提高比丘尼素質。[59] 正是這種制度,保證了香光尼僧團多年來一向以素質齊整而著稱。

  第二,完善嚴密的職能組織。香光尼僧團的職能組織層次清楚,脈絡分明,各種不同組織各司其職,功能齊全,各大小組織之間即有聯繫,又有分工,形成一個有機體,各級組織釋放的各種能量和諧地形成整個尼僧團的良性循環。其組織架構的層次如:第一層次設「方丈」一人,為香光尼僧團的最高領導地位。第二層次設「方丈室」和「法規委員會」。「方丈室」即僧團總部,協助方丈協調指揮各道場機構的組織運作,並統籌處理尼僧團的人事、行政、財務等事項。「法規委員會」則為尼僧團各種制度與法規的研發與制定中心。第三層次設香光寺(嘉義縣)、紫竹林精舍(鳳山區)、安慧學苑(嘉義市)、定慧學苑(苗栗市)、印儀學苑(臺北市)、養慧學苑(臺中市)、香光尼眾佛學院(嘉義縣)、《香光莊嚴》雜誌社等,其中寺和精舍均設住持,學苑設監院,佛學院設院長,雜誌社設發行人。第四層次為第三層次的各個單位下屬的機構,如《香光莊嚴》雜誌社下屬總編輯、執行編

輯、會計等，安慧學苑下屬法務組、社教組、出版組、廣電組等，紫竹林精舍下屬法務組、社教組、庫房組等，香光寺下屬工程組、法務組、庫房組等，香光尼眾佛學院下屬總務處、教務處、育導處、圖書館等。這種組織架構的設計至少有兩個特點，一是因為它不是按功能而是按從屬歸類，這樣更有利發揮其主觀能動性。如《香光莊嚴》和《佛教圖書館館訊》都為季刊性雜誌，一般按其功能將二者歸為一個單位，而香光尼僧團卻將《佛教圖書館館訊》歸為圖書館管理，並由圖書館長兼任主編，使《館訊》能根據圖書館每個階段的工作進行編輯，大大推動了圖書館的建設，《館訊》也因能貼近圖書館實際而越辦越好，成為臺灣圖書館界舉足輕重的雜誌。二是將五個分院與本山和佛學院並列，這樣有利於產生互動。香光寺和佛學院地處偏僻，沒有營利項目，必須靠地處都市的分院道場舉辦各類活動在經濟上予以支持，而各分院道場的弘法辦事人才又必須靠本山和佛學院提供，二者相輔相成。

第三，社會弘法有獨到之處。一是編譯各種文字材料。除了定期出版香光寺辦的《香光莊嚴》、香光尼眾佛學院圖書館辦的《佛教圖書館館訊》、香光尼眾佛學院辦的《青松萌芽》等雜誌外，還有專門的香光書香出版社出版的各類圖書，如有香光書香編譯組從日文、泰文、英文等外文書中翻譯了大量的中文書，有法音叢書、法住叢書、法衍叢書、香光叢書、臺灣佛學院志叢書、佛教圖書館叢書，及有關其他專書，均為結緣品，任人索請。二是大力推廣佛教成人教育。其最有特色的是佛學研讀班，這是一項長期性、計劃性很強的成人宗教教育，分為初、中、高三級，以五個月為一期，每一級一年只開一次，修學年限為三年。課程目的在研讀知識性的佛學時，也進行生活應用的教育，所以教材編選以根本佛法教義為主，透過系統、次第的課程規劃引導初學者按初、中、高三級循序漸進學習，掌握修學佛法的綱領。對佛教後期發展出來的中觀、唯識課程，則安排在進階教學。佛學研讀班的教學採用班級制的互動學習，每班由一位授課法師上課，並安排助教法師協助課堂行政、教學等事，教學方式十分活潑，有大堂講授、分組討論、組群遊戲、學習心得分享等。學期中舉辦一至兩次課外活動，有時還舉辦運動會，如安慧學苑佛學研讀班曾辦「和合運動會」，旨在使學員培養終身運動的習慣及樂觀進取、勇敢和合的精神，運動項目有扭轉乾坤、拔河、福慧兩增、

第三節　出家女眾的崛起

同心協力、大隊接力等,參加者含家屬共 1000 餘人。研讀班的整個教學過程中,相當重視形成性與總結性的評量,如每週舉行教務會議檢討當週教學情況,藉由課堂觀察、課後小組、口頭詢問、作業、出席記錄、測驗、學習問卷調查、成果展覽等瞭解學員的學習成果。考核方式則有家庭作業、定期考試等。結業則有隆重的畢業典禮。每年約有 3000 位學員參與研讀課程。[60] 三是透過為社會大眾提供種種服務來廣結良緣。這類服務以講座為多,往往急民眾所急,想民眾所想,因此收到良好的效果。如安慧學苑舉辦社教講座,推廣「臨終關懷與佛教喪禮」;香光尼僧團的法師於嘉義文化中心為社區民眾宣講如何進行「生涯規劃」;安慧學苑舉辦「邁向一個終身學習的社會」的專題講座,旨在推動民眾的終身學習;香光寺與嘉義縣家庭教育服務中心合辦「讀書人領導培訓」活動,內容以如何帶領並永續經營讀書會為主,旨在培養讀書會的人才,以提升生活品質;香光寺與嘉義縣家庭教育服務中心等合辦「趣味英語研習營」,內容以日常生活會話與如何活用英文課本為主,讓學員在輕鬆愉快的環境中,得到學習英文的方法;香光寺為慶祝內埔仔 5 村 13 莊繞境平安,特舉辦「放天燈」活動,旨在「帶動內埔 13 村和睦共處」;香光寺鑑於青少年問題日益嚴重,為響應當局所倡導的心靈改革,營造祥和、溫馨的家庭社會,與嘉義縣家庭教育服務中心等合辦溫馨滿人間「我的愛、我的夢、我的家」關懷鄉土系列活動講座;為增益社會大眾欣賞繪畫的能力,知道如何欣賞在高雄展出的「法國奧塞美術館名畫展──黃金印象特展」,紫竹林精舍舉辦「黃金印象特展名畫賞析」社教講座;香光寺與嘉義縣家庭教育服務中心等合辦「健康營養素食烹飪課程推廣班」,除講解素食者的飲食理論、調理方法外,還實際教導宴客冷盤、中西式餐點、有機生食等,旨在幫助現代人吃出活力、吃出健康;安慧學苑舉辦「健康體適能」運動課,透過老師的訓練及提供有氧運動處方,來改善身體的適應能力;紫竹林精舍舉辦系列社教講座,講題如:「如何照顧癌症末期的病患」、「聽情緒說話」、「健康體適能與體重控制──介紹簡易運動方法」、「揮舞生命的喜悅 VS 生命潛能激發」等;為響應「文建會」所提倡的「社區總體營造」運動,紫竹林精舍創辦了「社區急救課程」,以提供當地附近居民有關急救護理知能,並促進精舍與居民間守望相助的互動關係;印儀學苑舉辦「知己

知彼,珍愛相惜」系列講座,如「情緒小精靈的嘉年華會」(談情緒的自我覺察與管理)、「同理心與人際關係」、「LKK 幸會 XYZ」(探討如何增進親子關係)、「婚姻 EQ」(談夫妻相處的藝術);為使小朋友有快樂充實的暑假,香光寺組織關懷鄉土終身學習系列活動,特舉辦「兒童快樂營」;為了讓嘉義地區民眾對地震多一分瞭解與準備,香光尼眾佛學院舉辦題為「淺談地震防災與地震預測」的防震講座,希望大眾借此重視地震的危險性,具備防範震災的基本常識。對香光尼僧團有深入研究的丁敏指出:「香光尼僧團以其年輕化、素質高、活動力強、現代化的特質,建立了佛教宗教師的專業形象,也建立了比丘尼僧團的新形象,提高了比丘尼僧團在佛教界及社會上的地位。而香光尼僧團崛起的關鍵可說是能掌握時代、社會變遷的趨勢,吸收了其中屬於良性的養分,並因應佛教界走人間佛教發展的路線,明確定位自己尼僧團存在的意義和功能,進而保持整個尼僧團成員共識高、使命感強、開創性旺的特質。」[61] 在「比丘尼的臺灣經驗座談會」上,研究臺灣佛教的學者江燦騰以香光尼僧團為例指出:「目前臺灣佛教比丘尼的教團,可以香光尼僧團為代表,其出家眾的教育提升、庶務的磨煉、民眾教育的主辦等等,可以說無一不講求;在設備方面,圖書館、出版社、電腦管理等,也頗具水平,特別是佛學資訊方面,更是『國內』極具專業性代表的道場之一,此所以舉香光尼僧團代表臺灣佛教現代女性教團的原因。」[62]

三、出家女眾崛起的原因

臺灣解嚴後出家女眾的崛起,有著多方面的原因。

(一)歷史的傳承和影響。臺灣佛教史上曾有過大量女性出家的現象,正如臺灣佛教史研究者江燦騰所指出:「近百年來,臺灣信仰佛教的女性(包括出家和在家)在社會人口中所占的比重之大,以及彼等在佛教事業上所提供的助益和成就之大,在全世界的佛教史上看,都是獨一無二的。」並進一步指出:「近百年來臺灣佛教女性角色的變遷,初期以『齋姑』占大多數,然後逐漸演變成現在的『比丘尼』占大多數。」[63] 早期臺灣被稱為「齋姑」的女性,與福建閩南歷史上長期盛行的「菜姑」似有一定的淵源關係。閩南「菜姑」有兩種,一種是住寺修行,出家時需投拜一位比丘僧為皈依師父,

第三節　出家女眾的崛起

在佛前舉行「三皈」儀式，並授「梵網菩薩戒」，便可出家住寺帶髮。她們捨棄家庭，獨身不嫁，住佛教寺院，布衣素食，誦經禮懺除了仍挽青絲，留髮不剃外，與出家比丘尼無異。「菜姑」這種出家形式因不合佛教古制七眾弟子「剃髮染衣」的規範，因而在漢傳佛教中是獨一無二的。閩南歷來是佛教發達地區，女子出家人數甚多，但「女眾削髮出家尼僧少，帶髮出家菜姑多」，閩南一帶女性出家人中95%均為「菜姑」。但也有一種女眾沒有出家，在家長齋奉佛，立身於佛堂，潛心修持，有時定期到寺庵中住上一段，有人也稱這些女眾為「菜姑」。必須指出的是，雖然都稱為「菜姑」，但不出家的「菜姑」與出家的「菜姑」是有根本區別的，前者受的是「優婆塞戒」，後者受的是「梵網菩薩戒」，還必須是貞女。「菜姑」的形成，也與佛制有關。從佛教戒律上講，比丘尼還俗是允許的，但一個比丘尼還俗雖然本身無罪，卻會引起俗人對佛法的譏嫌，對佛教造成不良影響。而未經「剃髮染衣」的「菜姑」還俗後則不會引起俗人的注意，佛教界的許多高僧大德對「菜姑」的出家形式採取認可的態度。[64]臺灣的「齋姑」與閩南後一種在家「帶髮修行」的「菜姑」在某些方面（如同為在家長齋、同為帶髮修行）有相同的地方。江燦騰在分析臺灣出現「帶髮持齋（吃素）信佛修行的女性」的「齋姑」現象時，指出有四個方面的原因：一是「清代法律對婦女出家的規定非常嚴格，要年滿四十歲以上才能出家，等於快過了生育年齡，也比較沒有性衝動。這是為了減少風化案件，以及降低女性的出家人口。因此，如未滿四十歲，有參行意願不想違禁出家，則以在家形式『帶髮修行』不失為可行之道」。二是「未婚、孀居或殘疾的婦女，既不便出家（或不符出家資格），又不能隨意進出或長期寄住佛寺（違律犯禁），所以要另設法找場所安置彼等的日常生活和宗教場所所需。有很多『齋堂』是私產業，兼具養老和宗教安慰的雙重功能。更深層的看，也是保障婦女生活的自主性，以及避免來自家族或男性霸權的任意宰制」。三是「隨家庭信仰傳統而皈依『齋教』者。在這種情況，則相對會設有教派籌建的『齋堂』，且皈信者也未必入住，只是成為在家形式的『齋教徒』罷了」。四是「清代的臺灣，普遍缺乏受具足戒的僧侶，因此不但要設立『尼寺』不易，僧侶的無知、社會地位低落和行為上的汙點（娶妻者很多），也迫使佛教婦女只好選擇『齋教』的信仰形式，甚至進一步成

為『齋姑』」。[65] 毫無疑問,「在家長齋,帶髮修行」為女性學佛打開了方便之門,使更多女性毫無後顧之憂地加入學佛隊伍,一直影響到比丘尼制傳入臺灣。

　　(二)早期傑出比丘尼的自我覺醒和事業上的篳路藍縷。臺灣的比丘尼源自 1952 年中國的長老比丘們去臺灣傳比丘尼戒,「從每年傳戒一次到一年四、五次之多,擺脫早期日本式、龍華式、先天式的吃齋佛教,轉為重戒律的實踐,以出家眾為中心的佛教。」[66] 早期受戒的比丘尼中,出現了一批傑出的人才,她們以「閩南女眾勤苦堅忍的性格」[67],篳路藍縷,以啟山林,與諸多長老大德一起,為臺灣佛教擺脫原先日本式、齋教式遺留的影響,成功地轉型為中國式的佛教,為比丘尼在臺灣的崛起奠定了基礎,天乙法師就是這批傑出比丘尼中的代表。致力於喚醒臺灣比丘尼自覺意識的天乙法師是臺灣 20 世紀 50 年代至 70 年代最為活躍的比丘尼,在她短短的 50 餘年的生涯中,主要投入兩大志業:「戒場參與」與「寺院經營」,對八九十年代比丘尼的發展產生了深遠的影響。1954 年之後,天乙法師追隨白聖長老傳戒,在戒場中,她擔任過引贊、翻譯、講戒、得戒和尚尼、開堂和尚尼等。不管擔任何種角色,她都呼籲戒子:「女眾必須自己教導女眾」,不要讓傳統「女性業障比男性深重」的觀念束縛自己,以提升出家女眾的自信心。天乙法師 1976 年籌備龍湖庵傳戒時,曾計劃「單傳尼戒」,但遭到各方反對,她為之抗爭,清楚地指出:「你們(指比丘)反對純傳尼戒,所緣的只是『慣例』,在戒律是站不住腳的,從戒律上看,我可以這樣堅持。」雖然後來因各方反對而改回舊制,但女眾仍是「二部僧中授」,天乙法師更以「開堂和尚尼」的身分直接教導女眾演禮,這在臺灣佛教界是空前的創舉,表明女眾可以獨立於男眾之外,在戒場直接教導女眾。[68] 天乙法師一生主持過四個道場,即嘉義紫雲寺、高雄興隆寺、彰化白雲寺、臺北圓通學苑,由於她對戒律有專門的研究,她對寺院管理的理念也來自戒律,她明確指出女眾宜群居一處,過共住、共修、共學的生活,她提出的觀點是「女眾要互相扶持」、「比丘尼事比丘尼決」、「女眾修行要靠自己,不要依賴男眾」,她不僅讓這種理念落實在自己主持的道場,也儘量讓它落實在其他女眾道場。天乙法師一生以她的身教、言教不斷帶動、示範,使得比丘尼在臺灣社會中的角色更為明

第三節　出家女眾的崛起

確,她以她的成就證明了比丘尼完全有魄力、膽識來承擔佛教志業。[69] 特別是她呼籲「比丘尼自覺」的思潮,倡導建立「比丘尼僧團」的理想,強調「比丘尼對佛教的責任」的遠見與眼光,整頓了尼眾的生活理念,激發了尼眾的自信心和「荷擔如來家業」的責任感,創造了尼眾的新形象,更影響了日後臺灣比丘尼的生態,創辦香光尼僧團的悟因法師便是受學與她,而深受啟蒙。[70]

（三）出家動機趨向理想化。當代臺灣女性出家的原因,已不是過去傳統上的認為,如：因失戀或因父母不和而對婚姻產生憎恨、因工作不順或因家庭不幸對生活失去信心、因多病或因久治不感到人生無常,由此厭惡現實社會而遁入空門。許多出家女性並非生活失意才出家,而是想走自己嚮往的一條路,把出家作為實現自己人生理想的途徑,正如悟因法師所說：「今天的比丘尼出家的因緣,是對佛教充滿理想與活力；內在的自主性很高,而非受外在環境的打擊才遁入空門。」[71] 法鼓山農禪寺果廣法師（1955 年生,1989 年剃度,1990 年受戒）的出家想法頗有代表性：「事實上我的出家因緣,我覺得是蠻單純的走過來。最主要是在我還沒有學佛之前,我對生命就有許多疑惑：怎麼會有人？人活在世間是為什麼？難道就一代傳著一代活下去,那這樣有什麼意義？難道就男大婚、女大嫁,生兒育女,然後老了,就往生了。一代傳著一代的這樣下來,會有什麼的生命的意義？我就產生非常大的疑惑。甚至會覺得說,如果人生只是這樣活下來的話,我不想要這樣的人生。就這樣過一輩子,好像沒有什麼意義。但是在無形中,我一直很相信人活著一定有一個更深的意義,一定不只是這樣。那時,我很深刻的記得說,我一定要尋找生命的意義在哪裡,這個人間到底是為了什麼？」[72] 臺灣學者陳美華在對比丘尼進行大量訪談並綜合眾多人看法後指出：不少女性選擇出家,即是因為對賢妻良母式的女性傳統的人生過程有所質疑,對生命的意義有所疑問與追尋,進而理性而熱情地走上出家路,並且為自己的生命負責,培養獨立自主的人格。她們未嘗不是、而且也正在建立和實踐一種超於賢妻良母的人生觀。這一群不願「認命」,不願把自己的一生交給男人去掌舵、不願侷限在賢妻良母的格局中的另類女性,充分展演了女性的價值,她們不再憑藉家庭中的身分地位,或將自己貢獻給家庭肯定自己,而是示範了「女人存

第九章　臺灣佛教的現狀與走向

在的價值不是僅限於妻子與母親,她有獨立於婚姻、生育之外的自我肯定與實現」的生命意義。[73]

（四）女眾出家後感到大有作為。由於臺灣佛教的弘法進入一個新時代,為比丘尼提供了大顯身手的舞臺,提供了幹一番事業的廣闊空間。僅以香光尼僧團為例,如獲淡江大學教育資料科學研究所碩士學位的自衍法師對資料科學研究有興趣、有專長,被任命為香光尼眾佛學院圖書館館長,並兼《佛教圖書館館訊》雜誌主編,她帶領手下開展佛教圖書分類法研究,在臺灣和中國出版了《佛教圖書分類法》專書,編印出版了諸多有關索引、提要等工具書,開展圖書館的軟體和硬體建設,不但將圖書館和雜誌社打理得在臺灣頗負盛名,還在香光尼眾佛學院講授「研究方法」、「雜阿含經索引典實作」等課,與學生一起分享自己的體會。她運用自己所學的專業知識,得心應手地開拓出一片廣闊的天地。獲中正大學成人及繼續教育研究所碩士學位的見潤法師,進入香光尼僧團後任安慧學苑佛學研讀班班主任,主要從事佛教成人推廣教育,她將所學的理論運用於實際,在實踐中大顯身手,取得系列成就。寫出《佛教成人教育的意涵》等系列論文,在推廣佛教成人教育等方面幹出了一番事業。獲美國威斯康星大學成人及繼續教育哲學博士學位的見咸法師,專攻專業人士繼續教育與成人教學,其論文以《臺灣佛教宗教師的學習》為題,以獨特視角,研究了臺灣當代宗教師為弘揚佛法而進行的自我學習,探討了他們如何利用不同資源,增進各種能力,為社會提供更好的宗教服務。見咸法師又充分利用臺灣豐富的宗教資源進行有關遠距教學及社區教育的博士後研究,力圖透過佛教機構,結合相關資源,進一步推動佛教的傳揚,為社區發展貢獻一份力量。出家後能從事自己所喜歡的事業,能發揮自己的一技之長,使比丘尼有一種成就感。此外,臺灣「人間佛教」的興起,新生代的比丘尼紛紛從青燈古佛、山林清修、逃避世俗的傳統出家模式中走進社會,積極參與社會福利、文化、教育、環保、慈善等工作,在入世中得到一種滿足感。

（五）女性教育水平的提高。臺灣 1968 年將六年制義務教育延長為九年,1960 年至 1970 年間大幅增設私立專科學校和高級職業學校,1988 年至 1989 學年度,臺灣各級學校女生已接近全部學生的半數,兩性教育的機會已

趨近平等。[74] 隨著社會上女性受教育的水平越來越高，女性出家人的水平也跟著提高。早期女大學生出家，會引起社會上好奇和不解，直至上個世紀80年代仍是如此，如1987年一位大學畢業的女學士要至香光寺出家，父母反對追來香光寺尋人的消息被媒體披露後，引起社會關注，認為女學士出家是浪費人才，成為轟動一時的「學士尼風波」。但僅過了幾年，社會上對女學士出家已不感到驚異了。時至今日，就是對女洋博士出家也司空見慣了。

註：

[1]「國史館」「中華民國史」社會志編纂委員會：《「中華民國史」社會志》（初稿）下冊。「國史館」發行，1999年6月初版，第183頁。

[2] 林勝慧：《來自雪山的消息》，《人生》1997年出刊，總第165期，第56頁。

[3] 姚麗香：《藏傳佛教在臺灣發展的初步研究》，《佛學研究中心學報》，2000年出刊，總第5期，第331-332頁。

[4] 姚麗香：《藏傳佛教在臺灣發展的初步研究》，《佛學研究中心學報》，2000年出刊，總第5期，第337頁。

[5] 藍吉富：《臺灣佛教的歷史發展與文化特質》，《聽雨僧廬佛學雜集》，現代禪出版社2003年版，第259頁。

[6] 藍吉富：《臺灣佛教的歷史發展與文化特質》，《聽雨僧廬佛學雜集》，現代禪出版社2003年版，第259-260頁。

[7] 林勝慧：《藍吉富談佛教界的突破》，《人生》，1997年5月1日出刊，總第165期，第30頁。

[8] 釋惠空：《臺灣佛教的歷史性與前瞻性》，《2002年第三屆臺灣佛教發展研討會論文集》（影印稿），第9頁。

[9] 何綿山：《當代臺灣佛學院所僧教育評述》，《法音》，2005年6期，第27頁。

[10] 何綿山：《當代臺灣僧教育特點探論》，《教育評論》，2004年5期，第62頁。

[11] 釋惠空：《臺灣佛教的歷史性與前瞻性》，《2002年第三屆臺灣佛教發展研討會論文集》（影印稿），第10頁。

[12] 何綿山：《漫談臺灣的佛寺建築》，《福建佛教》，2003年4期，第29頁。

[13] 何綿山：《臺灣的建築》，九州出版社2003年版，第109-112頁。

[14] 何綿山：《梵音繚繞——漫談臺灣佛教音樂》，《廣東佛教》，2005年4期，第12頁。

[15] 釋惠空：《臺灣佛教的歷史性與前瞻性》，《2002年第三屆臺灣佛教發展研討會論文集》（影印稿），第10頁。

[16] 《菩提樹》，1971年出刊，總第227期。

[17] 佛光山宗務委員會：《佛光山開山30週年紀念特刊》，佛光山文化事業有限公司1997年5月16日印，第373頁。

[18] 林清玄：《浩瀚星雲》，圓神出版社有限公司2001年12月版，第276頁。

[19] 《慈雲》，1997年9月出刊，總第255期，第77頁。

[20] 《慈雲》，2001年3月出刊，總第297期，第50頁。

[21] 《法宗時報——宗教新聞》（電子報）http：// www.fctimes.cm。

[22] 淨引：《誦經、念佛、拜佛共修》，《電子學佛會年刊會訊》（1991年度），第44頁。

[23] 得佑：《學佛的好處》《電子學佛會年刊會訊》（1991年度），第60頁。

[24] 《「觀音念佛會」週年感言》，《妙林》，1996年2月29日出刊，第8卷2月號，第45頁。

[25] 何綿山：《閩臺文化探略》，廈門大學出版社2005年版，第137頁。

[26] 謝坤山：《在生命的轉彎處》，《慈濟》，1999年8月25日出刊，總第393期，第71頁。

[27] 謝坤山：《在生命的轉彎處》，《慈濟》，1999年8月25日出刊，總第393期，第71頁。

[28] 丁仁杰：《社會脈絡中的助人行為：臺灣佛教慈濟功德會個案研究》，聯經出版事業公司，1999年版，第115頁。

[29] 釋自衍：《佛教圖書館志工管理》，《佛教圖書館訊》，1996年9月20日出刊，總第七期，第3頁。

[30] 釋自衍：《佛教圖書館志工管理》，《佛教圖書館訊》，1996年9月20日出刊，總第七期，第5頁。

[31] 黃秀花：《回收資源，也回收了鄰里感情——高雄山環保志工》，《慈濟》，1996年11月25日出刊，第59頁。

[32] 黃金枝：《生命中的第二春》，《慈雲》，1997年6月30日出刊，總第25卷第十二期七月號，第105頁。

[33] 黃金枝：《生命中的第二春》，《慈雲》，1997年6月30日出刊，總第25卷第十二期七月號，第105-106頁。

第三节　出家女眾的崛起

[34] 闞正宗：《重讀臺灣佛教——戰後臺灣佛教續編》，大千出版社 2004 年 4 月版，第 266 頁。

[35] 闞正宗：《重讀臺灣佛教——戰後臺灣佛教續編》，大千出版社 2004 年 4 月版，第 277 頁。

[36] 王淳隆：《當代居士修行社區初探》，《1998 年佛教建築設計與發展國際研討會會議實錄暨論文集》，財團法人覺風佛教藝術文化基金會佛教建築研究發展中心、財團法人覺風佛教文化藝術基金會編委會主編，1998 年 11 月 20 日初版，第 112 頁。

[37] 《法宗時報——宗教新聞》（電子報）http：∥ www.fctimes.cm。

[38] 編輯組：《臺灣比丘尼的天空》，《香光莊嚴》，1997 年 6 月出刊，總第 50 期，第 88 頁。

[39] 江燦騰：《臺灣佛教的比丘尼整體表現及其原委》，《香光莊嚴》，1997 年 6 月出刊，總第 50 期，第 112 頁。

[40] 陳美華：《另類典範：當代比丘尼的社會實踐》，《佛學研究中心學報》2002 年 7 月出刊，總第七期，第 300 頁。

[41] 于君方：《臺灣的佛教尼師：以香光比丘尼為例》，《臺灣宗教研究通訊》，2003 年 3 月出刊，總第 5 期，第 300 頁。

[42] 于君方：《臺灣的佛教尼師：以香光比丘尼為例》，《臺灣宗教研究通訊》2003 年 3 月版，總第 5 期，第 300 頁。

[43] 江燦騰：《臺灣佛教的比丘尼整體表現及其原委》，《香光莊嚴》，1997 年 6 月出刊，總第 50 期，第 115 頁。

[44] 《佛教界比丘尼協會成立倡導重視婦女之重要性》，《慈雲》，1996 年 12 月出刊，總第 246 期。

[45] 姚麗香：《藏傳佛教在臺灣發展的初步研究》，《佛學研究中心學報》2000 年出刊，總第 5 期，第 327 頁。

[46] 《為何設立「比丘尼制度」》《香光莊嚴》1997 年 12 月出刊，總第 52 期，封四。

[47] 《漢藏比丘尼佛教經驗傳承座談會》，《香光莊嚴》，1997 年 12 月出刊，總第 52 期。

[48] 何綿山：《臺灣僧教育特點探論》，《教育評論》，2004 年第 4 期。

[49] 雜誌社：《不凡的毅力、無悔的堅持——談女性與臺灣佛教的發展》《萬行》，1997 年 7 月出刊，總第 150 期，第 2 頁。

[50] 張子開：《「普門學報」建言指瑕錄》，《中國俗文化研究》第二輯，巴蜀書社 2004 年 9 月版，第 240 頁。

501

第九章　臺灣佛教的現狀與走向

[51] 張子開：《「普門學報」建言指瑕錄》，《中國俗文化研究》第二輯，巴蜀書社 2004 年 9 月版，第 240 頁。

[52] 修懿：《胸懷菩提，展望未來》，《中佛青》，2002 年 1 月 25 日出刊，總第 56 期，第 1 頁。

[53] 修懿：《胸懷菩提，展望未來》，《中佛青》2002 年 1 月 25 日出刊，總第 56 期，第 1 頁。

[54] 林香婷：《同體大悲的蓮懺法師——訪中華五眼護盲協會理事長》，《萬行》，1997 年 10 月出刊，總 153 期，第 26 頁。

[55] 《中華五眼護盲協會慶祝六週年第三屆第一次會員大會活動》，《慈雲》，1998 年 5 月出刊，總第 262 期，第 48 頁。

[56] 于君方：《臺灣的佛教尼師：以香光比丘尼為例》，《臺灣宗教研究通訊》2003 年 3 月出刊，總第 5 期，第 270 頁。

[57] 于君方：《臺灣的佛教尼師：以香光比丘尼為例》，《臺灣宗教研究通訊》2003 年 3 月出刊，總第 5 期，第 275 頁。

[58] 釋悟因：《臺灣比丘尼僧團的成立與運作》，《香光莊嚴》，1997 年 6 月出刊，總第 50 期，第 92 頁。

[59] 釋悟因：《臺灣比丘尼僧團的成立與運作》，《香光莊嚴》，1997 年 6 月出刊，總第 50 期，第 92 頁。

[60] 釋見潤：《佛教成人教育實施機構類型及其現況》，《香光莊嚴》，1999 年 3 月出刊，總第 57 期，第 112-113 頁。

[61] 丁敏：《臺灣社會變遷中的新興尼僧團——香光尼僧團的崛起》，《1996 年佛學研究論文集》，佛光山出版社 1996 年 8 月版，第 58 頁。

[62] 江燦騰：《臺灣佛教的比丘尼整體表現及其原委》，《香光莊嚴》，1997 年 6 月出刊，總第 50 期，第 114 頁。

[63] 江燦騰：《臺灣當代佛教》，南天書局有限公司 2000 年版，第 114 頁。

[64] 何綿山：《福建宗教文化》，天津社會科學院出版社 2004 年版，第 18-19 頁。

[65] 江燦騰：《臺灣佛教的比丘尼整體表現及其原委》，《香光莊嚴》，1997 年 6 月出刊，總第 50 期，第 116-117 頁。

[66] 釋悟因：《臺灣比丘尼僧團的成立與運作》，《香光莊嚴》，1997 年 6 月出刊，總第 50 期，第 93 頁。

[67] 《「比丘尼的臺灣經驗」座談會於臺北召開》，《香光莊嚴》，1997 年 3 月出刊，總第 49 期，第 162 頁。

[68] 編輯組：《比丘尼必須自己教導比丘尼》，《香光莊嚴》，1999 年 6 月出刊，總第 58 期，第 2-3 頁。

[69] 編輯組：《比丘尼必須自己教導比丘尼》，《香光莊嚴》，1999 年 6 月出刊，總第 58 期，第 2-3 頁。

[70] 編輯組：《致力於喚醒臺灣比丘尼自覺意識的天乙法師》，《香光莊嚴》，1998 年 3 月出刊，總第 57 期，第 3 頁。

[71] 陳美華：《另類典範：當代比丘尼的社會實踐》，《佛學研究中心學報》2002 年 7 月出刊，總第七期，第 305 頁。

[72] 陳美華：《另類典範：當代比丘尼的社會實踐》，《佛學研究中心學報》2002 年 7 月出刊，總第七期，第 306 頁。

[73] 陳美華：《另類典範：當代比丘尼的社會實踐》，《佛學研究中心學報》2002 年 7 月出刊，總第七期，第 309 頁。

[74] 于君方：《臺灣的佛教尼師：以香光比丘尼為例》，《臺灣宗教研究通訊》2003 年 3 月刊，總第 5 期，第 281 頁。

臺灣佛教
後記

第三節　出家女眾的崛起

後記

　　寫完這部花了四年時間完成的書稿，我的感情是複雜的：其中有對臺灣有關方面和人士的感激，有對單位和家人的愧疚，有如釋重負的輕鬆，也有唯恐經不起檢驗的不安。回想四年前，我剛接手這部書的撰寫，適逢臺灣慈光禪學研究所也約我撰寫《臺灣寺院經濟》、《臺灣人間佛教》等書，並隨即打來電話，邀我赴臺灣考察佛教，我立即毫不猶豫地應允赴臺。可能因我於「文革」中曾在一所著名寺院居住過五年的經歷，所以我對佛教的生態較為敏感。1990年代中期我有機會常到臺灣走動時，就開始關注臺灣佛教的現狀。但那時赴臺灣除參加幾天的會議有些緊張外，時間很充裕，會後逛逛書店，遊遊名勝，走走親戚，十分愜意和舒適。而為寫此書的幾次赴臺灣考察，則極為緊張和辛苦。每次一到臺灣，邀請方就送上行程安排，何時考察何寺院何佛教團體，何時走訪哪位僧人和居士，何時何地開何種座談會和研討會，行程安排得滿滿的，不能有絲毫怠慢。為不誤事，經常是早上六七點出發，晚上十一二點才休息。記得一次為考察臺北的東和禪寺，我一不注意，凌空摔下，腳脖受挫而難以行走。法師送我去一位醫術高超、專治骨傷的居士開的診所治療，熱情的居士免費替我治療後再三囑咐要安養一段時間。但安養豈不打亂了行程安排？我堅持按計劃考察。當我這腿上纏滿白紗布的大個子在臺北鬧市一拐一拐地慢慢過街時，不少車輛在等我，眾多司機向我行注目禮，或也成為臺北鬧市的一道小小的風景線。時逢美伊開打，為了安慰法師，我忍痛開玩笑說：「他們以為我是從伊拉克回來的。」從臺灣回來後因「SARS」，凡外地回來者都要隔離，我足不出戶15天後才上醫院，至今腳脖還留下碗大的疤。這幾趟在臺灣地毯式的考察，除了澎湖外，臺灣所有鄉鎮我都走過了，有的還走了多次，故有臺灣朋友稱我是「臺灣走透透」。雖然緊張辛苦，收穫卻是不小。幾趟下來，我先後考察了百餘所有代表性的寺院，走訪了近百位佛教界知名人士，參加了30多場研討會和座談會，查閱了各種圖書館中大量與佛教有關的刊物和書籍，收集了大小200餘箱資料，記錄了30多本田調筆記、座談會發言及名人訪談，拍攝了千餘張照片，各種錄音80餘盒，盡可能摸清了臺灣解嚴後佛教發展的情況。赴臺的多次考

後記

察，為撰寫這本書奠定了必要的基礎。藉此書出版的機會，我要感謝為我赴臺精心安排和聯繫的臺灣慈光禪學研究所全體法師，感謝日夜為我操勞開車的臺北文殊院、臺中慈光寺的眾多居士。此外，我要感謝臺灣大學圖書館、國家圖書館、中央研究院民族學研究所圖書館、香港公開大學圖書館、新加坡國立大學中文圖書館、澳洲墨爾本大學東亞圖書館、美國哥倫比亞大學東亞研究所圖書館、美國紐約皇后區法拉盛圖書館，我在這些圖書館中均受到熱情接待，查閱了大量資料，度過了許多難忘的美好時光。我要感謝中國社會科學院世界宗教研究所張新鷹副所長於百忙之中替本書寫序，能得到這位研究臺灣佛教先行者的鼓勵，我倍感溫暖。我要感謝《世界宗教研究》、《法音》等雜誌社發表了本書中部分章節，給了我不小的激勵和鼓舞。

這是大陸研究臺灣世紀之交佛教現狀的第一本書，考慮種種原因，在正式出版時又進行了大量改動，刪掉了一些孤僻的考注式章節，儘量在語言上做到明白通俗、在材料上做到翔實可靠，但畢竟是在研究異地的生態，定有許多缺憾和不足，希望讀者批評指正。

何綿山

第三節　出家女眾的崛起

國家圖書館出版品預行編目（CIP）資料

臺灣佛教 / 何綿山 著. -- 第一版.
-- 臺北市：崧博出版：崧燁文化發行, 2019.05
　　面；　公分
POD 版

ISBN 978-957-735-807-3（平裝）

1. 佛教 2. 臺灣

228.33　　　　　　　　　　　　　　　108005753

書　　名：臺灣佛教
作　　者：何綿山 著
發 行 人：黃振庭
出 版 者：崧博出版事業有限公司
發 行 者：崧燁文化事業有限公司
E - m a i l：sonbookservice@gmail.com
粉絲頁：　　　　　網址：
地　　址：台北市中正區重慶南路一段六十一號八樓 815 室
8F.-815, No.61, Sec. 1, Chongqing S. Rd., Zhongzheng
Dist., Taipei City 100, Taiwan (R.O.C.)
電　　話：(02)2370-3310 傳　真：(02) 2370-3210
總 經 銷：紅螞蟻圖書有限公司
地　　址：台北市內湖區舊宗路二段 121 巷 19 號
電　　話:02-2795-3656 傳真:02-2795-4100　　網址：
印　　刷：京峯彩色印刷有限公司（京峰數位）

　本書版權為九州出版社所有授權崧博出版事業股份有限公司獨家發行電子書及
繁體書繁體字版。若有其他相關權利及授權需求請與本公司聯繫。

定　　價：650 元
發行日期：2019 年 05 月第一版
◎ 本書以 POD 印製發行